LYKKE ARESIN • KURT STARKE

KNAURS LEXIKON DER EROTIK

Lykke Aresin, geboren 1921, studierte Medizin in Jena und Göttingen, Professorin für Neurologie und Psychiatrie; von 1965 bis 1990 war sie die Leiterin der Ehe- und Sexualberatung der Universitäts-Frauenklinik Leipzig; seit 1991 leitet sie die von ihr begründete Transsexuellensprechstunde in der Leipziger Beratungsstelle von Pro Familia. Autorin von über 200 wissenschaftlichen und populärwissenschaftlichen Arbeiten. Lykke Aresin lebt in Leipzig.

Kurt Starke, geboren 1938, Soziologe/Sozialforscher, war nach dem Studium und Assistenz an der Karl-Marx-Universität Leipzig von 1967 bis 1990 am Zentralinstitut für Jugendforschung in Leipzig tätig, an dem er die Sexualforschung aufbaute und große Partnerstudien leitete; seitdem Leiter der Forschungsstelle Partner- und Sexualforschung Leipzig. 1990 Gründungsvorsitzender der Gesellschaft für Sexualwissenschaft e.V. Autor zahlreicher wissenschaftlicher und populärer Bücher (u.a. der Bestseller *Liebe und Sexualität bis 30*, der Report *Schwuler Osten* und das Frage-und-Antwort-Buch *Sex hoch drei*). Kurt Starke lebt in Leipzig und Zeuckritz.

LYKKE ARESIN • KURT STARKE

KNAURS LEXIKON DER EROTIK

area

Lykke Aresin/Kurt Starke: Knaurs Lexikon der Erotik

Lizenzausgabe für area verlag gmbh, Erftstadt

Einbandgestaltung: Bille Fuchs, Köln
Einbandabbildung: Sammlung Hans-Jürgen Döpp, Frankfurt/Main
Bildmotiv: Suzanne Ballivet, »Initiation amoureuse«, 1950
Fotos im Text: Renate Fetzer, München; außer S. 44: © Siegfried Steinach, Berlin
Zeichnungen der erotischen Initialen im Text: Lucia Obi, München
Printed in Slovakia 2005

ISBN 3-89996-366-0

Inhalt

Vorwort

Obwohl wir beide in der Lexikonarbeit nicht unerfahren sind und schon einige Lexika herausgebracht haben, hat uns dieses Lexikon besondere Freude einerseits und ungewöhnliche Mühe andererseits bereitet. Die Freude rührt aus dem schönen und interessanten Gegenstand und aus dem Vergnügen, frei darüber schreiben zu können. Die Mühe ergab sich zum einen aus der Fülle des Materials. Unser Gang durch die erotische Schatzkammer der Menschheit ließ uns immer wieder Neues und Unverhofftes entdecken. Zum anderen ist über Erotik, Liebe, Sexualität zwar schon viel geschrieben worden, so viel wie wohl über kein anderes Thema, aber die Auffassungen gehen oft weit auseinander. Durch dieses Gewirr von Texten und Bildern zu finden, war mühselig, manchmal auch ärgerlich, weil Sinnlichkeit und Unsinn, Ehrlichkeit und Heuchelei, Wissenschaftlichkeit und Scharlatanerie nahe beieinander lagen. Zum dritten hat uns nicht nur die Historie angeregt, sondern auch die Gegenwart bewegt. Die letzten Jahre waren dramatisch, auch in unserem beruflichen und persönlichen Leben, wir mußten immer wieder Neues verarbeiten. Auch die Leser haben sich verändert. Sie stellen nun andere Anforderungen an ein solches Lexikon, weil es Erscheinungen in ihrem Leben gibt, die sie früher so nicht kannten, und weil sie Fragen haben, die in dem reichhaltigen Angebot an Literatur nicht adäquat beantwortet werden.

Was sind die konzeptionellen Ausgangspunkte und worin liegen die Besonderheiten unseres Lexikons?

Das Lexikon der Erotik ist kultur- und sittengeschichtlich angelegt. Wir wollen einen Einblick in die erotischen Belange der Menschheit geben. Liebe und Sexualität werden als zentrale Lebenswerte der Menschen und als bedeutende Größen ihres Realverhaltens wahrgenommen.

Der Erotikbegriff des Lexikons geht vom ursprünglichen Sinn des griechischen Wortes *eros* = sinnliche Liebe aus. Er schließt sowohl die geistig-seelischen als auch die körperlich-sexuellen Aspekte der Liebe ein. Erotik wird als Ergebnis der Kultivierung der Sexualität gefaßt, verbunden damit, daß sich von der ursprünglichen Funktion der Sexualität – der Fortpflanzung – weitere Funktionen abgehoben und verfeinert haben, insbesondere die Lust-, die Beziehungs- und die Kommunikationsfunktion. Die Entwicklung dieser Funktionen betrifft zugleich die Qualität menschlicher Beziehungen, für die die Liebe paradigmatisch ist.

Erotik wird von uns als ein Beziehungsbegriff aufgefaßt, der die sinnlich-sexuell-emotionale Hinwendung zu bzw. die Anziehung seitens des anderen in seiner Geschlechtlichkeit betrifft. Da die Sexualität integrierter Bestandteil der gesamten Persönlichkeit und wie diese sozial determiniert ist, ergeben sich vielfältige Bezüge zu Lebenseinstellungen, zum Alltagsverhalten, zu konkreten Lebensbedingungen und zur Reflexion dieser Bezüge in Kunst und Wissenschaft.

Das Lexikon begreift Erotik positiv und lebenszugewandt und ist auf eine kulturelle Bereicherung der Persönlichkeit und des Glücks der Menschen aus. Wir wenden uns an den wißbegierigen, sinnesfreudigen und kritischen Leser.

Ohne auf Abwegigkeiten, Absonderliches, Krankhaftes ganz zu verzichten, konzentriert sich das Lexikon auf die erotischen Erfahrungen der Menschen. Geboten wird keine pathia sexualis, keine Versammlung von Kuriositäten und Ausnahmen, sondern Wesentliches, Originelles und Anregendes aus der vita sexualis der Menschheit bis zur Gegenwart.

Weitgehend verzichtet wird auf spezielle Aspekte der Medizin, Biologie und Rechtswissenschaft. Im Vordergrund steht die sitten-, kultur- und alltagsgeschichtliche Betrachtung. Psychologische, soziologische und sozialwissenschaftliche Akzente treten besonders hervor. Dominierend ist eine sexologische Sichtweise. Die fachwissenschaftlichen Stichwörter, soweit sie unumgänglich sind, werden genauso wie Begriffe aus allgemeinen Lebensbereichen in ihren Beziehungen zur Erotik dargestellt. Gelegentlich und zur Auflockerung wird in den Stichwörtern Fach- oder andere einschlägige Literatur zitiert. Eine umfangreiche Dokumentation der wissenschaftlichen Quellen ist jedoch nicht beabsichtigt, genausowenig wie wir unsere eigenen empirischen Forschungsergebnisse hier ausführlich ausbreiten; diese stehen als Basismaterial im Hintergrund und werden nur ganz ausnahmsweise, oftmals auch nur zur Illustration erwähnt.

Die Stichwörter gehen vom neuesten Erkenntnisstand in Theorie und Empirie aus. Das bedeutet, die Entwicklung und Erscheinungsweise des jeweiligen Gegenstandes zu erfassen und modern und kritisch zu interpretieren. Dabei wird der aktuelle Diskurs berücksichtigt.

Die moderne Zeit mit ihren raschen Veränderungen greift tief in die Lebensverhältnisse der Menschen ein und beeinflußt auch ihr Partner- und Sexualverhalten. Nicht selten wird dabei Gewohntes in Frage gestellt. Bisherige Einstellungen und Verhaltensweisen passen nicht mehr in die Lebenswelt mit ihren teilweise anderen Anforderungen. Neue Phänomene beunruhigen und verunsichern. Insbesondere bei Jugendlichen ist ein Wertewandel zu beobachten. Es

scheint sich ein verändertes Verhältnis zu Liebe, Partnerschaft und Sexualität herauszubilden. Nicht nur Aids hat den öffentlichen Umgang mit Sexualität verändert.
Wir wollen diesen Veränderungen Rechnung tragen, Problemfelder benennen, Auffassungen gegenüberstellen und Entwicklungslinien aufzeigen.

Wie ist die Anlage des Lexikons? Was kann der Leser erwarten und was nicht?

Das Lexikon ist kein Wörterbuch, das möglichst viele fremdartige, unverständliche Ausdrücke erklärt. Einem komplexen Ansatz verpflichtet, stehen vielmehr Kernbegriffe im Vordergrund, die für den Bereich Erotik aussagekräftig sind. Die Stichwörter sind unterschiedlich lang, wofür das erste Kriterium ihr stoffliches Volumen in Relation zur Bedeutsamkeit für die Erotik, das zweite Kriterium das aktuelle Interesse und das dritte Kriterium das vorliegende Wissen ist. Jedes Stichwort ist mit einem Kürzel des jeweiligen Autors versehen:

Ar = Lykke Aresin
KS = Kurt Starke
US = Uta Starke
We = Konrad Weller
Se = Hans-Georg Sehrt
Kö = Wolfram Körner

Längere zusammenfassende Stichwörter und Grundsatzartikel sind genauso vorhanden wie kürzere Stichwörter zu einzelnen Sachverhalten. Die einzelnen kulturhistorischen Epochen und die Kulturkreise sind sowohl durch Detailstichwörter als durch Übersichtsstichwörter ausgewiesen. Verweise sind knapp gehalten. Bei den Kunstgattungen wird ebenfalls neben Kernbegriffen mit wesentlichen Beispielen gearbeitet; sie kommen außerdem durch die Illustrationen zur Geltung.
Das Lexikon will ein unterhaltsames Blätterbuch und kein wissenschaftliches Spezialwerk nur für Eingeweihte im Fachjargon sein, sondern bevorzugt einen populären und lockeren Stil. Wir wollten eine pointierte Sprache, die die Dinge unverbrämt auf den Punkt bringt. Vielfältige Beispiele aus allen Wissensbereichen, aus Kunst und Literatur, aus Geschichte und Gegenwart der verschiedenen Völker, aus dem alltäglichen Leben lockern den Text auf.

Was ist unser Anliegen?

Das Buch soll historische Entwicklungen aufzeigen, über den neuesten Kenntnisstand informieren und sich in die aktuellen Diskussionen einschalten. Es will Vorurteile und Halbwissen abbauen, es will bilden, anregen, problematisieren und unterhalten. Der Leser, der dies wünscht und sucht, soll genug Material finden, sein Leben und Lieben reicher zu gestalten, die Sonnentage zu genießen und mit seinem Alltag besser zurechtzukommen. Insofern möchte das Lexikon auch eine orientierende und vitalisierende Funktion erfüllen, insbesondere in bezug auf die aktuellen Möglichkeiten von Liebe und Sexualität.

In jedem Fall werden der Leser und seine Lebensfragen ernst-, sein Sinn für Lust auf-, seine lustvolle Sinnlichkeit angenommen.

Wir danken all denen, die den langen Weg dieses Lexikons begleitet und uns unterstützt haben.

Lykke Aresin
Kurt Starke

Leipzig und Zeuckritz,
den 15. Dezember 1995

Aberglaube (spätmhd. aber: verkehrt, falsch): Irrglaube, Wahnglaube. Das Für-möglich- oder Für-wahr-Halten übernatürlicher Kräfte in bestimmten Dingen, Ereignissen, Zeitpunkten, Menschen usw., die angeblich Einfluß auf das alltägliche Leben einschließlich des Liebes- und Sexuallebens haben. Die Geschichte der Völker ist reich an abergläubischem Kulturgut. In den deutschen Volksglauben sind insbesondere heidnische Bräuche der alten Germanen und die griechisch-römische Sagenwelt eingegangen. Der A. hat in Sitten, Gebräuchen, Riten, Symbolen, Vorurteilen seinen Ausdruck gefunden und lebt oftmals bis heute fort. Dazu gehören allerlei Liebestränke, Liebeszauber, Orakel, Hochzeitsbräuche, Fruchtbarkeitsriten, Talismane, Liebesamulette, von denen sich die Menschen eine positive Wirkung oder die Abwehr von Gefahr versprachen. Auch das Beachten von Vorzeichen (gutes oder böses Omen) ist A. Weil von existentieller Bedeutung, galt der A. in besonderer Weise der weiblichen Fruchtbarkeit und der männlichen Potenz, vor allem in Gegenden und zu Zeiten, da Kinderlosigkeit als große Schande empfunden wurde. Alle erdenklichen Mittel sollten den Schoß fruchtbar machen oder die Manneskraft stärken: Kräuter, Zaubermittel, Beschwörungen, Fruchtbarkeitsfiguren, → *Aphrodisiaka.* Auf A. beruhende Mittel und Verhaltensweisen galten seit jeher auch der Beziehungsfunktion der Sexualität, so wenn durch Liebeszauber Zuneigung erweckt werden soll oder aus der Hand, aus Spielkarten oder beim Bleigießen die große Liebe vorausgesagt oder an Blüten oder Knöpfen abgezählt wird, ob er bei ihr Chancen hat.

A. vermag Menschen Halt und Hoffnung zu geben. Dadurch, daß die Men-

schen an etwas glauben, sich entsprechend motivieren und verhalten, kann tatsächlich eine Wirkung eintreten, nicht durch übersinnliche Kräfte, sondern aufgrund psychologischer Gesetzmäßigkeiten. Das Amulett mit dem Bildnis des Geliebten ist ein toter Gegenstand, aber da das Amulett ständig an den Geliebten erinnert, festigt sich die Bindung. Viele Ausdrucksformen des A. haben künstlerischen Wert und bereichern die Kultur der Völker. Der A. hat andererseits auch viel Unglück über Menschen gebracht (böser Blick, Hexenverfolgung, Schuldzuweisungen, Verunsicherungen, Wahnvorstellungen, Angst). Leicht kann A. zu Vorurteilen führen. In finsteren und Krisenzeiten, wenn Menschen in Bedrängnis geraten, den Ereignissen ohnmächtig gegenüberstehen, sich bestimmte Vorgänge nicht erklären können und einen, auch scheinbaren Hoffnungsschimmer suchen, kommt A. immer wieder auf, und er kann manipulatorisch zur Beherrschung von Menschen und zum Geldverdienen genutzt werden.
Auch heute lebt – meist in milden Formen und harmlosen, lustigen Bräuchen oder in einer neuen Symbolik – allerlei oft uneingestandener A. fort, von dem Liebesangelegenheiten abhängig gemacht werden (»Nicht an einem 13. heiraten!«). Manche Zeitgenossen lassen sich in ihrem Partnerverhalten gern von Horoskopen beraten, die in der Massenpresse verbreitet werden.

Insgesamt gehören der A. und die mit ihm verbundenen Sitten, Gebräuche und Symbole zur Kultur- und Sittengeschichte der Menschheit; sie haben menschliches Verhalten mitbestimmt und zeigen viele Berührungspunkte zum Liebesleben der Völker. KS

Beispiele von Aberglauben:

(1) Die »Rauhnacht« vor dem Andreastag (30. November) ist nach altem Volksaberglauben besonders günstig, das Bild des künftigen Gatten zu erschauen. Um Mitternacht entkleidet sich das Bauernmädchen völlig und ruft gegen das Fenster:

»Lieber Betschemel, ich tritt dich,
Heiliger Andreas, ich bitt dich,
Laß jetzt meine Augen
Den Herzliebsten schauen.«

(2) Am Vorabend des Johannistages (29. Juni) war es in Estland noch bis zum Ende des 18. Jahrhunderts üblich, daß kinderlose Frauen nackt ums Feuer tanzten, um fruchtbar zu werden.

Gedicht von Bertolt Brecht, 1954:

Vierblättriges Kleeblatt

Lieschen fand's am Rain.
Vor Freude, es zu haben
Sprang Lieschen übern Graben
Und brach ihr bestes Bein.

Spinnelein am Morgen
Lieschen wurd es heiß.
Der Tag bracht keinen Kummer
Und abends Himbeereis.

Der Storch bringt nicht die Kinder.
Die Sieben bringt kein Glück.
Und einen Teufel gibt es nicht
In unsrer Republik.

abreagieren: der Abbau von Erregungs- und Spannungszuständen. Das Spektrum reicht dabei von unmittelbar affektiven Ausbrüchen bis zu zielgerichteten, geplanten, inszenierten Handlungen. A. im Sinne von »etwas loswerden« bezieht sich immer auf negative Emotionen, z. B. angestaute → *Aggressivität.* Durch sexuelles A. erfolgt meist nicht nur die bloße Reduktion sexueller Spannungen, etwa durch → *Masturbation;* sondern in sexuellen Handlungen werden oft auch nichtsexuelle Impulse abreagiert, wobei die Erotik häufig auf der Strecke bleibt. Der Dichter Rainer Maria Rilke beklagt in seinen »Briefen an einen jungen Dichter«, daß fast alle Menschen die Erfahrung körperlicher Wollust »… mißbrauchen und vergeuden und sie als Reiz an die müden Stellen ihres Lebens setzen und als Zerstreuung, statt als Sammlung zu Höhepunkten«. Im Gegensatz zum A. negativer und belastender Gefühlszustände werden positive Emotionen nicht auf andere übertragen, um sie selbst loszuwerden, sondern um sie gemeinsam erleben und vielleicht sogar steigern zu können: sexuelles Luststreben, das sich mit Freude und Glücksempfinden mischt, verbindet; die → *Lust* wird nicht abreagiert, sondern ausgelebt. We

Abstinenz, sexuelle: zeitweilige oder lebenslange Enthaltsamkeit (→ *Askese*, → *Zölibat*), die entweder auf einem freiwilligen Entschluß beruht, z. B. aufgrund eines religiösen Gelöbnisses bei katholischen Priestern, Nonnen und Mönchen, oder durch bestimmte Umstände erzwungen wird, z. B. Haft, Kriegsgefangenschaft, Verlust des Partners oder lange Trennung von ihm, Krankheiten. Zeitweilige A. kann auch aufgrund unbewältigter Konflikte mit Haß und Schuldgefühlen gegenüber dem eigenen Körper ausgelöst werden. S. A. bedeutet nicht nur Verzicht auf interpersonellen Sex, sondern schließt auch Selbstbefriedigung mit ein. Bei kurzfristiger A. ist im allgemeinen nicht mit körperlichen oder seelischen Störungen zu rechnen. Über einen langen Zeitraum kann A. jedoch bei sonst sexuell recht aktiven Personen zu psychischen Problemen führen. Sie äußern sich in schwer zu kompensierenden inneren Spannungen, gesteigerter Reizbarkeit oder auch Niedergeschlagenheit bis hin zu

depressiven Verstimmungen und neurotischen Störungen. Für Männer ist lange A. meist schwerer zu ertragen als für Frauen, die nach Wiederaufnahme von sexuellen Kontakten auch schneller wieder ihre ursprüngliche erotische Ansprechbarkeit und sexuelle Empfindungsfähigkeit erreichen. Männer, besonders in der zweiten Lebenshälfte, tun sich meist schwerer und brauchen Zeit, ehe sich ihre Potenz in vollem Umfang wiederherstellt.
Wie schwer, oftmals sogar ganz unmöglich es ist, strikt abstinent zu leben und die innewohnenden sexuellen Bedürfnisse auf Dauer zu unterdrücken oder durch andere Aktivitäten zu ersetzen oder zu sublimieren, beweisen das häufige Brechen von Keuschheitsgelübden und die überlieferten Berichte über erotische Abenteuer in Klöstern. Auch heutzutage fehlt es nicht an Hinweisen, daß es gelegentlich zu Übertretungen des Keuschheitsgebots kommt. Ar We

Adam und Eva: nach der biblischen Schöpfungsgeschichte (1. Buch Mose, 2) die ersten von Gott geschaffenen Menschen. Unschuldig und glücklich lebten sie im Paradies, dem Garten Eden, bis die listige Schlange Eva zum Genuß der von Gott verbotenen Frucht überredete und diese Adam verführte, gleichfalls davon zu essen. »Da wurde ihnen beiden gewahr, daß sie nackt waren, und sie flochten Feigenblätter zusammen und machten sich Schurze.«
Mit diesem Sündenfall, wie dieser Vorgang fortan bezeichnet wurde, hatten sie den Zorn Gottes erregt und wurden sofort streng bestraft. Eva sollte viel Mühsal haben, wenn sie schwanger würde, und unter Schmerzen Kinder gebären. Außerdem sollte sie zwar Verlangen nach ihrem Mann haben, aber er sollte ihr Herr sein. Damit war das Patriarchat begründet, und alle weiblichen Nachkommen Evas mußten sich jahrhundertelang gemäß der christlichen Lehre der Herrschaft des Mannes unterwerfen.
Auch Adams Schicksal war nicht gerade leicht. Sein Acker wurde von Gott verflucht, er sollte Dornen und Disteln tragen. Adam sollte im Schweiße des Angesichts sein Brot essen, bis er wieder zu Erde würde. Außerdem wurden A. u. E. sofort aus dem Paradies vertrieben.
Trotzdem meisterten die beiden ihr hartes Schicksal. Eva gebar bald darauf ihre Söhne Kain und Abel, die ihrerseits Familien gründeten. A. soll nach dem Geschlechtsregister der Bibel im Alter von 130 Jahren noch den Sohn Seth gezeugt haben, später sogar noch weitere Kinder.
Das → *Feigenblatt*, mit dem A. u. E. ihre Blöße verdeckten, hat bis heute seine symbolische Bedeutung bewahrt und diente in der bildenden Kunst oft als Bedeckung der männli-

chen Genitalien, die z. B. bei Statuen der Renaissance recht naturalistisch dargestellt wurden und auf päpstliches Geheiß zeitweilig mit einem Feigenblatt verhüllt werden mußten. Dieses Los wurde auch der prachtvollen, von Michelangelo geschaffenen Davidstatue in Florenz zuteil.

Da es bei den weiblichen Aktdarstellungen nicht soviel zu verdecken gab, begnügten sich manche Künstler damit, ihre unbekleideten Schönen im Liegen darzustellen, wobei eine Hand lässig den evtl. Anstoß erregenden Schoß bedeckte, z. B. Tizian bei seiner ruhenden Venus oder Giorgione bei seiner später von Tizian vollendeten Venus.

Solange sich A. u. E. ihrer Nacktheit nicht bewußt, sozusagen geschlechtslos waren, galten sie als rein und unschuldig. Mit der durch den Sündenfall eingetretenen Erkenntnis ihrer Geschlechtlichkeit verloren sie ihre Unschuld, die Fleischeslust hatte sie verändert, und durch die Übertretung von Gottes Gebot waren sie zu Sündern geworden. Mit dieser Interpretation war Sexualität nur zum Zwecke der Zeugung von Nachkommen erlaubt, eine Hypothese, die jahrhundertelang vom Christentum vertreten wurde. Ar

Adspektprostitution (lat. adspectus = Anblick): Vorführung sexueller Handlungen bis hin zum Geschlechtsverkehr, ein schon im Altertum bekannter Brauch, der in manchen Bordellen, Sexclubs oder ähnlichen Einrichtungen praktiziert wird (→ *Live-Show,* → *Striptease,* → *Theater*). Meist werden die Zuschauer zunächst nicht selbst aktiv, sondern lassen sich durch den Anblick der vorgeführten Szenen sexuell erregen und einstimmen, ehe sie dann entweder noch an Ort und Stelle mit den dort vorhandenen Mädchen oder erst zu Hause ihre Befriedigung suchen. Die Darsteller sehen sich als erotische Schauspieler und stehen oft auch als → *Prostituierte* zur Verfügung. Ar

Afrika: In alten afrikanischen Kulturen werden Erotik und Sexualität unbefangen und offen betrachtet und das Geschlechtsleben als fester Teil des Stammeslebens behandelt, Höhepunkte wie → *Initiationsriten,* Hochzeiten und Geburten oft als die gesamte Gemeinschaft angehende Feste begangen.

Bei den Venda – einer ethnischen Gruppe im Süden Afrikas – tanzen die Mädchen, wenn die Jugendlichen in den »heiligen Hain« zur Vorbereitung auf das Erwachsensein ziehen, den Python-Tanz als Symbolisierung für Schwangerschaft und Geburt. Überhaupt ist die Initiation mit ihren Riten und Prüfungen wichtiger

Ansatz für vielfältige künstlerische Äußerungen.

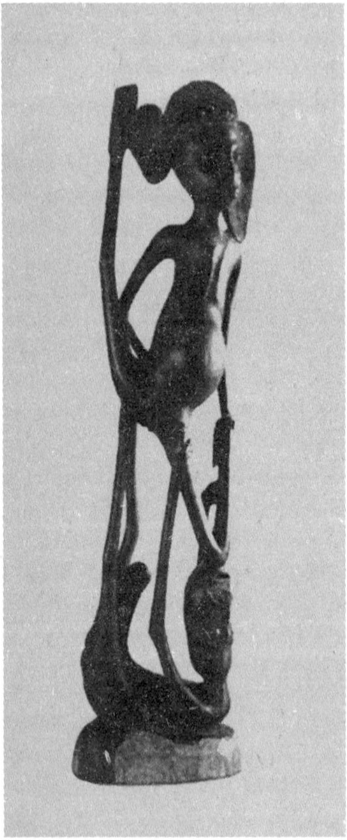

Makondeplastik. Holz (20. Jh.)

Die Makonde-Gruppe, eine in Tansania und im nördlichen Moçambique lebende Bevölkerungsgruppe, ist besonders durch ihre Holzmasken bekannt geworden, die vor allem im Fruchtbarkeitsritus und bei den Reifefeiern eine große Rolle spielen. Bei den Tänzen treten die Masken immer paarweise – Mann gegen Frau – auf, wobei auch die Frauen von Männern dargestellt werden. Der Zweck dieser Tänze ist es, den neuaufgenommenen Erwachsenen die Beziehungen der Geschlechter zueinander zu erklären.

In der afrikanischen Plastik fällt auf, daß die Geschlechtsorgane an fast allen Figuren gemäß der Bedeutung, die ihnen beigemessen wird, von besonderer Größe und sehr genau ausgeführt sind. Neben der weitverbreiteten Holzplastik sind hier vor allem die kunstvollen Bronzeplastiken aus Benin zu nennen.

Die Idolplastiken als Träger schützender oder heilender Zauberkraft oder als Versinnbildlichung der Kraft überhaupt waren Gegenstand kultischer Verehrung. Häufig handelt es sich dabei um Frauenstatuetten aus Knochen, Ton, Stein oder Elfenbein, meist nicht größer als 15 cm. Verbunden sind sie mit dem matriarchalischen Magna-Mater-Kult (dem Kult der Großen Mutter als der Trägerin der Fruchtbarkeit). Sie spiegeln die Frauengesellschaft wider und stellen eine magische Interpretation der sexuellen Beziehungen sowie deren Bedeutung im Leben der Stämme und Völkerschaften dar. Bei den Ashanti gibt es die Tradition der geschnitzten Fruchtbarkeitspuppen, die die Frauen in der Hoffnung auf baldigen Kindersegen auf dem Rücken tragen.

Afrikanische Bildwerke waren früher meist einem Stamm oder einer Region zugeordnet. Jetzt bestimmt sie zunehmend der Name des einzelnen Künstlers, was daran erkennbar ist, daß die Werke neuerdings häufig signiert werden. In jüngerer Zeit entstanden neue Formen der Malerei in Gestalt der auf Karten, Pappe, Holz oder Leinwand gemalten »Straßenbilder«, die Quadratmalerei in Tansania (z. B. die Tingatinga-Schule), die Ladenschildermalerei in Kenia und Nigeria, Burkina Faso und Zaire, die »Touristenbilder« in Nigeria. Suggestivität, Individualität und Direktheit werden allerdings durch die Arbeiten für Touristen oft zurückgedrängt: »Schöne« Akte mit Glanz auf den Brüsten und blitzenden weißen Zähnen vor Palmen in erotisch vordergründiger, nicht der Tradition und den Vorstellungen wirklicher Kunst genügender Gestaltung werden den Reisenden auf den afrikanischen Märkten ebenso angeboten wie in manchen westeuropäischen Kaufhäusern. Die Stellung der Frau hat sich vor allem in den Städten auffallend verändert. Ihr Vordringen in neue Berufe, der Zerfall der Großfamilie, die Europäisierung des Lebens hat in vielen Fällen auch die Änderung der Einstellung zu Erotik und Sexualität im europäischen Sinne mit sich gebracht. Se

After (Anus): äußere Öffnung des Mastdarms, die durch einen inneren unwillkürlichen und äußeren willkürlichen ringförmigen Muskel verschlossen ist. Der Bereich gehört zu den erogenen → *Zonen;* sowohl das Betrachten, Streicheln und Küssen als auch das Eindringen eines Fingers (Analmasturbation), der Zunge, des Gliedes oder künstlicher Stöpsel, die oftmals speziell dafür hergestellt werden und in Sexshops erhältlich sind, kann für beide Partner lustvoll und erregend sein. Ar

Afterlecken (Anilingus, Anilinctio): im Afterbereich lecken oder geleckt werden. Da die Analregion einschließlich des Afters für viele erotische Anziehungskraft besitzt (Analerotik), gehört Afterlecken zu den sexuellen Handlungen, die sowohl als Vorspiel zum → *Analverkehr* überleiten als auch nur eine sexuelle Variante des Liebesspiels sein können, in das alle erogenen Zonen einbezogen werden. Es gibt auch auf den After fixierte Fetischisten (→ *Fetischismus*), für die Afterlecken eine besonders lustvolle Betätigung darstellt. Ar

Aggressivität (lat. aggressio = angreifen): Bereitschaft zu → *Gewalt.* Aggressive, gewaltsame Handlungen im Partner- und Sexualverhalten sind das Gegenteil von liebevoll-erotischer Zuwendung. Manche Menschen erleben dennoch das Praktizieren oder das Ertragen von Gewalt als erotisierend und lustvoll (→ *Sadismus,* → *Masochismus,* → *Sadomasochismus*). Ob es sich hierbei um Verhaltensweisen handelt, die dem Wesen des Sexuellen selbst entspringen, ist dabei umstritten. Moderne psychologische Konzeptionen erklären die Entstehung der A. aus erlebter → *Frustration,* aus der Behinderung von Bedürfnisbefriedigung. Das betrifft keineswegs nur sexuelle Bedürfnisse. Nach dem Aggressions-Frustrations-Konzept ist das Ausüben oder das Ertragen von Gewalt bei sexuellen Handlungen und die damit einhergehende Befriedigung für das Individuum immer Ausdruck anderweitig erlebter Gewalt. A. im Sexualverhalten ist keineswegs Ausdruck gesteigerten sexuellen Verlangens, sondern betrifft lediglich die Auslöseformen sexueller Reaktionen. Das lusterzeugende Moment partner- oder selbstbezogener sexueller Gewalt ergibt sich aus der kompensatorischen (ausgleichenden) Wirkung dieser Handlungen. Dabei kommt es entweder zum Weiterreichen selbsterlittener Gewalt oder zum Ertragen von Gewalt, die in anderen Lebensbereichen selbst praktiziert wird. Sexologische Forschungen belegen, daß grobe sexuelle Gewalt und frauenschlagende Männer häufiger in den stärker unterdrückten, abhängigen und diskriminierten Bevölkerungsschichten vorkommen, während andererseits unter der Kundschaft von sadomasochistisch spezialisierten Prostituierten (Dominas) Männer aus gehobenen Schichten den größten Teil der Kundschaft ausmachen; diese Kunden setzen sich allerdings nur inszenierter A. aus. A. im Sexualverhalten ist – von klinisch-pathologischen Ausnahmen abgesehen – in letzter Instanz Ausdruck der Gewalt, die Ausdruck der jeweiligen gesellschaftlichen Verhältnisse ist. We

Ägypten: Die sexuellen Sitten der alten Ägypter sind nicht ohne Einfluß auf nachfolgende Zivilisationen geblieben, unterscheiden sich allerdings teilweise vom heutigen Normenverständnis. Das bezieht sich z. B. auf die starke Verbreitung des → *Inzests.* So sollen während der Herrschaft Roms über die Hälfte der Ehen besonders in den höheren Gesellschaftsschichten zwischen Geschwistern geschlossen worden sein. Die Gründe dafür mögen vielfältig sein, doch gehörte die Sorge um die Erbfolge sicher weniger dazu als das Streben nach mehr Macht. Geliebte zu haben galt in den gehobenen Kreisen als normal. Ramses II. soll 160 Kinder gehabt haben. Die → *Tempelprostitu-*

tion war Teil des religiösen Lebens, insbesondere in Verehrung der Liebesgöttin Isis. Die → *Prostitution* war im alten Ä. überhaupt weit verbreitet. Ein übergroßer Phallus als Symbol von Manneskraft (→ *Phalluskult*) gehört zu den verschiedenartigen Darstellungen des Osiris, der Gottheit der Fruchtbarkeit (→ *Priapismus*). Der männliche Sexus war in der Pharaonenwelt generell das Symbol von Schöpferkraft, während der weibliche Sexus zwar durchaus verehrt wurde, aber schon mit einem gewissen Makel behaftet war. Der griechische Historiker Herodot berichtet, daß Ramses II. den Bau von Stelen auf den Gräbern der im ehrlichen Kampf getöteten Feinde veranlaßte, hingegen auf den Grabmälern auf der Flucht Erschlagener weibliche Geschlechtsorgane eingravieren ließ.

Die Idee der jungfräulichen Geburt kam bereits im alten Ä. auf. So soll eine jungfräuliche Kuh nach angeblicher Befruchtung durch einen Mondstrahl den Stier Apis geboren haben. Der geschlechtliche Zeugungsakt wurde für die Geburt eines Gottes als Makel angesehen, das niedere Sexuelle wurde vom klaren, ungetrübten reinen Geistigen getrennt. Spätere moralische Gesetze, die sich bis in unsere Tage auswirken, haben hier ihren Ursprung.

Ähnlich dem → *Kamasutra* hat es auch im alten Ä. eine Darstellung von (zwölf) → *Koituspositionen* gegeben, den »Turiner Papyrus«. Ansonsten ist mit Ausnahme bildlicher Darstellungen über Erotik und Sexualität im alten Ä. wenig bekannt. Se

Aids (Abk. f. engl. **A**cquired **I**mmune **D**efiency **S**yndrome = Erworbenes Immunschwächesyndrom): In bezug auf Liebe, Erotik und Sexualität sind folgende Aspekte von A. wichtig:

(1) Infolge von A. und aller Begleitaspekte dieser Krankheit treten Liebe und Sexualität in die Nähe von Krankheit und Tod. »Die Angst vor Aids besteht in ihrem Kern aus nichts anderem als der Angst davor, vor der Zeit zu sterben. Weil aber die meisten Menschen ausschließlich über das sexuelle Handeln mit anderen riskiert sind, transformiert sich die Angst vor dem Sterben zu einer Angst vor der Sexualität mit einem Partner« (Martin Dannecker, »Der homosexuelle Mann im Zeichen von Aids«, 1991). Dieser Widerspruch zwischen einem an sich positiven, lebensbejahenden Geschehen und der Todesgefahr kann insbesondere Jugendlichen unlösbar und ausweglos erscheinen. Dadurch besteht die Gefahr, daß sie nicht nur durch das Virus selbst, sondern durch die Angst davor in ihrem Liebes- und Sexualverhalten bzw. in ihrem ge-

samten Leben verunsichert oder geschädigt werden.

(2) Diese Angst, verbunden mit Panikmache, Desinformation, Vorurteilen, Erzeugung schlechten Gewissens, bietet den Boden für einen irrationalen Umgang und das politische und ideologische Geschäft mit A.

Das findet seinen Ausdruck

a) im Moralisieren: Ganz anders als bei anderen Krankheiten (aber ähnlich wie bei bisherigen sexuell übertragbaren → *Krankheiten*) wird A. moralisch bewertet (als Folge eines liederlichen Lebenswandels, als Zuchtrute Gottes, als unanständige Krankheit). Die HIV-Positiven werden zu Sündern erklärt, die selbst an ihrer Krankheit schuld sind. Überhaupt wird nach Schuld und Schuldigen gesucht und dabei »die historisch gewachsene Abneigung gegen sexuelle Lust und Ungeregeltheit« bedient und die »Krankheit in ein Angstszenarium zur Bekehrung der Menschen« eingefügt (Siegfried Rudolf Dunde, »Aids und Moral«, 1989). Werte wie Ehe und Treue werden überhöht.

b) im Kriminalisieren: Die Opfer der Krankheit werden zu Tätern erklärt, als Todbringer oder Mörder. Sexualität selbst und sogar Liebe werden zu einem kriminellen Geschehen stilisiert: Nicht das Virus, sondern der Partner und die Liebe sind der Feind. Beispiel: In der Titelgeschichte »Im Bett mit dem Feind« bezeichnet das Hamburger Nachrichtenmagazin »Spiegel« die Liebe als »eine Leidenschaft, die den Tod bringen kann«: »Nun aber hat das Zusammenspiel von Eros und Tod eine andere, gräßliche Bedeutung angenommen: Liebe kann heute kriminell sein, kann Selbstmord sein oder Mord.« (Heft 40, 1992)

c) im Stigmatisieren und Diskriminieren: Dies ist der Fall, wenn HIV-Positive ausgegrenzt, abgelehnt, beruflich benachteiligt werden. Ein bestimmter Teil der Bevölkerung, in Deutschland Anfang der 90er Jahre etwa 10%, würde zustimmen, wenn HIV-Positive frühzeitig hospitalisiert oder in Lagern konzentriert würden. A. hat auch dazu geführt, daß Vorurteile gegen bestimmte Personengruppen genährt werden, z. B. Ausländer, Drogensüchtige, → *Prostituierte.* Insbesondere waren davon homosexuelle Männer betroffen. In den USA wurde A. zunächst als Schwulenseuche bezeichnet, da besonders häufig homosexuelle Männer erkrankten. In einigen Ländern führte A. zu einer Verschärfung der Gesetzgebung gegen Homosexuelle, andere Länder (z. B. Deutschland) wählten einen anderen Weg und versuchten, rechtliche und andere Diskriminierungen abzubauen (Streichung des § 151 aus dem Strafgesetz der DDR, Abschaffung des § 175 nach der Vereinigung Deutschlands).

Moralisieren, Kriminalisieren, Stigmatisieren fördern Intoleranz und Ausgrenzung. Sie dienen einer repressiven Sexualmoral. Als A.-Prophylaxe sind sie untauglich, im Gegenteil: Sie begünstigen die Ausbreitung des Virus. Darüber sind sich die Experten weitgehend einig, die großen A.-Weltkongresse zeugen davon. In einigen Ländern sind Strategien gegen Moralisieren, Kriminalisieren, Stigmatisieren und Panikmache entwickelt worden. Dazu gehören auf Information, Aufklärung und Hilfe setzende Anti-A.-Kampagnen und vielfältige Veröffentlichungen, A.-Beratungsstellen, die Aidshilfe und auch wissenschaftliche Forschungen. In manchen Ländern werden infolge von A. bestimmte sexuelle Sachverhalte und Vorgänge offiziell thematisiert, die früher tabu waren, z. B. Fremdgehen und Partnerwechsel, Homosexualität, Selbstbefriedigung, Lusterleben, Sextourismus. Damit hat die Krankheit A. auch in den öffentlichen Umgang mit Sexualität eingegriffen.

(3) Um das Risiko einer Ansteckung zu mindern oder zu vermeiden, hat sich das praktische Sexualverhalten teilweise verändert. In bezug auf homosexuelle Männer schreibt der Sexualwissenschaftler Martin Dannecker 1991, sie »haben in bemerkenswert kurzer Zeit ein Sexualverhalten zustande gebracht, das sich erheblich risikomindernd auswirkt. Das zeigt sich vor allem an ihrem Umgang mit dem Analverkehr bei außerhalb von festen Beziehungen situierten homosexuellen Kontakten«. Besonders auffällig ist die allgemein gewandelte Einstellung zum → *Kondom,* das in den 80er Jahren eine Renaissance erlebte und weit häufiger als vordem genutzt wird. War früher das Dabeihaben eines Kondom eher verdächtig, so gilt es heute als Zeichen von Verantwortungsbewußtsein. Früher wäre es undenkbar gewesen, Schülern ein steifes Glied zu zeigen oder mit ihnen das Aufziehen des Kondoms an einem Modell zu üben. Dies ist heute durchaus möglich, wenngleich es immer wieder Gegner einer modernen Sexualaufklärung gibt, die solche konkreten Informationen und praktischen Hinweise ablehnen.

(4) Benutzung des Kondoms und andere Vorsichtsmaßnahmen gehören zum Konzept des Safer Sex (sicherer Sex). Dieses Kon-

zept, das im Gefolge von A. aus den USA (San Francisco) in Europa aufgegriffen wurde, empfiehlt einen Sex, bei dem die Ansteckung mit dem Virus ausgeschlossen oder doch unwahrscheinlich ist. Dazu gehören beispielsweise Selbstbefriedigung, Zuschauen bei sexuellen Handlungen, Betrachten von → *Pornovideos*, → *Telefonsex*, Massage mit Gummihandschuhen. »Jeder Orgasmus beim Ansehen eines Pornofilms oder eine sexuelle Befriedigung per Telefon ist eine verhinderte A.-Infektion« (Safer-Sex-Prospekt, 1989). Dieses Konzept, einseitig betrachtet und zu Ende gedacht, führt dazu, eine direkte Berührung mit dem Partner möglichst zu vermeiden. Autistische (auf sich selbst bezogene) Haltungen wären dann ideal. Die Gefahr bestünde dann darin, Berührungsängste nicht ab-, sondern aufzubauen und auseinanderzurücken, wo Nähe gewollt ist. Jeglicher freundschaftliche Umgang würde entintimisiert und körperliche, schließlich allgemein-menschliche Distanz gehalten. Damit würde jene Tendenz bestärkt, die Sex ohnehin als etwas vom konkreten Menschen und von der Partnerbeziehung Abgesondertes oder Isolierbares betrachtet. Wie sexologische Untersuchungen zeigen, folgen die meisten Menschen, besonders Jungverliebte, solchen Denkrichtungen auch in Zeiten von A. nicht. Die Sexualität wird von ihnen nicht idealerweise als aseptischer Sex möglichst ohne (Feind-)Berührung, als anonymer Service oder isolierte Lust gedacht, sondern meist am (geliebten) Partner festgemacht. Hetero- wie Homosexuelle lieben einen konkreten Menschen, gehen mit ihm eine enge Beziehung ein, haben mit ihm sexuellen Kontakt. Bestimmte Empfehlungen des Safer Sex, z. B. Angebote der Sexindustrie, werden meist eher als Ergänzung zum oder direkt zur Beförderung des partnerschaftlichen Sex, denn als dessen Ersatz genutzt. Über Safer Sex hinausgehende Konzepte, die zum Teil als hysterische Reaktionen zu werten sind, legen nahe, entweder ganz auf Sex zu verzichten oder sich auf einen getesteten, aidsfreien Partner zu beschränken. Da solche Botschaften weltfremd sind und insbesondere bestimmte Personenkreise in Risikosituationen (z. B. → *Drogenstrich* ohne Kondom) überhaupt nicht erreichen, setzen sie sich nicht durch.

(5) Zunächst vermittelten Anti-A.-Kampagnen vielfach – direkt oder indirekt – die Botschaft, Polygamie befördere die Ausbreitung von A. und Monogamie verhindere sie; Liebe sei sicher und Se-

xualität ohne Liebe unsicher. Diese Präventionshypothesen gerieten durch sexologische Untersuchungen ins Wanken. Sie ergaben, daß bei engen Partnerbeziehungen und in sehr emotionalen Situationen häufig auf Safer Sex verzichtet und insbesondere das Kondom weggelassen wird. Beispielsweise neigen Sextouristen in Thailand teilweise dazu, auf das Kondom zu verzichten, wenn sie mit dem Mädchen länger zusammen sind und sich verlieben. Ebenso kommt es bei Paaren, die hinsichtlich ihres HIV-Status diskordant sind (der eine ist positiv, der andere nicht), gelegentlich zu unsafem Sex. Die Studien von Martin Dannecker 1990 und Michael Bochow 1991 unter homosexuellen Männern belegen, daß »der Sex außerhalb einer Beziehung eher leibferner und daher eher safer ist, wogegen gerade der Sex innerhalb von Beziehungen leibnäher und somit risikoreicher ist« (Dannecker, 1994). Liebe und Erotik sind für sich genommen kein Garant gegen eine Infektion – aber auch nicht für sie; die Verhältnisse sind komplizierter. Die Liebe in Zeiten von A. als irrsinnig und unvernünftig zu verdammen, wäre wenig hilfreich.

(6) Die Fortschritte der Medizin eröffneten bereits Ende der 80er Jahre Möglichkeiten, die Lage von A.-Kranken zu erleichtern und ihr Leben zu verlängern. Eine Heilung von A. ist bislang nicht möglich, und auch ein Impfstoff steht nicht zur Verfügung. Daher konzentriert sich die Strategie gegen A. auf die Vermeidung einer Ansteckung. Dabei sind drei Ebenen voneinander zu unterscheiden:

a) Partner,
b) Schutz,
c) Sexualtechnik.

Wird das Risiko auf nur einer dieser Ebenen ausgeschaltet, können die beiden anderen vernachlässigt werden. Wenn beispielsweise ein 17jähriges Mädchen aus dem sächsischen Zeuckritz mit einem gut bekannten, ebenfalls sexuell noch völlig unerfahrenen Jungen aus dem Nachbardorf Schöna das erste Mal Geschlechtsverkehr hat, ist eine Ansteckung mit A. ausgeschlossen, selbst wenn kein Kondom benutzt wird und bei der Entjungferung Blut fließt. Bei unklaren Partnersituationen werden die Ebenen b und c wichtig. Ein Schutz ist vorläufig nur durch das Kondom möglich. Sexualtechniken, insbesondere Analverkehr, sind dann extrem risikovoll, wenn sie ungeschützt und mit einem unbekannten Partner realisiert werden.

Da das A.-Virus außerhalb menschlicher Flüssigkeiten nicht lebensfähig und vergleichsweise schwer übertragbar ist, läßt sich – einige Vorsorge vorausgesetzt – das Risiko einer Ansteckung mindern oder ganz vermeiden. Dennoch gibt es immer wieder Lebenssituationen oder ein unglückliches Zusammentreffen von Umständen, die zu einer Übertragung führen. Daher wird A. für lange Zeit ein Thema nicht nur für Gesundheitspolitiker, sondern für Liebende aller Art bleiben. KS

Analerotik: erotische Anziehungskraft des Afters (lat. anus) und des ihn umgebenden Bereichs, das Gesäß eingeschlossen. Die Bezeichnung stammt von Sigmund Freud (→ *Psychoanalyse*). Vorlieben für analerotische Beziehungen sind aus vielen Kulturkreisen bekannt. In der griechischen → *Antike* wurde dem wohlgeformten Hinterteil von Frauen hohes Lob gezollt, das Volk verehrte deswegen die Göttin Aphrodite Kallipygos (griech. = die mit dem schönen Hintern). Oft blieb es nicht beim Anschauen oder Berühren, man ging zum direkten Kontakt über. Zwar wurde der → *Analverkehr* hauptsächlich mit Knaben oder Jünglingen praktiziert, er war aber auch bei Frauen nichts Ungewöhnliches und galt möglicherweise als Ersatz für einen fehlenden männlichen Jugendlichen. Gelegentlich soll der Analverkehr auch zum Zwecke der Empfängnisverhütung angewandt worden sein. Bei der damaligen Wertschätzung der Analerotik muß man die besonderen Beziehungen zwischen Jugendlichen und erwachsenen Männern in Betracht ziehen, die sich im damaligen Griechenland nicht nur auf den philosophischen Bereich erstreckten, sondern erotisch-sexuelle Kontakte einschlossen. Aus der uns erhaltenen Literatur lassen sich zahlreiche Belege für die Attraktivität eines zarten, weißen, noch unbehaarten Pos eines Knaben finden. Man rühmt die »milchfarbenen Hinterbacken« oder den »schönen und großen Hintern« der Jünglinge, die allerdings mit zunehmendem Alter und damit einsetzender Behaarung an Anziehungskraft verloren. Bei der Popularität der A. verwundert es nicht, daß man auch den griechischen Göttern derartige Vorlieben nachsagte. So soll sich → *Zeus* in Ganymed vor allem wegen dessen hübschem Hintern verliebt haben. → *Dionysos* erhielt wegen seiner Vorliebe für den Analverkehr den Beinamen »Glutäer« (lat. musculus glutaeus für den Gesäßmuskel).

Zwar wurden von der herrschenden Klasse Athens auch die → *Hetären* hoch geschätzt, doch gab es daneben viele Staatsmänner und Philosophen, denen die analen Beziehungen zu ihren Günstlingen gleichermaßen lieb waren, sowie andere, die sie der Liebe zu Frauen gänzlich vorzogen.

A. beschränkt sich keineswegs auf den griechisch-römischen Kulturkreis, doch wissen wir dank zahlreicher Schriften und bildnerischer Darstellungen über die Epoche besonders gut Bescheid.

Auch heutzutage erfreut sich ein knackiger → *Po* bei Männern und Frauen – durch enganliegende Kleidung noch besonders betont – ausgesprochener Beliebtheit. Ar

Analverkehr (Analkoitus, Pedicatio): der Penis wird nicht in die Scheide, sondern in den → *After* des männlichen oder weiblichen Sexualpartners eingeführt; die Friktionen (Reibungsbewegungen) erfolgen im Mastdarm und sind für manche Personen besonders lustvoll und erregend.

Allerdings wurde der A. – seit Jahrtausenden aus vielen Kulturkreisen bekannt – je nach Zeit, Religion und der Gesellschaft recht unterschiedlich beurteilt. Im alten → *Ägypten* z. B. galt cr als Privileg der Götter und Pharaonen. In der griechischen → *Antike* besaß er eine wesentlich größere Verbreitung, begünstigt durch die Vorliebe der Griechen für die → *Päderastie.* Aus dieser Zeit stammende Vasenbilder zeigen zahlreiche homoerotische Szenen, darunter auch A. zwischen Männern und Jünglingen. Aus dem

Französische Buchillustration (19. Jh.)

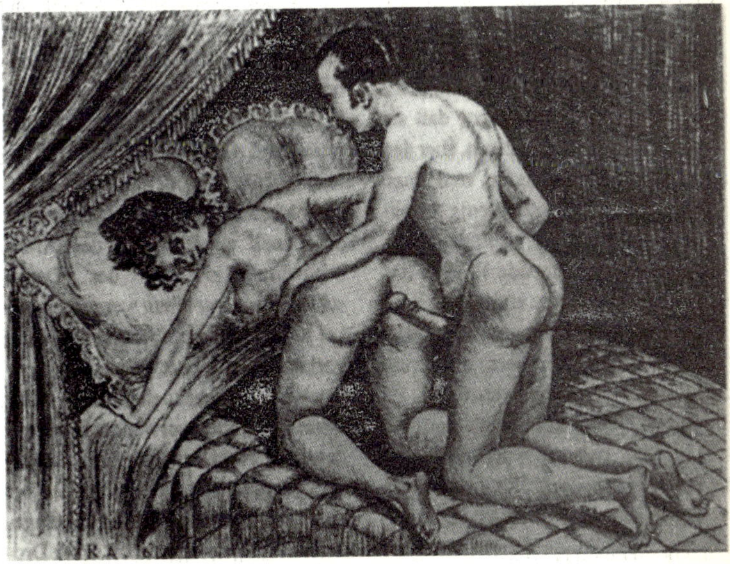

berühmten indischen Liebesbuch → *Kamasutra* geht hervor, daß damals der A. vor allem kultischen Zwecken diente. So glaubte man z. B., die Stimulierung des Rektums (After) könne die Fähigkeiten eines Mannes auf künstlerischem und mystischem Gebiet steigern. Aus diesem Grund übrigens verhielt sich der Hinduismus gegenüber der → *Homosexualität* tolerant.

Daß vor der Eroberung Mittelamerikas durch die Spanier der A. dort recht gebräuchlich war, läßt sich deren Berichten entnehmen, in denen sie diese Handlungen nicht nur erwähnen, sondern aufs schärfste verdammen. Keramische Funde der für ihre Töpferkunst berühmten Mochika sprechen dafür, daß im damaligen Peru der A. nicht nur bei homosexuellen, sondern auch bei heterosexuellen Paaren eine beliebte Variante darstellte. Von den Mohave, einem nordamerikanischen Indianerstamm, ist überliefert, daß sie sexuell recht freizügig lebten, aber den A. im Prinzip bevorzugten, weil ihnen das weibliche Genitale wenig attraktiv, teilweise sogar abstoßend erschien. Der zunehmende Einfluß des Christentums brachte eine moralische Abwertung des A. mit sich. Die christlichen spanischen Eroberer reagierten schockiert und bezeichneten den A. als Sodomie, eine Todsünde, die entsprechend hart bestraft werden mußte. Diese negative Einstellung des Christentums übertrug sich auch auf europäische Verhältnisse. Sie trug wesentlich zur Verteufelung der Homosexuellen bei, und auch heutzutage halten viele Menschen anale Sexualkontakte für unnatürlich, anrüchig und verdammenswert, wobei diese Meinung durch das Auftreten von → *Aids* zusätzlich verfestigt wurde.

Im heutigen Europa und in anderen Ländern ist A., wenn auch nicht ausschließlich, so doch noch bevorzugt eine Sexualpraktik von männlichen Homosexuellen, wobei nicht alle Schwulen A. haben, manche lehnen ihn ab oder haben ihn sehr selten. Nach Starke (»Schwuler Osten«, 1994) haben rund 20 % der männlichen Homosexuellen oft A. (aktiv oder passiv), und rund 30 % haben keinerlei Erfahrung damit. Für heterosexuelle Paare kann der A. eine gelegentliche Abwechslung im Liebesspiel bedeuten, doch lehnen ihn viele Frauen ab, nicht aus moralischen Gründen, sondern weil sie das Eindringen des Penis in das Rektum als schmerzhaft empfinden und Angst vor Verletzungen haben – durchaus nicht unberechtigt: Bei rücksichtslosem Vorgehen kommt es schnell zu Einrissen des Afterschließmuskels und der Darmschleimhaut, vor allem wenn der Muskel nicht daran gewöhnt ist und nicht vorher evtl. geweitet wurde.

Auch bei Homosexuellen sind – selbst wenn Gleitmittel verwendet werden – derartige Folgen nicht selten. Besonders gefährlich ist der → *Faustfick,* bei dem die Faust in den After hineingestoßen wird. Bei dieser, oft unter Drogenwirkung stattfindenden Sonderform kommen schwere Verletzungen vor, die operativ versorgt werden müssen. Bei einem gut eingespielten homosexuellen Paar muß der A. nicht unbedingt medizinische Probleme mit sich bringen. Doch sind jederzeit kleine, oft unbemerkt bleibende Schleimhauteinrisse möglich. Während früher diesen Bagatellverletzungen keine Aufmerksamkeit geschenkt wurde, weiß man heute in der Aids-Ära, daß auch sie eine Infektion mit sexuell übertragbaren → *Krankheiten* – insbesondere Aids – begünstigen können. Das → *Kondom* ist daher unverzichtbar, sofern man bei dieser Praktik bleiben möchte.

Für die Anhänger des A. besteht das Besondere darin, daß ein der Scheide ähnliches Hohlorgan benutzt wird, das jedoch enger und weniger elastisch ist. Von beiden Beteiligten werden daher die Friktionen intensiver empfunden, ein das Lustgefühl steigernder Effekt. Beim Mann wird zudem die Vorsteherdrüse massiert, was ebenfalls luststeigernd sein kann.

Manche heterosexuelle Paare nutzen den A. zur → *Empfängnisverhütung,* meist in Ländern, in denen keine modernen Kontrazeptiva zur Verfügung stehen. Gelegentlich wird A. auch praktiziert, wenn die Frau wegen ihrer Regel keinen Scheidenverkehr will. Aus medizinischer Sicht nachteilig ist die Erfahrung, daß jahrelang praktizierter A. beim Penetrierten zur Erschlaffung und Erweiterung des analen Schließmuskels mit nachfolgender Stuhlinkontinenz führen kann. Moralische Einwände gegenüber dem A. sind heutzutage nicht mehr gerechtfertigt, er ist eine sexuelle Variante unter vielen anderen. Medizinisch betrachtet, gehört er jedoch zu den risikoreichen sexuellen Aktivitäten. Ar

Anaphrodisiaka: im Gegensatz zu den → *Aphrodisiaka* Mittel, die sexuelle Lust hemmen oder total unterdrücken. Dazu gehören bestimmte Medikamente wie Androcur, ein Cyproteronacetat, das auch zur Minderung des sexuellen Verlangens eingesetzt wird. Ähnlich können starke Beruhigungsmittel (wie Tranquilizer, Opiate) wirken, mit denen man Angst- oder Erregungszustände behandelt. Auch gegen zu hohen Blutdruck verordnete Medikamente können als Nebenwirkung das sexuelle Verlangen dämpfen. Inwieweit Soda (Natriumkarbonat) sich erregungshemmend auswirkt, oder Salizylsäure, Kaliumbromid und -nitrat, ist umstritten. Bewiesen ist dagegen der Einfluß von langer Mangelernährung oder Fasten, kalten Bädern oder übermäßigen sportlichen Anstrengungen (→ *Sport*). Letzteres war schon in der griechischen → *Antike* bekannt und wurde zur Abschwächung eines zu starken Sexualtriebs ebenso empfohlen wie das Vermeiden von Alkohol und stark gewürzten

Speisen. Liebestötend wirken aber auch manche Verhaltensweisen des Partners, wie schlampige Kleidung, Ungepflegtheit, alkoholisierter Zustand oder mangelndes Interesse am Partner. Ar

animieren (lat. animare = Leben einhauchen, beseelen): anregen, ermuntern, in Stimmung bringen, aufheitern, anmachen, verführen. Im 17. Jahrhundert aus dem Französischen entlehnt (animer: beseelen, beleben), hat a. eine Bedeutungsabwertung und -verengung erfahren, insbesondere im Sex- und Vergnügungsgewerbe. A. heißt hier, den Gast zum Geldausgeben zu bewegen, und zwar zu mehr, als er eigentlich will oder wollte. In den Vergnügungsvierteln großer Städte finden sich oft aneinandergereiht Animierlokale, in denen der männliche Gast von Animierdamen oder der weibliche Gast oder der homosexuelle Mann von Animierherren angeregt wird, Alkohol zu spendieren. Die Gegenleistung besteht in Gesprächen und teilweise auch im mehr oder weniger intimen, derben, oberflächlichen, schmierigen, zärtlichen Anfassen und einfach in gemütlicher oder drängender oder stiller Nähe. Weiteres, z. B. ein anschließendes sexuelles Zusammensein im Bett, ist meist nicht vorgesehen. Der animierte Gast hofft darauf vergebens, es sei denn, das A. geschieht direkt mit dem Ziel eines sexuellen Kontakts mit der Animierdame (dem Animierherrn) oder einer anderen Person. Insofern sind Animierdamen und → *Prostituierte* meist streng unterscheidbar, sie haben verschiedene Berufe und Aufgaben. Eine gewisse Ausnahme bilden jene Gaststätten, in denen sich der → *Freier* für ein teures Getränk mit der Animierdame in ein Separée zurückziehen kann, um hier unter anderem auch sexuell zu agieren (zuweilen anschließend auch in speziell dafür vorgesehenen Räumen).

Die Animierdamen arbeiten in Restaurants, Bars, Nachtclubs, Tanzlokalen, Filmrestaurants, Bumslokalen als Tisch- oder Bardamen, gelegentlich auch mit tänzerischen Einlagen. Sie sind meist angestellt und erhalten von dem Umsatz, den sie mit dem Gast haben, eine Rückvergütung. Sie selbst nehmen gewöhnlich alkoholfreie (oder alkoholschwache) Getränke zu sich, die sie als Alkohol ausgeben, oder täuschen Trinken nur vor – was um so leichter fällt, je argloser oder betrunkener der Mann ist. Mitunter kann (oder will) die Animierdame Alkoholgenuß nicht umgehen, und gelegentlich ist sie alkoholabhängig, was allerdings ihre Chance zur Weiterbeschäftigung schnell herabsetzt. Unangenehme Eigenheiten des Gastes, dessen Zudringlichkeit oder Brutalität sowie die Arbeitsbedingungen (Nacht, schlechte Luft, Lärm, Nikotin) hinzugenommen, kann der Beruf der Animierdame nicht nur anstrengend, sondern auch gesundheitsschädigend und gefährlich sein.

Die Animierlokale setzen auf die Einsamkeit, die Langeweile, das Kommunikationsdefizit, die Abenteuerlust, die Vergnügungssucht, die Prahlsucht und den Leichtsinn des Gastes. Sie fordern seine Trinkfestigkeit und seine Großzügigkeit heraus: sich nicht lumpen lassen; zeigen, daß man wer ist; Geld spielt keine Rolle.

Für Animierherren oder Animiermänner gilt ähnliches. Sie arbeiten entweder in homosexuellen Gaststätten oder Lokalen mit Frauenkundschaft. KS

anmachen: auf sich aufmerksam machen, ansprechen, interessieren, werben, erregen. Zu den bisherigen Wortbedeutungen (1. befestigen, 2. anrühren, mischen, zubereiten, 3. anzünden, 4. anschalten) sind in den letzten Jahren neue – umgangssprachliche – gekommen: 5. zum Mitmachen stimulieren (z. B. ein Publikum mit Mitklatschen bewegen), 6. in der Sprache der → *Prostituierten* – den Typen aufs Zimmer bekommen, 7. auf die eigene Person bezogen – von etwas begeistert sein (»das macht mich total an«) und 8. herausfordernd ansprechen.

Eine Person sucht das Interesse einer anderen Person zu erwecken – mit dem Hintergedanken, diese für etwas zu gewinnen, beispielsweise für ein erotisches Abenteuer. Dazu muß Kontakt hergestellt werden und ein Kommunikationsstrom fließen, über den die Botschaften ankommen können. Dies geschieht unmißverständlich, der Kontaktsuchende zeigt unverblümt, daß er (sexuell) etwas will. Die Abwehr kann ebenso deutlich sein: »Mach mich nicht an, laß mich in Ruhe, hau ab!«

Das A. hat andere Kulturformen des erotischen Kontakts – wie das → *Flirten* oder das → *Animieren* oder das Umwerben oder das Schäkern – ergänzt oder verdrängt. A. ist ein unverstelltes und direktes Zugehen auf ein Ziel zur Durchsetzung eigener Interessen, in gewissem Sinne die derbe Variante eines modernen Relation-Managements zur Erweckung von Konsumbedürfnissen, verbunden mit einem rücksichtslosen Einbruch in die Sphäre des anderen. Nicht mehr Zwinkern mit dem Äuglein und Treten auf den Fuß, sondern aufdringliche Vereinnahmung. KS

Anorgasmie: Ausbleiben des Orgasmus als sexuellem Höhepunkt, die schwerste Orgasmusstörung. Bei wiederholtem oder ständigem Auftreten ist eine → *Sexualtherapie* indiziert. Ar

anschaffen (milieusprachlich): durch → *Prostitution* Geld verdienen, → *Freier* angeln. Die → *Prostituierte* geht anschaffen, für sich selbst oder für einen Zuhälter. Ursprünglich ein Synonym für sich → *prostituieren,* beginnt a. sich insofern davon abzuheben, als sich prostituieren im Sinne von sich verkaufen weiter gefaßt ist und a. die Tätigkeit der Frauen bezeichnet, die durch sexuelle Leistungen Geld verdienen. Das Prostituierten-Projekt Hydra sieht dies 1988 so: »Es wäre an der Zeit, daß wir uns auf unsere eigene Sprache besinnen. Wenn wir uns an unserem Arbeitsplatz unterhalten, bezeichnen wir uns ja auch nicht als Prostituierte oder Frauen, die ›der Prostitution nachgehen‹. Warum überlassen wir also nicht die Prostitution den ›anständigen‹ Frauen? Wir – als anständige Nutten und Huren – schaffen an.« KS

Antike, griechische (lat. antiquus = alt): das klassische Altertum als eine im 2. Jahrtausend v. Chr. in Griechenland beginnende und dann in die römische → *Antike* übergehende Epoche, die von großem Gewicht für die Weltkultur ist und in den einzelnen Ländern und Zeiten unterschiedlich aufgenommen oder wiederentdeckt wurde. Für Europa ist die A. insofern von besonderer Bedeutung, als ihre Einstellung zu den verschiedensten sexuellen Verhaltensweisen – im Gegensatz zur christlichen Religion – von Liberalität geprägt war. Das erkennt man nicht nur an der griechischen → *Mythologie,* in der die Götter – allen voran → *Zeus* – stets auf Liebesabenteuer bedacht sind, ungehemmt und höchst erfinderisch ihren erotisch-sexuellen Neigungen folgen, sondern auch am Alltag der Bürger, vorzugsweise in der Oberschicht. Allgemein bewunderte man die Schönheit des nackten Körpers, zahlreich erhalten gebliebene Statuen dieser Zeit legen Zeugnis vom Kunstsinn und Schönheitsverständnis der Griechen ab. Offen bekannte man sich zur Lust an der Liebe, für die nahezu alle Wege der Befriedigung erlaubt waren. Die Vornehmen lebten in einer monogamen Ehe. Die Frau mußte ein sittsames, häusliches Leben führen – ihre Aufgaben beschränkten sich auf den Haushalt, das Gebären und die Kindererziehung – und selbstverständlich jungfräulich in die Ehe gehen. Anders der Mann, der sein Privatleben nach seinen besonderen Wünschen gestalten konnte, ohne dadurch gesellschaftliche Regeln oder → *Tabus* zu verletzen. Je nach Lust und Laune konnte er wählen zwischen den → *Hetären,* schönen und oft sehr geliebten → *Prostituierten,* und reizvollen Knaben oder Jünglingen. Auch bisexuelle Verhältnisse waren nicht ungewöhnlich. Von vielen berühmten griechischen Staatsmännern, Heerführern und Philosophen ist uns diese freizügige Lebensweise überliefert. Dabei verbanden diese Männer mit ihren Gefährtinnen oder Gefährten nicht nur erotisch-sexuelle Beziehungen, sondern oft geistige Bindungen. Die Hetären verstanden sich nicht nur auf die Liebeskunst, dank ihrer Bildung waren sie in der Lage, ihren Partnern auch geistig zu entsprechen und so gleichberechtigt an deren philosophischen Gesprächen und Diskussionen teilzunehmen. Von der Gesellschaft wurden sie akzeptiert, teilweise sogar verehrt. Die weitverbreitete Liebe zwischen Männern und gleichgeschlechtlichen Jugendlichen glich oft Lehrer-Schüler-Beziehungen. Der Ältere verstand sich als Freund, Berater, Lehrer und Liebhaber des Jüngeren, der sich durch diese Verbindung geehrt fühlte und sich selbst als Erwachsener dann genauso verhielt. Begünstigt waren diese Verhältnisse durch das Schönheitsideal der Griechen. Für sie war der männliche Körper besonders reizvoll, vor allem der des Knaben und Jünglings. Zahlreiche Darstellungen auf Vasen oder Plastiken künden von dieser Vorliebe. Außerdem gab es eine kommerzialisierte → *Prostitution,* bei der sowohl Knaben als auch junge Mädchen zur Verfügung standen, die meist in → *Bordellen* untergebracht waren. In den Gesetzen von Solon (635–560 v. Chr.) war die Liebe zu Jünglingen gestattet, Kinder jedoch wurden rechtlich geschützt, und für Sklaven war es verboten, Sex mit freigeborenen Jünglingen zu haben. Allerdings galten diese Bestimmungen nur für Athen. Über die weibliche Homosexualität dieser Zeit ist relativ wenig bekannt. Frauen, die gleichgeschlechtliche Beziehungen unterhielten, nannte man Tribaden. Die Bezeichnung stammt von dem griechischen Wort »tribas«, was soviel wie »reiben« bedeutet. Daß man damals mit lesbischen Praktiken durchaus vertraut war, zeigen die häufig dargestellten künstlichen Glieder, Olisbos genannt, die sich sowohl zur Selbstbefriedigung als auch zur Stimulation einer Partnerin eigneten (→ *Masturbationsinstrumente*). Zumeist denkt man aber bei der Liebe zwischen Frauen an die griechische Dichterin Sappho, die um 612 geboren sein soll und auf der Insel Lesbos lebte. Sie galt als Patronin dieser Liebe, und der Name der Insel stand von da an für weibliche Homosexualität. Eine Besonderheit war die Einstellung zur Nacktheit. Nahezu alle Statuen aus dieser Zeit zeigen nackte Körper. Das männliche Genitale war nicht verhüllt dargestellt (→ *Feigenblatt*), es repräsentierte Fruchtbarkeit und Fortpflanzung. Deshalb war auch der → *Phalluskult* so weit verbreitet. Dieselbe Würdigung wurde auch dem Körper der Frau zuteil. Die liberale Einstellung nahezu allen sexuellen Verhaltensweisen gegenüber zeigt sich auch in der Beurteilung der Selbstbefriedigung. Sie wurde als Ersatzhandlung akzeptiert, wenn kein Partner oder keine Partnerin zur Verfügung stand. Erwachsene Männer sollten hierin jedoch nicht ihre Hauptbefriedigung suchen, sondern lieber eine partnerschaftliche Beziehung anstreben. Während es offenbar Fälle von → *Exhibitionismus* und auch → *Zoophilie* gegeben hat, fehlen Hinweise auf → *sadomasochistische* Praktiken, die offenbar nur Randerscheinungen waren. Ar

Antike, römische: stark von der griechischen → *Antike.* beeinflußt, weist sie eigene Züge auf. Die Knaben- und Jünglingsliebe beispielsweise spielte in Rom nur eine untergeordnete Rolle, gehörte aber wie die → *Bisexualität* zum Sexualleben und war durchaus nicht diskriminiert. → *Prostitution* war populär und weit verbreitet. Es gab eine Unzahl von → *Bordellen* – lupanare genannt –, deren Qualität hinsichtlich der Freudenmädchen und sonstiger Ausstattung große Unterschiede aufwies. Neben raffiniert ausgestatteten Häusern, deren Insassinnen ihre Gunst teuer verkauften, gab es auch für den einfachen Mann erschwingliche Freudenmädchen, die allerdings meist nicht so reizvoll waren. Besonderer Beliebtheit erfreuten sich die öffentlichen Bäder, in denen man nicht nur Reinigung und Entspannung, sondern oft auch sexuelle Gespielinnen suchte, um sich mit ihnen an Ort und Stelle zu vergnügen. Hier ging es den Männern weniger um geistreiche Unterhaltung wie im alten Hellas, gefragt waren vor allem sexuelle Lust und Befriedigung. Im alten Rom besaßen daher selbst berühmte → *Prostituierte* meist nicht den hohen Bildungsgrad und die Kultiviertheit griechischer → *Hetären.* Wie liberal die Einstellung zu den verschiedensten sexuellen Verhaltensweisen war, zeigt die Beurteilung von Cäsar, dem man nachsagte, er sei der Ehemann aller Frauen und die Ehefrau aller Männer gewesen, ohne daß dies seiner gesellschaftlichen Stellung Abbruch tat.

→ *Analverkehr* war gebräuchlich, geachtet wurde allerdings nur der aktive Partner, der passive wurde verhöhnt und verspottet. Bekannte römische Dichter wie Juvenal und Catull haben hierüber berichtet. Ein Grund für diese unterschiedliche Wertung bestand darin, daß Aktivität als männliches und Passivität als weibliches Prinzip galt, wobei letzteres mehr im Sinne von »weibisch, ehrlos« interpretiert wurde. Hauptsächlich ging es dabei um den Analverkehr zwischen Männern. Wenn Frauen anal koitiert wurden, geschah dies offenbar häufiger als Ersatz für den nicht zur Verfügung stehenden männlichen Partner oder weil der enge Mastdarm einen stärkeren Reiz als die evtl. bereits erschlaffende Scheide bedeutete. Allerdings fehlt es neben zahllosen Lobpreisungen des analen Kontaktes auch nicht an kritischen Stimmen. So fragt Juvenal: »Ist's denn leicht und bequem, den Schwanz in den After zu treiben, wie sich's gehöret, und dort dem gestrigen Mahl zu begegnen?« Bevorzugte Partner für den anal aktiven Mann, den Pedicator, waren Lustknaben, deren Vorzüge neben einem ansprechenden Äußeren vor allem in einem hübschen, möglichst noch nicht behaarten Hintern bestanden. Mit analer Kosmetik pflegte man der Behaarung, die als abstoßend empfunden wurde, vorzubeugen oder bereits sprießenden Haarwuchs zu beseitigen. Nicht alle diese Mittel waren ungefährlich, das Absengen der Haare oder die Behandlung mit heißem Harz konnte zu schmerzhaften Verbrennungen führen. Das Sexualverhalten wurde außerdem durch die Sklaven beeinflußt, die entweder auf dem Markt gekauft oder aus fernen Ländern mitgebracht wurden (→ *Mädchen- und Frauenhandel*). Wegen ihrer Rechtlosigkeit waren sie ihrem Herrn vollkommen ausgeliefert und wurden daher auch oft sexuell mißbraucht. Leo Schidrewitz beschreibt diese Zustände in der »Sittengeschichte des Proletariats« so: »Bei vermögenden und hervorragenden Nobiles (Adligen) gab es ganze Scharen von Sklaven, die zu individuellen, intimsten Dienstleistungen gehalten wurden, und die Betätigung gewisser Perversitäten, die für verunreinigend gehalten wurden, galt für den freien Mann direkt als Schande, weil sie mit ihrer passiven Seite spezielle Aufgabe der Sklaven war.«

Mit zunehmendem Sittenverfall, der durch die moralische Haltlosigkeit vieler römischer Kaiser, ihrer Frauen und Höflinge begünstigt wurden, lebte man im Laufe der Zeit immer ausschweifender. Ein Beispiel hierfür ist der Kaiser Tiberius, der eine Vorliebe für junge Knaben besaß. Beim gemeinsamen Bade sollten diese »Fischchen«, wie sie von ihm genannt wurden, dazu angehalten werden, zwischen seinen Beinen herumzuschwimmen und ihn durch Lecken oder Lutschen am Penis sinnlich zu erregen. Von der Kaiserin Messalina wird über ein unersättliches sexuelles Verlangen berichtet. Als Dirne verkleidet, besuchte sie die verruchtesten Bordelle, um sich wahllos den dort verkehrenden Männern hinzugeben. Daneben hielt sie sich noch eine Unzahl von Liebhabern, die ihr stets zu Willen sein mußten. Wer sich ihr verweigerte, wurde zum Tode verurteilt. Der Kaiser Nero heiratete öffentlich mit großem Pomp einen seiner Geliebten. Eine Ausnahme angesichts dieses lasterhaften Lebens bildeten die vestalischen Jungfrauen, die sich der Verehrung der Venus und gleichzeitig der Keuschheit verpflichtet hatten. Übertreterinnen dieses Gelübdes hatten ihre Schande schwer zu büßen, sie wurden bei lebendigem Leibe begraben.

Trotz einiger Versuche, die zunehmende Sittenlosigkeit der römischen

Oberschicht einzudämmen, schritt der Verfall der römischen Gesellschaft weiter fort und bereitete den Boden für die Aufnahme und Verbreitung der christlichen Lehre, die schließlich der sexuellen Zügellosigkeit ein Ende setzte, dafür aber das andere Extrem – Abkehr von der Sinneslust und → *Askese* – postulierte. Ar

Apathie, sexuelle: Gleichgültigkeit und fehlende Initiative gegenüber jeder sexuellen Betätigung. Sie kann psychisch bedingt sein, vor allem bei Ablehnung des Partners, oder als Begleitsymptom von Krankheiten auftreten (Depressionen, schweren körperlichen Leiden). Ar

Aphrodisiaka: von der griechischen Göttin → *Aphrodite* abgeleitete Bezeichnung für Mittel verschiedenster Art, die dem Zwecke dienen, Liebe und Potenz zu steigern. Der Wunsch danach ist offenbar uralt, denn in vielen alten Kulturen kannte und benutzte man erotisch-sexuelle Reizmittel. Schon in ägyptischen Papyri aus dem mittleren Königreich – etwa 2000 Jahre v. Chr. – finden sich Rezepte für erotisierend wirkende Tränke. Aber auch Nahrungsmitteln schrieb man derartige Wirkungen zu. Starke Gewürze, Zwiebeln, Sellerie, Eier, Muscheln – speziell Austern – und Kaviar gelten auch heute noch als liebesfördernd. Seltsamerweise geriet auch die Kartoffel hier in Verdacht, vermutlich wegen ihrer exotischen Herkunft. So finden sich bei Shakespeare entsprechende Anspielungen, obschon die Kartoffeln – wie viele andere als Liebesmittel gepriesene Dinge – diese Verheißung aufgrund ihrer Zusammensetzung nicht erfüllen können. Aber hier spielt der Glaube eine wesentliche Rolle. Deshalb ist es auch nicht verwunderlich, daß manchmal die phallusähnliche Form etwa eines Spargels oder einer Banane genügte, um sie zu A. zu erklären. Auch das Sperma hielt man jahrhundertelang für ein starkes Liebeselixier; das Verspeisen von Bockshoden ist in manchen Ländern heute noch üblich.

Schon im Altertum bekannt war die anregende Wirkung des Alkohols. Er steigert nicht nur das sexuelle Verlangen, sondern, mäßig genossen, zeitweilig auch die Potenz. Übermäßiges gewohnheitsmäßiges Trinken dagegen schwächt die sexuelle Leistungsfähigkeit des Mannes bis zur Impotenz. Stimulierend wirken einige Drogen wie Kokain oder Opium, das nicht nur geraucht, sondern auch lokal angewendet werden kann. Wenn der ganze Penis damit betupft oder eingerieben wird, verringert sich die Sensibilität der Eichel, und die Eja-

kulation kann hinausgezögert werden.
Die Zahl der alten und neuen Liebesmittel ist unübersehbar, doch ihre Wirkung ist insgesamt fraglich. Trotzdem finden sich auch heutzutage in allen möglichen Magazinen und Zeitschriften immer wieder Inserate, die diese Wünsche und Bedürfnisse ausnutzen und wahre Wunder in der Liebe verheißen. Glücklicherweise sind die meisten harmlos und richten keinen Schaden an. Zu den ausnahmsweise gefährlichen gehört das Gift der → *Spanischen Fliege,* Cantharidin, das schwere Entzündungen im Bereich der Blase und der Geschlechtsorgane verursachen kann, unter Umständen auch eine schmerzhafte Vergrößerung des Penis (→ *Priapismus*) hervorruft. Wegen der unangenehmen Nebenwirkungen ist kaum ein erotisierender Effekt zu erwarten. Anders verhält es sich mit dem aus der Rinde des in Zentralafrika beheimateten Yohimbebaumes gewonnenen Yohimbin. Es kann eine stärkere Durchblutung der Geschlechtsorgane bewirken und das Erektionszentrum im Rückenmark stimulieren sowie die Begierde steigern. Yohimbin ist häufig ein Bestandteil sexueller Anregungsmittel, aber nicht unumstritten. Bei all diesen Mitteln darf man den suggestiven Effekt nicht außer acht lassen. Wer an die positive Wirkung glaubt, der wird sie meist auch verspüren. Im Grunde existiert aber nur ein einziges mit Sicherheit wirkendes Aphrodisiakum – die Liebe. Ar

Aphrodite: in der griechischen Mythologie die aus dem Schaum des Meeres geborene Göttin der Schönheit und der Liebe – im alten Rom Venus genannt. Vorläuferinnen der A. sind in Vorderasien die Fruchtbarkeitsgöttin Ischtar und Astarte. A. schützte nicht nur die Liebenden, sondern gab sich auch selbst eifrig dem Dienst der Liebe hin. Ihren Mann, Hephaistos, betrog sie mit zahlreichen Liebhabern, u. a. auch mit Ares, dem jungen und schönen Gott des Krieges. Zwar hatte der eifersüchtige Ehemann durch das Anbringen unsichtbarer Fesseln an seinem Ehebett den Liebenden eine Falle gestellt, und es gelang ihm tatsächlich, sie in flagranti zu erwischen, doch war seinem Plan dennoch nicht der gewünschte Erfolg beschieden: Anstatt die Ehebrecher zu verurteilen, zeigten die anderen olympischen Götter, denen derartige Liebesabenteuer nicht fremd waren, größtes Verständnis und reagierten mit Amüsement und Gelächter. Aus der Verbindung von Aphrodite mit Ares ging übrigens → *Eros* hervor.
Der A.-Kult war in Griechenland weit verbreitet, doch leider sind keine A.-Statuen aus dieser Zeit erhalten. Für die außergewöhnlichen Reize der

Gottheit spricht das bekannte Urteil des Paris (→ *Chariten*, → *Helena*). Die Verführungskraft und die erotische Ausstrahlung der A. hat wohl auch zu der Bezeichnung → *Aphrodisiaka* für Liebesmittel der verschiedensten Art geführt. Ar

Arbeit: zweckgerichtete und bewußte Tätigkeit des Menschen unter Einsatz physischer und psychischer Kraft. Die nützliche, gebrauchswertschaffende A. ist Auseinandersetzung des Menschen mit der Natur und seine Existenzbedingung. Sie ist Grundlage des menschlichen Lebens. Der jeweilige Charakter der A. und das Verhältnis der Menschen zu den Arbeitsgegenständen und Arbeitsmitteln bestimmen Inhalt und Formen des Zusammenlebens der Menschen einschließlich der Beziehungen zwischen den Geschlechtern und der Sexualverhältnisse. Die A. macht im Verein mit den spezifischen sozialen Bedingungen den jeweiligen Menschen zu dem, was er ist, und bestimmt mit seiner Persönlichkeit auch seine Sexualität. »Die Arbeit ist die erste Kategorie der Sexualwissenschaft.« (Volkmar Sigusch, »Vom Trieb und von der Liebe«, 1984)

Infolge der Entwicklung der Produktivkräfte, der unterschiedlichen Verteilung der Produktionsmittel und allen Reichtums und verbunden mit Arbeitsteilung und Differenzierung der Tauschprozesse entstanden verschiedene Schichten der Gesellschaft. Diese hatten ihr je spezifisches Verhältnis zur A. In bestimmten Gesellschaften, z. B. der Sklaverei und der Feudalgesellschaft, wurde A. zur Angelegenheit der unteren Schichten, die herrschenden und besitzenden Schichten arbeiteten nicht. In der → *Antike* beispielsweise war A. etwas Niedriges. Dagegen brachte das Christentum eine positive Bewertung der A. Insbesondere die protestantische Ethik betrachtet die A. als hohen und zentralen Wert. Davon ist bis auf den heutigen Tag in den Industriegesellschaften die Haltung der meisten Menschen bestimmt. Der bedeutende Gesellschaftstheoretiker Max Weber (1864–1920) sah in dieser positiven Einstellung zur A. die Voraussetzung für den kapitalistischen Industrialisierungsprozeß. Auch in den sogenannten sozialistischen Ländern wurde A. als Grundlage und zentraler Wert der Gesellschaft betrachtet, jeder hatte das Recht auf A. und war zur A. verpflichtet.

Viele Menschen definieren sich in erster Linie über die A. Sie betrachten die A. aber nicht nur als unerläßliches oder leidiges Mittel der Existenzsicherung und als Möglichkeit zum Gelderwerb, was ihnen Verhaltensvarianten und den Zugriff auf Freizeit- und Konsumgüter, auf Ansehen, Einfluß und Macht erschließt, sondern sehen in ihrer eigenen produktiven Leistung und der Einbezogenheit in gesellschaftliche Primärprozesse den Sinn ihres Lebens und die Basis ihrer individuellen Selbstverwirklichung. A. ist für sie nicht nur Mittel zum Leben, sondern Leben selbst. In welchem Maße diese Einstellung vorhanden ist, hängt freilich von den konkreten Arbeitsinhalten, Arbeitsbedingungen, den Entscheidungsspielräumen und vielen anderen Faktoren ab.

Aus diesen grundlegenden Zusammenhängen ergeben sich vielfältige Bezüge zum Partner- und Sexualverhalten:

1. Insofern A. ein (hoher oder niedriger) Lebenswert ist, geht er in das gesellschaftliche Persönlichkeitsbild und die individuellen Vorstellungen vom idealen Partner ein. Sofern die A. ungleich zwischen den Geschlechtern verteilt ist, beeinflußt sie das jeweilige Männer- und Frauenleitbild. Analysen von dem, was als typisch weiblich bzw. typisch männlich gilt und was Frauen bzw. Männer als künftige Ehepartner interessant oder erotisch anziehend macht, verweisen immer wieder auf die je unterschiedlichen Zusammenhänge zur A. Ist für eine bestimmte soziale Schicht zu einer bestimmten Zeit das männliche Ideal ein Modepüppchen, das sich niemals die Hände mit einfacher A. beschmutzt, so ist es ein andermal die tüchtige Hausfrau und treusorgende Mutter und dann wiederum die beruflich engagierte, qualifizierte und gleichberechtigte Partnerin.
2. Sofern sich auch die Frau über die A. definiert und ökonomische Unabhängigkeit vom Manne anstrebt (und anstreben kann), wobei Liebe und Familie für sie zugleich hohe Lebenswerte sind, wird sie versuchen, Partnerschaft/Liebe/Familie und A./Beruf zu vereinbaren. Dieses Denken ist heute für viele moderne Gesellschaften charakteristisch, auch für die ehemals sozialistischen, in denen die Frau besonders häufig berufstätig war und dies nicht mehr missen möchte. Die Berufstätigkeit verändert zusammen mit anderen Faktoren, wie vor allem Bildung und Qualifikation, die Stellung der Frau in der Paargruppe und Familie sowie ihr Selbstbewußtsein und die gesamte Familien- und Gesellschaftsatmosphäre. Auch das Liebes- und Sexualverhalten ist davon bestimmt. Die konkrete Gestalt von Liebe und Sexualität läßt sich ohne den Faktor A. nicht hinreichend erklären.
3. So differenziert wie die A., so differenziert ist auch das Gesamtverhalten der Menschen einschließlich des Partner- und Sexualverhaltens. Psychologische Untersuchungen beweisen, wie die Primärtätigkeiten Lernen und Arbeiten den Lebenslauf und das Verhalten in der Familie beeinflussen. Aus soziologischen Untersuchun-

gen ist bekannt, daß sich das Sexualverhalten verschiedener Sozial-, Qualifikations- und Berufsgruppen voneinander unterscheidet. So war beispielsweise lange zu beobachten, daß Angehörige der sogenannten Unterschicht im Durchschnitt früher den Geschlechtsverkehr aufnahmen als künftige Intellektuelle. Letztere gründen meist später eine Familie und haben weniger Kinder. Nicht nur der eigene Arbeits- und Berufsstatus, sondern insbesondere jene der Eltern (nicht nur des Vaters, sondern auch der Mutter) sind ausschlaggebend für die Entwicklung des einzelnen einschließlich seiner Liebes- und Bindungsfähigkeit und seiner Sexualität. Besonders dramatisch auf die bisherige und künftige Partnerbeziehung wirkt es sich aus, wenn infolge Krankheit, Alter oder aus anderen Gründen keiner A. mehr nachgegangen werden kann. Arbeitslosigkeit ist ein ernsthaftes Problem auch für die Partnerbeziehungen, viele scheitern daran. Arbeitslose finden auch schwerer einen neuen oder überhaupt einen Partner und können sich Sex nur begrenzt oder gar nicht kaufen. Die Formel: partnerlos + arbeitslos = chancenlos.

4. Sofern in der Gesellschaft die Menschen von ihrer A. und deren Produkten entfremdet sind, besteht auch die Gefahr, daß sie sich untereinander entfremden. »In der warenproduzierenden Tauschgesellschaft treten zwischen die Menschen Ware und Tausch. Die gesellschaftlichen Beziehungen der Menschen sind wie Beziehungen und Bewegungen von Sachen. (...) Die Menschen können umstandslos weder *sich in der Gesellschaft noch diese in sich* erkennen, weil sie zueinander und zur gesellschaftlichen Gesamtheit in einem entfremdeten Verhältnis stehen. (...) Die Lust aber, die wir kennen, gründet auf der Entfremdung, ist auf Verbote, Versagung und Angst verwiesen. Natürlich ist sie nicht.« (Volkmar Sigusch, »Vom Trieb und von der Liebe«, 1984)
5. Der Arbeitsalltag, die Arbeitssorgen und -erfolge beeinflussen den Liebesalltag so wie dieser sich auf die Arbeit auswirkt. Liebesglückliche Menschen werden beflügelt, gehen mit einem anderen Elan an Arbeitsaufgaben heran. Andere sind von der A. so geschafft, daß sie zur Liebe nicht mehr fähig sind, oder sie sind von der Liebe so erschöpft, daß sie für die Arbeit zu müde sind. Eines der bedeutendsten Modelle zum Verhältnis von A./Produktivität und Sexualität ist die psychoanalytische Sublimierungstheorie (Sigmund Freud). Sie geht davon aus, daß sich der unterdrückte Sexualtrieb in produktiven Leistungen auf anderen Gebieten äußert. Andere Auffassungen

beruhen mehr auf Alltagserfahrungen: Der Arbeitsbesessene, der Streber, der Karrierist, der über der Arbeit die Liebe vergißt und zu Sex unfähig ist; oder der Sexbesessene, der seine beruflichen Verpflichtungen vernachlässigt. Sexologische Untersuchungen zeigen allerdings, daß dies eher Ausnahmen und Extreme sind und daß – statistisch gesehen – eine positive Korrelation zwischen A. und Liebe besteht. Für die meisten Menschen steht ihr Verhalten bei der A. in engem Zusammenhang mit ihrem Liebes- und Sexualverhalten. Sind sie im Beruf aktiv, so sind sie es meist auch in der Liebe. Sind sie im Bett faul und phantasielos, dann sind sie auch im Betrieb nicht kreativ. Sind sie glücklich, dann sind sie es sowohl bei der Arbeit wie auch zu Hause.

6. Der Ort der A. kann zum Ort der Liebe werden. Viele Partner lernen sich bei gemeinsamen Tätigkeiten, beim Lernen und Arbeiten oder im Umfeld des eigenen Arbeitsplatzes kennen. Der (potentielle) Partner wird bei der A. anders wahrgenommen als zu Hause, nicht als Mutter/Vater oder Ehefrau/Ehemann, sondern als mehr oder weniger erfolgreicher Kollege mit fachlichen und sozialen Qualitäten. Daher bleibt es ein frommer Wunsch, alles Erotisch-Sexuelle aus der Arbeit heraushalten zu wollen, wie eine kirchliche Frauenbeauftragte 1994 in einer Zeitschrift schrieb: »Frau und Mann sollten geschlechtsneutral auf der Arbeitsstätte miteinander umgehen, frei von allen sexuellen Einflüssen.« Insofern die A. wesentlicher Lebensinhalt ist, ergeben sich in der beruflichen Sphäre zwischen Mann und Frau oft bedeutsamere und inhaltsreichere Kommunikationen als zu Hause. »Die Berufssphäre ist ein Bereich, wo ein gemeinsamer Bedeutungshorizont dauerhaft präsent ist. Das macht Kollegen und Kolleginnen so attraktiv füreinander« (Soziologe Ulrich Beck, 1991). Manche Arbeitsplätze bieten häufigen Kontakt mit anderen Menschen (z. B. im Dienstleistungsgewerbe). Dort, wo Menschen zusammen sind, gedeiht auch immer Erotik, während der A., nach der A., auf Betriebsfesten. Viele sogenannte Seitensprünge kommen unter Arbeitskollegen zustande. Sofern hierarchische Beziehungen, verklemmtes Verhalten und Abhängigkeitsverhältnisse bestehen, kommt es auch zu sexuellen Übergriffen am Arbeitsplatz, was Ende der 80er Jahre in einigen westlichen Ländern zu einem öffentlichen Thema wurde, nicht zuletzt dank der Frauenbewegung: Da Frauen häufig auch im Betrieb die Unterlegenen und Abhängigen sind, werden sie auch häufiger Opfer solcher Übergriffe. Klas-

sisch und in Literatur und Film oft beschrieben ist das (auch sexuell oder erotisch getönte) Verhältnis Sekretärin – Chef. Früher war der Arbeitsplatz häufig zugleich der Platz von Sexualität, nämlich dann, wenn A. und Reproduktion in der Familie stattfanden (klassischer Fall: Bauernhof).

7. Durch A. werden verschiedene Waren hergestellt, die für Liebe und Sexualität unentbehrlich, wichtig, angenehm oder überflüssig sind: vom Brautschleier über das Bett, das Kondom oder das Kunstglied und den Pornofilm bis zum Parfüm und dem wohlduftenden Blumenstrauß, der der Liebsten überreicht wird.
8. Sexualität kann selbst zur A. und zum Beruf werden (→ *Prostitution*). KS

Ariltha: einst bei australischen Ureinwohnern gebräuchliche Form der Beschneidung von jungen Männern, denen einige Wochen nach Entfernung der Vorhaut (Zirkumzision) der Penis aufgeschlitzt wurde, was eine ganze oder teilweise Aufspaltung der Harnröhre bewirkte. Es handelte sich um eine außerordentlich gefährliche Prozedur und schmerzhafte Wunde, die erst nach langer Zeit verheilte. Während der Rekonvaleszenz mußte der Jüngling auf dem Rücken liegen, erhielt eine besondere Nahrung und wurde von Frauen gepflegt, um die gefürchteten, oft lebensbedrohenden Infektionen zu vermeiden.

Nach Heilung der Wunde blieb das Glied des Jünglings erektionsfähig, besaß jedoch eine wesentlich breitere Oberfläche als vor dem Eingriff. Um das Glied in die Scheide aufnehmen zu können, mußten sich daher auch die Mädchen operieren lassen; ihr Scheideneingang wurde durch einen Schnitt erweitert. Beim Urinieren, das meist wie bei Frauen im Hocken erfolgte, mußte der Mann sein Glied nach oben halten. Probleme mit der Fortpflanzung gab es durch diese eigenartige Operation offenbar nicht. Ar

Artemis (griech.; römisch **Diana**): Göttin der Jagd. In der bildenden Kunst oft leicht bekleidet oder nackt mit Pfeil und Bogen dargestellt. Als Tochter von → *Zeus* und Leto und als Zwillingsschwester Apollons gilt sie zugleich als die Hüterin der Keuschheit und damit auch der Jungfräulichkeit. Daneben erscheint sie auch als Fruchtbarkeitsgöttin, z. B. auf dem Kultbild mit den vielen Brüsten, das in Ephesos gefunden wurde. Diese Verbindung zur Fruchtbarkeit kommt in vielen Weltkulturen vor. Mitunter sind es volle und große, manchmal eine Menge wohlgeformter kleiner

Brüste am Oberkörper einer weiblichen Figur. A. wurde als Frauengottheit und als Mondgöttin verehrt. Se

Asexualität: Fehlen jeglicher erotisch-sexuellen Gefühle und Reaktionen, ein beim gesunden Menschen auf die Dauer kaum vorkommender Zustand. Selbst bei einer ausgesprochen sexualfeindlichen Erziehung gelingt es im allgemeinen nicht, jegliche Lustempfindung, jedes sexuelle Verlangen und alle sexuellen Handlungen – welcher Art sie auch sein mögen – für immer zu unterdrücken (→ *Askese*, → *Abstinenz*). Ar

Askese (griech. áskesis = Übung, Lebensweise):

1. enthaltsame und entsagende Lebensweise aus sittlichen, religiösen, ideologischen Gründen, oftmals mit sexueller → *Abstinenz* verbunden,
2. Übungen zum Büßen von Lastern und Verdrängen von Begierden. Klassisches Beispiel ist die sexuell enthaltsame Lebensweise der Athleten in der griechischen → *Antike*, die ihre Kräfte nicht im Liebesspiel vergeuden sollten. Später wurde der Begriff von Philosophen als Teil der Ethik verstanden. Um sittliche Vollkommenheit zu erreichen, sollte man ein Leben in Entsagung führen. Von den Christen wurde diese Theorie übernommen, was letzten Endes zu der sexualfeindlichen Einstellung der Kirche, vor allem der katholischen, führte, die von ihren Priestern, Nonnen und Mönchen ein asketisches Leben forderte und bis zum heutigen Tage darauf beharrt. Ar

Aufklärung:

1. von England (enlightenment) und Frankreich (lumière) ausgehende Geistesbewegung des 17.–19. Jahrhunderts (Epoche der Aufklärung), die auf Vernunft, Einsicht und Menschenwürde setzt und die Freiheit in dem »Ausgang des Menschen aus seiner selbstverschuldeten Unmündigkeit« sieht (Immanuel Kant, 1784). Die Gedanken der A. wirken bis heute nach und haben auch für den gesellschaftlichen und individuellen Umgang mit Sexualität Bedeutung. Das bezieht sich auf einen vernünftigen Lebensstil, auf die sexuelle Selbstbestimmung des Menschen, auf würdevolle Beziehungen zwischen Mann und Frau, auf Entmystifizierung des Sexuellen, auf die Verbreitung von Wissen und Wertungen in der Sexual-

erziehung, auf die Verbesserung des Menschen durch Erziehung und auf vieles andere. Moderne Kritiker bezweifeln den Vernunfts- und Fortschrittsoptimismus der A. und sehen in den streng rationalen Normen ein Dogma, das wiederum zur Einengung, Gleichmachung, Entindividualisierung des Menschen führe und insbesondere das Ausleben seiner Gefühle behindere (»Ficke vernünftig!« als Verballhornung aufklärerischer Losungen).

2. Belehrung der Kinder und Jugendlichen über die Sexualität des Menschen, im speziellen über die Fortpflanzung, wichtiges Element der → *Sexualerziehung.* Berüchtigt ist das einmalige Aufklärungsgespräch früherer Zeiten, das – peinlich für alle Beteiligten – entweder die Kinder schockierte oder (häufiger) amüsierte, weil sie längst mehr wußten, als die Eltern ihnen plötzlich nahezubringen suchten. Moderne Auffassungen gehen davon aus, daß die A. kein einmaliges Ereignis, sondern ein ständiger Prozeß sein sollte, in dem Elternhaus, Schule, Bücher, Massenmedien zusammenwirken und in dem die Heranwachsenden sachgerechte Antworten auf ihre Fragen, wissenschaftlich begründete Informationen sowie Wertungsangebote erhalten und das Wissen und die Erfahrungen der Älteren nutzen können. Für wichtig werden nicht nur Faktenwissen, sondern auch Erlebensaspekte und Problematisierungen gehalten, die oft zugunsten emotionsloser, sogenannter sachlicher Mitteilungen zu kurz kommen. Bedeutsam ist, daß eine Kommunikation zustande kommt und die A. als zweiseitiger Prozeß funktioniert, in den beide Seiten etwas einbringen können. Von besonderer Wirksamkeit im Umfeld der A. ist das Verhalten der Erziehungsträger selbst, insbesondere das Vorbild der Eltern. Heute wird die A. durch verschiedene Beratungsangebote, Selbsthilfegruppen und anderes ergänzt und teilweise ersetzt. KS

Automasochismus: eine Sonderform des → *Masochismus,* bei der sich die masochistischen Neigungen auf den eigenen Körper richten, ohne daß eine andere Person einbezogen wird. Durch Selbstfesselung, Einschnürung des → *Penis,* Verbrennungen, Verätzungen und Messerstiche oder Geißelung kann es zu schweren, mitunter lebensgefährlichen Verletzungen kommen. Auch die Selbstkreuzigung, die allerdings selten beobachtet wird, kann eine automasochistische Handlung sein. Häufiger sind Versuche der Selbstkastration (Aufschneiden der Hoden-

säcke, um die Hoden zu entfernen, Abschneiden von Glied und Sack), die durch den starken Blutverlust tödlich enden können.
Erstaunlich muten die ungemein komplizierten Manipulationen an, mit denen sich die Automasochisten peinigen. Meist besitzen sie eine Sammlung von verschiedenen Folterinstrumenten – Knebel, Peitschen, Lederriemen, Metallketten –, die auf sie eine geradezu magische Anziehungskraft ausüben. Mittels einer galgenähnlichen Vorrichtung versuchen manche, sich zu erhängen, wobei der bald eintretende Sauerstoffmangel luststeigernd wirkt und sie sich oft nicht schnell genug wieder losmachen können. Ähnlich verhält es sich mit der Selbsterstickung an Hand einer über den Kopf gestülpten Plastiktüte, die unten zugehalten oder gebunden wird. Werden Personen unter diesen Umständen tot aufgefunden, handelt es sich meist um keinen echten Selbstmord, sondern um einen tödlichen Unfall. Daß auch narzißtische Neigungen mitspielen können, zeigt das Vorhandensein von großen Spiegeln, in denen sie sich während ihrer Rituale betrachten. Der Umwelt bleiben diese Neigungen oft lange verborgen, meist werden sie zufällig durch ihre ungewöhnlichen, ärztliche Behandlung erfordernden Verletzungen oder durch den plötzlichen Tod des Masochisten bekannt. Ar

Automutilation (lat. mutilare = verstümmeln): Selbstverstümmelung, meist sexuell motiviert, z. B. bei masochistischen Neigungen (→ *Masochismus*), wobei sich die Betreffenden schwere Verletzungen zufügen können (u. a. Selbstkastration durch Abschnüren des Penis und der Hoden, Verletzungen durch Messer- oder Nadelstiche). Unter Umständen kann es sogar zu Todesfällen kommen.
Abzugrenzen davon sind Selbstverstümmelungen bei seelisch Kranken (Schizophrenen) und Transsexuellen (→ *Transsexualismus*), die gewaltsam die ihnen verhaßten Geschlechtsorgane loswerden wollen. Ar

Autostrich: → *Prostitution* im Auto bzw. → *Strich* für den motorisierten Kunden. Bereich der Straßenprostitution: Die Kontaktaufnahme erfolgt auf der Straße. Mit der massenhaften Verbreitung des Autos sind zwei Formen der Auto-Prostitution entstanden. In Variante eins geht die → *Prostituierte* im eigenen Auto auf Kundenfang. Diese Form war vor allem in den 50er und 60er Jahren üblich und wurde zu einem Symbol des wirtschaftlichen Aufschwungs. Vor allem in München ist sie heute noch zu finden, ansonsten jedoch eher selten geworden. Ein Nachfolger ist der Wohnwagenstrich. Auf bestimmten Straßenabschnitten oder in mehr oder weniger abgelege-

»Am Trabi« (DDR in den siebziger Jahren)

nen Plätzen bietet sich die Prostituierte in oder vor ihrem Wohnwagen an, in dem dann auch der – meist rasche – Sex erfolgt. Der Wohnwagensex fand – mangels anderer Möglichkeiten – nach der deutschen Einheit in den neuen Bundesländern schnelle Verbreitung (Beispiel Roscherstraße in Leipzig). Dabei kam es zu harten Ost-West-Konkurrenzkämpfen, zu Ausschreitungen, Beschwerden und Überfällen (auf Wohnwagen und → *Freier*), oft verbunden mit der Etablierung einer Verbrecherszene. Hinter den Lichtern der bescheidenen Wohnwagen lag der Schatten der unbescheidenen Kriminalität.

Die andere Form des A. setzt auf den Freier am Steuer. Die Prostituierten werben meist an großen Alleen, Ausfallstraßen oder Transitstrecken. Das Geschäft mit der Sexualität wird im Auto des Freiers, im Freien oder in einer Absteige abgewickelt. Die hygienischen Verhältnisse sind meist unzureichend, die Arbeitsbedingungen für die Prostituierten schlecht. Auf Prostituierte wie Freier lauern mancherlei Gefahren. Der spontanen Entwicklung versucht der Gesetzgeber durch Zuweisung von bestimmten Straßenabschnitten, durch Kontrollen und Verbote zu begegnen. In den westdeutschen Großstädten hat der A. an Bedeutung verloren, in (ost)europäischen Grenzregionen blühte er hingegen nach dem Fall des Sozialismus auf. KS

Aversion, sexuelle (lat. aversio = das Sichabwenden): stark ausgeprägte, oft mit Widerwillen und Ekel verbundene Abneigung

a) gegenüber einer bestimmten, mehreren oder allen sexuellen Aktivitäten oder
b) gegenüber einem Partner, mit dem man keinesfalls sexuelle Beziehungen aufnehmen oder fortsetzen will.

Ersteres ist selten. Daß einzelne sexuelle Befriedigungsformen abgelehnt werden, z. B. der → *Analverkehr* oder → *oral-genitale* Kontakte, kommt allerdings häufiger vor. Richtet sich die A. gegen den Partner, ist sie

Ausdruck einer schweren Störung des Partnerschaftsverhältnisses. Falls überhaupt, ist sie nur durch langfristige → *Psychotherapie* zu beseitigen. Ar

Aversionstherapie: eine Behandlungsform, die darauf basiert, durch eine bewußt ausgelöste Abneigung eine unerwünschte Verhaltensweise durch eine erwünschte zu ersetzen; man nennt dies operantes Konditionieren. Man benutzt dazu die Wirkung bestimmter Reflexe, die – wie schon von dem russischen Physiologen Pawlow nachgewiesen wurde – das Verhalten verändern können. So kann man z. B. bei einem Alkoholiker durch das gleichzeitige Verabreichen von alkoholischen Getränken und einem Brechmittel Widerwillen gegenüber dem Alkohol erzeugen; vorausgesetzt, diese Methode wird über einen längeren Zeitraum angewandt. Ähnlich kann man mit Personen verfahren, die von anderen Verhaltensweisen, auch sexueller Art, loskommen möchten. In diesen Fällen macht man von elektrischen Stromstößen Gebrauch, die der Betreffende selbst steuern kann. Nachdem er sich in seiner Phantasie diese spezielle Handlung vorgestellt hat oder sie ihm auf einem Video gezeigt wurde, soll er sich dann selbst einen elektrischen Schlag versetzen, um das dabei empfundene Lustgefühl allmählich abzubauen. Meist hilft diese Therapie aber nur zeitweilig, da der neue bedingte Reflex bald wieder erlischt, sofern er nicht immer wieder bekräftigt wird. Außerdem hat diese Methode einen Bestrafungscharakter und erscheint deshalb höchstens für Ausnahmefälle geeignet. Ar

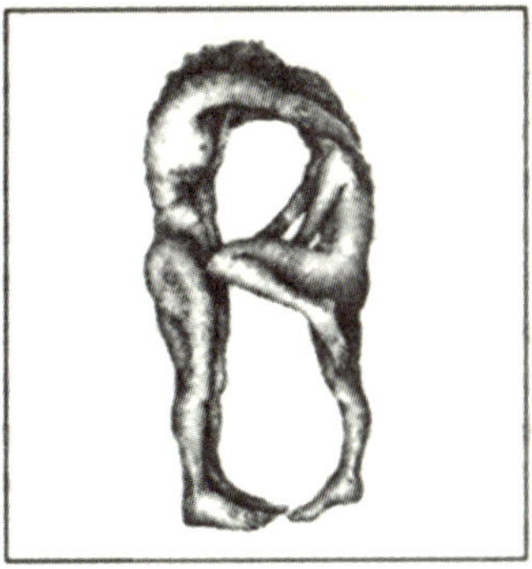

Bathseba: nach dem alten Testament die Gattin des Hethiters Uria. Als David sie bei einem seiner Kriegszüge gegen die Ammoniter beim Baden sah, war er so betört von ihrer Schönheit, daß er sie zu seiner Geliebten und – nachdem er Uria in die Schlacht geschickt hatte und dieser, wie erhofft, gefallen war – zu seiner Frau machte. David wurde für diese Sünde mit schweren Bußen und Prüfungen bestraft. Ihr erster Sohn starb (ihr zweiter, als Trost für B. gezeugt, war Salomon, der durch seine weisen Sprüche berühmt wurde).

Schon früh wird B. in der bildenden → *Kunst* verführerisch schön dargestellt, oft in Verbindung mit einer genrehaften Badeszene. Das biblische Thema ist eine Gelegenheit, die weiblichen Reize direkt und anmutig zu zeigen. In der Renaissance und im Barock gehörte »Bathseba im Bade« zu den beliebtesten Darstellungen. Von Hans Memling über Cranach, Rembrandt, Rubens bis Pablo Picasso und Marc Chagall reicht die Galerie der Künstler, die sich dieser Schönen annahmen. Se

Beckenbodenübungen: eine von dem Frauenarzt Kegel eingeführte Behandlungsform, die in einem systematischen Training der Muskulatur des Beckenbodens und des Scheideneinganges besteht und sich besonders für Frauen mit Orgasmusstörungen eignet (→ *Sexualtherapie*, → *Liebesmuskel*). Die bewußte Anspannung dieser Muskeln während des Sexualverkehrs ermöglicht einen engen Kontakt mit dem in die Scheide eingedrungenen Penis und verstärkt dadurch das Lustgefühl für beide Partner. Bei jungen Frauen sind diese

Muskeln gut ausgeprägt und kontraktionsfähig. Nach mehreren Geburten und mit zunehmendem Lebensalter erschlaffen sie allmählich, insbesondere wenn sie nicht regelmäßig trainiert werden. Der Mann vermißt die Reibung der Scheidenmuskulatur, die sein Glied früher eng umfaßte, er gleitet sozusagen ins Leere. Man spricht in diesen Fällen deshalb auch vom Lost-penis-Syndrom. Auch für die Frau hat sich der Reibungseffekt vermindert, so daß meist beide ein Nachlassen der sexuellen Erlebnisfähigkeit beklagen.

Daß man dabei nicht immer ärztliche Hilfe braucht, sondern auch durch einen geschickten Partner angeleitet werden kann, beschreibt Anaïs Nin in einer ihrer erotischen Erzählungen. Ihr Freund Millard erklärt ihr: »›Du hast da einen Muskel, den du um meinen Schwanz zusammenziehen und dann wieder entspannen kannst. Versuch's mal.‹ Ich probierte es. Sein Finger in meinem Loch folterte mich. Da er ihn nicht bewegte, versuchte ich mich zu bewegen. Da, auf einmal, spürte ich den Muskel. Anfangs zog er sich nur schwach zusammen, dann aber öffnete und schloß er sich immer kräftiger um den Finger. Millard sagte: ›Ja, das ist es. Fester, fester!‹ Ich gehorchte, ich spannte, ließ locker, spannte, entspannte den verborgenen Muskel. Er war wie ein kleiner Mund in mir, der sich um den Finger schloß.« Dann erklärte ihr der Freund, daß er jetzt mit seinem steifen Glied in sie eindringen würde. »Ich bemühte mich, ihn immer fester und fester zu fassen. Das Muskelspiel erregte mich so, daß ich fürchtete, ich könnte jede Sekunde kommen.« Aber auch Millard wird nun von seinen Gefühlen überwältigt, stöhnt auf, stößt immer schneller zu, bis er seinen Erguß nicht mehr zurückhalten kann. »Ich bewegte lediglich den Muskel in mir und fühlte meinen eigenen Orgasmus – es war wunderbar.« Ar

Bedürfnis, sexuelles: erlebter Mangel- bzw. Spannungszustand des Organismus, dessen Befriedigung durch sexuelle Aktivität und damit verbundene genitale Erregung und Entspannung erfolgt. Es hat seine biologische Grundlage in der genetischen Konstitution des Menschen, seiner durch Chromosomen bestimmten Geschlechtszugehörigkeit, dem davon abhängigen Hormonhaushalt sowie aktuellen Körperzuständen. Jedoch liegt es im Wesen menschlicher Bedürfnisse, ihres Erlebens und der Art und Weise ihrer Befriedigung, daß sie kein unmittelbarer Reflex auf körperliche Zustände sind, sondern psychisch reguliert werden. Deshalb ist trotz intensiver medizinischer Forschung keine eindeutige physiologisch-hormonelle Entsprechung für sexuelle Bedürfniszustände nachweisbar.

Wie bei anderen Bedürfnissen auch, produziert ein bestimmtes Aktivitätsniveau der Befriedigung ein entsprechendes Bedürfnisniveau und umgekehrt. Nicht nur die Art und Weise der Befriedigung, auch die Bedürfnisstärke ist innerhalb biologischer Grenzen sehr variabel – sie kann trainiert werden oder auch weitgehend verkümmern. Trotz dieser Variabilität ist das s. B. ebenso wie andere körperlich-vitale Bedürfnisse seinem Wesen nach homöostatisch auf den Ausgleich von Mangel- und Spannungszuständen gerichtet. Während bei den meisten Tieren hormonell verursachte sexuelle Bedarfszustände unmittelbar in sexuelles Verhalten umschlagen (z. B. in der Brunstzeit), ging der Anteil der Keimdrüsenhormone an der Steuerung des Sexualverhaltens in der Entwicklung der Menschheit zurück (Instinktreduktion). Gleichzeitig erhöhte sich der Anteil der Steuerung durch das Bewußtsein; die Lernkomponente bei der Regulation des Sexualverhaltens nahm zu und damit seine Variabilität. Die Befriedigung des s. B. wurde zunehmend gesellschaftlich, über die soziale Gemeinschaft vermittelt. Mit dem Heraustreten des Menschen aus dem Tierreich entwickelte sich das lustvolle erotische Erleben als Regulativ sexuellen Verhaltens und spaltete sich von der ursprünglichen Funktion des Sexuellen, der Fortpflanzung, weitgehend ab (→ *Sexualität, Funktionen der*, → *Lust*).

Während sich einerseits in der Menschheitsgeschichte die Möglichkeiten der individuellen sexuellen Bedürfnisentwicklung und -befriedigung überhaupt erst herausbildeten, ließen andererseits die konkreten gesellschaftlichen Existenzbedingungen nie eine freie, ungehinderte Sexualität zu, zumindest nicht für die große Mehrheit der Menschen. Es entstanden gesellschaftliche → *Normen*, die das Sexualverhalten regulieren sollten, zumeist im Sinne einer Unterdrückung und Kanalisierung sexueller Bedürfnisse (→ *Abstinenz*, → *Inzesttabu*, → *Zölibat*).

In welch starkem Maße die Entwicklung s. B. von konkreten gesellschaftlichen Bedingungen abhängt, zeigt sich beispielsweise daran, daß sich die stabile sexuelle Erlebnisfähigkeit nebst → *Orgasmus* für die Mehrheit der Frauen (und hier wahrscheinlich auch nur in den industriell entwickelten Ländern) erst im letzten Drittel unseres Jahrhunderts herausgebildet hat. Die Ursachen dafür liegen in der → *Emanzipation* der Frau und in der sexuellen Liberalisierung der Gesellschaft, auch in der Entwicklung und massenhaften Anwendung sicherer Mittel zur Schwangerschaftsverhütung und der Enttabuisierung der → *Masturbation*.

Es kann davon ausgegangen werden, daß sich in einer Gesellschaft mit liberalen, toleranten Sexualnormen s. B. und ihre Befriedigung bei aller individuellen Variabilität im gesellschaftlichen Durchschnitt auf einem biologischen Optimum einpegeln. Ein Beleg für die weitgehende historische und interkulturelle Konstanz s. B. – zumindest in quantitativer Hinsicht – ist die in vielen Ländern sexualwissenschaftlich konstatierte durchschnittliche Koitushäufigkeit von ca. achtmal im Monat, die damit der Empfehlung Martin Luthers aus dem 16. Jh. entspricht: »In der Woche zwier, schadet weder mir noch ihr, macht im Jahre hundertvier …«

Das biologisch angelegte s. B. entwickelt sich individuell in der sexuellen Aktivität. Es ist in seiner Entfaltung nicht an die Fortpflanzung gebunden und damit auch nicht vom Prozeß der Geschlechtsreife abhängig, wenngleich die Pubertät ein qualitativer Sprung in der sexuellen Entwicklung ist, und zwar in biologischer wie psychologischer Hinsicht. Es ist das Verdienst Sigmund Freuds, das jahrhundertealte Vorurteil von der Asexualität des Kindes durchbrochen und auf die Wurzeln der sexuellen Entwicklung bereits in frühester Kindheit hingewiesen zu haben. Das s. B. existiert vom ersten Lebenstag an, allerdings zunächst in sehr unspezifischer Form allgemeiner Lustsuche. In den ersten Lebensjahren wird vor allem der eigene Körper spielerisch »autoerotisch« erkundet, es kommt zur Reizung und Erregung der Ausscheidungs- und Geschlechtsorgane und zu masturbationsähnlichen Handlungen. Es ist davon auszugehen, daß bereits in der frühen Kindheit auf diese Weise lustvolle, orgasmusartige Gefühle erzeugt werden. Ungefähr im dritten Lebensjahr beginnen Kinder, die beiden Geschlechter bewußt zu unterscheiden, und werden sich damit auch ihrer eigenen Geschlechtszugehörigkeit bewußt. Über verschiedene Stadien selbstbezogener und partnerschaftlicher Aktivitäten verfestigen sich im Jugendalter die Formen der sexuellen Bedürfnisbefriedigung. In Abhängigkeit von der Gesamtvitalität der Persönlichkeit, bleibt das s. B. im allgemeinen bis ins höhere Lebensalter erhalten. We

Bedürfnisdiskordanz, sexuelle: sexualmedizinischer Fachausdruck für fehlende Übereinstimmung im sexuellen Verlangen (→ *Libido*), einer der häufigsten Störfaktoren in der Partnerschaft. Es handelt sich dabei nicht um eine sexuelle Funktionsstörung, beide Partner sind fähig zur sexuellen Erregung bis hin zum → *Orgasmus*, aber sie unterscheiden sich in der Stärke ihres sexuellen Bedürfnisses. Der eine Partner kann z. B. gar nicht genug kriegen vom Sex, er möchte täglich eine Intimbeziehung oder noch öfters, dem anderen dagegen reichen zweimal in der Woche. Dabei hält jeder seinen Bedürfnispegel für den richtigen und verlangt vom anderen die Anpassung. Während sich geringe Unterschiede ausgleichen lassen, ist dies bei erheblichen Unterschieden meist schwierig oder gar nicht möglich. Die Folge davon sind Spannungen und Streit, Unzufriedenheit und Frustration.

Bei der Beurteilung muß man berücksichtigen, ob diese Diskrepanzen vorübergehender Natur sind, z. B. entstanden durch außergewöhnliche Belastungen. Ungünstiger sind die Aussichten, wenn schon zu Beginn der Partnerschaft die Bedürfnisse der Partner starke Unterschiede aufweisen und sich im Laufe der Zeit nicht annähern.

Aus sexualwissenschaftlichen Befragungen geht hervor, daß im allgemeinen, d. h. bei etwa drei Viertel der betroffenen Paare, der Mann häufiger Sex will als seine Partnerin; nur bei etwa einem Viertel zeigt die Frau größeres sexuelles Verlangen. Es ist allerdings durchaus möglich, daß die Frauen bei anhaltender Emanzipation hier aufholen.

Will man trotz ausgeprägter B. seinen Partner nicht verlassen, muß man sich entweder damit abfinden oder sein Verlangen auf andere Weise befriedigen – mit einem anderen Partner oder durch → *Masturbation*. Ar

Beschneidung (Zirkumzision): bei männlichen Jugendlichen die operative Entfernung oder Einschnitt der Vorhaut, bei Mädchen das Abschneiden der Schamlippen mit teilweisem oder vollständigem Abtragen des Kitzlers, eine bei vielen Stämmen in Mittel- und Südamerika, Afrika, Asien, Australien übliche Prozedur, die wesentlicher Bestandteil der → *Initiationsriten* ist. Die verschiedenen Beschneidungsformen variieren zwischen relativ geringfügigen Eingriffen bis hin zu großen, verstümmelnden Operationen (→ *Ariltha*, → *Infibulation*).

Die bei den Juden übliche B. der Knaben nach der Geburt geht nach dem Alten Testament auf einen Bund Gottes mit Abraham zurück. Das israelische Volk sollte sich dadurch von anderen Stämmen unterscheiden, eine Sitte, die bis heute beibehalten wurde.

Zumeist erfolgt die B. im Rahmen von großen öffentlichen Festen und geht mit festgelegten Zeremonien einher. Die Mädchen sind etwa 7–8 Jahre alt, bei manchen Stämmen auch deutlich jünger. Es wird damit die Absicht verfolgt, die Keuschheit der Mädchen zu bewahren, was mit den verstümmelnden Eingriffen, die häufig mit schweren Blutungen und Entzündungen einhergehen, sicherlich auch erreicht wird; manche sterben sogar an den Folgen.

Ein anschauliches Beispiel für das Vorgehen findet sich bei Ploss/Bartels (»Das Weib in der Natur- und Völkerkunde«, Berlin 1927) über die Rituale bei den Massai in Afrika: Die B. von Jungen und Mädchen findet an einem

Tag, aber an verschiedenen Orten statt. In die Nähe des Knabenplatzes darf kein weibliches Wesen kommen, genauso wie kein Mann oder Knabe die Stätte betreten darf, an der das Mädchen in Anwesenheit der Mutter beschnitten wird. Vorher wurde ihr das Kopfhaar abrasiert, sie hat allen Schmuck abgelegt und sich mit einem langen Schurz bekleidet. Die Mutter bemüht sich, die äußeren Geschlechtsteile durch kaltes Wasser unempfindlicher zu machen und spricht dem auf der Erde sitzenden Kind Mut zu. Die Operation besteht in einem Abschneiden des Kitzlers und wird mit einem geschärften Stück Eisenblech, wie man es auch zum Rasieren verwendet, durchgeführt. Anschließend wird die Wunde mit Milch ausgewaschen, eine Blutstillung erfolgt nicht. Andere Stämme benutzen zum Abschneiden Glasscherben, kleine Messer oder abgeschliffene Teile von Kokosnußschalen. In manchen Teilen Afrikas werden zusätzlich die Schamlippen bis auf eine winzige Öffnung für die Menstruationsblutung vernäht. Die Jungen sind bei der B. meist schon in der Pubertät, und das Abschneiden der Vorhaut ist einfacher und ungefährlicher, obschon es ebenfalls mit ganz primitiven Instrumenten vorgenommen wird. Von manchen Völkerkundlern wird die Opferung der Vorhaut als ein Überrest ehemaliger Menschenopfer aufgefaßt. Nach Freud soll die B. eine Vergeltung für inzestuöse Wünsche des Jungen darstellen (→ *Inzest*). Mit der B. wird der Junge in die Männergesellschaft aufgenommen; oft muß er sich zusätzlich noch bestimmten Mutproben unterziehen. Ar

Bett (ahd. betti, mhd. bet, bette): erhöhte, zum Ruhen in liegender Stellung (insbesondere für die Nacht) dienende Lagerstätte; Schlafstelle, mit Polstern und Decken belegt und zum Teil mit Fuß- und Kopflehne versehen. Das B. dient der Erholung des ermatteten Körpers durch Schlaf, der Genesung von Krankheit durch Ruhe(n). Es ist in aller Regel Ort der Geburt und häufig Ort des Todes. Das B. ist vor allem aber auch Stätte der Liebe, der Lust, des Geschlechtsverkehrs, was sich in zahlreichen volkstümlichen Redewendungen niedergeschlagen hat (»miteinander ins Bett gehen« oder »miteinander schlafen« = Geschlechtsverkehr haben; jemanden, der einem gefällt, »würde man nicht von der Bettkante weisen«; falls man mit seinem Ehepartner auseinander ist, »lebt man mit ihm getrennt von Tisch und Bett«. → *Sprache*).

Das B. ist in vielfältiger Weise mit dem Leben des Menschen verbunden bzw. nimmt eine dominierende Stellung ein. Entsprechend verlief auch die Entwicklung des B. Jede kulturgeschichtliche Etappe der Menschheitsentwicklung übte ihren

Einfluß auf das B. aus. Aus der zunächst rohen Lagerstatt auf der Erde entstand das B. als einfaches, auf vier Füßen ruhendes Gestell, das eine Art Polster trägt. Diese zweckentsprechende Grundform erlaubte zwar keine wesentlichen Abwandlungen, ließ sich aber durch die Wahl feineren und kostbareren Materials und durch Hinzufügen von Zierat veredeln. Die alten Ägypter schnitzten ihr Bettgestell aus feinem Sykomorenholz und verbanden, als Meister der Handwerkskunst des Flechtens, den Rahmen mit einem elastischen Flechtwerk aus Binsen. Die Griechen bedienten sich statt eines Polsters starker Decken oder untergelegter Schaffelle, während die Sklaven und die Armen kein B. hatten, sondern sich auf Binsen- oder Bastmatten zum Schlafe ausstreckten und den zusammengerollten Mantel unter ihren Kopf schoben. Das vollständige B. des wohlhabenden Bürgers war weitaus reicher zusammengesetzt. Vereinzelt wurde das Gestell auch aus Erz hergestellt, und in den Zeiten größerer Luxusentfaltung dienten Schildpatt und Edelmetall als schmückende Einlagen. Für die Bettfüße nahm man vielfach edleres Material, wie Elfenbein und Gold oder Silber, dem man nach dem Beispiel der Ägypter die Form von Tierfüßen oder gar von ganzen Tierschenkeln gab. Die altrömische Gepflogenheit, beim Speisen wie beim Lesen und Schreiben auf einem Ruhebett zu liegen, verlor sich bald wieder, und das Lager diente nur mehr im heutigen Sinne als Schlafstätte (wenngleich auch in heutiger Zeit – vielleicht dieser Tradition folgend – das gemeinsam im B. eingenommene Frühstück Verliebter nach einer erfüllten Liebesnacht in gutem Ruf steht).

Eine Abart des B. ist die im alten Griechenland gebräuchliche Lectica, ein in Ringen auf Stangen ruhendes und von syrischen Sklaven getragenes Lager mit baldachinartigem Überbau, das den Vornehmen bei kurzen Ausflügen in die Nähe der Stadt oder bei Besuchen innerhalb derselben als Beförderungsmittel diente. Diese besonders bei den mondänen Damen beliebte Lectica ist asiatischen Ursprungs und findet sich bei fast allen östlichen Völkern in wechselnden Formen.

In den unterschiedlichen historischen Epochen wird das B. in verschiedener Weise mit einem feinmaschigen Netzgewebe oder auch kostbaren Stoffen umgeben bzw. überdacht (Himmelbett), in erster Linie zur Abwehr von Insekten, als Kälte- oder Blickschutz, aber auch als Schmuck. Während für die Etablierten einer jeweiligen Gesellschaft das B. in jedem Falle exquisit gestaltet war (und ist), haben die ärmeren Schichten über die Jahrhunderte hinweg zum Teil überhaupt kein B., sondern schlafen auf dem Erdboden auf irgendeiner Unterlage. So ist wohl auch das Wort Christi an den geheilten Lahmen zu verstehen: »Nimm

dein Bett und wandle!«). Oder mehrere Personen teilen sich ein B.
Mehr oder weniger bedeutsame Abhandlungen finden sich in der Literatur über das Ehebett, die Lagerstatt zweier miteinander verheirateter Personen. Mancher schwört im Interesse der Liebe auf eine ungeteilte große Bettstelle (französisches B. oder das Einschläfige aus Großmutters Zeiten mit durchgehender Matratze). Andere plädieren für getrennte oder nebeneinander stehende Betten oder gar für getrennte Schlafzimmer der (Ehe-)Partner, die jede intime Begegnung zu einem neuen Erlebnis machen könnten – oder aber, so meinen ihre Kritiker, Beleg des bloßen Nebeneinanders bzw. des Auseinanderlebens der Partner sind. In manchen Neubauwohnungen der letzten Jahrzehnte wurde aus Platzmangel auf ein Schlafzimmer verzichtet, und die Liege mit Bettkasten, das Klappbett oder die aufklappbare Couch zogen ein. Das luxuriöse Wasserbett für Experten soll dem Liebesspiel förderlich sein, was man vom neuzeitlichen Doppelstockbett nicht behaupten kann. Manche lieben die Kuschligkeit des knarrenden Bauernbettes und die Liebe unterm Federbett in der eiskalten Schlafstube, andere die freie, unbedeckte Bewegung auf dem sündigen Pfühl im durchwärmtem Salon, die dritten den einfältigen Standard gewisser Hotelbetten, die vierten die immer zu schmale Luftmatratze im windgeschüttelten Zelt am Meeresstrand, die fünften den mit Reisig nur unvollkommen weich gestimmten Felsboden in einer Boofe (einem als Lager eingerichteten Felsvorsprung) in der Sächsischen Schweiz. B. hin, B. her – für Verliebte ist das letztlich nicht entscheidend, denn »ein Bett im Kornfeld, das ist immer noch frei ...«. US

Bibel (Heilige Schrift): sie besteht aus einer Sammlung israelisch-jüdischer Schriften, dem Alten Testament, und dem Neuen Testament, dem Neuen Bund, den Gott mit dem jüdischen Volk geschlossen hat. Sie enthält nicht nur die bis heute gültigen Grundkonzeptionen der christlichen Glaubenslehre, sondern stellt auch ein einzigartiges kulturhistorisches Dokument dar. Neben Berichten über das Alltags- und Sexualleben der damaligen Zeit finden sich Richtlinien für das Verhalten gläubiger Christen, deren Einhaltung bis heute von der Kirche verlangt wird. In vielen Bereichen unterscheidet sich allerdings das Alte Testament vom Neuen. Im ersten spiegelt sich das Leben der Menschen in seiner ganzen Fülle und Vielfalt ohne moralische Wertung wider. Das Neue Testament legt weitaus strengere Maßstäbe an. So erfährt die körperliche Liebe, die Fleischeslust, eine bislang unbekannte Abwertung. Geschlechtliche Sinnlichkeit und Begierde gelten fortan als Erbsünde, die durch Eva mit der Verführung → *Adams* in die Welt kam. Diese Theorie führt zu einer sittlichen Abwertung der Frau und begründet die jahrtausendlange Vorherrschaft des Mannes. Mit dem Sündenfall hängt auch die Tatsache zusammen, daß sexuelle Enthaltsamkeit einen hohen Stellenwert erreicht. Der Apostel Paulus schreibt in seinem ersten Brief an die Korinther: »Es ist dem Menschen gut, daß er kein Weib berühre. Doch um der Unkeuschheit willen habe jeglicher seine eigene Frau, und eine jegliche Frau habe ihren eigenen Mann ... Entzieht sich nicht eine dem anderen, es sei denn mit beider Bewilligung eine Zeitlang, daß ihr zum Beten Ruhe habt; und dann kommt wieder zusammen, auf daß euch der Satan nicht versuche, weil ihr euch nicht enthalten könnt.« Im Brief an die Römer nimmt Paulus zur »Gottlosigkeit der Heiden« Stellung und prangert unter anderem auch homosexuelle Beziehungen an. »Das biblische Urteil über homosexuelles Verhalten ist eindeutig in seiner mehr oder weniger scharfen Ablehnung, und alle diesbezüglichen Aussagen zu diesem Thema stimmen ausnahmslos darin überein. Das Heiligkeitsgesetz im dritten Buch Mose bestimmt apodiktisch: ›Einem männlichen Wesen darfst du nicht beiwohnen, wie man einer Frau beiwohnt; es wäre ein Greuel‹ (3. Mose 20,13), ebenso wie wenige Verse zuvor den Ehebruch (20,10). Die Juden wußten sich in diesen Fragen von den sie umgebenden Völkern geschieden, und das hat auch die neutestamentlichen Aussagen zum Thema Homosexualität bestimmt im Gegensatz zur hellenistischen Kultur, die an homosexuellen Beziehungen keinen Anstoß nahm. Paulus rechnete homosexuelles Verhalten zu den Folgen der Abwendung der Menschen von Gott (Römer 1,27). Im ersten Brief an die Korinther wird homosexuelle Praxis neben Unzucht, Ehebruch, Götzendienst und Raub zu den Verhaltensweisen gerechnet, die von der Teilnahme am Reiche Gottes ausschließen (1. Korinther 6 und 7 f.). Paulus meint, die Christen seien von der Verstrickung in solche Verhaltensweisen frei geworden (6,11). Diesen paulinischen Aussagen steht im Neuen Testament keine einzige Stelle gegenüber, die ein günstigeres Urteil über homosexuelle Beziehungen erkennen ließe. In der Gesamtheit des Zeugnisses wird also praktizierte → *Homosexualität* ausnahmslos zu den Verhaltensweisen gerechnet, in denen die Abwendung des Menschen von Gott besonders eklatant zum Ausdruck kommt.« (Theologe Wolfhart Pannenberg, 1994)

Die christliche Lehre hieß Geschlechtsverkehr nur im Rahmen der kirchlich geschlossenen Ehe für gut, und zwar hauptsächlich zum Zwecke der Zeugung. Aus dieser sexualfeindlichen Einstellung heraus leitet sich auch die Keuschheitsforderung für den Klerus ab (→ *Zölibat*, → *Abstinenz*). Nach der Reformation erlaubte die protestantische Kirche allerdings ihren Pfarrern die Ehe und eine Familiengründung, in der katholischen hält der Papst bis heute am Zölibat seiner Priester fest – Eheleben und Geistlichkeit gelten nach wie vor als unvereinbar, obschon sich vor allem in der jüngeren Generation selbst gläubiger Katholiken Widerspruch bemerkbar macht.

Noch im Alten Testament hatte man dagegen durchaus Verständnis für die Freuden der Liebe. Als eines der schönsten und poetischsten Liebesgedichte der Weltliteratur gilt heute noch das Hohelied Salomons, in dem es heißt: »Wie eine Lilie unter den Dornen, so ist meine Freundin unter den Mädchen. Wie ein Apfelbaum unter den wilden Bäumen, so ist mein Freund unter den Jünglingen. Unter seinem Schatten zu sitzen begehre ich, und seine Frucht ist meinem Gaumen süß … Seine Linke liegt unter meinem Haupte, und seine Rechte herzt mich … Siehe, meine Freundin, du bist schön! Siehe, schön bist du. Deine Augen sind wie Taubenaugen hinter deinem Schleier. Dein Haar ist wie eine Herde Ziegen, die herabsteigen vom Berg Gilead … Deine Lippen sind wie eine scharlachfarbene Schnur, und dein Mund ist lieblich. Deine Schläfen sind hinter Deinem Schleier wie eine Scheibe vom Granatapfel. Dein Hals ist wie der Turm Davids mit Brustgewehr gebaut … Deine beiden Brüste sind wie Zwillinge von Gazellen, die unter den Lilien weiden … Du bist wunderbar schön, meine Freundin; und kein Makel ist an Dir …« Und sie antwortet darauf: »Mein Freund ist weiß und rot, auserkoren unter vielen Tausenden. Sein Haupt ist das feinste Gold. Seine Locken sind kraus, schwarz wie ein Rabe. Seine Augen sind wie Trauben an den Wasserbächen … Seine Lippen sind wie Lilien … Sein Leib ist wie reines Elfenbein, mit Saphiren geschmückt. Seine Beine sind wie Marmorsäulen … Sein Mund ist süß, und alles an ihm ist lieblich.« Und an anderer Stelle: »Laß deinen Mund sein wie guten Wein, der meinem Gaumen glatt eingeht und Lippen und Zähne mir netzt. Meinem Freund gehöre ich, und nach mir steht sein Verlangen. Komm mein Freund, laß uns aufs Feld hinausgehen und unter Zypernblumen die Nacht verbringen, daß wir früh aufbrechen zu den Weinbergen und sehen, ob der Weinstock sproßt und seine Blüten aufgehen, ob die Granatbäume blühen. Da will ich dir meine Liebe schenken.« Eine auch nur annähernde Schilderung, bei der Mann und Frau sich offen zu ihrer Leidenschaft bekennen, sucht man im Neuen Testament vergeblich. Im Gegenteil, hier predigt man gegen Sinnesfreude und körperliche Liebe, die nur im Zusammenhang mit geplanter Fortpflanzung berechtigt ist. Im Laufe der Jahrhunderte führte das → *Christentum* immer stärker zur

Verdrängung und Unterdrückung der Sexualität, so daß sich bei vielen Menschen schwere innerliche Konflikte und Schuldgefühle entwickelten, weil sie sich diesen strengen Regeln nicht unterwerfen konnten. Freude an der Sexualität zu haben galt als Sünde, deren man sich schämen mußte. Diese restriktive Einstellung des Christentums, wie sie im Neuen Testament dokumentiert wird, hat die freie Entfaltung der Gläubigen bis zu Anfang unseres Jahrhunderts gehemmt und alles Sexuelle tabuisiert. Erst seit einigen Jahrzehnten bahnt sich eine Lockerung und Liberalisierung an, wobei sich die evangelische Kirche reformfreudiger als die katholische erwies, die immer noch stark an ihrer konservativen Haltung festhält. Ar

Bidet (franz.): Spülbecken, das für die Reinigung der weiblichen äußeren → *Geschlechtsorgane* bestimmt ist. Die Frau nimmt darauf Platz und läßt sich von unten durch einen Wasserstrahl, der einer kleinen Fontäne gleicht, abduschen. Weil dabei auch der Kitzler berührt und stimuliert wird … besonders wenn man sich hin und her bewegt …, fühlen sich manche Frauen lustvoll erregt, auch bis zum Orgasmus. Der Strahl wirkt wie eine → *Massage*, so daß sich diese besondere Duschform auch zur Einstimmung auf weitere sexuelle Kontakte eignet. Der Wunsch, zu Hause oder im Hotelzimmer eine Dusche zu besitzen, hat also nicht nur hygienische Gründe. Ar

Bisexualität: Doppel- oder Zweigeschlechtlichkeit, die 1. biologisch, 2. psychologisch und 3. psychosexuell verstanden werden kann.

1. Biologisch gesehen ist bisexuell jemand, der sowohl Anlagen des männlichen als auch des weiblichen Geschlechts besitzt, d. h. bei ihm sind Gewebestrukturen von Eierstöcken und Hoden nachweisbar. Man bezeichnet diese Personen als Zwitter oder → *Hermaphroditen*. Ursache dieser angeborenen Fehlentwicklung ist eine gestörte Gonadendifferenzierung in der Embryonalperiode.
   Heute kann man solche Menschen operieren, um sie dem einen oder anderen Geschlecht zuzuordnen. Je nachdem, für welches Geschlecht man sich entscheidet, wird operativ das Hoden- oder Eierstockgewebe entfernt.
   In der Vergangenheit hielt man in einigen Kulturkreisen Zwitter für besonders vollkommen und verehrte sie. Götter der Frühzeit wurden häufig mit männlichen und weiblichen Geschlechtsorganen dargestellt. Im alten Ägypten

kannte man Götter, die von vorn wie ein Mann und von hinten wie eine Frau aussahen. Bei den Römern wurden Bacchus und Diana, bei den Griechen Apoll als doppelgeschlechtliche Götter dargestellt. Es herrschte damals ein regelrechter Hermaphroditenkult.

2. Die psychologische Betrachtungsweise geht auf Freud zurück; er vertrat die Ansicht, daß jeder Mensch mit weiblichen und männlichen Sexualorganen geboren wird. Dies könne später zu Konflikten führen, das biologische Geschlecht als eigenes zu akzeptieren. Zumeist soll das gegengeschlechtliche der Verdrängung anheimfallen. In bisexuellen Phantasien spiegelt sich der Wunsch wider, beiden Geschlechtern angehören zu wollen und sich nicht gänzlich für das eine oder andere entscheiden zu müssen.
3. Bezieht sich B. ausschließlich auf die psychosexuelle Orientierung, handelt es sich um Personen, die sich gleichermaßen zu gleich- und andersgeschlechtlichen Partnern hingezogen fühlen. Bisexuelle Phasen können auch ein Übergangsstadium im → *Coming-out* der Lesben und Schwulen sein, wenn die sexuelle Orientierung noch nicht eindeutig festgelegt ist. Meist liegt hier keine echte B. vor, sondern die Betreffenden versuchen, heterosexuelle Beziehungen auszuprobieren, um vielleicht doch von der → *Homosexualität* loszukommen. Meist stellen sie danach ernüchtert fest, daß sie sich sexuell frustriert fühlen, und kehren zu gleichgeschlechtlichen Kontakten zurück. Andere sind in der Lage, über einen längeren Zeitraum hetero- und homosexuelle Partner zu haben, sie heiraten und gründen eine Familie. Einige können sogar vorübergehend völlig heterosexuell leben, ihrem Partner bleibt diese Neigung oft unbekannt. Aber es ist nicht ausgeschlossen, daß auch noch nach Jahren die homosexuelle Neigung wieder hervorbrechen kann, vor allem, wenn ein geeigneter Partner auftaucht. In diesen Fällen trennt sich der Betreffende von seiner Familie, um wieder seinen homosexuellen Neigungen folgen zu können.

Bisexuelle, die ihr ganzes Leben lang anders- und gleichgeschlechtliche Beziehungen unterhalten, sind relativ selten. Ar

Bondage (engl. bond = Fessel, Band; Bondage = Leibeigenschaft, Knechtschaft, Zwang): das Fesseln, Knebeln, Anbinden, Anketten, in Handschellenlegen des Partners als Bestandteil einer sadomasochistischen Inszenierung (→ *Sadomasochismus*). Der eine Partner läßt sich in eine wehrlose Situation bringen und der andere erniedrigt ihn und fügt ihm, sofern gewünscht, Schmerz zu. Daraus ergibt sich für beide Partner der sexuelle Reiz. Der passive Teil genießt in diesem Spiel die scheinbar aufgezwungenen sexuellen Praktiken, für die er – weil hilflos – keine Verantwortung trägt. Oder er versucht sich vergeblich zu wehren, woraus ebenfalls Lustgewinn zu erzielen ist. Er ist Gefangener der Lust. Der aktive Teil erlebt die sexuelle Verfügungsgewalt über einen anderen Menschen als lustvoll und genießt den Spielraum, den er hat. Oftmals ist die B. mit anderen sexuellen Praktiken gekoppelt (→ *Spanking*, → *Flagellantismus*, → *Domina*). Manchmal hat die B. eine Nähe zum → *Fetischismus*, nämlich dann, wenn bestimmte Utensilien wie Stricke, Seidenbänder, Strümpfe für Fesseln, Lederriemen, Ketten zu einem Fetisch werden, ohne den eine sexuelle Befriedigung nicht möglich oder durch die der Partner erst attraktiv wird.

Mehr oder weniger harmlose Fesselspiele hat es zu allen Zeiten gegeben, auch außerhalb des eigentlichen Sadomasochismus. Mit der Enttabuisierung von SM-Techniken in den modernen Gesellschaften und dem Versuch, neue Reizquellen zu erschließen und abgestumpfte Lust zu überwinden, erreichen sexuelle Praktiken wie B. auch außerhalb der SM-Szene eine andere Bedeutung. Zunehmend werden sie in einschlägigen Darstellungen nicht mehr als exotisch oder abweichend, sondern als normal und weit verbreitet dargestellt.

Eine große Bedeutung haben dabei Sexmarkt und Sexmedien. Die Industrie bietet eine Fülle von Bondageutensilien an, die in Sexshops oder per Versand erwerbbar sind, z. B. ein schwarzer Stringbody mit Schnüreffekt, das Kettenhemd »Wonnige Sklavin« oder die aus Gummibändern bestehende Bügel-Corsage »Beiß mich!«. Sie dienen nicht einfach nur der Fesselung, sondern bedeuten auch eine optische Reizsteigerung. In der Werbung, in Comics und Zeichnungen und vor allem in der Pornographie finden sich raffinierte Schnürungen und Umrahmungen von Körperteilen wie Hals, Brüste, Schenkel, Taille, Po, Geschlechtsteile mittels Lederriemen, Gummibändern, Lackstreifen, Ketten, Drähten, die diese Körperteile und Körperzonen betonen. Der Phantasie und dem Gestaltungsvermögen sind dabei keine Grenzen gesetzt. KS

Bonjour-Tropfen (franz. guten Tag; **Lusttropfen**): ein oft frühmorgens von jungen Männern abgesondertes wasserklares Sekret, das aus den bulbourethralen Drüsen stammt (Cowpersche Drüsen) und die Harnröhrenschleimhaut auf den Samenerguß vorbereiten soll. Auslösend sollen erotische Träume sein. Ar

Bordell: Haus oder Räumlichkeit für → *Prostitution.* Im Modellfall stellen sich im B. Frauen gegen Bezahlung zum Geschlechtsverkehr zur Verfügung, doch sind heute die verschiedensten sexuellen Wünsche im B. erfüllbar. Andere Ausdrücke sind Freudenhaus, öffentliches Haus, Puff, Etablissement, Hurenhaus, in neuerer Zeit → *Eros-Center* (→ *Kontakthof*), Sex-Inn. Obwohl allgemein geläufig, nennen sich B. niemals selbst so. Sie wählen verhüllende Bezeichnungen wie Massageinstitut, FKK-Sauna, Club oder geben sich mehr oder weniger phantasievolle Beinamen (Villa International, Seemannsruh, Lady Love, You and Me, Venusclub). In früheren Zeiten waren Bordellabzeichen zur Kennzeichnung eines B. üblich, z. B. eine Muschel oder andere Plastiken, bestimmte Schilder oder die sprichwörtliche Rote Laterne; heute werden gelegentlich bestimmte Symbole (z. B. Herzen) oder Werbungen in Englisch gewählt (z. B. girls, love, sex), aber das rote Licht im Fenster oder an der Tür signalisiert nach wie vor Prostitution (→ *Rotlichtviertel*). Bordellführer und Dirnenadreßbücher sowie vor allem Annoncen erleichtern ebenfalls die Orientierung (→ *Stadtplan für Männer,* → *Sexanzeigen*). Oftmals sind B. als solche nicht erkennbar; erst am Telefon erfährt man die Adresse, sofern nicht ohnehin nur Eingeweihte Zutritt haben, insbesondere in sogenannten Clubs. Nicht selten fungieren normale Wohnungen als B.

Die → *Prostituierten* sind bei dem Bordellinhaber fest angestellt oder haben nur irgendein oder ein bestimmtes Zimmer im B. gemietet, wieder andere nutzen im Einvernehmen mit dem Vermieter bestimmte Räume oder gehen mit dem Bordellbetreiber, z. B. der Puffmutter, die ihre Räumlichkeiten zur Verfügung stellt, lose Vereinbarungen ein. Manche Prostituierte wohnen auch im B. Der Besucher wird gewöhnlich in einen Empfangsraum geführt (häufig von der Bordellwirtin) und darf sich ein Mädchen wählen. Andere Wahlformen sind die Kontaktaufnahme an einer Theke oder in einem Pornokino. Mitunter stellen sich die Prostituierten auch in Schaufenstern aus. In großen B. kann der Besucher von Etage zu Etage, von Zimmer zu Zimmer gehen, deren geöffnete Türen einladende Girls zeigen. Der Wahl dienen auch die Kontakthöfe. Sie sind abgeschirmt und von außen nicht einsehbar, damit Jugendliche und Frauen, denen generell der Zutritt zu B. verwehrt ist, außen vor bleiben. Überkommen aus dem alten

Martin Erich Philipp (1887–1978): »Bordellszene«. Radierung (1914)

Rom gab es früher Bordellmarken. Diese trugen Nummern (Zahl der Besuche und Kennzeichnung bestimmter Sexualpraktiken), möglicherweise stammt von daher der Ausdruck »eine Nummer machen«. In den einfachen B. Südamerikas erhalten die Prostituierten von der Puffmutter eine Marke, die lata, nach der sie wöchentlich bezahlt werden. In vielen B. übergeben die Prostituierten sofort, noch vor der sexuellen Aktion, das vom Freier erhaltene Geld der Puffmutter.

B. werden von den Behörden mehr oder weniger großzügig geduldet, obwohl die Gesetze fast immer gegen sie sprechen (z. B. wenn das gewerbsmäßige Ermöglichen von Geschlechtsverkehr zwischen nichtverheirateten Personen als Kuppelei unter Strafe steht oder die Führung eines B. als »Förderung der Prostitution« strafrechtlich belangvoll wird). Verbote der B. haben niemals die → *Prostitution* verdrängt, sondern lediglich in andere Formen gezwängt (z. B. → *Autostrich*, → *Sexanzeigen*, Clubs). Allerdings widersprechen die oft (notgedrungen) armseligen, unsauberen, niveaulosen, antiindividuellen Massenbordelle in den großen Städten teilweise den gewachsenen Ansprüchen des verwöhnten Wohl-

Max Brüning: »Im Bordell«. Radierung (1917)

standsbürgers, so daß er diesen Billigsex meidet und sich anspruchsvolleren Sex kauft.

Das B. hat eine fast 3000jährige Geschichte. Im Bilderlexikon Kulturgeschichte des Instituts für Sexualforschung Wien heißt es 1928: »Das erste profane B. wurde in Athen von Solon (600 v. Chr.) errichtet. Es war eine Staatsanstalt mit eigener Hausordnung und billiger Taxe. Die Prostituierten darin waren auf Staatskosten gekaufte fremdländische Sklavinnen, die öffentlich nackt zur Schau gestellt wurden. Die Bordellmädchen (Pornae) wurden vom Staat erhalten und mußten einen Teil ihrer Einnahmen an den Staat abführen.« Seit jener Zeit hat es insbesondere in den großen Städten aller Länder B. in den verschiedensten Ausführungen gegeben, das wunderbarste B. (Le merveilleux bordel) 1501 in Valencia mit 800 Freudenmädchen. Im Mittelalter hatte fast jede Stadt ihr B., meist ausgegrenzt vor den Toren der Stadt gelegen und in städtischem, fürstlichem oder kirchlichem Besitz. In der südfranzösischen Stadt Avignon, dem einstigen Sitz der Päpste, florierte im Mittelalter ein Kirchenbordell für jedermann, ausgenommen Juden und Heiden. Der Papst Julius II. hieß es gut und eröffnete im 16. Jahrhundert ein B. im Vatikan. Neben den schäbigen und billigen B. entstanden insbesondere im Paris und London des 18./19. Jahrhunderts Luxusbordells mit ausgesuchtem Service und feinsten Damen. Zugleich fanden sich spezielle B. für ausgefallene Geschmacksrichtungen und besondere Personengruppen (z. B. Fetischisten, Masochisten). Solche Einrichtungen gehören auch heute noch zum Milieu, ganz abgesehen davon, daß B. oft ein charakteristisches Angebot haben (z. B. nach dem Alter, der Körperfülle, der Nationalität, der Intelligenz, den Fertigkeiten der Prostituierten und dem Leistungsangebot). Im Paris des 18. Jahrhunderts gab es zwecks sexueller Kontakte fensterlose Wagen, die Bordels ambulants, fahrende Bordelle. Sie haben in den Wohnwagen-B. der Gegenwart Nachfolger gefunden. Überhaupt hat Paris ein wesentliches Stück der Geschichte des B. geschrieben. Unter Ludwig XV. gab es luxuriöse Liebesnester mit allen Schikanen (Ballsaal, Schwimmbassin, Massagesalon), Maisons à partie (Lusthäuser) genannt. Zu ihnen gehörte ein geheimes Zimmer mit einem trompe-valet, einem Guckloch, durch das Besucher ihre voyeuristischen Bedürfnisse befriedigen konnten. Ähnlich wie in London waren im Paris jener Zeit Jungfrauenbordelle gefragt, die nach dem Vordringen der Lustseuche Syphilis auch aus hygienischen Gründen attraktiv waren. Manche Grisette (junge kokette Arbeiterin) und manche Midinette (junge Putzmacherin), dazu die Mädchen vom Lande, die in die Stadt kamen, wurden in solchen B. defloriert. Die Jungfrauenhändler entdeckten mangels Nachschub schnell subtile Methoden der Revirgination, der künstlichen Wiederherstellung der Jungfernschaft oder der Vortäuschung derselben. Maisons de passe hießen im 19. Jahrhundert jene Etablissements, die man für ein Rendezvous mit einer Dame der Oberschicht mieten konnte, später Maisons de rendezvous genannt. Nichtlizenzierte, aber tolerierte B. waren im 18. Jahrhundert die Maisons de tolérance. Um 1830 war die Maison dorée (goldenes Haus) berühmt dafür, daß man im Spielsalon seine eigene Person einsetzen konnte, über die der Gewinner dann in den Schlafgemächern des Hauses verfügen konnte. In die Zeit der Dritten französischen Republik (1870–1940) fällt das Goldene Zeitalter der Maisons closes, wie die B. nun genannt wurden. Am 14.4.1946 wurden durch das umstrittene Gesetz Nr. 46658 (unter dem Hauptvorwand der Kollaboration mit dem Feind) alle B. in Paris geschlossen und der Verein der Bordellbesitzer aufgelöst. Verbote der B. hat es zu allen Zeiten gegeben. Im Jahre 18. v. Chr. erließ Kaiser Augustus strenge Sittengesetze gegen die Prostitution. Auf deutschem Boden stammen die ersten strengen Gesetze gegen Dirnen und Kuppler von Karl dem Großen (801 in seinen Kapitularien). 1158 ging Friedrich I. Barbarossa scharf gegen Prostitution und Unzucht vor. In der Polizeiordnung Karls V. von 1530 wurde die Prostitution im ganzen Reich verboten, und er drohte in seiner Carolina der Kuppelei mit schweren Leibesstrafen. Dies hatte für die spätere Gesetzgebung in Deutschland Vorbildwirkung bis zum heutigen Kuppelei-Paragraphen. Ludwig XIV. erließ 1787 in Paris eine Ordonnance gegen Kuppler und Bordellwirte, denen schwerste Strafen angedroht wurden. 1846 wurden alle B. in Preußen geschlossen. Sogenannte Abolitionistische (= Abschaffungs-)Gesetze wurden 1886 in England, 1900 in Norwegen, 1901 in Dänemark erlassen. 1918 wurde von der Sowjetmacht die Prostitution verboten und das Bordellwesen liquidiert. 1927 wurden nach langer Diskussion in Deutschland B. untersagt. Der Völkerbund bezeichnete 1929 die B. als Brutstätten des Mädchenhandels und verurteilte alle Staaten, die B. offiziell duldeten. 1955 wurde in Italien ein Gesetz zur Schließung der 200 staatlich kontrollierten B. erlassen.

An der Existenz von B. und an der Verbreitung der Prostitution haben diese und viele ähnliche Gesetze in aller Welt freilich nur ausnahmsweise – an den jeweiligen Bedingungen und Bewertungen – etwas ändern können (→ *Prostitution*, Geschichte der, → *Strich*). KS

Braut (mhd., ahd. brut): Frau in der Zeit von der Verlobung bis zur Eheschließung und am Tag der Hochzeit. Bei manchen Naturvölkern ist die B. während ihrer ganzen Brautzeit durch Zeichen (Bemalung, Schmuck, Kleidung) kenntlich gemacht. Nach altem Volksglauben war die B. in besonderem Maße der Verzauberung ausgesetzt und wurde durch verschiedene Riten davor geschützt. Aber auch die B. ihrerseits war, so meinte man, für ihre Umgebung gefährlich. Vermeintlich löste der Zwischenzustand zwischen Jungfernschaft und Ehestand unwillentlich schwarzmagische Fähigkeiten bei ihr aus. Manche Bekleidungssitten bei der Trauung mögen sich teilweise daraus erklären, beispielsweise die Verhüllung der B. und ebenso die des → *Bräutigams* als eine Art von Trennungsritus (→ *Hochzeitsbräuche*). Im alten Indien redete der Vater des jungen Gatten bei Ankunft des Brautzuges im neuen Heim die B., seine Schwiegertochter, folgendermaßen an: »Hab' kein böses Auge, töt' nicht den Gatten! Sei hold, kräftig, mild den Hausleuten, heilvoll!« Auch die bei verschiedenen Naturvölkern vielfach übliche Bestimmung, daß sich die Verlobten vor der Hochzeit nicht sehen dürfen, gehört vielleicht in diesen Zusammenhang: Die B. hat den »bösen Blick«, und es gilt, sich davor zu schützen.

Die B. ist ein sagenumwobenes Wesen – nicht in gleichem Maße der Bräutigam. Mit der B. verbinden sich eine Vielzahl von Sitten und Gebräuchen, Geboten und Verboten (»Wer Myrte baut, wird keine Braut!«). Für das jungfräuliche Mädchen war es in früheren Gesellschaften (einziges) er-

strebenswertes Ziel, B. zu werden, zu heiraten und damit fürs Leben »versorgt« zu sein. Damit sie einen Mann abbekomme und ihren Bräutigam nicht etwa in der Verlobungszeit als Prüfungszeit wieder verliere, nahm die B. vielfältige Verpflichtungen auf sich. Sie mußte in besonderem Maße dem herrschenden Frauenleitbild entsprechen: »Wie soll die Braut sein, arm oder reich? Sie soll sanft, gläubig, lenkbar und vor allem frischen Herzens sein«, bringt es der französische Autor Jules Michelet in »Die Liebe« (1858) auf den Punkt. Sprache und Literatur unterscheiden – immer bezogen auf den entsprechenden Mann – verschiedene B.: Seemannsbraut, Soldatenbraut, Gangsterbraut, Räuberbraut.
Seiner B. ist der Bräutigam – sofern er kann – normalerweise treu (und doch läßt Goethe im »Faust« klagen: »Wie mancher hat nicht seine Braut belogen und betrogen!«). Dort, wo es bezüglich der Treue seitens des Mannes größere Schwierigkeiten gibt, wird die B. entsprechend modifiziert (»Seemannsbraut ist die See, und nur ihr kann er treu sein …«).
Die B. wie auch das Verhältnis von B. und Bräutigam werden im Volksmund als besonders schön, als ideal beschrieben, fernab vom späteren beklagenswerten Ehealltag: »Bräute lispeln, Weiber kreischen, wie verändert ist die Stimme; Bräutigam streichelt, Ehemann geißelt, wie verwandelt sind die Hände.« (Finnisches Sprichwort)
Berliner Kinderreim:

»Braut un Bräutjam küssen sich,
Andre Leute wissen't nich;
Braut un Bräutjam verdragen sich,
Andre Leute schlagen sich.«

Vor allem am eigentlichen Tag der Hochzeit ist die B. besonders schön, reizvoll, rein-weiß und doch begehrenswert:

»Lieblich in der Bräute Locken
Spielt der jungfräuliche Kranz,
Wenn die hellen Kirchenglocken
Laden zu des Festes Glanz.«
(Schiller, Das Lied von der Glocke)

Zum einen ist die B. durch ihre besondere Kleidung, durch die Erwartung an das feierliche Fest der → *Hochzeit*, durch ihre besondere Erregung an diesem Tag wohl wirklich immer schön. Zum anderen ließ sicher auch die nun bald zu erwartende → *Hochzeitsnacht* nach langer Enthaltsamkeit die B. in den Augen des Bräutigams vor allem in früherer Zeit am Hochzeitstag als besonders begehrenswert erscheinen, ganz abgesehen davon, daß der verliebte Bräutigam stolz auf die Auserwählte ist: »Jeder hält seine B. für die schönste« (Volksmund).
So wie die Verlobung hat auch die B. mit all ihren Pflichten und Mythen in der heutigen Zeit ihre eigentliche Bedeutung weitgehend verloren. Dennoch hat sich das Wort B. vor allem

für die Frau am Tag der Hochzeit erhalten. US

Bräuche, transvestitische: bewußt herbeigeführter Wechsel der Geschlechtsrolle – vorwiegend vom männlichen zum weiblichen Geschlecht –, weltweit bei etlichen Volksstämmen üblich. Häufig wurde der Wandlungsprozeß schon in der Kindheit oder Jugend eingeleitet, um aus dem Jungen einen »Weibmann« zu machen, der unter Aufgabe seiner geschlechtsspezifischen Sexualfunktion fortan als weiblicher Sexualpartner zur Verfügung stand. Nach der offiziellen, meist sehr festlich begangenen Einführung entsprach sein Lebensstil der traditionellen Frauenrolle. Er trug die typischen Frauenkleider und verrichtete Frauenarbeit.

Die meisten dieser Transvestiten besaßen einen hohen sozialen Status, oft standen ihnen Privilegien zu. Zweifellos geht ihre Wertschätzung auf uralte religiöse Mythen zurück, die z. B. bei vielen Indianerstämmen in Zusammenhang mit der Schöpfungsgeschichte stehen, die Hinweise auf solche Weibmänner enthält. Indem Männer zum Wohle des Stammes zu Frauen wurden, folgten sie ihrer Meinung nach der Weisung der Götter.

Interessante Einzelheiten über diese Bräuche sind uns von den Mohave-Indianern aus Nordamerika überliefert. Unter ihnen gab es sowohl männliche Transvestiten, die alya, wie weibliche, die hwane. Deren Eltern bereiteten sie als Kinder auf die Einführung vor. Je nachdem, ob es sich um einen Jungen oder ein Mädchen handelte, wurde eine entsprechende Kleidung angefertigt. Auf einem großen Fest führte man ihn oder sie in die neue Rolle ein, allerdings nur dann, wenn er oder sie zugestimmt hatte. Andernfalls wurde die Feier abgesagt; niemand wurde zum Rollenwechsel gezwungen.

Nach der Initiation bekam der alya einen Frauennamen und wurde heiratsfähig. An Bewerbern fehlte es offenbar nie, und die meisten dieser Ehen sollen sich, sofern man den Berichten Glauben schenken kann, bewährt haben. Weitaus schwieriger war das Durchsetzen der Männerrolle für die hwanes, besonders wenn ihnen »echte« Männer nachstellten. Die hwanes sollen sich in diesen Fällen mit Waffen zur Wehr gesetzt haben, doch sie hatten es als biologische Frauen sicherlich nicht einfach, ihre männlichen Rivalen auszustechen.

Nicht nur in ihrem Äußeren, sondern auch körperlich versuchten sich die Transvestiten dem ihnen zugewiesenen Geschlecht soweit wie möglich anzugleichen. Zunächst in sprachlicher Form: alyas bezeichneten ihr männliches Glied als Kitzler und den After als Scheide. Analverkehr war Usus. Menstruation wurde imitiert, indem sich die männlichen Transvestiten im vierwöchentlichen Zyklus an der Innenseite ihrer Oberschenkel so lange Kratzwunden beifügten, bis Blut floß. Durch Ausstopfen der Kleidung wurde eine Schwangerschaft vorgetäuscht, sogar der Geburtsvorgang wurde nachgeahmt. Sobald sich »Wehen« bemerkbar machten, verließ der alya das Dorf, verrichtete außerhalb seine Notdurft, vergrub die Exkremente und beklagte dann in aller Öffentlichkeit sein »totgeborenes Kind«. Die hwanes trugen oft einen künstlichen Penis, um ein männliches Genitale vorzutäuschen und ihre Frauen wie ein Mann befriedigen zu können.

Bei den Zuni-Indianern gab es das Phänomen des Mujerado, der – ursprünglich ein ausgesucht kräftiger Mann – durch mannigfaltige Strapazen wie stundenlanges Masturbieren und übermäßig langes Reiten körperlich derartig geschwächt wurde, daß er schließlich weder eine Erektion noch eine Ejakulation zustande bringen konnte. Sogar die äußeren Geschlechtsteile sollen infolge dieser Prozeduren allmählich geschrumpft und verkümmert sein, was ihn zum »idealen weiblichen Partner« machte. Berichten der spanischen Eroberer zufolge waren auch unter Inkas und Azteken t.B. bekannt. Bei den nordamerikanischen Indianerstämmen gab es die bardaje oder berdaje. Es ist nicht auszuschließen, daß dieser Brauch aus Sibirien – bei den dort lebenden Tschuktschen kennt man ebenfalls Transvestiten –, als vor etwa 50 000 Jahren noch eine Landbrücke zwischen beiden Kontinenten bestand, übernommen wurde. Bei den Tschuktschen ist der Wechsel der Geschlechtsrolle mit dem Schamanentum verknüpft. Schamanen sind eine Art Medizinmänner mit oft weissagerischen Fähigkeiten und genießen in ihrem Stamm ein hohes Ansehen. Berichte über Geschlechtsrollenwechsel gibt es auch aus anderen Teilen der Welt. Ar

Bräutigam (mhd. bruitegome, niederld. bruidegom): Mann von der Verlobung bis zur Eheschließung und am Tag der Hochzeit. Dem B. ist bereits ein Mädchen, seine → *Braut*, versprochen, und er absolviert mit ihr die Verlobungszeit. Die Verlobung war früher ebenso bindend wie die Ehe selbst; dem B. erwuchsen durch die Verlobung bereits rechtliche Ansprüche an die Braut. Beide durften nach der herrschenden Brautstandsmoral aber in früheren Zeiten dennoch nicht miteinander geschlechtlich verkehren. Taten sie es doch, so lebten sie in einer sogenannten Brautehe. Die geforderte Enthaltsamkeit konnte beim B. – sofern er seine geschlechtlichen Bedürfnisse nicht anders befriedigte – zu den sogenannten Bräutigamschmerzen führen: Der Mann wird von heftigen Erektionen gequält, die nicht zur erlösenden

Samenentleerung führen und dadurch schmerzhaft sein können. Noch heute werden verschiedentlich derartige Beschwerden so bezeichnet.
In den modernen Industriegesellschaften hat die Verlobung und mit ihr die Verlobungszeit an Bedeutung verloren. Der Begriff B. bezeichnet aber auch heute noch den Mann, den ein Mädchen heiraten will bzw. – am Hochzeitstag – heiratet. US

Brüste: für die Frau gehören sie mit zu den wichtigsten Attributen ihrer Weiblichkeit, die nicht nur für ihr eigenes Körpererleben und die Verwirklichung ihrer Mutterrolle durch das Stillen des Kindes und die dadurch bedingte innige körperliche und seelische Kommunikation, sondern auch für das sexuelle Erleben von Bedeutung sind.
Für die meisten Männer stellen die weiblichen B. Sexualsymbole dar; ihr Anblick, ob bekleidet oder unbekleidet, übt eine sexuelle Signalwirkung aus; bei manchen Männern gelten Frauen mit großen, prallen B. als besonders begehrenswert. Daher sind sie auch die im wahrsten Sinne des Wortes hervorstechenden Merkmale sogenannter → *Sexbomben.* Zwar sind diese Ansichten auch der Mode unterworfen (es hat immer wieder Zeiten gegeben, in denen knabenhaft schlanke Frauen mit geringer Brustentwicklung bevorzugt wurden), doch besaßen wohlgeformte B. immer eine mehr oder weniger große Anziehungskraft für Männer. In der Pubertät beobachten die Mädchen die allmähliche Größenzunahme ihrer B. meist mit großer Aufmerksamkeit; man ist entweder stolz, schon etwas »vorweisen« zu können, oder bekümmert oder neidisch, wenn man zu den Zurückgebliebenen zählt. Dabei wird oft vergessen, daß die Brustgröße ähnlichen Schwankungen wie die Penisgröße unterliegt und nicht beliebig beeinflußt werden kann. Ausnahmen bilden die Mädchen, die sich vor ihren deutlicher werdenden weiblichen Formen ängstigen, weil sie die weibliche Rolle generell ablehnen oder sich ihr zum gegenwärtigen Zeitpunkt noch nicht gewachsen fühlen. In ausgeprägten Fällen kann sich hier das psychosomatische Krankheitsbild Anorexia nervosa mit extremer Magersucht, Ausbleiben der Menstruation und psychischen Störungen entwickeln.
Die B. werden auch in den sexuellen → *Reaktionszyklus* einbezogen. Sexuelle Erregung löst eine Größenzunahme und ein Prallerwerden aus, die Brustwarze richtet sich auf, der Warzenhof erscheint dunkler. Dieser Vorgang ist bei vielen Frauen mit Lustgefühlen verbunden und steigert gleichzeitig beim zuschauenden Partner dessen sexuelle Erregung und Lust. Mit Abklingen der sexuellen Erregung bilden sich diese Veränderungen zurück.

Seit einiger Zeit ist es Mode geworden, sich durch operative Korrekturen die ersehnte Brustform zu verschaffen. Entsprechende Schönheitschirurgen haben Hochkonjunktur und bemühen sich, die Wünsche ihrer Klientinnen soweit wie möglich zu erfüllen. Allerdings sind die beliebten Silikoneinlagen, die zur Vergrößerung unter den Brustmuskel geschoben werden, in jüngster Zeit wegen unerwünschter Nebenwirkungen ins Gerede gekommen. In einigen Fällen sind unangenehme Verhärtungen um die Implantate herum aufgetreten, so daß eine Entfernung notwendig wurde. Inwieweit ernste Gesundheitsschäden bei den jahrelang getragenen Superbusen möglich sind, bleibt abzuwarten. Doch der Wunsch, dem gängigen Schönheitsideal möglichst nahe zu kommen, läßt viele Frauen eventuelle Risiken vergessen. Dazu kommt die Schönheitsoperation als Statussymbol; man kann es sich leisten. Während in der Vergangenheit in vielen Kulturen die B. vorrangig als Symbol der Fruchtbarkeit galten, tritt dieser Aspekt heutzutage in den Hintergrund, ihr hoher Stellenwert beruht auf den erotischen Signalen und Verheißungen. So ist es auch zu erklären, daß der Verlust einer oder Umständen sogar beider B. von den meisten Frauen als schmerzlicher Verlust empfunden wird. Sie fühlen sich ihrer Weiblichkeit beraubt, reagieren oft mit Verzweiflung und Minderwertigkeitskomplexen, ziehen sich vom Partner zurück, weil sie eine sexuelle Partnerschaft nicht mehr für möglich halten. Mitunter kann der Verlust nur mit Psychotherapie bewältigt werden. Die B. der Männer führen im Gegensatz zu denen der Frauen ein ziemlich unbeachtetes Dasein. Hier geht ein erotischer Reiz für manche Frauen von der Behaarung aus, andere wiederum lieben Männer ohne Haare auf der Brust. Auch Männer werden jedoch durch eine Stimulierung ihrer Brustwarzen sexuell erregt, und manche Frauen finden diese Form des Zärtlichkeitsaustausches angenehm. Ar

Büstenhalter (**Brusthalter** oder **BH** – im modernen Sprachgebrauch als selbständiges Kürzel –, früher auch **Busenhalter** oder **Busenschützer**): Wie jede Kleidung hat auch der B. eine *praktische* Funktion, er soll die weiblichen → *Brüste* halten und schützen (z. B. Stillbüstenhalter). Dazu kommt eine *schmückende* und eine *sittliche* Funktion, die je nach Lebensweise und Moral variiert: Der BH versteckt oder zeigt vor, verschleiert oder offenbart, bedeckt oder entdeckt, unterdrückt oder betont, engt ein oder legt frei, er läßt gelten oder korrigiert. Er hebt die Brüste und täuscht eine jungfräuliche Form vor, um einer makellosen jugendlichen Schönheit mit Betonung weiblicher Merkmale nahezukommen. In einer Wiener Karikatur um 1880 über das Korsett, die später oft in der Reklame für B. genutzt wurde, heißt es: »Bändigt die Starken, hebt die Gefallenen, vereinigt die Getrennten, ersetzt die Abwesenden.«

Im Verein mit anderen Kleidungsstücken trägt der B. dazu bei, die Frau in das jeweilige Schönheits- und Weiblichkeitsideal einzupassen, und er repräsentiert zugleich dieses Ideal. Eine *erotische* Funktion des B. stellt sich in dem Maße ein, wie die Brüste selbst nicht nur als sinnvolles Organ zur Ernährung des Säuglings betrachtet, sondern als Ort von Erotik und sexuellen Freuden geschätzt werden. Dies spiegelt in enger Abhängigkeit vom Schönheitsideal auch die → *Mode* wider. Der B. ist ein wesentliches Element der Mode und wie diese Ausdruck einer Lebensweise einschließlich der Geschlechterbeziehungen. Selbst wenn er (als Oberteil vom Bikini) im öffentlichen Badebetrieb weggelassen wird (Oben-ohne-Stil), folgt er einer Mode.

Der B. ist eine Erfindung jüngeren Datums. Er entstand Ende des vergangenen Jahrhunderts aus dem Mieder bzw. Korsett. Das Mieder, zunächst bloß ein die Brust und den Oberleib umschließendes Kleidungsstück, das Leibchen, fand als fischbein-, eisen- oder holzverstärktes, oftmals mit Gewalt geschnürtes und modisch variantenreiches Korsett seit dem 13. Jahrhundert weite Verbreitung und erlangte als Weiblichkeitssymbol großen Ruhm und schauerliche Berühmtheit. Der Sage nach soll es von einem brutalen Fleischermeister erfunden worden sein, der damit seiner geschwätzigen Frau den Atem nehmen wollte.

In älterer Zeit trugen Frauen Brustgürtel, Busenband, Busenbinde, die man als Vorläufer des Mieders und des B. betrachten kann. Bei den alten Griechen hießen sie Strophium, Zona, Apodesme, bei den Römern Cestus, Fasciae, Toenia, Mammillare. Im alten Rom hatten sie die Funktion, bei jungen Mädchen das Wachstum der Brüste zu behindern, so wie Martial in seinen Sprüchen (»Apophoreta«) sagt: »Halte, du Binde, die wachsenden Brüstchen deiner Herrin im Zaume, damit meine Hand sie mit einem Mal packen und zudecken kann.« Dagegen sollte der altgriechische Busenhalter wie der heutige B. die weibliche Brust jung und straff halten und sie zur Geltung bringen. Der Brustgürtel wurde in alter Zeit nicht selten zum Liebesandenken (→ *Liebeszauber*). Nach der Sage hatte der Brustgürtel, den sich Juno von Venus entlieh, erotische Zauberkraft.

Der B. und seine Ahnen waren, sofern erotisch besetzt, in sinnesfreudigen Zeiten beliebt und in sittenstrengen Zeiten stets erotisch verdächtig – der B. selbst, aber auch sein Fehlen oder Weglassen. Der Schnürleib, die älteste Form des Korsetts, preßte die Frau zusammen, machte die Brust platt, kindlich, engelsgleich, drückte das sündige Fleisch weg. In viktorianischer Zeit legten die Frauen das Mieder wie einen Panzer an, der sie zugleich einengte und gleichsam vor dem Mann schützte. Auch am spanischen Hof galt die Betonung der Brust als unstatthaft und unschön. Junge Mädchen mußten sogar zeitweilig durch das Auflegen von Bleiplatten ihre Brustentwicklung soweit wie möglich unterdrücken. Dagegen feierte das Dekolleté, das im 18. Jahrhundert in höchster Blüte stand, den weiblichen Busen als erotischen Blickfang. Die Schnürbrust betonte Taille und Brüste, und wen die Natur hier etwas stiefmütterlich bedacht hatte, der konnte durch eine entsprechende Unterfütterung nachhelfen. Als nach der Französischen Revolution die Antike wieder an Bedeutung gewann, wurden schmale, elegant fallende, oft durchsichtige Kleider bevorzugt, deren Brustpartie deutlich hervorgehoben war. Darunter trugen die Frauen häufig ein kleines unversteiftes Brustleibchen. Als mit Napoleon auch die Empirekleidung abgelegt wurde, war die schöne Lockerheit vorbei. Das Korsett trat seine Herrschaft an. Die Frau wurde so eng wie möglich geschnürt. Trotz vieler Hinweise auf die Gesundheitsschädlichkeit dieses Monstrums behielt die Mode zunächst die Oberhand. Die Reformbewegungen zu Beginn des 20. Jahrhunderts wollten das Korsett unbedingt abschaffen und plädierten für ein sackartiges Gewand. Darunter sollten ein unversteiftes Brustleibchen und ein breiter Hüftgürtel oder ein sogenanntes Reformkorsett getragen werden. Diese zwar vernünftigen, doch äußerlich eher abschreckenden Vorschläge fanden in der Frauenwelt keine positive Resonanz. Lieber zwängten sich die Frauen weiter in das so eng wie möglich geschnürte Korsett und litten dabei Höllenqualen, als daß sie unmodern erscheinen wollten. Aber nun kam aus Frankreich ein Kompromißvorschlag. Wie Ingrid Loschek schreibt, entwickelte der Couturier Paul Poiret 1906 eine Damenmode, bei der kein Korsett mehr notwendig war. Es wurde durch ein kleines, separates Brustleibchen ersetzt, das wesentlich eleganter wirkte. Die Teilnahme der Frauen am Berufsleben und am Sport tat ein übriges, um dem Korsett den Garaus zu machen. Doch dann folgte in den 20er Jahren mit der Entdeckung des knabenhaften Typs die Abwendung von weiblichen Formen – Brust war out. Ein den antiken Brustbinden nachempfundener BH sollte die naturgegebenen Wölbungen möglichst flach drücken, ein stramm sitzender Hüftgürtel (aus elastischen Geweben, die Zeit der Stäbe war vorbei) hatte die gleiche Aufgabe bei Po und Bauch. Üppige Busen und dralle Hintern galten als unfein, derb, gewöhnlich. In den 30er Jahren begann der Siegeszug unseres heutigen BHs. Die Frau sollte sich wieder zu ihren weiblichen Formen bekennen, und die Industrie entwickelte reizvolle Produkte aus schmiegsamen, mit Spitzen oder Steppnähten verzierten Stoffen in verschiedenen Farben. Die Brüste wurden im wahrsten Sinne des Wortes aus ihrer Versenkung hervorgeholt. Zum Ideal wurden hohe, volle, auseinanderstehende Brüste, wie sie insbesondere nach dem 2. Weltkrieg von Sexidolen wie Gina Lollobrigida, Sophia Loren und Jayne Mansfield den bewundernden Zuschauern in Vollendung vorgeführt wurden. Allerdings war nicht immer alles echt. Manche Frauen behalfen sich mit Schaumgummieinlagen, andere, insbesondere in den USA, suchten ihre Zuflucht in kosmetischen Vergrößerungen. Die BHs wurden immer verlockender und gehörten zu den Details der Mode, die ausgesprochen erotisierend wirken konnten. Dennoch wurde Ende der 60er Jahre, mit der Studenten- und anderen liberalen Bewegungen, auch gegen den BH als bürgerliches Symbol revoltiert. Insbesondere junge Frauen wollten sich den modischen Zwängen nicht mehr unterwerfen und sich so kleiden, wie es ihnen gefiel, möglichst fernab jeder einengenden Künstlichkeit. Die Modeindustrie reagierte mit durchsichtigen Blusen – der Transparentlook war in. Der BH galt als altmodisches Bekleidungsrelikt. Da nicht alle Frauen wohlgeformte feste Brüste zeigen konnten, fand sich ein Ausweg in dem stark dehnfähigen, thermoplastischen BH aus den USA, der sich für jede durchschnittliche Brustgröße eignete – der sogenannte One-size-BH. Durch sein dünnes Material wirkte er zudem attraktiv.

Einen festen Platz hat der B. in der Reizwäsche. Reiz-BHs sind mit Rüschen besetzt oder durchsichtig oder mit Löchern versehen, aus denen die Brustwarzen aufreizend herausspitzen. Andere B. haben Einlagen oder künstliche Brustwarzen. Immer neue Formen und Arten des B. werden angeboten. Auch die Badegewohnheiten haben den B. verändert. Der Bikini ist zum Kennzeichen einer ganzen Epoche geworden, und auch er hat nicht nur die Funktion, das nach der herrschenden Sitte nicht öffentlich Zeigbare zu bedecken, sondern wird zum mehr oder weniger hübschen und anregenden Schmuck.

Von Europa und dann Amerika ausgehend, hat der B. die ganze Welt erobert und selbst Naturvölker erreicht, die ansonsten bis auf den heutigen Tag mit freiem Oberkörper oder nackt leben. In mittelamerikanischen und anderen Ländern fand der B. als Symbol europäischer Zivilisation Verbreitung.

Der B. ist ein Kulturgut von großer Symbolkraft. Er symbolisiert eine bestimmte Zivilisation, die produktiven Möglichkeiten einer Gesellschaft, das jeweilige Bild der Frau, den erotischen Zeitgeist. Für pubertierende Mädchen zeugt – früher viel stärker als heute – das erste Tragen eines

BHs vom Erwachsen- und Frauwerden. Die Symbolkraft spielt auch bei den Büstenhaltersammlern und Büstenhalterfetischisten (→ *Fetischismus*) eine Rolle, der B. ist sogar ein bevorzugter Fetisch.

Das an sich harmlose Kleidungsstück ist ein beziehungsreiches Stück erotischer Sittengeschichte. In unserer Zeit und verbunden mit neuen technischen Möglichkeiten der Herstellung, hat der B. wiederum vielfältige Variationen erfahren. Der Silastik-BH gehört dazu wie der Spitzenheber, der Schalen- und der aufklappbare BH, der gepolsterte BH mit Körbchen aller Größen, der Nacktbüstenhalter, der Nieten-BH, das Bustier genannte Erotik-Leibchen und vieles andere. Raffiniert geschnitten, mehr enthüllend als verdeckend, kann der B. reizvoll wirken. Zum Dirndl wird nach wie vor gern ein B. getragen, der nur die untere Hälfte der Brüste bedeckt und den Busen anhebt. Für die Modeindustrie ist der B. immer wieder ein großes Geschäft, und er überschwemmt als schillerndes Konsumgut die Märkte der ganzen Welt.

Selbstverständlich ist der B. auch im → *Sex-Business* ein bedeutendes Detail. Bei Schautänzen, Entkleidungsszenen bedient der B. eine sinnesfreudige Schaulust. Rund um die Brüste wird im → *Sexshop* alles nur Erdenkliche angeboten (Beispiele: Transparent-Erotik-Bikini, Voyeur-Büstenhebe, Bustier extrageil, Busengrapscher). In jüngster Zeit hat der sog. Wonderbra von sich reden gemacht, der zwar kein Wunder vollbringt, aber durch geschickte Verarbeitung mit sanfter Unterfütterung die Brüste anhebt und größer erscheinen läßt.

Der B. berührt intim das weibliche Selbstgefühl. Entsprechend erzogen, fühlen sich viele Frauen ohne BH nackt, oft fernab jeder bewußten Erotik. Der BH verleiht ihnen Sicherheit und gibt nicht nur den Brüsten Halt. Das Tragen wird zur Gewohnheit. Andere Frauen wiederum verzichten ganz oder zeitweilig auf den B. Letztlich kann heute jede Frau selbst entscheiden, ob sie mit oder ohne herumlaufen will, ein Muß gibt es in unseren Breiten wohl nicht mehr. KS Ar

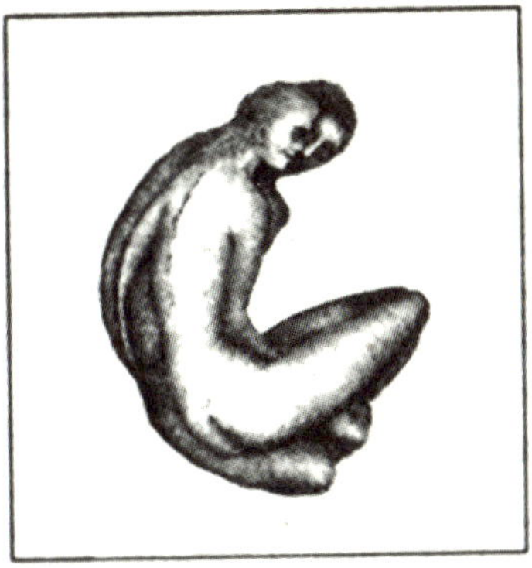

Callboy (amerik. Rufjunge): männliche, später entstandene Entsprechung von → *Callgirl*; haupt- oder (häufiger) nebenberuflicher Prostituierter mit homosexuell-männlicher oder heterosexuell-weiblicher Kundschaft. Nach Vereinbarung über eine → *Sexanzeige* (»Er sucht sie zum Verwöhnen«, »Männliches Modell nur für sie«) besucht oder empfängt der C. eine Frau, um mit ihr Sex zu machen. Der C. ist Ausdruck einer gewissen wirtschaftlichen und sonstigen Selbständigkeit reicher, luxusbewußter (Ehe-)Frauen, die, wie es Männer schon seit langem gewöhnt sind, erotische und emotionale Kommunikationsdefizite auf diese Weise auszugleichen versuchen und Sex nach ihren Bedürfnissen ordern.

Aus dem Bericht eines C. 1988: »Ich versuche, ihr das Gefühl zu geben, daß sie der strahlende Mittelpunkt ist … Verwöhnen, das ist ihr am Ende wichtiger als Sex pur … Meine Kundinnen sind fast alle attraktiv, selbstbewußt, beruflich selbständig – und äußerst gepflegt. Ich habe zu einigen Stammkundinnen ein richtiges Vertrauensverhältnis … Ich gebe ihnen das, was sie sonst im Gefühlsleben vermissen.« KS

Callgirl (amerik. Rufmädchen): haupt- oder nebenberufliche → *Prostituierte*, die sich auf telefonische Vereinbarung oder aufgrund von → *Sexanzeigen* oder aber Vermittlung von Agenturen mit Männern trifft, meist in der eigenen Wohnung. C.-Ringe oder Agenturen übernehmen die diskrete Vermittlung und betreiben eine Art Versandhandel mit lebender Ware.

Die C. stellen eine moderne Verfeinerung und Effektivierung der → *Prosti-*

Diverses

Anke, Naunynstr. 64, 2 Trp.
vorn, vielseitiges Modell, 10-17.30 U.

Neu! Aparte Mausi
Hotel-/Hausbesuch, 687 10 65, Modell

Karin Bach
Kurfürstendamm 117 Modell

41, Herderstr. 21
Babsi, neues Modell, 821 54 90

Neukölln, Reuter 68 part.
3 Modelle, 623 55 63, Mo.-Fr. 9-20 Uhr

! 2 neue City-Thaimodelle !
Am Roseneck erwarten Sie Jasmin, bildhübsch, superschlank, und die schokoladenbraune Jenny in gemütlicher Atmosphäre, 1/33, Königsmarckstr. 4, App. 001, Mo.-Fr. 12-22 U.

Vielseitige - - - Blondine
!! Superfigur !!
Modell erwartet, besucht Sie v. 8-6 U., 1/44, Hertastr. 2, bei Bauer, 625 55 88

Kantstr. 122, bei Mode !
10.30-19 Uhr, blondes Modell, 38 J.

Dominantes Mannequin
vielseitig, 11-19 Uhr, Tel. 621 77 53

Neu, 21 J.
rassiges, zierliches Amateurmodell mit großer Oberweite, 785 10 56

65, Stettiner Str. 14
(Jung), 2 nette vielseitige Modelle

Negerin, 21 J., langbeinig
schlank, gepflegt, Modell, Seestr. 100, Seitenfl. part. links, 10-20 U., „Peggy"

Achtung! Ellen, 42 J.
Neu! Tel. 301 88 94, 10-18 U., Modell

1/21, Bochumer Str. 16
2 hübsche, langbeinige Modelle mit Idealfigur, 10-19 U., Hof part.

Spandaumodell Heidi
Groenerstr. 26, part. l., 11-20 Uhr

Christina, 25 J.
Modell ab 11 Uhr, 341 32 36

1/12, Pestalozzistr. 66
Neu: Tina, BH 9
schlankes Modell, Gabi rassiger Zigeunertyp mit temperamentvoller Rothaarigen, Mo.-Sbd. 10-1 Uhr nachts, Sonntag 13-21 Uhr

Tamara, jetzt 412 18 30
reifes Modell erwartet 10-20 Uhr

! 305 78 88 !
Modell, ab 9 U., schlank, bildhübsch

1/21, Stephanstr. 8, part.
Reifes, langbeiniges, blondes Modell, 42 J., erwartet Sie, 395 20 03, 10-17 U.

Modell Angie – BH = 10
nett, private Atmosphäre, 687 71 32

213 84 99, Annemarie
35 J., niveauvolles Modell, BH 10

3 Topmodelle
sehr vielseitig, erwarten Ihren Besuch, 11-20 Uhr, Yvonne Klein, Lietzenburger Str. 96, Tel. 881 56 14

Ama – zierliche Negerin
bezaubernd, schlank, Modell, 10-19 U., 1/44, Herrfurthplatz 5, Stfl. part. l.

411 85 63 – Neu BH 12!
nettes Modell besucht Sie gerne!

792 89 02 - Hausbesuche
jederzeit, 3 nette, hübsche Modelle

- - 795 67 65 - -
charmantes Münchner Modell, 11-18 U.

Gaby aus der Reuterstr.
jetzt Mainzer Str. 15/16
Tel. 623 51 93 Mo.-Fr. 9-18 U., Modell

Edith, Gela, reife Modelle

Domina Xenia
Modell, auch zart, 25 Jahre, 395 24 37

– Debbie –
niedliches Modell, BH 7, von 8-6 Uhr, auch Hausbesuche, 881 64 60

3 neue junge Modelle
erwarten, besuchen, 1/30, Kurfürstenstr. 9, bei Marianne, 262 14 63, 10-4 U.

Neu, große Oberweite
Modell, dominant u. zart, 216 24 45

Neu – Sheila – Neu
Modell Manuela, niveauvoll, mit der individuellen Evi, erwartet Sie in privater und netter Atmosphäre in Moabit täglich in der Rostocker Str. 21, von 10 Uhr früh bis 2 Uhr nachts, goldene Klingel, bei Birgit, 392 55 99

883 42 01, Hausbesuche
Katinka, Gaby, Helga, große Oberweite, neue Modelle, besuchen und erwarten Sie Tag/Nacht, auch am Wochenende

Modell, dunkelhäutig
BH 13, Gr. 38, Mo.-Fr. 10-19 U., 24 41 40

– Mollig –
Maria, 18 J., Amateurmodell, wirklich bildhübsch, mit sehr gr. Oberweite, mein Tel. 883 32 56

Domina Carmen
Modell, auch Hausbesuch, 33 J., 395 45 42

Neu! Schönes Modell
zart u. dominant, 301 62 43

3 junge Mäuschen!
Jeanette, Larissa, Charleen
(Amateurmodelle) erwarten Sie in privater Atmosphäre tägl. von 14-3 Uhr früh, Brandenburgische Str. 24, E. Etg. (Reve), auch am Wochenende 18-3 Uhr, 883 41 06

1/21, Lübecker 51, r. Stfl.
Modell, 10-20 U., auch sonn-/feiertags

1/44, Altenbraker Str. 4
Negerin Helen, Sylvia, Biggy, 3 nette Modelle, 681 78 07, 10-19.30 U.

Hausbesuche, 883 42 00
Tag und Nacht, auch am Wochenende, 3 Spitzenmodelle

Yvonne, Gabi, Modelle aus
der Sander- u. Altenbraker, 786 17 78, 61, Monumentenstr. 27, 10-19 U. part. r.

Hübsches Modellgraziel
groß, jung, langbeinig, 891 69 53

Ganz neu:
Angelika, 18 J., nettes Amateurmodell, wirklich sehr hübsch, mit großer Oberweite, 211 88 26

Steglitz, Ahornstr. 10
3 nette Modelle erwarten Sie tägl. 10-6 U. früh, bei Blechtrommel

Neu, Negerin Susie, Modell
Görlitzer Str. 38, Stfl. part. links, schön, mollig, attraktive Figur, 10-20 U.

Blondes Topmodell, 1/62
Grunewaldstr. 79, III Trp. lks. bei Garski

= Nicky =
Junges Amateurmodell mit junger thailändischer Freundin, von 8-8 U., auch Haus-/Hotelbesuche, 792 85 63

- - 396 20 65 - -
nettes Modell, Hausbesuche ab 18 U.

Lichterfelder Ring 129
Conny - - mollig - - BH 14
Modell Sandra, bildhübsch, zierlich, 18 J., schwarze Haare u. Katja, schlanke, erfahrene Domina, 10-20 U., 711 61 41

BH 19, reif, apart, üppig
nettes Modell, 42 J., 9-20 U., 24 72 56

Hausbesuche, Modell 25 J.
attraktiv, nett, hübsch, 412 21 93

- - Neu!! - 18 J. - - Neu!!
- - 342 36 07, Hausbesuch -
3 nette Modelle erwarten auch in Privatatmosphäre

Schlank!
schönes Modell, auch dominant, 22 J., mit Niveau, auch Hotelbes., 891 17 14

Karibik-Modell, jung
schön, Otto-Suhr-Allee 106 a, 1. Etage, Klingel bei Tim, 10.30-18.30 U. (U-Bhf. Richard-Wagner-Platz)

Mirja - BH = 13 - Steglitz
Herderstr. 21, „Rom", 821 51 76, Modell

Hübsches Modell
Kantstr. 60 bei Pia, ab 11-20 U.

784 36 15, zierlich, BH 5
30, blondes Modell

Netter Hausbesuch, 35 J.
apartes Modell, 771 50 08

44, Wissmannstr. 11, IV. Etg.
Modell, BH 18, 42 J., sehr vielseitig

Hausbesuche, Tag u. Nacht
Evi, 22 J.
Natalie, 23 J.
erwartet und besucht Sie von 10 Uhr früh bis 2 U. nachts, 392 55 99, Modelle

Domina, Sklavia
auch zart, private Atmosphäre, Mo.-Fr. 9-17 Uhr, 833 83 27, Modell

Bundesallee 141, vis-à-vis
SW-Korso, r. Eingang, Modell, 11-18 U., 56 u. 22 J., beide schlank u. nett

Modell, blond, zierlich
1/21, Perleberger 50, 1. Stfl. part. r.

24 13 25 - Amateurmodell
macht Haus-/Hotelbesuche

= Bess, BH 9 =
Modell mit kleiner Freundin, BH 6, von 6-6 U., auch Hausbesuche, 883 21 60

Elena, 30 J., Modell
nur Haus- und Hotelbesuche: 87 78 56

Klee – Kantstr. 60
Verona, BH – 9, Modell, tägl. 10-19 U.

- - !! Haubachstr. 22 !! - -
3 nette junge Modelle erwarten in privater Atmosphäre, bei Sabine

Neu, Bundesallee 159. Neu
bei Modell erwarten Sie 2 hübsche, vielseitige Modelle, 10-18 Uhr

Nur Mo./Die. Rubensfrau!!
42 J., Modell, dominant, Osnabrücker 7

– Inga, 45 J. –
reifes, erfahrenes Modell, 685 14 94, 44, Zwieslädter Str. 10, Hof 2 part.

Südstern – Körtestr. 8
französisches Modell, Mo.-Fr. 11-19 U.

Helga, 28 J., BH 6
charmantes Modell besucht u. erwartet Sie Mo.-Fr. v. 22-4 U., 883 88 01

1/44, Hobrechtstr. 25
Negerin Jenny, Sabine, Christine, Modelle, 624 21 90, 10-19 Uhr

Gina – „feurige" Negerin
Rassemodell, schlank, gepflegt, BH 10, 1/41, Düppelstr. 29, vorn re., 10-20 U.

Hausbesuche, 323 34 84
Modell, 35 J., 18-6 U. früh

Jetzt auch Uhlandstr. 45
Super-Domina u. 2 Modelle, b. Guhl

– Apartes –
Mannequin, Mo.-Fr. 11-19 U., Hubertusallee 12, Apartm. 5

Bülowstr. 1-3, Bln. 30
Neu bei Helga, Susi, BH 10, vielseitig, Mo.-Fr. 10-19 U., Sbd. 10-16 U., Modelle

19 J.
Ganz neu! Charmantes, sehr hübsches, langbeiniges Traummodell mit zierlicher Figur. Mein Tel. 883 18 82

Blond und zierlich
Bln. 61, Provinzstr. 120, 2 Modelle erwarten Sie von 10-19 Uhr

Jutta, nur heute, 43 J.
Klassemodell, 10-15 U., 312 42 26

Modell Jenny, 623 15 88
BH 10, erwartet und besucht Sie und Ihn, Tag u. Nacht, auch Wochenende

– Dressman, dominant –
für Sie u. Ihn, Tel. 282 43 33

Schulstr. 67, 10-24 Uhr
rothaariges Modell, BH 8, vielseitig, mit schlanken Schwedentyp, 492 56 50

Neu, Modell, neu
Mo.-Fr. von 10-20 Uhr, 493 07 09

Negerin, 19 J., zauberhaft
schlank, Modell, Sonnenallee 77, per Toreingang, Quergeb., part. r., 10-20 U.

18 J.
neues, sehr hübsches Amateurmodell, mit wirklich zauberhafter Figur, in privater Atmosphäre, 215 48 56

110 – 68 – 98
98 – 58 – 92
2 vielseitige Modelle, 823 35 51

Neu, 2 Thaimodelle, 10-18 U.
1/30, Schwäbische 26, Anke

44, Kienitzer Str. 119
part. l, Modell hat Zeit, zart und sehr dominant, von 11-20 Uhr

Hausbesuche
Tag u. Nacht, 2 hübsche Modelle besuchen und erwarten Sie, Tel. 324 29 39

2 Modelle – knabenhaft
19 Jahre, dunkelhaarig u. natürlich. 21 J., Tschechin, vielseitig + rassig erwarten Sie v. 10-20 U., 412 18 30

— Gabi, Gitti, Mona —
vielseitige Modelle, 465 36 16, Mo.-Fr. 10-19 U., Ruheplatzstr. 18, Bln. 65

48 J., erfahren, 393 64 18
zart u. dominant, ab 10 Uhr, Modell

Dagmar, 833 26 79
zart u. dominant, private Atmosphäre, Modell mit viel Zeit, 11-22 U.

Neu, 366 94 09
hübsches Modell, nur Hausbesuche

Rassig, schlank, BH 10
Modell, Friedenau, 11-20 U., 821 87 81

– Olga – Neues –
Modell mit Freundin, Wexstr. 29, am Bundespl., l. Etage r., v. 11-19 Uhr

Einzigartig, BH 18, 20 J.
Domina, BH 17, 50 J.
Großgörschenstr. 6, Hof links, III, Modell, 9-19 U., U-Bhf. Kleistpark

Negerin, 20 J., Wedding
Modell Jeannie, Superfigur, 10-19 U., Burgsdorfstr. 9, Seitenfl. 2 Etg. Kali

Spandau, heute u. morgen,
v. 10-18 U. 332 25 12 (Modell)

32 Jahre, schwarzhaarig
Modell, schlank, 9-22 Uhr, 24 91 43

– Neu –
Marlies, 18 J., französisches Modell, bildhübsch u. Traumfigur: 262 34 62

801 62 47 Zehlendorf
Modell Eva, BH 12, Mo.-Fr. 15-22 Uhr, Paola, vielseitig, 9-15 U. mit Zeit

Neu, schwarzes Modell
jung, 1/30, Erdmannstr. 6 part. links, U-Bhf. Kleistpark 10-18.30 Uhr

Nettes Modell, blond, 39 J.
Stuttgarter Str. 14, part., Dom, 10-18 U.

Üppig, BH 16
charmantes Modell, 9-16 Uhr, private Atmosphäre, Tel. 342 53 13

Schlanker Schwedentyp
Modell Monika, 10-20 Uhr, 711 72 52

Modell, blond und apart
niveauvoll, nett und zart, 691 23 78

Marlene, 41 J. nett
Modell, 41, Schützenstr. 42, Studio

Spandau, Hausbesuche
335 98 79, 2 nette Modelle erwarten Sie, Flankenschanze 5 bei Hag

Neu, 2 Afrikanerinnen
junge Modelle, 10-20 U., 262 14 63

Neu, Topmodell, Dana
Gr. 34, BH 9, v. 10-18.30 U., 1/44, Hermannstr. 231, 1. Etg. rechts

Callgirlanzeigen. Zeitungsseite (um 1980)

tution dar. Voraussetzungen sind Wohlstand, Konsumorientiertheit, sexuelle Liberalisierung und moderne Kommunikationstechnik (Telefon, Auto). Manche C. arbeiten auf eigene Faust, ohne Steuer zu bezahlen, und betrachten sich nicht als gewöhnliche Nutten, sondern mehr als Gesellschaftsdamen, Freizeitgespielinnen, Gesprächspartnerinnen, als eine Art moderne Geishas, → *Hetären* oder Mätressen. Diese C. sind meist überdurchschnittlich attraktiv, modebewußt, gebildet und redegewandt; sie verfügen über eine luxuriöse Wohnung. Für den gewöhnlichen Mann sind sie unerreichbar und unbezahlbar. Manche Geschäftsleute mieten sich C. auch für öffentliche Auftritte (Begleitservice). KS

Casanova, Giovanni (1725–1798): unter dem Namen Chevalier de Seingalt lebend, wurde er vor allem durch sein abenteuerliches Leben und zahllose Liebesabenteuer bekannt, die er in seinen umfangreichen Lebenserinnerungen veröffentlichte. Gleichzeitig vermittelte C. darin ein lebendiges Sittenbild der damaligen Gesellschaft. Sein Name wurde zum Synonym für einen leichtsinnigen, skrupellosen und nur auf eigenen Genuß bedachten Verführer, der jede sich ihm bietende Gelegenheit nutzt und in vollen Zügen auskostet. Dabei waren seine amourösen Liebschaften meist nur flüchtig, er scheute eine feste Bindung. Seine Reisen führten ihn durch ganz Europa. Dank seiner umfassenden Bildung – er beherrschte sieben Sprachen, hatte Rechtswissenschaft studiert, philosophische Abhandlungen und Theaterstücke geschrieben – war er ein gerngesehener Gast vieler Fürsten und Könige.
Seine Wirkung auf Frauen soll faszinierend gewesen sein, nicht nur, weil er offenbar über eine überdurchschnittliche Potenz verfügte, sondern weil er es auch vorzüglich verstand, die von ihm Begehrten mit Schmeicheleien und raffinierten Zärtlichkeiten so auf den Liebesakt einzustimmen, daß sich ihm auch die sprödesten Schönen schließlich voller Leidenschaft hingaben. Sie verziehen ihm sogar, wenn er sie danach schnöde verließ. Er liebte die Frauen, und sie erwiderten seine Liebe. Im Alter verließ den Lebenskünstler par excellence aber schließlich das Glück; er starb arm und vereinsamt als Bibliothekar im böhmischen Schloß Waldstein. Ar

Chariten (griech.): Töchter des → *Zeus* im Gefolge der → *Aphrodite* und des Apollo (bekannter und verbreiteter in ihrer römischen Entsprechung »Grazien«, Töchter des Jupiter). Als Göttin der Anmut (Euphrosyne), des Glanzes

(Aglaia) und der Festesfreuden (Thalia) werden die drei C. bzw. Grazien in der → bildenden *Kunst* von der Antike bis in das 18. Jahrhundert als schöne nackte Mädchen dargestellt. Auf verschiedene Weise wurden die jungen Frauen mit- und nebeneinander gezeigt, wobei die Idealvorstellung des weiblichen Körpers jeweils durch den Zeitgeist bestimmt ist. Das wird etwa beim Vergleich von Gemälden Hans Baldung Griens und Peter Paul Rubens' deutlich. Im 16. und 17. Jahrhundert werden die Grazien häufig durch eine Gruppe von Frauen dargestellt, die miteinander erotischen Umgang pflegen, doch mitunter auch in der Bildkomposition locker verteilt sind (z. B. Tintoretto »Merkur und die Grazien«). Die Wörter Grazie (für Anmut und Liebreiz), Grazien (für schöne Mädchen, auch spöttisch) und graziös (für anmutig) haben sich bis heute erhalten. Se

China: im alten C. wurden Erotik und Sexualität stark von der Lehre des Tao geprägt, die sich etwa 600 Jahre v. Chr. während der Tschou-Dynastie im Reich der Mitte ausbreitete und detaillierte Ausführungen über die Liebe enthielt – Yin Tao, der dunkle verborgene Weg. Seine Grundkonzeption soll von dem Gelben Kaiser (ca. 2500 Jahre v. Chr.) stammen, der in der geschlechtlichen Vereinigung ein Symbol des Kosmos, die Vermischung von Himmel und Erde, sah.

Das männliche Prinzip – Yang – wurde vom Himmel, Feuer, Licht und der Sonne verkörpert, das weibliche Prinzip – Yin – war der Erde, dem Mond, Wasser und Schatten zugeordnet. Das Ziel der taoistischen Lehre bestand darin, den rechten Weg zu finden, um die beiden Kräfte Yin und Yang im Gleichgewicht zu halten.

Nach der damaligen Vorstellung schieden Mann und Frau beim Orgasmus besondere Körpersäfte aus, die dem jeweiligen Sexualpartner zugute kamen, ihn kräftigten und zu seiner Lebensverlängerung beitrugen. Da der Mann jedoch – den Regeln einer Männergesellschaft entsprechend – in der sozialen Rangordnung eine weitaus höhere Position als die Frau einnahm, ging es in erster Linie um sein Wohlergehen. Deshalb entwickelten die Taoisten spezielle Liebesvorschriften, die es dem Mann ermöglichen sollten, sich mit zahlreichen Frauen zu vereinigen und diese zu befriedigen, ohne selbst den Orgasmus zu erreichen. Auf diese Weise stärkte er sich durch das wiederholt in ihn einströmende Yin und konnte sein Yang für besondere Gelegenheiten aufsparen. Der diese Regel beherrschende Hausherr vergnügte sich regelmäßig mit seinen Dienerinnen und Nebenfrauen, ohne daß sie von ihm schwanger wurden. Dieses Vorrecht stand allein der Ehefrau zu. Da sie die Mutter seiner Kinder werden sollte, wurde sie für würdig erachtet, das kostbare Yang in sich aufzunehmen.

Nach den Vorschriften war Selbstbefriedigung zwar nicht direkt verboten, galt aber als sinnlose Verschwendung von Yang und sollte eigentlich nur dann praktiziert werden, wenn ein Koitus nicht möglich war. Andernfalls stand zu befürchten, daß sich der Samen zusammenballte und seine Kraft verlorenginge.

Im Gegensatz zur christlichen Moralauffassung (→ *Christentum*) hielten die Chinesen sexuelle → *Abstinenz* für etwas höchst Überflüssiges, ja Gesundheitsschädliches. Je öfter man sexuell verkehrte, desto besser war es für die Gesundheit. Und das Herrscherhaus ging hier mit gutem Beispiel voran, wobei es allerdings auch strengen Vorschriften unterworfen war.

In der Han-Dynastie z. B. besaß der Kaiser neben der Kaiserin noch drei Gemahlinnen, neun Frauen zweiten Ranges, siebenundzwanzig dritten Ranges und einundachtzig Konkubinen, ungeachtet einer großen Zahl von Palastdienerinnen. Um seinen sexuellen Verpflichtungen gerecht zu werden, hatte der Kaiser einen strengen Zeitplan einzuhalten. Von dem Rang der Partnerin hingen Häufigkeit und Dauer der sexuellen Aktivität ab; jeder vollzogene Koitus wurde fein säuberlich mit einem roten Pinsel registriert. Die »Geschichte des roten Pinsels«, erotische Romane, gehen auf diesen Brauch zurück. Da der

Liebespaar. Chinesischer Farbholzschnitt (19./20. Jh.)

Kaiser, bevor er mit der Kaiserin schlief, erst möglichst viel Yin in sich gespeichert haben sollte, widmete er sich wesentlich häufiger seinen anderen Frauen und beglückte die Kaiserin nur einmal im Monat, dann allerdings mit voller Yang-Kraft. Der sagenumwobene Gelbe Kaiser soll innerhalb eines Jahres mit 1200 Frauen koitiert haben, seine Nachfolger haben diesen Rekord wohl nicht erreicht.

Nach überlieferten Texten kannte man dreißig verschiedene Koituspositionen, von denen einige eine geradezu akrobatische Gewandtheit voraussetzen. So lehnten sich beim »Hund des Frühherbstes« die Partner bei der sexuellen Vereinigung Rücken an Rücken, beim »paarweisen Tanz der weißen Phönixe« waren ein Mann und zwei Frauen beteiligt, die eine Frau lag auf dem Rücken und hob die Beine, die andere legte sich bäuchlings auf sie, so daß die beiden Scheiden einander zugewandt waren, der Mann saß mit untergeschlagenen Beinen und befriedigte alle beide abwechselnd mit seinem »Jadestengel«. Daß die komplizierten Regeln auch auf Zweifel und Widerspruch stießen, zeigt ein bruchstückhaft erhaltenes Gespräch, in dem die Lieblingsfrau des Gelben Kaisers nach dem Vergnügen fragte, das die Vermeidung des Samenergusses mit sich bringt. Der Weise Pent-su antwortete darauf, daß der Samenerguß den Körper ermatte und die intensive Lust nur kurz dauere, bei einer Vereinigung ohne Orgasmus behalte der Mann seine Kraft, die Sinne blieben länger aufnahmebereit und das Vergnügen hielt durch die Ruhe und Entspannung länger an und würde sich sogar noch vertiefen.

Durch den hohen Stellenwert der Sexualität und die komplizierte Liebeslehre entstanden in großer Zahl Liebeslehrbücher. Leider sind nur wenige davon – und selbst diese nur teilweise – erhalten geblieben. Zu den letzteren gehört die »Kunst des Schlafgemachs«, die schon in der vorchristlichen Zeit erwähnt wird und Richtlinien für den Geschlechtsverkehr aufstellt. Danach sollte derjenige, der seine sexuelle Lust immer unter Kontrolle behält, inneren Frieden und ein hohes Alter erreichen. Wer sich dagegen hemmungslos seiner sexuellen Begierde überläßt, müsse mit einer Schädigung seiner Gesundheit rechnen. Im 7. Jh. veröffentlichte der damals berühmte Arzt Sun-Szu-mo »Das gesunde Geschlechtsleben«, ein in vielen Auflagen immer wieder nachgedrucktes Buch. Etliche Texte der »Kunst des Schlafgemachs« gelangten nach Japan, wurden dort von dem Arzt Yasuori übernommen und in seine medizinischen Schriften »Ishimpo« eingefügt. Erst im 20. Jh. tauchte das Werk – unter Zugrundelegung der japanischen Fassung – wieder in C. auf. Der gelehrte Yeh-Teh-hui, der sich der Mühe der Rückübersetzung unterzogen hatte, stieß jedoch auf heftige Ablehnung und war von nun an als Wissenschaftler disqualifiziert, denn inzwischen hatte sich in C. unter dem Einfluß des Christentums die Einstellung zur Sexualität grundlegend gewandelt.

Die meisten der alten Liebeslehrbücher sind nach einem bestimmten Schema verfaßt worden: Der Einleitung über die kosmetische Bedeutung der geschlechtlichen Vereinigung folgen Beschreibungen des Geschlechtsverkehrs mit den verschiedenen Koituspositionen. Danach befaßt man sich mit dem therapeutischen Aspekt des Koitus, der Partnerwahl, der Schwangerschaft sowie Ratschlägen zur Verbesserung des Sexuallebens.

Die → *Prostitution* hat in C. eine lange Geschichte. Hier wie auch in anderen Ländern gibt es unter den → *Prostituierten* große gesellschaftliche

Unterschiede. Die Kurtisane entspricht in ihrer hohen sozialen Position etwa der Geisha in → *Japan* oder der → *Hetäre* im antiken Griechenland (→ *Antike*). Aus einem Bericht von Marco Polo, der im 13. Jh. C. bereiste, ist bekannt, daß manche Kurtisanen als Dichterinnen hohes Ansehen genossen und nicht nur wegen ihrer Schönheit, sondern auch wegen ihrer Bildung beliebt waren. Daneben gab es aber auch die Freudenmädchen – in der sozialen Hierarchie ganz unten –, die in ärmlichen Quartieren ihre Liebhaber empfingen. Oft konnten Neugierige durch Löcher in den Wänden das Treiben im Innenraum mitverfolgen und sich daran ergötzen. Daneben gab es → *Bordelle* für Homosexuelle. Knaben waren allerdings teurer als Mädchen, so daß sich hauptsächlich gut verdienende Personen diesen Luxus leisten konnten. Am kaiserlichen Hof stand dem Herrscher eine Reihe von Lustknaben zur Verfügung, die auf diesem Weg manchmal einflußreiche politische Ämter erhielten. Vom letzten Herrscher der Han-Dynastie ist überliefert, daß er viele Favoriten besaß. → *Homosexualität* war weit verbreitet und in keiner Weise anrüchig. Auch die Literatur nahm sich dieses Themas an. Unter dem Titel »Kostbarer Spiegel zur Betrachtung von Blumen« kam 1856 ein Buch heraus, das sich ausschließlich mit homosexuellen Beziehungen befaßte. Da zeitweilig die Homosexualität überhandzunehmen drohte, verbot man männlichen Jugendlichen, sich zu prostituieren; Zuwiderhandelnde wurden mit Stockschlägen und einer Geldbuße bestraft. Diesen Androhungen war jedoch wenig Erfolg beschieden. Lesbische Beziehungen entwickelten sich vor allem aufgrund der → *Polygamie*: Der Hausherr war oft nicht imstande, alle seine Frauen sexuell zu befriedigen. Deshalb suchten viele Trost im Liebesspiel miteinander, unter Umständen mit Hilfe eines künstlichen Penis, den eine der Frauen an ihrem Körper befestigt hatte. Diese Kunstglieder gab es auch in doppelter Form, so daß sich beide gleichzeitig befriedigen konnten.

Am chinesischen Hof kannte man auch Eunuchen, die hohe Stellungen innehatten. Es wurde keiner zur → *Kastration* gezwungen, sie erfolgte freiwillig. Für die Operation hatten die Chinesen bestimmte Methoden entwickelt, so daß Todesfälle nur selten vorkamen. Die abgeschnittenen Hoden mußten mit dem → *Penis* zusammen in einem besonderen Gefäß aufbewahrt werden, und beim Tode des Eunuchen bekam er sie als Grabbeigabe mit, damit er im nächsten Leben wieder seine Männlichkeit besaß. Wenn er im Hofdienst eine höhere Position erlangte, mußte er dieses Gefäß als Beweis vorzeigen.

Zu Beginn des 20. Jh. gab es in C. noch ca. 100 000 Eunuchen, und auch der letzte Kaiser der Tsing-Dynastie konnte nach der Revolution von 1912 zunächst seine Eunuchen noch behalten. Mit seiner Vertreibung 1924 brach dieses System zusammen. In krassem Gegensatz zu den sexuellen Sitten und der Sinnesfreude des alten C. steht das heutige Leben dort. Es ist von strengen Moralgesetzen beherrscht. Obwohl das Heiratsalter relativ hoch ist – Frauen nach dem 24., Männer nach dem 28. Lebensjahr –, sind Intimbeziehungen verboten. Auch das Austauschen von Zärtlichkeiten in der Öffentlichkeit war lange Zeit tabu. Erst neuerdings beginnt sich durch die allmähliche Öffnung des Landes westlichem Einfluß gegenüber eine leichte Liberalisierung abzuzeichnen. Ar

Christentum: von den großen Weltreligionen ist das C. am sexualfeindlichsten. Zwar hatte es bereits früher – z. B. im alten Israel und in der griechischen → *Antike* (Epikureer, Stoiker) – asketische Richtungen gegeben, die auch die christliche Lehre beeinflußt haben, doch blieb deren Auswirkung lokal begrenzt. Erst mit Paulus, der vor seiner Bekehrung als Saulus das C. zunächst aufs heftigste bekämpft hatte, verstärkte sich die puritanische Grundeinstellung der neuen Lehre. Gleichzeitig übernahm sie auch dessen frauenfeindliche Tendenzen. Obwohl sich Paulus um die Tochter des Hohenpriesters beworben hatte, äußerte er sich später abschätzig über die Frauen. Sein Ideal war von nun an die Ehelosigkeit – vielleicht, weil sein Werben erfolglos gewesen war.

Jesus dagegen hat zu sexuellen Fragen kaum Stellung bezogen; wenn er es dennoch tat, so eher ambivalent. Als er mit einer Ehebrecherin konfrontiert wurde, sagte er: »Wer von euch ohne Sünde ist, der werfe als erster einen Stein auf sie.« Andererseits verurteilte er bereits den sündigen Gedanken – wenn jemand z. B. die Frau eines anderen begehrte, stellte er den Gedanken auf eine Stufe mit dem tatsächlich begangenen Ehebruch (→ *Bibel*). Die Kirche sah in Jesus ein nahezu asexuelles Wesen. Seine Darstellung in der bildenden → *Kunst* entspricht dieser Vorstellung: Männliche Ausstrahlung wird bewußt vermieden – was Jesus als ein über den Geschlechtern stehendes Geschöpf erscheinen läßt. Paulus entwickelte sich zunehmend zum Sittenrichter; um sich von den hellenistischen Einflüssen abzugrenzen, verdammte er auch die → *Homosexualität*. In seinem Brief an die Römer wetterte er: »Darum hat sie Gott auch dahingegeben in schändliche Lüste; denn ihre Weiber haben verwandelt den natürlichen Umgang in den unnatürlichen; desgleichen auch die Männer haben verlassen den natürlichen Umgang mit dem Weibe und sind aneinander entbrannt in ihren Lüsten

und haben Mann mit Mann Schande getrieben und den Lohn ihrer Verirrung, wie es ja sein mußte, an sich selbst empfangen.«
Später wurden auch den Einwohnern von Sodom, die wegen ihrer Sittenlosigkeit von Gott mit dem Untergang bestraft worden waren, homosexuelle Beziehungen nachgesagt. Der Kirche ist zur Last zu legen, daß die Homosexualität im Laufe der Zeit immer vehementer verteufelt wurde; sie galt als widernatürlich, weil bei gleichgeschlechtlichen Sexualkontakten keine Fortpflanzung erfolgen konnte. Sexuelle Lust wurde grundsätzlich als sündhaft abgelehnt. Sex hatte in erster Linie mit der Zeugung von Nachkommen zu tun, gemäß dem Gebot Gottes: »Seid fruchtbar und mehret euch.« Geschlechtsverkehr vor oder außerhalb der Ehe war strengstens verboten und nur innerhalb der kirchlich geschlossenen Ehe erlaubt.
In den nachchristlichen Jahrhunderten bis Augustinus wurde das asketische Leben glorifiziert. Da der Einfluß der Kirche in Europa ständig zunahm, war auch die offizielle Moral davon geprägt. Fleischeslust, in der Antike bejaht und gefördert, mußte bekämpft werden. Wer sich ihr dennoch hingab, wurde zum Sünder gestempelt, der sich zu schämen hatte und bereuen sollte. Dieser übertriebene Puritanismus führte zwangsläufig zu Doppelmoral und Heuchelei. Den Männern allerdings gestand man mehr sexuelle Freiheit zu als den Frauen, die jungfräulich in die Ehe zu gehen hatten, während Männern inoffiziell durchaus vorehelicher und außerehelicher Sex zugebilligt wurde. Vor allem gegenüber der herrschenden Klasse war man recht großzügig, wenn man an die zahllosen Mätressen und Geliebten denkt, die sich Könige und Fürsten der meisten europäischen Länder mit Billigung der Kirche hielten.
Mit Luther und dem Sieg der Reformation kam es in den protestantischen Ländern zu einer gewissen sexuellen Liberalisierung. Das → *Zölibat* für Nonnen, Mönche und Priester wurde abgeschafft; sie sollten heiraten und eine Familie gründen können. Luther, der eine ehemalige Nonne ehelichte, ging mit gutem Beispiel voran. Allmählich gewannen jedoch puritanische Strömungen wieder an Boden, und Mitte des 19. Jh. – zur Zeit der englischen Königin Victoria – erreichte die Prüderie einen neuen Höhepunkt. Bedingt durch soziale Veränderungen und die damit verbundene Umstrukturierung der Familie, lockerten sich erst gegen Ende des 19. und zu Beginn des 20. Jh. einige Restriktionen, z. B. hinsichtlich der Masturbation. Begünstigt wurde dieser Wandel durch die Entwicklung der Sexualwissenschaft, die gleichfalls zur Abschaffung sexueller Tabus beitrug.
In den katholischen Ländern vollzog sich dieser Prozeß langsamer. Die meist sehr konservativ eingestellten

Päpste haben bis zum heutigen Tag versucht, ihre sexualfeindlichen Positionen zu behaupten. Noch immer werden Homosexuelle verurteilt, voreheliche Intimbeziehungen abgelehnt und die Verhütung ungewollter Schwangerschaften durch moderne Kontrazeptiva verboten; lediglich die sogenannten natürlichen Methoden (Nutzen der unfruchtbaren Tage) sind erlaubt, obschon sich diese nur für einen begrenzten Personenkreis eignen und nicht die Sicherheit anderer Methoden erreichen. Auf derselben Linie liegt die negative Einstellung zum Schwangerschaftsabbruch. Zwar halten sich keineswegs alle Katholiken an diese strengen und wirklichkeitsfremden Vorschriften, doch begeben sich viele dadurch in schwere innere Konflikte und leiden unter Schuldgefühlen. In der jüngeren Priestergeneration läßt sich allerdings eine Lockerung erkennen. Die Frauen verlangen mehr Rechte und drängen auf gleichberechtigte Mitwirkung, auch was die kirchlichen Ämter anbelangt. Ar

Coitus interruptus (lat. unterbrochener Geschlechtsverkehr): eine Sonderform des vaginalen Geschlechtsverkehrs, bei der der Mann – um eine Schwängerung zu vermeiden – den → *Penis* kurz vor der → *Ejakulation* aus der Scheide herauszieht, so daß der Samenerguß außerhalb erfolgt. Diese früher zur Empfängnisverhütung recht gebräuchliche Methode hat mehrere Nachteile: Sie ist nicht zuverlässig, weil nicht jeder Mann sich so unter Kontrolle hat, daß er rechtzeitig abbricht; vor allem gilt dies für sexuell Unerfahrene. Hinzu kommt die daraus resultierende nervliche Belastung, die das sexuelle Erleben beeinträchtigt. Viele Frauen empfinden die abrupte Unterbrechung als unangenehm, wenn sie ihren → *Orgasmus* noch nicht erreicht haben. Bemüht sich ihr Partner nicht, sie auf andere Weise zu befriedigen, sind Frustrationsgefühle unvermeidlich. Wird dies zu einem Dauerzustand, kann sich daraus eine Libidostörung entwickeln. Ärztlicherseits wird der C.i. deshalb nicht zur Vermeidung ungewollter Schwangerschaft empfohlen und ist im Zuge der Verbreitung der Pille sowie des Intrauterinpessars deutlich zurückgegangen (→ *Empfängnisverhütung*).

Genau betrachtet, ist die Bezeichnung »unterbrochener Verkehr« falsch, zumindest was den Mann betrifft. Für ihn wird der Verkehr abgebrochen, nicht unterbrochen. Ar

Coming-out (engl. herauskommen, sich als der zu erkennen geben, der man ist): In den englischsprechenden Ländern bezeichnet man damit die Entwicklungsphase im Leben eines Homosexuellen (→ *Homosexualität*), in der er bemerkt, daß er sich in seiner sexuellen Orientierung von der Mehrheit der Durchschnittsbevölkerung unterscheidet – »anders ist als die anderen« – und lernt, sich so zu akzeptieren, wie er ist, bis er sich schließlich auch in der Öffentlichkeit zu seiner Neigung bekennt (→ *Outing*).

Dieser meist in der Pubertät beginnende Prozeß erstreckt sich über Jahre und ist häufig mit unerfreulichen Erlebnissen verbunden, weil die Gesellschaft, in der wir leben, heterosexuell geprägt ist und ihre Wertvorstellungen auch auf Nichtheterosexuelle überträgt. Die jahrhundertelange Verfolgung, Unterdrückung und gesellschaftliche Ächtung Homosexueller, die auch heutzutage keineswegs beseitigt ist, macht es ihnen schwer, ein positives Selbstbild zu entwickeln. Homosexuelle Jugendliche durchlaufen in dieser Zeit einen komplizierten Selbstfindungsprozeß. In dieser Phase werden auch heterosexuelle Beziehungen ausprobiert, man ist sich noch nicht ganz sicher, ob nicht doch vielleicht die Liebe zu einem andersgeschlechtlichen Partner möglich ist. Doch bald stellen sie fest, daß ihnen das Zusammensein mit einem gleichgeschlechtlichen Partner ein ungleich stärkeres Lustgefühl vermittelt. Früher oder später hören die meisten mit diesen Versuchen auf und entscheiden sich für die gleichgeschlechtliche Liebe. Der Selbstakzeptierung gehen oft Phasen schwerer innerer Kämpfe mit Haß und Zweifel an sich selbst bis zu Depressionen mit Selbstmordgedanken voraus. Daher sind auch Selbstmorde in dieser Periode nichts Ungewöhnliches. Seine eigene Wertung, vor allem aber die feindselige Einstellung der Umwelt bedingen, daß ein Homosexueller sich davor fürchtet, seine Neigung bekanntwerden zu lassen. Manche spielen den Heterosexuellen und beteiligen sich sogar an der Verspottung und Diskriminierung schwuler Männer. Andere wiederum flüchten sich in die homosexuelle Subkultur, wo sie Gleichgesinnte finden und sich mit ihnen austauschen können. Diesen Stunden der Befreiung und Entspannung folgen aber häufig Schuld- und Angstgefühle. Der heimliche, oft unter entwürdigenden Umständen stattfindende Sex (→ *Klappe*) und das ständige Doppelleben sind für viele schwer zu verkraften.

Martin Sims, ein homosexueller Psychologe, schreibt 1980 in seinem Buch »Coming out«: »Die Abkopplung von den eigenen selbstunterdrückenden, antihomosexuellen Gefühlen, Denk- und Verhaltensmechanismen und das Wiedererlangen der Selbstachtung und der Wertschätzung für die eigene Person kann nur dann gelingen, wenn man lernt, offener derjenige zu sein, der man ist. Keinem Homosexuellen, der stolz auf sich ist, ist zu glauben, wenn er seine sexuelle Triebrichtung versteckt und diesen wichtigen Teil seiner Person

verheimlicht. Diesen Punkt verschweigen bedeutet immer, die in unserem Kopf gespeicherten negativen Programme, seien sie bewußt oder unbewußt, zu verstärken und zu verfestigen.«
Voraussetzung für gesellschaftliche Anerkennung ist daher offenes Bekennen, Sich-Durchkämpfen und Einstehen für die homosexuelle Neigung. Erfolgreich kann dieser komplizierte Prozeß jedoch nur bewältigt werden, wenn auch die heterosexuelle Gesellschaft bereit ist, Schwule und Lesben als gleichberechtigte Mitbürger zu akzeptieren und ihre soziale Integration auf allen Ebenen zu unterstützen (sexuelle → *Orientierung*). Ar

Cross-dressing (engl., wörtl. »Über-Kreuz-Kleiden«): das Tragen andersgeschlechtlicher Kleidung; wenn eine Frau beispielsweise nur Männerkleidung einschließlich der Unterwäsche trägt oder ein Mann sich wie eine Frau kleidet. C.-d. ist ein typisches Phänomen des → *Transvestitismus* und → *Transsexualismus* und nicht bloßer → *Verkleidungsdrang*. Ar

Cunnilingus: sexuelle Reizung der äußeren weiblichen Geschlechtsteile, besonders des Kitzlers, mit Mund, Lippen, Zunge und Zähnen, um die Partnerin zu erregen und eventuell auch zu befriedigen. Die Frau liegt dazu meist in entspannter Haltung auf dem Rücken, während ihr Partner (der Mann oder, bei lesbischen Kontakten, die Frau) zwischen ihren leicht gespreizten Beinen sitzt und ihren Kitzler küßt, leckt oder an ihm saugt. Er merkt meist schnell, wie der Kitzler infolge seiner Berührung anschwillt und noch empfindsamer wird. Für die meisten Frauen ist C. ausgesprochen lustvoll, doch auch für den Partner erregend, weil sich ihre Lust auf ihn überträgt. Wenn sie selbst aktiv werden möchte, kann sie bei einem Wechsel der Position – beide liegen seitlich, er mit dem Kopf nach unten – seinen Penis in ähnlicher Weise stimulieren (→ *Fellatio*) oder – im Falle lesbischer Kontakte – die Scheide ihrer Partnerin liebkosen. Heutzutage gehört C. zum Liebesspiel, viele Frauen kommen ohne ihn schwer oder gar nicht zum → *Orgasmus*. In der griechischen → *Antike* hingegen, die den verschiedensten sexuellen Aktivitäten recht liberal gegenüberstand, war C. im Gegensatz zur Fellatio verpönt. Zum einen galt er als lesbische Verhaltensweise, zum anderen als »unmännlich«, weil er den Frauen zu sexueller → *Lust* ver-

Martin Erich Philipp:
Radierung für Verlaine: Frauen (1924) ➪

und mein Mund sinkt tief und weich
in ein wonnevolles Himmelreich

half. Die »Scheidenlecker« wurden deshalb mit zahlreichen Schimpfnamen belegt, z. B. mit einem Hund verglichen, der seine Hündin beleckt. Diese Einstellung zum C. hing mit der Geringschätzung der Frau zusammen, die nicht als gleichwertig betrachtet wurde, weder im gesellschaftlichen Leben noch in der Liebe. Wer sich trotzdem freiwillig nach den Wünschen seiner Geliebten richtete, wurde von der männlich dominierten Umwelt verachtet (→ *französisch*). Ar

Cybersex (gesprochen *ßaibersex*, soviel wie elektronisch gesteuerter Sex, von engl. cybernetics = Kybernetik): Sex am und mit Computer. Dazu gehören:

(1) Computerspiele erotisch-sexuellen Inhalts, Abenteuerspiele (Sex-Adventures), Strip-Poker-Spiele, bei denen eine Frau entkleidet wird.

(2) Erotika und Soft- oder Hardcore-Pornos per (Schwarzmarkt-) Disketten, aus Mailboxen, via Telefonleitung per Modem in den PC-Arbeitsspeicher geholt, → *Pinups* und animierende Bildfolgen.

(3) Erotisch-pornographische CD-Roms, d. h. speicherstarke Daten-Disks, die den Computerschirm zur räumlich wirkenden Bühne für Multimedia-Shows werden lassen.

(4) Bildschirmtexte (Btx) erotisch-sexuellen Inhalts, Btx-Peepshow, elektronische Informationsdienste als Kontaktanzeigen, Partnerbörsen, Kontaktbörsen, Dialogforen, On-line-Treffs. Der Btx-Nutzer erhält ein Pseudonym und kann mit anderen anonymen Btx-Nutzern, die gerade on line sind, Nachrichten austauschen. Die Teilnehmer können ihr Inkognito auch lüften, beispielsweise durch das platzsparende Bildschirmkürzel F2F (Face-to-Face) und sich leibhaftig im Diesseits verabreden. Diese computergesteuerten Kontaktformen sind eine Weiterentwicklung der → *St. Pauli-Presse* einerseits und des → *Telefonsex* andererseits. Der Kontakt erfolgt meist über den Heimcomputer, es gibt aber auch spezielle Räumlichkeiten (Darkrooms) in Amüsierbetrieben, in denen man on line gehen, d. h. sich in Btx-Programme einschalten kann. Freilich hat das Techtelmechtel übers Datennetz auch seine Gefahren. Computerhacker können sich einmischen, Gespeichertes stehlen und ausnutzen. Multikontakte können bleibende Verwirrungen schaffen. Daher sind in den USA schon sexualpsychologische Dienste eingerichtet worden, die (per Computer) Ratschläge erteilen.

(5) Sexuelle Interaktion zwischen zwei räumlich entfernten Perso-

nen per Computer, sogenannte On-line-Rendezvous. Die Partner können sich stimulierende Textbotschaften senden oder über Manschetten mit Elektroden körperlich animieren.

(6) Sexualkontakte mit dem Computer, Computerliebe. Dabei werden a) Impulse des Computers auf den Benutzer übertragen oder b) Manipulationen des Benutzers an Computerpuppen vorgenommen. Dem dienen: Datenhelme (Sicht- und Hörgeräte), sogenannte Cybernautenhelme; Datenhandschuhe zur Bewegung im digitalen Raum; Fingerlinge, die ein taktiles Feedback ermöglichen; sogenannte Magic Hands, die Brust oder Po umgreifen und stimulieren; sogenannte Genital Units für die äußeren Geschlechtsorgane, stoßfest und waschbar; → *Vibratoren* (Cyberdildos), Kunstscheiden für den Mann mit Saug- und Knetwirkung, sogenannte Cyber-Kondome. Die Weiterentwicklung solcher Sexmaschinen ist in vollem Gange. Ganzkörperanzüge (C.-Anzüge) entstehen. Den individuellen Wünschen anpaßbare Geräte bis hin zu Computerpuppen in Fleischqualität sind denkbar.

(7) Verliebtsein in den Computer, Computersucht statt leibhaftiger Erotik. Diese Abhängigkeit ergibt sich aus der scheinbaren Fähigkeit des Computers, auf den Benutzer einzugehen. Sie beruht auf der suggestiven Wirkung des Computers zum Dialog und zur Gestaltungsfähigkeit; diese Wirkung hat bei den Formen eins bis sechs direkt sexuellen Inhalt.

Beim C. taucht der Benutzer in eine künstliche, elektronische Welt ein, in die Cyberwelt. Der Ort, an dem dies geschieht, ist der Cyberspace. CD-Rom-Techniken schaffen einen Illusionsraum, eine Sinnestäuschung für Auge und Ohr. C. bietet eine synthetische Lustwelt, ein Fantasyland. In dieser künstlichen Welt ist der Benutzer mit sich (und dem Computer) allein, doch zugleich interaktiv – die Kommunikation findet mit dem technischen Medium statt. Diese Computerwelt wird virtuelle Realität (VR) genannt, man spricht von der virtuellen Verführung durch den Computer. Die Gründe und Folgen von C. sind umstritten. Vieles entwickelt sich im stillen, auch wenn Medien das Thema gelegentlich spektakulär aufgreifen. In das allgemeine Bildungs- und Kulturgut und die Lebensweise der meisten Menschen ist C. noch nicht eingegangen. In Schulbüchern ist davon ebensowenig die Rede wie in Gesetzestexten oder Lexika. Eine ernsthafte wissenschaftliche Diskussion ist noch kaum zustande gekommen.

Einerseits wird auf den Spieltrieb des Menschen, der immer neue Möglichkeiten und Formen des Spiels sucht, verwiesen, andererseits macht man für C. die Zwangsläufigkeit der technischen Entwicklung verantwortlich, die auch das Sexuelle nicht ausklammert und entsprechende Bedürfnisse schafft. (Was möglich ist, wird auch gemacht.) Beide Auffassungen ergeben den spiellaunigen (überwiegend männlichen) Techno-Freak, den digital und pornographisch sozialisierten Mann, der seine Wollust am Computer auslebt. Meist wird die soziale Adäquatheit von C. in einer zerfallenden, atomisierten Gesellschaft betont. Eine autoerotische Komponente bis hin zum Autismus sei für ihn typisch, er entspräche der Angst vor Nähe und Bindung, der Vereinsamung und Vereinzelung der Menschen. »Zerfällt die Gesellschaft in einen Haufen masturbierender Monaden?« fragte der »Spiegel« 1993.

Tatsächlich hat der ichbezogene Computersex eine Reihe von Reizen und Vorteilen. Der Benutzer muß keinerlei Verpflichtungen eingehen. Er kann sich völlig gehenlassen und muß keine sexuelle und partnerschaftliche Leistung erbringen. Das Computerspiel kann jederzeit abgebrochen oder eingeschaltet werden, es müssen keinerlei Rücksichten genommen werden. Der Computer nimmt dem User nichts übel. C. schmutzt nicht, ist nicht ansteckend und macht nicht schwanger. C. ist höchst effizienter Sex in der eiligen, zeitbedürftigen Welt. C. unterliegt keiner Kontrolle und Zensur. Altersgrenzen müssen nicht eingehalten, alle Tabus können straflos gebrochen werden. Alles ist möglich, und alles ist erlaubt. Der Computer folgt der Phantasie des Benutzers ins Uferlose und läßt diese virtuell real werden.

Noch weiter gehende Theorien meinen, mit C. werde das Dogma partnerschaftlicher Sexualität gebrochen. Eine Trennung von Liebe und Sexualität sei endlich möglich. C. entlaste die Partnerbeziehung vom Sex zugunsten der Liebe. Mit einem Sex, der den Partner zum depersonalisierten Sexualobjekt mache, sei es dann gottlob vorbei. Der C. verschaffe zudem Lust und Superorgasmen, die keine Liebesbeziehung bieten könne; C. ergänze sich also hervorragend mit einer neuen Form der partnerschaftlichen Liebe, »die nicht mehr den Anspruch auf regelmäßigen Sex erhebt«, wie es der Trendforscher Gerd Gerken 1994 in dem Magazin »Tango« sieht. »Der High-Tech-Sex wird uns Orgasmen bescheren, für die wir uns jetzt noch mühsam abrackern müssen.«

Vielleicht wird die Vision E.T.A. Hoffmanns in seiner Erzählung »Der Sandmann« von 1817, in der ein Student einer tanzenden Puppe aus der Werkstatt eines Uhrmachers verfällt, doch noch Alltag. Die schwitzenden, rackernden Liebespaare wären dann technische Anachronismen.

Würde C. zu einer Massenerscheinung, entstünde ein ungeheurer Markt. Daher ist die öffentliche Beschwörung des C. in erster Linie eine prospektive Marktstrategie. KS

Danae: Tochter des Akrisios (König von Argos) und der Eurydike. Da ihrem Vater in einem Orakelspruch geweissagt worden war, daß ein Enkel ihn töten würde, sperrte er seine Tochter in ein unterirdisches Verlies. Doch → *Zeus*, der sich in sie verliebt hatte, verschaffte sich mit Hilfe seiner Verwandlungskünste als Goldregen Zugang und zeugte mit D. den Perseus. Akrisios ließ Mutter und Kind in einem Kasten auf dem Meer aussetzen; so gelangten sie zur Insel Seriphos.

Die den Goldregen empfangende D. kann verschieden interpretiert und entsprechend dargestellt werden (→ *Kunst*): als Opfer der Geldgier oder als Beispiel einer jungfräulichen Empfängnis und Keuschheitsallegorie. Letzteres lag besonders der Malerei der italienischen Renaissance und des frühen Barock nahe, die D. häufig als schönen, die Liebe sehenden liegenden Akt gestaltete (ähnlich der Venus von Giorgione oder Tizian); manchmal ist eine Art Kupplerin mit zu sehen, die einen Teil des Goldregens für sich auffängt. Verbindungen zur käuflichen Liebe sind – bei aller äußeren Unschuld – wohl nicht ganz von der Hand zu weisen. Die berühmtesten bildhaften Darstellungen der D. sind von Tizian, Correggio, Carracci, Rembrandt und Tiepolo. Se

Daphne: Tochter des Flußgottes Peneios; eine schöne Nymphe, in die sich Apollo unsterblich verliebte. D. wehrte sich jedoch gegen diese Liebe und floh vor dem Gott. Als dieser sie schließlich einholte und nach ihr greifen wollte, flehte sie ihren Vater an, sie um jeden Preis vor Apollo zu schützen. Der Vater verwandelte sich daraufhin in einen Lorbeerbaum und entzog sie Apollo, der seither den Lorbeer zum ihm gemäßen Zierat ausersah (Lorbeerkranz als Auszeichnung). In der Literatur und in der bildenden → *Kunst* war die Geschichte der D., vor allem die ihrer Verwandlung, lange Zeit sehr beliebt. Meist wird sie im Zustand der Veränderung gezeigt: Während sich Arme und Kopf in Zweige verwandeln, wird der übrige Körper – Apollo erotisch lockend – zum Akt. Die erotische Spannung wird deutlich, indem der Gott Lorbeerzweige abbricht. Se

Dating (amerik.): Verabredung, Treff, (früher:) Rendezvous. Eine besondere Bedeutung hat D. für Jugendliche. Man möchte so viele dates wie möglich haben, zeigen sie doch, wie beliebt und begehrt man ist. Zwar geht die Initiative noch meist von den Jungen aus, doch sind auch immer mehr Mädchen dazu bereit, einen Jungen, der ihnen gefällt, anzusprechen. Man trifft sich, um zusammen ins Kino, in die Disco, zu Sportveranstaltungen oder Popkonzerten zu gehen oder um einfach nur miteinander zu reden. D. ist zunächst unverbindlich; harmoniert man nicht, sucht man sich jemand anders. Manchmal entsteht daraus eine Liebesbeziehung. Man küßt sich, schmust (→ *Necking*) und schläft miteinander. Entwickelt sich eine stabile Partnerschaft, sind andere dates nicht mehr wichtig. Das Wort D., aus dem Amerikanischen übernommen, hat zumindest im deutschen Sprachraum in jüngster Zeit stark an Bedeutung verloren. Es wird von Jugendlichen kaum noch benutzt, auch weil sich die Formen der Kontaktaufnahme und der Stellenwert von Partnerkontakten verändert haben. Ar

Denudation (lat. denudatio = Entblößung): Entblößen der Eichel durch Zurückziehen der Vorhaut. Bei den Japanern ist dies eine Volkssitte, wobei die Vorhaut mit einer Schnur festgehalten wird, um auf Dauer ein Zurückgleiten zu vermeiden. Im Gegensatz zu den Europäern halten die Japaner nämlich die Bedeckung der Glans (Eichel) mit der Vorhaut für lächerlich und unschicklich; sie vergleichen einen solchen → *Penis* mit einem Hundeschwanz. Ar

Detumeszenz (lat. detumescere = zu schwellen aufhören): das Abschwellen der während der sexuellen Erregung (→ *Erregbarkeit*) vergrößerten männlichen und weiblichen Genitalien (→ *Penis*, Hoden, → *Kitzler*, Schamlippen) und der → *Brüste*. Die

D. tritt nach dem → *Orgasmus* bzw. der → *Ejakulation* im Verlaufe der Lösungs- und Entspannungsphase ein. Das Gegenstück bildet die Tumeszenz, das Anschwellen der Geschlechtsorgane, das mit Beginn der sexuellen Erregung einsetzt und seinen Höhepunkt kurz vor dem Orgasmus erreicht. Ar

Deviationen, sexuelle (lat. deviare = vom Wege abgehen): sexualmedizinische Bezeichnung für sexuelle Verhaltensweisen und Neigungen, die nicht den sogenannten gesellschaftlichen Normen entsprechen (→ *Automasochismus*, → *Exhibitionismus*, → *Fetischismus*, → *Frotteurismus*, → *Nekrophilie*, → *Sadomasochismus*, → *Pygmalionismus*, → *Voyeurismus*). Früher sprach man von → *Perversionen*. Auch die neue Bezeichnung ist nicht unproblematisch, denn der auf den sexuellen Bereich bezogene Normbegriff ist keine konstante Größe, sondern wechselt seine Bedeutung je nach Zeit und Gesellschaftsordnung. Häufig wird er nicht wertfrei angewendet. Da grundsätzlich davon ausgegangen wird, daß das von der Mehrheit der Bevölkerung praktizierte Sexualverhalten maßgebend für Normalität und somit »richtig« sei, fällt jeder abweichenden Minderheit von vornherein eine Außenseiterrolle zu. Unberücksichtigt bleibt dabei die Tatsache, daß es zwischen diesen Minderheiten hinsichtlich der gesellschaftlichen Relevanz ihres Verhaltens beträchtliche Unterschiede gibt. Einige Sexualforscher sprechen in den Fällen, bei denen keine Gefährdung gesellschaftlicher oder individueller Interessen besteht, von »sexuellen Varianten« oder »anderen Verhaltensweisen«. Ar

Digitatio (lat. Befingern): an jemandem herumfummeln oder mit den Fingern spezielle Bereiche des Körpers – meist die erogenen → *Zonen* – berühren, streicheln. Neben den → *Brüsten* der Frau ist es besonders der Kitzler, dessen Reizung als lustvoll und erregend empfunden wird. Die Stimulation des Kitzlers wurde früher unterschätzt; die meisten Männer kamen gleich »zur Sache«, weil sie in erster Linie an ihre eigene Befriedigung dachten und sich wenig oder gar nicht um das Lustgefühl ihrer Partnerin bemühten.
Infolgedessen gelangten die Frauen nicht oder nur beiläufig zum → *Orgasmus* und fühlten sich frustriert. Viele haben dies in der Vergangenheit zweifellos hingenommen, ohne sich zu beklagen, doch nicht alle. Maria Theresia z. B., die Kaiserin von Österreich, suchte angesichts dieses Problems Rat bei ihrem Hausarzt. Dieser empfahl dem königlichen Ge-

mahl die digitale Reizung der erlauchten Gemahlin und, siehe da, von nun an klappte es.
Heutzutage ist das sexuelle Allgemeinwissen mit dem der damaligen Zeit zwar nicht zu vergleichen, doch kommt es dennoch hin und wieder vor, daß die einfachsten Dinge nicht beachtet werden. Im übrigen wissen es nicht nur Frauen zu schätzen, wenn sie befingert werden. Auch Männer finden das Streicheln und Berühren von → *Penis* und Hoden aufregend und lustvoll (→ *Zärtlichkeit*). Doch muß eine Voraussetzung gegeben sein – beim Mann ebenso wie bei der Frau: Beide Partner müssen es wirklich wollen. Sonst wird das Befingern zum unangenehmen Betatschen, im extremen Fall zum sexuellen Übergriff (sexuelle → *Gewalt*). Ar

Dionysos (griech.; röm. Bacchus): Sohn der thebanischen Prinzessin Semele und des Göttervaters → *Zeus*, der sich Semele in menschlicher Gestalt verbunden hatte. Da die Göttin → *Hera*, die Frau des Zeus, aus Eifersucht den Tod des Kindes vor der Geburt wünschte, überredete sie Semele in Gestalt der Amme, Zeus zu bitten, sich in seiner göttlichen Gestalt zu zeigen. Obwohl Zeus versuchte, Semele umzustimmen, blieb sie hartnäckig, und er erschien ihr in seinem Wahrzeichen, dem Blitz. Semele verbrannte, und Zeus trug das Kind, um dessen Leben zu retten, in seinem Schenkel aus. D. wurde von Hermes den → *Nymphen* von Nysa übergeben und von Silen erzogen.
Bei den Nymphen wuchs ein wilder Weinstock, der mit dem Wachstum des jungen D. Schritt hielt. Nachdem dieser eines Tages Trauben gepflückt und ausgedrückt hatte, lud er Nymphen und Halbgötter ein, mit ihm zu trinken. Fortan unterwies er seine Freunde in Anbau und Zubereitung des Weines und zeigte ihnen, wie maßvoller Genuß zu Glück und Freude führen kann. Seine Feinde hingegen ließ er den Wein bis zum Überdruß trinken und sie so unberechenbar, haltlos und ohne Selbstkontrolle ihrem Untergang entgegentreiben.
Zu den magischen Zügen des D.-Kultes gehören Verkleidungsbräuche, aus denen in Verbindung mit der Phallus-Prozession die Komödie erwuchs. Bei diesen sehr verbreiteten Phallophorien wurde ein Phallus umhergetragen. Damit wurden die Weinrebe und der Phallus zu D.' Wahrzeichen als Schutzgott des Weines, der Vegetation und der Fruchtbarkeit.
In der griechischen Welt feierte man die Dionysien als rauschende, oft orgiastische Feste; in Rom waren es später die Bacchanalien. Zum Gefolge des D. zählten die Trank, Musik und → *freier* Liebe hingegebenen → *Mänaden* (bzw. Bacchantinnen), die ihnen und anderen Frauen ständig

nachstellenden → *Satyrn*, der trinkfreudige → *Silenos* mit seinen Söhnen, den Silenen, und oft auch Pan. D. galt als heiter und war ein beliebter Gott; davon nicht zu trennen waren die Gefahren des Rauschs, ein unbändig triebhaftes Verhalten und hemmungslose Trunksucht. Wurde D. in der bildenden → *Kunst* ursprünglich als würdiger, alter, efeubekränzter Mann im langen Gewande, mit Weinrebe und evtl. mit Trinkhorn dargestellt, so wandelte er sich etwa ab dem 5. Jahrhundert zu einem schönen, bartlosen, manchmal fast feminin wirkenden, mitunter zur Korpulenz neigenden Jüngling.

D.' Beliebtheit in der jeweiligen Zeit ist von der Häufigkeit seiner bildnerischen Wiedergabe abzulesen. Nachdem D. im Mittelalter nur selten dargestellt wurde, war er für die Renaissance mit ihrer Bejahung des Diesseits ein bevorzugtes Motiv. Das Thema der Bacchanalien mit Wein, Weib und Gesang bzw. dem trunkenen Gott reizte Mantegna und Michelangelo genauso wie Tizian, Caravaggio, Velazquez und Dürer. In Deutschland gilt der weinlaubumkränzte, auf einem Faß reitende D. als die Personifikation des Weins, der Trunksucht und des Feierns. Besonders sinnliche und rauschhafte Darstellungen von Bacchanalien finden sich bei Rubens und seinem Kreis. Erst um 1900 griffen Lovis Corinth und Franz von Stuck mit teilweise sehr erotischen Bildern das Thema wieder auf. Se

Domina (lat. domina = Hausherrin): ursprünglich die Herrin, die im Mittelalter von den Minnesängern aus der Ferne verehrt und besungen wurde (→ *Minnesang*). Demütig bewarben sie sich um ihre Gunst, kämpften für sie und nahmen alle möglichen Strapazen auf sich, ohne normalerweise mehr als ein gnädiges Lächeln oder ein Tüchlein, das sie stets bei sich trugen oder an ihre Fahne hefteten, dafür zu erlangen.

Im heutigen Sprachgebrauch ist die D. eng mit dem → *Masochismus* verbunden. Man stellt sich darunter eine schöne, doch grausame und mit äußerster Strenge handelnde Herrin vor, die den auf Knien vor ihr winselnden oder sich auf andere Weise demütigenden Masochisten »hart bestraft«, entweder mit Beschimpfungen oder durch Quälen und Peinigen mit speziellen Folterinstrumenten (→ *Flagellantismus*). In allen Großstädten sind heute gut ausgestattete D.-Studios zu finden, doch gibt es auch eine private Szene. Viele → *Prostituierte* sind extra für die D.-Rolle ausgebildet und im Umgang mit solchen Kunden erfahren. Wer diese Neigung nicht in → *Bordellen* befriedigen will, versucht es mit Kontaktanzeigen (→ *Sexanzeigen*; »strenge Erziehung gewünscht«). In jüngster Zeit gelangen verstärkt Berichte über die Arbeit der D. an die Öffentlichkeit, Dominas sprechen darüber, und das Thema SM (→ *Sadomasochismus*) ist stärker in den Blickpunkt gerückt.

In den großen Bordellen nimmt die Zahl der → *Freier* zu, die nicht den einfachen Verkehr, sondern solche Praktiken wünschen und eine D. suchen. Ar

Donjuanismus (span. Don = Herr, Juan = Johannes, ital. Don Giovanni): Unersättliche, ausschweifende und skrupellose Verführungssucht eines Abenteurers und Schürzenjägers, der Frauen nicht wirklich zu lieben vermag. Der Begriff ist von der legendären Gestalt des Don Juan abgeleitet, der um 1350 am Hofe des kastilischen Königs Peter der Grausame sein sexuelles Unwesen getrieben und sadomasochistische Orgien organisiert haben soll sowie durch seine zahlreichen Frauenaffären bekannt wurde. Nachdem er den Vater eines Mädchens, das sich ihm verweigerte, erstochen hatte, wurde er von der steinernen Statue des Ermordeten in die Hölle gezogen – ein Motiv, das sich in Mozarts Oper »Don Giovanni« wiederfindet. Don Juan wurde erstmals 1613 in einem Drama Tirso de Molinas zum Titelhelden. Seither ist sein Name ein Synonym für ewig ungestillte, egoistische, zwanghafte Leidenschaft. In Literatur und Oper ist er das Musterbeispiel eines gewissenlosen, nur auf leichtfertige Liebesabenteuer erpichten Verführers. Charakteristisch sind

a) das Fehlen jeder inneren Beziehung zur Partnerin und
b) sexuelle Unersättlichkeit, die ihn wahl- und anspruchslos von einer Frau zur anderen treibt, ohne jemals Befriedigung zu finden.

Insofern ist der D. das männliche Gegenstück zur → *Nymphomanie*. Don Juan benötigt zur Bestätigung seiner Männlichkeit und Potenz immer neue Eroberungen; er verachtet das weibliche Geschlecht dafür, daß ihm das immer wieder gelingt. Er wird auch als Opfer von Frauen gedeutet, die ihn begehren und denen er nicht entkommen kann. Psychoanalytische Interpretationen sehen im D. eine Flucht vor einer latenten → *Homosexualität*, gelegentlich auch eine Variante des → *Ödipuskomplexes*: ein solcherart geplagter Mann jagt sein Leben lang einem Muttersurrogat hinterher und stiehlt in seinem ewigen Vaterhaß anderen Männern die Frauen und Töchter. Im Alltagsverständnis ist Don Juan ein unermüdlicher, teils unheimlicher Verführer, dem nicht ganz zu trauen, doch sexuell einiges zuzutrauen ist. Ar KS

Doppelmoral: der Zerfall moralischer → *Normen*, die auf sozialer Unterdrückung basieren, in die der Herrschenden und die der Beherrschten. Moralische Normen gelten dabei für verschiedene Bevölkerungsgruppen mit unterschiedlicher Verbindlichkeit. Die Herrschenden versuchen, gesellschaftliche Normen durchzusetzen, die sie selbst nicht oder nur bedingt einzuhalten bereit sind. Der Dichter Heinrich Heine fand für dieses Phänomen im »Wintermärchen« die richtige Metapher, wenn er über die Verfasser des »alten Entsagungslieds« zu berichten wußte: »… sie tranken heimlich Wein und predigten öffentlich Wasser.«

Im engeren Sinne wird unter D. die für Mann und Frau ungleiche verbindliche Sexualmoral verstanden. Mit der Entstehung des Privateigentums entwickelte sich das → *Patriarchat*, die zunehmende ökonomisch, ideologisch und rechtlich untermauerte Dominanz des Mannes der Frau gegenüber. Sexualnormen, insbesondere die im → *Christentum* verankerten Gebote der ehelichen → *Monogamie* und vorehelichen → *Keuschheit*, galten in ihrer Ausschließlichkeit immer nur für das weibliche Geschlecht. Dem Manne wurde durchaus zugestanden, sich vor der Ehe »die Hörner abzustoßen« und dann auch außereheliche Sexualkontakte zu pflegen. Die D. weist dem Mann im → *Sexualverhalten* und bei der Partnerfindung die aktive, der Frau die passive Rolle zu. Generell wird das sexuelle → *Bedürfnis* und die Notwendigkeit seiner Befriedigung dem Mann ausschließlich oder zumindest in wesentlich stärkerem Maße als der Frau zugebilligt.

Diese alten Rollenklischees verschwinden mit der → *Emanzipation* der Frau, zumindest in den modernen Industrieländern. Damit wird auch die D. des männlichen Sexualverhaltens zugunsten von Partnerschaftlichkeit und gleichberechtigtem sexuellem Erleben abgebaut. Andererseits scheinen ständig neue Formen der D. im Spannungsfeld zwischen marktwirtschaftlichem Umgang mit → *Sexualität* einerseits und christlich-abendländischen Moralauffassungen andererseits zu entstehen, zwischen offiziell proklamierten Freiheiten, die keiner wirklich hat, und offiziellen Verboten, die keiner wirklich befolgt.
We

Dreier, flotter (Triole, Triolität, Triolismus): Sex zu dritt, also zwischen zwei Frauen und einem Mann oder zwischen zwei Männern und einer Frau, auch zwischen drei Frauen oder drei Männern. Die dritte Person kann dabei entweder als bloßer Zuschauer agieren oder aber sich selbst aktiv beteiligen.

Daß diese sexuelle Betätigung mit einem starken erotischen Reiz verbunden sein kann, zeigt ein Blick in die erotische Literatur und Kunst von der Antike bis zur Neuzeit. Derartige Szenen werden immer wieder detailliert geschildert. Im → *Kamasutra* wird die »kombinierte Liebe« er-

Französische Buchillustration (19. Jh.)

wähnt, worunter der gleichzeitige Geschlechtsverkehr des Mannes mit zwei in Zuneigung verbundenen Frauen verstanden wird. Aus der griechischen Antike stammende Vasenmalereien zeigen häufig triolistische Szenen. Berühmt ist die lyrische Szene mit Billie und Lydia aus Kurt Tucholskys »Schloß Gripsholm«, »ich in der Mitte wie geborgen … als müßte es so sein. Und da verloren wir uns.«

Das Vorgehen beim D. ist unterschiedlich. Gestützt auf Literatur und Kunst hat Friedrich Carl Forberg (1770–1848) in seiner berühmten Liste von Koituspositionen auch 15 für den D. aufgezählt. Die drei können sofort miteinander sexuell aktiv werden. Häufiger ist es jedoch, daß sich der Dritte anfangs zurückhält, um sich erst später an seinen Partnern zu erfreuen und dann um so erregter einzugreifen. Mehr als bei der Zweierbeziehung werden voyeuristische Neigungen angesprochen. Das Beobachten und Beobachtetwerden mit der Möglichkeit des Mittuns ermöglicht durch die Anwesenheit und Teilnahme einer dritten Person ein besonderes Spannen und eine zusätzliche Spannung.

Gelegentlich wechseln auch homo- und heterosexuelle Praktiken einander ab. Tiefenpsychologen vermuten, daß versteckte Homosexualität eines der Motive beim D. ist. Mitunter beziehen Ehepaare eine Dritte oder einen Dritten in das Liebesspiel mit ein, um ihr Sexualleben aufzufrischen. Die Erregung steigt, wenn ein Ehepartner zusieht, wie sich der andere vergnügt. Daß die dritte Person bekannt oder fremd ist, stellt einen zusätzlichen Reiz dar. Auch in der käuflichen Liebe sind D. üblich: Zwei → *Prostituierte* bedienen einen Kunden. Die sexuelle Dreierbeziehung, die in den erotischen Phantasien vieler Menschen eine Rolle spielt, intensiviert und extensiviert die Praktiken der Zweierbeziehung durch Gleichzeitigkeit. Sie verschafft Zusatzreize und befriedigt Schaulust. Wie beim → *Gruppensex* erhoffen sich die Beteiligten durch das Mehr an Körper und Variationen einen höheren sexuellen Lustgewinn. Die psychologische Beziehung in der sexuellen Dreierbeziehung ist kompliziert. Als Langzeitbeziehung dreier Menschen bewährt sie sich im allgemeinen nicht. Die Dreierbeziehung ist generell wenig erforscht und das Ausmaß ihrer Verbreitung unbekannt. → *Partnertausch*. Ar KS

Drogen: schon seit dem Altertum versuchte man, durch Einnehmen bestimmter Substanzen die sexuelle Lust und Leistungsfähigkeit zu steigern (→ *Aphrodisiaka*). Einige davon bezeichnen wir heute als Drogen. Zu den gebräuchlichsten gehören außer Alkohol Marihuana, Haschisch, Kokain, Heroin, Speed und Poppers (Amyl- und Butylnitrit). Wegen ihrer euphorisierenden Wirkung besteht bei allen D. Suchtgefahr.

Viele der D. stammen aus dem Orient. Haschisch war dort als Rauschmittel ebenso wie in Afrika weit verbreitet, findet jetzt aber auch in Europa und den USA Abnehmer. Es wird zerkaut und geraucht und führt in höheren Dosen zu einer wollüstigen Stimmung mit intensiven Sexualphantasien; außerdem entwickeln sich rauschähnliche Zustände, leuchtende Farbvisionen treten auf. Wegen der geringen Entzugserscheinungen gilt es als weniger gefährlich als Heroin. Erfahrungsgemäß wirkt Haschisch aber oft als Einstiegsdroge, nach der man später zu Heroin überwechselt. Sein Konsum hat in letzter Zeit insbesondere unter Jugendlichen bedrohlich zugenommen, doch ist die Bekämpfung der Drogenmafia, die die Beschaffung und das Verteilen regelt, äußerst kompliziert und führt meist nur zu Teilerfolgen.

Den Jugendlichen geht es weniger um die sexuelle Stimulierung als vielmehr um eine bewußte Flucht aus der Gegenwart in eine irreale, ihnen Glück und Erfolg vorgaukelnde Welt, die sie – wenn auch nur zeitweilig – ihre trost- und ausweglose soziale Lage und den Sinnverlust ihres Lebens vergessen läßt. Da ihnen zum Kauf der D. oft das Geld fehlt, versuchen sie durch kriminelle Handlungen – vom Diebstahl bis zum schweren Raubüberfall und Mord – oder Beschaffungsprostitution (→ *Prostitution*) an die finanziellen Mittel zu kommen.

Die Abhängigkeit von Heroin, dessen plötzlicher Entzug schwere Abstinenzerscheinungen auslöst, führt zunehmend zu psychischem und körperlichem Verfall, verbunden mit dem Abgleiten in eine Subkultur, der sich die meisten aus eigener Kraft nicht mehr entziehen können. Viele bereiten mit dem sogenannten »goldenen Schuß« ihrem Leben selbst ein Ende. Um sich sexuell aufzuputschen, werden meist gasförmige Nitrite (Poppers) benutzt, die eingeatmet werden; ähnlich wirkt Amphetamin. Vorübergehend lassen sich damit sexuelles Erleben und Potenz intensivieren, die Wirkung läßt aber schnell wieder nach. Morphium, ein aus Schlafmohn hergestelltes Alkaloid, wirkt ähnlich stimmungslösend und entspannend, euphorische Gefühle kommen auf, und die sexuelle Erregbarkeit nimmt zu. Wegen seiner schmerzstillenden Wirkung wurde Morphium ursprünglich hauptsächlich in der Medizin bei Schwerkranken zur Schmerzbekämpfung eingesetzt. Bei chronischem Gebrauch läßt jedoch die → *Libido* nach, und es entwickelt sich Impotenz. Am harmlosesten von allem ist der Alkohol, solange er mäßig genossen wird. Viele erwachsene Pärchen schätzen ein Gläschen Wein, einen guten Kognak oder ein Glas Sekt als kleines Anregungsmittel und festliches Ritual vor dem Liebesspiel. Doch auch bei der Partnersuche und im → *Sexbusineß* hat der Alkohol seine Bedeutung. Infolge seines enthemmenden und aufheiternden Effekts kommt es schneller zu sexuellen Kontakten als im nüchternen Zustand; allerdings wird man bei der Wahl seiner Partner leichtfertiger und unvorsichtiger. Außerdem kann er bis dahin kontrollierte Aggressionen und Neigungen zum Vorschein bringen. Bei Gewalttaten, insbesondere sexueller Natur, ist häufig Alkohol mit im Spiel. Im Amüsierbetrieb ist der angeheiterte Kunde ein gesuchtes Opfer; das Geld wird ihm förmlich aus der Tasche gezogen; sitzt einmal eine Animierdame bei ihm (→ *animieren*), so ist der Weg zum Piccolo für 30 oder 100 Mark oder zur Flasche Sekt für 500 Mark nicht weit. Andererseits wird in vielen → *Bordellen* auf den Ausschank von Alkohol bewußt verzichtet. Entgegen manchen Vorurteilen spielt Alkohol bei jungen Liebenden eine außerordentlich geringe Rolle; sie benötigen diese zusätzliche Anregung offenbar ebensowenig wie einen Alkoholrausch. Bei weniger als 5% ist der erste Geschlechtsverkehr mit Alkoholgenuß verbunden (Starke/Weller, »Partnerstudie III«,1990). In größeren Mengen regelmäßig konsumiert, beeinträchtigt Alkohol das sexuelle Verlangen, führt zu → *Erektionsstörungen* und schließlich zur Impotenz. Ar KS

Drogenstrich: inoffizieller → *Strich* in Großstädten, auf dem sich weibliche und männliche Drogensüchtige feilbieten. Es handelt sich dabei nicht (oder nur ausnahmsweise) um echte → *Prostituierte*, sondern um – meist sehr junge – Laien, die sich auf diese Weise schnell Geld beschaffen wollen. (Deshalb spricht man auch von Beschaffungsprostitution.) Diese Drogensüchtigen nehmen fast jeden und sind wahllos meist zu allem und unter primitivsten Bedingungen bereit, nicht selten auch zum Vaginal- oder Analverkehr ohne Kondom. Dadurch ist die Gefahr der Übertragung von Geschlechtskrankheiten außerordentlich hoch, zumal keine gesundheitsbehördliche Kontrolle wie bei den Professionellen stattfindet. In den letzten Jahren ist der D. insbesondere als Risikofaktor bei der Verbreitung von → *Aids* ins Blickfeld gerückt.
Auf dem D. genießen weder die sich Anbietenden noch die → *Freier* einen Schutz. Dennoch finden sich immer wieder Kunden. Der niedrige Preis, die Jugendlichkeit und Unprofessionalität der Süchtigen, ihre Bereitschaft zu abseitigen Praktiken, der Reiz des Verwerflichen und die Machtgefühle der → *Freier* gegenüber Schwächeren sind die Gründe dafür. → *Prostitution*. KS

Dusche, goldene: poetische Umschreibung einer recht trivialen Handlung – wenn direkt auf den Partner oder in eine seiner Körperöffnungen uriniert wird. Es handelt sich dabei um eine besondere Sexualpraxis, die bei manchen Homosexuellen, doch nicht nur bei diesen, beliebt ist. Manche trinken sogar den Urin und bezeichnen ihn als → *Natursekt*. Ar

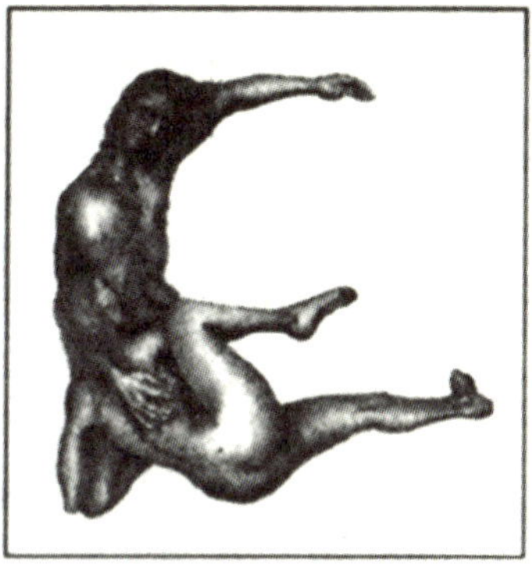

Eifersucht: das Gefühl, eine (geliebte) Person an eine andere zu verlieren; der Verdacht, die (geliebte) Person könne sich abwenden oder eine dritte Person könne sich der (geliebten) Person bemächtigen; das Mißtrauen in die Treue; die Furcht, jemandes Zuneigung oder einen anderen Vorteil mit einer anderen Person teilen zu müssen oder ganz an diese zu verlieren.

Die Personenkonstellationen der E. können verschieden sein. Kinder z. B. können in bezug auf die mütterliche Zuwendung eifersüchtig aufeinander sein, oder eine Mutter kann auf die Freundin ihres einzigen Sohnes eifersüchtig sein, wenn sie meint, die Freundin nehme ihr den Sohn weg.

Der klassische Fall der E. betrifft die Mann-Frau-Paarbeziehung: Der Eifersüchtige leidet unter der Vorstellung, sein Partner gehe zu sehr den eigenen Interessen nach, wende sich unangemessen anderen Dingen zu, habe zu engen Kontakt mit anderen Personen. Ihn quält die Vorstellung, der Partner sei untreu. Er fürchtet, den Partner an einen Dritten zu verlieren. Das Gefühl der E. kann sehr stark sein und sich – nicht selten im Zusammenhang mit Alkoholismus – bis zum Wahn mit unberechenbaren Folgen steigern. Der Eifersüchtige möchte die jeweilige Person an sich binden. Gelingt ihm dies nicht, so neigt er zu hilflosen Aktionen und Racheakten. Oft verlangt der Eifersüchtige ausschließliche Zuwendung. Er wird rabiat, auch gegen Dritte, wenn diese Zuwendung nicht erfolgt oder gefährdet erscheint.

Jeder kennt Eifersuchtsszenen aus dem Alltag: Ein Ehemann ist eifersüchtig auf seine Frau, er beobachtet sie mißtrauisch, bewacht sie, läßt ihr keinen Freiraum, belästigt sie mit Verdächtigungen. Sobald sie einmal allein ausgeht, z. B. mit Arbeitskollegen feiert, wird er unruhig, kann nicht schlafen, denkt sich die schlimmsten Vorfälle aus und leidet schreckliche Qualen. Dann peinigt er seine Frau mit bohrenden Fragen, filzt ihre Sachen, um ein Indiz für ihre Untreue zu finden, sucht Anhaltspunkte für mangelnde Zuneigung. Das Mißtrauen wird unerträglich und die Beziehung leidvoll.

Der süchtige Eifer mit seinen oft verheerenden Folgen findet sich in dem berühmten Wortspiel von Friedrich Schleiermacher (1768–1834) wieder: »Eifersucht ist eine Leidenschaft, die mit Eifer sucht, was Leiden schafft.« Der Eifersüchtige will Aufmerksamkeit erzwingen, die Liebe festigen oder wiedergewinnen, meist erreicht er genau das Gegenteil. Der verdächtigte Partner hat schließlich die ewigen Eifersüchteleien satt und bricht nun tatsächlich mit dem Eifersüchtigen. Ein Ehebuch von 1542 spricht daher von der »torechten sucht des eifers«. Insbesondere Männer verlieren mit wachsender E. ihr Selbstwertgefühl. Sie halten sich für austauschbar und nicht gut genug. Die vermeintliche oder tatsächliche Hinwendung der Partnerin zu einem anderen Mann demütigt ihn. Er leidet darunter, als Waschlappen und Versager zu gelten. Dies mündet oft in → *Aggressivität*. Der Neid und die Wut auf den tatsächlichen oder vermeintlichen Rivalen wird unerträglich und führt nicht selten zu Tätlichkeiten. Diese gelten aber meist noch stärker der Partnerin. »O Raserei der Eifersucht, des Neides!« ruft Isabella in der »Braut von Messina« von Friedrich Schiller aus. Die E. kann zu kriminellen Handlungen führen. Sie sprengt subjektiv alle Grenzen und reißt alle Schranken nieder. Die Kriminalstatistik weiß von Mord und Totschlag aus E. zu berichten. Vor dem Bezirksgericht Meiningen wurde 1991 ein Fall eines 38jährigen verhandelt, der – als er abends nach Hause kam – seine Frau mit einem Liebhaber erwischte. Erst weinte er, dann füllte er Benzin in Flaschen, leerte sie über die im Bett Liegenden aus und zündete das Benzin an. Beide verbrannten, und der eifersüchtige Täter wurde zu 14 Jahren verurteilt.

Die E. äußert sich verschieden, und es gibt auch verschiedene Formen der E. Der Sozialphilosoph und Theologe Johannes Heinrichs unterscheidet 1992 im »Handbuch Sexualität« von S. R. Dunde z. B. »neidende« E. (Mißgönnen), »wachende« E. (Schutz des Besitzes), »konkurrierende« E. (im Wettbewerb zwischen Rivalen), E. des »inneren Anspruchs« (Hochschätzen der monogamen Liebe und Ablehnen leichtfertigen, promiskuitiven Verhaltens).

Der französische Schriftsteller Jules Lemaitre (1853–1914) bezeichnet E. als »Grand Amour« (Große Liebe): »Diese ›Große Liebe‹, die den Menschen verblödet, boshaft macht und zum Mord anstiftet, ist nichts anderes als eine widerliche, rasende Form des Egoismus. Sie verlangt, daß ein gewisses anderes Wesen ausschließlich für uns da ist und uns unvergleichliche Wonnen bereitet. Der Liebende liebt den Gegenstand seiner Großen Liebe wie eine Beute, er lebt in ständiger quälender Angst, daß ihm diese Beute entrissen wird. Er verlangt, daß er für die Partnerin dasselbe bedeutet, wie sie für ihn, nämlich das ganze Weltall. Ist das nicht der Fall, beginnt er sie zu hassen, während er vor Sehnsucht nach ihr vergeht. Das ist die Große Liebe.«

Die E. scheint zunächst ein persönliches Problem zu sein. Sie hat dennoch zahlreiche gesellschaftliche Bezüge. Die Eifersüchtigen sind in ein Netz sozialer Beziehungen und Bewertungen eingebunden. Partnerbeziehung und Partnerverlust unterliegen gesellschaftlichen Bewertungen. Männer- und Frauenleitbilder beeinflussen das Denken der Eifersüchtigen. Der Pädagoge und Sexualwissenschaftler Helmut Kentler schreibt 1982 im »Taschenlexikon Sexualität«: »In unserer Gesellschaft hat die Eifersucht verschiedene wirtschaftliche, soziale und geistig-seelische Ursachen. Wie in anderen Gesellschaften begann Eifersucht erst dann eine wichtige Rolle zu spielen, als die Herrschaft des Mannes und das Privateigentum für die menschlichen Beziehungen bedeutsam wurden … Eifersucht ist das Besitzdenken auf persönliche Beziehungen übertragen.« Diesen Gedanken hat schon der russische revolutionäre Demokrat Nikolai Tschernyschewski (1828–1889) in seinem berühmten Buch »Was tun?« vertreten: »Eifersucht ist eine garstige, eine falsche, verabscheuungswürdige Leidenschaft. Sie kann nur entstehen, wenn man einen Menschen als sein Eigentum, als eine Sache betrachtet.« Der schwedische Schriftsteller August Strindberg (1849–1912) drückt dies so aus: »Die Eifersucht ist das schmutzigste aller Laster, in der Liebe gibt es keinerlei Eigentumsrecht.«

In diesem Sinne ist E. ein Ausdruck von Besitzdenken. Die andere Person wird als persönliches Eigentum betrachtet. Das findet auch sprachlich seinen Niederschlag: Du bist mein, ich bin ganz dein eigen, du gehörst nur mir. Über diesen Mensch besteht Verfügungsgewalt. Eine Beziehung zu einer dritten Person wird daher nicht geduldet, auch wenn sie noch so harmlos oder eine große und edle Liebe ist. E. ist in diesem Sinne auch ein Ausdruck von Verfügungs- und Herrschaftsdenken. Insofern die Gesellschaft männerbestimmt ist (→ *Patriarchat*, → *Sexismus*), kann E. folglich als typisch männlich bewertet werden.

Das Gegenkonzept beinhaltet die Entscheidungsfreiheit jedes einzelnen, einschließlich die der Auflösung einer bestehenden Paargruppe. Eine Liebes- oder Sexualaktivität kann nicht deshalb verurteilt werden, weil sie einer dritten Person gilt. Es wäre inhuman, jemanden, den man liebt oder auch nicht oder nicht mehr liebt, nur deshalb an sich zu binden, weil man zusammen ist, und ihm die Möglichkeit zu nehmen, vielleicht die große Liebe zu finden. Zudem müssen emotionale und sexuelle Drittbeziehungen nicht unbedingt und zwangsläufig eine Konkurrenz für die bestehende Partnerschaft sein und sich gegen den festen Partner richten. Damit gerät das Thema E. auf das schwierige Terrain der Liebestheorie und der Bewertung von sexuellen und Partnerkontakten außerhalb einer bestehenden Beziehung (→ *Partnermobilität*, → *Monogamie*, → *Promiskuität*, → *Treue*, → *Liebe*).

Wie E. zu bewerten ist, darüber gehen volkstümliche Meinungen ebenso auseinander wie wissenschaftliche Auffassungen:

(1) Die einen meinen, E. gehöre zur Liebe und sei eine ihrer Ausdrucksformen; wie es im Tiroler Schnaderhüpfl heißt: »Da droben auf der Alm, tuet's Gamsl scherzen; wo koa Eifersucht ist, geht koa' Liab von Herzen.« Die anderen meinen, E. sei keineswegs ein Liebesbeweis, sondern eher ein Beleg für mangelnde Liebe. E. gebe es bekanntlich auch ohne Liebe. Eigentlich sei E. Ausdruck einer vertrauenslosen Paarbeziehung.

(2) Die einen nennen Beispiele dafür, daß ein bißchen E. die Liebe fördere. Der geliebte Partner werde z. B. durch eine nur scheinbare Liebelei angestachelt, sich wieder mehr um den liebenden Partner zu kümmern, dessen Wert zu erkennen und sich nicht allzu sicher zu fühlen. E. sei ein konstruktives Mittel zur Sicherung der monogamen Beziehung. Wolfgang Krüger bezeichnet 1987 in seinem Buch »Eifersucht – die kreative Kraft« berechtigte E. als »Schutzengel der Liebe«. Andere behaupten, jede Eifersucht sei destruktiv und zerstöre die Liebe und die Partnerbeziehung.

(3) Die einen sagen, E. sei berechtigt und verständlich, wenn dafür ein Anlaß besteht, und sind nur skeptisch bei grundloser E. Die anderen meinen, Gründe spielen bei E. keine Rolle. E. sei ein Gefühl mit der Tendenz zur Verselbständigung. Oft sei der Auslöser, so es überhaupt einen gegeben hat, längst ohne Belang. E. sei oft an keine äußeren Gründe, sondern an die Struktur der jeweiligen Persönlichkeit gebunden.

(4) Die einen halten die E. für eine normale Reaktion, für die anderen ist sie krankhaft. Auf jeden Fall sei sie Ausdruck einer gestörten Persönlichkeit oder Beziehung. Da die Persönlichkeit von der jeweiligen Gesellschaft bestimmt wird, habe E. auch etwas mit sozialen Verhältnissen zu tun. Der Eifersuchtstheoretiker Ernest Borneman bezeichnet E. 1990 als Zivilisationsneurose (»Enzyklopädie der Sexualität«).

(5) Die einen sehen die Ursache für E. einfach in dem aktuellen Grund

und der aktuellen Situation (die geliebte Person hat ein Verhältnis, und folglich ist man eifersüchtig). Die anderen sehen die Ursache in frühkindlichen Erlebnissen, vor allem in ständigen Benachteiligungen im Elternhaus und im Liebesentzug.

(6) Die einen meinen, jeder könne eifersüchtig sein oder werden. Die anderen verweisen darauf, daß nur bestimmte Menschen eifersüchtig werden, z. B. besonders gehemmte und von Minderwertigkeitskomplexen (→ *Minderwertigkeitsgefühle*) geplagte Männer, die an Impotenzangst leiden oder einfach kleinlich und intolerant sind, oder herrschsüchtige, vernachlässigte oder hysterische Frauen.

(7) Die einen sagen, eifersüchtig könne nur sein, wer selbst schon einmal untreu war oder sein wollte und nun dies auch dem anderen zutraue. Die anderen gehen davon aus, daß die eigene Erfahrung unwichtig für E. sei.

(8) Die einen meinen, E. habe es immer und in allen Völkern gegeben, die anderen wissen von Zeiten und Völkern ohne E. zu berichten.

(9) Die einen meinen, fehlende E. sei ein Zeichen für allgemeine Beziehungs- und Lieblosigkeit. In Pornos käme E. nicht vor. Für andere ist E. altmodisch und überholt. In einem Klima allgemeiner Toleranz komme sie nicht vor – wenn jeder mit jedem nach Belieben Liebes- und Sexualbeziehungen haben könne.

Diesen unterschiedlichen Auffassungen könnten weitere hinzugefügt werden.

Sicher ist dreierlei:

a) Wenn zwei sich lieben, dann möchten sie sich nicht verlieren, und geschieht es doch, dann ist das nicht gerade ein Grund zum Jubeln für beide oder einen der beiden. Wendet sich der eine ab, dann ist der andere traurig. »Und bei 'ne andre stehn sehn, ach das tut weh.«
b) Übersteigerte, wahnhafte E. ist sinnlos und gefährlich.
c) Eifersucht ist mit Vernunftgründen weder faßbar noch zu beseitigen. Gute Ratschläge helfen meist nicht. Allenfalls gelingt Milderung.

E. bewegt und begleitet das Leben und Lieben der Menschen. Von E. handeln viele Spruchweisheiten. KS

Eine Auswahl:

»Eifersucht ist nun einmal der Preis für Leidenschaft. Sie sollte allerdings nicht mit Liebe gleichgesetzt werden.« (Ulrich Beer, 1986)

»Gegen Eifersucht hilft Ichstärke. Menschen, die ihren eigenen Wert kennen, wissen auch, daß sie anziehend wirken, und sie brauchen keine Angst zu haben, jemals allein zu sein.« (Helmut Kentler, 1982)

»Eine Eifersüchtige ist durch kein Handeln und kein Sprechen zu heilen, sie gleicht der Pauke, die unter allen Instrumenten am schwersten zu stimmen ist und sich am kürzesten in Stimmung erhält.«
(Jean Paul, 1832)

»Wenn die Lieb' ist eifersüchtig,
so bekommt sie hundert Augen;
doch es sind nicht zwei darunter,
die gradaus zu sehen taugen.«
(Wilhelm Müller, 1837)

»Wer eifersüchtig ist, liebt weder, noch wird er geliebt.«
(Christian Grabbe, 1829)

»The venom clamours of a jealous woman
poison mor deadly than a mad dog's tooth.«
(Das gift'ge Schrei'n der eifersücht'gen Frau wirkt tödlicher als tollen Hundes Zahn.)
(William Shakespeare, 1591)

»Die Eifersucht ist die Zitronensäure der Liebe.«
(Gustav Lindner, 1892)

»Eifersucht ist der einzige, verlorene Schmerz, die alleinigen Wehen in der ganzen Natur, welchen nie eine Geburt nachfolgt.«
(Ludwig Börne, 1832)

»Eifersucht ist die überreife Frucht der Liebe.« (Ludwig Börne, 1833)

»Pfui aber, ohne Liebe Eifersucht
Aus feiger Kälte! Dreimal sei verflucht!«
(Johann Gottfried Herder, 1807)

»O Herr bewahret Euch vor
Eifersucht, dem Ungeheuer
mit den grünen Augen,
das mit dem Fraße spielt,
von dem es lebt.«
(William Shakespeare, 1601)

»Il y a dans la jalousie plus d'amour-propre que d'amour.«
(Bei der Eifersucht zeigt sich mehr Eigenliebe als Liebe.)
François de La Rochefoucauld, 1665)

»Wo Liebe ist, ist auch Eifersucht, und die muß man nähren, in Maßen.« (Maxi Wander, 1977)

»Die Eifersucht kann auch als ein besonderer Liebesbeweis gefallen.«
(Stendhal, 1835)

»Eifersucht, die Begleiterin der Liebe, hat dagegen brennende Eile, alles zu glauben, was nicht erfreut.«
(Francesco Petrarca, 1350)

»Die Eifersucht hingegen ist eine Art von Neid; und Neid ist ein kriechendes Laster, das keine andere Befriedigung kennet, als das gänzliche Verderben seines Gegenstandes.« (Gotthold Ephraim Lessing, 1770)

»Doch mit der Eifersucht ist es wie mit der Gicht: Wenn solche Krankheiten erst einmal im Blut sind, dann gibt es keine Garantie dagegen, daß sie ausbrechen, und das noch oft bei den geringsten Anlässen und wenn man es am wenigsten erwartet.« (Henry Fielding, 1740)

»So ein eifersüchtiger Kerl ist schlimmer als ein toller Hund.« (Karel Capek, 1922)
KS

Ejakulat (Samenflüssigkeit): eine vom Mann während der → *Ejakulation* ausgestoßene weißgelbliche Flüssigkeit von zähflüssiger Beschaffenheit, die einen feinen, kastanienblütenähnlichen Duft ausströmt. Nach längerer sexueller Abstinenz verfärbt sich das E., es wird gelblicher und außerdem dickflüssiger. Nach häufigen, in kurzen Abständen auftretenden Ergüssen erscheint es dagegen dünnflüssiger, weißlicher und durchsichtiger.
Die Samenflüssigkeit – auch Sperma genannt – stammt aus Sekreten verschiedener Drüsen, vor allem der Nebenhoden, Vorsteherdrüse, Bläschendrüsen, und enthält außer den Samenfäden (Spermien) noch andere Substanzen wie Fruktose, Zitronensäure, Phosphatasen, Hyaluronidase, deren biochemische und morphologische Untersuchung Rückschlüsse auf die Qualität des E. erlaubt. Wichtig ist eine solche Überprüfung vor allem, wenn es um die Feststellung der Zeugungsfähigkeit geht.
Von den meisten Frauen wird das Einfließen des Spermas in die Scheide während der Ejakulation ihres Partners als lustvoll empfunden, ebenso der damit verbundene Geruch. Oft verstärkt dieses Gefühl ihre eigene Erregung und bringt sie ebenfalls zum Höhepunkt. Einige Frauen werden durch das Schlucken oder Auflecken des Samens bei der → *Fellatio* stark sexuell stimuliert – andere haben eine Abneigung dagegen und vermeiden daher diesen Kontakt. In Ausnahmefällen kann sogar eine Allergie gegenüber dem Sperma auftreten: Wenn die Samenflüssigkeit die nackte Haut berührt, entwickeln sich Juckreiz und Schwellungen. Diese unerwünschte Reaktion kann man durch Anwendung eines → *Kondoms* vermeiden. Ar

Ejakulation (Samenerguß) (lat. eiaculare = hinauswerfen): meist mit starkem Lustgefühl verbundene Ausstoßung der Samenflüssigkeit, die ruckartig mittels kräftiger Kontraktionen der Penis-, Bauch-, Becken- und Blasenmuskulatur erfolgt. Der Vorgang wird nerval über die im Sakralmark liegenden spinalen Zentren gesteuert und verläuft in mehreren, schnell aufeinanderfolgenden Phasen. Zuerst strömt

die Samenflüssigkeit in den hinteren Teil der Harnröhre, dann schließen sich der innere und äußere Blasenmuskel, bis unter dem Gefühl des Nicht-mehr-zurückhalten-Könnens das Sperma herausspritzt – beim jungen Mann in einem kraftvollen Strahl, beim älteren ist es mehr ein Heraussickern oder Herausquellen.
Obschon bei der Mehrzahl der Männer → *Orgasmus* und E. zeitlich zusammenfallen, sind beide nicht miteinander identisch. Es kann auch einen Samenerguß ohne Orgasmus geben (→ *Anorgasmie*). Ar

Ejakulationsstörungen: sie treten in verschiedenen Formen und Schweregraden auf. Am häufigsten ist der vorzeitige Samenerguß – Ejaculatio praecox –, der entweder schon vor dem Einführen des Penis in die Scheide einsetzt (ante portas) oder sofort danach. Die Bezeichnung vorzeitig bezieht sich eigentlich auf die Partnerin, weil sie wegen des schnellen Ablaufs oft nicht den → *Orgasmus* erreicht und deshalb unbefriedigt bleibt, während der Mann den Höhepunkt durchaus erlebt, aber sich frustriert fühlt, da es ihm selbst viel zu schnell ging und er sich nicht der langsameren Reaktion der Partnerin anpassen konnte.
Überbrücken kann er die Situation dadurch, daß er nach dem Samenerguß die Partnerin weiter stimuliert, z. B. mit der Hand oder dem Mund am Kitzler (→ *Cunnilingus*), bis auch sie soweit ist.
Nicht immer ist ein vorzeitiger Erguß eine behandlungsbedürftige Störung. Im Grunde ist der schnelle Samenerguß ein Zeichen von Vitalität; im Tierreich, z. B. bei den Hirschen, ist der diesbezüglich schnellste im Vorteil. Beim Menschen geht es jedoch nicht um die Geschwindigkeit bei der Befruchtung, sondern um ein intensives und extensives sexuelles Erleben. Normal ist der zu schnelle Samenerguß z. B. nach längerer sexueller → *Abstinenz*. Auch bei jungen, sexuell noch unerfahrenen Männern ist bei ersten Sexualkontakten infolge der Erregung und des Leistungsdrucks eine vorzeitige Ejakulation nichts Ungewöhnliches. Mit zunehmender Erfahrung sind sie meist selbst in der Lage, den Ablauf besser steuern zu können und so lange hinauszuzögern, bis auch die Partnerin vor dem Höhepunkt steht. Bleibt der Zustand über Monate hinweg unverändert bestehen, sollte ein Sexualberater aufgesucht werden. Bei älteren Männern kann der vorzeitige Erguß erstes Anzeichen einer beginnenden Potenzschwäche sein. Bei wiederholtem Auftreten sollte man daher nicht länger warten, sondern sich um eine Behandlung bemühen (→ *Sexualtherapie*).
Die verzögerte Ejakulation (Ejaculatio retarda) ist das andere Extrem.

Hier möchte der Mann ejakulieren, aber der Erguß zögert sich hinaus, bleibt manchmal sogar völlig aus. Oft sind diese Männer nicht stark genug erregt, oder sie sind über die Erregung bereits hinausgelangt – sie haben den Weg zum Höhepunkt verloren und können ihn trotz aller Mühe nicht wiederfinden.

Als Ejaculatio sejuncta bezeichnet man den Erguß, der nur unter bestimmten Bedingungen zustande kommt, d. h. lediglich bei einer besonderen Art des Sexualverkehrs oder in Verbindung mit speziellen sexuellen Praktiken (z. B. Sadomasochismus). Bei Ausbleiben des Ergusses spricht man von Ejaculatio deficiens. Dabei kann es sich um eine sogenannte retrograde Ejakulation handeln, bei der der Erguß anstatt in die Harnröhre nach rückwärts in die Blase erfolgt – nachweisbar durch im Urin enthaltene Spermien. Organische Ursachen sind zwar selten, doch sollte bei entsprechendem Verdacht eine Untersuchung durch einen Urologen oder Andrologen erfolgen.

Die Mehrzahl aller E. ist psychogen bedingt. Ar

Ekstase, sexuelle: ein außerordentlich intensiv erlebter → *Orgasmus*, der mit einem Gefühl der Verzückung oder eines Rauschs einhergeht und

Carlotta (Pseudonym): Farblithographie (um 1925)

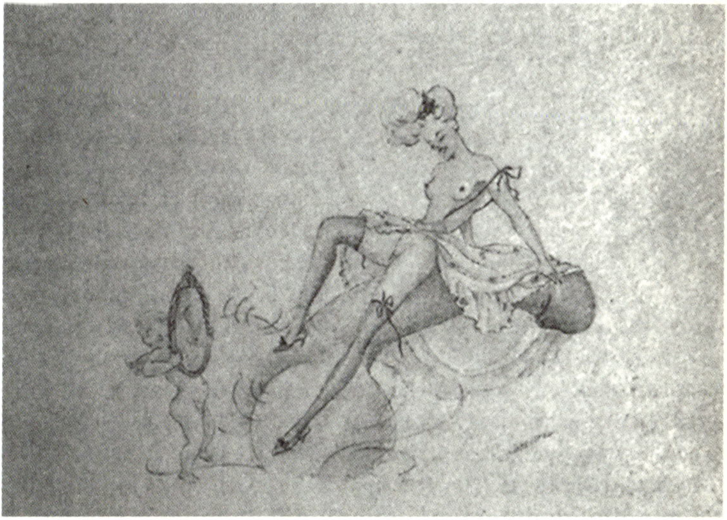

von heftigen körperlichen Reaktionen – starke Körperzuckungen, heftiges Umarmen des Partners, Stöhnen und Schreien – begleitet wird. Auch das Bewußtsein kann während dieser Phase eingeschränkt sein, so daß die Umwelt nicht mehr richtig oder gar nicht wahrgenommen wird. Das Entzücken ist so groß, daß man für kurze Zeit alles vergißt. (*Siehe Abb. S. 111.*) Ar

Elektra-Komplex: ein von Schülern Freuds entwickelter Begriff für das bei Mädchen vorkommende konflikthafte Erleben der Liebe zum Vater und damit verbundener Eifersucht auf die Mutter (→ *Psychoanalyse*). Der E., gedacht als weibliche Variante zum → *Ödipuskomplex*, leitet sich ab von der antiken Sagengestalt Elektra, die ihren Bruder zur Ermordung von Mutter und Stiefvater anstiftet, aus Rache für den vorangegangenen Mord der beiden an Elektras Vater, dem griechischen König Agamemnon. We

Emanzipation: Befreiung aus Abhängigkeit. Im römischen Recht bedeutete »emancipatio« die Entlassung aus väterlicher Vormundschaft. Die E. der Frau meint den Prozeß der Gleichberechtigung und sozialen Gleichstellung zwischen Frauen und Männern, die Abschaffung der männlichen Vorherrschaft in der Gesellschaft (→ *Patriarchat*).

Die politische Emanzipationsbewegung hat seit ihrer Geburtsstunde in der Französischen Revolution 1789 zumindest in den industriell entwickelten Ländern der Welt viel erreicht: das Wahlrecht für Frauen, zunehmend gleiche Möglichkeiten der Bildung und Berufsausübung, soziale Sicherungssysteme für Mütter, das Recht auf freie Partnerwahl und auf Scheidung, die Freiheit der Entscheidung über die Zahl der Kinder und den Zeitpunkt der Geburt. Trotz aller tatsächlichen E. in einigen Ländern blieben Frauen jedoch häufig Objekt und nicht Subjekt dieses Prozesses.

Daß Frauen selbst die umfassende Vertretung ihrer Interessen wahrzunehmen versuchen, hat zwar eine lange Tradition, in der bürgerlichen Frauenbewegung wie in der proletarisch-sozialistischen Frauenbewegung, von der radikalen Frauenrechtlerin und radikalen Sexualreformerin Helena Stöcker (1869–1943) bis zur Führerin und Theoretikerin der proletarischen Frauenbewegung Clara Zetkin (1857–1933) und der russischen Kämpferin für die Rechte der Frau, Alexandra Kollontaj (1872–1952). Doch die Emanzipationsbewegung, wie wir sie heute kennen, hat sich erst seit Ende der 60er Jahre dieses Jahrhunderts in Nordamerika und Westeuropa herausgebildet (→ *Feminismus*). Zwar beschränkte sich die Verbreitung feministischer Ideen zunächst vorwiegend auf intellektuelle Kreise; praktische Aktivitäten wie die Bildung von Frauengruppen, Beratungszentren und Frauenhäusern schufen jedoch allmählich eine breitere gesellschaftliche Basis.

Die zentrale ökonomische Frage des Emanzipationsprozesses ist die Berufstätigkeit der Frau, wodurch sie ihre materielle Unabhängigkeit vom (Ehe-)Mann bzw. vom Elternhaus erlangt. Häufig thematisiert wird in diesem Zusammenhang die sogenannte Doppelbelastung berufstätiger Frauen aufgrund des Hauptanteils, den sie traditionell trotz ihrer Berufstätigkeit bei der Haushaltsführung und Kindererziehung tragen. Das Feld des emanzipatorischen Kampfes verlagert sich dabei von der Ökonomie und Politik hin zur sozialpsychologischen Analyse, Infragestellung und Veränderung partnerschaftlicher, ehelicher, familiärer Lebensweisen und der ihnen zugrundeliegenden traditionellen → *Geschlechtsrollen*.

Letzten Endes geht es nicht darum, die »Doppel«-Belastung abzuschaffen, denn das würde einem Aufgeben der Partner- und Mutterschaft oder der Berufstätigkeit gleichkommen. In letzterem Falle könnte »einfache« Belastung der Hausfrau erneute Entmündigung und doppelte Abhängigkeit bedeuten. Vielmehr geht es um die gerechte und sinnvolle Arbeitsteilung zwischen den Geschlechtern bzw. Partnern. Die Lösung dieser Grundprobleme unter Beibehaltung der Berufstätigkeit der Frau ist Grundlage auch ihrer sexuellen E. Zu den gesicherten sexualwissenschaftlichen Erkenntnissen gehört, daß ökonomische Unabhängigkeit und ein zufriedenstellendes Berufsleben positive Auswirkungen auf sexuelle Lust und Erlebnisfähigkeit haben, nicht nur bei Frauen, sondern auch bei Männern.

Die Voraussetzungen, Errungenschaften und Forderungen sexueller E. bestehen einerseits in objektiven gesellschaftlichen Entwicklungsprozessen wie der allgemeinen Liberalisierung von Sexualnormen, der Entwicklung und Bereitstellung sicherer Kontrazeptiva, der Legalisierung des Schwangerschaftsabbruchs und seiner Praktizierung ohne entwürdigende Begleitumstände. Andererseits kann sich die tatsächliche Befreiung der Frau aus ihrer jahrtausendealten sexuellen Objektrolle nur durch ein neues Selbstverständnis und Selbstbewußtsein vollziehen. Tatsächlich erlebt ein Großteil der Frauen in den aufgeklärten Ländern heutzutage partnerschaftliche Sexualität nicht mehr fremdbestimmt, in passiver Duldung, sondern als wechselseitige Aktivität. Erst dadurch ist die enorme Entwicklung der weiblichen sexuellen Erlebnisfähigkeit im letzten Drittel unseres Jahrhunderts eingetreten.

We

Empfängnisverhütung (Kontrazeption, Antikonzeption): Verhinderung einer unerwünschten Schwangerschaft durch verschiedene Mittel und Methoden. Dazu gehören (1) die natürlichen Methoden, bei denen auf zusätzliche Mittel verzichtet wird, z. B. Methoden zur Ermittlung der unfruchtbaren bzw. fruchtbaren Tage (Messung der morgendlichen Aufwachtemperatur/Basaltemperatur, Kontrolle des Zervikalschleims, Rhythmus- oder Knaus-Ogino-Methode); im weitesten Sinne auch der → *Coitus* interruptus; (2) mechanische Verfahren (→ *Kondom*, Intrauterinpessar, Scheidendiaphragma, Portiokappe, → *Femidom*); (3) chemische Mittel in Form von spermiziden (spermienabtötenden) Gelees, Cremes oder Schaumovula und (4) hormonale Methoden, d. h. die Pille in verschiedenen Varianten mit unterschiedlicher hormoneller Zusammensetzung. Letztere hat seit Anfang der sechziger Jahre ihren Siegeszug angetreten, gegenwärtig wird sie weltweit von über 60 Millionen Frauen genommen. Hinsichtlich der Sicherheit ist sie allen anderen Methoden überlegen.

Alle empfängnisverhütenden Methoden können das Sexualverhalten beeinflussen, vor allem diejenigen, deren Anwendung unmittelbar in Verbindung mit dem Geschlechtsverkehr erfolgt. Das gilt z. B. für das Kondom, das bei Eintreten der Gliedversteifung übergestreift werden muß. Manche sehen darin eine störende Unterbrechung des Liebesspiels, andere beziehen das Überziehen bewußt mit ein, es wird z. B. gemeinsam mit oder allein von der Partnerin übergestreift und wirkt damit noch luststeigernd. Chemische Mittel müssen 15 bis 20 Minuten vor dem Koitus in die Scheide eingebracht werden, man soll danach möglichst liegenbleiben, was eine gewisse Beeinträchtigung bedeutet; auch ihr Geruch kann manchmal stören. Da das Scheidendiaphragma mehrere Stunden liegenbleiben kann, ist man relativ unabhängig; das gleiche gilt für das in der Gebärmutter befindliche (Intrauterin-)Pessar. Allerdings kann bei letzterem der in die Scheide hineinhängende Nylonfaden den Partner während der Koitusstöße etwas stören. Ein Nachteil der natürlichen Methoden besteht darin, daß sie den Intimkontakt auf bestimmte Tage und Monate begrenzen. Die Anwendung erfordert viel Selbstdisziplin und hindert damit die freie und spontane Sexualität. Am wenigsten beeinträchtigt wird das Sexualverhalten von der Pille. Ar

Entjungferung (Defloration): das Einreißen des → *Jungfernhäutchens* beim ersten Geschlechtsverkehr. Dieses Häutchen, medizinisch Hymen genannt, ist eine mehr oder weniger stark ausgebildete Hautfalte, die sich vor dem Scheideneingang befindet und sozusagen den Zugang zu den inneren Geschlechtsorganen abschirmt. Ein intaktes Jungfernhäutchen ist der Beweis erhaltener Jungfräulichkeit und galt Jahrhunderte lang als wertvollster Besitz eines jungen Mädchens. Es einzureißen war allein dem Ehemann vorbehalten, natürlich in der → *Hochzeitsnacht*, wenn der erste eheliche Sexualverkehr offiziell erlaubt war. Da dabei meist eine kleine Blutung auftritt, kam dem blutbefleckten Laken besondere Bedeutung zu. In manchen Ländern wurde es am Morgen nach der Hochzeitsnacht triumphierend aus dem Fenster gehalten und den Gästen und Nachbarn demonstriert.

Allerdings war nicht jedem Ehemann dieses Recht vorbehalten. Im Mittelalter und auch später hatten Grundherren als erste Anspruch auf die → *Braut*. Das »ius primae noctis«, das Recht der ersten Nacht, erlaubte es ihnen, noch vor dem → *Bräutigam* mit der Braut zu schlafen, wovon man damals offenbar auch reichlich Gebrauch machte, vor allem wenn es sich um hübsche Jungfrauen handelte. Zu den Herrenrechten gehörte auch die Erteilung der Eheerlaubnis für die leibeigenen Bauern, und wenn es dem Herrn gefiel, konnte er so lange mit der Braut schlafen, wie er wollte. Manche Bauern konnte sich davon freikaufen, z. B. durch einen Zins, der im Volksmund treffend Jungfernzins, Stechgroschen, Hemdschilling genannt wurde.

Stellte sich bei der Jungfernprobe jedoch heraus, daß die Braut ihre Keuschheit bereits verloren hatte, wurde sie mit Schimpf und Schande aus dem Haus gejagt und verstoßen.

In den europäischen Ländern, in denen voreheliche sexuelle Beziehungen inzwischen von den meisten akzeptiert werden, spielt dieser Kult mit dem Jungfernhäutchen keine Rolle mehr. In anderen Kulturen, z. B. dem Islam, wird auch noch heutzutage verlangt, daß das junge Mädchen unberührt in die Ehe geht. Für den Mann gelten diese Einschränkungen jedoch nicht, er kann vor der Ehe so viele Frauen gehabt haben, wie er will, das tut seinem Ruf keinen Abbruch.

Einige Männer sind übrigens geradezu deflorationssüchtig. Der Sexualwissenschaftler Ernest Borneman sieht darin einen sadistischen Wunsch, denn eine Frau zu deflorieren bedeutet auch, ihr Schmerzen zu bereiten. In manchen Kulturen wurde die E. daher bewußt nicht vom Ehemann vollzogen, sondern die Bräute deflorierten sich selbst, indem sie sich auf den Phallus einer Götterstatue setzten. Manchmal übernahmen auch Priester diese Aufgabe. Für diejenigen, die in unseren Landen auf der Suche nach Jungfrauen sind, wird es allerdings immer schwieriger, da das Kohabitarchealter immer mehr zurückgeht (→ *Sexualität im Lebenszyklus*, vorehelicher → *Geschlechtsverkehr*). Wenn eine Frau unbedingt noch als Jungfrau erscheinen möchte oder muß, obwohl sie ihre Keuschheit schon eingebüßt hat, kann die Sexualmedizin helfen. Der Einriß wird säuberlich vernäht, das Jungfernhäutchen ist wieder intakt. Dieser Eingriff kann aber nicht beliebig oft wiederholt werden. Ar

Erektion (lat. erectio = Aufrichtung): durch sexuelle Erregung ausgelöste Anschwellung und Versteifung des → *Penis*, der dadurch sowohl an Länge als auch an Umfang zunimmt und sich während dieses Vorgangs aufrichtet. Seit alters her gilt der erigierte Penis in vielen Kulturen als Symbol von Fruchtbarkeit und → *Potenz* (→ *Phalluskult*).

Der Übergang vom schlaffen Herabhängen in die Gliedsteife kommt durch eine relativ schnell einsetzende Blutfülle der Penisschwellkörper zustande. Gleichzeitig mit dem Einströmen des arteriellen Blutes wird das venöse Abflußsystem gedrosselt. Erst mit der → *Ejakulation* löst sich der Blutstau wieder, das Glied erschlafft. Außerdem wird die E. nerval gesteuert. Das im unteren Lendenmark liegende spinale Erektionszentrum ist einmal mit dem hypothalamischen Sexualzentrum im Gehirn verbunden, zum anderen über entsprechende Nervenbahnen mit dem Penis. Die dort verlaufenden Nerven geben ihre Impulse an die zugehörigen Blutgefäße ab. Durch diese komplizierten Verbindungswege – hier etwas vereinfacht dargestellt – ist es möglich, daß die Versteifung von verschiedenen Stellen aus und durch verschiedene Reize hervorgerufen werden kann. Beispielsweise können psychische Reize genügen – wie Sexualphantasien, der Anblick einer erotischen Film- oder Videoszene oder direkte körperliche Stimulation des Genitalbereichs, vor allem des Penis. Oft wirken mehrere Reizarten zusammen.

Als Erektionswinkel bezeichnet man den Abstand des erigierten Penis vom Körper des Mannes. Bei jungen Männern ist er am steilsten – hier steht er horizontal bis fast vertikal –, mit zunehmendem Alter verkleinert er sich, weil die Blutfülle der Schwellkörper nicht mehr ganz so stark ist.

Während die beginnende sexuelle Erregung der Frau vom Partner nahezu unbemerkt verlaufen kann, wird sie beim Mann relativ schnell durch die E. signalisiert und dadurch auch der Partnerin oder dem Partner bewußt. In bestimmten Situationen kann dies peinlich sein, z. B. beim → *FKK* oder beim Tanzen. Umgekehrt wird aber auch das Nichteintreten der Versteifung wahrgenommen, was ebenso unangenehm sein kann. Normal sind E. während des Schlafes. Sie sind im allgemeinen nicht sexueller Natur und kommen vier- bis fünfmal in der Nacht vor. Auch bei der sogenannten Morgensteife handelt es sich um eine nichtsexuelle Reaktion.

Voll ausgeprägt treten E. erst mit der Geschlechtsreife auf. In abgeschwächter Form kann man sie bereits beim Säugling oder Kleinkind beobachten, meist spontan ohne direkte Reizung.

Mit zunehmendem Lebensalter werden die E. seltener, die Gliedsteife schwächt sich ab und kann nicht mehr so lange aufrechterhalten werden; oft dauert sie nur wenige Minuten. Trotzdem kann beim gesunden älteren Mann die Kohabitationsfähigkeit bis zum Greisenalter erhalten bleiben. Ar

Erektionsstörungen (Erregungs- oder Potenzstörungen): nicht lange genug anhaltende oder überhaupt nicht eintretende Gliedversteifung, obschon sexuelles Bedürfnis besteht. Im letzteren Fall spricht man von Impotenz, volkstümlich hart, aber zutreffend von Schlappschwanz.

Am stärksten ist die psychische Empfindlichkeit betroffen. Das Versagen in der Funktion, in der sich der Mann als Mann beweisen will, und das für den Partner oder die Partnerin schnell offensichtlich wird – meist schon zu Beginn des sexuellen Kontaktes –, kann von ihm als ungeheuer peinlich und das Selbstwertgefühl verletzend empfunden werden. Ein solches Versagen kann jedem einmal passieren und ist oft durch eine ungünstige Situation bedingt. Wenn es sich wiederholt und für längere Zeit bestehenbleibt, entwickeln sich → *Minderwertigkeitsgefühle* und Erwartungsangst. Der Leidensdruck kann erheblich sein.

Von primären E. spricht man, wenn sie bereits beim ersten Kohabitationsversuch (dem Versuch, das Glied in die Eichel einzuführen) auftreten und wenn auch bei weiteren Versuchen keine ausreichende → *Erektion* zustande kommt. Die sekundären Formen machen sich erst später bemerkbar, nachdem zunächst die Sexualfunktion intakt war. Letzteres ist wesentlich häufiger, manchmal bei einer bestimmten Partnerin oder in einer bestimmten Situation.

Obschon die Mehrzahl der Störungen psychogen bedingt ist, sollten besonders im mittleren und höheren Lebensalter stets körperliche Ursachen ausgeschlossen werden. Dazu sind entsprechende Untersuchungen beim Urologen oder Andrologen erforderlich. Neben lokalen Erkrankungen (Prostata, Hoden- oder Nebenhodenentzündungen) können auch Allgemeinerkrankungen wie die Zuckerkrankheit (Diabetes mellitus) oder Bluthochdruck eine auslösende Rolle spielen. Die Durchblutung der Genitalorgane kann auch durch Gefäßveränderungen beeinträchtigt sein. In Betracht ziehen muß man auch eine Nebenwirkung von Medikamenten, die wegen einer anderen Erkrankung regelmäßig eingenommen werden müssen.

Bei primären Potenzstörungen und bei den länger bestehenden sollte ein Sexualtherapeut zu Rate gezogen werden, der sich nach einer genauen Erhebung der Vorgeschichte und ausführlichen Untersuchung ein Bild über die Entstehung der Störung verschafft und dann eine Behandlung durchführt. Eine wichtige Voraussetzung für den Erfolg ist das Einbeziehen des Sexualpartners, um seine Mitarbeit zu erreichen. Steht dieser der Therapie negativ gegenüber (»Das hat doch alles keinen Zweck«), ist eine Besserung schwer möglich. Ar

Eros (röm. Amor, Cupido): in der griechischen → *Antike* der Sohn des Kriegsgottes Ares und der Göttin der Schönheit, → *Aphrodite*. Als Gott der Liebe wird E. oft als nackter kleiner Knabe dargestellt, der – mit Pfeil und Bogen ausgerüstet – die Menschen verliebt macht. Etwas Verspieltes und Heiteres läßt so E. als kleinen Schelm und Nichtsnutz erscheinen. In der bildenden → *Kunst* ist E. oft als geflügelter, heimlicher Begleiter von Liebespaaren oder von verträumten, schönen Frauen zu finden. In der späteren Kunst begegnet man dieser Figur öfter auch in ganzen Gruppen, sogenannten Liebesgöttern oder Eroten. Auf antiken Vasen wie in der bildenden Kunst der Renaissance und des Barock sind diese Eroten als Amouretten oder Putten (auch Putti) weit verbreitet. Se

Eros-Center: behördlich genehmigte und kontrollierte Lokalität des käuflichen Sex, moderne Form des → *Bordells*. Das E. besteht meist aus vielen einzelnen Zimmern, die die Prostituierten mieten und in denen sie die → *Freier* empfangen können. Sie gelten damit als freiberuflich Tätige bzw. selbständige Unternehmerinnen ohne Abhängigkeit von einer Puffmutter oder einem Bordellwirt. Dadurch sollen unkontrollierte Formen der → *Prostitution* eingedämmt, gesundheitliche Kontrollen erleichtert, kriminelle Gefahren gemindert und die Ausbeutung durch einen Zuhälter beseitigt werden, was allerdings nie ganz gelingt. Zugleich werden beliebte Straßenstriche verboten. In einigen westdeutschen Großstädten sollen neugeschaffene E. auch dazu beitragen, traditionelle Milieus zu säubern, das Sexgewerbe aus den Stadtzentren zu verbannen und die → *Prostituierten* überschaubar an genehmigten Orten zu konzentrieren, um möglichst wenig Proteste seitens der Bevölkerung oder der Moralhüter hervorzurufen.

Die Begegnung der Prostituierten mit dem Kunden und das Aushandeln des Preises findet meist direkt an der geöffneten Zimmertür oder in einem → *Kontakthof* statt. KS

Erotik (griechisch eros = sinnliche Liebe): Liebeslust, Sinnlichkeit, Liebes- und Sexualverlangen. E. schließt sowohl die geistig-seelischen als auch die körperlich-sexuellen Aspekte der → *Liebe* und liebesähnlicher Formen ein. Als Ergebnis der Kultivierung der Sexualität ist E. damit verbunden, daß sich von der ursprünglichen Funktion der → *Sexualität* – der Fortpflanzung – weitere Funktionen abgehoben und verfeinert haben, insbesondere die Lust-, die Beziehungs- und die Kommunikationsfunktion. Die Entwicklung dieser Funktionen hat zugleich etwas mit der Qualität menschlicher Beziehungen zu tun, für die die Liebe paradigmatisch (modell- bzw. beispielhaft) ist. E. liegt nicht zwischen Sexualität und Liebe, sondern ist ein drittes Element darüber. Im Sexualverhalten der Menschen zeigt sich Kulturgewordenes, und Liebe hat ihre sinnliche Qualität. Eben dort ist E. angesiedelt.

Nach einem bekannten Ausspruch des Hamburger Sexualwissenschaftlers Hans Giese korrespondiert E. »mit dem Geschlechtstrieb wie der Appetit mit dem Nahrungstrieb«. Dabei wird angenommen, daß E. erst ohne Sexualnot entstehen kann, so wie Appetit davon lebt, daß keine Hungersnot herrscht. Andere Autoren finden E. im Wechselverhältnis von Körper und Geist oder in der kulturellen Verfeinerung von Sexualität. Der dänische Sexualforscher Preben Hertoft schreibt 1993 im »Sexologischen Wörterbuch«: »Die Erotik enthält zwar die Sexualität und das Geschlechtliche, doch das Umgekehrte ist nicht immer der Fall. Die Erotik hat mit den Übertönen der Sexualität zu tun, … dem Indirekten.« Sein Landsmann Rollo May bezeichnet 1977 als Quelle der Zärtlichkeit nicht den Sex, sondern den Eros.

E. bezieht sich immer auf den Menschen und seine Liebes- und Geschlechtskultur. Im Tierleben gibt es keine E. E. drückt eine Beziehung aus, insofern sie die sinnlich-sexuell-emotionale Hinwendung zu bzw. die Anziehung durch den anderen Menschen in seiner Geschlechtlichkeit betrifft. Da die Sexualität integrierter Bestandteil der gesamten Persönlichkeit und wie diese sozial beeinflußt ist, ergeben sich vielfältige Bezüge der E. zur Persönlichkeit, zum Alltagsverhalten und zu konkreten Lebensbedingungen. Im Grunde findet E. überall statt, wo Menschen zusammen sind. E. wird oft zum vieldeutigen und verschwommenen Begriff. Er wird einerseits benutzt, um die sexuelle Komponente zu betonen oder Sexuelles nicht direkt als solches benennen zu müssen, und andererseits, wenn zum Ausdruck gebracht werden soll, daß ein Begehren oder ein Verhalten über Sexuelles hinausgeht. Demzufolge finden sich die verschiedensten Wortbildungen mit der Wurzel »eros«. Was geschlechtliche Erregung auslösen und die Liebe anregen, also *erotisieren* kann, nennt man *erogen*. Für sexuelle Reize besonders empfindliche Körperstellen heißen erogene → *Zonen*. Die Haut hat dann die Fähigkeit der *Erogenität*. Die geflügelten Liebesgötter in allegorischer Darstellung heißen Eroten. Erotiker sind dagegen zum einen diejenigen, deren Gefühlswelt ständig erotisch aufgeladen ist, und zum anderen diejenigen, die erotische Bücher schreiben, sogenannte → *Erotika*. Als *Erotikfilm*, anglisierend auch *Erotical* genannt, gilt eine harmlose Schnulze mit einigen Schmuseszenen ebenso wie der harte Porno. »Süße Puppen« findet man im → *Eros-Center*. Ende des 19. Jahrhunderts wurden Freundinnen von Studenten *Erosinen* genannt. Wer sich zwanghaft mit allem Sexuellen auseinandersetzt und einen krankhaft gesteigerten Sexualtrieb hat, leidet an *Erotomanie*. Muß er das auch noch in Abort- und anderen Kritzeleien zum Ausdruck bringen, spricht man von *Erotographomanie*. Große, rauschhafte Leidenschaftlichkeit und eine Überbetonung des Erotischen ist *Erotismus* oder *Erotizismus*, *Erotodromanie* eine Form der Abenteuerlust. Wer mittels Liebe und Sexualität Macht ausübt, ist ein *Erotokrat*. E. gehört zu den bemerkenswertesten Phänomenen der Kultur- und Sittengeschichte der Menschheit. KS

Erotika (Sg. Erotikon, selten gebraucht, von griech. erotikón = die Liebe Betreffendes): Bücher erotisch-sexuellen Inhalts (→ *Literatur, erotische*), im weiteren Sinne alle Werke, Gegenstände und Mittel, die sexuell erregen, erotisieren können. Dazu gehören erotische Romane, Gedichte, Erzählungen, Bilder, Fotos, Filme, aber auch → *Reizwäsche*, → *Masturbationsinstrumente* und anderes, das der sexuellen → *Lust* förderlich ist. Im engeren Sinne unterscheiden sich E. von → *Pornographie*: E. werden von Pornographie positiv abgehoben und sind eher geduldet. Einige literarische E. gehören zur Weltliteratur. Viele Menschen mögen E. und die damit verbundene Bejahung des Sexuell-Erotischen in seiner verfeinerten, vielseitigen, künstlerischen, menschenwürdigen Gestalt, doch keine Pornographie. »Gute« E. sind jedoch weitaus seltener anzutreffen als »böse« Pornographie. KS

Erotographomanie: Niederschreiben von sexuellen Phantasien und geilen Wünschen, bei dem man sich selbst sexuell erregt und den Adressaten ebenfalls reizen oder provozieren will. Man spricht auch von »literarischem Exhibitionismus« (Iwan Bloch, 1906). Es kann sich dabei um Wand-Inschriften (→ *Graffiti*) handeln oder um Briefe, wobei der Schreiber oft anonym bleibt. Ihm geht es nicht um einen direkten persönlichen Kontakt, meist hat er nie mit der Person gesprochen, an die er schreibt. Viele der – überwiegend männlichen – Schreiber benutzen vulgäre und obszöne Ausdrücke, malen genüßlich aus, wie sie sexuell mit der Adressatin verkehren wollen, oder berichten von ihren masochistischen oder sadistischen Wünschen (→ *Sadomasochismus*); auch Drohungen und Beleidigungen kommen vor. Briefempfänger solcher Schreiben werden – besonders im Wiederholungsfall – psychisch belastet. Ar

Erregbarkeit, sexuelle: Ansprechbarkeit auf sexuelle Reize verschiedenster Art, die sich sowohl im psychischen wie auch im körperlichen Bereich äußert. Es entwickeln sich angenehm lustvolle Empfindungen; beim Mann tritt die → *Erektion* ein, bei der Frau wird die Scheide schlüpfrig (Lubrikation). Ist einer der Partner aus irgendwelchen Gründen nicht sexuell erregbar – bei Ablehnung, Ärger, Übermüdung –, bleiben auch die weiteren psychosexuellen Reaktionen aus. Die E. steht in engem Zusammenhang mit der Einstellung zu Liebe und Sexualität und der sexuellen Erlebnisfähigkeit. Die Bereitschaft und die Fähigkeit, sinnliche Liebe zu genießen, → *Lust* zu haben und auszuleben, ist durchaus unterschiedlich ausgeprägt. Sie hängt nicht nur von der Partnersituation und den allgemeinen Umständen einschließlich der sexuellen → *Normen* ab, sondern ist auch ein Merkmal der Persönlichkeit des Menschen (→ *Sozialisation*) und seiner Lebenskultur. Ar KS

Europa: Tochter des Königs Agenor in Phönizien, eine der zahllosen Geliebten des → *Zeus*. Er verwandelte sich aus Furcht vor dem Zorn seiner Frau, der Göttin → *Hera*, in einen kräftigen und schönen Stier und näherte sich der von ihm begehrten E., als sie sich mit einigen Freundinnen am Strand aufhielt. Es machte ihr Spaß, auf ihm zu reiten, und er trug sie über das Meer bis zur Insel Kreta, verwandelte sich dort in einen stattlichen Mann und machte E. zu seiner Geliebten. Sie brachte drei Söhne – Minos, Rhadamanthys und Sarpedon – zur Welt. Der Erdteil, zu dem der Zeus-Stier sie gebracht hatte, erhielt den Namen Europa. Schon auf pompejanischen Wandgemälden findet sich E. mit dem Stier. Besonders in der → *Kunst* der italienischen

Frührenaissance und des Barock wird die dramatische Entführung der E. zum beliebten Bildmotiv: Es bietet die Gelegenheit, in den gewagtesten Haltungen das sinnlich-grazile Weibliche in dialektischem Verhältnis zum kraftvoll Männlichen vorzuführen. Se

Exhibitionismus (lat. exhibere = darbieten, zeigen): ein bei Männern auftretendes dranghaftes Verlangen, in der Öffentlichkeit den erigierten Penis zu entblößen. Besonders lustvoll ist dabei für den Exhibitionisten das Verhalten der anwesenden Personen. Ihre Reaktionen des Abscheus, des Unwillens, des Erschreckens oder der Angst bedeuten für ihn den sexuellen Reiz, den er zur Befriedigung braucht; manchmal masturbiert er dabei. Im allgemeinen sucht der Exhibitionist keinen direkten körperlichen Kontakt, ihm geht es in erster Linie ums Gesehenwerden. Gewisse exhibitionistische Neigungen finden sich, wenn auch in anderer Form, bei Frauen, wenn diese z. B. in einem gewagten Dekolleté ihre Brüste präsentieren.

Die Exhibitionisten, auch Entblößer genannt, sind keine aggressiven Typen, sondern im täglichen Leben meist eher zurückhaltende und scheue Menschen. Viele sind verheiratet und führen ein unauffälliges Ehe- und Sexualleben. Die Ehefrau weiß zunächst von dieser Neigung nichts, sondern hört häufig erst davon, wenn ihr Mann ertappt und bei der Polizei angezeigt wurde.

Noch gibt es keine Erklärung für dieses eigenartige Verhalten. Allen Entblößern ist aber offenbar gemeinsam, daß sie dieses dranghafte Gefühl zum Entblößen willensmäßig zumeist nicht unterdrücken können. Hinterher fühlen sie sich entspannt und ruhig. Verstandesmäßig erkennen sie danach, wie provozierend ihre Handlung war; die Rückfallgefahr ist groß, auch wenn sie bestraft werden. Wird der Mann von seiner Umwelt gar nicht beachtet, zieht er sich meist enttäuscht zurück, um an einem anderen Tag sein »Glück« wieder zu versuchen. Das Verlangen besteht nicht immer, sondern es tritt in bestimmten Phasen auf. Danach kann er sich monatelang ganz unauffällig verhalten.

Medikamentös läßt sich mit einem Antiandrogen – Cyproteronacetat –, das regelmäßig eingenommen werden muß, das dranghafte Verlangen dämpfen (→ *Pharmaka*). Der Wunsch zum Entblößen besteht zwar weiter, läßt sich aber unter Kontrolle halten.

Gefährlich für die Allgemeinheit ist der Entblößer in der Regel nicht, doch sein Tun widerspricht den ethischen Auffassungen und dem sittlichen Verständnis der meisten Menschen. Daher wird er auch verfolgt und meist bestraft. Ar

Exlibris (lat. aus Büchern): Bucheignerzeichen in Form kleiner druckgraphischer Blätter, die ursprünglich als Besitzernachweis auf die Innenseite des Buchdeckels geklebt wurden. Zu Namen, Monogrammen, Wappen kommen symbolische, allegorische, oft den Besitzer oder sein Arbeitsgebiet stilisiert charakterisierende Darstellungen.

Die Verbreitung der E. begann Ende des 15. Jahrhunderts in Deutschland, zunächst als Holzschnitt, später als Kupferstich; im 19. Jahrhundert kamen die Lithographien, fotomechanische Vervielfältigungsverfahren und auch der Buchdruck hinzu. Erst seit dem vergangenen Jahrhundert werden von Sammlern bibliophiler Kostbarkeiten erotische E. in ihre Geheimabteilungen mit erotischer Literatur aufgenommen. Auf diesen E. ist neben dem Wort »Exlibris« und dem Besitzernachweis in Form seines Namens oder seines Monogramms oft symbolisch ein erotisches Motiv dargestellt; geschlechtliche Merkmale werden direkt und oft humorvoll wiedergegeben. Häufig ist das männliche Glied zu sehen, teils mit Flügeln versehen, aber auch die weibliche Scheide als Teil eines Ornaments. Nicht selten Akte en miniature. Mit dem Aufschwung der Buchkunst kam es um 1900 auch zu einer künstlerischen Wiederbelebung der erotischen E., nicht zuletzt durch erotische Nachdrucke und der damit verbundenen Verbreitung der eroti-

Walter Helfenbein (1893–1984): Exlibris. Radierung (o. J.)

schen → *Literatur*. Unterbrochen durch die beiden Weltkriege, hat sich inzwischen international ein Boom des E. und damit auch des erotischen E. ergeben, das als begehrtes Sammelobjekt immer mehr von seiner ursprünglichen Funktion als Bucheignerzeichen entfremdet wurde und heute weitgehend eigenständige künstlerische Graphik mit oft reizvoll phantasie- und humorvollem Inhalt ist.

Zahlreiche bekannte Künstler haben sich mit Witz und Freude dieser Kleinform erotischer → *Kunst* angenommen und auf diese Weise zur Bildung einer großen Zahl von Sammlungen erotischer E. in der ganzen Welt beigetragen. Se

Familie: Die Herkunftsfamilie (das Elternhaus) und dann die eigene F. haben überragende Bedeutung für die Einstellung zu Liebe und Sexualität und für den Liebesalltag der Menschen. Die F. zählt für die meisten Menschen zu den höchsten Lebenswerten. Wissenschaftliche Untersuchungen zeigen, daß aus F., in denen es liebevoll und zärtlich zugeht und sich Vater und Mutter in Liebe zugetan sind, statistisch häufiger Kinder kommen, die selbst liebes- und familienfähig sind und sexuell lustvoller leben. Geschiedene stammen überdurchschnittlich häufig von geschiedenen Eltern ab. Brutalität, Aggressivität, Liebesunfähigkeit, Lustfeindlichkeit, Verachtung der Frau und des Mannes und Mißtrauen Erotik gegenüber haben ihre Quelle oftmals in einem gestörten Elternhaus und einer schrecklichen Kindheit. Sexuelle Frühstarter stammen meist entweder aus unqualifizierten, asozialen, zerstörten F. oder aus vornehmen, doch repressiven Elternhäusern der Oberschicht, wo es besonders streng zugeht und in denen über Sexualität niemals wirklich gesprochen wird. Sexuelles ist in der F. traditionell tabuiert – obwohl überwiegend die Ehe der Ort war und teilweise auch noch ist, in dem sich Sexuelles hauptsächlich abspielte, und obwohl sich die Eheleute diesbezüglich ständig bewerten und kontrollieren. Auch heute noch fällt der Umgang mit Sexualität in der F. durchaus schwer. F. wird allgemein nicht mit Erotik attribuiert, doch kann sie der erotischen Gesamtqualifikation eines Menschen förderlich oder abträglich sein.

In bezug auf Liebe und Sexualität, doch auch auf die gesamte Persönlichkeitsentwicklung, sind folgende Fragen wichtig:

(1) Wie wird das Neugeborene in die F. aufgenommen? Ist es ein Wunschkind? Welche → *Zärtlichkeit* erfährt es?

(2) Ist die Familienatmosphäre vertrauensvoll, aufgeschlossen, liebevoll, zärtlich? Zeigen die Eltern, daß sie sich lieben? Verschweigen sie, daß sie sexuell miteinander verkehren und ihr eigenes Liebesleben haben? Schmusen die Eltern mit ihren Kindern?

(3) Wird über Liebe und Sexualität gesprochen? Wenn ja, wann, in welcher Situation und in welcher Weise (roh oder zart, überhöhend oder abwertend, direkt oder verschlüsselt, offen oder geheimnistuerisch)? Sind die Eltern imstande, Auskunft zu geben und Wissen und Wertungen zu vermitteln? Sind Sach- und andere Bücher über Sexualität innerhalb der F. zugänglich?

(4) Welche Einstellung besteht zu den körperlichen Funktionen, und wie ist der Umgang mit dem nackten Körper?

(5) Wie wird sexuelle Lust bewertet?

(6) Wie werden Konflikte in der F. ausgetragen?

(7) Welche Stellung hat der Vater in der F.? Ist er ein Patriarch? Welche Rolle spielt die Mutter? Ist die Mutter berufstätig? Bestehen partnerschaftlich-symmetrische Beziehungen zwischen den Familienmitgliedern? Wie ist das Verhältnis der Geschwister untereinander?

(8) Bestehen Unterschiede in der Erziehung von Jungen und Mädchen? Wenn ja, welche? Welchen Leitbildern folgt die Erziehung?

(9) Sind Vater und Mutter für die Kinder da, oder spielen sie nur die Rolle von Gästen? Welche Qualität und welchen Inhalt haben die Eltern-Kind-Beziehungen? Kommt es zu gemeinsamen Aktivitäten mit den Kindern?

(10) Pflegen Vater oder Mutter sexuelle Außenkontakte (offen oder geheim)? Leben die Eltern in Scheidung, oder sind sie geschieden? Mit wem wächst das Kind vor allem auf?

(11) Wie wird die erste Verliebtheit der heranwachsenden Kinder bewertet? Wie werden ihre Liebespartner in der F. aufgenommen?

In den letzten Jahrzehnten haben sich viele F. in bezug auf diese und ähnliche Fragen deutlich verändert. Generell ist eine offene Atmosphäre in bezug auf Liebe und Sexualität entstanden. Statt einer einmaligen, lächerlichen, peinlichen und immer verspäteten Aufklärung wird in vielen Familien vertrauensvoll und detailliert über Fortpflanzung, Verhütung, Liebe und teilweise auch über andere Aspekte der Sexualität gesprochen, seltener über Lusterleben, → *Homosexualität*, → *Selbstbefriedigung* (→ *Sexualerziehung*). Vielen Eltern gelingt es besser, sexuelle Sachverhalte auszusprechen (→ *Sprache*), zu beraten und Auskunft zu geben. Bücher und andere Medien sind dabei hilfreich. Die Eltern (insbesondere die Mutter, weniger der Vater) sind bevorzugte Vertrauenspersonen für Mädchen und Jungen in Sachen Liebe und Sexualität. Viele Jugendliche wissen es anzuerkennen, daß sie mit Mutter und Vater offen über Liebe und Sexualität sprechen können, und leiden darunter, wenn die Kommunikation gestört ist, der Freund oder die Freundin abgelehnt wird oder verschwiegen werden muß. Andere empfinden die elterliche Anteilnahme als Einmischung oder Vereinnahmung. Die Liebesbeziehungen Jugendlicher werden in vielen Familien von den Eltern und den Geschwistern toleriert und gefördert, in anderen freilich auch nicht. Für viele Eltern ist es kein Problem, wenn unverheiratete junge Partner allein in der Wohnung sind oder auch zusammen übernachten. Den ersten Geschlechtsverkehr haben heute die meisten Jugendlichen in der elterlichen Wohnung. Verändert hat sich der Umgang mit der → *Nacktheit* (→ *FKK*) und allem Körperlichen. In vielen F. zeigen sich Vater und Mutter ganz selbstverständlich vor den Kindern nackt, so wie heranwachsende Kinder diesbezüglich eigene Vorstellungen entwickeln. Eltern zeigen, daß sie sich lieben, und vertuschen ihr Sexualleben nicht. Gefühle, Zärtlichkeit, Schönheit, Attraktivität werden weniger mißtrauisch unterdrückt als zielgerichtet gepflegt. Entscheidend ist die familiäre Gesamtatmosphäre (die inneren Bedingungen einer F.) und deren Eingebundenheit in das Geflecht sozialer Beziehungen (die äußeren Bedingungen einer F. bzw. die Stellung der F. in einer gegebenen Gesellschaft).

In der modernen Industriegesellschaft haben sich Funktion und Struktur der F. stark gewandelt. Sie ist längst nicht mehr die für die Produktion wichtigste Institution und oftmals nicht einmal mehr die hauptsächliche Stätte der Reproduktion der Arbeitskraft, der Erholung und der Freizeitgestaltung. Die Großfamilie von früher gibt es nicht mehr. Auch die Kindererziehung ist zu einem beträchtlichen Teil ausgelagert worden (Kindergarten, Schule, Massenmedien). Die Familienmitglieder verbringen einen großen Teil ihres Lebens außerhalb der F., sie lernen, studieren, arbeiten und verbringen oft auch ihre Freizeit anderswo oder mit anderen – die Heranwachsenden wohnen zwar oft sehr lange im Elternhaus, von dem sie finanziell und anderweitig abhängig sind, erlangen aber häufig schon frühzeitig Selbständigkeit, verbunden mit Freizügigkeit, Entscheidungsspielräumen, Verantwortlichkeit, Handlungsmöglichkeiten auch in bezug auf die eigenen Partnerbeziehungen. Insbesondere die Berufstätigkeit und die damit verbundene ökonomische Unabhängigkeit der Frau, deren höhere Bildung sowie die allgemeine Emanzipation haben das Familienleben gründlich verändert: Die Frau ist nicht mehr bloßes Anhängsel und Dienerin des Mannes, Instrument für die Geburt und das Großziehen von Nachwuchs, Hausfrau, familialer Multifunktionär, sondern eine eigenständige Persönlichkeit, die den Sinn ihres Lebens nicht nur in der F. sieht und überflüssig wird, sobald die Kinder aus dem Haus gehen. Trotzdem und gerade deswegen erfüllt das Elternhaus auch heute noch bedeutende Aufgaben bei der Sozialisation der heranwachsenden Kinder und der Entwicklung der sexuellen Einstellungen, und die eigene F. bleibt trotz (und wegen) aller Gegenentwürfe, Ausgleiche und Ergänzungen weiterhin bedeutsam für das Liebes- und Sexualleben aller Menschen. KS US

Farben: Ergebnis spezifischer Strahlenbewertung durch den Gesichtssinn im Zusammenhang mit Körpern, die vorhandenes Licht reflektieren. Die Strahlenbewegung und damit die Farbwirkung ergibt sich aus den historisch gewordenen Erfahrungen des Menschen und daraus resultierenden Bedeutungen, die den einzelnen F. zugeordnet werden. Die so gespeicherten Farbwirkungen sind in der → *Erotik* als Signal, ästhetischer Reiz, Symbol und Stimmungsträger von größtem Einfluß auf den Menschen. Natürlich wirkt die F. nicht allein, z. B. in einer Nachtbar oder einem Schlafzimmer. Die äußere Form der Gegenstände im Raum, ihr Material, die Temperatur, der Geruch, die Laute, das Licht – alles zusammen bestimmt, ob erotisches Empfinden gebremst oder beflügelt wird. Designer, Architekten, Künstler, Film- und Theaterausstatter, Modegestalter, Werbefachleute wissen das entsprechend den jeweils angestrebten Zwecken einzusetzen.

Die F. Purpur, Rot, Orange und Gelb beschleunigen Atem und Puls. Diese F. werden als warm empfunden. Beim Gelb ist die Verbindung zur Farbe der Sonne, des Goldes und der Reife gegeben. Rot wird als erregend empfunden. Rot ist die F. des Blutes und die Hauptfarbe der Liebe. Rothaarige Frauen gelten als besonders leidenschaftlich. Aus Erregung wird man rot, aus Scham ebenfalls. Rot steht für Kraft und auch für Grausamkeit, Sadismus und Wut, man sieht rot. Rot ist die F. des Tangos, aber auch die der Laternen in den Dirnenstraßen der großen Städte (→ *Rotlichtviertel*).

Bei der Einwirkung von Grün, Hellblau, Indigo und Violett läßt sich eine Verlangsamung von Atem und Puls feststellen. Der Mensch empfindet diese F. als kalt. Zugleich verbindet sich mit Blau die Vorstellung von Treue, Ferne und Sehnsucht. Auch wenn Rosa-Violett Kühle ausstrahlt, wird Rosa mit zarter (Liebes-)Hoffnung gleichgesetzt. Grün – in der Liebe die F. der Hoffnung – hat eine besänftigende Wirkung, steht zwischen warm und kalt und kann je nach stärkerem Gelb- oder Blauanteil zum einen oder zum anderen tendieren; die Erfahrung der Natur spielt dabei eine Rolle.

Der menschliche Farbsinn ist das Ergebnis einer Entwicklung von ersten großen Farbunterscheidungen bis zur differenzierten Wahrnehmung von Farbnuancen. Der Kontrast bleibt dabei eine maßgebliche Größe. Im erotischen Bereich ist außer Rot wohl das Kontrastpaar Weiß und Schwarz besonders wichtig. Weiß steht für die Unschuld, das Reine, den Tag. Brautkleid und Brautschleier sind weiß, und auch das Laken ist weiß – als stärkster Kontrast zum Blut, das in der → *Hochzeitsnacht* Beleg der Unschuld der Braut und der Potenz des Bräutigams war. Dagegen steht die F. Schwarz von jeher für die → *Sünde*, das Verderbte, die Nacht, das Dunkle, doch auch für das Geheimnisvolle und Aufregende. Reizwäsche ist oft schwarz im erotisch erregenden Kontrast zur hellen Haut. Unter den Liebhabern des Leders ist Versessenheit auf Schwarz nicht selten. Schwarz symbolisiert auch Macht und kriegerische Männlichkeit. Se

Fasching (süddeutsch, analog zum rheinischen **Karneval**, auch **Fastnacht**, **Fasnacht**, **Fasenacht**, **Faßnacht** von fasen, faseln – »Possen treiben« – erst später an das Wort »fasten« angeglichen): Die sogenannte närrische Zeit vor dem Aschermittwoch. Als Beginn der großen Fastenzeit vor Ostern schon im Mittelalter mit Schmausereien, Maskeraden, Aufzügen begangen, dann auch von den Protestanten beibehalten. Ursprünglich war der F. ein Frühlingsfest zur Austreibung des Winters. Diese heidnische Feier wurde dem christlich-kirchlichen Jahresrhythmus in der heute gebräuchlichen Form angepaßt. Der rheinische Karneval (lat. carrus navalis: Schiffswagen) geht zurück auf die am ganzen Niederrhein in der spätrömischen Zeit übliche Verehrung der Frühlingsgöttin Nehalenia, deren Wagen in Form eines auf Rädern ruhenden Schiffes bis zur Scheldemündung gezogen und begeistert begrüßt wurde. In Deutschland ist Köln mit dem Prinzen Karneval seit jeher die Hauptstätte des F. (zuerst erwähnt 1341). Die vermummten Fastnachtsumzüge wurden besonders in Italien gepflegt.

Der F. hatte schon früher große Bedeutung für das sexuelle Leben und besitzt sie in einigen Ländern auch heute noch. Seinen eigentlichen Charakter als Orgie unter der Maske des fröhlichen und ausgelassenen Narrentums hat er nie ganz verloren. Im F. ist erlaubt, ja die Regel, was sonst verboten ist, z. B. das Küssen von jedermann/jederfrau. Schon in der → *Antike* nahm man viele kultische und sportliche Feste zum Anlaß für Trinkgelage und sexuelle Orgien. Das gilt für griechische Feste zu Ehren des → *Dionysos* ebenso wie für die römischen → *Bacchanalien* und Saturnalien. Auch die mittelalterlichen Narrenfeste boten meist einen willkommenen Anlaß für sexuelle Freiheiten und Ausschweifungen. Zu F. in Franken »laufen etliche ohne Scham aller Dinge nackend umher«, beklagt Sebastian Franck 1534. In Venedig, zur Zeit der

Martin Erich Philipp: »Wenn Frauen sich schämen«. Radierung (1912)

Renaissance und des Barock eine Hochburg der Lasterhaftigkeit, dauerte der Karneval mehrere Monate. Zu wahren Volksfesten nach wochenlanger Vorbereitung und mit hohem Aufwand gedeihen noch heute in manchen Ländern die Karnevalsumzüge, vom Fernsehen einem Millionenpublikum nahegebracht. Der bekannteste ist wohl der brasilianische Karneval in Rio mit seinen märchenhaften Kostümen. In der Zeit des F. sind oft alle Regeln und Gesetze außer Kraft gesetzt; die Macht übernehmen symbolisch – z. B. aus der Hand des Bürgermeisters – der Karnevalsprinz und die Karnevalsprinzessin oder der Elferrat. Männer und Frauen, die sonst nur von Liebesabenteuern träumen, können sich im F. ganz legitim der sexuellen Abwechslung hingeben. Oftmals sind in den Faschingsräumlichkeiten Separées für Liebespaare reserviert, manchmal werden spielerisch am Eingang zum Sündenpfuhl Trauungen vollzogen. Die Maskerade bewahrt dabei die Anonymität. (»Du darfst mich lieben für drei tolle Tage, du mußt mich küssen, das ist deine Pflicht. Du darfst mir alles, alles Schöne sagen, nur nach dem Namen frag mich bitte, bitte nicht …« heißt es in einem Fastnachtslied.) Als Folge des ausgelassenen erotischen Treibens spricht der Volksmund von den »Fastnachtskindern«, die im November zur Welt kommen. Weil sie möglicherweise im Faschingstaumel gezeugt wurden, sagt man auch: »Novemberkinder haben immer zwei Väter.«

Zum F. gehören nicht nur Tanz, Gelage und ein gewisses erotisches Durcheinander in lustig, frech und anzüglich geschmückten Räumen, sondern auch Kostüme und Masken. Die Verkleidung ermöglicht einen Ausbruch aus den strengen Kleidungssitten und gestattet einen Rollenwechsel: Man kann in eine andere Haut kriechen und anders sein als sonst erwartet. In extremer Form kann die Kostümierung ein

Ausdruck des Cisvestismus (der → *Verkleidungssucht*) sein. Der Unterschied zwischen den Freiheiten während des F. und den allgemeinen Regeln des Daseins in der jeweiligen Gesellschaft zeigt, wie viele erotische → *Bedürfnisse* für gewöhnlich unterdrückt, ja meist nicht einmal zugegeben werden. Da die modernen Industriegesellschaften eine weitgehende Befriedigung des Sexualtriebes auch außerhalb närrischer Zeiten erlauben, besteht im Verhältnis zu früheren Zeiten in sexueller Hinsicht nur ein geringes Interesse an allgemeinen Ausschweifungen während des F., zumal er oft eine Art Familienfest mit dem eigenen (Ehe-)Partner ist. Dadurch hat sich die Bedeutung der Fastnachtszeit gewandelt. Das Schwergewicht des F. liegt heute mehr in der Pflege alten Brauchtums, in allgemeiner Fröhlichkeit mit erotischer Note und in Ausgelassenheit bei Tanz, Gesang und entsprechendem Alkoholgenuß, in kulturellen Darbietungen, losen Reden (Büttenreden), gelegentlich auch in Spott und Satire – von den Oberen als Ventil geduldet, oft auch mit Mißtrauen beobachtet und mit Verboten belegt. Beispielsweise unterlag der berühmte Studentenfasching an DDR-Universitäten und -Hochschulen heftigen Reglementierungen und auch Verboten nicht wegen der erotischen, sondern wegen der politischen Freizügigkeiten.

Der F. hat in jeder Region seine besonderen Regeln und seinen eigenen Gruß, und es gibt auch einen schichtenspezifischen F. (Künstler-, Zahnarzt-, Studentenfasching) sowie Faschingsfeste in Betrieben, Familien, Freundeskreisen zur Auflockerung des Alltagslebens und zur allgemeinen Kommunikation. US

Fast-food-Sex: Sofortsex, preiswerter, problemloser »Schnellfick«, auch → *Quickie* genannt. Die neue Wortschöpfung überträgt ein für die moderne Zeit typisches Angebot – das schnelle, anspruchslose Essen für den eiligen Kunden (fast food) – auf das → *Sex-Busineß*. So wie der Angestellte oder Durchreisende problemlos seinen Hamburger verspeist, um billig, schnell und durchaus lustvoll satt zu werden, so sucht er auch ein → *Eros-Center* auf, um sich preiswert, ohne Aufwand und umgehend sexuell zu sättigen.

Bedürfnisbefriedigung, Konsum, Lust, Freizügigkeit und Geld- und Zeitökonomie bilden beim F. eine effektive Einheit. KS

Faun: römischer Gott der Fruchtbarkeit, später im wesentlichen mit dem griechischen Naturgott → *Pan* gleichgesetzt. Mit der Gestalt des F. verbindet sich eine typische Vorstellung des Teufels. Andererseits steht F. noch stärker als Pan für den naturverbundenen, auf sinnliche Lust gerichteten Schelm. Se

Faustfick: beim F. wird nach und nach die Vagina gedehnt, bevor schließlich die Faust eingeführt wird; auch Sonderform des → *Analverkehrs*, bei dem anstelle des Penis die Faust in den After hineingepreßt wird. Wegen des Mißverhältnisses zwischen der geballten Faust und der Weite des Afters kann es hierbei – selbst wenn Gleitmittel benutzt werden – zu tiefen Einrissen und Blutungen des analen Schließmuskels kommen, der ja hierbei gewaltsam penetriert wird. Oft stehen die Beteiligten unter Drogen, so daß sie nicht mehr beurteilen können, wie gefährlich dieses Vorgehen ist. Ar

Feigenblatt: schamhafte Verhüllung des Genitalbereiches, auch bildhaft für etwas, das als Tarnung oder schamhafte Verhüllung dient. Nachdem → *Adam und Eva* den Apfel vom Baum der Erkenntnis gegessen hatten, wurde ihnen ihre Blöße bewußt: »Sie wurden gewahr, daß sie nackt waren; und flochten Feigenblätter zusammen und machten sich Schurze« (1. Moses 3, 7). In Malerei und Bildhauerkunst dienten F. zur Verhüllung der Geschlechtsteile bei der Darstellung des nackten Körpers. Sie finden sich auf Gemälden und an Statuen der ältesten christlichen Zeit als Reaktion auf die freie Sexualität der → *Antike*. Wohl aus diesen Gründen und aus Prüderie kam in Rom, wahrscheinlich allerdings erst gegen Mitte des 18. Jahrhunderts, die nachträgliche Bedeckung der Geschlechtsteile von antiken Statuen mit F. aus Blech auf. Daß das F. dazu beitragen kann, beim Betrachter keine unzüchtigen Gedanken aufkommen zu lassen, ist zweifelhaft; eher ist das Gegenteil der Fall, weil die Phantasie angeregt wird.

Obwohl in der Bibel tatsächlich von F. die Rede ist, handelt es sich in der Kunst häufig um ein Weinblatt. Wahrscheinlich wurde das F. durch ein Weinblatt ersetzt, weil im abendländischen Kulturkreis die Weinrebe stärker verbreitet ist als der Feigenbaum, oder auch weil die Weinblätter besonders dekorativ sind.

Bis heute hat der Feigenbaum einen Bezug zur Sexualität. Feigenbäume genießen in Indien und Ostafrika religiöse Verehrung. In Afrika beten die Männer unter den heiligen Bäumen um Reichtum, die Frauen um Kindersegen. Um ihrem Anliegen Erfolg zu sichern, beschmieren die Frauen ihren Körper mit dem weißen, klebrigen Milchsaft der Zweige, oder sie sammeln die F. und legen sich auf ihnen zum Schlafen nieder. Die Feigenfrüchte fanden in der alten Medizin vielfach Verwendung, so auch zur Räucherung der weiblichen Scheide oder zur Abtreibung. Umgangssprachlich-salopp wird die Scheide als Feige bezeichnet. Der gewagte Slip oder das Bikinihöschen sind oft knapper als ein F.

Das F. wird auch im übertragenen Sinn zur Verhüllung einer Blöße, einer Schwäche oder einer nicht den gesellschaftlichen Normen entsprechenden Handlung benutzt, um andere zu täuschen (dieses oder jenes diente ihm/ihr als F.). US

Martin Erich Philipp: Radierung für Verlaine: Frauen (1924)

Fellatio (lat. fellare = saugen): sexuelle Stimulierung des Mannes, bei der die Partnerin oder der Partner den → *Penis* leckt, ihn in den Mund nimmt und an ihm so lange saugt, bis der Samenerguß erfolgt. In der Vulgärsprache nennt man F. auch »blasen« (→ *französisch*). Entweder wird das Sperma geschluckt, oder der Penis wird kurz vor dem Erguß aus dem Mund genommen. Diese Form des → *oral-genitalen* Kontaktes entspricht etwa dem → *Cunnilingus* bei der Frau.

Im alten Rom nannte man eine Frau, die den Mann durch F. befriedigte, eine Fellatrix. Wie aus in Pompeji gefundenen Wandkritzeleien hervorgeht, verachtete und verspottete man diese Frauen. Anders verhielt es sich mit der Beurteilung des Mannes. Als passiv galt derjenige, der leckte und seinen Mund als Kohabitationsorgan zur Verfügung stellte. Er wurde als Samenschlucker verhöhnt, und es wurde behauptet, daß man ihn schon an seinem nach Sperma riechenden Atem erkennen könne. Der aktive Mann hingegen, der seinen Penis in die Mundhöhle einführte, konnte sich in aller Öffentlichkeit seiner zahlreichen Liebhaber rühmen, ohne dadurch etwa gesellschaftlich diskriminiert zu werden. Heutzutage besteht zu dieser Kontaktform, die sowohl von heterosexuellen als auch von homosexuellen Paaren betrieben wird, eine andere Einstellung. F. gilt als eine der vielen Varianten im Liebesspiel, die häufig vorkommt. Beide beteiligen sich partnerschaftlich, derjenige, der sie durchführt, ebenso wie derjenige, der sie an sich vornehmen läßt. Manche empfinden es als ausgesprochen lustvoll, das Sperma zu schlucken, andere reagieren mit Abscheu. Ar

Femidom (Wortbildung aus lat. femina = Frau und → *Kondom*; auch **Femidon**): Verhütungs- und Schutzmittel für die Frau, in den 80er Jahren von den Dänen Bente und Erik Gregersen entwickelt. Kondom und Scheidenpessar kombinierend, ist das F. ein dünner Plastiksack, der weit in die Scheide hineingeschoben wird. Ein innerer Ring liegt dabei vor dem Gebärmuttermund und ein äußerer vor den großen Schamlippen. Das F. soll sicher sein, weil es die Scheide der Frau völlig ausfüllt und die Geschlechtsorgane ganz bedeckt. Die Praxis hat das noch nicht bestätigt. Daher ist es in vielen Ländern noch nicht zugelassen. Benutzt wird es zusammen mit einem Gleitmittel, wodurch bei den Koitusbewegungen quietschende und knarrende Geräusche entstehen können. F. ist vor allem für Frauen empfehlenswert, die mit einem HIV-infizierten Partner zusammenleben oder selbst infiziert sind und nicht auf Sex verzichten wollen. Ar KS

Feminismus (lat. femina = Frau): im 19. Jh. entstandene bürgerlich-demokratische Frauenbewegung für die → *Emanzipation* des weiblichen Geschlechts. Die in Nordamerika und Westeuropa Ende der 60er Jahre dieses Jahrhunderts aufgelebte und seitdem die öffentliche Diskussion der Geschlechterfrage bestimmende Bewegung wird mitunter auch Neo-F. genannt. Alice Schwarzer, eine der bekanntesten deutschen Vertreterinnen des F., beschreibt dessen Entstehung so: »Die neue Frauenbewegung ist eine Antwort auf die Neue Linke Ende der 60er Jahre, Anfang der 70er Jahre. Damals haben wir Frauen in der linken Bewegung, die für die Emanzipation der Menschen eintraten, begriffen: Wir sind ja gar nicht gemeint. Wir tippten Flugblätter, kochten Kaffee und verwahrten die Kinder, geredet haben nur die Männer ...« (»Von Liebe und Haß«, 1992)

Das wesentliche am modernen F. ist, daß sich die Frauen mit ihren Problemen selbst auseinandersetzen. Die keineswegs einheitliche feministische Bewegung ist mehrheitlich für die Gleichstellung und Gleichwertigkeit der Geschlechter und gegen Versuche, aus der biologischen Verschiedenartigkeit von Mann und Frau eine naturgegebene soziale Rangordnung zu konstruieren, um damit reale Unterdrückung zu rechtfertigen. Zu den zentralen Themen des F. gehört die sexuelle Befreiung der Frau, verbunden mit ihrem Recht auf sexuelle Selbstfindung und Selbstbestimmung über den eigenen Körper, und der Kampf gegen sexuelle → *Gewalt.* Im Widerstand gegen Frauenfeindlichkeit und die zunehmende Vermarktung der weiblichen → *Sexualität* in Werbung, → *Pornographie* und → *Prostitution* (→ *Sex-Welle*, → *Sex-Busineß*) entstanden innerhalb des F. auch extreme und einseitige Konzeptionen; z. T. wurden alle Widersprüche der Klassengesellschaft auf das Sexualverhältnis der Geschlechter projiziert oder aus ihm abgeleitet. Die Konsequenzen reichten von sexuellen Verweigerungsstrategien bis zur Ablehnung der Heterosexualität und Versuchen, unverbindlichen Sex zu praktizieren, um es so »dem« Manne gleichzutun. Über die Effekte sexueller Streiks berichten die Feministinnen Cheryl Benard und Edit Schlaffer: »Die Vorstellung, sich einem Mann verweigern zu können, war für viele Frauen eine revolutionäre Idee. Denn die Vorstellung, daß ein Mann das Recht auf die permanente sexuelle Bereitschaft ›seiner Frau‹ hat, war nicht nur in den Gesetzen ..., sondern auch im Denken der Frauen verankert gewesen. Ein akzeptierendes ›Nein‹ war dem Selbstbewußtsein vieler Frauen sehr förderlich.« Diese Strategie war bestens geeignet, Feministinnen in den männerdominierten Medien allesamt als frustrierte Männerhasserinnen oder → *Lesben* abzustempeln. Über das andere Extrem, ein betont sexuelles Verhalten der Frauen, machten sich viele Männer lustig: »Ich gehe am liebsten mit einer Feministin weg. Sie sind so scharf darauf zu zeigen, daß sie genauso frei sind wie ein Mann, daß sie sofort mit mir ins Bett gehen.« (Simenauer)

Andererseits finden sich konsequent-feministische Auffassungen, die jedes Einlassen mit Männern als Verrat an »uns« verurteilen; die neue Klassengesellschaft besteht unter diesem Blickwinkel aus den beiden sich feindlich gegenüberstehenden Geschlechtergruppen. Feindberührung ist zu vermeiden, das feministische »Wir« grenzt aus. Die Waffe des männlichen Gegners in diesem Kampf ist der → *Penis*, der Frauen durchbohrt, penetriert, sie in ihrem Inneren verletzt, »der Penis als Waffe im Verkehr mit einer sozial unterlegenen Person«, wie die amerikanische feministische Schriftstellerin Andrea Dworkin 1993 in »Geschlechtsverkehr« schreibt, »der Penis als solcher symbolisiert die Macht über Frauen, jene Macht, die sich am elementarsten und am beredtesten im Ficken äußert«. Monique Wittig sagte 1992 sogar: »Lesben sind keine Frauen«, weil *Frau* nur in Relation zu *Mann* existiere und Frauen deshalb eine politische Klasse seien. Die Umkehrung des Satzes gilt jedoch nicht; in den 70er Jahren entstand der Spruch »Jede Frau kann eine Lesbe sein«, der bei lesbischen Feministen zu einem »sozial extrem konstruktiven Zugang zu lesbischer Identität«

wurde (Sheila Jeffrey, 1994). Daß ein starker Zusammenhang zwischen Lesben- und feministischer Frauenbewegung besteht, ist nicht zufällig. Lesben finden sich im F. wieder und sehen dort ihre Interessen vertreten, oft ist die feministische Bewegung überhaupt von lesbischen Frauen initiiert worden, weil diese das → *Patriarchat* am besten durchschauten und sie per se der Machtmännlichkeit abhold waren. Andererseits ergab sich für manche Frauen die feministische Konsequenz, in Ablehnung der Männergesellschaft nur noch Frauen mögen zu können. Frauen sind unterdrückt worden und im Vergleich zu Männern bis auf den heutigen Tag gesellschaftlich stärker benachteiligt. Sie haben daher, lesbisch oder nicht, ihre spezifischen Probleme, die aber oftmals von Lesben schärfer als von heterosexuellen Frauen artikuliert werden. Rüdiger Lautmann schreibt 1993: »Eine Frau, die Frauen begehrt, wird zwangsläufig eine besondere Empfindlichkeit für die gesellschaftliche Lage des weiblichen Geschlechts entwickeln. Die Privilegien der Männer verlieren jede, aber auch jede Selbstverständlichkeit, müssen geradezu abstoßend illegitim erscheinen. Patriarchales Denken hat der Frauenliebe immer Ernst und Gewicht abgesprochen, hat sie (wenn auch nie ganz erfolgreich) in das Nichts der Bedeutungslosigkeit zu stoßen versucht. So wurden Lesbentum und Feminismus von allem Anfang an zu den natürlichsten Verbündeten und durchdrangen einander, Frauenliebe und Frauenbewegung gediehen miteinander.« Das, was der lesbianistische F. den herrschenden patriarchalen Strukturen entgegensetzte, war aber nicht einfach ein eigenes, vom Mann unabhängiges sexuelles und anderes Leben, sondern die Sexualität wurde im Rahmen des Geschlechterverhältnisses gesehen. »Lesbianismus wird zu einer politischen statt einer sexuellen Identität« (Sabine Hark, »Beiträge zur feministischen Theorie«, 12/1989). Diese Sichtweise führte, wie Sonja Dühring 1994 in der »Zeitschrift für Sexualforschung« (3/1994) anmerkt, »zu der bekannten Losung von Feminismus als Theorie und Lesbianismus als Praxis«. Diese Losung habe sich als »vereinfachend und naiv« erwiesen, doch auf den »Kontext des patriarchalen Geschlechterverhältnisses und der kulturellen Form der Zweigeschlechtlichkeit« verwiesen. Das Verhältnis von Körpergeschlecht und Geschlechterrolle verdiene eine kritische Überlegung. Sonja Dühring kommt zu der These, daß die von Sexualwissenschaft und Psychoanalyse formulierten theoretischen Konstrukte Heterosexualität und Homosexualität »nicht mehr hinreichend die sexuellen Wirklichkeiten von Frauen« beschreiben. Sie greift den Begriff »erotisches Kontinuum« von Lising Pagenstecher 1980 auf und sinnt über

»sequentielle Homo- und Heterosexualität« nach.

Die Heterogenität des F. wird auch in der Haltung zur selbstbestimmten Mutterschaft deutlich. Sie reicht von radikaler Ablehnung der Mutterrolle bis zu einem Mutterschaftskult, in dem unter dem Schlagwort von der »neuen Weiblichkeit« Schwangerschaft und Geburt als Hauptquellen weiblicher Identität verherrlicht werden: »Der Kinderwunsch wurde zum sexuellen Bedürfnis, der Geburtsakt zu einer Art Überorgasmus und das Stillen des Säuglings zur sexuellen Potenz.« (Ulrike Heider)

Die Frage, warum der F. in den westlichen Industriegesellschaften seine Heimstatt hat und in anderen Ländern wenig oder gar keinen Anklang findet, ist schwer zu beantworten. Möglicherweise hängt dies damit zusammen, daß in diesen Gesellschaften der hohe Entwicklungsstand Potentiale ermöglicht, die Ungleichheit zwischen Mann und Frau zu reflektieren, anzuprangern und abzubauen. Der moderne Kapitalismus instrumentalisiert zum Zwecke der Kapitalverwertung alles und jeden, das Geschlecht spielt dabei keine Rolle, nur der Profit entscheidet; Geschlechterkult ist dann nur willkommene Verschleierung, gelegentlich auch ein belebendes Element des Marktes. Teilweise ist der F. ein Oberschichtphänomen in der hochproduktiven, luxuriösen Marktwirtschaft; das Verhältnis zwischen Mann und Frau und zwischen den Geschlechtergruppen wird neu ausgehandelt, um das bestehende ökonomische und politische System zu stabilisieren. Die mehr aus der Arbeiterbewegung kommende Frauenbewegung stellt hingegen neben allgemeinen Reformen grundlegende ökonomische und politische Veränderungen zur Debatte und die soziale Frage über die Geschlechterfrage. Die sozialen Probleme einschließlich der Befreiung der Frau werden unter diesem Blickwinkel als gemeinsame Probleme betrachtet. Dies hat zur Folge, daß mehr Gemeinsames als Trennendes zwischen den Geschlechtern gesucht, gesehen, betont und bestärkt wird. Männerfeindliche Positionen werden dann auch von Frauen als inadäquat und reaktionär empfunden.

In dem Maße, wie die ökonomische und politische Gleichstellung der Frau (aller Frauen, nicht nur bestimmter Schichten) gelingt, werden auch die ökonomisch und politisch konstruierten Geschlechterrollen zunehmend hinfällig, alte Männer- und Frauenleitbilder verlieren an Bedeutung, ohne daß neue entstehen müssen. Vielmehr verschwinden die Unterschiede zwischen den Geschlechtern. Frauen und Männer sehen sich als ganzheitliche, einmalige und unverwechselbare Individuen, die als solche und nicht als Träger einer *Rolle* und nur *einer* Rolle, nämlich der Geschlechterrolle, akzeptiert werden möchten. Insofern der F. solche Entwürfe aufgreift, gewinnt er eine allgemeine Dimension, die partielle Interessen aufhebt. Im bunten Spektrum feministischer Gegenentwürfe zum → *Sexismus* der Männerkultur entwickelten sich viele Haltungen, vor allem aber eine breite geistige und politische Bewegung, die mit der Emanzipation der Frau die weitere Humanisierung der Gesellschaft zum Ziel hat. Dies betonend und in Aufhebung der widersprüchlichen Entwicklungen des F., wird bereits vom Post-F. gesprochen: »Unter Postfeminismus verstehe ich eine Geisteshaltung, die mit der gesetzlich abgesicherten Gleichberechtigung in allen Lebensbereichen ernst macht und bereit ist, neue gesellschaftlich tragfähige Leitbilder zu entwerfen und damit einen Beitrag zur Partnerschaftlichkeit zu leisten« (Gerlinde Degenhard). We KS

Fetischismus: eine sexuelle Verhaltensweise, bei der sich die psychosexuelle Neigung nicht auf den weiblichen Partner – die Fetischisten sind fast immer Männer – richtet, sondern auf einen für sie spezifischen lusterregenden Gegenstand, den Fetisch. Dieser kann die unterschiedlichste Form und Größe haben. Beliebt sind auch typisch weibliche Merkmale wie Brüste, lange Haare, der Po. Diese Fetische symbolisieren die Partnerin, nehmen sozusagen ihren Platz ein. Eigentlich ist der Fetisch ein bei afrikanischen Naturvölkern verehrtes Götzenbild oder ein anderer Gegenstand, dem man magische Kräfte nachsagt. Von dem Franzosen Binet wurde dieser Begriff 1887 in die Sexologie übernommen.

Ansätze zu fetischistischen Neigungen sind bei vielen Menschen vorhanden. Wie häufig werden Sachen oder Gegenstände, die dem geliebten Partner gehören oder an ihn auf andere Weise erinnern (Briefe, Fotos, Haarlocken) hochgeschätzt oder geliebt, heimlich auch geküßt. Hier liegt jedoch nur ein vorübergehender Ersatz vor, dessen Bedeutung in Gegenwart des Geliebten sofort verblaßt, weil er das eigentliche Liebesobjekt darstellt. Beim echten Fetischisten entwickelt sich die Neigung zum Fetisch jedoch immer stärker und verdrängt schließlich die damit in Verbindung stehende Person. Der Fetisch steht im Mittelpunkt der Begierde. Die Vielfalt des F. ist erstaunlich und kaum überschaubar. Manche Fetischisten reagieren hauptsächlich auf optische oder taktile Reize, andere wiederum auf olfaktorische (ein bestimmter Geruch, → *Geruchsfetischismus*), akustische (Anhören oder Aussuchen vulgärer obszöner Worte oder Redewendungen) oder gustatorische (Schmecken gewisser Speisen); oft sind mehrere Sinnesorgane beteiligt. Bereits der Anblick oder die Berührung des Fetischs wirkt erotisierend, mehr noch der enge Kontakt, wobei

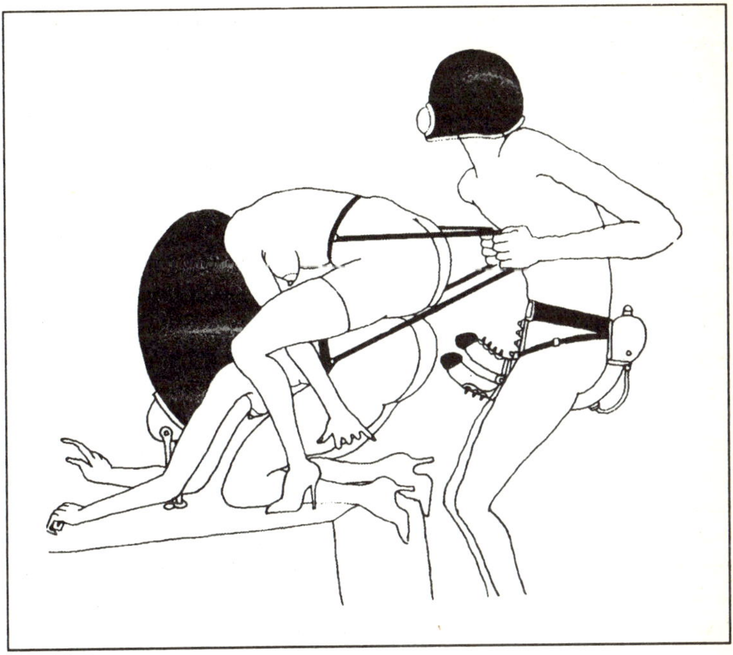

Tomi Ungerer: Illustration aus »Fornicon«. Diogenes Verlag (1971)

unter Umständen masturbiert wird. Bei manchen Fetischarten besteht noch eine gewisse Beziehung zur Person, z. B. beim Brust- oder Gesäßfetischismus. Diese Neigungen lassen sich eventuell in eine Partnerschaft einbauen. Ähnlich verhält es sich mit Damenunterwäsche (→ *Reizwäsche*) – Slips, BHs, Strapse –, hier ist die Partnerin unter Umständen bereit, diesen Hang zu tolerieren und darauf einzugehen. Auch das Anziehen von Pelz oder Lederkleidung wird von einigen Partnerinnen als zumutbar empfunden. Um ihren Mann nicht zu verlieren, erklären sich manche Frauen dazu bereit, auch wenn es ihre eigene sexuelle Lust nicht vergrößert. Kompliziert wird es bei ungewöhnlichen Fetischobjekten wie Windeln, Körperausscheidungen u. dgl. In solchen Fällen lehnen viele Frauen eine Kooperation ab, der Fetischist isoliert sich zusehends und wird noch stärker auf den Fetisch fixiert. Häufig ist ein einzelnes Fetisch-Exemplar nicht ausreichend, und eine ganze Sammlung wird davon angelegt. Man kann sich die Entstehung des F. bis heute nicht vollständig erklären. Am wahrscheinlichsten scheint die Theorie, nach der ein Ereignis aus der frühen Kindheit das Interesse in einem sexualisierten Zusammenhang auf den späteren Fetisch lenkte und diese Kombination zum Schlüsselreiz für das Verhalten wurde. Ar

Fixierung (lat. fixus = fest): enge Bindung an bestimmte Formen und Umstände sexueller Bedürfnisbefriedigung; F. ist ein Fachbegriff der → *Psychoanalyse*. Damit ist nicht der normale Vorgang der zunehmenden Ausprägung von Vorlieben, der Wiederholung von Erprobtem und als besonders lustvoll Erkanntem gemeint. Von einer F. wird allgemein erst dann gesprochen, wenn sie zu einer starken Einengung des sexuellen Verhaltens führt, zum Verlust sexuell-erotischer Lernfähigkeit, zur zwanghaften Wiederholung von Handlungen. Das gilt für verschiedene sexuelle → *Deviationen*, insbesondere für den → *Fetischismus*.

Der Psychoanalytiker Freud nahm an, daß für die Entstehung dieser früher als → *Perversionen* bezeichneten Abweichungen im Sexualverhalten die F. sogenannter → *Partialtriebe* im Verlauf der frühkindlichen Entwicklung verantwortlich ist. Auch im späteren Lebensalter sind sexuelle F. jedoch möglich, z. B. auf eine Person. In extremen Fällen spricht man dann von einem Zustand der sexuellen → *Hörigkeit*. We

FKK (Abk. von Freikörperkultur, auch Nacktkultur, Naturismus oder Nudismus – lat. nudus = nackt): gemeinsames Freiluftleben beider Geschlechter und aller Generationen ohne Bekleidung. Männer und Frauen, Kinder, Jugendliche und alte Menschen, Familien und Alleinstehende bewegen sich unbekleidet in der Natur, sonnen sich nackt, baden nackt, spielen nackt Ball oder treiben anderweitig nackt Sport. Meist findet FKK an bestimmten Plätzen statt, die dafür vorgesehen und meist abgegrenzt sind. Das sind insbesondere Strände von Binnengewässern und des offenen Meeres (FKK-Strand in Abgrenzung vom Textilstrand), aber auch Parks (z. B. in München und anderen Großstädten) und häufig der eigene Garten, in dem innerhalb der Familie oder mit Freunden diese Lebensweise gepflegt wird. Die Anhänger von FKK sind der Auffassung, daß der Aufenthalt im Freien in natürlicher Nacktheit der Entwicklung des Menschen zu einer freien und gesunden Persönlichkeit förderlich ist und zu einem unverklemmten Verhältnis zwischen den beiden Geschlechtern und den verschiedenen Generationen beiträgt sowie das Wohlbefinden erhöht und einfach praktisch und angemessen ist.

Die Anfänge der FKK-Bewegung liegen in Deutschland um 1900. Sie wurde von verschiedenen Schichten getragen und hatte demzufolge unterschiedliche Hintergründe und Formen, die von der proletarischen Freizeitgestaltung, elitärem Klubwesen, liberalen Gegenbewegungen zur herrschenden Sexualideologie, Zurück-zur-Natur-Konzeptionen bis zum Körperkult und germanischen Dein-Ja-zum-Leibe-Ideologien reichten. Nach dem Ersten Weltkrieg erfuhr die Freikörperkultur infolge der allgemeinen Liberalisierung und speziell der Lockerung der Badesitten eine starke Verbreitung. Oftmals blieben die Verfechter der Freikörperkultur aber eine eigene, streng abgegrenzte und ausgegrenzte Gemeinde. Von 1945 an wurden für die FKK-Anhänger zunächst an der Nord- und Ostsee eigene Badestrände und besondere Zeltplätze zur Verfügung gestellt. In der alten Bundesrepublik haben sich die Vertreter der Freikörperkultur in verschiedenen Vereinen organisiert, die im »Deutschen Verband für Freikörperkultur e.V.« zusammengefaßt sind. In Österreich gibt es z. B. die »Interessengemeinschaft des Österreichischen Freikörpersports« und in der Schweiz den »Schweizer Lichtbund (Organisation naturiste suisse)«. Verschiedentlich wird mittels Lichtgruß eine eigene Grußformel verwendet. Auch an der französischen Atlantikküste, auf Kreta oder Korsika, in Florida, auf den Philippinen und anderorts gibt es FKK, zum Teil nach Geschlechtern getrennt und in manchen Ländern sogar exklusiv für Touristen eingerichtet. Verschiedene deutsche Reiseunternehmen bieten FKK in ihrem Programm an. Eine spezifische Form von FKK-Leben hatte sich in der DDR entwickelt. Im Vergleich mit anderen ehemals sozialistischen Ländern des Ostens fiel die DDR-FKK völlig aus dem Rahmen. In der Sowjetunion war Nacktbaden verboten. An der herrlichen rumänischen und bulgarischen Schwarzmeerküste konnten sich Sonnenhungrige nur in häßlichen, mit Mauern oder Planen umgebenen engen Gevierten und streng getrennt nach Geschlechtern nackt bräunen.

Vier Etappen lassen sich in der 40jährigen Geschichte der DDR-FKK-Bewegung erkennen: Die erste Etappe war die der FKK-Pioniere. Sie erkämpften an der Ostsee Strandabschnitte, meist weitab vom Schuß. Die Strand- und Badeordnung des Bezirkes Rostock gestattete laut einem Gesetz des Ministeriums des Innern von 1956 das Baden ohne Badebekleidung nur an Orten, wo es von »unbeteiligten Personen« nicht gesehen werden konnte. Diese Abschnitte mußten von den örtlichen Räten freigegeben werden, und sie waren entsprechend gekennzeichnet. Durchgangsverkehr war nicht erlaubt. Die zunächst kleine FKK-Gemeinde war eine Minderheit mit abgehobener Moral.

Der elitäre Touch wurde aber bald durchbrochen. Zweite Etappe: Körperkult und Nudismus mutierten zum volkseigenen FKK. Mit der Anzahl der urlaubsuchenden Familien, der allgemeinen Meeres- und Badelust und dem schwimmerischen Können der jungen Generation wuchs die Lust an einem FKK-Aufenthalt. Viele Reise- und Urlaubsvarianten waren ohnehin nicht zu verwirklichen; die Ostsee war das Traumziel. Die Vorschriften innerhalb der FKK-Bereiche waren nach wie vor streng. Bei Verlassen des Strandes mußte Kleidung angelegt, vom Textilstrand in den FKK-Abschnitt kommend, sofort die Badehose oder der Badeanzug abgelegt werden. Hätte es ein Textilbadegast gewagt, mit dem Fernglas oder dem Fotoapparat seine Augenlust zu erhöhen, wäre ein Krach mit den FKK-Vätern unvermeidbar gewesen. Die sonnenhungrigen Nackten waren ohnehin in den windgeschützten Strandburgen vor neugierigen Blikken sicher.

Dritte Etappe: FKK wurde zu einer allgemeinen Bade-, Urlaubs- und Lebensform der DDR-Familie. Insbesondere die Frauen und Mütter gewöhnten sich daran. Einmal FKK – immer FKK. 80% der DDR-Bürger hatten FKK-Erfahrung, weitere 10% hätten gerne welche gehabt, nur 10% hielten nichts davon (Starke, »Junge Partner«, 1980). Die FKK-Strände der Ostsee quollen über. Der FKK-Campingplatz war besonders gefragt – und besonders schwer zu bekommen. Die Administration trennte nach wie vor streng zwischen FKK und Textil und sträubte sich gegen eine Erweiterung der FKK-Abschnitte, auch weil dadurch noch mehr Urlauber angezogen würden. An den FKK-Stränden selbst wurden die Sitten toleranter. Jeder ging, wie es ihm gefiel, mit oder ohne Hose, mit oder ohne T-Shirt, je nach Kälte und Abhärtung. Ins Wasser ging natürlich kaum jemand bekleidet. Auch oben ohne gab es nicht, es hieß: Ganz nackt oder gar nicht – es sei denn, Mädchen oder Frauen trugen wegen ihrer Periode ein Höschen.

Von der Ostsee kommend, breitete sich FKK rasch im Inland aus. Die Braunkohlenrestlöcher, die ehemaligen Kiesgruben, die abgesoffenen Steinbrüche wurden – kaum daß Wasser vorhanden war – schon FKK-Tolerados. Nur mit Mühe konnten die Gemeinden nach Aufnahme des ordentlichen Badebetriebes noch Textilabschnitte einrichten, an die sich oft ohnehin niemand hielt. Inzwischen war eine neue FKK-Generation entstanden, die mit FKK aufgewachsen war. Sie empfand die Grenze zwischen FKK und Textil als altertümlich und war gegen jede Reglementierung. Eine wirklich liberale Badeordnung hätte es jedermann gestattet zu baden oder sich zu sonnen, wie es ihm gefiel. Keiner wäre normativ zum Bekleidetsein oder zur Nacktheit gezwungen worden. Eine Entwicklung in diese Richtung war insbesondere im Inland zu beobachten und läutete eine vierte Etappe ein, die jedoch durch die Wende 1989 abgebrochen wurde. Mit der Marktwirtschaft und dem pornographisch geschulten Blick der Westmänner war es mit der bloßen Idylle schnell vorbei. Neudeutsche Ordnungshüter versuchten, mit altbundesdeutschen Badeordnungen den nackten Osten zu bedecken. Das rasche Ausbreiten und die Vorliebe für FKK hängt zweifellos mit Veränderungen in den Alltagsgewohnheiten der Menschen und in den Einstellungen zu Nacktheit und Sexualität zusammen. Von besonderer Bedeutung war das gewachsene Selbstbewußtsein der Frau (→ *Identität*) und ihr verändertes Körpergefühl. Der weibliche Körper war nicht länger der Verfügungsgewalt des Mannes ausgeliefert und dazu verurteilt, ein bloßes Lustobjekt zu sein – sündiges Fleisch, das schamhaft zu verhüllen war. Das neue Selbstverständnis gebot es, den Körper nicht mehr zu verstecken. Die Frauen widersetzten sich einem Bekleidungszwang, der die äußeren Geschlechtsmerkmale verhüllte, so als ob es sich dabei um etwas Verwerfliches, dessen man sich schämen müßte, handelte. Badebekleidung beschneidet, stutzt, verkrüppelt Frauen als Frauen – und lenkt, indem sie Busen, Po und Venushügel verdeckt, gerade dadurch die Aufmerksamkeit auf sie. Wenn sie die Bekleidungsnorm einmal überwunden hatten, empfanden viele Frauen solche Normen zunehmend als unangemessen und unangenehm: »Ich bade, wie ich will!« Hinzu kam, daß der Körper der Frau dem gesellschaftlichen Verständnis zufolge kein Marktobjekt sein sollte, weil es keine Marktwirtschaft gab. Mit der nackten Ostfrau konnte zumindest offiziell kein Geschäft gemacht werden. Zudem bot der FKK-Betrieb einen Freiraum der Gleichheit, der Gleichberechtigung und der Gemeinsamkeit; die Bürger waren gewissermaßen unter sich und bei sich. Dazu kamen praktische Gründe: Auf Badeklamotten konnte verzichtet werden, das umständliche Umkleiden am Strand entfiel, von nassen Badesachen auf dem Körper ging im kalten Wind keine Erkältungsgefahr aus. Von herausragender Bedeutung war der veränderte Umgang mit der Nacktheit in der Familie. In den siebziger und achtziger Jahren wurden die familialen Umgangsformen freier. 1980 sagten rückblickend auf ihre Kindheit nur noch 25% der Jugendlichen, daß es der Vater, und 13%, daß es die Mutter grundsätzlich vermied, sich vor ihnen nackt zu zeigen. 1990 war dieser Prozentsatz sogar auf 12% bzw. 5% gefallen (Starke/Weller, »Partnerstudie III«, 1990). Insbesondere in höher gebildeten Familien und in der Stadt wurde es üblich, sich im Familienkreis nackt zu zeigen bzw. Nacktheit nicht zwanghaft zu vermeiden; überheizte Neubauwohnungen und verän-

derte Badesitten (häufiges Duschen oder Baden) legten ohnehin praktisches Verhalten nahe.
Wo Menschen zusammen sind, ist auch → *Erotik.* Die Freude am menschlichen Körper und die Schönheit der Bewegung können beim Nacktsein besonders genossen werden. Doch Nacktsein an sich wirkt nicht erotisierend und sexuell aufreizend. Die Erregung stellt sich durch die Beziehung in der intimen Situation, durch Anmache, Phantasie und vieles andere ein, aber nicht nur durch die Entblößung des Körpers; ein steifes Glied am FKK-Strand ist eher selten. Nacktheit ist kein Zeichen von sexueller Intimität, der familiäre, körpernahe Umgang keine Anmache. Wenn ein Mann sich aufreizen lassen will, wird ihm am Textilstrand von sexy bekleideten Mädchen mehr geboten (→ *Reizwäsche*). Nirgendwo geht es anständiger, achtungsvoller, vielleicht auch biederer zu als auf dem FKK-Campingplatz. Das Thema sexueller Übergriff oder sexuelle Gewalt ist kein FKK-Thema. FKK hat aber auch nichts mit Sterilität und Asexualität zu tun, denn das körperliche Element ist sinnlich gegenwärtig. Eine Abstumpfung der Sinne, ein Lustverlust oder eine Minderung der sexuellen Aktivität ist durch FKK nicht zu erwarten.
Freilich ist die Freikörperkultur immer in einen sozialen Kontext eingebunden. Als fanatischer Vereinsbetrieb von Außenseitern bleibt sie isoliert. Wo sie bloß Ersatz für nackten Sex ist, verliert sie ihre Unschuld. Als abseitiger Tummelplatz von Voyeuren erkrankt sie. Wenn mittels FKK nur etwas vorgezeigt werden soll, bleibt sie künstliches Gehabe. Wird der Körper marktschreierisch, kulthaft, modisch zur Schau gestellt, verkommt FKK zum Nackt-Panoptikum. In einer pornographisierten Gesellschaft (→ *Pornographie*) mutet FKK seltsam an. Die Schamschwelle steigt, die Menschen halten sich bedeckt. Der Grund für Textil- versus Nacktbaden beinhaltet keine rein individuelle Entscheidung. In der jeweiligen Kultur bilden sich bestimmte Traditionen heraus, die auch die Badesitten einschließen. Insbesondere die Einstellungen zum Körperlichen und zur Nacktheit, die Stellung der Frau, die Geschlechterverhältnisse, die Familienstrukturen, die Sexualmoral und das Ausmaß, in dem menschliche Körper zur Ware werden, sind für diese Traditionen verantwortlich. US KS

Flagellantismus (lat. flagellare = geißeln, schlagen): Auspeitschen oder Geißeln aus religiösen oder sexuellen Motiven. Man kann es an sich selbst vornehmen (Autoflagellantismus) oder sich von einer anderen Person auspeitschen lassen oder selbst jemanden auspeitschen. Im Mittelalter war die

Französische Buchillustration (19. Jh.)

Selbstgeißelung eine Art Buße. Von einem Benediktinerpater in die christliche Lehre eingeführt, sollte man damit gegen seine fleischlichen Begierden ankämpfen und Vergebung für begangene Sünden erlangen. Zeitweilig fand der F. viele Anhänger, es bildeten sich Sekten, die kreuz und quer durch Europa zogen und sich dabei öffentlich geißelten. Anfangs wurde diese Entwicklung von der Kirche unterstützt, später jedoch – nachdem die Geißler auch den Papst wegen seiner mangelnden Bußbereitschaft angeklagt hatten – stellte sie sich gegen sie und setzte sogar die Inquisition gegen die Geißler ein.

Bei vielen Anhängern dieser Sekte waren höchstwahrscheinlich nicht allein religiöse Gründe für ihr Verhalten ausschlaggebend, sondern häufig wohl auch masochistische oder sadomasochistische Neigungen (→ *Masochismus*, → *Sadomasochismus*). Während sie sonst diese Gefühle unterdrücken mußten, gab ihnen hier die Kirche ein Mittel in die Hand, sie zu verwirklichen und auszuleben – eine Art Massenepidemie, die in Windeseile um sich griff, um nach einigen Jahren aus der Öffentlichkeit wieder zu verschwinden. In den Klöstern hat es allerdings noch lange Selbstgeißelungen gegeben.

Als Buße ist das Auspeitschen heute nicht mehr üblich, aber seine erotisch-sexuelle Anziehungskraft hat es, zumindest für einen bestimmten Personenkreis – meist Masochisten – behalten. So gehört in vielen → *Bordellen* oder ähnlichen Etablissements das Auspeitschen zu einer nicht ungewöhnlichen Dienstleistung. Für die Ausführung stehen speziell zur → *Domina* ausgebildete Mädchen zur Verfügung; meist tragen sie schwarze Lederbekleidung, hohe schwarze Lederstiefel und eventuell auch eine Ledermaske. Das Ganze spielt sich in einem düsteren, einer Folterkammer gleichenden Raum ab, der mit den verschiedenartigsten Folterinstrumenten ausgestattet ist, darunter auch Sortimente von Peitschen. Viele der Kunden lassen sich vor dem Auspeitschen noch anketten, an einen Galgen hängen oder fesseln, um sich dann von der Domina schlagen zu lassen – je kräftiger, desto lustvoller, bis

zum → *Orgasmus*. Blutige Hautstriemen oder auch andere Verletzungen werden dabei in Kauf genommen. Allerdings sind in heutigen SM-Studios auch mildere Varianten anzutreffen.
Ar

Flirt: unverbindliches, amüsantes Liebesspiel zu zweit; Zuwendung, die wesentlich auf der erotischen Anziehungskraft des Partners beruht; flüchtige Liebelei, ohne ernsthafte Liebe und sexuelle Erlebnisse zu suchen und zu finden (so wie in dem volkstümlichen Definitionsversuch: Ein Flirt ist, wenn nichts »wird«); ein kokettes, harmloses Spiel mit der Liebe innerhalb gesellschaftlich üblicher und geduldeter Umgangsformen.
Charme, → *Koketterie*, Anspielungen und Andeutungen, Gesten und Bewegungen schaffen eine amouröse Situation und halten einen Schwebezustand gegenseitiger Aufmerksamkeit und Verehrung aufrecht. Blicke, Worte, auch kleine Zärtlichkeiten werden ausgetauscht, aber so, daß man sich nichts vergibt und jederzeit »zurückkann«.
Der F. ist in gewisser Weise auch ein Sich-Ausprobieren, die Bestätigung der eigenen Anziehungskraft und des Vermögens, Widerhall zu finden. Der F. ist immer lustbetont und ein mehr oder weniger anspruchsloser Spaß: »Flirten ist Vergnügen, so wie ein Schokoladeneis mit Sahne. Nur daß es nicht dick macht. Oft reicht ein Detail, der Ton einer Stimme, ein Lächeln, und schon ist das Startzeichen für den Flirt gegeben« (Penthouse-Playmate Jane, 1990). Der F. kann auch zur bloßen Routine, zum inhaltslosen Spiel, manchmal auch zum verantwortungslosen Scherz auf Kosten des anderen verkommen.
Aus einem F. kann mehr werden und eine sexuelle Begegnung mit Geschlechtsverkehr entstehen. Insofern wäre er eine Art Vorspiel. Er kann in eine feste Liebesbeziehung münden und käme insofern einer Vorstufe mit Werbung, Kennenlernen und behutsamer Annäherung gleich. »Aller Anfang ist Flirt.« Er kann auch bloß Ersatz für ein nicht gewolltes oder unerreichbares Mehr sein. Im Grunde aber wird er um seiner selbst willen gepflegt.
In der Sexualliteratur wird der F. recht unterschiedlich bewertet. Der Sittengeschichtler Eduard Fuchs bezeichnet ihn als die »gesellschaftlich kultivierte Blume der Erotik« und betrachtet den F. somit als eine sittliche Verfeinerung und Bereicherung der Beziehungen zwischen den Geschlechtern. Ähnlich betont Helmut Kentlers »Taschenlexikon Sexualität«, 1982, die geistig-kulturelle Funktion: »Wenn auf den Flirt eingegangen wird, kann ein geistvolles Spiel entstehen.« Für Martin Goldstein (»Lexikon der Sexualität«, 1970) ist der F. »eine notwendige und amüsante Form erotischer Beziehun-

gen zwischen kühler, höflicher Begegnung und bindendem Verhältnis«.
In älteren Schriften wird der F. als »Form des unverantwortlichen und letzten Entscheidungen ausweichenden Liebesspiels« bezeichnet. Havelock Ellis (»Geschlechtstrieb und Schamgefühl«, Würzburg 1907) läßt den F. nur als Werbung, nicht aber in seiner »degenerierten Abart« als selbständiges Spiel gelten. Für Gretel Meisel-Hess ist der F. nur ein »Surrogat der völligen geschlechtlichen Befriedigung«, bei dem das Liebesverhältnis nicht komplett »konsumiert« wird: »Die Präliminarien der Liebe und die ersten Präludien bewältigt er, aber was dann kommt, der schönste, aber auch der schwerste Teil, er bleibt ungenossen, unkonsumiert.« Dies richtet sich gegen eine Scheinwelt der Liebesgefühle, gegen albernes Getue, höfisch-vornehme Tändelei ohne Gefühlseinsatz, kleinbürgerliche Oberflächlichkeit und Heuchelei in der Salonatmosphäre. Van de Velde wertet den F. als »die Ausführung des Liebesvorspiels, unter Anwendung aller Mittel der größtmöglichen psychischen Verfeinerung, mit der bestimmten Absicht, nicht über das Vorspiel hinauszugehen« (Th. Hendrik/von de Velde, »Die vollkommene Ehe«, 1928). In der jeweiligen Art und Weise des F. wie auch in seiner Bewertung schlagen sich immer Zeitgeist und Moral nieder. Daher kann es kein absolutes Urteil über ihn geben. → *Flirten*. KS

flirten: mit jemandem (spielerisch) erotisch kommunizieren, einer Person des anderen (im homosexuellen Fall auch des gleichen) Geschlechts aufgrund ihrer erotischen Ausstrahlung scherzend-nett Zuneigung bekunden und meist harmlosen Kontakt nicht unbedingt unter Ausschluß der Öffentlichkeit pflegen. Aus dem Englischen entlehnt (to flirt = kokettieren, den Hof machen; schnell hin und her bewegen; herumflattern), ursprünglich wahrscheinlich aus dem Französischen (fleureter = von Blume zu Blume flattern bzw. fleurette = galante Schmeichelei). Im Unterschied zum → *Kokettieren*, das mehr unbewußt erfolgt oder bei dem die Kokette mit dem Manne spielt, er aber nicht mit ihr, ist F. bewußt ein erotisches Spiel zu zweit.
F. gehört in allen Altersgruppen, insbesondere aber in der Jugend, zu den wesentlichen, mehr oder weniger sexuell getönten Umgangsformen zwischen Mann und Frau. »Für Jugendliche hat der Flirt große Bedeutung für ihr späteres Verhältnis zur Sexualität« (Rolf Preuß, »Die großen Sexual-Geheimnisse«, 1980). F. behauptet seinen Platz zwischen sachlichem Kontakt, freundschaftlich-netter Beziehung und festem Verhältnis. Bestimmt vom geistigen Niveau der Persönlichkeit, von der Situation und den aktuellen Motivationen, ist F. Ausdruck einer Beziehungskultur. Meist handelt es sich nur um ein vorübergehendes Spiel zu einer bestimmten Gelegen-

heit in Gesellschaft und lockerer Atmosphäre und ohne Folgen: »Die beiden flirteten während des gesamten Betriebsausflugs miteinander.«
Für das mehr oberflächliche F. hat der Volksmund viele Ausdrücke gefunden: tändeln, schäkern, liebäugeln, liebeln, turteln, schöntun, balzen, poussieren, schöne Augen machen, anbändeln, werben, techtelmechteln. Als ein wenig altmodisch, gekünstelt, nutzlos und als bloßer erotischer Ersatz hat das F. inzwischen harte Konkurrenz bekommen: anmachen, aufreißen.
In jüngster Zeit allerdings ist der gute alte Flirt im Zusammenhang mit der sexuellen Belästigung am Arbeitsplatz wieder ins Gerede gekommen. Eine Kommunikation zwischen einem Mann und einer Frau kann im Betrieb als nett, harmlos, anständig, witzig, angenehm werbend, achtungsvoll gelten oder als aufdringlich, belästigend, ausnutzend, anmacherisch empfunden werden. → *Flirt.* KS

Flittchen: verrufenes Mädchen aus meist unteren Gesellschaftsschichten mit wahllosen Männerbekanntschaften und anspruchslosen und flüchtigen Sexualkontakten. Der Wortstamm kommt von flittern (mit der Nebenbedeutung flattern – engl. to flitter) in der Bedeutung von lachen, kosen, schmeicheln (→ *Flitterwochen*) und möglicherweise unruhig glänzen (heute im Wort Flitter – blinkende Metallblättchen bzw. glitzernder, z. T. wertloser, unechter Schmuck erhalten). Die umgangssprachliche Bezeichnung F. ist teils abwertend, teils bösartig gemeint und wird meist nicht emotionslos verwendet. (Ehe-)Frauen sehen im »F.« leicht die Konkurrentin, die dem eigenen Mann gefährlich werden könnte, und Männer drücken damit abfällig ihre Mißachtung vor einer sexuell streunenden Frau aus (auch wenn sie mit ihr sexuellen Kontakt suchen oder hatten). Interessanterweise gibt es zu F. keine männliche Entsprechung. Der Ausdruck F., auch als Schimpfwort gebraucht, wirkt heute eher altmodisch. KS Ar

Flitterwochen (engl. **Honeymoon**; **Honigwochen**, **Honigmond**; ital. **Luna di miele**): im 16. Jahrhundert bezeugter Name für die ersten Ehewochen, abgeleitet von dem lautmalenden mhd. vlittern (flüstern, kichern, liebkosen), verwandt mit dem ahd. flitarezzen (schmeicheln). Die F. sind »Kosewochen«. Erst nach dem Untergang des Verbs wurde das Substantiv mit Flitter (»wertloser, vergänglicher Tand«) verbunden. Flitter als »etwas Glänzendes, was einen zitternden, beweglichen Schimmer gibt«, der in Henischs Wörterbuch 1616 unter anderem auch als »ornatus capitis« (Kopfschmuck) gedeutet wird, wozu Frisch noch 1741 die Erklärung gibt: »Die jungen Frauen trugen die mit Flittern gezierten Hauben und Bändlein noch eine Zeitlang nach der Hochzeit.«

Die F., in der Schweiz auch »Turtelwochen«, verschiedentlich »Zärtelwochen«, »Kußmonat«, »Hochzeitsmonat« genannt, dienten ursprünglich dazu – häufig mit einer Hochzeitsreise verbunden –, daß sich die Ehepartner menschlich und sexuell ungestört aufeinander einstellen konnten. Da die F. dem neuvermählten Paar mit einem Schlage und in legitimer Form die Erfüllung der bis dahin unterdrückten sexuellen Wünsche brachten, brachte dieser plötzliche Übergang vom »Sich-alles-versagen-Müssen« zum »Sich-schenken-Dürfen« mancherlei Gefahren und psychische Belastungen mit sich. Insbesondere Mädchen ohne sexuelle Erfahrungen vor der Ehe sahen der Hochzeitsnacht und den F. oft mit gesteigerten, überhöhten Erwartungen, mit einer Mischung aus Angst, Neugierde und Verlangen entgegen, die sich durch Ungeschicklichkeit des Ehemannes oder Unerfahrenheit der Ehefrau in große, nachwirkende Enttäuschung verwandeln konnten. In dem Bilder-Lexikon »Sexualwissenschaft« aus dem Jahre 1930 wird sogar die Vermutung ausgesprochen, daß derartige negative Erlebnisse in den F. insbesondere bei »psychopathisch veranlagten Mädchen, die nicht entsprechend aufgeklärt sind« und den plötzlichen Sexualakt für »eine Schweinerei« halten, psychische Schäden auslösen und »sie meist frigid für die ganze Zeit der Ehe machen«. Aber auch die jungen Ehemänner hatten ihre Probleme und litten manchmal unter Brautnacht- und F.-Impotenz, einer Art »psychischer Impotenz«, die »sich sowohl in der Hochzeitsnacht als auch oft noch in den F. zeigt«, angeblich besonders dann, »wenn diese Ehemänner vor der Verheiratung allzu häufig den Geschlechtsverkehr ausgeübt haben«. Als weitere zwingende Ursache wird notiert, »daß der junge Ehemann bisher seine Liebesfreuden meist bei Frauen holte, die in der Liebeskunst erfahren waren, während er nunmehr der Lehrende sein soll«. Die Dramatik der Hochzeitsnacht- und F.-Impotenz wird so beschrieben: »… und wenn in solch entscheidungsschweren, großen Momenten, von denen die Phantasie der Braut nur unbestimmte, verhüllte Ahnungen besitzt, der Mann sich seiner Schwäche, seines Unvermögens bewußt wird, wenn trotz der Glühhitze der zu betätigenden Liebeslust keine Erektion eintritt und die Braut erstaunt und verblüfft die Kraftlosigkeit des Herrn der Schöpfung erkennt, der gleich einem armen Sünder den Blick beschämt niederschlagen muß, so liest der Mann in jeder Miene des Weibes den unbegrenzten Spott, die tiefe Verachtung, und wenn letzteres auch nicht der Fall ist, wenn das Weib in seiner Unschuld die Impotenz nicht ermessen kann, der Mann fühlt sich vernichtet, gebrochen.« Immerhin, ihm, dem Manne, bescheinigt man eine »durchaus günstige Prognose« seines Leidens. Um es gar nicht erst soweit kommen zu lassen, wird die Empfehlung ausgesprochen, der Mann möge seine Ehefrau in der ersten Nacht der F. – wenn nicht durch Geschlechtsverkehr, so anderweitig – durch seine Liebeskunst mindestens zu einem → *Orgasmus* bringen, »in welcher Form auch immer«.

Brautleute der heutigen Zeit in den modernen Industrieländern haben diese Probleme nicht mehr. Die meisten von ihnen (nach Starke, »Junge Partner«, 1980: über 99%) haben vorehelichen → *Geschlechtsverkehr*. Meist kennen sich Brautleute in dieser und anderer Beziehung schon gut, lebten häufig vor der Ehe längere Zeit zusammen und haben mitunter schon gemeinsame Kinder. Für sie haben F. oder Brautnacht alles »Schröckliche« verloren, und die ursprüngliche Bedeutung von F. und Hochzeitsreise ist inzwischen weitgehend aufgehoben. Als gemeinsamer Urlaub werden sie von den verliebten Neuvermählten allerdings auch heute noch geschätzt. US

Flitterwochensymptome: scherzhafte Bezeichnung für verschiedene Beschwerden, die bei der Frau oder dem Mann nach häufigem und sehr intensivem Geschlechtsverkehr auftreten können. Sie geht auf die Zeit zurück, in der voreheliche Beziehungen von der bürgerlichen Moral mißbilligt wurden, so daß nach dem Hochzeitstag – innerhalb der Ehe – in den sogenannten → *Flitterwochen* eine Zeit starker koitaler Aktivität folgte.

Einige Frauen klagen danach über häufigen Harndrang und Schmerzen beim Wasserlassen. Diese sogenannte Reizblase kann durch heftige, tief in die Scheide eindringende Stoßbewegungen des Penis entstehen, weil dadurch auch die benachbarte Blasenwand gereizt werden kann.

Übermäßige sexuelle Betätigung des Mannes kann eine entzündliche Reizung der Nebenhoden verursachen, die anschwellen und schmerzen (Bräutigamsschmerzen). Wird eine mehrtägige → *Abstinenz* eingehalten, klingen diese Symptome im allgemeinen auch ohne ärztliche Behandlung ab.

Heute ist die Bezeichnung im Grunde überholt, da durch die von der Gesellschaft akzeptierten vorehelichen Sexualbeziehungen sowohl → *Hochzeitsnacht* als auch Flitterwochen viel von ihrer sexuellen Bedeutung eingebüßt haben. Ar

florentinisch: Technik beim → *Koitus*. Die Frau umgreift das männliche

Glied an der Wurzel und hält die Haut straff gespannt. Dadurch liegt die Eichel ständig frei. Der Reiz wird vergrößert (sofern keine Schmerzen durch Überspannen der Haut hervorgerufen werden), und es kommt schneller zum Samenerguß. KS

Fotografie: schon bald nach der Entwicklung der F. von Nièpce (1822) über Daguerre (1839) und Voigtländer bis zu Maddox (1871) stehen F. und Erotik in engem Zusammenhang. Neben der offiziellen F. entstanden schon früh Kollektionen erotisch inspirierter F. Diese wurden zum Glück auch gesammelt – geheim privat oder von bestimmten Instituten, u. a. von der Pariser Bibliothèque Nationale, dem Institut für Sexualforschung in Wien, dem Institut für Sex Research in Bloomingstown. Diese Sammlungen vermitteln in ihrer Komplexität einen Eindruck von Sitten und Moralvorstellungen und von den Geschlechterbeziehungen in der jeweiligen Entstehungszeit der F. Das betrifft nicht nur die Aktfotografie, sondern auch die F. mit bekleideten Menschen, die allein durch ihre Gesten, Haltungen und Ansichten erotisch wirken. Gerade die Modefotos aller Zeiten erregen oft dadurch Interesse. »Nackt ist … noch lange nicht gleich Akt!« behauptet der Aktfotograf Klaus Fischer. Das öffentliche Interesse an der Aktfotografie kann als Aufgeschlossenheit gegenüber dem Körperlichen, als kultureller Anspruch, aber auch als Bekenntnis zu menschlicher Sinnlichkeit verstanden werden. Die Auffassung, Aktfotografie sei nur dann akzeptabel, wenn sie bar jeglicher Erotik ist, hat zu sterilen, neutralen Aktfotos geführt und ist wohl überwunden. Jedoch mußte insbesondere die Aktfotografie lange mit dem Vorwurf leben, pornographisch zu sein. Die F. kann nur wirklich Existentes sichtbar machen; das ist auch in bezug auf das Erotische Schwäche und Stärke zugleich. Dem landläufigen Schönheitsideal und einem vermuteten männlichen Durchschnittsinteresse folgend, steht das jugendliche gutaussehende und wohlproportionierte weibliche Modell im Vordergrund. Schon diese Bevorzugung ist einseitig und schönfärberisch. F.-Pleinairs zum Thema »Akt und Landschaft« erfreuen sich seit einiger Zeit besonderer Beliebtheit, da hier die Ungezwungenheit des unbekleideten menschlichen Körpers in reizvollem Verhältnis zur Natur steht.

Längst hat sich die F. als Kunstform durchgesetzt, auch in bezug auf erotische Inhalte. Die meisten Menschen haben zur F. jedoch keine elitäre Kunstbeziehung, sondern für sie sind das Fotografieren und selbst geschossene F. zu einem festen Bestandteil ihres familiären Alltags- und Liebeslebens geworden, und so fehlen auch sexuelle Inhalte in der privaten F.

nicht. In unserem Jahrhundert ist der tagtägliche Konsum von F. der gedruckten Presse, insbesondere der Illustrierten, ungeheuer angestiegen. Damit einher geht auch eine Inflation erotischer F., und es gibt nichts Intimes, das nicht schon tausendfach fotografiert worden wäre. Die F. hat wesentlich zur Visualisierung der Massenkommunikation beigetragen. Auch die moderne → *Pornographie* lebt wesentlich von der F. Se KS

französisch: Mundverkehr, → *Fellatio*, → *oral-genitaler Kontakt*. Früher eher etwas Ausgefallenes, teilweise abgelehnt und auch verboten, gehört f. – in Verbindung mit einer veränderten Einstellung zum Sexuellen, zum Körper und zu den Geschlechtsorganen – heute für viele Menschen zum sexuellen Alltag. Als Verwöhnen mit dem Mund ist f. häufiges Angebot von → *Prostituierten*, meist billiger als Geschlechtsverkehr und wird wie dieser heute wegen → *Aids* üblicherweise mit → *Kondom* praktiziert. F. gehört zu den unverzichtbaren Elementen sexueller Ausschweifungen und der → *Pornographie*. Die Verbreitung und Bezeichnung geht möglicherweise auf französische Luxusprostituierte zurück, die zwecks Vermeidung einer ungewollten Schwangerschaft oder einer Ansteckung mit Geschlechtskrankheiten und eines Verdienstausfalls während ihrer Menstruation diese Sexualpraktik pflegten. F. kann Vor- und (seltener) Nachspiel sein, um das männliche Glied schnell (oder erneut) zur Versteifung zu bringen. Es kann den Koitus ergänzen und diesen auch ersetzen. In den USA ist f. im Zusammenhang mit der Sexualkultform → *Petting* zum Standard geworden: Der Mundverkehr ersetzt den Scheidenverkehr, um die Jungfräulichkeit zu bewahren. Für viele Männer bleibt f. dann lebenslang besonders attraktiv und befriedigend, vor allem wenn der Samenerguß in den Mund erfolgt. Dazu kommt, daß f. für den Mann sehr bequem ist und die Frau – ohne unbedingt dieselben Lustgefühle zu empfinden – »die Arbeit macht«. Für den dominanten Mann hat f. dann auch einen symbolischen Wert: Die Frau ist Dienerin, vor dem Mann kniend ist sie ihm zu Willen. Sittengeschichtlich ist f. ein Beleg für die Loslösung der Sexualität von Fortpflanzung und Koitus. KS

Freie Liebe: eheähnliche Langzeitpartnerschaft ohne standesamtliche Legitimation in Form der → *Heirat* (→ *Hochzeit*) und ohne staatlichen Schutz, auch freie oder wilde Ehe, ganz früher auch Konkubinat genannt. In der Ehegesetzgebung des römischen Kaisers Augustus war das Konkubinat als Rechtsinstitution anerkannt, wenn wegen standesrechtlicher Vorschriften die Ehe nicht möglich war (wenn z. B. eine Freigelassene heiraten wollte). Unter dem Einfluß der christlichen Kirche wurde dies aufgehoben und jede außereheliche Gemeinschaft verboten. Nach den Reichspolizeiordnungen des 16. Jahrhunderts war das Konkubinat als »zur Unehe sitzen« strafbar. Bis in unser Jahrhundert hinein unterlag es in den meisten Schweizer Kantonen noch dem Verbot, und in Preußen konnte die Polizei einschreiten, wenn es öffentliches Ärgernis erregte. Die in einem Konkubinat lebende Frau war die Konkubine, eine männliche Entsprechung fehlte interessanterweise, und Konkubine wurde auch in der Bedeutung von Mätresse, Beischläferin, Geliebte abwertend gebraucht.

Abgesehen vom Konkubinat entstand die Lebensform F.L. Anfang des Jahrhunderts als Alternative und Ergänzung zur bürgerlichen Ehe. Sie ging von dem Recht jedes Menschen aus, nach seiner eigenen Fasson selig zu werden, und war auf Gleichberechtigung von Mann und Frau gegründet. Sie richtete sich »gegen die Einbindung der Sexualität in bürgerliche Lebensformen«, die für verlogen gehalten wurden, »weil sie einseitig die Männer bevorrechten und die Prostitution eher fördern, statt sie unnötig machen« (Helmut Kentler, »Taschenlexikon Sexualität«, 1982). Die Forderung nach F.L. wurde zunächst vor allem von alternativen, anarchistischen und linksradikalen Strömungen erhoben und fand anfangs auch in Sowjetrußland großen Anklang. »Der Verfall, die Fäulnis, der Schmutz der bürgerlichen Ehe mit ihrer schweren Lösbarkeit, ihrer Freiheit für den Mann, ihrer Versklavung für die Frau, die ekelhafte Verlogenheit der sexuellen Moral und Verhältnisse erfüllen die geistig Regsamsten und Besten mit tiefem Abscheu. Der Zwang der bürgerlichen Ehe und der Familiengesetze der Bourgeoisstaaten verschärft Übel und Konflikte. Es ist der Zwang des ›heiligen‹ Eigentums. Er heiligt Käuflichkeit, Niedrigkeit, Schmutz. Die konventionelle Heuchelei der honetten bürgerlichen Gesellschaft tut das übrige. Die Menschen suchen ihr Recht gegen die herrschende Widerlichkeit und Unnatur« (W. I. Lenin, der selbst in freier Ehe mit seiner Frau N. Krupskaja lebte, 1920 in einem Gespräch mit Klara Zetkin). Lenin und andere Kommunisten hielten es jedoch für irrig, über eine sexuelle → *Revolution* (wie es später hieß) die soziale Revolution einzuleiten oder befördern zu wollen, »die große soziale Frage als einen Teil, als ein Anhängsel der Sexualprobleme« zu betrachten und nicht umgekehrt »die Sexual- und Ehefrage als Teil der großen sozialen Fragen« zu erfassen. Lenins Meinung nach schaffe erst die proletarische Revolution »auch für die notwendige Erneuerung der Ehe- und Sexualverhältnisse die Grundlage«.

Die F.L. ist immer wieder als sexuelle Beliebigkeit und oberflächlicher Sofortkontakt fehlinterpretiert worden (husch, husch – und das war's). Partner, die der F.L. huldigten und in wilder Ehe lebten, wurden von der öffentlichen Meinung und im Rechtsverkehr diskriminiert. Insbesondere die Frau galt als bedauernswert oder unordentlich, auf jeden Fall nicht als normal. Oftmals konnten sich nur bestimmte Schichten eine solche Lebensform leisten. Heute ist das ganz anders.

Lebensgemeinschaften oder die eheunähnlichen Partnerbeziehungen der → *Singles* sind insbesondere in den modernen Industrieländern üblich geworden, und die damaligen Dispute über F.L., die Ende der 20er Jahre und mit der 68er Studentenbewegung aufgeflammt waren, sind verhallt. KS

freien:

1. heiraten, eine Ehe schließen;
2. um ein Mädchen werben; ihr einen Heiratsantrag machen; um ihre Hand bitten.

Die erste Bedeutung ist in vielen Sprichwörtern erhalten: Heute gefreit – morgen gereut. Jung gefreit hat nie bereut. Wer auf Schönheit freit, hat gute Nächte, aber böse Tage. Bei Luther heißt es: »Wenn ich noch eine freien sollte, so wollt ich mir ein gehorsam Weib aus einem Steine hauen; sonst hab ich verzweifelt an aller Weiber Gehorsam.« Luther hat das Wort f. durch die Bibelübersetzung erst in die hochdeutsche Schrift eingeführt. Alte Wortstämme sind frihon (lieben) oder fri (Frau). Eine andere Worterklärung besteht darin, daß die Tochter, in der Gewalt des Vaterhauses, durch die → *Heirat* frei wurde. Nach und nach gewann die Bedeutung werben, hofieren, eine Braut suchen die Oberhand: auf Freiersfüßen wandeln. Aufschlußreich ist, daß f. immer vom Mann auf die Frau gerichtet ist, nie umgekehrt. Der Mann freit seine Braut, er geht auf Freite. Die Braut wird gefreit – oder sie bleibt sitzen.

Das Wort Freier bezog sich ursprünglich (im 13. Jahrhundert) auf den vermittelnden Boten, den Brautwerber, erst später auf den Bräutigam selbst. Solche Formen der Brautwerbung hat es in vielen Völkern gegeben. → *Braut,* → *Bräutigam,* → *Freier.* KS US

Freier: Kunde einer → *Prostituierten.* Zunächst milieusprachlich, hat sich die Bezeichnung inzwischen hoch-, fach- und umgangssprachlich durchgesetzt, zumal ein brauchbares und neutrales Wort bisher fehlte. Die alte Bedeutung (jemand, der um die Hand einer Tochter anhält oder um ein Mädchen wirbt: → *freien*) ist dabei verdrängt worden. Während Prostituierte immer wieder Thema der verschiedensten Auseinandersetzungen sind und in der öffentlichen Diskussion eine Rolle spielen, wird über diejenigen, die die Prostituierten besuchen, meist geschwiegen. Die Prostituierten stehen im Licht, zumindest im Rotlicht, »um ihre Kunden jedoch, die Freier, besteht ein großes Geheimnis, sie sind der tabuisierte Teil des Prostitutionsgeschäftes. Keiner will es gewesen sein, kein Mensch kennt sie, man könnte beinahe denken, es gäbe sie gar nicht« (Beate Leopold, 1991). Die Hurenbewegung moniert zu Recht, daß Prostituierten einseitig der Status von Täterinnen zugeschrieben wird, während ihre Geschäftspartner, die F., völlig außer acht gelassen werden. Nur selten bekennen sich Männer dazu, F. zu sein, am ehesten noch bei Prahlereien am Biertisch und freimütig in der erotischen Literatur. Auch wissenschaftlich ist das Thema F. vernachlässigt worden. Erst in jüngster Zeit sind Untersuchungen zu und unter F. vorgenommen worden, z. B. 1989–1990 vom Berliner Prostituierten-Projekt Hydra und 1990 von der Berliner Forschungsgesellschaft Intersofia unter dem Gesichtspunkt von → *Aids*. Neben den Motiven der Hurenbewegung ist die *Aids-Prävention* der Hauptanlaß für solche Freierstudien.

Über die Person des F. herrschen in der öffentlichen Meinung Klischees vor. Der F. ist krankhaft, verklemmt, vergnügungssüchtig, geistig minderbemittelt, primitiv, schweinisch, pervers, kriegt keine andere, hat es nötig. Jedenfalls ist er irgendwie nicht normal, kein anständiger Ehemann, Vater, Nachbar, Kollege, Vorgesetzter, Lehrer, Pfarrer, Beamter, Bäcker, Bauer, Edelmann. Das gängige Bild vom F. ist aber ebenso falsch wie das Bild der Prostituierten. F. sind kein besonderer Menschenschlag außerhalb der Gesellschaft. Der F. ist jung oder alt, verheiratet oder ledig, arm oder reich, hübsch oder häßlich, dick oder dünn, zärtlich oder brutal, erfolgreich oder erfolglos, berufstätig oder arbeitslos, er kommt aus der Stadt oder vom Land. Jeder Mann – so die These der Hurenbewegung – ist ein potentieller F. Das schließt nicht aus, daß es zu einer bestimmten Zeit in einem bestimmten Land keine F. gab oder geben wird oder daß typische Freiergruppen existieren wie z. B. Seeleute oder Besatzungssoldaten, mittlere Angestellte, Fußballschlachtenbummler oder Sextouristen.

Die Gründe, wieso Männer zu Prostituierten gehen, sind sehr unterschiedlich (→ *Prostitution*). Sexueller Notstand, Partnerlosigkeit, sexuelle Vorlieben, emotionales und Kommunikationsdefizit, Abenteuerlust, Suche nach Abwechslung, Entspannung und Erholung vom Streß, Sinn fürs Prostituiertenmilieu gehören dazu. Aber keiner dieser Gründe oder andere dominieren. Beispielsweise werden bestimmte sadomasochistische Praktiken zwar vorzugsweise bei Prostituierten (in sogenannten SM-Studios) realisiert, doch nur ein sehr kleiner Teil der Männer bevorzugt solche Dienste oder sucht generell abseitige Praktiken. Die meisten haben im → *Bordell* den Sex, den sie auch sonst gewohnt sind, und sie verhalten sich im Bordell nicht anders als sonst – ihrer Persönlichkeit, der gegebenen Situation und der Partnerin entsprechend.

Über die Anzahl der F. gibt es keine genauen Zahlen. Für die modernen Industrieländer reichen die Schätzungen von 5–50% der männlichen Bevölkerung. Ebenso herrscht Unklarheit darüber, wie oft ein Mann zu einer Prostituierten geht. Die Streubreite erstreckt sich von einmal (und nie wieder) bis mehrmals pro Woche, vom gelegentlichen Abenteuer bis zur festen Integration der Prostitution in das Sexualleben. Im dunkeln liegt auch, wieviel Geld für Prostitution ausgegeben wird. Die Preise liegen zwischen 20 und 2000 Mark. Der eine plant 5% seines Einkommens dafür ein, der andere soviel wie möglich, der nächste plant überhaupt nicht, sondern gibt spontan das Geld aus, das er bei sich führt. Folgt man einer Schätzung von 300 Millionen Freier-Prostituierten-Kontakten im Jahr und nimmt man als Durchschnittspreis 100 DM an, so werden in Deutschland auf diese Weise 30 Milliarden Mark jährlich umgesetzt. Die Gründe für den Gang zur Prostituierten sind ebenso aufschlußreich wie Abstinenz von Prostituierten:

Erstens sind das Lebensalter und der jeweilige Zeitpunkt maßgebend – der F. ist noch nicht, zeitweilig nicht oder nicht mehr sexuell aktiv.

Zweitens muß die entsprechende Gelegenheit vorhanden sein. In bestimmten Gesellschaften wachsen die Männer so auf, daß für sie das Thema Prostitution ganz oder weitgehend irrelevant ist. (In den meisten sozialistischen Ländern war dies z. B. der Fall.)

Drittens gibt es die Bedürfnisdimension:

a) Wer keinen oder nur einen gering ausgeprägten Sexualtrieb hat und sexuell ganz oder weitgehend bedürfnis- und lustlos ist, sucht normalerweise keinen Kontakt zu Prostituierten.
b) Wer seine sexuellen Bedürfnisse anderweitig stillt, sexuell (z. B. durch den Partner in den Flitterwochen) voll ausgelastet ist oder aus anderen Gründen keine Lust auf Sex hat, wird kaum Prostituierte aufsuchen.
c) Wer bewußt auf jeden Genuß verzichtet, wird nicht gerade beim Sex seine Haltung aufgeben. Der Sonderfall dieser Haltung ist der Asket.

Viertens ist von einer Zeit-Werte-Aufgabendimension zu sprechen: Manche Männer verfügen einfach nicht über die nötige Zeit.

Fünftens ist die Einstellungsdimension wichtig: Bestimmte Männer »würden« gerne, unterlassen es aber mehr oder weniger bewußt, auch wenn sich die Gelegenheit bietet. Bei letzteren spielen meist moralische, weltanschauliche, psychologische Bedenken, eine bestimmte Einstellung zur Sexualität und zur Frau sowie die Lebenseinstellungen und Lebensgewohnheiten insgesamt eine Rolle. Für sie gehören Sexualität und Liebe zusammen. Sie legen Wert auf eine feste Partnerbeziehung ohne Untreue. Sie lehnen anonymen oder bezahlten Sex für sich oder generell ab. Sie werden durch das Milieu abgestoßen und betrachten Prostitution als Entwürdigung. Manche ekeln sich davor oder halten Prostitution nicht für standesgemäß. Die einen sind faul, heuchlerisch, ängstlich, opportunistisch; sie scheuen den Aufwand oder fürchten die Entdeckung, eine Ansteckung mit Geschlechtskrankheiten oder sonstige Konsequenzen und Skandale. Die anderen zwingen sich (z. B. aus moralischen Gründen) durch Selbstkontrolle zum Verzicht. Sie gestatten sich keine Ausschweifungen oder Abenteuer. Die dritten werden von außen so stark kontrolliert (in der Ehe, im Gefängnis, im Beruf, in der Öffentlichkeit), daß ein Ausbrechen in die Prostitution nicht in Frage kommt. Dabei gibt es die Spießer, Philister oder Karrieristen – mit der Tendenz, heimlich doch zu tun, was öffentlich verleugnet wird. Aus ihnen rekrutiert sich ein Teil der Eiferer und Heuchler, die die Prostitution verfolgen.

Sechstens ist die Gewohnheit von Belang: So wie es für die einen üblich ist, zur Prostituierten zu gehen, sind die anderen daran gewöhnt, es nicht zu tun.

Siebtens ist der jeweiligen Normendruck in der Gesellschaft und in den Gruppen wesentlich, denen der Mann angehört. Diesen Normen, beispielsweise der Ablehnung von Prostitution, ordnet er sich mehr oder weniger bewußt unter und will oder kann sie nicht durchbrechen.

Achtens spielt die sexuelle Orientierung eine Rolle: Schwule gehen nicht zu (weiblichen) Prostituierten, sind also insofern keine F., was jedoch nicht als Ablehnung der Prostitution zu werten ist.

Neuntens entfällt die Prostitution für Männer mit bestimmten sexuellen Neigungen, z. B. für Exhibitionisten.

Und schließlich ist auf die vielleicht wichtigste Dimension, die marktwirtschaftlich-ökonomische, hinzuweisen: Sexuelle Dienstleistungen kosten Geld. Wer keines besitzt, muß auf das Huren verzichten. »Arme Freier werden nicht eingelassen« (Sprichwort). KS

Freundschaft: enge Beziehung zwischen zwei oder mehreren Personen, die wechselseitig auf Zuneigung, Achtung und Vertrauen beruht und zur gegenseitigen Förderung eingegangen wird. Die Geschlechtlichkeit des Partners bestimmt nicht das Wesen der F. Intime Zärtlichkeiten und sexuelle Kontakte werden im allgemeinen nicht angestrebt und nicht realisiert. Oftmals schließen zwei Personen des gleichen Geschlechts eine F.: Der Junge hat einen »besten Freund« und das Mädchen eine »beste Freundin«. F. dieser Art werden sehr früh geschlossen, und zwar von Mädchen ebenso wie von Jungen und auch zwischen Jungen und Mädchen. Meist bedeuten sie die erste emotionale Bindung an eine fremde Person und damit eine größere Eigenständigkeit gegenüber den Eltern und anderen vertrauten Personen. Sie eröffnen eine neue Dimension sozialpsychologischer Erfahrung, weil neue Kommunikations- und Beziehungsgeflechte entstehen und ein Vordringen in andere soziale Einheiten als die der Familie erfolgt. Die F. dient dem Kennenlernen des anderen, beinhaltet meist einen intensiven Gedankenaustausch, fördert gemeinsame Tätigkeiten und führt zu einer gemeinsamen Freizeitgestaltung. Manchmal sind solche Bindungen auch nicht sehr eng und eher als gute Bekanntschaften zu werten; F. kann ein vertrauensvolles, loyales Zweckbündnis (gute Kumpel) oder im höheren Lebensalter eine tätigkeits- und interessenbestimmte Kameradschaft (insbesondere zwischen Männern) sein. Auch sehr enge Verbindungen kommen vor: In »dicken« F. wird vieles gedanklich oder tatsächlich gemeinsam erlebt und durchlitten; der eine versteht den anderen schon durch kleinste sprachliche Andeutungen und sogar dann, wenn er schweigt. Man verletzt nicht die Gefühle eines Freundes.

Vielfach handelt es sich bei einer F. zwischen Jungen und Mädchen um ein Durchgangsstadium zwischen kindlicher und erwachsener Beziehung zu einem gegengeschlechtlichen Partner. Doch auch später finden sich solche F.; oftmals bestehen sie neben einer Liebesbeziehung, manchmal sind sie (evtl. nur einseitig) von → *Liebe* getragen. Die Grenzen sind nicht immer klar zu ziehen, und Klopstock meint, daß Freundschaft und Liebe eigentlich Pflanzen einer Wurzel seien.

F. zwischen Jungen und Mädchen verdienen in jeder Altersstufe Achtung und Förderung, und zwar nicht deshalb, weil sie »bloße F.« und damit sexuell unbedenklich sind, sondern weil durch sie der Kreis sozialer Beziehungen erweitert wird. F. sind nicht unbedingt erotisch getönt, doch ist → *Erotik* nicht auszuschließen, da die Beziehungen zwischen Menschen dynamisch sind und emotionale und körperliche Elemente enthalten. Inwieweit es in einer F. auch zu sexuellen Handlungen kommt, hängt neben den Bedingungen und den Voraussetzungen, unter denen eine F. eingegangen wird, von den allgemeinen Sexualnormen und den Auffassungen der Partner ab, die Sexuelles aus-

oder nicht ausschließen. Insofern Geschlechtsverkehr der Liebesbeziehung vorbehalten bleibt, steht Sex in F. üblicherweise nicht zur Debatte. »Wenn ich mit einem Mann schlafe, dann liebe ich ihn auch.« Dies ist eine charakteristische Aussage von Frauen. Der Sexualpartner ist der geliebte Partner, unter Umständen unabhängig davon, wie der Partner seinerseits die Beziehung sieht. Für manche Frau ist es – in herkömmlicher Sichtweise – wichtiger, daß sie den Mann liebt, mit dem sie Geschlechtsverkehr hat, als daß sie von ihm geliebt wird. Dies zeigt, daß die F. zwischen Mann und Frau variantenreich ist, bestimmten normativen Wertungen unterliegt und je nach Frauen- bzw. Männerleitbildern und der Stellung der beiden Geschlechtergruppen zueinander unterschiedliche Gestalt und unterschiedliche Bedeutung hat.

In Übereinstimmung mit anderen zeigen ostdeutsche Untersuchungen (Starke, »Junge Partner«, 1980), daß etwa drei Viertel der Neunzehnjährigen ein- oder mehrmals F. mit sexuellen Kontakten erlebt hatten bzw. der derzeitigen Partnerschaft vorausgegangene Beziehungen als F. mit Sex einordneten. KS

Frigidität (lat. frigidus = kalt): in der älteren Sexualliteratur gebräuchliche Bezeichnung für sexuelle Gefühlskälte der Frau. Wegen der Ungenauigkeit dieser Definition hat man sie inzwischen fallengelassen und spricht heute von → *Libido-* oder Appetenzstörungen oder → *Anorgasmie* oder mangelndem sexuellem → *Bedürfnis*. Ar

Friktion (lat. frictio = das Reiben): Reibung, ein aus der Massage übernommener Begriff, der auch sexologisch von Bedeutung ist, weil das Reiben einzelner Körperregionen (erogene → *Zonen*) oder der Scheiden- und Darmschleimhaut ausgesprochen erotisierend wirken kann. So empfinden die meisten Paare ein verstärktes Lustgefühl, wenn sich beim intravaginalen Geschlechtsverkehr das Glied infolge der stoßenden Bewegungen an der Innenwand der Scheide reibt. Wenn umgekehrt infolge Erschlaffung der Scheidenmuskulatur dieser Reibungseffekt fehlt, wird dies von beiden Partnern als Beeinträchtigung empfunden (Lost-Penis-Syndrom). Auch bei der Masturbation – ob beim Mann oder bei der Frau – wird das Reiben zur Stimulierung benutzt (volkstümlich »sich einen abreiben«). Ar

Frotteurismus (franz. frotter = reiben): seltene sexuelle Neigung, bei der enger Körperkontakt mit einer unbekannten Person gesucht wird, mit der man zufällig dicht aneinander gedrängt steht. Der an sich unfreiwillige Kontakt wird von dem Frotteur bewußt verstärkt, wobei es ihm besonders darum geht, daß er sein Genitale an den anderen drücken und an ihm reiben kann, z. B. begünstigt durch ruckartige Bewegungen in öffentlichen Verkehrsmitteln. Zusätzlich versucht er, durch → *Masturbation* die Erregung bis zum → *Orgasmus* zu steigern. Gesprochen wird dabei nicht, nach außen erscheint er unbeteiligt und verschwindet meist schnell, wenn er sein Bedürfnis befriedigen konnte. Fast immer sind die Frotteure Männer, die sich an Frauen heranmachen.

Im Alltagsleben verhalten sie sich sonst unauffällig, eher verschlossen, haben Angst vor einem direkten Sexualkontakt und konzentrieren sich daher auf anonyme Begegnungen. Werden sie einmal ertappt, leugnen sie eine bewußte Kontaktsuche ab und geben vor, es müsse sich um ein Mißverständnis handeln. Ar

Frustration (lat. frustratio = Täuschung, Nichterfüllung): Enttäuschung infolge des Nichterreichens von Zielen und der Nichtbefriedigung von Bedürfnissen. Geringe F. sind etwas Alltägliches. Sie führen im allgemeinen dazu, daß man aus den negativen Erlebnissen lernt, nichterreichbare Ziele aufgibt oder sie auf andere Art und Weise oder mit höherem Aufwand zu erreichen sucht. Stärkere F. können → *Aggressivität* erzeugen, deren Abfuhr nach außen zwar meist das psychische Gleichgewicht aktuell wiederherzustellen vermag, an den frustrierenden Bedingungen aber nur selten etwas ändert. Häufige F. der gleichen Art führen zum Ausweichen vor den auslösenden Situationen, zu Ersatzhandlungen oder psychischen Fehlentwicklungen (→ *Hemmung*, → *Minderwertigkeitsgefühl*).

Insbesondere im zwischenmenschlichen Bereich sind F. oft schwerwiegender Natur, da die emotionale Zuwendung zu anderen Personen, das Lieben und Wiedergeliebtwerden, eine Grundbedingung menschlicher Entwicklung ist. Ein Mangel an zärtlicher Zuwendung gegenüber dem Kind oder häufige emotionale Bestrafung (»Liebesentzug«) kann zur Dauerfrustration führen und in deren Folge zu Störungen der Persönlichkeitsentwicklung, die den späteren Aufbau sexuell-erotischer Liebesbeziehungen erheblich erschweren können. Häufige Frustrationssituationen ergeben sich im Jugendalter bei der Partnersuche. Eine zurückgewiesene Liebeserklärung oder anders ausgelöster Liebeskummer läßt bei jungen Menschen, die in starkem Maße emotional und affektiv reagieren, oft eine Welt zusammenbrechen und hat schon zu mancher Verzweiflungstat geführt.

Wenn auch nicht wie in früheren Zeiten, so müssen selbst heute junge Liebespaare oft gegen gesellschaftliche Umstände ankämpfen, die sich ihrer Liebe in den Weg stellen. Es ist eine Tatsache, daß dadurch ihre Gefühle füreinander noch stärker entflammt werden. Für eine solche Reaktion auf frustrierende Bedingungen, die sogenannte Reaktanz, haben Sozialpsychologen den Begriff »Romeo-und-Julia-Effekt« geprägt. We

Füße und Schuhe: Sie waren und sind auch heute noch für viele Männer Sexualsymbole, allerdings als solche von den → *Beinen* überholt worden, die man dank der Entwicklung der → *Mode* besser als früher zu Gesicht bekommt. Daß in der Vergangenheit nicht nur schön geformte F. gefragt waren, zeigt z. B. die alte Tradition der Fußverkrüppelung chinesischer Frauen. Die qualvollen Prozeduren, denen sich die Mädchen von klein auf unterwerfen mußten, um sich später nur trippelnd fortbewegen zu können, wurden wettgemacht durch die enorme erotische Anziehungskraft, die diese winzigen Füßchen für die chinesischen Männer besaßen. Obschon wir uns das kaum vorstellen können, soll ihre Entblößung und Liebkosung stark sexuell erregend gewirkt haben. Die Verkrüppelung war allerdings auch ein Symbol dafür, daß die Betreffende der Oberschicht angehörte. Damit zum Müßiggang verurteilt, konnte sie sich jederzeit, dem Wunsche ihres Partners entsprechend, der Liebe hingeben. Doch auch anderswo – allerdings nicht in dem Ausmaß wie in → *China* – wurden verkrüppelte Füße geschätzt, weil man glaubte, sie würden die Sinnlichkeit und sexuelle Leistungsfähigkeit steigern. Die ständige Blutstauung der F. sollte zu einer stärkeren Durchblutung der Geschlechtsorgane und somit zu mehr Liebeskraft führen.

In vielen Kulturen galt der Fuß, der die Verbindung zur Erde darstellt und dadurch ihre Fruchtbarkeit in sich aufnimmt (→ *Symbole*), als Sinnbild der Lebenskraft. Auch das rhythmische Stampfen mit den F., das in Volkstänzen vieler Länder vorkommt und an das Stampfen des Korns erinnert, wirkt herausfordernd und erregend.

Daß Fußsohlen zu den erogenen → *Zonen* gehören, ist seit alters her bekannt. Ihr Kitzeln kann ebenso wie eine Fußreflexzonenmassage erotisch stimulieren.

Auch beim → *Flirten* spielt der Fuß eine Rolle. Zwar beginnt der → *Flirt* meist mit Augenkontakt, doch wenn man zusammen am Tisch sitzt, folgt nicht selten eine verstohlene Berührung mit dem Fuß. Daß es sich dabei um einen alten Brauch handelt, sagt uns das Volkslied »Erst winken mit den Äugelein, dann treten auf den Fuß«. Erwidert das Mädchen den

Druck, so weiß der Mann, daß er mit einem Entgegenkommen rechnen darf. Zieht sie den Fuß schnell zurück, ist er fürs erste abgeblitzt.

Die sexuelle Bedeutung des Fußes übertrug sich auf den Schuh, weniger allerdings auf den soliden, bequemen als auf den eleganten, hochhackigen. Da diese Schuhe die Frauen zu einem aufreizenden Gang zwingen, der Po und → *Brüste* betont, haben die Männer nicht selten eine Vorliebe für solche Schuhe entwickelt. Besonders ausgeprägt ist diese Neigung beim Schuhfetischisten (→ *Fetischismus*), der die Schuhe entweder allein zur Erregung und Befriedigung benutzt oder sich von Frauen, die Schuhe mit hohen Absätzen tragen, bewußt treten läßt, wobei die damit verbundenen Schmerzen seine Wollust steigern; in diesem Fall sind auch masochistische Neigungen vorhanden.

Aus alten Sprichwörtern geht hervor, daß Schuhe auch als Symbol für die Scheide gelten können: »Man soll die Füße nicht in fremde Latschen stecken« oder »Die schönsten Schuhe werden einmal zu Latschen« sind zweideutige Weisheiten. Ar

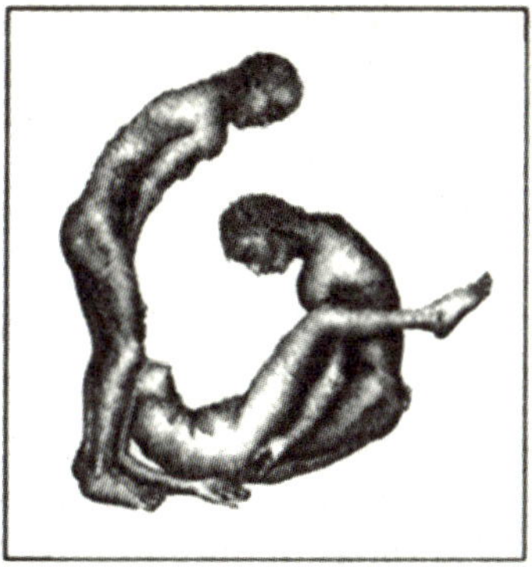

Galanterie (franz. galant = höflich): zuvorkommendes, gleichzeitig jedoch oberflächliches und unverbindliches Verhalten von Männern gegenüber Frauen. Ein stürmischer Liebhaber, der sich aber nicht festlegen möchte und insofern nicht ernst zu nehmen ist, wird spöttisch als »Galan« bezeichnet. G. als Umgangsform der Männerwelt bei Hofe entstand im 17. und 18. Jahrhundert aus den gleichen gesellschaftlichen Umständen heraus wie die weibliche → *Koketterie*. Das objektive Mißverhältnis zwischen den Geschlechtern (die Abhängigkeit der Frau vom Mann) wird durch galantes Benehmen der Männer überspielt und umgedeutet. Der in Wirklichkeit dominante Mann liegt seiner (scheinbaren) Gebieterin zu Füßen – eine falsche Romantik mit verborgenem Zweck. Die amerikanische Feministin Shulamith Firestone bezeichnet diesen Romantizismus als ein »kulturelles Instrument der Männerherrschaft«: »Galanterie wird im allgemeinen als übermäßige Aufmerksamkeit gegenüber Frauen ohne ernsthaften Anlaß definiert. Doch der Anlaß ist ziemlich ernst: Durch die falsche Schmeichelei wird verhindert, daß die Frauen ihre unterdrückte Situation erkennen.« We

Gastprostitution: in alter Zeit Preisgabe der (Ehe-)Frau oder einer anderen weiblichen Person des Hausstands, in besonderen Fällen sogar der jungfräulichen Tochter, an den willkommenen Gast. Eine Ablehnung dieses Zeichens von Gastfreundschaft wäre eine große Beleidigung des männlichen Familienoberhauptes gewesen. Die G. hat religiöse, möglicherweise auch (unbewußt) demographische

Gründe (in abgeschiedenen Gegenden Auffrischen des eigenen Blutes durch Fremde). Sie beinhaltet eine Bewertung des sexuellen Vergnügens als unproblematischen Vorgang. Bei den Polynesiern durften die Brüder des Ehemanns mit dessen Frau schlafen. In Hawaii wurde die sexuelle Beziehung zur Schwägerin punalua genannt. Bei den Eskimos und den amerikanischen Indianern wurden die Ehefrauen den Gästen angeboten. G. gab es in vielen Ländern, war aber besonders im asiatischen Raum verbreitet. Der Weltreisende Marco Polo berichtete aus dem Tibet des 13. Jahrhunderts: »Kein Mann fühlt sich gekränkt, wenn ein Fremder oder irgendein anderer Mann seine Frau, seine Tochter, seine Schwester oder sonst ein weibliches Mitglied der Familie entehrt. Im Gegenteil. Er hält das für ein Glück. Er glaubt, daß ihm dadurch die Gunst der Götter sowie zeitlicher Wohlstand sicher ist. Aus diesem Grund leihen die dortigen Männer ihre Frauen den Fremden.« → *Prostitution*. KS

gay (engl. heiter, ausgelassen): Im anglo-amerikanischen Sprachraum gleichbedeutend mit homosexuell. Gays sind die (männlichen) Homosexuellen. → *Homosexualität*. Ar

geil (kraftvoll, üppig, lustvoll, fröhlich; auch gärend, aufschäumend; erregt, heftig): sexuell erregt, brünstig, lüstern, gierig nach → *Sex*, triebbeherrscht, auf sexuelle Befriedigung aus, wollüstig.

G. wird meist abschätzig verwendet, teilweise auch als Schimpfwort benutzt (geiler Bock, geile Sau). Keinesfalls gehört g. zum gehobenen Sprachgut, und g. dient auch nicht dazu, etwas Erhabenes zu benennen. Das hängt wahrscheinlich damit zusammen, daß das betont körperlich-triebhafte Sexualverlangen, das mit g. bezeichnet wird, traditionell eher als niedrig, unsauber, gewöhnlich, schmutzig, unkultiviert und unkontrolliert bewertet wird. Jemand, der sein sexuelles Verlangen unverblümt spüren läßt oder sich an irgend etwas oder irgend jemandem aufgeilt (d. h. sexuell in Erregung bringt), der einen geil anstarrt, den die Geilheit packt, wird eher als unangenehm und unanständig empfunden. In der intimen Situation kehrt sich freilich bei manchem die Bewertung um. Für viele bleibt g. jedoch unangenehm, eklig, schmutzig.

Seit einiger Zeit hat g. allerdings – insbesondere unter Jugendlichen – eine Bedeutungserweiterung und -aufwertung erfahren. Mit g. wird etwas bezeichnet, das hervorsticht, in begeisternder Weise toll ist, eine innere Beteiligung hervorruft. Ein echt g. Lehrer ist dann keineswegs einer, der seine Schülerinnen sexuell anmacht, sondern ein ausnahmsweise hervorragender Pädagoge und Fachmann, der mit seinen Schülern gut zurechtkommt. G. kann ebenso ein großartiges Fußballspiel, eine dramatische Massenschlägerei, ein unheimlich gutes Buch, eine erregende Musik und ein Opa sein, der 25 Liegestütze schafft (echt geil, der Alte). G. ist verschiedentlich zu einem Allerweltswort für etwas geworden, das beeindruckt und eine besondere Bewertung verdient.

Daneben existiert in Verbindung mit einem anderen Wort g. als Hinweis auf ein besonderes Interesse, darauf, daß jemand auf etwas versessen ist (karrieregeil, ehegeil). KS

Geliebte(r):

1. Person, mit der eine verheiratete oder fest gebundene Person ein Verhältnis außerhalb der Ehe bzw. der festen Partnerbeziehung hat. Sprachlich wird dokumentiert, daß die Liebe nicht oder nicht mehr in der Ehe, sondern außerhalb dieser stattfindet, und zwar meist einschließlich sexueller Beziehungen.
2. Ursprünglich war der oder die G. im engeren Sinne eine Person, mit der ein Mann oder eine Frau eine enge Liebesbeziehung hatte; im weiteren Sinne einfach die geliebte Person (»Leb wohl, Geliebter, und vergiß mich nicht« – Lied von der holden Gärtnersfrau). Sehr häufig wird G. in der Anrede verwendet. In beiden Bedeutungen finden sich für G. über die Zeitläufte hinweg verschiedene sinngleiche oder sinnverwandte Ausdrücke. Zu den bekanntesten gehören:

a) der Schatz, das Schätzel (»Schätzel, ade ...«), das Schätzchen (»Mei Schatzerl is hübsch! Aber reich is es nit. Was nützt mi der Reichtum, das Geld küß i nit.« – Volksweise). Auch Schatz wird wie G. und ähnliche Ausdrücke häufig in der Anrede gebraucht (»Komm, mein Schatz, wir trinken ein Likörchen ...«). Bis heute ist Schatz ein beliebtes Kosewort.
b) das Liebchen (»Feinsliebchen, du sollst mir nicht barfuß gehn ...«), das Lieb (»Mein Lieb ist eine rote Ros'« – Ferdinand Freiligrath), der oder die Liebste (»Wenn ich bei meiner Liebsten bin, / dann geht das Herz mir auf; / dann bin ich reich in meinem Sinn / und biet' die Welt zu Kauf. Doch wenn ich wieder scheiden muß / aus ihrem Schwanenarm, / dann schwindet all mein Überfluß, / und ich bin bettelarm.« – Heinrich Heine). Auch Wörter wie Liebchen u. dgl. haben eine Bedeu-

tungsveränderung, oftmals mit Abwertung verbunden, erfahren (sie ist das Liebchen eines reichen Herrn).

c) Liebhaber; in verschiedenen Bedeutungen: ein Mann, der um eine Frau wirbt; ein erfolgloser Liebhaber (»Ein Narr ist eher von der Narrheit zu curirn als ein Liebhaber von der Lieb.« – Christoph Lehmann, 1662); der Verehrer einer Frau (sie wurde von Liebhabern umschwärmt); der Geliebte einer Frau (sie legte sich einen Liebhaber zu); der Sexualpartner einer Frau (er ist ein guter oder schlechter Liebhaber). In jüngster Zeit wird auch das englische Wort für Liebhaber/Geliebter – »lover« – im Deutschen gebräuchlich.
Das Wort Liebhaber kommt erstaunlicherweise fast nur in der männlichen Form vor und betont die (männlich dominierte) Verehrung der Frau und das besondere Interesse an ihr. Liebhaber ist sprachlich gesehen eine Aktivform, während frauentypische Bezeichnungen oft passiv ausfallen (der Liebhaber hat eine Geliebte). »Man sagt, ein Liebhaber schwöre mehr zu vollbringen, als ihm möglich ist.« (They say, all lovers swear more performance than they are able. William Shakespeare, 1609)

d) Jugendliebe. Häufig bezeichnen Erwachsene den Partner ihrer ersten Liebe als ihre Jugendliebe (ich habe meine Jugendliebe geheiratet; während des Festes hat sie ihre Jugendliebe wiedergetroffen).

e) Liebling als Allerweltskosewort und Anrede (»Liebling, mein Herz läßt dich grüßen, nur mit dir allein kann ich glücklich sein …«). Gelegentlich wird auch das englisch-amerikanische Darling für Liebling als (teilweise scherzhafte) Anrede verwendet.

f) Freund(in). Insbesondere im Jugendalter wird davon gesprochen, daß ein Mädchen oder ein Junge einen (festen) Freund oder eine (feste) Freundin (und damit eine Partner- bzw. Liebesbeziehung) hat. Der Sprachgebrauch ist aus der Scheu entstanden, im frühen Jugendalter schon von Liebe zu sprechen, und ersetzte die eher suspekte jugendliche, voreheliche Liebes- und Sexualbeziehung durch die harmlosere → *Freundschaft*. Diesen Hintergrund hat die heutige Verwendung von Freund(in) allerdings weitgehend verloren.

g) Partner(in). Mit zunehmender Gleichberechtigung in der Paarbeziehung gewannen die Worte Partnerschaft und Partner an Bedeutung. Sie beinhalten eine Qualität der Liebes- (und Ehe)beziehung und den Status der beiden Akteure in der Paargruppe. Darüber hinaus benennt das Wort Partner(in) im weiteren Sinne einfach die andere Person in einer Beziehung, den Sexualpartner, Liebespartner, Ehepartner. → *Partnerwunschbild*, → *Partnerwahl*, → *Partnermobilität.*

Neben diesen findet sich in Vergangenheit und Gegenwart eine Fülle weiterer Ausdrucke für G. Manche sind an eine bestimmte Zeit oder Kultur gebunden (→ *Hetäre*, Konkubine, Kurtisane, Buhle, Mätresse, Kebse). Andere sind z. T. nur von lokaler Bedeutung (Gspusi) oder veraltet (Verhältnis, Schwarm, Romanze; Hausfreund, Kavalier, Gigolo, Galan, Verehrer; Betthase, Angebetete, Auserwählte). Oder sie entsprechen der jeweiligen Jugendsprache und sind mehr oder weniger salopp (Macker, Scheich, Hirsch; Zahn, Flamme, Biene, Ische, Puppe, festes Mädchen).

Oftmals sind die Wörter geschlechtsspezifisch, entweder mit dem jeweiligen Gegenstück (Bräutigam–Braut) oder – häufiger – ohne ein solches (→ *Hetäre*, Puppe). Auffallend ist allerdings, daß viele Bezeichnungen nicht nur für ein Geschlecht reserviert sind und nicht sofort das Geschlecht mitbenennen (Liebling, Schatz). Damit bringt man zum Ausdruck, daß die geliebte Person nicht nur in ihrer Geschlechtlichkeit, sondern als ganze Persönlichkeit geliebt wird. KS

Gerontophilie (griech. gérōn = Greis): eine Liebe, die sich auf wesentlich ältere Personen bezieht. Während im allgemeinen jugendlich attraktive Partner bevorzugt werden, verhält es sich beim Gerontophilen umgekehrt. Für ihn sind gerade die Merkmale des Alters besonders reizvoll. Betroffen sind nicht die für ihr höheres Lebensalter noch gutaussehenden, leistungsfähigen Menschen, sondern erkennbar gealterte, manchmal schon gebrechlich wirkende. Allerdings ist G. recht selten, im Gegensatz zu ihrem Gegenstück, der → *Pädophilie*, bei der sich die Neigung ausschließlich auf Kinder und Jugendliche richtet. Ar

Geruchsfetischismus: Sonderform des → *Fetischismus*, bei der bestimmte Gerüche – z. B. auch die von Körperausscheidungen wie Schweiß oder Urin – erotisierend und sexuell stimulierend wirken. In faszinierender Weise schildert Patrick Süskind in seinem Buch »Das Parfum« eine solche Neigung am Beispiel der Hauptfigur Grenouille: »Wie seine ei-

gene Leiche lag er in der Felsengruft, kaum noch atmend, kaum daß sein Herz noch schlug – und lebte doch so intensiv und ausschweifend, wie nie ein Lebemann draußen in der Welt gelebt hat.
Schauplatz dieser Ausschweifungen war – wie könnte es anders sein – sein inneres Imperium, in das er von Geburt an die Konturen aller Gerüche eingegraben hatte, denen er jemals begegnet war. Um sich in Stimmung zu bringen, beschwor er zunächst die frühesten, die allerentlegensten: den feindlichen, dampfigen Dunst der Schlafstube von Madame Gaillard; das ledrig verdorrte Odeur ihrer Hände; den essigsauren Atem des Pater Terrier; den hysterischen, heißen mütterlichen Schweiß der Amme Bussie; den Leichengestank des Cimetière des Innocents; den Mördergeruch seiner Mutter. Und er schwelgte in Ekel und Haß, und es sträubten sich seine Haare vor wohligem Entsetzen (...) Und dann brach mit einem Mal – das war der Sinn der Übung – mit orgastischer Gewalt sein angestauter Haß hervor (...)
Grenouille, der kleine Mensch, zitterte vor Erregung, sein Körper krampfte sich in wollüstigem Behagen und wölbte sich auf, so daß er für einen Moment mit dem Scheitel an die Decke des Stollens stieß, um dann langsam zurückzusinken und liegenzubleiben, gelöst und tief befriedigt.«
Die Krone aller Düfte geht für ihn jedoch von noch jungfräulichen rothaarigen Mädchen aus, nur der von ihnen ausströmende Duft verzaubert ihn; ihn will er besitzen, und er wird deshalb sogar zum Mörder.
»Ach! Er wollte diesen Duft haben! Nicht auf so vergebliche, täppische Weise haben wie damals den Duft des Mädchens aus der Rue des Marais. Den hatte er ja nur in sich hineingesoffen und damit zerstört. Nein, den Duft des Mädchens hinter der Mauer wollte er sich wahrhaftig aneignen; ihn wie eine Haut von ihr abziehen und zu seinem erogenen Duft machen.« Ar

Geschlecht:

1. Genus; grammatisches G. der Wörter (Substantive). Dieses muß nicht mit dem der Individuen übereinstimmen. *Die* Persönlichkeit oder *das* Individuum kann ein Mann sein, *der* Star eine Frau, *der* Libero in einer Frauenfußballmannschaft ist nicht etwa ein freier Mann, *das* Mädchen und *der* Busen sind weiblich, *das* Glied und *die* Eichel männlich. Da sich gesellschaftliche und Machtverhältnisse in der Sprache niederschlagen, hat das → *Patriarchat* in vielerlei Hinsicht zu männlichen Wörtern und patriarchalen Sprachstrukturen geführt. Das klassische Beispiel ist das Wort Mensch, das in vielen Sprachen

gleichbedeutend mit Mann ist. → *Adam* ist der erste Mensch, Eva aus seiner Rippe geschnitten. Gott ist selbstverständlich männlich, wie auch Christus und der Papst. Insbesondere der → *Feminismus* und speziell feministische SprachforscherInnen haben die männerdominierte und frauenfeindliche Sprache subtil untersucht und öffentlich thematisiert. Von ihnen vorgeschlagene Sprachregelungen finden allerdings nur bedingt Zustimmung und werden oft als künstlich empfunden und/oder nur sehr bedingt als ein Mittel betrachtet, die Wirklichkeit in Richtung Gleichberechtigung zu verändern; über die grammatikalischen Geschlechterverhältnisse die sozialen Geschlechterverhältnisse verändern zu wollen erscheint dann oft als idealistischer Versuch.

2. Gattung; das Menschengeschlecht: »Aus der Welt die Freiheit verschwunden ist, / man sieht nur Herren und Knechte; / die Falschheit herrschet, die Hinterlist / bei dem feigen Menschengeschlechte.« (Friedrich Schiller, 1797)
3. Generation; die kommenden Geschlechter, die Geschlechterfolge
4. Sippe, Familie; aus edlem Geschlecht
5. (verkürzt für:) (äußere) → *Geschlechtsorgane*; er wurde am Geschlecht getroffen.
6. Die Gesamtheit der Merkmale, die eine Person nach Fortpflanzungsgesichtspunkten als männlich oder weiblich bestimmen; das natürliche, biologische Geschlecht (→ *Sexus*)
7. Die Gesamtheit aller Menschen, die entweder männlich oder weiblich sind; das männliche Geschlecht (die Männer), das weibliche Geschlecht (die Frauen); das schöne, starke, schwache, andere Geschlecht; die beiden Geschlechtergruppen

Geschlechtsspezifisch ist etwas, das nur in einer der beiden Geschlechtergruppen vorkommt (z. B. das Stillen), geschlechtstypisch, was eines der beiden Geschlechter besonders charakterisiert oder in einer der beiden Geschlechtergruppen häufiger als in der anderen vorkommt (z. B. eine Körperhöhe über 180 cm oder die Fußballbegeisterung oder das Schminken). Das G. ist ein wesentliches Element der soziodemographischen Struktur einer Gesellschaft und bedeutet zugleich »die Zuweisung von sozialem Status« (Ilona Ostner, »Grundbegriffe der Soziologie«, 1991).

Der Begriff G., der zunächst nur die Zugehörigkeit zu einer der beiden Geschlechtergruppen bezeichnete, hat irritierend viele Bedeutungen und eine lange Geschichte. Die Vielzahl der Wortzusammensetzungen und Ableitungen schafft weitere Verwirrungen. Semantisch besonders interessant ist die Nähe des Begriffs G.

zum → *Sexuellen*. Das Adjektiv geschlechtlich bezeichnet nicht nur alles, was im obigen Sinne das G. betrifft, sondern steht auch für sexuell; für das »Geschlechtliche« in Liebe und Sexualität. In diesem Sinne ist eine Geschlechtskrankheit keine Krankheit der Geschlechter, sondern eine sexuell übertragbare → *Krankheit*. Der Geschlechtspartner ist der Sexualpartner. Der Geschlechtsakt oder der Geschlechtsverkehr ist der → *Koitus*. Manche schämen sich des Wortes → *Sexualerziehung* oder verbieten es sogar zugunsten des unverfänglichen Wortes Geschlechtserziehung.

Betrachtet man den einzelnen Menschen in seinem biologischen und sozialen Lebenslauf, so findet sich der Begriff G. auf verschiedenen (wissenschaftlichen) Ebenen:

a) das chromosomale G., das auf das Geschlechtschromosom bezogen ist und sich bei der Zeugung, der Vereinigung der Keimzellen (Ei- und Samenzelle), ergibt. Ein Mensch mit Y-Chromosom ist männlich, ohne Y-Chromosom weiblich. Dies wird meist mit XX für weiblich und XY für männlich angegeben, doch kommen auch andere, manchmal unauffällige, manchmal mit Behinderungen verbundene oder nicht lebensfähige Kombinationen vor. Im männlichen Samen sind Zellen mit einem XY-Chromosomenpaar (woraus ein Junge entsteht) und Zellen mit einem XX-Chromosomenpaar (woraus ein Mädchen entsteht) gleich häufig verteilt. Diese Verteilung ist – bislang – durch nichts zu verändern. In manchen Ländern werden Jungen noch immer lieber als Mädchen gesehen und die Qualität der Frau danach bewertet, ob sie einen Sohn zur Welt bringt. Gentechnische Manipulationen sind diesbezüglich auch weiterhin nicht möglich.
b) das genetische G., festgelegt nach dem Genotyp und geschlechtsdeterminierenden Genen und normalerweise dem chromosomalen G. entsprechend.
c) das gonadale G., festgelegt nach den Gonaden, den Keimdrüsen oder Geschlechtsdrüsen. Ein Mensch mit Testes (Hoden) ist männlich, mit Ovarien (Eierstöcken) weiblich. Das gonadale G. entspricht normalerweise dem chromosomalen G. Eine Ausnahme stellt der sogenannte XX-Mann dar, der zwar kein männliches Geschlechtschromosom, jedoch Hoden aufweist. Wenn chromosomales und gonadales G. nicht übereinstimmen, spricht man von Intersexualität. Sind Hoden und Eierstöcke vorhanden, liegt ein Fall von Zwittertum oder → *Hermaphroditismus* vor.
d) das hormonale G. ergibt sich aus den Anteilen von weiblichen und männlichen Sexualhormonen –

Östrogenen und Gestagenen bzw. Androgenen. Wenn D nicht oder nicht richtig mit A, B und C übereinstimmt, kann es zu Mißverhältnissen insbesondere bei den sogenannten sekundären Geschlechtsmerkmalen kommen. Hat ein Mann z. B. zuviel weibliche Hormone, kann er eine weichere Haut und Brüste bekommen; zuviel männliche Hormone können bei einer Frau dazu führen, daß der Adamsapfel wächst, die Stimme tiefer wird, die Körperbehaarung sich verdichtet.
Sexualhormone beeinflussen den Sexualtrieb und das sexuelle Verlangen. Eine Überfülle von Androgenen kann die sexuelle Lust der Frau steigern, ein Mangel die des Mannes mindern.

e) das Hypothalamus-G.; es ergibt sich daraus, wie sich vor der Geburt infolge der Hormonlage der Hypothalamus, also eine der Hirnanhangdrüsen, als Verbindung zwischen Gehirn und den Hormondrüsen gestaltet. Daß sich dies auf das spätere Zeugungsverhalten auswirken kann, ist nur beim Tier, aber nicht beim Menschen erwiesen.

f) das morphologische, anatomische oder genitale G.; es bezieht sich auf die (äußeren) → *Geschlechtsorgane*, also auf Scheide (Schamlippen und Kitzler) einerseits und Glied und Hodensack andererseits.

g) das natale oder Geburtsgeschlecht, auch Bestimmungs- oder Hebammengeschlecht genannt; es wird unmittelbar nach der Geburt in Hinblick auf die sichtbaren Geschlechtsorgane festgelegt und in die Geburtsurkunde eingetragen: Wer ein Glied hat, ist ein Junge, wer Schamlippen hat, ein Mädchen. Aufgrund dieser Festlegung, bei der auch Irrtümer vorkommen können – die um so größere Probleme bereiten, je später sie entdeckt werden –, beginnt die → *Sozialisation* als Junge oder Mädchen, verbunden mit der Selbst- und Fremdwahrnehmung als männlich oder weiblich (→ *Identität*).

h) das juristische G. Ausgehend von der Eintragung in die Geburtsurkunde und mit der Vornamensgebung verbunden, die mehr oder weniger eindeutig auf eine männliche oder weibliche Person hinweist (männliche und weibliche Vornamen), ist jeder Mensch amtlich und in seinen Personaldokumenten entweder männlich oder weiblich. Personenstands- und Namensänderungen, z. B. bei → *Transsexualismus*, sind schwierig.

i) das psychische/psychologische G.; die subjektive Übereinstimmung oder Nichtübereinstimmung mit dem Bestimmungsgeschlecht g); die Identifizierung mit dem Bestimmungsgeschlecht, die

die Geschlechtsidentität zum Ergebnis hat.

j) das soziale oder kulturelle G.; ausgedrückt in den gesellschaftlich bedingten → *Geschlechtsrollen*, in Männer- und Frauenleitbildern, in männlichen und weiblichen Verhaltensnormen und Verhaltensmustern, in Sitten, Gebräuchen und Vereinbarungen (→ *Geschlechtstypisches*). Das soziale G. wird erworben, anerzogen, aufgezwungen. Wenn sich eine Person nicht ihrem sozialen G. entsprechend verhält, kommt es zu Komplikationen. Würde beispielsweise ein → *Bräutigam* im weißen Hochzeitskleid erscheinen oder ein Kanzler in Rock und Bluse ans Rednerpult treten, wäre ein Skandal unausbleiblich.

Von herausragender Bedeutung für das soziale G. sind die Beziehungen zwischen den Geschlechtern, das Verhältnis der G. zueinander. Je deutlicher die G. sozial voneinander unterschieden sind, desto schärfer ist auch das soziale männliche Geschlecht versus das weibliche abgehoben.

»Geschlechterbeziehungen sind nicht auf Geschlechtsunterschiede reduzierbar, und Geschlechtsunterschiede rechtfertigen keine soziale Ungleichheit im Sinne einer Minderbewertung des weiblichen Geschlechts, wie bis heute üblich.« (Ilona Ostner, 1991) Dieser Standpunkt wird heute allgemein anerkannt. Mit der Gleichstellung von Mann und Frau und einem freundlichen und partnerschaftlichen Miteinander verliert das soziale G. an Bedeutung.

Bei allen Unterschiedlichkeiten des Begriffs G. und einer Vielfalt von Besonderheiten und Nichtübereinstimmungen in bezug auf das klassische Modell männlich–weiblich, ist bei den meisten Menschen dennoch eine Übereinstimmung im Geschlecht bei a) bis j) gegeben: Paul ist nach seinem chromosomalen, genetischen, gonadalen, hormonalen, anatomischen, genitalen, juristischen, psychologischen und sozialen G. männlich und Paula weiblich.

Während die deutsche Sprache nur das Wort G. kennt, hat sich im Englisch-Amerikanischen die Unterscheidung von sex und gender herausgebildet. Unter sex wird das biologische, körperliche G. verstanden, unter gender das soziale, kulturelle.

Der amerikanische Sexualforscher John Money hat 1988 (Zeitschrift für Sexualforschung 1/1994) ein Glossar der Gender-Termini entworfen. Unter gender versteht er »die individuelle, soziale und juristische Zugehörigkeit zum männlichen oder weiblichen G. (oder gemischt) auf der Grundlage von physischen oder Verhaltenskriterien, die mehr als das genitale Kriterium und/oder das erotische Kriterium beinhalten«. Gender identity (Geschlechtsidentität) ist nach Money das persönliche Erleben der Geschlechtsrolle (gender role), »das Gleichbleiben, die Einheit und Fortdauer der eigenen Individualität als männlich, weiblich oder androgyn«, insbesondere wie es im Selbstbewußtsein erlebt und im Verhalten erfahren wird. Gender role ist die öffentliche Manifestation der Geschlechtsidentität, »alles, was eine Person sagt oder tut, um anderen oder sich selbst zu zeigen, in welchem Ausmaß sie männlich, weiblich oder androgyn ist«, was »sexuelle und erotische Erregbarkeit und Reaktion« einschließt. Wenn – wie beim → *Transsexualismus* oder → *Transvestitismus* – der Zustand einer Inkongruenz von genitaler Anatomie und Geschlechtsidentität/-rolle subjektiv erlebt wird, spricht Money von gender dysphoria. Gender identity disorders sind Störungen der Geschlechtsidentität, die auch mit Störungen in der Ausübung der Geschlechtsrolle zusammenhängen. Das physische und psychische Gesamtverhalten als Mann oder Frau wird über Kombination von Genetischem, Hormonalem und Sozialem kodiert, von Money gender coding genannt. Letztlich kommt es bei jedem Menschen zu einer solchen Kodierung; er ist dann eindeutig weiblich oder eindeutig männlich oder nichteindeutig androgyn (zwitterhaft, → *Hermaphroditismus*). Kommt es bei dieser Kodierung zu einer »Diskordanz zwischen natalem anatomischem Geschlecht und, vor allem, einer oder mehreren der Verhaltensvariablen oder -stereotypen von Männlichkeit und Weiblichkeit«, nennt Money dies gender crosscoding.

Die Skala männlich–weiblich scheint zunächst ordinalskaliert; man ist entweder das eine oder das andere. Tatsächlich sind die Verhältnisse jedoch weit differenzierter, nicht nur bei sogenannten Zwittern und nicht im Biologischen. Insbesondere in bezug auf das Kulturell-Soziale stellt das G. ein Konstrukt dar. Dies zeigt sich insbesondere an den unterschiedlichen Männer- und Frauenleitbildern in der Geschichte, an dem, was als typisch männlich oder typisch weiblich gilt, an gewandelten Geschlechtsrollen und an den Änderungen in den Verhältnissen zwischen den Geschlechtern. Die Auflösung des Rätsels G. findet sich allgemein im Menschen und einzeln im Individuum, das seine eigene Persönlichkeit erwirbt (→ *Sozialisation*) und das weiblich oder männlich oder beides und noch vieles andere ist. KS

Geschlechtsorgane (Genitalien): die Körperteile, die beim Neugeborenen die Zuordnung zum weiblichen oder männlichen Geschlecht bestimmen (natales → *Geschlecht*). Weil sie außen liegen und sichtbar sind, werden sie auch äußere G. genannt, im Unterschied zu den inneren Fortpflanzungsorganen. Später sind sie sozusagen die »Werkzeuge der Liebe«. Ihre geschlechtsspezifischen Besonderheiten ermöglichen eine in ihrer Art einmalige Vereinigung von Mann und Frau. Die männlichen G. Glied (→ *Penis*) und Hoden sind wegen ihrer Form und Lage wesentlich auffallender als die äußeren Geschlechtsorgane eines gleichaltrigen Mädchens, bei dem Kitzler, große und kleine Schamlippen zwischen den Oberschenkeln verborgen liegen und erst nach Spreizen der Beine teilweise sichtbar werden. An der Unscheinbarkeit der weiblichen G. ändert sich bis auf eine gewisse Größenzunahme bis zum Erwachsenwerden nichts. Lediglich mit der in der Pubertät einsetzenden Schambehaarung, die dreiecksförmig den Schamberg bedeckt, kommt eine gewisse Reiz- und Signalwirkung hinzu. Im Gegensatz dazu verläuft die Entwicklung des Jungen durch die früh einsetzende Erektionsfähigkeit für ihn selbst und seine Umwelt viel eindrucksvoller. Schon bald hat sich bei ihm ein Phallusgefühl herausgebildet, er ist sich seines Geschlechtes mehr bewußt, hat er doch etwas vorzuweisen. Daß kleine Mädchen tatsächlich manchmal das Gefühl haben, ihnen fehle hier etwas (von Freud als → *Penisneid* interpretiert), ist nicht ganz unverständlich. Doch ist heute angesichts des oft gemeinsamen Aufwachsens von Kindern, z. B. im Kindergarten, eine Überbetonung des Sichtbaren, verbunden mit Wertungen und Selbstwertgefühlen, eigentlich hinfällig. Jedenfalls haben heute die meisten kleinen Jungen und Mädchen keine Probleme damit; diese werden eventuell erst durch die Erwachsenen herangetragen. Harnröhre, Vorsteherdrüse, Samenblasen und Samenleiter sind die inneren G. des Mannes. Sie führen ein ähnlich unbemerktes Dasein wie die inneren Organe der Frau, die Gebärmutter, Eileiter und Eierstöcke.

Die Scheide jedoch nimmt eine Sonderstellung ein. Sie ist ein elastischer, mit Schleimhaut ausgekleideter Schlauch, Weg zu den inneren Geschlechtsorganen und zur Rezeption des männlichen Glieds bestimmt. Beim Mädchen ist der Eingang mehr oder weniger vom → *Jungfernhäutchen* bedeckt, das durch Manipulationen beim ersten intravaginalen Geschlechtsverkehr einreißt (→ *Entjungferung*).

Bei Mann und Frau zeichnen sich die äußeren G. durch eine sexuell stimulierende Berührungsempfindlichkeit aus. Während bei der Frau die Klitorisregion den bevorzugten Bereich darstellt (→ *Kitzler*), ist es beim Mann die Eichel (Glans penis). An der sexuellen Lustreaktion sind – wenn auch unterschiedlich intensiv – all diese Organe beteiligt. Es gibt Menschen, die den äußeren G. keinen

Reiz abgewinnen können, manche finden sie sogar abstoßend und häßlich; für andere sind sie ein Anlaß, sich zu schämen (→ *Scham*). Auf viele Menschen wirken – in der entsprechenden Situation – die äußeren G. jedoch erotisierend und auf besondere Weise schön. Eindrucksvoll beschreibt dies die Sexualforscherin Marie-Paule Molitor-Peffer: »Die Vulva sieht aus wie eine Knospe voll süßer Versprechen. Ihre Blüten kommen erst nach und nach zur Entfaltung und öffnen den Weg zum Geheimnis des Lebens und der Liebe. Sie ist wie eine kostbare Schatulle umsäumt mit weichen Lippen, die ich nicht mit Scham in Verbindung bringen möchte, mit Lippen, die sich verheißungsvoll über einer Perle zusammenschließen: der Klitoris. Pastellfarbene Rosatöne bis zum warmen Rot kennzeichnen die Scheidenwände bis hin zur festen, glatten, wie Perlmutt schimmernden Zervix. Ebenso der Phallus, weich und rührend in seiner Verletzlichkeit, kraftvoll emporstrebend bei der Erektion. Beim Liebesakt ändert auch er seine Farbe: Die Eichel, dunkelrot wie ein Rubin, krönt den Schaft und signalisiert unübersehbar sexuelles Verlangen. Sexualität ist schön, der menschliche Körper ist schön. Sexualorgane sind die Organe des Lebens und der Lust, die Ekstase schaffen und neues Leben, wenn wir es wollen.« Ar

Geschlechtsrolle: durch das bei der Geburt festgestellte körperliche → *Geschlecht* bestimmt, entwickelt sie sich entsprechend der Erziehung und den Umwelteinflüssen. Die jeweilige Gesellschaft hat bestimmte Erwartungen an sie, indem weiterhin vielfach zwischen typisch männlichen und typisch weiblichen Verhaltensweisen unterschieden wird, die als geschlechtsspezifisch gelten.

Durch Forschungsergebnisse der letzten Jahre sind diese Vorstellungen allerdings fragwürdig geworden. In der G.-Prägung kommt jedenfalls der biologischen Anlage keineswegs die Vorrangstellung zu, die man ihr früher zuordnete. Viel entscheidender für die Entwicklung ist offenbar das soziale Umfeld. Untersuchungen in unterschiedlichen Kulturen haben eine erstaunliche Abhängigkeit von der sozialen Normierung ergeben. Verhaltensweisen, die man früher als geschlechtsspezifisch auffaßte, erwiesen sich mehrheitlich als anerzogen und nicht als angeboren. Für diese Theorie spricht auch die bei uns zu beobachtende Verwischung bislang für typisch weiblich oder männlich gehaltener Eigenschaften und Reaktionen.

Im sexuellen Verhalten macht sich die Angleichung ebenfalls bemerkbar. So geht die Initiative zum Geschlechtsverkehr heute durchaus nicht mehr allein vom Manne aus; Frauen geben in der jüngeren Generation häufig ihre sexuellen Bedürfnisse zu erkennen und handeln danach. Die Mehrzahl der Menschen fühlt sich mit ihrer G. identisch und behält sie zeitlebens bei. Bei einer Minderheit allerdings, den Transsexuellen, ist dies nicht der Fall. Sie empfinden eine unüberwindbare Abneigung gegenüber ihrer G., obwohl ihr Geschlecht aus biologischer Sicht eindeutig feststeht. Sie wünschen jedoch eine Geschlechtsumwandlung, weil sie ihr biologisches Geschlecht ablehnen, evtl. sogar hassen (→ *Transsexualismus*). Ar

Geschlechtstypisches: das für das weibliche oder männliche → *Geschlecht* Charakteristische und Hervorstechende; Merkmale, Eigenschaften, Verhaltensweisen, die in einer der beiden Geschlechtergruppen häufiger als in der anderen vorkommen (regelhafte Abweichungen von einem Mittelwert).

1. Geschlechtstypische Besonderheiten haben zum einen ihre Basis in der Wirklichkeit; sie entsprechen den Erfahrungen und Beobachtungen der Menschen. Beispielsweise sind Frauen im Durchschnitt kleiner als Männer. Groß gilt als typisch männlich und ist auch mit einer Bewertung verbunden: ein sehr kleiner Mann oder eine sehr große Frau zu sein gilt nicht als erstrebenswert und führt oft zu mangelndem Selbstwertgefühl und anderen psychischen Problemen (→ *Minderwertigkeitsgefühle*). Ebenso werden Paare, bei denen die Frau größer ist, leicht belächelt. Die geschlechtstypische Körperhöhe ist dabei nur ein relatives Maß. Heute sind die Frauen im Durchschnitt höher als vor einigen Jahrhunderten die Männer. Der »große« Napoleon war mit seinen 154 cm kleiner als die meisten grazilen Französinnen von heute. Zudem hat sich mit der → *Emanzipation* der Frau auch die Körperhöhe als Kriterium für die Bewertung eines Menschen relativiert. Ein anderes Beispiel ist die Küchenarbeit. Weil Frauen traditionell den Haushalt versorgen, fallen Kochen, Backen, Putzen, Waschen, Stricken, Häkeln in die Rubrik frauentypisch … »und drinnen waltet / die züchtige Hausfrau« (Schiller, »Die Glocke«, 1799). Die »züchtige Frau« lebt mit den großen Ks: Kinder, Kammer, Küche, Keller, Kleidung, Kirche, Kitsch, Kosmetik, der Mann mit den großen Ms: Macht, Motoren, Münzen, Mut.
2. Das G. ist zum anderen ein Konstrukt, das über die Wirklichkeit und ihre Wandlungen gelegt wird. Im Verlaufe der Zeit sind aus realen oder angenommenen oder erwünschten Eigenheiten Stereotype geworden, Urteile und Vorur-

teile, Klischees, Vereinfachungen, die landläufig sind, sich hartnäckig halten und einseitig und formelhaft wiederkehren. Gegen diese Stereotype ist nur schwer anzukommen, auch wenn sie inzwischen reiner Nonsens sind.

Bezogen auf das soziale → *Geschlecht* sind für das, was in der jeweiligen Gesellschaft typisch männlich oder weiblich ist, gesellschaftliche und Machtstrukturen verantwortlich. Die Typisierungen werden als sittliche Normen und ewige Wahrheiten in Umlauf gesetzt und ständig reproduziert: Ein Junge hat nicht zu weinen, sonst wird er kein richtiger Mann. Frauen müssen treu sein, bei Männern ist das etwas anderes. Politik ist Männersache. Ein Mann muß nicht immer schön sein, nur das eine muß er sein: ein Mann. »Für Männer ist Wissen Tugend; für Frauen ist Tugend: dem Wissen entsagen« (chinesisch). »Les femmes en général n'aiment aucun art, ne se connaissent en aucun, et n'ont aucun génie.« (»Die Frauen im allgemeinen lieben keine Kunst, verstehen keine Kunst und haben kein Genie.« – Jean-Jacques Rousseau, 1758). »Die Natur des Mannes ist aggressiv, progressiv, variabel, die der Frau rezeptiv, reizempfindlicher, einförmiger. Das Selbständige, Schöpferische ist ihrem Wesen fremder als dem des Mannes« (Havelock Ellis, »Mann und Weib«, 1906). »Schon der Anblick der weiblichen Gestalt lehrt, daß das Weib weder zu großer geistiger noch körperlicher Arbeit bestimmt ist. Es trägt die Schuld des Lebens nicht durch Tun, sondern durch Leiden ab, durch die Wehen der Geburt, die Sorgfalt für das Kind, dem es eine geduldige und aufheiternde Gefährtin sein soll« (Arthur Schopenhauer). Bis auf den heutigen Tag folgen Intelligenz- und Gefühlstests häufig einer männlichen Kultur und bringen dann die erwarteten Unterschiede. Männliche Macht schützt frauenfeindliche Leitbilder: »Die Angst vor der Zerstörung des herrschenden Bildes von Weiblichkeit ist die Angst vor dem Verfall des Männlichkeitsmythos und damit die Angst vor der Preisgabe der Macht« (Renate Feyl, »Sein ist das Weib, Denken der Mann«, 1984).

In Meyers Konversationslexikon 1887 werden die »Geschlechtseigentümlichkeiten« wie folgt beschrieben: »Beim Weibe behauptet das Gefühl, das Gemüt, beim Mann dagegen die Intelligenz, das Denken die Oberhand. Die Phantasie des Weibes ist lebhafter als die des Mannes, erreicht aber selten die Höhe und Kühnheit wie bei letzterem ... Er ist auch zu abstrakteren Forschungen mehr geeignet als das Weib. Den Mann charakterisiert ein gewisser Egoismus, das Weib ist geneigt zur Hingebung.«

Die Frauenforscherin Karin Hausen hat Lexika und wissenschaftliche Schriften des ausgehenden 18. und des 19. Jahrhunderts durchforstet und ist auf folgende »Geschlechtscharaktere« von Mann und Frau gestoßen: Der Mann ist bestimmt für Außen, Weite, Öffentliches Leben, die Frau für Innen, Nähe, Häusliches Leben. Mannsein heißt Aktivität (Energie, Kraft, Wille, Festigkeit, Tapferkeit, Kühnheit), Frausein dagegen Passivität (Schwäche, Ergebung, Hingebung, Wankelmut, Bescheidenheit). Mann bedeutet Tun (selbständig, strebend, zielgerichtet, wirksam, erwerbend, gebend, durchsetzend), Frau dagegen Sein (abhängig, betriebsam, emsig, bewahrend, empfangend, selbstverleugnend, Anpassung, Liebe, Güte Sympathie). Rationalität (Geist, Vernunft, Verstand, Denken, Wissen, Abstrahieren, Urteilen) charakterisiert den Mann, Emotionalität (Gefühl, Gemüt, Empfindung, Empfänglichkeit, Rezeptivität, Religiosität, Verstehen) die Frau. Der Mann hat als Tugend seine Würde, für die Frau sind Schamhaftigkeit, Keuschheit, Schicklichkeit, Liebenswürdigkeit, Taktgefühl, Verschönerungsgabe, Anmut, Schönheit die wesentlichen Tugenden.

Der ideologische Trick bei der Manifestierung des sozialen Geschlechts besteht darin, das, was als männlich oder weiblich gilt, nicht aus der Gesellschaft, sondern aus der Natur des Mannes oder der Frau zu erklären. Die »Universalität der geschlechtlichen Differenzierung wird häufig auf biologisch-natürliche Unterschiede zurückgeführt. Tatsächlich scheint es eher umgekehrt zu sein: Faktische Unterschiede werden sozial fixiert und zum Ausgangspunkt für eine weitgehende Durchregelung von dann als typisch weiblich oder männlich zu geltenden Verhaltensweisen genommen. Derartige Standardisierungen der Geschlechtscharaktere und -verhaltensweisen lassen sich weit mehr aus den Gestaltungsprinzipien der jeweiligen Gesellschaftsordnung verstehen als von biologischen Unterschieden ableiten« (Ilona Ostner, »Grundbegriffe der Soziologie«, 1991).

Ethnographische und historische Forschungen zeigen, wie stark bestimmte Männer- und Frauenbilder im Bewußtsein verankert und wie diversifiziert sie sind. Rollenerwartungen und Normen haben sich gerade in unserer Zeit mit der → *Emanzipation* der Frau gewaltig geändert, vor allem weil sich die Lebensverhältnisse der Menschen und ihr tatsächliches Verhalten gewandelt haben. Verhaltensweisen, Leistungen, Eigenschaften, Vorzüge, die einst als männlich oder weiblich galten, sind heute in beiden Geschlechtergruppen zu finden. Insbesondere die Berufstätigkeit der Frau, ihre Teilhabe an gesellschaftlichen, nichtprivaten Primärprozessen, ihre politische und kulturelle Aktivität, die Möglichkeiten der Frau zu einer selbstbestimmten, nicht vom Manne abhängigen Biographie haben die Geschlechtstypik gründlich durcheinandergebracht. Die emanzipatorische Frauenbewegung hat das ihrige geleistet, um das G. zu entstauben. Die empirische Wissenschaft hat »ewige« Wahrheiten über vermeintliche Unterschiede zwischen den Geschlechtern relativiert oder ad absurdum geführt. Beispielsweise hat die Leipziger Jugendforschung in den 80er Jahren das Vorurteil widerlegt, Mädchen seien zu mathematischem Denken weniger befähigt und besäßen subjektiv eine größere Abneigung gegenüber Abstraktem. Zudem zeigen Forschungen, daß Unterschiede, so sie überhaupt zu finden sind (z. B. in bezug auf die Familienverbundenheit, das Fremdgehen), innerhalb der jeweiligen Geschlechtergruppe weitaus größer sind als zwischen den Geschlechtern. Das G. im Sinne von Kontrasten und Künstlichkeiten verschwindet in der modernen Gesellschaft in vielerlei Hinsicht. Bis in die Gegenwart hinein beeindrucken zugleich die extremsten Unterschiede. In der einen Kultur verrichten überwiegend Männer die niedrigen Arbeiten, z. B. als Gastarbeiter, in der anderen sind es die Frauen. In der einen Gesellschaft haben Frauen Zugang zu allen Bildungsstätten, Berufen und Ämtern, in der anderen nicht. Einen Kinderwagen zu schieben wäre in einigen Ländern und Schichten für Männer nach wie vor genauso absurd wie einen Schleier zu tragen. Durch solche Äußerlichkeiten werden Geschlechternormen manifestiert. Konservative und fundamentalistische Ideologien verteidigen hartnäckig alte Leitsätze, auch wenn sie längst anachronistisch sind. KS

Geschlechtsverkehr, vorehelicher: Aufnahme koitaler Beziehungen (Glied in der Scheide) vor der Eheschließung. Schon der Begriff v.G. zielt insofern auf eine qualitative Wertung, als er ein Kriterium beinhaltet, nämlich die Institution der Ehe. Damit ist die institutionelle Funktion der → *Sexualität* angesprochen. In Völkern und Zeiten ohne die bei uns übliche Eheform ist logischerweise der v.G. kein Gegenstand der Betrachtung und moralischen Bewertung. In Moralsystemen, Ideologien und Religionen, in denen die → *Monogamie* dominiert und die Ehe der einzig legitime Ort des G. ist, wird dagegen der G. außerhalb und vor der Ehe verworfen und zur → *Sünde* erklärt. Dies ist bis auf den heutigen Tag auch in der christlich-abendländischen Kultur so, besonders streng im Katholizismus. Die Ursachen dafür sind vielfältig. Von ausschlaggebender Bedeutung sind ökonomische Gründe wie die Ehe als Wirtschaftsgemeinschaft und die Sicherung der Erbfolge. Da Mittel zur Schwangerschaftsverhütung nicht oder kaum zur Verfügung standen, bestand immer die Gefahr eines unehelichen Kindes, was für die Beteiligten, insbesondere für die Kindesmutter und das Kind, ein Unglück war.

In dem Maße, wie ökonomische Gründe entfallen und aus Liebe geheiratet wird, liberalisiert sich – trotz der großen Macht einer repressiven Moral – die Einstellung zum v.G. Dies ist in den westeuropäischen Ländern seit den 60er Jahren zu beobachten. Mit der sexuellen Liberalisierung setzte sich hier (und auch im Osten Deutschlands) der v.G. durch. Heute tolerieren 99% der jungen Partner den v.G. und praktizieren ihn auch. Der G. hat sich von der Institution Ehe gelöst.

Die Verdammung des v.G. hat auch früher keine völlige sexuelle → *Abstinenz* vor der Ehe bewirkt, aber Lustfeindlichkeit, moralische Konflikte, Heuchelei, Doppelmoral gefördert. Insbesondere Männer sammelten vor der Ehe sexuelle Erfahrungen. Die Freiheiten der Frauen waren dagegen stets stark eingeschränkt; sie sollten unberührt in die Ehe gehen und wurden diesbezüglich auch kontrolliert (→ *Jungfernhäutchen*).

Frauen wie Männer empfinden es heute als selbstverständliches Recht, frei darüber entscheiden zu können, wann und mit wem sie den ersten G. haben. Für sie besteht das Ideal nicht darin, aus bürokratisch-institutionellen Gründen (Eheschließung), sondern aus Lust und Liebe G. zu haben. KS

Gesundheit: das organische, geistige und soziale Wohlbefinden des Menschen. Die Art und Weise des Sexualverhaltens, die dabei erreichte sexuelle Erregung und Entspannung sowie die Partnerbeziehung, in der sich die Sexualität zumeist verwirklicht, nehmen auf das Wohlbefinden einen erheblichen Einfluß. Nur in wenigen Bereichen der Sexualität ist es jedoch vom medizinischen Standpunkt aus möglich und sinnvoll, zu definieren, was der G. dient (→ *Sport*). Noch schwieriger ist es, entsprechende Empfehlungen zu geben. Unbestritten ist die Notwendigkeit, sich vor sexuell übertragbaren → *Krankheiten* und → *Aids* zu schützen. Das »Wie« des Schutzes verbindet sich aber bereits mit moralischen Wertungen.

Die medizinische Normierung der → *Sexualität*, die Bestimmung dessen, was als gesunderhaltend oder krankmachend angesehen wurde, hat eine wechselvolle Geschichte. Gab es im 19. Jahrhundert eine von Ärzten geführte sexualhygienische Abstinenzbewegung, die insbesondere gegen die → *Masturbation* zu Felde zog, so formulierten Sexualreformer in den 20er Jahren dieses Jahrhunderts Konzepte, die Enthaltsamkeit als schädlich und sexuelle Bedürfnisbefriedigung als gesundheitsförderlich definierten. Inzwischen hat sich die Erkenntnis durchgesetzt, daß sexuelles Verhalten und Erleben von früher Kindheit an existiert und daß Selbstbefriedigung

nicht nur unschädlich ist, sondern die Entwicklung der sexuellen Erlebnisfähigkeit fördert und erhält.
Seitens der WHO (der Weltgesundheitsorganisation) wurde die sexuelle G. folgendermaßen definiert: S.G. ist die Integration der körperlichen, emotionalen, intellektuellen und gesundheitlichen Aspekte sexuellen Wohlbefindens, durch welche die Persönlichkeit, die Beziehungen zum Mitmenschen sowie die Liebesfähigkeit des Individuums im positiven Sinne bereichert und gesteigert wird. We, Ar

Gewalt: Ausübung von Zwang; Mittel zur Durchsetzung von Macht und Herrschaft; (rücksichtsloses) Vorgehen zur Erreichung von Zielen; (elementare) Kraft mit zwingender Wirkung.
Zu unterscheiden sind verschiedene Typen von G., insbesondere

1. physische (körperliche) und psychische (nichtkörperliche, geistig-seelische) G. Landläufiges Beispiel: Mann schlägt Frau, um sie gefügig zu machen (körperlicher Zwang), oder sie quält ihn durch Liebesentzug (seelische Grausamkeit).
2. personale (direkte) und strukturelle (indirekte) G. Auf den Politologen Johan Galtung 1975 zurückgehend, stellt diese Unterscheidung dem unmittelbaren Zwang gegen eine Person (z. B. Sexualmord) die mittelbaren, in einer Gruppe oder einer Gesellschaft eingebauten Zwänge entgegen, denen Menschen ausgesetzt sind und die sie behindern (z. B. Armut, Machtgefälle zwischen den Geschlechtern, Abhängigkeiten am Arbeitsplatz). Zu struktureller G. kann man auch einfach Ungerechtigkeit, Unterdrückung, Ausbeutung, Ungleichbehandlung sagen.
3. legale (legitime) und illegale (illegitime) G. Nach dem Philosophen und Soziologen Max Weber (1864–1920) besitzt der Staat »das Monopol legitimer Gewaltsamkeit«. Die Staatsgewalt umfaßt die gesetzgebende G. (Legislative), die ausführende G. (Exekutive) und die richterliche G. (Judikative). Das Maß an legaler G. (z. B. Prügelstrafe, Erschießungen) und illegaler G. und deren Verhältnis zueinander ist in den einzelnen Gesellschaften und Zeiten verschieden. Zum Beispiel gehört, obwohl eigentlich verboten und damit illegal, sexueller Mißbrauch von Gefangenen in bestimmten Gesellschaften oder während eines Kriegs zum üblichen Verhalten. Von legitimer G. spricht man nicht nur in bezug auf Handlungen der Gesellschaft, sondern auch von Personen (z. B. Notwehr).
4. spontane und organisierte G. Bei-

spiele für spontane G.: Jemand gerät in Wut, ihm »rutscht die Hand aus« oder er erschlägt im Affekt seine Frau. Oder: Eine Gruppe betrunkener Jugendlicher vergewaltigt eine Minderjährige. Beispiel für organisierte G.: → *Mädchen- und Frauenhandel*.

5. weiche und harte G. Zur weichen G. gehören milde und Vorformen der G., z. B. → *anmachen*, versuchte Verführung Abhängiger mittels Geschenken, Betatschen, leichte Formen sexueller Belästigung am Arbeitsplatz. Das klassische Beispiel für harte G. im sexuellen Bereich ist die Vergewaltigung.

Auf den ersten Blick scheint es, als habe G. nur wenig mit Sexualität, und noch weniger oder gar nichts mit Liebe und Erotik zu tun. Tatsächlich finden sich aber mannigfaltige Bezüge:

a) Das (umstrittene) Gewaltpotential der Sexualität. Die sexuelle → *Aggressivität*. Dabei wird davon ausgegangen, daß Sexuelles eine aggressive, erzwingerische Komponente hat oder haben kann und daß der Sexualtrieb sich notfalls auch mit G. durchsetzt.

b) Die (sexuelle oder sexuell getönte) Lust an der G. Die erotisierende Wirkung von G. und Gewaltbeobachtung. Ein solcher Effekt wird den öffentlichen Auspeitschungen im Mittelalter genauso zugeschrieben wie G.-Pornos. Sexuelle → *Phantasien* haben nicht selten G. zum Inhalt. In der pornographischen, aber auch in anderen Literaturen werden immer wieder weibliche Lustgefühle angesichts männlicher G. suggeriert.

c) Das Feiern von (männlicher) Kraft, Macht, G. in Männerleitbildern und von Gehorsam, Dulden, Demut in Frauenleitbildern. Der (kriegerische) Held erobert die Frau. Die Frau gibt sich hin, unterwirft sich, ist dem Manne untertan. Friedfertige Männer, Softies, werden eher verspottet, der nichtgewalttätige Mann macht sich schnell als Feigling lächerlich.

d) Der Zusammenhang von Sexualität und → *Grausamkeit*. Die sexuelle Komponente der Folter. Bestimmte Menschen kommen in höchste sexuelle Erregung, wenn sie jemanden quälen.

e) Das Erleiden bzw. Ausüben von G. als (abweichendes) sexuelles Verhalten (→ *Sadomasochismus*).

f) G. gegen Schwächere und Minderheiten, gegen Frauen, Kinder, Gefangene, Sklaven, Ausländer, Homosexuelle.

g) Sexuelle G. in den verschiedenen Formen: Kindesmißbrauch, sexuelle Übergriffe, Androhung von G. zur Durchsetzung sexueller Ziele, Verführung, Vergewaltigung, Sexualmord (→ *Gewalt, sexuelle*).

h) Die Verfolgung und Verurteilung

von Sexualstraftätern als Akte legitimer (staatlicher) G.

i) Der (gewaltrelevante) Umgang mit Sexualität in einer Gesellschaft (Verbote, Repressionen), die herrschende Sexualmoral, das jeweilige Verhältnis zwischen den Geschlechtern, die Möglichkeiten der sexuellen → *Sozialisation*, Selbstfindung und Selbstverwirklichung, die Formen der Partnerwahl und der Partnerfindung, die Bedingungen partnerschaftlichen Zusammenlebens.

j) Die G. in der Partnerbeziehung und in der Familie, beispielsweise Kindesmißhandlungen, Liebesentzug, → *Geschlechtsverkehr* als eheliche Pflicht, körperliche Auseinandersetzungen in der Ehe, Vergewaltigungen in der Ehe.

k) Die Darstellung von (sexueller) G. in der → *Pornographie*, in den Massenmedien, in der Öffentlichkeit.

Das jeweilige Verhältnis von G. und Sexualität/Erotik/Liebe hat zum einen eine historische Dimension, indem es sich sowohl aus dem Vergangenen wie aus dem Gegenwärtigen ergibt. Zum anderen ist der Blick auf die Gesellschaft einerseits und das Individuum andererseits zu richten. Dabei ist sexuelle G. als Spezialfall von G. schlechthin zu werten. In bezug auf die Gesellschaft ist danach zu fragen, welchen Stellenwert G. in der Öffentlichkeit hat, ob und wie G. inszeniert wird, inwieweit welche G. Gesellschaft und Staat konstituiert. In bezug auf das Individuum verdient die individuelle Lebensgeschichte Beachtung, die Gewalterfahrung, die der einzelne im Verlauf seines Lebens sammelt, der Platz der G. in der Hierarchie der Lebenswerte, die Funktion von G. in der Lebensstrategie und im Alltag. Sozialpsychologische Untersuchungen zeigen beispielsweise, daß gewaltbereite oder gewalttätige Jugendliche, brutale und aggressive Männer vorgeschädigt sind, an mangelndem Selbstbewußtsein leiden und besonders häufig aus Elternhäusern kommen, in denen G., Zwang und Unterdrückung herrschten und Liebe und Zärtlichkeit fehlten (→ *Familie*). Insgesamt hat (in bezug auf Partnerbeziehung, Sexualität und Geschlechterverhältnisse) G. auf gesellschaftlicher Ebene die Funktion,

a) bestimmte Normen des Zusammenlebens der Geschlechter und der herrschenden Sexualmoral zu sichern (also z. B. sexuelle Kontakte zwischen Geschwistern zu verbieten, Abtreibungen zu bestrafen oder Doppelehen zu untersagen);

b) eine bestimmte Einstellung der Bürger zu erzeugen und zu konservieren (z. B. Ablehnung von oder Bereitschaft zur körperlichen G., Tabuierung oder Enttabuierung sexueller G.) und damit eine bestimmte Gewaltideologie zu pflegen;

c) Gesetzesübertretungen, Sexualdelikte, Sittenwidrigkeiten zu ahnden.

Auf individueller Ebene hat (in bezug auf Partnerbeziehung, Sexualität) G. die Funktion,

a) Herrschaft und Macht (insbesondere des Mannes) zu sichern und Stärke zu demonstrieren;
b) Frust abzureagieren, Aggressionen loszuwerden, Selbstbewußtsein zu tanken, Minderwertigkeitskomplexe (→ *Minderwertigkeitsgefühl*) auszugleichen, Erfolg vorweisen zu können;
c) (sexuelle) → *Lust* zu erzeugen und zu befriedigen;
d) zu unterhalten.

Das tatsächliche Erleben und Ausüben von G. ist in bezug auf die einzelnen Menschen extrem unterschiedlich und von Zeit und Zeitgeist abhängig. Der jeweilige Zeitgeist bestimmt auch das Niveau der Reflexion von G. und deren öffentliche und subjektive Bewertung. Galten früher Prügel und die eheliche Pflicht zum Geschlechtsverkehr als normal, so ist diesbezüglich – nicht zuletzt dank der Frauenbewegung – eine deutliche Umbewertung zu beobachten. Ebenso wurden Vergewaltigungen, Kindesmißbrauch und ähnliches thematisiert, enttabuisiert, den Dunkelzonen entrissen. G. einschließlich sexueller G. ist zu einem zentralen Gegenstand öffentlicher und mehr oder weniger offener Diskussion geworden.

Im Prinzip gilt der allgemeine Gewaltbegriff auch im sexuellen Bereich, dort jedoch mit wenigstens zwei Besonderheiten:

a) Sexualität wird oft schon als solche mit G. in Verbindung gebracht (z. B. wenn beim Sexualakt das männliche Glied eingeführt wird; G. von Männern gegen Frauen).
b) Dem Sexuellen kommt in der Strafjustiz eine Sonderrolle zu: entweder keine Strafe (z. B. sexueller Mißbrauch rassisch Verfolgter, Vergewaltigung in der Ehe, sexuelle Übergriffe im Krieg) oder eine besonders hohe (z. B. sexuelle Kontakte mit Kindern, → *Homosexualität*, → *Exhibitionismus*). KS

Gewalt, sexuelle: jede sexuelle Handlung, die einem Menschen gegen seinen Willen aufgezwungen wird. Bei den Tätern überwiegen Männer.

Die schwerste Form stellt die Vergewaltigung dar, d. h. der unter Anwendung von seelischer und/oder körperlicher Gewalt erzwungene vaginale oder anale Koitus. Durchaus nicht alle Vergewaltigungen sind sexuell motiviert, wie man früher fälschlicherweise oft angenommen hat. Neuere Forschungen haben ergeben, daß verschiedene Ursachen in Frage kommen:

(1) aus Wut: Aus einer plötzlichen Verärgerung heraus erfolgt impulsiv der Angriff. Das Opfer ist eine dem Täter zufällig über den Weg

laufende Person, an der er seine Wut- und Rachegelüste ausläßt. Die Frauen können in diesen Fällen auch älter und äußerlich unattraktiv sein; sie kennen den Täter nicht. Indem dieser sein Opfer schlägt, beschimpft und schließlich noch vergewaltigt, will er Unrecht, das ihm selbst angetan wurde, abreagieren.

(2) aus Machtverlangen: Hier handelt es sich nicht um eine spontane Reaktion, sondern um eine sorgfältig geplante. Häufig gehen der Aggression Vergewaltigungsphantasien voraus, bei denen sich der Täter zunehmend in sein Verlangen hineinsteigert. Oft handelt es sich um Menschen mit Minderwertigkeitskomplexen, die sich beruflich oder in der Familie nicht durchsetzen konnten und persönliche Kränkungen einstecken mußten. Nun wollen sie den Spieß umdrehen und über andere bestimmen, die Vergewaltigung dient ihnen zur Bestätigung ihrer Macht und stärkt ihr angeschlagenes Selbstwertgefühl. Diese Personen schüchtern die Frauen ein, bedrohen sie z. B. mit einer Waffe (Messer, Pistole) oder würgen sie. Innerlich sind sie dabei selbst nervös und ängstlich, was sie aber durch betont brutales Auftreten zu verbergen suchen. Oft werden die Frauen wie Geiseln behandelt, stundenlang an einem Ort festgehalten und gedemütigt. Ausgesucht werden entweder gleichaltrige oder jüngere Frauen, denen sich der Täter am ehesten gewachsen fühlt. Wird er nicht gefaßt, neigt er dazu, die Tat zu wiederholen. Nach außen hin sind diese Personen meist unauffällig, wirken eher gehemmt und zurückhaltend.

(3) aus sadistischer Motivation: Diesem Tätertyp geht es um die sexuelle → *Lust* und Befriedigung, die sich für ihn aus dem Anwenden sexueller G. ergeben. Dabei erregen ihn besonders die Qualen, die er seinem Opfer zufügt. Er zieht den Vorgang bewußt in die Länge, weidet sich an den Schmerzen, die er z. B. seinem Opfer durch zahlreiche Messerstiche oder Verbrennungen zufügt. Auch hier ist die Vergewaltigung fast immer geplant, die Vorbereitung, z. B. das Beschaffen von Fesseln, Ketten oder Waffen, kann sich über Wochen erstrecken. Nicht immer ist der Tod des Opfers von vornherein einkalkuliert, aber der Täter kann so von seiner sadistischen Neigung überwältigt werden, daß er – um sein Lustgefühl noch weiter zu steigern – es schließlich umbringt. Hinterher fühlt er sich entspannt und sexuell befriedigt, aber fast immer nur zeitweilig. Nach einer mehr oder weniger kurzen Zeit entwickelt sich erneut der Drang zu sadistischen Handlungen, weil der »normale« Sexualverkehr ihn nicht reizt und unbefriedigt läßt.

Deshalb ist auch hier immer mit Wiederholungen zu rechnen.

Viele sexuelle Gewalttaten finden unter Alkoholeinfluß statt. Hemmungen fallen weg, das Kritikvermögen ist eingeschränkt, der Täter fühlt sich stark und zu allem fähig. Mitunter kommt es – vor allem unter Jugendlichen – doch nicht ausschließlich – zu Gruppenvergewaltigungen, d. h. mehrere Personen fallen über eine Frau her, um sie einer nach dem anderen zu vergewaltigen. Für das Opfer bedeutet dies nicht nur ein schweres seelisches Trauma, oft kommt es dabei infolge des rücksichtslosen Vorgehens zu schweren Verletzungen im Genitalbereich.

Nach dem heutigen Erkenntnisstand war die Mehrzahl der Vergewaltigungstäter in der Jugend selbst Opfer ähnlicher Delikte.

Wegen der häufigen sexuellen Gewaltakte nicht nur gegenüber Erwachsenen, sondern zunehmend auch gegenüber Kindern hat man in einigen Ländern Beratungsstellen für die Opfer eingerichtet und versucht, auch die Täter zu behandeln, weil man diese Gewalttaten mit Bestrafung nicht verhindern kann. Vergewaltigte Frauen suchen in Selbsthilfegruppen Rat und Hilfe. Viele von ihnen leiden noch Monate bis Jahre nach dem Ereignis unter psychischen Störungen. Begünstigt werden diese auch durch das Unverständnis der Umwelt und mitunter auch der Behörden, wenn sie Anzeige erstatten. Nicht selten wird ihnen vorgehalten, daß sie den Täter vielleicht durch ihr kokettes oder entgegenkommendes Verhalten oder ihre aufreizende Kleidung sozusagen direkt zur Tat provoziert hätten. Fehlen erkennbare Verletzungen, wird ihnen oft gar kein Glaube geschenkt.

Ein besonderes Kapitel bilden die Vergewaltigungen in der Ehe. Lange Zeit wurden sie bei uns nicht strafrechtlich verfolgt, obschon sie – wie die in Frauenhäusern Hilfe suchenden Frauen tagtäglich beweisen – keine Einzelfälle sind. Daß es immer noch zulässig sein soll, in der Ehe unter welchen Umständen auch immer seiner »ehelichen Pflicht« nachzukommen, erinnert an das Mittelalter und paßt nicht in unsere Zeit. Im Oktober 1995 wurde endlich ein entsprechender Antrag in erster Lesung im Bundestag diskutiert, so daß auf eine gesetzliche Regelung dieses Problems 1996 zu hoffen ist. Ar

Gewissen: das sittliche Normbewußtsein des Menschen; das individuelle System verinnerlichter gesellschaftlicher → *Moral.* Immer dann, wenn angeeignete → *Normen* mit Bedürfnissen in Konflikt geraten, ist das G. die Entscheidungsinstanz zwischen Sollen und Wollen bzw. zwischen Mögen und Dürfen. Je stärker gesellschaftliche Sexualnormen die Entfaltung sexueller → *Bedürfnisse* einschränken und kanalisieren, desto konfliktreicher gestaltet sich die Persönlichkeitsentwicklung (→ *Sozialisation*). Bedürfnisbefriedigung erfordert dann Normübertretungen und erzeugt Schuldgefühle (»Gewissensbisse«). Normkonformes Verhalten kann zur Verdrängung der Bedürfnisse und zu psychischer Fehlentwicklung führen. We

Gleitfähigkeit: eine wichtige Voraussetzung für einen schmerzfreien vaginalen und analen → *Koitus*. Bleibt bei der Frau aus irgendwelchen Gründen die G. der Scheideninnenwand aus (Lubrikationsstörungen), bereiten die koitalen Stoßbewegungen sowohl ihr als auch dem Partner Schmerzen. Um dies zu vermeiden, kann man → *Gleitmittel* verwenden. Da die Schleimhaut des Mastdarms sehr empfindlich ist, ist dies auch für den → *Analverkehr* zu empfehlen. Ar

Gleitmittel: verschiedene meist cremeartige Substanzen wie Vaseline oder Öle, mit denen man die → *Gleitfähigkeit* der Scheide oder des Afters verbessern und dadurch das Einführen des Penis erleichtern kann. Erstens vermeidet man damit Schmerzen und Einrisse der Schleimhaut, zweitens kann das Einreiben mit dem G. für beide Beteiligten lustvoll und erregend sein, weil man sich damit gegenseitig auf den noch intimeren Kontakt einstimmt. Für Männer wurden aus diesem Grund die Feuchtkondome produziert, und auch das für die Frau entwickelte Kondom → *Femidom* ist mit einer Gleitschicht versehen. Da bei älteren Frauen die Gleitfähigkeit der Scheide (Lubrikation) abnimmt, läßt sich mit G. eventuellen Kohabitationsschmerzen vorbeugen.
G. der verschiedensten Art sind in → *Sexshops* erhältlich. Das einfachste und immer zur Verfügung stehende G. ist der Speichel. Ar

Go-go-Girl (engl. go-go = schwungvoll): Schautänzerin oder → *Striptease-Mädchen* oder → *Animierdame* in einem Vergnügungslokal, typischerweise in den Go-go-Bars New Yorks. Das G. bewegt sich – oft vor einem Spiegel – aufreizend auf einem Podest hinter der Theke oder einer Bühne und erhält dafür von dem männlichen Zuschauer Geld zugesteckt – die berühmte längsgefaltete Dollarnote. Das G. behält dieses Geld – auch als Zeichen ihres Erfolges – meist in der Hand oder steckt es – wie in einschlägigen Filmen zu sehen – in Strumpfband, Höschen oder BH: Girl und Geld tanzen – sinnfällig eng verbunden.
Einst in deutlichem Abstand zum Besucher, rücken in jüngster Zeit die G.

näher an den Mann heran. Anfassen ist jedoch nicht gestattet. Das G. bleibt distanziert und präsentiert sich überlegen-dominant den eher verschüchterten Betrachtern. Nicht sein körperliches Eingreifen, sondern seine Phantasie ist gefordert. Dieser – in → *Aids*-Zeiten sichere Sex – ist ein Surrogat (Ersatz) für partnerschaftlichen Kontakt. Für den häuslichen Bedarf kann ein G. außer Haus geleast werden (»Gogo-to-go«). KS

Gottheiten der Liebe und der Fruchtbarkeit: Liebe und Fruchtbarkeit sicherten das Überleben, bedeuteten Wachstum und Wohlbefinden, brachten Lebensfreude und Lebensgenuß und waren im Alltag der Menschen von zentraler Bedeutung. Daher sind die G. in allen → *Mythologien* zu finden. Sie sind in unser Kulturgut eingegangen und in Symbolen sowie in der Sprache gegenwärtig. Heute glaubt zwar niemand mehr an die alten G., doch sind neue entstanden, die den modernen Lebensformen entsprechen. Herausragende Formen sind der Starkult, die abgöttische Verehrung von Sexidolen, die Unterwerfung unter das herrschende Schönheitsideal, die massenmediale Personifizierung von Frauen- und Männerleitbildern. Madonna, Michael Jackson und der Marlboro-Mann sind gewiß nicht weniger mächtig als die G. von damals; Marilyn Monroe oder Brigitte Bardot waren erotische Göttinnen, Robert Redford und Paul Newman schweben über den Wolken, Marlene Dietrich war von Kopf bis Fuß auf Liebe eingestellt und Greta Garbo göttlich. KS

Beispiele:

Adonis: der von Aphrodite geliebte schöne Gott;
Amor (Liebe): lateinischer Name des griechischen Liebesgottes Eros;
→ *Aphrodite*: die griechische Göttin der Schönheit und der Fruchtbarkeit;
Astarte: die Muttergöttin der Kanaanäer;
Circe: die göttliche Zauberin, die Männer betören konnte (→ *bezirzen*), ausgenommen Odysseus, der ihr – der »Circe mit den schönen Locken, die wie eine Menschenfrau wirkte« (Homer) – widerstand, aber dann doch mehrere Jahre bei ihr lebte und Kinder zeugte;
→ *Eros*: der junge griechische Liebesgott;
Hathor: kuhgestaltige Göttin des Himmels und der Fruchtbarkeit im alten Ägypten;
Inanna: sumerische Göttin der Fruchtbarkeit und der Liebe und bedeutendste Göttin im Pantheon;
Ishtar: die babylonische Göttin der Fruchtbarkeit und der Liebe (Ishtar-Tor im Pergamonmuseum Berlin);
Isis: die Muttergöttin der Ägypter;
Juno: die römische Schutzgöttin der

Frauen und der Ehe, Gattin von Jupiter;
Krasopanj (Schöne Frau): in der slawischen Mythologie die Liebesgöttin der alten Bewohner von Mähren; in Brünn und Olmütz prächtige Tempel ihr zu Ehren;
Krishna: eine der Inkarnationen (Menschen- bzw. Fleischwerdungen) des Hindu-Gottes Vishnu; vereint mit Radha Symbol der vergöttlichten wahren Liebe;
Kybele: die Fruchtbarkeitsgöttin Phrygiens; ihr Liebhaber war der kastrierte Gott Attis als Sinnbild für unerfüllte Liebe;
Lakshmi: die Lotosgöttin des Glücks, der Liebe und der Schönheit in der Hindu-Mythologie;
Min: der ägyptische Gott der Manneskraft und der Fortpflanzung;
Nahon Duraki: die Göttin der Sanftmut und der Liebe bei den zongarischen Kalmücken; Mädchen und Frauen baten sie um Beistand in Liebesangelegenheiten;
Nimba: die Fruchtbarkeitsgöttin der Frauengesellschaft der Sima in Guinea;
Thor: der germanische Gott des Gewitters und der Fruchtbarkeit, meist als großer, starker, wohlgestalteter rothaariger junger Mann mit dem wunderbaren Hammer dargestellt;
Venus: römische Göttin der Liebe, Schönheit und Fruchtbarkeit;
Xochiquetzzal: aztekische Göttin der Blumen und Früchte, gemeinsam mit ihrem Bruder Xochipilli über Schönheit, Glück, Liebe und Jugend gebietend.

→ Dionysos, → Artemis, → Chariten, → Danae, → Daphne, → Faun, → Helena, → Hera, → Leda, → Mänaden, → Nymphen, → Pan, → Satyrn, → Silenos, → Zeus.

Graffiti (ital. graffiare = kratzen): eingeritzte oder aufgekritzelte Texte und Zeichnungen, Wandmalereien mit und ohne Inschriften, buntfarbig an die Wand gesprayt, wobei die künstlerische Qualität ganz unterschiedlich ist und von Schmierereien bis zu Kunstwerken reicht. Viele G.-Hersteller bezeichnen sich als Untergrund-Maler; manche stellen zunächst Entwürfe ihrer Bilder her, andere führen ihre Spraydosen bei sich und folgen einer spontanen Eingebung. So vielschichtig wie das Leben sind die Motive, vom Sex bis zur Politik wird nichts ausgelassen. Meist sind sie frech, provozierend. Besonders anschaulich zeigte das die Berliner Mauer, die an der westlichen Seite – der östlichen konnte man sich ja bis zur Wende nicht nähern, geschweige denn, sich malend betätigen – mit G. aller Art geradezu übersät war.
Seit alters her gab es eine Vorliebe für sexuelle G. Während man sie heutzutage an Wänden in der ganzen Stadt vom Bahnhof bis zur öffentlichen Toilette finden kann, bekam man sie

früher vor allem in → *Bordellen* zu Gesicht. Berühmt wurden die G., die man bei Ausgrabungen von Pompeji gefunden hat, vor allem in dem Stadtviertel, in dem die → *Bordelle* angesiedelt waren (damals Lupanare genannt). So schrieb ein vermutlich regelmäßiger Besucher an die Wand: »Hier habe ich mit vielen Mädchen geschlafen«, eine gewisse Virgula teilte ihrem Tertius mit: »Du bist unanständig«, ohne uns allerdings wissen zu lassen, was er nun eigentlich von ihr gewollt hat. An einer anderen Stelle wurden Botschaften ausgetauscht. Ein Nebenbuhler teilte seinem Rivalen mit, daß die geliebte Magd Iris sich nichts aus ihm mache, worauf dieser darunter hinschrieb: »Neidhammel du, weil du platzt! Verunglimpfe keinen, der besser aussieht und ein toller Bursche ist und hübsch.«

Der Drang oder die Lust, seine Befindlichkeit oder seine Wünsche und Vorstellungen in dieser Form mitzuteilen, ist bis heute geblieben. Jeder hat sicherlich schon G. gesehen. Die Inhalte haben sich seit Jahrhunderten nur wenig verändert, lediglich die Ausdrucksweise ist unserer Zeit angepaßt worden. Einige wollen informieren oder zum Treffen animieren, z. B. durch Angabe der Telefonnummer, unter der man im Bedarfsfall erreichbar ist. Andere sind Ausdruck von Unmut oder Zorn (»Leck mich« oder »Fuck me«), manch einer schreibt eine Liebeserklärung an die Wand (»Ulrike, I love you« oder »Maik ist doof«). Vor allem in Toiletten sieht man häufig Koitusdarstellungen (→ *Fellatio*, → *Cunnilingus* oder → *Analverkehr*), oft mit übergroßen Geschlechtsorganen oder Riesenbrüsten versehen. Der Zeichner erregt sich an seinem Werk selbst und will damit auch andere provozieren. Bei dieser Art von G. sind künstlerische Qualitäten und Witz selten; sie bestechen vor allem durch Grobheit, Vulgarität und Obszönität. Ar

Grausamkeit: rücksichtslose Zufügung von Schmerz. In bezug auf Sexualität ist G. in folgenden Zusammenhängen zu finden:

1. G. bei der Bestrafung für tatsächliche oder vermeintliche Übertretung der herrschenden Sitten, für »sündiges« Verhalten: → *Huren* wurden an den Pranger gestellt; sündigen Priestern die Geschlechtsteile abgeschnitten; sich verweigernde Ehefrauen geprügelt; Ehebrecherinnen ertränkt; → *Hexen*, die sich mit dem Teufel eingelassen hatten, gefoltert und verbrannt; ledige Mütter verstoßen; Abtreiberinnen geschmäht und ins Gefängnis geworfen.

   Diodoros, der griechische Historiograph, schreibt über das alte → *Ägypten*: »Denjenigen, die dabei betroffen werden, daß sie eine freie Frau vergewaltigt haben, werden die Genitalien abgeschnitten. Denn man zieht dabei in Betracht, daß dieses Vergehen drei sehr große Übel enthält: die Beleidigung, die Verderbnis der Sitten und die Unsicherheit der legitimen Geburt. Für den Ehebruch, der ohne Gewaltanwendung begangen wurde, soll der Mann tausend Rutenstreiche bekommen, und der Frau soll ihre Nase abgeschnitten werden. Der Gesetzgeber will, daß sie ihrer Reize beraubt werde.«

Im Hochmittelalter konnte eine treulose Frau gesteinigt oder in eine Schlangengrube geworfen werden. In Frankreich, China, Rußland und anderen Ländern wurden Ehebrecherinnen öffentlich in einem Käfig angeprangert. Eine andere Strafe war die Schindung, d. h. das Abziehen der Haut bei lebendigem Leibe, gelegentlich unter Beteiligung des betrogenen Ehemanns; die abgezogene Haut wurde an die Wand gehängt (Darstellung auf einem persischen Kupferstich aus dem 18. Jahrhundert). In → *China* wurde für treulose Frauen die langsame Zerstücklung angeordnet. Die verurteilten Frauen wurden an einen Pfahl gebunden, dann wurden die Brüste und hernach die Muskeln der Schenkel und der Arme abgeschnitten. Reiche Eltern konnten die Henker bestechen, durch Opium das Opfer zu betäuben oder durch einen Messerstich ins Herz die Leiden vorzeitig zu beenden.

Die Brüder d'Aunay, denen vorgeworfen wurde, sie hätten Marguérite und Blanche, die beiden schönen Töchter Philipps IV. (französischer König im 14. Jahrhundert), verführt und mit ihnen selbst an den heiligsten Tagen des Jahres gesündigt, wurden lebendig geschunden, kastriert, enthauptet und an den Achseln aufgehängt (nach Roland Villeneuve, »Grausamkeit und Sexualität«, 1988).

Weil sie die Opfer siech und unfähig zum Geschlechtsverkehr macht, wurde die sogenannte Entnervung praktiziert, das Durchtrennen und Verbrennen der Sehnen der Kniekehlen. Dokumentiert in einem Gemälde von Luminais, ließ in merowingischer Zeit Chlodwig II. seine eigenen Söhne auf diese Art verstümmeln und auf einem Floß mitten auf der Seine aussetzen.

Der König von Thrakien, Giegylis, ließ unzählige Opfer, deren Schönheit ihn erzürnte, zwischen zwei Planken spannen und zersägen.

Die sogenannten Wollustverbrechen betrachtete man nicht selten als von Teufeln und Dämonen eingegeben, widernatürlich und abartig. In ihrem Rang übertrafen sexuelle Verbrechen die Todsünde und wurden dementsprechend geahndet.

Neben Ehebruch, → *Sodomie*, → *Prostitution* und anderen Delikten fielen auch – je nach Zeiten und Völkern – → *Homosexualität*, → *Transsexualität* der grausamen Verfolgung anheim. Dies ist bis auf den heutigen Tag in manchen Ländern der Fall.

Oftmals waren und sind die sogenannten Wollustverbrechen nur ein Vorwand zur G. und Verfolgung mißliebiger Personen.

2. G. zum Zwecke oder als Möglichkeit des sexuellen Lustgewinns in den verschiedensten Formen. Die bekannteste ist der → *Sadomasochismus*. Der Marquis de Sade betrachtete die Qual als eine unentbehrliche Würze der Liebe und als Essenz der Erotik:
»Das erklärt die Manie der ausschweifenden Libertins, die, wie die meisten von uns, nicht zu Erektionen und zum Samenerguß gelangen können, wenn man sie nicht die abscheulichsten Akte der Grausamkeit begehen läßt, wenn sie nicht förmlich im Blut ihrer Opfer baden. Und Angst und Schmerz ihrer Opfer genügt ihnen noch nicht, um in ihrem wollüstigen Wahn zur erstrebten Lösung ihrer Lust zu gelangen. Sie müssen vielmehr auch die Ursachen dieser Ängste, dieser maßlosen Leiden sein. Sie wollen ihre Nerven in einer heftigen Erschütterung vibrieren fühlen und wissen ganz genau, daß die Sensationen des Schmerzes stärker und dauerhafter sind als die der Lust.«

Für viele Folterknechte, Peiniger, Inquisitoren ist sexuelle Lust ein wesentliches Motiv ihres Treibens; es geht ihnen dann nicht mehr um Geständnisse oder Bestrafung, auch nicht bloß um Entwürdigung und Entmenschlichung der Opfer, eigentlich überhaupt nicht um die Opfer, sondern um sich selber und ihre sexuelle → *Lust*.

Die Verbindung von Grausamkeit und sexueller Lust ist auch ein massenpsychologisches Phänomen. Öffentliche Hinrichtungen, Tribunale, Quälereien, Ausschreitungen, Pogrome wirken in Menschenmassen und bei Massenmenschen erotisierend. Es wird berichtet, daß es 1757 bei der öffentlichen Folterung und Hinrichtung von Robert François Damiens (der angeblich Ludwig XV. töten wollte) – ein barbarisches Schauspiel, das einschließlich Zwicken mit glühenden Zangen, Abbrennen der Mörderhand, Übergießen mit flüssigem Blei und siedendem Öl, Ausrenkungen und schließlichem Auseinanderreißen von vier Pferden drei Stunden dauerte – in der johlenden Menge zu sexuellen Handlungen kam, während auf den besseren Plätzen die Damen ihre Kavaliere

verwöhnten und sich ihrerseits von ihnen befriedigen ließen.
Dieses Beispiel verweist auf eine wesentliche Funktion der G.: die Unterhaltungsfunktion. Durch Massenmedien und die weite Verbreitung von Gewaltvideos, → *Pornographie*, Horror-, Kriegs- und Kriminalfilmen wird der Genuß des Leidens anderer gefördert, und Nervenkitzel, lustvolles Schaudern, scheinheiliges Empören und Sensationsgier werden bedient. Die G. findet ihren vergnüglichen Platz im Alltag.

3. Sexualisierung von → *Gewalt* und G. Bei der Verherrlichung von G. und Gewalt werden sexuelle Symbole genutzt. Gewalt und G. werden mit Männlichkeit in Verbindung gebracht. Folterungen richten sich symbolisch oder tatsächlich auf Sexuelles. Bevorzugter Ort für Quälereien sind Geschlechtsmerkmale (Abschneiden oder Ausreißen der Haare, Hodenquetschen, Abschneiden der Brüste oder des Penis, Schlagen auf die Geschlechtsteile, Peitschen des nackten Hinterns, Pfählen durch die Scheide, Zigarettenausdrücken auf den Brüsten, Elektroschocks über Glied, Hoden, Kitzler, Brustwarzen). Das Abschneiden, Ausbrennen, Abschlagen der Brüste war nicht nur ein erregendes Schauspiel, sondern traf die verschandelten Frauen, sofern sie überlebten, für immer in ihrem Selbstbewußtsein. Auf dem Gemälde von Sebastiano del Piombo ist das »Martyrium der heiligen Agatha« dargestellt, der im 3. Jahrhundert vor der vollständigen Zerstückelung mit glühenden Zangen die Brustwarzen abgezwickt wurden, weil sie sich dem Statthalter Quintinus verweigert hatte. Die heilige Agnes hingegen wurde, weil sie den Sohn eines Präfekten nicht heiraten wollte, in ein Bordell gesperrt und dann enthauptet.
Der Feldherr Tiberius regte an, Kriegsgefangene in kurzen Abständen große Mengen Wein trinken zu lassen, um ihnen dann den Penis zuzuschnüren, so daß sie nicht nur unter der Abschnürung, sondern auch unter dem Harndrang litten (nach Sueton).

4. G. als Befolgung von Bräuchen, Sitten, Normen, Ritualen, also nicht aus persönlichen, sondern aus außer- und überindividuellen, vor allem religiösen Gründen. Dazu gehören alle möglichen Verstümmelungen, Beschneidungen, Verkrüppelungen, Opferungen, Tätowierungen, Kastrationen, z. B. das Kleinhalten der Füße im alten China, das Herausschneiden des Kitzlers in Afrika, die Entmannung zum Eunuchen in Persien.

5. Erotisch-sexuell getönte G. gegen sich selbst, nicht selten aus reli-

giösen Gründen. Dazu gehören vielfältige Formen der Selbstkasteiung (z. B. der indischen Fakire), der sexuellen Enthaltsamkeit (→ *Askese*, → *Keuschheitsgürtel*), der Selbstgeißelung (→ *Flagellantismus*), der Selbstkastration und Selbstverstümmelung.

Um sich aller Versuchungen zu erwehren, bedeckte im 11. Jahrhundert die heilige Oliva ihren Busen mit einem Stachelpanzer. Die heilige Johanna von Frankreich trug Eisengürtel, die dicht mit Nägeln besetzt waren. Johanna von Chantal tätowierte mit einem glühenden Eisen den Namen Jesu in ihre Brust, Maria Alcoque benutzte dazu ein Messer. Bis auf den heutigen Tag wurden zu allen Zeiten teilweise schmerzhafte Manipulationen am eigenen Körper, vorzugsweise an Geschlechtsmerkmalen, vorgenommen: Tätowierungen, Ausweitungen, Durchbohren der Lippen, Brustwarzen, Genitalien zwecks Befestigung von Drähten, Stöckchen, Schmuck (→ *Piercing*), Körperverformungen durch Kleidung und → *Mode* (→ *Büstenhalter*), Schönheitsoperationen, Liften. Die Anhänger der russischen Sekte der Skopten entledigten sich, sobald die Nachkommenschaft sichergestellt war, ihrer Sexualorgane. Brüste junger Mädchen wurden abgeschnitten und verspeist. Lukian berichtet von Jünglingen, die sich während einer Orgie die Genitalien abschneiden, um so attraktiver für Männer zu werden. In Peking kastrierten sich Mitglieder der Sekte »Söhne des Himmels« selbst. Brecht führt in seinem Stück »Der Hofmeister« (nach Lenz) das tragische Schicksal eines Hauslehrers vor, der seinen Sexualtrieb nicht anders als durch Abschneiden der Hoden zu zähmen wußte.

Eine besondere Form lustvoller und erotisch-sexuell bedeutsamer G. gegen sich selbst ist die → *Sucht*, z. B. die Drogensucht.

6. Psychische und physische (seelische) G. in der Paarbeziehung, in Ehe und Familie und im Sexualverhalten. Sie reicht von Beleidigungen, Entwürdigungen, Bestrafungen aller Art bis zu Tätlichkeiten und Brutalitäten beim sexuellen Vollzug. Bei Gewalttätern mischen sich oft Sexuelles und Grausames. Ein gekürztes Beispiel aus dem Buch »Vergewaltigungen in Deutschland« von Klaus-Peter Becker 1984: Die jungfräuliche Tochter wird vor den Augen des geknebelten Vaters von zwei Einbrechern sechs Stunden lang mehrfach vergewaltigt (einschließlich Analverkehr), mit 80prozentigem Rum betrunken gemacht; in der Badewanne wird dem Mädchen, das unsäglich lei-

det und zeitweise das Bewußtsein verliert, der Brausekopf in die Scheide gepreßt und anschließend ein Flaschenhals in die Scheide gerammt, während sie gleichzeitig unter einer über sie geworfenen Decke fast erstickt.

Die drastischste Form der G. und vielfältig mit Sexuellem verbunden, ist die Folter, »eine ganz spezielle Erfindung des menschlichen Geistes«, wie der französische Historiker Roland Villeneuve 1968 schreibt. Nach Thierry Maulnière ist die Folter »eine Perversion des Mitleids, wie die Obszönität eine Perversion der Scham ist«.

Inwieweit G. zum Wesen des Menschen gehört und ob man von einer natürlichen G. jedes Menschen sprechen kann, ist ebenso umstritten wie Thesen, daß alle → *Sexualität* eine grausame Dimension habe. Nicht bezweifelt wird hingegen, daß G.

a) erlernbar ist und mit anderen Verhaltensmustern in einer Gesellschaft übereinstimmt und
b) es in dem jeweiligen sozialen Kontext und bei bestimmten Menschen zu einer charakteristischen Verflechtung von G. und Sexualität kommt. KS

griechisch: Analkoitus. Da im alten Griechenland die Knabenliebe weit verbreitet war, bot sich in späteren Zeiten g. als verschleiernder Name für anale Sexualpraktiken an. Der Ausdruck g. ist ein unverfänglicher Deckname. Er hat im sexuellen Underground mit seinen Geheimcodes und in der → *Prostitution* einen angestammten Platz. Wenn in → *Sexanzeigen* »griechische Freuden« versprochen werden, so wird analer Sex angeboten. KS

Gruppensex: gemeinsame sexuelle Betätigung von fünf und mehr Personen gleichen oder (meist) verschiedenen Geschlechts. → *Partnertausch* und → *Dreierbeziehung* sind in Anlehnung an eine Definition des Sexualaufklärers Günther Hunold noch kein G., obgleich sie meist dazugehören. Der Effekt des G. ergibt sich

a) aus der Gruppensituation, verbunden mit Schaulust und gewollter Erregung durch Entintimisierung, und
b) aus den Möglichkeiten der Abwechslung und Variation, wobei auch Spielerisches eine Rolle spielt. Tiefere Bindungen werden meist nicht angestrebt oder wirken sich störend aus (→ *Eifersucht*). »Grundprinzip des Gruppensex ist ein ausschließlich körperlich-sexuelles Ausleben, wobei es weniger auf kultivierte Formen des Zusammenseins ankommt – dazu ist

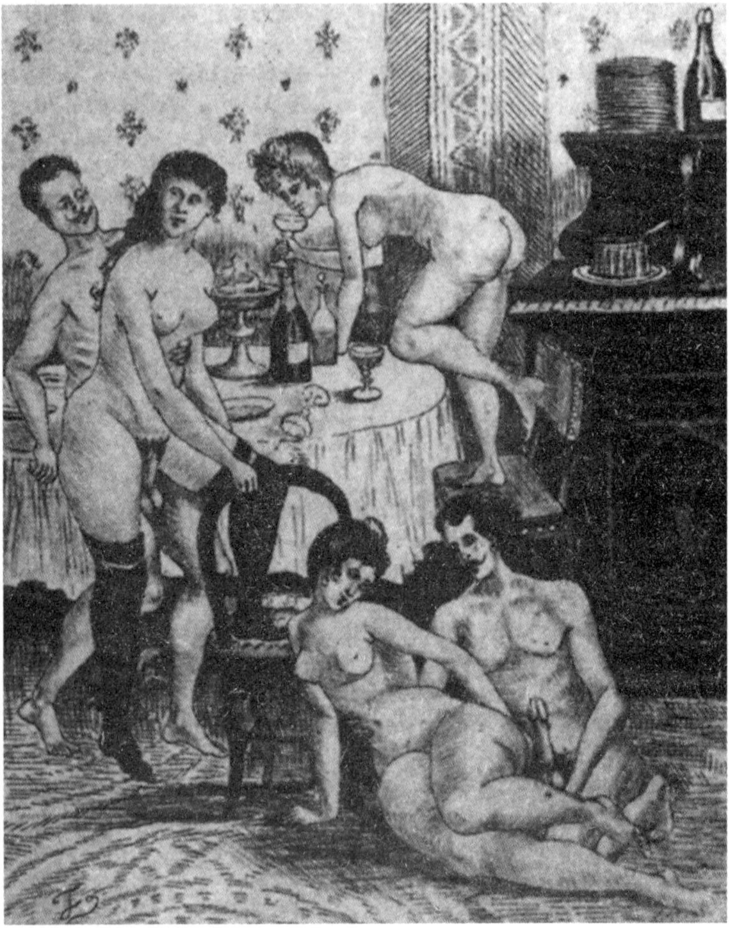

Französische Buchillustration (19. Jh.)

meist gar keine Zeit –, sondern vielmehr auf einen möglichst großen Lustgewinn, der eben aus einer *Zahl* gewonnen wird.« (Günther Hunold, »Moderne Sexualität«, 1979)

G. ist ein beliebtes Thema von Pornofilmen und Pornovideos, weil in extenso Agieren von Geschlechtsorganen, Gleichzeitigkeit verschiedener Sexualpraktiken und »Dauerfick« gezeigt werden können. Im Sexgeschäft bieten einige Clubs, Saunen, Bäder auch (anonymen) G. an. In Anzeigen der → *St. Pauli-Presse* werden Teilnehmer für Sexparties und G. gesucht und vermittelt. Gelegentlich zusammenkommende Gruppen bestehen über längere Zeit. Meist kommt es dann aber doch zu Spannungen und Konflikten sowie – mit höherem Lebensalter und infolge unterschiedlicher Lebenswege – zum Auseinanderfallen der Gruppen. G. gilt nicht als Dauerlösung, und ein lebenslanges Hobby ist er meist auch nicht. G. ist eine typische Erscheinung der modernen Konsumgesellschaft mit Symbolcharakter für die sexuelle → *Liberalisierung*, eine ihrer provokativen Varianten. Wie weit G. wirklich verbreitet ist, kann nicht gesagt werden. Empirischen Untersuchungen zufolge dürften es in Deutschland unter 15% sein, die damit Erfahrung haben.

Ähnliche Formen promiskuitiven Zusammenseins (→ *Promiskuität*) und erotische Feste hat es wohl auch früher und in verschiedenen Völkern zu verschiedenen Anlässen gegeben. In den mittelalterlichen Badestuben ist es sexuell sehr frei zugegangen. In der → *Literatur*, z. B. in Clelands »Fanny Hill«, werden erotische Spiele beschrieben, die man heute als G. bezeichnen würde.

In den USA der 60er Jahre ist ein G. bekannt geworden, der – wie auch der Swing (→ *Swapper* und Swinger) – ein Statussymbol vor allem von etablierten Mittelschichten darstellt, die streng auf bestimmte Regeln der Zugehörigkeit und des Verhaltens achten und G. als förderlich für eine interessante Ehe und eine stabile Partnerschaft betrachten. Helmut Kentler (»Taschenlexikon Sexualität«, 1982) sieht hier eine konservative Funktion des G. und schreibt in diesem Sinne: »G. ist also kein Vorbote einer sexuellen Revolution, sondern ein sozial streng kontrolliertes Spiel mit Promiskuität und Formen sexueller Begegnung außerhalb der Monogamie.« KS

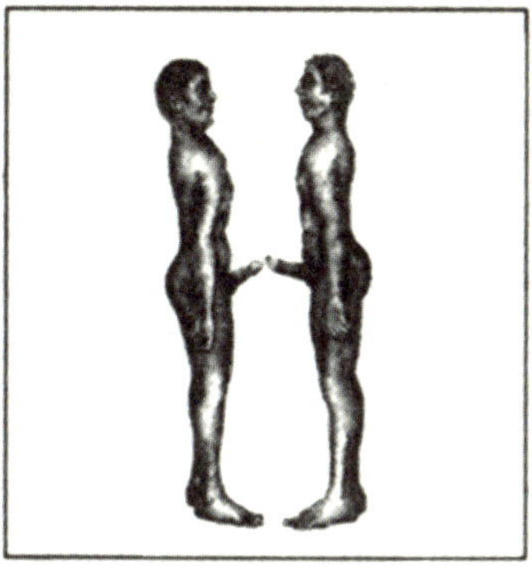

Handarbeit: im Prostituiertenjargon Stimulation des männlichen Gliedes mit der Hand als billigstes Angebot. Die masturbatorisch arbeitenden → *Prostituierten* werden mit Ausdrücken wie Wichsmädchen, Schwanzmasseuse, Milchmädchen, öffentliche Hand, Zupfgeige belegt, die Strichjungen für männliche Kunden mit Abschäler, Abwichser, Melker, Nillenzupfer, Rausquetscher. In Annoncen wird H. als Massage mit Entspannung angeboten. In Zeiten von → *Aids* hat H. als eine Form des Safer Sex an Bedeutung gewonnen.

Allgemein gilt H. als minderwertige Form sexueller Aktion, ähnlich wie die Selbstbefriedigung. H. wird als eine Variante der → *Masturbation* betrachtet, wobei man nicht selbst, sondern der andere aktiv wird, meist weniger effizient, weil er die Sensibilitäten des Gliedes nicht so gut kennt. Viele Männer wissen allerdings die H. als Vor- und Zwischenspiel, manchmal auch als Endspiel, als selbständige Befriedigungsform durchaus zu schätzen. Es gefällt ihnen, wenn die Partnerin oder der Partner an Glied und Hoden spielt oder gezielt den Samenerguß herbeiführt. H. kann gekonnt und kunstvoll geleistet werden, der Genuß kann kultiviert, der Erguß immer wieder hinausgezögert werden. Viele Frauen mögen und vermögen es nicht, ihrem Partner auf diese Weise Freude zu bereiten, fühlen sich benutzt und unangenehm an Selbstbefriedigung des Partners erinnert. Allenfalls lassen sie H. als Notbehelf (z. B. während der Menstruation oder mangels Kondom) oder als gewisses Entgegenkommen, nicht aber als eigenständige Liebeskunst gelten. KS

Heirat (ahd. hirāt = Vorbereitung des Hausstandes): Eheschließung nach den jeweils gültigen Regeln. Mit der H. wird eine Beziehung zwischen einem Mann und einer Frau (sowie von deren Nachwuchs) legitimiert und in eine feste Ordnung eingebunden. Daher genießt die Ehe in den meisten Gesellschaften einen besonderen Schutz, und es bestehen bestimmte Ehe- und Partnerleitbilder. Die H. verbindet zugleich zwei Familien und Verwandtschaftsgruppen, und diese haben meist Interesse an einer bestimmten → *Partnerwahl*. In einigen Gesellschaften ging oder geht das so weit, daß die Familien vorschreiben, welche Personen als Heiratspartner in Frage kommen, oder sie gleich selber aussuchen (→ *Braut*, → *Bräutigam*, → *Freier*). Durch Geschenke und Leistungen (Mitgift, Brautkauf) sowie durch Eheverträge wird das Interesse materialisiert. Geld- und Machtheiraten sind in der Geschichte nicht selten, die gegenseitige Zuneigung war allenfalls eine mögliche, doch keine notwendige Bedingung. »Landleute heiraten nach Land; Edelleute nach Stand; Hofleute nach der Welt; Kaufleute nach dem Geld« (alter Spruch).

Heute setzen sich viele Ehewillige über solche und andere Zwänge und Schranken hinweg; geheiratet wird vorwiegend aus → *Liebe*. Aber bestimmte Muster werden auch heute noch bewußt oder unbewußt eingehalten, z. B. wird viel häufiger innerhalb einer sozialen und Bildungsschicht geheiratet als außerhalb. So etwas ergibt sich bei jungen Leuten allerdings oft weniger aus Vorbehalten als aus den gegebenen Kommunikations- und Kontaktmöglichkeiten und verbunden mit Zweckmäßigkeiten. Eheschließungen über Glaubens-, Rassen- oder Ländergrenzen hinweg werden auch in modernen Ländern noch vielfach als ungewöhnlich betrachtet und in vielen Fällen erschwert oder unmöglich gemacht. »In Deutschland wären normalerweise alle Beteiligten skeptisch, wenn sich die Tochter aus gutem Hause einen Sinti oder Roma erwählte oder der zukünftige Pastor einer atheistischen roten Politikerin mit FDJ- und SED-Vergangenheit zugeneigt wäre. In der DDR war die Eheschließung mit einem Sowjetsoldaten oder einer vietnamesischen Gastarbeiterin die absolute Ausnahme. Die Frau Präsidentin würde gewiß keinen Obdachlosen zum Gatten haben.« (»Almanach«, 1993)

Wenn auch im Grunde ein privater Vorgang, werden bei der H. gesellschaftliche Konventionen, Riten und Bräuche sichtbar, denen die Brautleute unterworfen sind und die ihrem privaten Glück hold oder abhold sein können (→ *Hochzeit*, → *Hochzeitsbräuche*). Die Heiratsordnung von Naturvölkern schrieb starr vor, aus welchen Personenkreisen die Heiratskandidaten kommen durften; Partner- oder sexuelle Beziehung außerhalb der Heiratsordnung waren verboten und wurden teilweise streng bestraft. In Schillers »Kabale und Liebe« verlieben sich ein Adliger und eine Bürgerliche, und diese nicht standesgemäße Verbindung muß scheitern. In früheren Zeiten durften bei uns Knechte und Mägde oft überhaupt nicht heiraten, weil sie nicht in dem für eine Ehe erforderlichen Besitzstand lebten. In Österreich durften sich nach dem Wehrgesetz von 1925 die Angeworbenen, die präsenzpflichtigen Wehrmänner und die aus dem Wehrmannstand hervorgegangenen Unteroffiziere nicht verehelichen. In Deutschland galt zu jener Zeit ebenfalls ein solcher sogenannter Heiratskonsens: Angehörige der Wehrmacht und der Polizei konnten nur nach Genehmigung ihrer Vorgesetzten heiraten, diese wurde meist nicht vor dem 27. Lebensjahr und erst dann erteilt, wenn die Führung des Haushalts finanziell gesichert war (Heiratsordnung vom 5.1.1922). Besonders wenig Rechte hatte zu allen Zeiten die Frau, insbesondere dann, wenn sie arm war. Daß bis auf den heutigen Tag überhaupt eine staatliche Sanktion der Eheschließung erforderlich ist und nicht nur die Erklärung der Eheschließenden genügt, erscheint manchen, insbesondere jungen Menschen als Anachronismus und als Eingriff in ihr Privatleben. Die meisten Menschen machen sich allerdings darüber keine Gedanken, sondern meinen, daß der Status quo der beste ist, und versuchen, ihr Eheglück mit dem standesamtlichen Siegel zu finden. US KS

Heiratsannonce: Kleinanzeige in einer Zeitung oder Zeitschrift zur (Ehe-) Partnersuche. Der Werbende informiert über sich selbst und gibt gewünschte Eigenschaften an. Seit der ersten periodischen Presse im 18. Jahrhundert ist die H. in den einzelnen Ländern unterschiedlich verbreitet. In Deutschland erschien die erste H. 1792 im »Hamburger Correspondenten«. Obwohl meist nur wenige Zeilen umfassend, sind H. äußerst vielgestaltig und in den verschiedenen Zeiten und Gesellschaften inhaltlich unterschiedlich. Sie spiegeln den jeweiligen Zeitgeist und einen gewissen Standard im → *Partnerwunschbild* wider und werden so zu zeitgeschichtlich interessanten Dokumenten, die auch wissenschaftlich erforscht werden. Zudem geben sie darüber Aufschluß, was die Zensur bzw. das jeweilige Presseorgan zuläßt oder nicht. In manchen Staaten sind die H. streng reglementiert. Sie müssen sich ausdrücklich auf die Eheschließung beziehen und dürfen nicht schlechthin Partnersuche beinhalten. Partnerwünsche Homosexueller waren oder sind in solchen Staaten verboten, ebenso wie reine → *Sexanzeigen*. Diesbezüglich unterschieden sich beispielsweise die DDR und die alte BRD gravierend. Homosexuelle Partnerwünsche wurden in der DDR erst Mitte der 80er Jahre in einigen Presseorganen gestattet. Sexkontaktanzeigen gab es überhaupt nicht oder nur in ganz verdeckten Ansätzen.

Die H. erweist sich als eine effektive Form der Partnersuche vor allem für diejenigen, denen der Umgang mit möglichen Partnern erschwert ist oder die Schwierigkeiten beim Kennenlernen haben. Oftmals gehen die Antworten auf eine H. in die Hunderte, so daß eine umfangreiche Korrespondenz abzuwickeln sowie Zeit und Geld für Begegnungen einzuplanen ist. Dies allein verändert oft schon das Leben der Partnersuchenden. Es ist erstaunlich, wie intim und vertrauensvoll auf H. in teilweise umfangreichen Briefen reagiert wird, obwohl der Aufgeber der Anzeige doch gar nicht bekannt ist. Dies deutet auf ein Kommunikationsdefizit auch bei den Antworten hin. Oftmals werden auch teilweise recht freie Fotos mitgeschickt. Ehen, die aufgrund von H. geschlossen werden, sind keineswegs instabiler als andere und oftmals sogar glücklicher. KS

Helena: Tochter des → *Zeus* und der Leda, die von Zeus in Gestalt eines Schwans verführt wurde. Wegen ihrer Schönheit wurde sie schon als junges Mädchen von dem athenischen Helden Theseus geraubt; ihre Brüder befreiten sie jedoch wieder und brachten sie nach Sparta zurück. Unzählige Bewerber hielten um ihre Hand an, schließlich wurde H. die Frau des Königs von Sparta, Menelaos. Der trojanische Königssohn → *Paris* war von ihr ebenso bezaubert wie sie von ihm. Daher ließ sie sich von ihm gerne nach Troja entführen, wobei ihnen die Göttin → *Aphrodite* half, die ein Versprechen einlöste, wonach Paris ihr bei einem Schönheitswettbewerb gegen → *Hera* und Athene den Preis – einen Apfel – zuerkennen würde. Paris ging auf diesen Vorschlag ein und erklärte Aphrodite zur Siegerin (Urteil des Paris), die ihr Versprechen hielt; Paris konnte H. mit nach Troja nehmen. Da Menelaos aber nicht gewillt war, ihm die schöne H. kampflos zu überlassen, sondern seine Gemahlin zurückhaben wollte, kam es zum Trojanischen Krieg, der mit dem Fall Trojas endete. Nach einer abenteuerlichen Reise kehrte H. schließlich zu ihrem Mann zurück, der ihr wegen ihres großen Liebreizes und ihrer unwiderstehlichen Schönheit alles verzieh und sie in Gnaden wieder aufnahm (→ *Antike*, griechische).

H. wurde zum Sinnbild weiblicher Schönheit. Die Entführung der reizvollen Nackten durch Theseus bzw. Paris gehört zu den oft dargestellten Themen in der bildenden → *Kunst*, z. B. bei Tintoretto, Guido Reni, Jacques Louis David. Ar Se

Hemmung:
1. als Prozeß die Dämpfung einer nervlichen Erregung;
2. als Zustand die erworbene Unfähigkeit zur Ausübung einer Handlung (Gehemmtheit).

Erziehung vermittelt gesellschaftliche → *Normen*, die das Kind zum situationsangepaßten Verhalten befähigen sollen. Die in der Kindheit angeeigneten Verhaltensregeln und -bewertungen sind individuell meist sehr stabil, existieren oft unbewußt und sogar gegen später gewonnene Einsichten fort, was als sehr belastend empfunden werden kann (man kann »nicht über seinen Schatten springen«). Wer z. B. in seiner Kindheit sehr prüde in bezug auf Nacktheit erzogen wurde, hat es als Erwachsener schwer, sich unbefangen an den → *FKK*-Strand zu begeben.

Eine andere Ursache für H. liegt in erlebten → *Frustrationen*, in Enttäuschungen bei Annäherungsversuchen an einen potentiellen Liebespartner oder in unbefriedigendem Intimverkehr. H. gegenüber dem anderen Geschlecht empfinden (die in anderen Bereichen oft selbstbewußteren) junge Männer sogar stärker als Frauen, da sie sich bei der Partnersuche in die traditionelle Rolle des Aktiveren gedrängt sehen und in der Praxis wahrscheinlich auch häufiger frustriert werden. Einmal entwickelte → *Minderwertigkeitsgefühle* und Erwartungsängste stellen den Erfolg künftiger Handlungsversuche von vornherein in Frage. Das führt mitunter zu einem Teufelskreis, aus dem heraus der einzelne keinen Ausweg findet. Hierbei können psychologische Beratung oder → *Psychotherapie* helfen. Oft genügt es aber schon, mit einer Person des Vertrauens die belastenden Probleme zu besprechen, um sie hernach Schritt für Schritt praktisch zu lösen. We

Hera: in der griechischen → *Mythologie* die Frau von → *Zeus* (in der römischen als Juno die Frau von Jupiter), die Hüterin der Ehe und Beschützerin der Frauen, denen sie auch bei der Geburt beistand. Allerdings war ihr privates Glück durch die zahlreichen Seitensprünge ihres Gatten oft getrübt. Daß sie mit Vorwürfen und Eifersucht reagierte, ist nur zu verständlich. Ein besonderes Streitthema zwischen den beiden war die sexuelle → *Lust*. Während H. davon ausging, daß der Mann mehr vom Geschlechtsverkehr habe, war Zeus vom Gegenteil überzeugt. Schließlich wurde Teiresias befragt, der Mann und Frau zugleich war. Er antwortete, daß beim Liebesakt die Frau genau neunmal mehr Vergnügen empfinde als der Mann. H. war darüber so erbost, daß sie Teiresias mit Blindheit schlug; Zeus verlieh ihm als Ausgleich die Gabe der Weissagung. Ar KS

Hermaphrodit: in der griechischen → *Mythologie* der Sohn der Liebesgöttin → *Aphrodite* und des Gottes Hermes, der immer doppelgeschlechtlich dargestellt wird. Zwitter, die ja → *Geschlechtsorgane* von Mann und Frau besitzen, nennt man daher Hermaphroditen.

In seinen Statuen gleicht der H. einem schönen Jüngling, dessen Mädchenhaftigkeit durch zarte → *Brüste* angedeutet wird, während der gut ausgebildete → *Penis* seine Männlichkeit betont. Offenbar verkörperte er in der griechischen → *Antike* ein weitverbreitetes Schönheitsideal. Die äußeren Genitalien der Frau hielten die Griechen für nicht besonders reizvoll, um nicht zu sagen häßlich; akzeptiert wurden dagegen die Brüste, und das männliche Genitale fanden sie ausgesprochen schön. Typisch für die damalige Zeit war bei der Menschendarstellung eine gewisse Vermischung der geschlechtsspezifischen Unterschiede von Mann und Frau. Wie sexuell erregend ein H. auch heute noch wirken kann, beschreibt Anaïs Nin in einer erotischen Erzählung. Im Mittelpunkt steht Mafouk, der Hermaphrodit von Montparnasse, der angezogen zunächst wie ein Mädchen wirkt und sich vor seinem Liebhaber entkleidet: »Zuerst zog sie ihr Hemd aus. Ihr Oberkörper war der eines Knaben. Sie hatte keine Brüste, nur Brustwarzen, die wie bei einem Knaben geformt waren. Dann stieg sie aus ihren langen Hosen. Darunter trug sie einen fleischfarbenen Slip. Sie hatte die Beine und Schenkel einer Frau. Sie waren schön geformt und steckten in langen, mit Strumpfbändern gehaltenen Strümpfen. Ich sagte: Laß mich die Strumpfbänder abstreifen. Ich liebe Strumpfbänder! Sie streckte mir das Bein mit der Anmut einer Balletttänzerin entgegen. Langsam streifte ich das Strumpfband ab. Ich hielt ihren zierlichen Fuß in der Hand. Ich sah an ihren Beinen hinauf, die makellos waren. Dann rollte ich den Strumpf herunter. Er enthüllte schönes, glattes Frauenfleisch. Ihre Füße waren fein geformt und sorgfältig pedikürt, die Nägel rot lackiert … Ich stand auf. Dann ließ sie den Slip fallen. Ich sah ihr Schamhaar, das fein gelockt und wie bei einer Frau gewachsen war. Darunter aber hing ein kleiner verkümmerter Penis, wie der eines Kindes … Sie streckte sich auf der Couch aus, machte die Beine breit und enthüllte hinter dem Penis den wohlgeformten Eingang einer Vagina, rosig und zart. Ich war auf einmal erregt. Es war ein merkwürdiges Verlangen. Es war der Wunsch, in ihr einen Mann und eine Frau gleichzeitig zu besitzen.« Ar

Hetäre (griech., Freundin, Geliebte): im alten Griechenland bezahltes Mädchen, das selbständig oder in → *Bordellen* → *Prostitution* betrieb. Die

Dirnen gehörten zum täglichen Leben. Der berühmte Redner Demosthenes soll gesagt haben: »Wir haben Dirnen zu unserem Vergnügen, Nebenfrauen für den täglichen Bedarf, Gattinnen, um uns legitime Kinder zu schenken und den Haushalt zu leiten.«

Auf unterster Stufe standen die *Dikteriaden.* Sie lebten in öffentlichen Freudenhäusern. Die *Auletriden* nahmen als Flötenspielerinnen und Tänzerinnen an Festgelagen teil und erfreuten die Gäste mit ihren körperlichen Reizen. Eine gehobene Form war die H. als bezahlte Partnerin eines wohlhabenden und hochgestellten Mannes. Sie war meist nicht nur schön, sondern auch gebildet und künstlerisch bewandert; es gab spezielle Schulen für sie. Durch ihre engen Beziehungen zu Staatsmännern, Heerführern, Künstlern, Dichtern und Philosophen gehörten viele von ihnen zu den reichsten und mächtigsten Damen der Stadt. Einige sind berühmt geworden und durch die reichhaltige Literatur auch dokumentarisch belegt (die Hetärengespräche des Lukian, die Hetärenbriefe des Alkiphron, die Erotischen Briefe des Aristenaitos u. a.). Auf diese Weise sind uns viele Geschichten von H. überliefert. Die wohl bekannteste H. ist die 469 v. Chr. geborenen Aspasia, die zweite Gattin des Perikles. Sie wurde wegen ihrer hohen Bildung so geschätzt, daß selbst Sokrates zu ihren Füßen gesessen haben soll. Ihre Neider und die politischen Gegner des Perikles versuchten, sie zu vernichten, indem sie behaupteten, sie hätte zwischen Samos und Athen Krieg gestiftet, um ihrer Heimatstadt Milet zu helfen. Sie wurde vor Gericht angeklagt und von Sokrates erfolgreich verteidigt.

Lais die Ältere (400 v. Chr.) soll ebenso schön wie geldgierig gewesen sein. Zu ihren Liebhabern gehörten Philosophen wie Diogenes und Aristippos. Praxiteles, der beste Bildhauer seiner Zeit, verewigte in Delphi seine Geliebte Phryne in einem goldverzierten Standbild auf einer Säule aus pentelischem Marmor. Ein von ihr verschmähter Liebhaber klagte sie an, in einem Tempel gesündigt zu haben, was einer Gotteslästerung gleichkam. Um sie zu retten, riß ihr während der Verhandlung der Verteidiger plötzlich die Kleider vom Leibe. Die Richter waren von ihrer Schönheit so geblendet, daß sie ihr zugestanden, eine Priesterin → *Aphrodites* zu sein und damit auch eine → *»Heilige Hochzeit«* vollziehen zu können. Athenaios berichtet: »Aristoteles zeugte mit der Hetäre Herkpyllis seinen Sohn Nikomachos und liebte sie bis zu seinem Tode.« Die Hetäre Rhodopis spendete dem Heiligtum in Delphi einen Obelisk mit ihrem Namen. Die Athenerin Thais wurde die Geliebte Alexanders des Großen, heiratete nach dessen Tode den ägyptischen König Ptolemaios I. und wurde damit Stammutter der berühmten Ptolemäer einschließlich der Kleopatra.

Der Hetärismus erlebte im 5. Jahrhundert v. Chr. seine Blütezeit und war Bestandteil einer bestimmten Lebenskultur – so wie in späteren Zeiten die Konkubine, die Kurtisane, die Mätresse, die Geliebte und schließlich das feste »Verhältnis« oder das edle → *Callgirl* unserer Tage. Ar KS

Heterosexualität: psychosexuelle Liebe zum anderen Geschlecht, eine sexuelle → *Orientierung*, die bei der überwiegenden Mehrheit der Bevölkerung vorhanden ist. Ihr Gegenstück ist die → *Homosexualität*, die von einer Minderheit gelebt wird. Sexualwissenschaftlich gesehen sind H. und Homosexualität gleichwertige Varianten der menschlichen Sexualität. Seine sexuelle Orientierung kann man sich nicht selbst aussuchen oder willensmäßig unterdrücken; jeder muß das Recht haben, seiner Orientierung gemäß leben zu können, ohne diskriminiert zu werden. H. und Homosexualität haben zum einen ihre Entsprechung in der Wirklichkeit, und zwar in Form von sexuellen Kontakten zwischen Mann und Frau, zwischen Frau und Frau und zwischen Mann und Mann sowie damit verbundenen Einstellungen, Vorlieben, Partnermodellen und Lebensweisen. Zum anderen handelt es sich um theoretische Konstrukte, die nicht allen sexuellen Verhaltensweisen von Männern und Frauen gerecht werden. In einem erotischen System mit den Koordinaten homosexuell – heterosexuell als Abszisse und sexuell aktiv/intensiv – inaktiv/nicht intensiv als Ordinate sind viele Verhaltensweisen möglich. Dazu kommt eine zeitliche Dimension, bezogen auf die jeweilige Gesellschaft und den Lebenslauf eines Menschen, in der die strenge Ordnung – homo- oder heterosexuell – auch durchbrochen werden kann. Von einschneidender Bedeutung für homo- oder heterosexuelles Sexualverhalten, speziell für schwules und lesbisches Verhalten ist, wie die Geschlechterverhältnisse in einer Gesellschaft konstituiert sind und welche → *Geschlechterrollen* vergeben werden. Ar KS

Hexe (mhd. hecse, hesse, ahd. hagzussa, hazissa – dämonisches Wesen auf Zäunen oder in Hecken):

1. häßliche, alte, böse Frau, die zaubern kann; weibliche Gestalt mit dämonischen, schädigenden Kräften aus der Märchen- und Sagenwelt, meist ein verabscheuungswürdiges Wesen (typisches Beispiel: die H. aus dem Märchen Hänsel und Gretel);
2. verdammenswertes, fürchterliches Weib, das von der katholischen Kirche als im Dienst des

Teufels stehend betrachtet wurde und daher der Verfolgung ausgesetzt war (typisches Beispiel: Hexenverbrennung);

3. durchtriebenes, gefährliches, satanisches Weib, entweder (meist) alt, häßlich, zänkisch, unangenehm oder (seltener) jung, raffiniert, lebhaft, verführerisch, betörend, lasterhaft (typische Beispiele: »Du alte Hexe« als Schimpfwort; die junge blonde H. als Verführungssymbol).

Die dem alten Volksglauben entstammende H. suchte ihre Mitmenschen auf die verschiedenste Weise zu schädigen (entweder an Gesundheit und Leben: Erschwerung der Geburt, Tötung der Leibesfrucht; an Besitz, besonders an Vieh: Die H. konnte die Milch verderben; oder dadurch, daß sie als Wetterhexe Sturm entfachte). Oft verwandelte sich die H. in ein Tier (Elster, Katze, Kröte, Falke, dreibeiniger Hase). Sie vermochte auch ihre Opfer zu verwandeln. Die H. konnte, wenngleich mit unheimlichen, verabscheuungswürdigen Mitteln, dann und wann auch Gutes tun (Liebestrank, Verjüngungstrunk). Am wirksamsten war die Kunst der H. in der Walpurgis-, Oster- und Johannisnacht, am schwächsten hingegen am Karfreitag. Als Schutz gegen H. galten Pfingstzweige, Beifußkränze, Kreuzdorn, Vorlegen eines großen Rasenstückes mit hineingestecktem Holunderzweig, das verkehrte Hineinstecken eines Besens vor der Schwelle, das Annageln einer Elster vor der Tür oder das Anbringen eines Drudenfußes auf der Schwelle sowie allerlei Lärmmittel.

Der Glaube an H., Dämonen, Zauberer und Wahrsager mit allen seinen Ungereimtheiten ist so alt wie die Menschheit. Man findet ihn nicht nur bei heidnischen Völkern des Altertums. Auch die Bibel erzählt von Traumdeutern, Zeichendeutern, Totenbeschwörern, von Zauberei und von der H. zu Endor (1. Samuel 28,7 ff.), und sie schreibt das Gesetz vor: »Die Zauberinnen sollst du nicht leben lassen« (2. Mose 22,18). Der → *Aberglaube*, daß es Menschen mit übernatürlichen Kräften geben könnte, die Furcht vor H., nahm – gefördert durch die katholische Kirche – im Mittelalter gewaltige Ausmaße an und wirkt bis in die Neuzeit nach. Die H. wurde in religiöse Zusammenhänge gebracht, indem sie als Verbündete des Teufels definiert wurde, die gegen Christenmenschen Teufelswerk verrichtete und das Böse, Sündhafte, Gotteslästerliche sowie Schuldige schlechthin personifizierte. Daraus entwickelten sich die Hexenverfolgungen. Seit Ausgang des Mittelalters steigerte sich der Hexenglaube zum Hexenwahn. Man glaubte, daß die H. mit dem Teufel Geschlechtsverkehr hätten (Teufelsbuhlschaft) und zu einer Teufelssekte vereinigt mit der Höllenbevölkerung schändliche Feste veranstalteten (Hexensabbate).

Über die fleischliche Vermählung mit dem Teufel haben Theologen und Juristen zahlreiche Abhandlungen geschrieben. Eine im Grunde obszöne, verderbte Phantasie suchte zu ergründen, wie das Gefühl der vom Teufel Beschlafenen gewesen sei, ob der Teufel kalten oder warmen Samen von sich gegeben habe und dergleichen Dinge mehr. Der Teufel selbst vollführe den sexuellen Akt nicht aus eigener geschlechtlicher Begierde, sondern nur deshalb, weil er das sicherste Mittel sei, die Menschen zu verderben. Empfange der Teufel zum Hexensabbat nun als »Sukkubus« die Samenergüsse der Männer, so gebe er sie an die Frauen als »Inkubus« wieder zurück, so daß er tatsächlich keine Teufel zeuge, sondern nur Mißgeburten, Wechselbälge. → *Entjungferung* brauche durch den Teufel nicht zu erfolgen, so daß auch Jungfrauen der Buhlschaft mit dem Teufel bezichtigt werden konnten. Für den Hexensabbat fanden sich sogar Zeugen, die als Unbeteiligte das wüste Treiben mit angesehen haben wollten (ein Geistlicher, der so fromm war, daß er nachts aufstand, um im Freien sein Gebet zu verrichten, sei Zeuge der Ausschweifungen gewesen, und ein Bauer habe einmal sogar den Sexualverkehr von 6000 Teufeln mit ebenso vielen H. beobachtet).

Der Umgang mit den H. scheint dem Teufel aber auch Spaß gemacht zu haben, denn wie sonst soll man den Ausruf von Mephistopheles verstehen: »Denn wenn es keine Hexen gäbe, wer, Teufel, möchte Teufel sein!« (»Faust« II, Walpurgisnacht).

Selbst so hervorragende Geister wie Fischart und Luther verfochten – innig mit den zeitgenössischen Vorstellungen verwachsen – aus tiefinnerlicher Überzeugung die katholische These vom Bestehen der Teufelsbündnisse. Ebenso sind wohl auch die Richter und Henker der H. mehrheitlich, »wenn auch dumm genug, so doch gutgläubig und aus voller Überzeugung zur Verurteilung der Zauberer und H. gelangt«, wie es Paul Englisch in seiner »Sittengeschichte Europas« 1931 ausdrückte.

Der Kultur- und Literaturhistoriker Johannes Scherr (1817–1886) nennt den Hexenprozeß in der »Giftblüte« seines Bestehens eine auf der Dummheit des Volkes basierende theologisch-juristische Spekulation, daraufhin angelegt, die Macht der Inquisition und dadurch die päpstliche Gewalt je länger, um so mehr aufrechtzuerhalten. Außerdem spielte die Geldgier der Richter und Henker eine nicht zu unterschätzende Rolle bei der Hexenverfolgung. (Die Güter der H. wurden konfisziert, man suchte sich wohlhabende H. aus, auch gab es Erpressungen: Wenn du zahlst, streiche ich dich von der Hexenliste). Jemanden als H. oder der Hexerei zu bezichtigen war auch ein Mittel, gegen unliebsame Personen vorzugehen, den Volkszorn auf sie zu richten und seine eigene Position zu stärken, zumal sich die H.

nicht wehren konnten, ein Gegenbeweis von ihnen niemals zu erbringen war und niemals Verteidiger (die dann selbst verdächtigt wurden), sondern immer nur Ankläger Gehör fanden. Daher ist dieses Verfahren bis auf den heutigen Tag ein bequemes und wirksames Mittel zur Durchsetzung von Interessen.

Der bayerische Kanonikus Loos nannte die Hexenprozesse eine neu erfundene Alchimie, durch die man aus Menschenblut Gold und Silber mache. Neben der Machtgier, der Dummheit und der Geldgier wird in der Literatur noch ein weiteres Leitmotiv beschrieben: »Dem aufmerksamen Beobachter der ganzen Bewegung kann der sadistische Zug im Gebaren vieler Richter nicht entgehen, die nackten Weiber, von der Matrone bis zum unmündigen Kind und der blühenden Jungfrau, unter den brutalen Henkersfäusten sich winden zu sehen. Die Körper zerreißen zu lassen, die Blüte zum Welken zu bringen muß den Bluthunden einen Sinnenkitzel bereitet haben, den zu genießen sie immer neue Opfer suchten. Gesellte sich zu diesen Beweggründen noch Haß und Rachsucht, die nur zu oft als Motive zur Denunziation nachzuweisen sind, dann haben wir die Haupttriebfedern vereint, welche die Hexenprozesse in Gang hielten.« (Max Bauer, »Deutscher Frauenspiegel«, Bd. II, 1917)

In ein wirkungsvolles System gebracht wurde der Hexenwahn und das Verfahren zur Hexenbekämpfung in dem berüchtigten »Malleus maleficarum« (Hexenhammer), einer von den päpstlichen Inquisitoren Heinrich Institoris und Jacob Sprenger 1489 veröffentlichten Schrift. Der Hexensabbat, die Teufelsbuhlschaft und all die tausend den H. nachgesagten Untaten sind hier bis ins Detail abgehandelt und zum unbestreitbaren Dogma erhoben. Die Lehre des Hexenhammers ging von der durch die Kirche geschaffenen verächtlichen Einschätzung des Weibes aus. »Was ist denn auch das Weib anders als eine Vernichtung der Freundschaft, eine unentfliehbare Strafe, ein notwendiges Übel, eine natürliche Versuchung, ein begehrenswertes Unheil, eine häusliche Gefahr, ein reizvoller Schädling, ein Naturübel, mit schöner Farbe bestrichen? Ist es also Sünde, es zu entlassen, so ist es eine Qual, es zu behalten. Entweder begehen wir Ehebruch, wenn wir sie entlassen, oder wir haben täglich Kampf. Was ihren Verstand betrifft, scheinen die Frauen einer anderen Art anzugehören als die Männer. Der Grund ist ein natürlicher: Das Weib ist mehr auf das Fleischliche ausgerichtet als der Mann. Das geht aus vielen weiblichen Unzuchthandlungen hervor. Dieser Fehler zeigt sich schon bei der Bildung des ersten Weibes, das aus einer krummen Rippe gebildet wurde. Alle Übel kommen beim Weibe durch die fleischliche Begierde.«

Unter dem Einfluß des Hexenhammers setzte eine Hochflut der Hexenverfolgung ein, zunächst in Frankreich, seit Mitte des 16. Jahrhunderts auch in Deutschland. Erleichtert wurden diese Massenverfolgungen durch das Eindringen des römisch-rechtlichen Inquisitionsprozesses und der Folter. Die in der Folter erpreßten Geständnisse gaben dem Hexenwahn immer neue Nahrung.

In den Verdacht der Hexerei konnte – wie Scherr beschreibt – das Größte wie das Kleinste, das Ernsteste wie das Lächerlichste geraten: ungewöhnliche Schönheit wie ungewöhnliche Häßlichkeit, außerordentliche Einfalt wie hervorragender Verstand. »Wird ein Weib bei Knochen, bei einer Kröte oder Eidechse angetroffen oder mit nicht alltäglichen Kräutern in der Hand – ist es unzweifelhaft eine Hexe. Führt ein Mädchen einen schlechten Lebenswandel, ist es eine Hexe, führt es einen exemplarischen, ist es eine Hexe ...« (Scherr, »Deutsche Kultur- und Sittengeschichte«, Bd. II).

Wurde auf eine Denunziation hin ein weibliches Wesen als H. verdächtigt, so wurde sie zunächst einem summarischen Verfahren unterzogen, wobei jede noch so harmlose Äußerung zu ihren Ungunsten ausgelegt wurde. War kein Geständnis zu erlangen, so warf man sie ins Gefängnis, wo man die Verdächtige in dunklen, von Ungeziefer wimmelnden, eiskalten Löchern durch Darreichung von stark gesalzenen Speisen unter Verweigerung jeden Trankes, durch nächtelange Schlafentziehung, enge Fesselung so lange peinigte, bis sie gestand, was man von ihr hören wollte. Hielt sie all diesen Martern stand, wurde sie in grauenhafter Weise gefoltert. Ließ sich auch jetzt noch kein Geständnis erpressen, diente als Überführungsmittel die Wasserprobe (das Hexenbad, die Hexenprobe, das Gottesurteil). Die Beschuldigte wurde dabei völlig nackt und mit Händen und Füßen kreuzweise gebunden ins Wasser geworfen. Bei Untersinken galt sie als schuldlos (und ertrank in aller Regel), bei nicht völligem Untertauchen galt sie als Schützling des Teufels. Falls die angebliche H. diese Tortur überlebte, erlangte sie dennoch nicht ihre Freiheit, sondern kam zurück ins Gefängnis, wo die Henkersknechte mit einer Nadel am völlig entkleideten Körper der vermeintlichen H. das Teufelsmal oder Teufelszeichen (Stigma) suchten. Eine kleine Unebenheit der Haut, ein Leberfleck konnten der Verdächtigen dabei zum Verhängnis werden. Während der Suche nach dem Teufelsmal wurde die angebliche H. häufig von ihren Folterern sexuell mißbraucht bzw. vergewaltigt, ohne daß diese die Entdeckung ihrer Schandtaten zu befürchten hatten (→ *Gewalt*). Die verurteilte H. wurde gewöhnlich auf dem Scheiterhaufen verbrannt.

Nur wenige Menschen wagten im 16. und 17. Jahrhundert, sich gegen den Massenwahn der Hexenverfolgung aufzulehnen, wie z. B. der Arzt Johannes Weyer, die Jesuiten Adam

Tanner, Paul Laymann und Graf Friedrich von Spee sowie vor allem Balthasar Bekker und Christian Thomasius (De crimine magiae, 1701). Erst im 18. Jahrhundert ließen die Hexenprozesse allmählich nach. In deutschen Landen fand die letzte Hinrichtung einer H. (durch das Schwert) im Jahre 1775 statt, und sieben Jahre später schleppte man im Schweizer Kanton Glarus die letzte H., Anna Göldin, zum Schafott. Aus Mexiko werden Hexenverbrennungen noch aus dem Jahre 1877 berichtet. Bei einzelnen Menschen und bestimmten Gruppierungen haben sich Vorurteile und Hexenglauben bis heute erhalten, und es kommt auch zu Geschäften mit dem Hexenwahn und zu Verfolgungen. In übertragener Form wird auch heute eine (schöne) Frau, die einer anderen den Geliebten abspenstig machen will oder sich durch besondere Verführungskünste oder starke sexuelle Aktivität auszeichnet, gern (abfällig), von dem Verführten mitunter aber auch anerkennend, als H. bezeichnet. Gelegentlich wird das Hexenbild stilisiert und das Hexenhafte als Wesensmerkmal oder als die eine Seite des Weibes betrachtet. Auch die Kunst hat das Thema H. genutzt. Auf vielen alten Stichen und Gemälden werden H. dargestellt. In Theaterstücken, Gedichten, Büchern, Filmen wird das Hexenmotiv aufgegriffen (z. B. die Filme »Die blonde Hexe« 1956 mit Marina Vlady oder die deutsch-französische Gemeinschaftsproduktion »Die Hexen von Salem« 1957 mit Simone Signoret, Mylène Demongout und Yves Montand). US

Hinduismus – Buddhismus: zwei indische Religionen mit gemeinsamen Wesenszügen. Der H. ist die ältere von beiden; schon 1000 Jahre v. Chr. wurden seine Lehren in vier heiligen Büchern, den Veden, festgelegt und später durch weitere Schriften ergänzt. Eine der Thesen behauptet ein höheres Wesen, eine Art Weltseele, mit der sich alle Wesen vereinen. Dieses Ziel setzt Seelenwanderung und Wiedergeburt voraus. Neben asketischen Richtungen (→ *Askese*) gab es andere, die sich zur sexuellen → *Lust* bekannten und sich als sexuelle Kulthandlungen manifestierten. Zahlreiche aus dieser Epoche stammende Tempel zeigen deshalb eine Fülle von erotischen Beischlafszenen und sind reichlich mit Symbolen der männlichen (Lingam) und der weiblichen Geschlechtsorgane (Yoni) versehen.
Der B. geht auf den im 6. Jahrhundert in Nepal lebenden Siddharta Gautama zurück, der später als Buddha in weiten Teilen Indiens und Ostasiens verehrt wurde; seine Lehre hat heute Millionen von Anhängern. Buddha selbst bevorzugte ein asketisches Leben, doch es gab buddhistische Richtungen, die sich – zusammen mit den vom H. übernommenen Vorstellun-

Holzrelief nach einem Tempelfries (um 1910)

gen – intensiv mit der → *Sexualität* befaßten. Diese sogenannten tantristischen Sekten betrachteten den Geschlechtsverkehr als einen Weg zur Erlösung, zur inneren Erleuchtung. Nach ihrer Auffassung ist die sexuelle Vereinigung nicht auf das Körperliche beschränkt, sondern auch von geistiger Bedeutung. Deshalb wurde empfohlen, vor dem Geschlechtsverkehr zu meditieren. Vor übermäßiger sexueller Aktivität wurde gewarnt, Übertreibungen betrachtete man als ein Zeichen von Schwäche. Manche Darstellungen zeigen die Götter mit schlaffem Glied, um so auf ihr moderates Liebesleben hinzuweisen.

Weitaus häufiger ist jedoch der → *Phallus-* oder Lingamkult. Der Lingam galt im alten Indien als eigenständige Gottheit und wurde in zahllosen Symbolen verehrt. Der Sage nach wurden die Götter Brahma und Vishnu am ersten Schöpfungstag vom Anblick eines riesigen Phallus überrascht, der dem Gott Shiva gehörte. Sie waren davon so beeindruckt, daß sie ihn fortan verehrten und auch andere zur Phallus-Verehrung anhielten. Die Größe des Phallus spielt daher auch in der erotischen → *Literatur* Indiens eine bedeutende Rolle. Bei bestimmten Festen wurden riesige Phalli vorangetragen und von den Frauen geküßt oder auf andere Weise verehrt. Bei Hochzeiten erhielt die Braut ein Amulett, das mit einem Phallus verziert war.

Der Tantrismus vertrat die Ansicht, daß es einen männlichen und einen weiblichen Samen gab. Der männliche sollte sich im Kopf hinter dem Rachen befinden, der weibliche in der Scheide (Yoni). Durch den Koitus konnten sich beide vereinigen und in Energie umwandeln, die im Kopf gespeichert wurde. Andere Sekten wie die Schaktis, hielten geheime Zusammenkünfte ab, bei denen Männer und Frauen einen Kreis bildeten, in dessen Mittelpunkt die Frau des höchsten Priesters nackt dasaß. Bei dem anschließenden festlichen Gelage verwandelte sich jeder der anwesenden Männer vorübergehend in Shiva, die Frauen in dessen Frau Durga, und stellvertretend für die Götter konnte jeder mit jedem schlafen.

Auch Freudenmädchen haben in Indien eine lange Tradition, die angesehensten nannte man »devidasis«. Viele von ihnen waren in Tempeln tätig, in die sie schon als Kinder gebracht wurden (→ *Tempelprostitution*). Häufig überließen Eltern ihr erstes Kind, wenn es ein Mädchen war, dem Gott als Geschenk. Dabei handelte es sich nicht nur um eine gute Tat, sondern sie ersparten sich auch die Mitgift bei einer späteren Heirat. Die devidasis wurden zunächst symbolisch mit dem Gott Krischna vermählt, nach der Hochzeit vollzog entweder der Priester den Beischlaf mit ihnen, oder sie mußten sich zur Entjungferung auf ein steinernes Lingam oder einen anderen Phallus setzen. Danach wurden sie von den Priestern und Brahmanen als Tänzerinnen ausgebildet und in die Liebeskunst eingeweiht. Im Gegensatz zu den niedrigen Freudenmädchen waren die devidasis gebildet – ähnlich wie die griechischen → *Hetären* –, so daß die Männer nicht nur ihre Liebesdienste in Anspruch nehmen, sondern auch gebildete Gespräche führen konnten. Einen ähnlich hohen Rang besaßen die Kurtisanen der Fürsten, die nicht heimlich versteckt wie in einem Harem leben mußten, sondern offiziell z. B. auf Festen erschienen und anerkannt waren. Sie mußten nicht nur schön, sondern auch gebildet sein, um einen solchen Rang einzunehmen.

Eine weitere Gruppe sind die genikas, die auch künstlerisch tätig waren und sich z. B. der Poesie widmeten. Natürlich mußten sie in den 64 Künsten der Liebe erfahren sein, wie sie im Standardwerk der indischen Liebeskunst, dem → *Kamasutra*, festgelegt waren. Das Liebesleben war außerordentlich freizügig. → *Oral-genitale* Kontakte werden in vielen Büchern beschrieben, die Befriedigung des Mannes durch → *Fellatio* war allgemein akzeptiert, zumal sie auch von den Göttern praktiziert wurde. So soll Shiva in den Mund des Feuergottes ejakuliert haben, der wiederum den Samen an die Göttin Parwati übertrug, die dann den Kriegsgott Kartikeja gebar.

Besondere Bedeutung besaß der → *Analverkehr*. Mit der Stimulierung des Mastdarms sollten die Fähigkeiten des Mannes in vielen Bereichen gesteigert und weiterentwickelt werden. Anhänger verschiedener Sekten, darunter auch die Tantriker, konzentrierten sich bei bestimmten Yogaübungen auf den Anus, führten Holzstäbe oder Finger durch den After ein. Sie nahmen an, daß die untere Körperöffnung bestimmten Zentren im Gehirn entspräche, die auf diese Weise stimuliert werden könnten. Man befürchtete allerdings auch, daß Männer, die ihn praktizierten, in einem späteren Leben impotent sein würden. Die Wertschätzung des Analverkehrs im allgemeinen beeinflußte auch die Einstellung zur → *Homosexualität*, die toleriert und zeitweilig sogar gefordert, später allerdings revidiert wurde. Da der H. jedoch keine scharfe Abgrenzung zwischen männlich und weiblich kennt, verfügt seiner Lehre gemäß jeder Mann und jede Frau gleichermaßen über männliche und weibliche Elemente, wobei die männlichen beim Mann überwiegen und bei der Frau die weiblichen. Der immerwährende Konflikt zwischen männlichem und weiblichem Prinzip werde vorübergehend durch den Sexualverkehr gelöst. Viele Götterstatuen sind mit männlichen und weiblichen Geschlechtsorganen dargestellt; Mythen berichten von männlichen Göttern, die vorübergehend weibliche Gestalt annahmen. Die Vorstellung, ein → *Hermaphrodit* zu sein, war nicht etwa abstoßend, sondern etwas Verehrungswürdiges, Erstrebenswertes.

Auch der → *Transvestitismus* war üblich. Meist waren es Männer, die sich als Frauen verkleideten, auch um vom Gott Krischna als Sexualpartnerin ausgewählt zu werden. Die → *Masturbation* war weit verbreitet, was verschiedenste Hilfsmittel, von künstlichen Phalli aus Holz, Metall und Stein bis hin zu einem künstlichen weiblichen Geschlechtsteil mit Scheide, bezeugen. Männer schmückten sich mit Penishüllen, die teilweise sehr kunstfertig aus Edelmetall hergestellt wurden und das Glied umschlossen. Sie konnten damit nicht nur ihren Partnerinnen größere Lust verschaffen, sondern unter Umständen auch eine bereits vorhandene Gliedschwäche darunter verbergen. In manchen Gegenden wurden kleine Glöckchen in die Vorhaut eingenäht. Die dadurch entstandenen Schwellungen sollten ebenfalls die Lust vergrößern.

Gemäß der Lehre, daß Lust in allen Formen heilig und zu sanktionieren sei, war auch der sexuelle Kontakt mit Tieren erlaubt. An Tempeln sind

Darstellungen derartiger Szenen zu finden, wobei der Mann auch als Tier, z. B. als Stier oder Hengst figuriert, und die Frau als Stute oder Elefantenweibchen. Dabei handelt es sich nicht um reinen Symbolismus, da Kopulationen mit Tieren für nicht ungebührlich gehalten wurden und durchaus üblich waren, z. B. mit Ziegen oder Hunden.

→ *Polygamie* war in der Oberschicht weit verbreitet, allerdings mußten dabei die strengen Kastengesetze beachtet werden. Mitglieder höherer Kasten, die mit Frauen einer niederen Kaste schliefen, mußten mit der Todesstrafe rechnen. Wer sich als Angehöriger einer niederen Kaste einer Frau aus einer höheren Kaste näherte, hatte Glück, wenn er mit dem Leben davonkam; er konnte mit Kastration bestraft werden.

Die erotischen Tempeldarstellungen stießen bei den Moslems auf heftigen Widerspruch. Die Mogulkaiser zerstörten viele Tempel und Statuen, die dem Gott Priapos geweiht waren. Noch schlimmer wurde es, als die Engländer die Macht übernahmen. Wer in der prüden viktorianischen Atmosphäre Englands erzogen war, dem mußten Sinneslust und Freude an allen möglichen sexuellen Varianten geradezu unglaublich und unverständlich erscheinen. Trotz energischen und teilweise auch grausamen Vorgehens gegen alte indische Bräuche ist die Ausrottung nicht völlig gelungen. Das Kastenwesen hat sich gehalten, die Kinderheiraten sind zwar seltener geworden, werden aber besonders in ländlichen Gegenden noch immer von vielen Eltern arrangiert. Manche Eltern bestimmen ihre Kinder weiterhin für den Tempeldienst. Die jahrtausendealten Traditionen erweisen sich als sehr zählebig. Ar

Hochzeit (mhd. hochzit oder hochgezit): ursprünglich hohe festliche Feier, später (zur Zeit des Aufblühens der Städte) Fest der Eheschließung, die sogenannte grüne H. (auch Heirat, Trauung, Vermählung). Generationen betrachteten die H. wohl vor allem deshalb als »hohe Zeit«, weil es dem Paar schwerfiel, sexuell enthaltsam zu bleiben, wie es früher bis zur → *Hochzeitsnacht* gefordert wurde. Ursprünglich bildete nicht die (kirchliche) Trauung die Voraussetzung der Gültigkeit einer ehelichen Verbindung, sondern die Brautnacht besiegelte die eigentliche Hochzeitsfeier. Erst durch den in der Hochzeitsnacht vollzogenen Beischlaf wurde der eigentliche Zweck der Ehe (das »matrimonium consumere«) erfüllt. Die H. hat Öffentlichkeitscharakter und wird bis heute meist festlich begangen und ist mit verschiedenen → *Hochzeitsbräuchen* verbunden. US

Hochzeit, heilige: aus der griechischen → *Antike* stammende Bezeichnung für Götterhochzeiten, z. B. die Heirat von → *Zeus* und → *Hera*, die jährlich als Frühlingsfest mit großer sexueller Freizügigkeit begangen wurde. Eine h.H. nannte man auch die Heirat von hochgestellten Personen – Priestern oder Priesterinnen, Mitgliedern von Königshäusern oder ähnlichen Dynastien. Sie symbolisierten durch ihre sexuelle Vereinigung einen Fruchtbarkeitskult. Ar

Hochzeitsbräuche: Sitten, Regeln, Zeremonielle, Gewohnheiten, Rituale, Gepflogenheiten, die mit dem Hochzeitmachen verbunden sind. Es gibt unzählige überkommene H., die der jeweiligen Lebensweise entsprechen, aber noch lange weitergeführt werden, wenn die konkreten gesellschaftlichen Bedingungen längst andere geworden sind. Das weiße Kleid und der weiße Schleier, die früher vor allem die jungfräuliche Unschuld symbolisierten, werden auch heute noch von der → *Braut* am Hochzeitstag getragen, obwohl die meisten Frauen heute bereits vorehelichen → *Geschlechtsverkehr* hatten und zu einem nicht unerheblichen Teil eigene Kinder mit in die Ehe bringen. Um Mitternacht wird der Schleier beim Brauttanz zerrissen oder zertanzt, was im übertragenen Sinne die → *Entjungferung* der Braut in der Hochzeitsnacht bedeutet; oder er wird unter Vortragen eines entsprechenden Gedichtes abgenommen und durch ein Häubchen für die züchtige Hausfrau ersetzt (die Braut ist »unter die Haube gekommen«) – obwohl heute einem Manne ver- oder angetraut zu werden längst nicht mehr das einzige oder allein erstrebenswerte Lebensziel der jungen Frauen in den modernen Industriegesellschaften darstellt.

Die H. symbolisieren gute Wünsche für das Brautpaar. Beispielsweise zersägen nach der Trauung die Neuvermählten gemeinsam einen Holzstamm, was Glück bringen soll. Der Hochzeitszug, den die jungen Eheleute anführen, wird durch eine Wäscheleine gehemmt, von der Braut und → *Bräutigam* Babywäsche abnehmen müssen, was reichem Kindersegen dienlich sein soll. Schließlich ist eigentlich schon die Hochzeitsfeier ein Hochzeitsbrauch, den Schiller in seinem »Lied von der Glocke« so verewigt hat: »Ach! des Lebens schönste Feier / endigt auch den Lebensmai; / mit dem Gürtel, mit dem Schleier / reißt der schöne Wahn entzwei.«

Das Brautpaar fährt mit einer weißen Hochzeitskutsche, z. B. einer von Schimmeln gezogenen Pferdekutsche oder einem festlich geschmückten Auto. Beim Hochzeitsmahl sitzt das Brautpaar an einer bestimmten Stelle der Tafel, früher saß die Braut meist unter dem Kruzifix, um gegen böse Geister geschützt zu sein, oder es wurden Lichter vor sie gestellt. Die Gerichte stellten oft einen Fruchtbarkeitsbezug her. Das Brautpaar wurde und wird zur Hochzeit von Brautjungfern und Brautführern geleitet. Oft trägt die Braut eine Brautkrone. Die Brautleute erhalten zahlreiche Geschenke zur Hochzeit. In dörflichen Gebieten beteiligen sich daran manchmal alle Einwohner des Ortes. Dem Hochzeitstag geht der Polterabend voraus. Er bedeutet für den Bräutigam wie für die Braut ein Abschiednehmen vom Junggesell(inn)endasein.

Die H. werden aus zwei Quellen gespeist: Zum einen gibt es die alten Natur- und Volks- und zum anderen die kirchlichen Bräuche, in die oft die ersteren eingegangen sind. In den Alpen ist das »Fensterln« verbreitet. Hier wurde erst geheiratet, wenn das Mädchen schwanger war und dadurch bewiesen hatte, daß sie als Bäuerin recht war; so garantierte sie für die Erben.

Einem erotischen Aspekt von H. wird noch heute von verschiedenen Alleinunterhaltern bei dörflichen Hochzeitsfeiern (vermeintlich) dadurch entsprochen, daß sie ihr kulturelles Angebot mit einer Fülle von Obszönitäten und Anzüglichkeiten würzen, nicht immer zur eitlen Freude der Neuvermählten und der Hochzeitsgesellschaft. Daher ziehen es heute viele Familien und Freundeskreise der Eheleute vor, den kulturellen Rahmen des Hochzeitsfestes selbst und individuell zu gestalten.

Die meisten jungen Eheleute legen auch heute noch Wert darauf, den Tag ihrer Trauung auf besondere Weise – für immer angenehm – im Gedächtnis zu behalten. Dem dienen beispielsweise das Pflanzen eines Baumes, die mehr oder weniger originelle Hochzeitszeitung oder das Tafellied mit der nicht selten krampfhaften Aufzählung der nächsten Verwandten oder das obligatorische Hochzeitsfoto, ein weitverbreiteter H., der von Generation zu Generation übernommen wird, heute durch das Medium Video allerdings harte Konkurrenz bekommen hat. Die Feier selbst ist manchmal mehr ein Zugeständnis an die Eltern als ein Wunsch der Brautleute selber, von denen manche lieber ohne viel Aufsehen heiraten und das Geld einem anderen Zweck zuführen würden. Insgesamt verlieren das Heiraten und die H. an Bedeutung, wenn junge Partner zunehmend ohne Trauung, z. B. in einer Lebensgemeinschaft, zusammenleben (»wilde Ehe«). US

Hochzeitsnacht (auch **Brautnacht**): erste Nacht nach der Eheschließung. Früher wurde die Frau, die als Jungfrau in die Ehe zu gehen hatte, in der H. von ihrem Ehemann entjungfert

(→ *Entjungferung*). Als Zeichen des Gelingens wurde verschiedenen Ortes am nächsten Morgen das blutbefleckte Laken auf die Leine gehängt. Während in vielen Völkern die Jungfernschaft nicht weiter beachtet wurde, legten andere großen Wert darauf, daß die Frau unversehrt und rein in die Ehe kam (Araber, Griechen, Ägypter, Inder). In manchen Religionen, z. B. dem streng orthodoxen Judentum, steht noch heute dem Ehemann das Recht zu, seine Braut in Ermangelung des → *Jungfernhäutchens* mit Schimpf und Schande zu den Eltern zurückzuschicken. Früher steinigte man solche Bräute sogar öffentlich zu Tode. In ganz alter Zeit wurde die H. rituell mit einer Gottheit vollzogen. Bei den alten Römern war es lange Zeit Sitte, daß sich die Bräute dem Gott Mutunus hingaben. Dessen Statue hatte einen erigierten Penis, auf den sich die Mädchen setzten, wodurch dem Bräutigam die Mühen des Entjungferns abgenommen wurden. Später erledigten zeitweilig Priester als Stellvertreter der Gottheit diese Arbeit. Im Feudalismus kam dem jeweiligen Grundherrn das einst göttliche Recht der ersten Nacht (Ius primae noctis) zu. Später war es möglich, die Braut freizukaufen und ihr die Qual im herrschaftlichen Bett zu ersparen. Eine andere Sitte bestand darin, die Entjungferung eines Mädchens gewissermaßen nachträglich zur Hochzeitsnacht zu erklären, wenn der Mann das Mädchen heiratete, wie etwa bei den Inkas im Falle einer Vergewaltigung und bis 1978 in Italien (hier führte dieses Gesetz oft dazu, daß eine Frau durch Vergewaltigung zur Ehe gezwungen wurde). Bis in unser Jahrhundert hinein konnte in deutschen Landen ein Mann belangt werden, wenn er mit einem Eheversprechen ein Mädchen entjungferte. Er mußte dann ein sogenanntes Kranzgeld bezahlen.

Da heutzutage die meisten Paare schon vor der Hochzeit sexuell miteinander verkehren, hat die H. ihre eigentliche Bedeutung verloren. Dennoch wird von jungen Eheleuten die H. auch heute als etwas Besonderes, Schönes und Intimes erlebt, das die Zweisamkeit der Liebenden inniger macht (→ *Flitterwochen*).

Der Zwang, in der H. den Beischlaf zu vollziehen, hat in früheren Zeiten die Neuvermählten verschiedentlich in Bedrängnis gebracht und wohl mitunter – vor allem bei Frauen – zu bleibenden oder lang andauernden psychischen Schäden geführt. Darüber wird in der sexualwissenschaftlichen Literatur ausführlich berichtet. War die Ehefrau nicht mehr Jungfrau, so wurden allerlei Tricks angewandt, um dennoch Entjungferungsblut vorweisen zu können. Es war tragisch – und durchaus möglich –, wenn bei der Entjungferung kein Blut floß oder wenn das Jungfernhäutchen nicht durchstoßen werden konnte oder wenn der Bräutigam vor Aufregung einen vorzeitigen Samenerguß hatte oder wenn die Begierde in sogenannte Hochzeitsnachtimpotenz umschlug. Doch auch von anderen Nöten und Bedrängnissen in der H. wissen Literaten, vor allem Moritaten- und Bänkelsänger, zu erzählen. Die bekannte Ballade »Die schreckliche Brautnacht« (oder: »Heinrich und Wilhelmine«) von J. F. A. Kanzer (1779) hat z. B. die Untreue des jungen Ehemannes gegenüber seiner früheren Geliebten, die ihm nach der Geldheirat in der H. zu schaffen macht, zum Thema:

Heinrich lag bei seiner Neuvermählten,
einer reichen Erbin von dem Rhein;
Schlangenbisse, die den Falschen quälten,
ließen ihn nicht süßen Schlafs sich freu'n.

Zwölfe schlug's. Da drang durch die Gardine
plötzlich eine kleine weiße Hand.
Was erblickt er? Seine Wilhelmine,
die vor ihm im Sterbekleide stand.

»Bebe nicht«, sprach sie mit leiser Stimme,
»Eh'mals mein Geliebter, bebe nicht!
Ich erscheine nicht vor dir im Grimme,
deiner neuen Liebe fluch' ich nicht.
Warum glaubt ich Schwache deinen Schwüren,
baute fest auf Zärtlichkeit und Treu!
Mir nicht träumend, daß ein Herz zu rühren –
mehr als rühren! – euch nur Spielwerk sei.

Zwar der Kummer hat mein junges Leben,
trauter Heinrich, mitleidsvoll verkürzt;
aber Tugend hat mir Kraft gegeben,
daß ich nicht zur Hölle mich gestürzt.

Nur weil sterbend noch in meinem Herzen
ird'sche Liebe – deine Liebe – war,
soll hienieden ich, doch ohne Schmerzen,
freudlos irren dreimal sieben Jahr.

Gute Werke, heil'ger Männer Bitte
können mindern diesen schweren Bann.
Doch du weißt es, daß in jener Hütte
meine Mutter wenig opfern kann.

Schätze hast du, Heinrich, ach! bediene
ihrer dich zu meiner Seele Rast;
schaffe Ruhe deiner Wilhelmine,
die du lebend ihr entzogen hast.«

»Opfre! sagst du? Ja, das Opfer blute!«
brüllte Heinrich, »noch in dieser Nacht.«
Sprang vom Lager, und in der Minute
ward, o Graus, der Selbstmord auch vollbracht.

Gnade fand sie. Doch ihr Ungetreuer
ward verloren ohne Wiederkehr.

Als ein Scheusal, als ein Ungeheuer
wallt sein Fuß zur Mitternacht umher.

Edle, weichgeschaff'ne schöne Kinder,
wenn sie noch in holder Unschuld blüh'n,
sehen feurig den verruchten Sünder,
rufen: Heil'ge Mutter, hilf! und flieh'n. US

Hochzeitstag: Tag der Eheschließung, grüne Hochzeit. Der H. wird von den Partnern – sofern sie ihn nicht vergessen – jährlich begangen. Insbesondere der 25. (silberne Hochzeit, Jubelhochzeit), 50. (goldene Hochzeit, Jubelhochzeit), 60. (diamantene Hochzeit, Jubelhochzeit) und 65. (eiserne Hochzeit, Jubelhochzeit); die Wiederkehr des H. bietet den Anlaß für ein größeres Fest im Verwandten- und Bekanntenkreis. Doch auch die Zwischenstufen der H. haben feste Bezeichnungen mit alter Tradition:

1. H.: (nach einem Ehejahr): papierne Hochzeit, Baumwollhochzeit;
5. H.: Veilchenhochzeit, Holzhochzeit, hölzerne Hochzeit (USA);
6½. H.: zinnerne Hochzeit (Holland);
7. H.: kupferne Hochzeit;
8. H.: blecherne Hochzeit;
10. H.: Rosenhochzeit, hölzerne Hochzeit (Bremen), zinnerne Hochzeit (USA);
12½. H.: Petersilienhochzeit, Nickelhochzeit;
15. H.: gläserne Hochzeit, Kristallhochzeit, Levkojenhochzeit;
20. H.: Chrysanthemenhochzeit, Porzellanhochzeit;
30. H.: Perlenhochzeit;
35. H.: Leinwandhochzeit;
37. H.: Aluminiumhochzeit;
40. H.: Rubinhochzeit;
67½. H.: steinerne Hochzeit;
70. H.: Platinhochzeit (regional), steinerne Hochzeit, Gnadenhochzeit, Jubelhochzeit;
75. H.: Kronjuwelenhochzeit, Gnadenhochzeit. US

Homosexualität: gleichgeschlechtliche Liebe, eine bei beiden Geschlechtern vorkommende sexuelle Variante, die im Laufe der Geschichte sehr unterschiedlich beurteilt wurde. Immer handelte es sich um eine Minderheit, die sich mit der heterosexuellen Mehrheit auseinandersetzen und deren Regeln und Normen akzeptieren mußte. Zeiten der Gleichstellung und gesellschaftlichen Anerkennung, wie in der griechischen → *Antike*, wechselten mit Zeiten der Verfolgung und Verteufelung ab, vor allem unter dem Einfluß des → *Christentums*, das ausgesprochen antihomosexuell eingestellt war, wobei es auch von israelitischen Vorstellungen, wie sie sich im Alten Testament finden, geprägt wurde.

Ausschlaggebend für den Kampf der Kirche gegen alles Homosexuelle war die damals herrschende Auffassung von der Einheit der körperlichen Liebe und Fortpflanzung. Der Geschlechtsverkehr hatte den Zweck der Zeugung, der dabei erlebte Lustgewinn mußte sozusagen in Kauf genommen werden, sollte aber keineswegs im Vordergrund stehen. Da bei homosexuellen Paaren keine Fortpflanzung möglich ist, galten ihre sexuellen Beziehungen als widernatürlich. Thomas von Aquin, einer der bedeutendsten Kirchenväter, bezeichnete H. als eine der schwersten Sünden und stellte sie dem sexuellen Umgang mit Tieren gleich (→ *Zoophilie*). Erst mit der Aufklärung und der Französischen Revolution begann ein allmählicher Liberalisierungsprozeß, der später durch prominente Sexualforscher unterstützt wurde. H. galt jetzt als Krankheit, nicht mehr als Verbrechen, so daß in einigen Ländern Europas Homosexuelle nicht mehr bestraft wurden. In Deutschland allerdings wurde der berüchtigte § 175 StGB eingeführt (weshalb man die Schwulen im Volksmund auch 175er nannte). Das Naziregime verschärfte diesen Paragraphen und wies Homosexuelle in Zuchthäuser und Konzentrationslager ein, wo nicht wenige ihr Leben lassen mußten – ein Verbrechen, das bis auf den heutigen Tag nicht in gleichem Maße verurteilt wurde wie andere Naziverbrechen. Erst 1994, als Folge der Einheit Deutschlands, wurde der § 175 abgeschafft, nachdem bereits vorher in der DDR alle diskriminierenden Paragraphen aus dem Strafrecht gestrichen worden waren. Nunmehr sind die gesetzlichen Regelungen für sexuelle Beziehungen mit Jugendlichen für Hetero- und Homosexuelle gleich; das Schutzalter liegt bei 16 Jahren.

Mit der Entstehung der H. befaßt sich die wissenschaftliche Forschung seit Jahren, doch ist sie nach wie vor ungeklärt (→ *Orientierung*, sexuelle). Mehrere Hypothesen stehen zur Diskussion. Sie reichen von endokrinen Störungen während der Embryonalperiode, in der sich das Gehirn unter dem Einfluß des männlichen Keimdrüsenhormons Testosteron männlich oder weiblich differenziert, bis zu genetischen Fehlentwicklungen oder rein psychologischen Ursachen. Bewiesen ist bisher keine. Am wahrscheinlichsten erscheint die von der Mehrheit der Sexualforscher vertretene Meinung, daß für die Entstehung nicht eine einzige Ursache, sondern ein Komplex verschiedener, im einzelnen noch nicht vollständig bekannter Faktoren verantwortlich ist. Anerkannt sind die folgenden wissenschaftlichen Aussagen:

(1) H. ist keine Krankheit und deswegen auch nicht behandlungsbedürftig. H. kann weder verhindert noch geheilt werden. Jegliche Prophylaxe oder Therapie ist gegenstandslos. Alle in diese Richtung zielenden Versuche haben sich als

fragwürdig und letzten Endes sinnlos erwiesen. Allerdings bot die Pathologisierung der H. in den vergangenen Jahrzehnten eine Möglichkeit, Homosexuelle überhaupt zu tolerieren. (»Arme, kranke Menschen, die unser Mitleid verdienen.«) Inzwischen sind solche Auffassungen überholt und widerlegt.

(2) H. ist eine gleichberechtigte und gleichwertige Variante menschlicher Sexualität, eine der vielen Spielarten menschlichen Sexual- und Partnerverhaltens.

(3) Niemand kann über seine sexuelle Orientierung selbst bestimmen. Damit entfallen alle moralischen Bewertungen der H. an sich. H. ist per se weder unmoralisch noch unsittlich, weder verwerflich noch ein Zeichen von Charakterschwäche – genausowenig wie Heterosexualität.

(4) Die Kriminalisierung der H. produziert Willkür und Verdächtigungen. Alle diskriminierenden rechtlichen Bestimmungen zur H. haben keine Berechtigung und schaffen Unrecht. Sie erklären von vornherein einen bestimmten Personenkreis als minderwertig und betrachten Unschuldige wegen ihres Andersseins als latent schuldig. Sie verletzen den Gleichheitsgrundsatz. Damit fordern solche rechtlichen Bestimmungen Voluntarismus geradezu heraus und provozieren ihre Auslegung gegen beliebige (mißliebige) Personen. Bis in die jüngste Geschichte hinein gibt es dafür viele Belege.

(5) Das Sexualverhalten ist unverzichtbarer und integraler Bestandteil des Gesamtverhaltens einer Persönlichkeit. Verhinderung, Bekämpfung, Restriktion dieses Verhaltenselements stellen einen tiefen Eingriff in die Privatsphäre des Menschen dar und können zu erheblichen psychischen Schäden führen. Restriktionen wären nur berechtigt, wenn ein solches Verhalten jemandem aufgezwungen würde oder in anderer Weise Schaden zufügte oder eine Gefahr für die Öffentlichkeit darstellte. Dafür sind die entsprechenden Paragraphen im StGB vorhanden, eine rechtliche Sonderbehandlung von H. ist nicht vonnöten.

(6) H. schließt mehr ein als Sexuelles. Sie erfaßt gleichgeschlechtliche Beziehungen, die Liebe zwischen Männern bzw. Frauen. Damit sind hohe menschliche Ansprüche und Werte verbunden. Eine Verkürzung auf Sexualität, die das Wort H. nahelegt, geht am Wesen dessen vorbei, was sich zwischen gleichgeschlechtlich Liebenden ereignet.

(7) Niemand wird durch homosexuelle bzw. heterosexuelle Handlungen an sich homosexuell oder heterosexuell, wenn er dafür nicht disponiert ist. Man kann nieman-

den zur H. verführen. Heterosexuelle werden, selbst wenn sie in bestimmten Situationen (Isolation, sexueller Notstand) gleichgeschlechtliche Handlungen vornehmen, dadurch nicht homosexuell, sondern bleiben heterosexuell, so wie Homosexuelle allein durch heterosexuelle Kontakte, Heirat u. a. ihre sexuelle Orientiertheit nicht einbüßen. Die Verführungsthese, auf die sich manche rechtlichen Regelungen stützten, hat sich als wissenschaftlich unhaltbar und untauglich für gesellschaftliche Theorien erwiesen. Sie geht zudem von der grundsätzlichen Minder- oder Unwertigkeit der H. aus und behauptet, daß der Übergang zur H. einem qualitativen Absteig gleichkäme, was nicht der Wahrheit entspricht. Wenn an jemandem gegen seinen Willen heterosexuelle oder homosexuelle Handlungen vorgenommen werden, was ein Sexualdelikt sein kann, wird er dadurch ebensowenig »umgepolt« wie durch Medikamente, Operationen oder andere Manipulationen und Zwang.

(8) H. ist als Variante des menschlichen Sexual- und Partnerverhaltens nicht einfach nur zu akzeptieren und zu tolerieren, sondern als Bereicherung der Formen und Möglichkeiten der Selbstverwirklichung und des menschlichen Zusammenlebens zu betrachten.

Von der manifesten H. abzugrenzen sind gelegentliche gleichgeschlechtliche Kontakte, wie sie in der Pubertät oder beim Fehlen eines andersgeschlechtlichen Partners vorkommen, die ebenfalls keine spätere H. bedeuten. Hinter entsprechenden Befürchtungen verbirgt sich oft eine Minderbewertung oder Verurteilung von H., die Angst, nicht so zu sein wie alle und mit Schwierigkeiten rechnen zu müssen.

Zur Häufigkeit der H. sind nur Schätzungen möglich. Kinsey und Mitarbeiter (»Das sexuelle Verhalten des Mannes«, Frankfurt/M. 1966) nehmen bei Männern 6–8% an, bei Frauen etwas weniger; Starke (»Schwuler Osten«, 1994) schätzt aufgrund seiner empirischen Untersuchungen 2–4%; allgemein geht man heute von einem Anteil von etwa 5% Homosexuellen in der Gesamtbevölkerung aus. Zu den ausschließlich Homosexuellen kommen Personen hinzu, die gelegentlich oder über eine bestimmte Zeitspanne hinweg homosexuelle Beziehungen unterhalten. Rechnet man nur die nächsten Anverwandten, Eltern und Geschwister hinzu, so kommt man zum Ergebnis, daß H. einen bedeutenden Teil der Bevölkerung unmittelbar betrifft. Der Umgang mit H. ist also nicht das Problem einiger weniger (selbst wenn dies so wäre, müßten menschliche Lösungen gefunden werden), sondern reicht in alle Schichten der Gesellschaft hinein und beeinflußt das Alltagsleben vieler Menschen.

Der Lebensstil von Schwulen ist verschieden. Viele streben nach einer stabilen Partnerschaft, einige möchten heiraten (bisher nur in Dänemark und Schweden gesetzlich erlaubt), andere wollen sich nicht binden und bevorzugen häufigen Partnerwechsel.

Männliche Homosexuelle, insbesondere solche, die aus ihrer geschlechtlichen Orientierung kein Geheimnis machen, bezeichnen sich im deutschen Sprachraum seit geraumer Zeit als Schwule, obschon dies früher ein Schimpfwort für sie war. In englischsprachigen Ländern nennen sie sich gays. Weibliche Homosexuelle bezeichnen sich als Lesben; der Name bezieht sich auf die griechische Insel Lesbos, wo die Dichterin Sappho in der Antike die gleichgeschlechtliche Liebe unter Frauen besang und wohl auch aus persönlicher Erfahrung kannte.

Während die Schwulen jahrhundertelang wegen ihrer abnormen Neigung diskriminiert wurden, hatten die Lesben weniger zu leiden, obwohl auch sie sich nicht zu ihrer sexuellen Orientierung bekennen konnten. Der weiblichen H. wurde von der Gesellschaft nie so große Aufmerksamkeit zuteil wie der männlichen; Frauen traute man H. nicht zu. Daß Frauen gelegentlich auch in der Öffentlichkeit zärtlich miteinander umgingen, sprach man ihrer weiblichen Wesensart zu. Sexuelle Gefühle oder gar entsprechende Handlungen erschienen undenkbar und unglaubwürdig. Die äußerst prüde englische Königin Viktoria reagierte, als sie aufgefordert wurde, die weibliche H. genauso wie die männliche zu bestrafen, mit Empörung: »Two ladies would never engage in such despicable acts.« (Niemals würden sich zwei Damen auf solch verachtungswürdige Handlungen einlassen.) Demzufolge blieben sie straffrei. Auch in anderen Ländern beziehen sich Strafen zuerst auf Schwule. Nicht selten ist auch heute noch die Meinung verbreitet, daß die Frau von ihrer Neigung geheilt werde, wenn sie nur den richtigen Mann finde. Hinzu kommt, daß im Gegensatz zur schwulen bei der lesbischen Liebe im allgemeinen kein penetrierender → *Koitus* stattfindet.

Da Sexualforschung zunächst überwiegend von Männern und in einer Männergesellschaft betrieben wurde, verwundert es nicht, daß die gleichgeschlechtliche Liebe der Frau lange Zeit wenig beachtet wurde. Nach Ina Kuckuc (»Der Kampf gegen Unterdrückung«, München 1975) behandelten von 1236 wissenschaftlichen Arbeiten, die von 1949 bis 1968 zum Thema H. in englischer Sprache geschrieben wurden, nur etwa 100 die weibliche H. Im Kinsey-Institut-Report von 1978 war von den befragten Homosexuellen nur ein Drittel weiblich; nach Ansicht der Autoren war dieses Mißverhältnis darauf zurückzuführen, daß sich der Sponsor nur für die männliche H. interessierte. Bis zum heutigen Tag werden Forschungsarbeiten zur weiblichen H. weitaus seltener gefördert als solche zur männlichen. Neue Erkenntnisse über die Sexualität der Frau und insbesondere der lesbischen Frau sind in erster Linie dem Engagement weiblicher Sexualwissenschaftler wie Mary Jane Sherfey, Shere Hite oder Sheila Jeffreys sowie anderer in den letzten Jahren zu verdanken. Meist gingen die Autorinnen aus der amerikanischen feministischen Frauenbewegung hervor, wie Pat Califia, die mit ihrem Buch über lesbische Sexualität (»Sapphistrie«, Köln 1981) jahrhundertelang bestehende Fehleinschätzungen richtigstellte, Vorurteile ausräumte und zu neuen Auffassungen gelangte. So sollen bei der lesbischen Liebe mehr Einfühlungsvermögen im Spiel sein und mehr Orgasmen erreicht werden. Durch Stimulation des → *Kitzlers* seien innerhalb einer Stunde bis zu fünfzig Orgasmen möglich. Während bei vielen heterosexuellen Paaren der erreichte Orgasmus die sexuelle Aktivität beendet, ist dies bei lesbischen Paaren nicht der Fall. Das sexuelle Erregungssystem der Frau erfaßt den ganzen Körper, die genitale Reaktion steht nicht so sehr im Vordergrund wie beim Mann; Männer werden auf andere → *Geschlechterrollen* festgelegt, auch im Sexualverhalten. Am gebräuchlichsten bei lesbischen Kontakten ist der gegenseitige → *Cunnilingus*. Einige Lesben empfinden auch eine intravaginale Reizung als lustvoll, die mit der Hand oder mit einem → *Vibrator*, seltener mit einem künstlichen Penis erfolgt. → *Masturbation* wird allein oder auch mit einer Partnerin gepflegt, sexuelle Phantasien spielen dabei eine große Rolle.

Manche Frauen, wie viele ist unbekannt, empfinden – vor allem wenn sie sexual- und körperfeindlich erzogen wurden – ihre äußeren Geschlechtsteile als unansehnlich oder häßlich und müssen erst lernen, sie zu akzeptieren. Genitale Selbsterkundung, wie sie in Frauengruppen, nicht nur in lesbischen, angeboten wird, kann hier hilfreich sein. Hinsichtlich des Lebensstils bevorzugen die meisten eine monogame Beziehung, andere haben eine Hauptpartnerin und nebenbei sexuelle Kontakte zu anderen Frauen. Einige wollen heiraten und mit Kindern in einer Familie leben.

Auch wenn Lesben und Schwulen die Liebe zum eigenen Geschlecht gemeinsam ist, bestehen in anderen Bereichen Unterschiede. Das → *Coming-out* beginnt bei Lesben meist später und dauert länger. Daher haben sie oft geheiratet und Kinder geboren, weil ihnen zu dieser Zeit ihre lesbische Veranlagung noch nicht richtig bewußt war. Nach neueren Befragungen hatte im Alter von 22 bis 23 Jahren erst jede zweite von ihnen lesbische Kontakte, über 90% aber heterosexuelle Erfahrungen, oftmals einschließlich Geschlechtsverkehr.

Da in gemischten Homosexuellengruppen fast immer die Männer dominierten, haben sich in vielen Ländern inzwischen speziell lesbische Kommunikationsgruppen entwickelt, wobei die Frauenbewegung viel zur Bewältigung ihres Emanzipationsprozesses beigetragen hat. Nach Christina Schenk (in: »Psychosoziale Aspekte der Homosexualität«, Jena 1986) leben Lesben und Schwule als Frauen und Männer und somit als sozial Ungleiche in der Gesellschaft. Schwule haben eine Sozialisation als Männer und entsprechen eher dem traditionellen Leitbild als Lesben, die Probleme mit der vorgegebenen Frauen- und Mutterrolle haben. Lesben waren oft weniger offensiv im Umgang mit ihrer Situation und besaßen oftmals ein geringeres Selbstvertrauen; erst in jüngster Zeit werden hier Änderungen deutlich.

Ein weiterer Unterschied kam mit → *Aids* hinzu. Da Schwule besonders häufig und Lesben besonders selten von dieser Krankheit betroffen sind, richten sich Diskriminierungen stärker gegen Schwule; sie geraten wieder stärker ins Blickfeld, das in vielerlei Hinsicht ein Schußfeld ist. Nicht außer acht zu lassen ist die Tatsache, daß Schwule sozialen und psychischen Belastungen ausgesetzt sind, die Lesben erspart bleiben, vor allem der Wehrdienst. Lesben wiederum erleiden Nachteile aufgrund ihres Geschlechts. Ursula Sillge sieht dies so: »Frauen sind als Lesben benachteiligt und als Frauen auch. Schwule sind als Schwule benachteiligt, als Männer nicht.« (In: »Psychosoziale Aspekte der Homosexualität«, Jena 1986) Ar KS

Hörigkeit, sexuelle: übermäßig starke sexuell-erotische Abhängigkeit von einer Person. Charakteristisch für eine solche Beziehung ist ihre Asymmetrie – der hörige Partner ordnet sich dem anderen allein aus leidenschaftlicher Liebe sklavisch unter, obwohl er ihm in anderer Beziehung (z. B. intellektuell oder ökonomisch) durchaus ebenbürtig oder sogar deutlich überlegen sein kann. Hörige Liebe ist letztlich immer unglückliche Liebe, da sie vom geliebten Partner nicht erwidert, sondern nur geduldet und meist auch ausgenutzt wird. Ursachen der H. sind vor allem in prägenden erotischen Erlebnissen zu vermuten, etwa im ersten Orgasmus mit der betreffenden Person nach langer Zeit sexueller Unbefriedigtheit oder Impotenz.

Die wahrscheinlich häufigste Form von s.H. findet sich bei älteren Männern gegenüber wesentlich jüngeren Frauen. Ein literarisches Beispiel hierfür liefert Vladimir Nabokov in seinem Roman »Lolita«: »Die Gluten, die sie entfachte, ließen sie selbst zwar kalt, aber bisher war schnöde Gewinnsucht in ihr noch nicht zutage getreten. Ich jedoch war schwach, ich war nicht klug, ich war meines Schulmädchen-

Nymphchens höriger Knecht. Je geringer die menschlichen Kontakte wurden, desto mehr wuchs meine Leidenschaft, meine Zärtlichkeit, meine Qual; und das nutzte sie aus« (→ *Lolita*). Ein anderes Beispiel schildert Heinrich Mann in seinem Roman »Professor Unrat« – später mit Emil Jannings und Marlene Dietrich als »Der blaue Engel« verfilmt und weltberühmt geworden – das tragische Schicksal eines alternden Mannes, dem die s.H. zu einer leichtfertigen Tingel-Tangel-Sängerin zum Verhängnis wird. We Ar

Hure (mhd. huore, zu: huor = Ehebruch): Frau, die zur eigenen Lust oder zum Gelderwerb sexuell aktiv wird. Jede → *Prostituierte* ist eine H.; aber nicht jede H. ist eine Prostituierte, sondern sie ist einfach geschlechtlichen Handlungen geneigt. Die H. läßt sich mehr oder weniger wahllos mit Männern ein und verletzt – wie es der Sexualautor Günther Hunold 1979 ironisch formuliert – »durch ihre Unzüchtigkeit und ihren ausschweifenden Lebenswandel die Gesetze der Sittlichkeit«, also bestimmte Moralauffassungen in der jeweiligen Gesellschaft. Der althochdeutsche Wortstamm huor bezieht sich auf außerehelichen Beischlaf oder Ehebruch. Andere Wortbedeutungen waren lieb, teuer, wert einerseits und lüstern, begehrlich andererseits. Aus der Verbform houren entstand huren und daraus im 15. Jahrhundert Hurerei und Hurenhaus mit Wertverschiebung ins Negative. Seit jener Zeit wird H. verächtlich gebraucht. »Huren fallen nicht vom Himmel, denn von oben herab kommen alle guten und vollkommenen Gaben; Hurerei aber stammet vielmehr aus der Hölle und vom Teufel her, daran GOTT einen Greuel hat ... die Huren aber fliehe als giftige Schlangen, denn sie stürzten in zeitliches und ewiges Unglücke«, weiß Ernst Meißner 1705 »dem Unverstand der Welt zu begegnen«. Im Mittelalter wurden H. an den Pranger gestellt oder auf dem Hurenkarren durch die Stadt gefahren. Es gab »ehrbare« H. (verführte Mädchen, die sich mit nur einem Liebhaber vergangen hatten) und »Allerweltshuren« (z. B. Frauenhäuslerinnen, Gelegenheitsprostituierte, fahrende Frauen), die sich mit jedem einließen und daher besonders verachtet waren. Die Verachtung galt niemals dem Mann, der sich mit einer H. einließ, sondern der Frau. Der Mann suchte die zum Beischlaf leicht geneigte Frau, sei sie nun Dirne oder nicht, und verachtete sie dafür als H. Daran hat sich bei einem bestimmten Typ von Mann bis heute nichts geändert.

H. gehört zu den meistverbreiteten Schimpfwörtern. Schimpf und Schande gelten dem lockeren, leichten, freien Lebenswandel (der »Zuchtlosigkeit«); dem Übertreten bestehender Gesetze und der Mißachtung sittlicher Normen (der »Unsittlichkeit«);

dem Ausleben von Sexuellem (der »Wollust«, der »Sünde«, den »Ausschweifungen«); der Wahllosigkeit und Beliebigkeit der Partner (dem »Herumtreiben«, → *Flittchen*); der Käuflichkeit; dem Ehebruch (der »Unzucht«), dem sozialen Abstieg (dem »gefallenen Mädchen«) und generell der sexuell auf eigene Interessen orientierten Frau. H. ist letztlich ein verächtliches Wort für Frau bzw. für ein Wesensmerkmal der Frau, das im Engelhaften oder im Mütterlichen seinen Gegensatz und seine Ergänzung hat: Der geschlechtslose Engel ist göttlich, das sinnliche Hurenweib teuflisch. Die eine bietet den siebten Himmel, die andere die wilde Hölle. Die züchtige Hausfrau und das lockende Weib. Die treusorgende Mutter seiner Kinder und die junge Geliebte. Das Mein-Heim-ist-meine-sexuelle-Welt und das Auf-und-Davon. Zucht und Unzucht. Ordnung und sündige Versuchung. Das verächtliche Wort H. signalisiert Gefahr für die bestehende Ordnung. Psychoanalytisch betrachtet, drückt die Verachtung der H. eine Abwehr der eigenen dunklen Triebe aus; die Aggression gegenüber der H. ist die Übertragung der eigenen Unsicherheiten und Ängste auf ein anderes, schwächeres Objekt.

Die alten Wortbedeutungen von H. leben im Grunde bis heute fort und drücken ein widersprüchliches Verhältnis der durch den Mann repräsentierten Gesellschaft zur → *Sexualität* und zur Frau aus. KS

Hurenbock: Mann, der mehr oder weniger wahllose Frauenbekanntschaften eingeht und vordergründig auf rein Sexuelles aus ist. Der H. hat mal mit dieser, mal mit jener Frau Geschlechtsverkehr, ohne daß ihm die jeweilige Frau etwas bedeutet (herumhuren); er ist weniger ein Frauen- als ein Sexfanatiker. Der H. ist nicht das männliche Gegenstück zur → *Hure*, mit der er allenfalls die Beliebigkeit der sexuellen Kontakte und das Hinwegsetzen über bestehende Ordentlichkeiten gemein hat. KS

Hymen:

1. medizinisch für → *Jungfernhäutchen*;
2. in der griechischen Antike der Hochzeitsgott, der bei der Eheschließung angerufen wurde. Ar

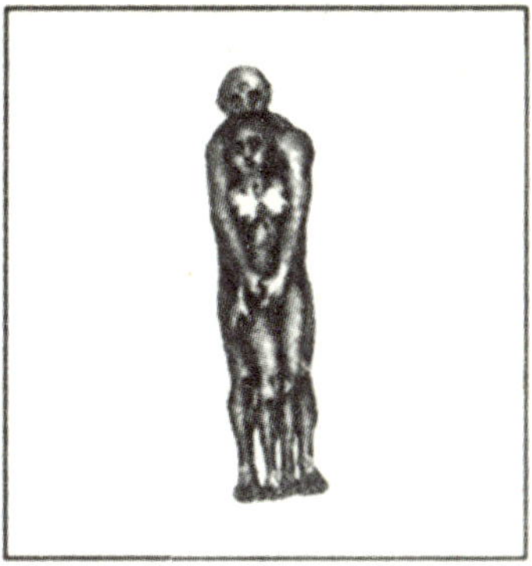

Identität (lat. idem = dasselbe): im allgemeinen und philosophischen Sinne das Gleichbleiben von etwas. Bezogen auf die menschliche Persönlichkeit meint I. das dauerhafte innerliche Sich-selbst-gleich-Sein, die Kontinuität des Erlebens von sich selbst (Ich-I., Selbst-I.), im Volksmund auch bezeichnet als Sich-selbst-treu-Bleiben. I. erwirbt der Mensch im Verlaufe seines Lebens durch seine Existenz und sein Agieren in einer konkreten Gesellschaft, in der Auseinandersetzung mit und Verinnerlichung von deren Werte- und Normensystem, also im Prozeß seiner → *Sozialisation.* Dabei muß das Subjekt immer wieder neue gesellschaftliche Anforderungen bewältigen und veränderten Normen entsprechen. Diese Veränderungen muß es in seine bisherige I. aufnehmen, auch wenn sie seinen bisherigen Fähigkeiten, Einstellungen, kurz habituellen Dispositionen des alltäglichen Verhaltens nicht oder nicht ganz entsprechen oder seinem Selbstbild sogar entgegenstehen. Gelingt dies nicht, kann es zu schweren Krisen und für die Persönlichkeit unlösbaren Konflikten kommen; man spricht dann von Identitätsdiffusion, Identitätsstörungen, Identitätsbrüchen. Die Erwartungen der Gesellschaft an das Subjekt zeigen sich in den verschiedenen Bereichen und je nach den unterschiedlichen Positionen, die ein Mensch in der Gesellschaft innehat. Man unterscheidet z. B. berufliche I., nationale I., kulturelle I., Geschlechts-I. (→ *Geschlecht*) und auch sexuelle I. Die sexuelle I. meint das sexuelle Selbstverständnis als Ergebnis der sexuellen Selbstfindung, das relative Sich-selbst-Gleichbleiben im sexuellen Verhalten, das jedoch andererseits – wie bei anderen Identitäten auch – einer ständigen, lebenslangen Veränderung unterworfen ist (→ *Se-*

xualität im Lebenszyklus), z. B. beim Wechseln des Sexualpartners oder bei Partnerverlust. Immer ist der Mensch bemüht, seine sexuelle I. neuen, andersartigen Anforderungen anzupassen, die Erwartungen eines neuen Partners mit dem subjektiven Selbstverständnis in Einklang zu bringen und insofern die eigene I. zu erweitern. Andererseits kann der Mensch aber auch als sexuelles Wesen nicht konfliktfrei »über seinen Schatten springen«, wenn es ihm nicht gelingt, seine sexuelle I. »mitzunehmen«. Zu sexueller Identitätsdiffusion und damit wohl auch zu dauerhafter Glücklosigkeit im sexuellen Bereich und zu psychischen Störungen kann es kommen, wenn Menschen zu sexuellen Handlungen gezwungen werden, die ihren Bedürfnissen und ihrem Selbstverständnis entgegenstehen, z. B. bei sexuellem Mißbrauch und sexueller → *Gewalt*. Ebenso kann es zu erheblichen Verunsicherungen kommen, wenn der Partner Zärtlichkeiten nicht will oder liebevolle sexuelle Kontakte und Geschlechtsverkehr verweigert oder ablehnt. Sexuelle Identitätskrisen erleben Männer oder Frauen, die plötzlich oder auch allmählich merken, daß sich ihre bisherige (vermeintliche) sexuelle → *Orientierung* ändert (→ *Coming-out*, → *Homosexualität*). Schwierigkeiten mit ihrer sexuellen I. können bei Menschen auf die vielfältigsten äußeren und inneren Ursachen zurückgehen, z. B. Krankheit, Impotenz, → *Abstinenz*. Mit sich selbst sexuell im reinen zu sein erhöht das → *Selbstbewußtsein* und die Lebensfreude. US

Infibulation (lat. fibula = Spange, Nadel): eine bei einigen afrikanischen Stämmen, z. B. im Sudan und in Ägypten, auch heute noch übliche Form der → *Beschneidung* junger Mädchen, denen zuerst die äußeren Geschlechtsteile abgetrennt und danach die Wundflächen zusammengenäht werden, um ihre → *Keuschheit* bis zur Ehe zu bewahren. Nur zum Abfließen des Menstruationsblutes bleibt eine kleine Öffnung erhalten, sonst ist alles fest verschlossen. Bei dieser verstümmelnden, äußerst schmerzhaften und infolge unsachgemäßen Vorgehens oft lebensgefährlichen Operation werden der Kitzler oder große Teile davon mit entfernt. Offensichtlich hatte man schon in früheren Zeiten dessen Bedeutung als sexuelles Lustorgan richtig erkannt und glaubte, durch sein Abtragen die Mädchen zur vorehelichen sexuellen Enthaltsamkeit erziehen zu können. Kurz vor der Heirat wurden die Teile wieder aufgetrennt – wegen der inzwischen eingetretenen Verwachsungen eine wiederum grausame und schmerzhafte Prozedur –, damit nun der Ehemann den intravaginalen Sexualverkehr vollziehen konnte. Um Nachkommen zu gebären, war eine offene Scheide erforderlich. Wenn der Mann darauf bestand, konnte die Frau nach der Geburt eines Kindes erneut vernäht werden.

Die Bezeichnung I. stammt von Fibula, dem lateinischen Namen für Spange oder Nadel, und hängt mit dem bei den Römern üblichen Brauch zusammen, die äußeren Schamlippen einer Sklavin mit einer goldenen Fibula zu verschließen. So konnte sie nicht geschwängert werden und blieb als Arbeitskraft erhalten.

Im antiken Rom war übrigens auch die I. von Männern nicht ungewöhnlich. Entweder wurde ihnen eine Nadel durch die Vorhaut gestochen (→ *Piercing*), oder man nahm statt dessen einen feinen Draht aus Gold, Silber oder Kupfer und schnürte damit die Vorhaut zusammen. Für römische Damen waren diese Infibulierten bevorzugte Sexualpartner, weil der auf diese Weise verzierte Penis besonders intensiv sexuelle Lust bereitete. Ar

Initiationsriten (lat. initiare = anfangen, einführen, einweihen): weltweit verbreitete feierliche Zeremonien, mit denen Völker unterschiedlicher Kulturen bei ihren Nachkommen den Eintritt der Geschlechtsreife begingen. Häufig gehörten → *Beschneidungen* von Jungen und Mädchen mit dazu (→ *Infibulation*, → *Introzision*, → *Ariltha*). Nach Auffassung von Völkerkundlern sollten durch diese Eingriffe die Unterschiede zwischen dem männlichen und weiblichen Geschlecht besonders betont werden. Außerdem wurden die Jugendlichen damit in die Gesellschaft der Erwachsenen aufgenommen. Ar

intim (lat. intimus = innerst, vertrautest):

1. im allgemeinen Sinne: a) vertraut, privat, sehr nahe; b) tiefinnerlich, verborgen; c) anheimelnd und gemütlich. Eine Feier mit i. Freunden bei i. Beleuchtung in i. Kenntnis der Verhältnisse und mit intimsten Wünschen verbunden. Die Intimsphäre ist der ganz persönliche, privateste Lebensbereich. Er gilt als schützenswertes Gut. Seine Unverletzlichkeit ist ein anerkannter sittlicher Wert. Einbrüche in die Intimsphäre werden als Angriffe auf die Würde des Menschen betrachtet. Entintimisieren bedeutet, Privates, Persönliches an die Öffentlichkeit zerren, das dort nichts zu suchen hat. Die Sensationspresse lebt von solchen Tabuverletzungen; insbesondere Liebe, Partnerschaft, Familie werden dabei nicht verschont.
2. im speziellen Sinne:
   a) den Bereich der → *Geschlechtsorgane* betreffend (Intimbereich). Die Begriffe Intimhygiene und Intimpflege

beziehen meist die Reinigung und Pflege des Afterbereichs mit ein. Intimspray wird heute als überflüssig betrachtet (→ *Parfüm*).

b) (verhüllend) körperlich-sexuelle Kontakte, speziell Geschlechtsverkehr haben. Intimitäten sind in diesem Sinne erotisch-sexuelle Äußerungen, Berührungen, Handlungen. Wenn junge Partner schon i. Beziehungen hatten, dann meint man meist, daß sie schon Geschlechtsverkehr hatten, auch Intimverkehr genannt. Intimleben bedeutet dann Sexualleben. Die Situation, in der sexuelle Handlungen stattfinden, nennt man Intimsituation. Intimes Zusammensein ist ein umfassender Ausdruck für einen mehr oder weniger langen Zärtlichkeitsaustausch mit verschiedenen Varianten sexueller Interaktionen, nicht nur den Geschlechtsverkehr, z. B. eine Liebesnacht. Dabei handelt es sich um eine Form der erotisch-sexuellen Kultur, die über das Absolvieren von Geschlechtsverkehr hinausgeht und nicht auf bloßen sexuellen Vollzug aus ist (Funktionen der → *Sexualität*, → *Liebesspiel*).

Der Schutz des Privaten und des noch engeren Bereiches des Intimen einschließlich des Sexuellen darf nicht als Verzicht auf Kommunikation über die damit zusammenhängenden Themen, auf Wissensvermittlung und Sexualaufklärung (→ *Aufklärung*, → *Sexualerziehung*) oder als eine Heimlichkeitssucht oder falsche → *Scham* fehlgedeutet werden. Die meisten Menschen sind an einem erotisch-sexuellen Austausch interessiert. Sie sehen keinen Grund, ihre Körperlichkeit und ihre Körperfunktionen zu verbergen, wollen sie aber auch nicht sinnlos preisgeben oder zu Markte tragen. Sie suchen Rat und Hilfe, lassen andere Menschen auch an ihrem individuellem Glück teilhaben und schätzen Unverstelltheit, Lockerheit, Natürlichkeit. Heimlichtuerei, Verklemmtheiten und → *Sprachlosigkeit* auf sexuellem Gebiet erleben sie hingegen als belastend. Das Problem für sie ist nicht das Intime, sondern ein fremdbestimmter, verletzender oder räuberischer Umgang damit, der Übergriff auf die Individualität und die Vereinnahmung und Beschädigung des Selbst. KS

Intimschmuck: schmückende Elemente im Genital- und Brustbereich, z. B. Sicherheitsnadeln an den Brustwarzen, Ringe an der Vorhaut, Kettchen an den Schamlippen, Perlen an der Eichel. Im weiteren Sinne können auch Tätowierungen dazugerechnet werden, eventuell auch eine Frisierung der Schamhaare. Das Schmücken der Genitalien ist keine moderne Erfindung; es hat die verschiedensten Manipulationen gegeben, gefolgt von Zeiten, da kaum jemand auf den Gedanken kam, sein Glied zu beringen oder ihre Scheide zu beketten. In jüngster Zeit hat mit einer allgemeinen Enttabuisierung, einer größeren Präsenz des Sexuellen in der Öffentlichkeit, einem attraktiven Angebot der Schmuckindustrie und einer Veränderung der Schmuckmode – Frauen und inzwischen auch Männer bringen Schmuck an allen nur denkbaren Körperteilen an – der I. einen neuen Siegeszug angetreten. In bestimmten Gruppen und Szenen ist er unverzichtbarer Habitus und normgerechtes Statussymbol geworden. → *Piercing*, → *Schmuck*. KS

Introzision (lat. introcisio = Hineinschneiden): eine bei den australischen Stämmen übliche Form der → *Beschneidung*, die in einer gewaltsamen Dehnung der Scheide bei jungen Mädchen bestand. Entweder wurde sie mit den Fingern von einem Verwandten oder Stammesältesten aufgerissen oder mit einem Steinmesser aufgeschnitten und zusätzlich mit der Hand erweitert. Anschließend mußte das Mädchen mit mehreren Männern hintereinander Geschlechtsverkehr ausüben. Das mit Blut vermischte Sperma galt als besonders heilkräftig und wurde alten, schwächlichen Personen zur Stärkung verabreicht.
Diese künstliche Scheidenerweiterung steht im Zusammenhang mit dem gleichfalls bei den Ureinwohnern Australiens üblichen Brauch, jungen Männern den Penis aufzuschlitzen, um ihn damit zu verbreitern, eine → *Arilitha* genannte Operation. Diese schwer verstümmelnden Eingriffe bedeuteten für die Mädchen und Männer nicht nur starke Schmerzen und Blutungen, sondern häufig auch ausgedehnte Infektionen, die sicherlich nicht selten tödlich ausgingen. Ar

Inzest (Blutschande): Sexualverkehr zwischen Verwandten ersten Grades, d. h. zwischen Vater und Tochter, Mutter und Sohn, Bruder und Schwester. In den meisten Kulturkreisen waren inzestuöse Beziehungen verboten (→ *Inzesttabu*, Normen). Auch heutzutage werden in vielen Ländern derartige Handlungen bestraft, sofern sie angezeigt werden, vor allem dann, wenn es sich dabei um sexuellen Mißbrauch von Kindern handelt (sexuelle → *Gewalt*). Am häufigsten kommt I. als sexueller Mißbrauch zwischen Vater und Tochter vor, seltener zwischen Geschwistern oder

Mutter und Sohn. Begleitumstände sind ungünstige Wohnverhältnisse, gestörte familiäre Beziehungen und Alkohol; auch häufige Abwesenheit oder Krankheit der Ehefrau begünstigen die sexuelle Kontaktaufnahme. Fast immer handelt es sich nicht nur um ein einmaliges Geschehen, sondern um wiederholte, sich oft über Jahre erstreckende Vergehen. Um sich das Mädchen gefügig zu machen, übt der Vater Druck aus, erpreßt es. Aus Angst geben sich die Mädchen immer wieder hin, sie wagen nicht, darüber zu sprechen, und selbst wenn sie den Mut finden, sich der Mutter anzuvertrauen, erhalten sie nicht immer Hilfe. Die Mutter will ihren Mann nicht verlieren, scheut sich vor einer Anzeige und dem damit verbundenen Aufsehen. Es kann sich auch um kleine Jungen handeln, die sexuell mißbraucht werden. Ihre Situation ist ähnlich wie die der Mädchen. Die Dunkelziffer dieser sich innerhalb des engsten Familienkreises abspielenden Handlungen ist hoch.

Bei Geschwistern ist meist der ältere Teil – Bruder oder Schwester – der aktive und verführt den oder die jüngere. Wenn beide noch zusammen in einem Bett schlafen, wirkt der enge Körperkontakt begünstigend. Weitere Umstände sind mangelnde Liebe seitens der Eltern, übergroße Strenge und fehlende Fürsorge. Auch die Mutter kann ihren Sohn zu sexuellen Spielereien und Geschlechtsverkehr verführen. Oft sind es asoziale, sexuell hemmungslose Frauen unter Alkoholeinfluß.

Wie die verführten Kinder und Jugendlichen diese Handlungen seelisch verarbeiten, ist individuell verschieden und von den Begleitumständen abhängig. Oft verändern sich die Kinder in ihrem Wesen, ziehen sich zurück, wirken verschüchtert, lassen in den schulischen Leistungen nach. Ihrem Verführer gegenüber können sie Haß und Ekel empfinden, manche sind ambivalent, schwanken zwischen Ablehnung und Liebe, fühlen sich mitunter auch schuldig. Spätere Folgen können sexuelle Funktionsstörungen sein. Auch Minderwertigkeitskomplexe und Depressionen sind möglich. Oft haben die Verführten zeitlebens darunter zu leiden. Der doppelte Leidensdruck bezieht sich zum einen auf den sexuellen Mißbrauch und zum anderen auf die Durchbrechung einer strengen Norm. Im Gegensatz zu der Verurteilung des I. in unserer Zeit war I. in der → *Mythologie* verschiedener Kulturkreise nicht verwerflich und wurde auch in Fürsten- und Königshäusern praktiziert. In der griechischen → *Antike* ist I. ein Vorrecht der Götter. → *Zeus* ist mit seiner Schwester → *Hera* verheiratet; ihr Sohn heiratete seine Schwester Kora. In vielen Mythen, die sich mit der Erschaffung der Welt befassen, waren Geschwister das erste Paar, Stammutter und Stammvater. Auch in der Literatur ist der I. oft beschrieben worden. Die Dramatik der

Handlung ergibt sich dabei oft daraus, daß die beiden Liebenden nicht wissen, daß sie miteinander verwandt sind, z. B. in der Erzählung »Bruder und Schwester« von Leonhard Frank. Ar

Inzesttabu: ein bei vielen Völkern unterschiedlicher Kulturkreise bestehendes Verbot des Sexualverkehrs einschließlich Heirat zwischen nahen Blutsverwandten. Bei einigen erstreckte sich das Verbot noch auf weitere Familienmitglieder oder Stammesangehörige.

Der Ursprung des I. ist bis heute nicht völlig geklärt. Nach Ansicht der modernen Ethnologieforschung handelt es sich dabei nicht – wie früher angenommen wurde – um eine Vorbeugung gegenüber möglicher Inzucht, sondern um eine im gesellschaftlichen Leben liegende Maßnahme, weil die Zuführung neuer Mitglieder der Weiterentwicklung und Stärkung des Stammes diente (→ *Normen*).

Fast jedes Volk besaß Gesetze, die den → *Inzest* bestraften, mitunter sogar mit dem Tode. Von den Inkas ist überliefert, daß ein Vater, der mit seiner Tochter sexuell verkehrte, oder eine Mutter, die mit ihrem Sohn schlief, von einer Klippe herabgestürzt wurde. Sexuelle Beziehungen zwischen Verwandten zweiten Grades bestrafte man mit Erhängen oder Steinigen. Ähnlich streng waren die Sitten bei süd- und nordamerikanischen Indianern sowie bei den Völkern der Alten Welt. Allerdings gab es Ausnahmen, vorzugsweise für die Oberschicht. In Peru und Ägypten waren in den Königsfamilien Geschwisterehen üblich. Um Nachfolger des Königs werden zu können, mußte in einigen Dynastien der Pharaonen der Thronerbe seine Schwester heiraten. So war Kleopatra ursprünglich mit ihrem Bruder vermählt. Maßgebend für diese Regelung waren die Erbgesetze, nach denen alles Eigentum nach dem Tode des Königs an seine Frau und deren Verwandtschaft fiel. Die Geschwisterehe hatte den Vorteil, daß alles in der Familie blieb. Andernorts fielen die Inzestschranken vorübergehend bei bestimmten großen Festen, bei denen es wahllos zu sexuellen Vereinigungen kam. Ar

Irrtümer, phallische: falsche Vorstellungen, die sich auf die männlichen oder weiblichen → *Geschlechtsorgane* oder sexuellen Reaktionen beziehen und in bestimmten Fällen zu sexuellen Funktionsstörungen und Neurosen führen können (sexuelle → *Mythen*). Bei manchen Männern besteht z. B. die Meinung, ihr Penis sei zu klein, sie wären dadurch in ihrer Potenz beeinträchtigt und könnten ihre Partnerin nicht ausreichend befriedigen. Begünstigt wird ein solcher Trugschluß durch abwertende Äußerungen anderer Personen – wenn die Ehefrau ihrem Mann etwa körperliche Vorzüge ihrer früheren Partner schildert, die weit besser »ausgestattet« gewesen seien – oder wenn ein großes Glied als Symbol männlicher Macht gilt (→ *Phalluskult*). Dabei wird gänzlich außer acht gelassen, daß die Gliedgröße individuell verschieden ist und als solche noch nichts über die sexuelle Leistungsfähigkeit aussagt; entscheidend ist die Erektionsfähigkeit. Mit einem kleineren, doch ansonsten gut entwickelten und voll erigierten → *Penis* kann die Partnerin ebenso gut sexuell befriedigt werden wie mit einem größeren. Manche Frauen ziehen das kleinere Glied vor, weil sie wegen eventueller Schmerzen Angst vor einem großen Penis haben und meinen, ihre Scheide sei dafür zu eng. Soweit es sich nicht um Kinder oder noch sehr junge Mädchen handelt, stimmt das allerdings nicht, denn die Scheidenmuskulatur ist sehr elastisch und dehnbar. Irrtümer sind auch bei der Beurteilung des → *Orgasmus* möglich. Die Ansicht, daß nur der Vaginalorgasmus der »richtige« sei, ist völlig veraltet. Es gibt außerdem keinen »guten« oder »schlechten« Orgasmus, keinen Orgasmus erster und zweiter Klasse, entscheidend ist, daß er überhaupt erreicht und wie er erlebt wird.

Daß sich diese und ähnliche Fehlvorstellungen so lange halten konnten, ist auf die restriktive Einstellung vergangener Zeiten und Kulturen zu allen Bereichen der Sexualität zurückzuführen, die in Europa jahrhundertelang eine liberale Haltung und Offenheit verhinderte. Ar

Islam: eine vom Propheten Mohammed begründete Religion im arabischen Raum, die zu den großen Weltreligionen gehört. Sie hat manches mit der christlichen Lehre gemeinsam, unterscheidet sich aber wesentlich von ihr durch eine liberalere Einstellung zur Sexualität.

Ein Beispiel hierfür ist die Vorstellung vom Paradies, in dem die gläubigen Moslems – allerdings nur die Männer – irdische Freuden erwarten: Schöne Jungfrauen, die Huris, stünden ihnen zur Verfügung, um ihre Sinne zu erfreuen und ihre Lust zu befriedigen. Dabei würde ihnen von Jünglingen der zu Lebzeiten streng verbotene Wein kredenzt. Die Männer könnten sich in einem wundervollen Garten an Alkohol und Liebe ergötzen und ihre früheren Nöte und Sorgen vergessen.

Mohammed (um 570–632) verstand sich als Prophet Gottes. Das heilige Buch, der → *Koran*, enthält das von Mohammed verkündete Wort Gottes und hat für die Moslems ungefähr die gleiche Bedeutung wie die → *Bibel* für die Christen. Sein Verhältnis zur Sexualität wurde durch seine privaten Erlebnisse beeinflußt. Dabei lassen sich zwei völlig unterschiedliche Richtungen erkennen. Zuerst lebte er als vorbildlicher Ehemann. Er hatte als 25jähriger die 40jährige Witwe Chadidja geheiratet und führte mit ihr fast 25 Jahre eine glückliche Ehe; er war ihr während dieser Zeit offenbar treu. Nach ihrem Tod veränderte er seinen Lebensstil; er nahm sich zahlreiche Frauen und Nebenfrauen, wobei man ihm nachsagt, daß er alle gleich behandelte und abwechselnd mit jeder schlief. Später wurde Aischa seine Lieblingsfrau. Er heiratete sie, als sie noch ein Kind war – sie soll zu jener Zeit noch mit Puppen gespielt haben.

Diese → *Polygamie* billigte er auch seinen Anhängern zu. Er gab jeder Ehefrau einen rechtlichen Status, doch hielt er die Frauen im Unterschied zum Mann für minderwertig. Sie waren nach Allahs Willen seine Dienerinnen. Verboten waren Ehebruch und voreheliche sexuelle Beziehungen, sie wurden ebenso wie die → *Homosexualität* bestraft. Bekämpft wurde auch die Prostitution, doch war sie trotzdem immer weit verbreitet. Eine besondere Eigenart des I., die bereits früher in Mesopotamien bestanden haben soll, ist die Unterbringung der Frauen in einem Harem. Völlig isoliert von der Umwelt bestand ihr einziger Lebenszweck darin, ihrem Herrn jederzeit für seine sexuellen Lüste zur Verfügung zu stehen und ihm Nachkommen zu schenken, möglichst männliche. Die Haremsfrauen waren wegen ihrer Schönheit berühmt, sie stammten aus den verschiedensten Ländern, waren dort gekauft oder geraubt worden. Im Harem wurden sie gut behandelt, ja oft mit Luxus überhäuft, aber es herrschten Eifersucht und Neid; Intrigen gehörten zum Alltag, schließlich wollte jede Lieblingsfrau werden. Da die Mädchen jungfräulich in den Harem kamen, wurden sie speziell im Liebesdienst unterwiesen und im moslemischen Glauben erzogen. Eunuchen, die zur Sicherheit kastriert worden waren, bewachten sie.

Doch auch im I. wechselten Zeiten großer Sittenstrenge mit Zeiten der Lockerung und Liberalisierung. Letzteres war z. B. im 16. Jahrhundert der Fall, wie erotische Schriften aus dieser Epoche belegen. Zu ihren berühmtesten gehört »Der duftende Garten« des tunesischen Dichters Scheik Nefzaui. Das Werk blieb teilweise in der englischen Übersetzung des Arabienforschers Burton erhalten. Zwar hatte dieser das gesamte Buch übersetzt, doch nach seinem Tode 1890 verbrannte seine Witwe die heikelsten Passagen – darunter auch die über Homosexualität –, weil sie das Andenken ihres Mannes nicht entehren wollte. Ähnlich wie das → *Kamasutra*, aus dem offenbar auch einige Passagen übernommen wurden, beschreibt »Der duftende Garten«

zahllose Liebesvarianten und gibt auch Ratschläge für körperlich Behinderte (übermäßige Körperfülle oder Buckel) und für den sexuellen Umgang mit Tieren. Während viele dieser Schriften vergessen sind, haben die erotischen Erzählungen aus »Tausendundeiner Nacht« überlebt und werden heute noch gern gelesen. Ar

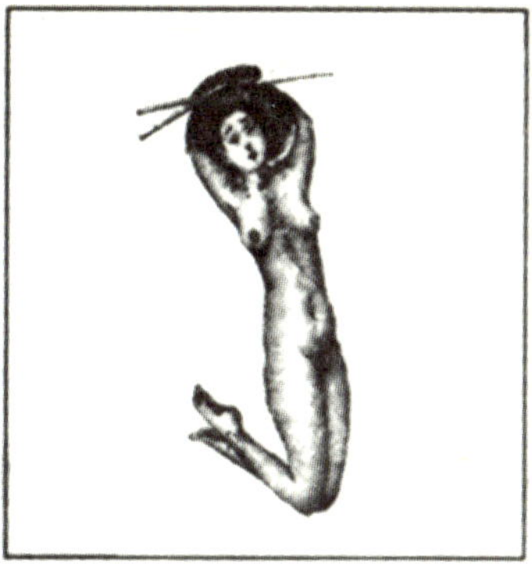

Japan: Wie das kulturelle und religiöse Leben wurde auch die Einstellung zur Sexualität stark von → *China* beeinflußt. Im 6. Jahrhundert war man mit den Begriffen yin und yang vertraut, und über China kam auch der Tantrismus aus Indien ins Land. Die Japaner kannten teilweise die chinesischen Liebesbücher, schrieben aber auch selbst über Erotik und Sexualität. Man nannte diese Bücher »Shunga«, sie waren im 17. Jahrhundert weit verbreitet und mit künstlerisch hochwertigen Illustrationen geschmückt. Den Verfassern ging es dabei in erster Linie um praktische Ratschläge, sie wollten keine neue Philosophie entwickeln. Auch bei ihnen findet sich die Verbindung von Gesundheit und Sexualität; Exzesse schadeten der Gesundheit, eine regelmäßige, nicht übertriebene sexuelle Betätigung sei der Gesundheit förderlich.

Das religiöse Leben ist von zwei sehr verschiedenen Religionen beeinflußt, die trotz ihres Gegensatzes harmonisch nebeneinander bestehen. Ursprünglich gab es eine Naturreligion, der gemäß alles Leben mit der Natur verbunden ist; man verehrt die Gewalt der Natur, doch auch Berge und das Meer. Kami, die Götter, sind überall zu finden; man stellt sie sich nicht nur in Menschengestalt vor, ein Kami kann auch ein bizarr geformter Felsen oder eine Schlange sein. Da man nicht an ein Leben nach dem Tode glaubt, soll man es zu Lebzeiten so sinnvoll wie möglich gestalten und auch den Freuden nicht aus dem Wege gehen. Diese Shinto-Religion (Shinto bedeutet »Weg der Götter«) hat das besonders innige Verhältnis der Japaner zur Natur bestimmt, wie auch jenes zur Sauberkeit – Schmutz ist etwas Böses. Baden ist eine überall verbreitete Volkssitte, Reinlichkeit oberstes Gebot. Kennzeichen der Shinto-Tempel sind vor ihrem Eingang stehende Torii, zwei durch Querbalken verbundene Säulen, meist in roter Farbe, die im Laufe der Zeit zu einem nationalen Symbol geworden sind.

nen, wobei die freudigen Ereignisse im Leben dem Shintoismus zufallen (Hochzeiten oder Geburten werden im Shinto-Tempel begangen), die traurigen wie Begräbnisse oder Ahnengedenkfeiertage dem Buddhismus.

Illustration aus einem Kopfkissenbuch. Japan (um 1900)

Über Indien und China gelangte auch der Buddhismus auf die japanischen Inseln. Aus seinen Schriften erlernten die Japaner die Schriftzeichen und konnten die Werke studieren. Der Buddhismus wurde vor allem von der Oberschicht angenommen, dem Volk lag die unkomplizierte Shinto-Religion näher, es konnte sich leichter mit ihr identifizieren. Viele Japaner bekennen sich heute zu beiden Religionen.

Die christlichen Missionare, die im 16. Jahrhundert nach J. kamen, hatten es mit ihrer Lehre nicht leicht. Hinzu kam, daß sie durch ihr arrogantes, forderndes Auftreten bei den Japanern wenig Gegenliebe fanden. Dem japanischen Charakter war das Bekämpfen anderer Religionen fremd, sie konnten gut mit mehreren leben. Christen sind in J. immer eine Minderheit geblieben.

Zum Shintoismus gehört auch der Mythos von der göttlichen Abstammung des Kaisers, der bis vor kurzem als direkter Nachkomme der Göttin des Lichts Amaterasu galt.

Der Shintoismus hat auch die Einstellung zur Erotik und Sexualität geprägt. Der Phalluskult war auch hier bekannt, wie man an erhalten gebliebenen kleinen Stein- oder Holzfiguren (Ningyos) erkennen kann, die den Göttern geweiht waren. Einem Fruchtbarkeitskult dienten wahrscheinlich die sogenannten Dogu, die um 300 v. Chr. entstanden und tönerne Frauengestalten mit übermäßig großen Brüsten und ausladenden Hüften darstellen, wie man das auch von anderen Kulturen her kennt.

Als »goldenes Zeitalter der Erotik« gilt die Heian-Zeit. So ist z. B. aus dem Jahre 900 (in Kopien aus dem 13. Jahrhundert) als erstes erotisches Werk von Koshibagahi Zöshi das Liebesabenteuer einer hochgestellten Dame mit einem Palastwächter beschrieben, wobei in 16 Illustrationen die verschiedensten sexuellen Positionen dargestellt werden. Ein anderes Beispiel sogenannter Querrollenmalerei ist »Die Geschichte vom Prinzen Genij« aus dem 12. Jahrhundert, die leider nur noch bruchstückhaft erhalten ist. Hierin erzählt die Hofdame Murasahi die zahlreichen Liebesabenteuer des Prinzen, die durch sehr sinnliche Illustrationen veranschaulicht werden.

Von dem Maler Toba Sojo – um 1320 – stammt eine Serie von Tuschzeichnungen, die mit seltener Komik die amourösen Abenteuer eines alten impotenten Klostervorstehers schildern, der sich von einem Diener vorbereiten läßt, bevor er sich auf die Matte zu seinem Lieblingsschüler legt. Zu allen Zeiten ist die gleichgeschlechtliche Liebe ein häufiges Thema in der bildenden → *Kunst.*

Zu einem weiteren Höhepunkt bildnerischer Gestaltung, bei dem Frauen und Sinnlichkeit dominieren, führt die Edo-(Tokugawa-)Zeit (1615 bis 1867). Hier entwickelte sich der Holzschnitt zum wichtigsten Ausdrucksmittel einer vom Bürgertum getragenen Kunst- und Kulturströmung, die als Ukiyo-e (jap. »Bilder der fließenden Welt«) bekannt geworden ist. Hauptthema sind Kurtisanenbilder, die auch heute noch eine erotische Ausstrahlung besitzen. Die erotischen Szenen kamen in dem inzwischen entwickelten Vierfarbendruck stärker als in Schwarzweiß zur Geltung, und die Nachfrage nach diesen Grafiken war offenbar groß.

Eine ganze Schule von Malern befaßte sich im 18. Jahrhundert mit Bildern schöner Frauen, wobei die nach Kurtisanenart gekleideten Damen oft stehend und leicht nach links geneigt in der Seitenansicht wiedergegeben wurden, was den Darstellungen einen betont sinnlichen Ausdruck verleiht. Auch der als größter japanischer Maler geltende Hokusai (1760–1848) hat erotische Bücher illustriert. Unter den Kleinplastiken nehmen die Netsuke, ursprünglich als Glücksgötter gedacht, einen besonderen Platz ein. Die benutzten Materialien sind Elfenbein, Holz oder Metall, auch Liebespaare in gewagten sexuellen Stellungen befinden sich darunter.

»In Yoshiwara« Aus: »The Nightless City«, Yokohama (1899)

Durch die größere Öffnung nach Europa in der zweiten Hälfte des 19. Jahrhunderts wurden die Japaner mit der Aktmalerei bekannt, die jedoch eine widersprüchliche Aufnahme fand. Eine neue Sicht der Künstler auf Erotik und Sexualität brachte erst der Surrealismus, der um 1930 durch den Dichter Shuzo Takiguchi nach J. kam. Inzwischen hat sich die Situation durch den Einfluß der amerikanischen Zivilisation völlig verändert. Nur wenige Maler und Grafiker wie Masuo Ikedo behandeln erotische Szenen in der Tradition des alten japanischen Holzschnitts.

Zum Liebesleben der Japaner gehörte die zeremonielle Werbung. Ihre Liebestechnik war einfacher und nicht so abwechslungsreich wie die der Inder und Chinesen, orale Beziehungen wurden nicht gebilligt, da sie den Anstand verletzten. Die Frau sollte dem Mann auch nicht beim Sexualkontakt den Rücken zukehren, weil das als nicht statthaft gegenüber dem Mann galt. Vor allem mußte der Mann darauf bedacht sein, die kunstvolle Frisur der Frau nicht zu zerstören.

Eine Besonderheit in J. sind und waren die Geishas, die ähnlich wie die gebildeten griechischen Hetären dem Manne nicht nur ihre Liebesdienste anboten, sondern für seine Unterhaltung sorgten. Meist wurden Geishas für ihren Beruf sorgfältig ausgebildet; sie lernten, Musikinstrumente zu spielen, zu singen, zu tanzen und sich mit ihrem Partner über alle möglichen Themen zu unterhalten. Dementsprechend besaßen sie eine angesehene Stellung in der Gesellschaft und sind nicht mit gewöhnlichen Prostituierten, die in Bordellen leben, zu vergleichen.

Die Freudenhäuser hatten bestimmte Anforderungen zu erfüllen und wurden polizeilich kontrolliert. Ihre Insassen wurden zumeist als junge Mädchen von den Eltern dorthin verkauft. Auch diese Mädchen durchliefen eine Ausbildung, auch wenn sie nicht so umfassend wie die der Geishas war. Sie wurden von älteren, schon erfahrenen Prostituierten in die Kunst der Liebe eingeweiht. Die Japaner vertraten die Ansicht, daß die Ehefrau nicht allen Anforderungen genügen könnte und daß man von diesen Mädchen auch lernen könnte, wie man eine Frau am besten befriedigt, so daß letzten Endes die Ehefrau nicht zu kurz komme.

Anders verhielt es sich mit den Samurais, die häufig sexuelle Beziehungen zu jüngeren Männern eingingen. Durch ihr Leben als Krieger bot sich ihnen dies als Ersatz für ein häusliches Liebesleben an, wobei sie diese Kontakte aber offenbar voll befriedigten. Es waren ähnliche Beziehungen, wie wir sie aus der griechischen → *Antike* zwischen den Philosophen und ihren Schülern kennen. Der Schriftsteller Ihara Saikaku, der im 17. Jahrhundert lebte, beschreibt in dem Buch »Der Spiegel männlicher Liebe« homosexuelle Beziehungen zwischen Samurais und jungen Männern, die mit ihnen kämpfen, sowie auch zwischen Lehrern und Schülern buddhistischer Klöster. Ar Se

Johannistrieb: wiederauflebende sexuelle Begierde beim alternden Mann. Die volkstümliche Bezeichnung geht zum einen darauf zurück, daß manche Bäume, deren Frühjahrstrieb durch Frost gehemmt wurde, um den Johannistag (24. Juni) erneut austreiben. Der Ausdruck »zweiter Frühling« ist ähnlich entstanden. Zum anderen wird damit auf die Johannisnacht vom 23. zum 24. Juni angespielt, die in vielen Ländern erotische Bedeutung hat und die als Sonnwendnacht Höhepunkt heidnischer Fruchtbarkeitsriten war.

Der spöttische Gebrauch des Wortes J. beruht nicht in erster Linie darauf, daß dem älteren Mann, der seine Fortpflanzungspflichten erfüllt hat, das Recht auf erotisches Vergnügen und die Fähigkeit zu sexuellen Handlungen abgesprochen wird, sondern daß er durch jünglingshafte Umtriebe, vordergründig-geiles Gehabe (»alter Bock«), durch Anzüglichkeiten und plumpe Vertraulichkeiten bei tragischer Überschätzung seiner Möglichkeiten auffällt. Dieser Vorgang freilich offenbart eine gewisse negative Bewertung des Liebeswerbens älterer Menschen und von Alterssexualität in der öffentlichen Meinung. Insofern → *Erotik* traditionell mit Jugend in Verbindung gebracht wird, macht sich derjenige leicht lächerlich, der gegen dieses Leitbild verstößt. In Wahrheit dürfte der J. auf ein unerfülltes Sexualleben, auf erotische und emotionale Defizite, auf einen Mangel an menschlichen Kontakten und an Zärtlichkeit, möglicherweise auf eine erloschene Erotik in der Zweierbeziehung, vielleicht auch auf die eigene Unfähigkeit zu sexuell erfüllten Beziehungen oder auf mangelnde Gelegenheit dazu hindeuten. Schon auf das Ende seines Lebens zugehend, aber noch liebes- und lustwillig, wird von manchem Mann die Strategie sexueller Disziplinierung und die Orientierung auf die nur eine Partnerin aufgegeben; man möchte noch etwas erleben, ehe es zu spät ist (»Torschlußpanik«), sich selbst bestätigen oder sich mit jüngeren Frauen und scheinbar jugendlicher Liebe selbst noch einmal jung fühlen. KS

Jungfernhäutchen (→ **Hymen**): eine den Scheideneingang halbmondförmig verschließende Schleimhautfalte, die meist beim ersten Geschlechtsverkehr eingerissen wird (→ *Entjungferung*). Die Bedeutung des J. liegt vor allem in dem Symbol für Jungfräulichkeit (→ *Keuschheit*); es hatte die Scheide vor unerwünschten Eindringlingen zu schützen, und sein intakter Zustand war und ist auch heute noch in manchen Ländern Voraussetzung für die Eheschließung. Ar

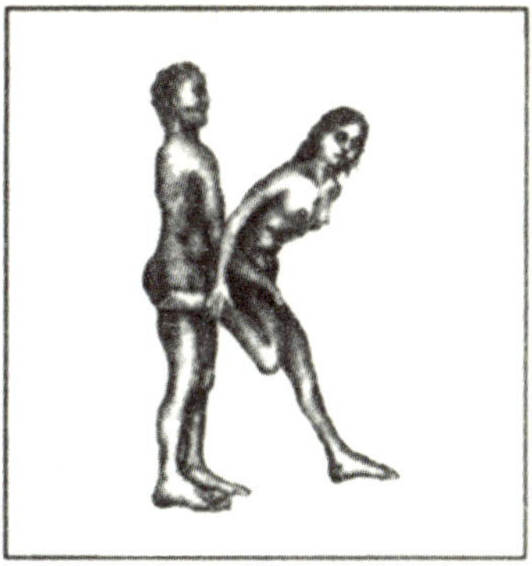

Kamasutra: ein aus Indien stammendes, noch heute weltberühmtes Standardwerk erotischer Literatur, das vermutlich zwischen dem 2. und 4. Jahrhundert v. Chr. entstanden ist. Der Verfasser Vatsyayana bezieht sich darin auf die schon vor seiner Zeit bekannten Liebesbücher und beschreibt außerdem auch seine eigenen Vorstellungen und Erfahrungen. Im Gegensatz zur Sexualfeindlichkeit der christlichen Lehre besaßen Erotik und Sexualität in Altindien einen hohen Stellenwert. Man unterstellte sogar den indischen Göttern, daß sie sich mit der Theorie der Liebeskunst befaßten, weil ihre Kenntnis Voraussetzung für ein harmonisches und glückliches Leben des einzelnen war. Nach den damaligen Moralprinzipien sollte sich der Mensch drei Zielen verschreiben: dem Streben nach dem Guten (Dharma), dem Nützlichen (Artha) und dem Angenehmen (Kama). Für die Bewältigung des letzten Zieles wurde das K. geschrieben. Es ist ein Lehrbuch, das umfassend über alle Bereiche des Liebeslebens informiert und sich an beide Geschlechter wendet, da der Mann ebenso wie die Frau das Recht auf sexuelle Erfüllung hat, eine für die damalige Zeit sehr fortschrittliche Einstellung.

Über sexologische Ratschläge hinaus vermittelt der Inhalt eine Fülle von kulturhistorisch interessanten Einzelheiten über das Leben der indischen Oberschicht. Das K. ist daher weit mehr als eine Darstellung verschiedener Liebestechniken.

In den einleitenden Kapiteln wird zunächst empfohlen, das Werk zu studieren. Der Autor ist sich nicht ganz sicher, ob auch die Frauen die Theorie verstehen werden, doch die Praxis traut er ihnen zu; schließlich existierten auf der ganzen Welt nur einige wenige Lehrbuchkenner, die Praxis hingegen läge im Interesse aller Menschen.

Er rät den Frauen, auf 64 nichtsexuellen Wissensgebieten Kenntnisse zu erwerben, z. B. Gesang, Tanz, Instrumentalmusik; Geschick im Einreiben, Massieren und Frisieren; Vorlesen, Kenntnis von Schauspielen und Erzählungen; Kenntnis von Juwelen, Farben und Mineralien; der Lexikographie, der Wissenschaften von den Anstandsregeln, Leibesübungen. Diese umfassende Bildung sollte den Frauen zu einem geachteten Platz in der Gesellschaft verhelfen.

Der zweite Hauptteil befaßt sich mit den Sexualpartnern und den sexuellen Kontaktmöglichkeiten. Nach der Größe ihrer Geschlechtsorgane werden die Männer in drei Kategorien eingeteilt: Rammler, Stier und Hengst. Die Frauen gehören vom Typ her zur Gazelle, Stute und Elefantenkuh. Das Liebesleben hänge davon ab, welche Typen sich vereinigen. Am günstigsten sei es, wenn der Mann die Frau an Stärke übertrifft. Ist die Frau die Überlegenere, sei das Erleben schwächer.

Nach Auffassung des Autors äußert sich der Orgasmus bei Mann und Frau ganz unterschiedlich. Im Gegensatz zum Mann, der nur am Ende des Sexualaktes den Orgasmus erlebe, empfinde die Frau ständig ein libidinöses Jucken oder Wollustgefühl. Wörtlich heißt es: »Am Ende der Liebeswonne ist Glück für die Männer. Für die Frauen aber ist ununterbrochenes Glück. Durch den Antriebsschwund bedingt, entsteht der Wunsch nach Beendigung.« Die unterschiedliche Reaktion der Geschlechter erkläre sich durch die Natur, der Mann sei der aktive, die Frau der passive Teil.

In bezug auf den Geschlechtsverkehr werden 64 Varianten beschrieben. Ausgehend von der achtfachen Unterschiedlichkeit der acht erotischen Stufen (Umarmung, Küsse, Beibringen von Kratzspuren und Bißmalen, körperliche Vereinigung, Ausstoßen von Lauten wie Stöhnen und Schreien, Rollenwechsel, Mundverkehr) gibt es acht mal acht Kombinationen. Die Zahl 64 steht aber auch als Symbol für die Vielzahl sexueller Aktivitäten. Detailliert und poetisch umschrieben, werden die verschiedenen Formen des Umarmens, Küssens und des Koitus geschildert. Dazu einige Beispiele:

(1) Bei der Schamgegendumarmung pressen sich beide fest aneinander, und die Frau steigt auf den Mann, um Kratzer und Bisse anzubringen.
(2) Beim »Baumerklettern« steigt sie mit einem Fuß auf den Fuß des Liebhabers, und mit dem anderen besteigt oder umschlingt sie seinen Schenkel, berührt dabei mit einem Arm seinen Rücken und

Indische Holzskulptur (19. Jh.) ➪

beugt mit dem anderen seine Schulter herab, während sie leise Koseworte zwitschert (das Ganze findet im Stehen statt).

(3) Bei »Sesam und Reis« liegen beide im Bett und umarmen sich unter gegenseitigen Verschlingungen der Arme so eng wie möglich.

(4) »Milch und Wasser« wird eine leidenschaftliche sexuelle Vereinigung ohne Vorspiel genannt, die Frau sitzt dabei auf dem Schoß des Mannes.

Zahlreiche Ratschläge befassen sich mit der wechselseitigen Liebkosung der verschiedenen Körperteile. Je nach Landessitte werden beim Küssen diese oder jene Stellen bevorzugt, wobei man zwischen dem gemessenen, pochenden und stoßenden Kuß unterscheidet. Daneben kennt man noch direkte, schräge, umherirrende und pressende Küsse. »Entflammen der Leidenschaft« heißt der Kuß der Frau, die ihren schlafenden Liebhaber wecken will.

Daß sadomasochistische Praktiken zum Liebesspiel gehörten, beweisen die Kapitel, in denen ausführlich von Liebesbissen und Fingernagelspuren die Rede ist. Das Kratzen mit den Nägeln gehöre bereits zur erotischen Einstimmung, bevorzugte Stellen seien Achselhöhlen, Brüste, Hals, Rücken, Schamgegend und Schenkel. Nach ihrer Form heißen die Kratzspuren Diskus, Halbmond, Kreis, Linie, Tigerkralle, Pfauenfuß, Hasensprung oder Lotusblatt. Diese Male bezwecken nicht nur eine Steigerung der Leidenschaft, sondern sie sollen auch an den oder die Geliebte erinnern, wenn der Abschiednehmende etwa seiner Partnerin drei oder vier Linien einkratzt. Für nachfolgende Liebhaber stellen die zurückbleibenden Male keine Abschreckung, sondern eine zusätzliche Attraktivität dar. Es heißt: »Und wenn ein Mann an den betreffenden Stellen mit Nägelmalen gekennzeichnet ist, wird auch der starre Sinn einer Frau gewöhnlich ins Wanken geraten.« Oder: »Wer eine junge Frau von fern gewahrt, deren Busen von Nägeln gekennzeichnet ist, bei dem entstehen selbst als Fremdem Hochachtung und Leidenschaft.« Auch für die Bißspuren gibt es zahlreiche poetische Namen: der durch einen langen Biß auf die Lippe entstehende »Korallenstein« oder der »Punktbiß«, wenn die Zähne zangenartig ein Stückchen Haut erfassen. Schlagen gehöre ebenfalls zum Liebesspiel. Das Aufschreien und Ausstoßen von Schmerzlauten errege die Lust beider. Vor Übertreibungen wird jedoch gewarnt, da bei sehr heftigem Vorgehen die Geliebte getötet werden könne.

Besondere Aufmerksamkeit wird den Stellungen beim Geschlechtsverkehr geschenkt. Neben der »Liebe im Stehen« – beide Partner lehnen sich aneinander oder an eine Wand – wird der Koitus nach Art der Tiere beschrieben – die Frau wird von hinten bestiegen, während sie sich auf allen vieren hinkauert (Kuhstellung). Oder der Autor spricht vom Katerspiel, Tigersprung, Elefantendrücken, Eberreiben. Bei der akrobatische Geschicklichkeit verlangenden »Liebe im Hängestütz« umschlingt die Frau den Hals des stehenden Mannes, setzt sich auf seine ausgebreiteten Hände, klammert sich mit den Schenkeln um seine Hüfte und schwingt dann hin und her. Je nach Typ werden verschiedene Koituspositionen empfohlen. Für die Gazellenfrau eigneten sich drei Stellungen: bei der »aufgeblühten« ist der obere Teil des Körpers nach unten gebeugt, die Schamgegend nach oben; bei der »klaffenden« liegt sie mit erhobenem Oberkörper und weit gespreizten Schenkeln; variiert sie diese Stellung, indem sie den Mann mit den Schenkeln umfaßt und die Knie beugt, wird daraus die »Indira-Gattin-Stellung«. Der Elefantenfrau wird zur »Schale« geraten, beide Partner halten die Beine gerade gestreckt und befinden sich in Seiten- oder Rückenlage; in der »pressenden Stellung« hält die Frau nach dem Einführen des Penis die Schenkel fest zusammen, in der »umhüllenden« schlägt sie diese übereinander.

Von der Frau kann auch die Rolle des Mannes übernommen werden, insbesondere wenn der Liebhaber schon etwas erschöpft, seine Leidenschaft aber noch nicht gestillt ist. Sie übernimmt dann die obere Position und ahmt seine Bewegungen nach.

Oralverkehr scheint vor allem unter Homosexuellen üblich gewesen zu sein. In seinem Mund geschieht, was sonst in der Scheide vor sich geht. Er übernimmt, wenn er einen Mann für sich zu gewinnen wünscht, die Aufgabe eines Masseurs. Während der Massage soll er – gewissermaßen umarmend – mit seinen Gliedmaßen die Schenkel des Geliebten reiben; wenn er bemerkt, daß dessen Glied sich versteift hat, soll er es durch Reiben mit der Hand erregen. Schließlich soll er sich zum Mundverkehr nähern, wobei es acht verschiedene Positionen gibt. Aus diesem Vorgehen wird ersichtlich, daß sich offenbar niemand sofort zu seiner gleichgeschlechtlichen Neigung bekennt, sondern sich erst vortastet, jederzeit bereit, mit der Annäherung aufzuhören. Für Männer wird dieses Verhalten akzeptiert, nicht aber für Frauen. Ehrbare tun so etwas nicht, höchstens Dienerinnen, Masseusen oder charakterlose Frauen.

Etliche Hinweise sollen zum Wiedererlangen verlorener Liebesfähigkeit verhelfen. Wenn manuelle und orale Reizung versagen, wird zu künstlichen Hilfsmitteln geraten. Ein Kunstglied aus Metall, Bambus oder Holz mit höckriger, rauher Oberfläche kann vom Mann an der Hüfte befestigt werden, so daß er damit kohabitieren kann. Durch Einreiben mit bestimmten stachelhaarigen Insekten läßt sich der Penis vergrößern – eine allerdings äußerst schmerzhafte Pro-

zedur, die jedoch zu einer anhaltenden Schwellung führt.
Der Autor betont, daß er das Werk in keuschem Lebenswandel und äußerster Versenkung vollbracht habe, zum Nutzen des weltlichen Lebens, nicht etwa zur bloßen Leidenschaft. »Der Kenner des Wesens dieses Lehrbuches wird einer, der gezügelte Sinne hat.« Ar

Kandaulesismus: ein Verhalten, bei dem der Mann einem Dritten seine reizvolle Ehefrau oder Geliebte ohne deren Wissen nackt oder nur wenig bekleidet zeigt, um sich an dessen Begierde und Neid zu weiden. Der Name geht auf den sagenhaften lydischen König Kandaules (678 v. Chr.) zurück, der seinen Leibwächter Gyges aufforderte, der Gattin – ohne daß sie davon wußte – heimlich beim Entkleiden zuzusehen, um mit ihrer Schönheit zu prahlen. Allerdings hatte er dafür zu büßen. Die Königin entdeckte nämlich den Versteckten, raste vor Zorn und verlangte von ihm, den König zu töten und sie zu heiraten; andernfalls sollte er selbst sterben. Gyges entschloß sich für das kleinere Übel und nahm die Königin zur Frau. Dem K. im gewissen Sinne ähnlich ist das Verhalten von Männern, wenn sie – ohne daß ihre Partnerin davon weiß – Aktfotos von ihr oder in intimen Situationen aufgenommene Bilder ihren Bekannten vorführen, um damit anzugeben. Deren anerkennende Äußerungen stärken ihr Selbstbewußtsein, da sie sich nach patriarchalischer Manier als Eigentümer dieser Frau fühlen. In jüngster Zeit freilich sind infolge der Frauenbewegung solche Verhaltensweisen verfemt, und den meisten Männern ist ohnehin ein solches Gehabe fremd. Ar

Karezza: eine schon im alten Indien gebräuchliche Form des Geschlechtsverkehrs, bei dem beide Partner nach Einführen des Gliedes in die Scheide ruhig beieinander liegen und bewußt Samenerguß und Orgasmus vermeiden. Diese auch in der Sanskritliteratur erwähnte Methode soll vor allem der Vertiefung der geistigen Verbundenheit und der gemeinsamen Entspannung dienen. In Europa ist K. kaum bekannt. Sie ist nicht zur Empfängnisverhütung zu empfehlen, da beide Partner über eine außerordentliche Selbstbeherrschung verfügen müssen, die wohl nur wenige aufzubringen imstande sind. Ar

Karikatur (ital. caricare: überladen, übertreiben): Spottbild, kritische oder satirische Zeichnung. Typische übertreibende Darstellung, die sich auf komische Effekte mittels Verkürzung und Konzentration beschränkt. Spott und Lächerlichmachen stehen im Vordergrund, wobei die Schwächen der Menschen als beliebter Ansatzpunkt genutzt werden. Gerade das sexuelle und erotische Leben des Menschen bietet hier vielfältige Gelegenheiten. Die Nähe von Ekstatischem und Lächerlichem im Liebes- und Sexualleben ist Anlaß für vielfältige K., die allgemein sehr beliebt sind. Nach Eduard Fuchs, dem großen Sittengeschichtler, ist die Mehrzahl erotisch bildhafter Darstellungen von der → *Antike* bis zur Gegenwart karikaturesk, mitunter auch gegen den Willen der Urheber; eine allgemeine Kulturgeschichte der Völker würde beweisen, »daß die erotische Karikatur im Leben der Völker eine Rolle gespielt hat, von deren Bedeutung man heute gemeinhin auch nicht den Schimmer einer Ahnung hat« (Fuchs, »Illustrierte Sittengeschichte«, 1909). Eines der beliebtesten Themen ist die sexuelle Potenz, in erster Linie im Zusammenhang mit den männlichen Geschlechtsteilen, die übertrieben gezeichnet werden. Diese phallischen K. sind bis in die Gegenwart verbreitet. Der Spaß beim Betrachten erotischer K. rührt oft aus eigener Erfahrung und eigenem Wissen her. Sie sind oft direkter und offenherziger als die »ernste« erotische Kunst. Bei vielen erotischen K. wird das Vergnügen noch durch Momente der Überraschung und des Wortwitzes bei der Bildunterschrift verstärkt.

Abgesehen von frühen K. auf Einblattdrucken und Flugschriften der Reformation und Anklängen in Grafiken von Pieter Bruegel d. Ä., Hieronymus Bosch, Beham und Leonardo da Vinci, findet die erotische K. – im heutigen Verständnis vor allem als zeichnerische Darstellung – ihre eigenständige Ausprägung unter anderem bei William Hogarth, Thomas Rowlandson, James Gillray, Honoré Daumier oder Félicien Rops.

Bemerkenswert ist die Verbindung von politischer und erotischer K. bzw. die politische K. mit erotischen Mitteln. Das Auge wird zum einem – wie beim Einsatz der → *Erotik* in der Werbung – besonders angezogen, andererseits lassen sich über die Erotik allgemeinverständlich und ohne größere Anstrengungen politische und gesellschaftliche Botschaften transportieren. Se

Kastration: operative Entfernung der weiblichen oder männlichen Keimdrüsen bzw. ihre Zerstörung durch Röntgenbestrahlung oder Stillegung durch künstliche Hormonzufuhr. Meist kommen diese Methoden bei bestimmten Krankheiten aus medizinischen Gründen in Frage. Auch bei Transsexuellen, die eine Personenstandsänderung anstreben, wird dieser Eingriff vorgenommen (→ *Transsexualismus*). Bei Sexualstraftätern kann die K. auf freiwilligem Entschluß vorgenommen werden, doch ist das Vorgehen wegen des zweifelhaften Erfolges umstritten. So konnten Triebtäter auch durch K. nicht von ihren Neigungen geheilt werden. Welche Ausfälle nach einer K. eintreten, hängt von dem Alter ab, in dem die K. durchgeführt wird. Bei Jugendlichen wird die Ausbildung der sekundären Geschlechtsmerkmale gebremst. Knaben werden relativ groß, und wenn der Stimmbruch noch nicht eingetreten war, behalten sie ihre Stimmlage. Dieser Umstand führte früher sogar dazu, sie bewußt zu kastrieren, um sie als Sänger auszubilden. Ihre Stimmen waren wegen ihrer Reinheit berühmt, und einige Komponisten, wie z. B. Christoph Willibald Gluck (1714–1787), schrieben Rollen extra für sie. In seiner Oper »Orpheus und Eurydike« ließ Gluck die männliche Hauptrolle von einem Kastraten singen.

Eine andere Nebenwirkung besteht in Minderung oder Fehlen des sexuellen Verlangens. Dies und die Unmöglichkeit zur Fortpflanzung führten dazu, daß man sich ihrer gern als Haremswächter bediente. Die K. im Erwachsenenalter, in dem die sekundären Geschlechtsmerkmale bereits ausgebildet sind, beeinträchtigt diese kaum, das sexuelle Verlangen nimmt jedoch ab und die Neigung zum Fettansatz zu.

Bei jungen Mädchen und Frauen sind die Folgeerscheinungen anders. Durch den plötzlichen Ausfall der Eierstöcke ähneln die Symptome denen im Klimakterium, sofern die K. noch im geschlechtsreifen Alter erfolgt. Ar

Kastrationskomplex: nach Freud (→ *Psychoanalyse*) die Angst des Knaben vor dem Verlust seines → *Penis*. Freud ging im Rahmen seiner Theorie der kindlichen Sexualentwicklung davon aus, daß sich bei Jungen durch die Konkurrenz mit dem Vater um die Liebe der Mutter (→ *Ödipuskomplex*) die Angst vor der → *Kastration* durch den Vater herausbildet, woran die Erfüllung der → *Inzest*-Phantasie letztlich scheitert. Er vermutete, daß es in den Urzeiten der Menschheit tatsächlich die Kastration heranwachsender Knaben durch eifersüchtige und grausame Väter gegeben habe und daß das Ritual der → *Beschneidung* eine Überlieferung dieser Bräuche sei.

Um die Jahrhundertwende gab es auf Grund der in Mitteleuropa herrschenden → *Prüderie* viele Eltern, die ihren Söhnen mit Kastration drohten, um sie von der → *Masturbation* oder überhaupt vom Spielen am Penis abzuhalten. Daher entwickelten Freuds Patienten in der psychoanalytischen Therapie häufig Kastrationsphantasien. Das mag Freud bewogen haben, dem K. einen bedeutenden Stellenwert in seinem Theoriengebäude zu-

zumessen. Die Funktion des K. innerhalb der weiblichen Sexualentwicklung sah Freud darin, daß mit der Erkenntnis des fehlenden Penis die frühkindliche primäre Mutterbindung aufbricht und zur Vaterzuwendung führt. Insofern löst der K. beim Mädchen den Ödipuskomplex erst aus, während er ihn beim Jungen zerstört. Verdrängte Inzestwünsche und damit verbundene Schuldgefühle sind nach Freuds Ansicht die Grundlage individueller → *Moral.* Nach modernem entwicklungspsychologischem Verständnis wird die Theorie des K. in ihrer Spezifik als Produkt einer bestimmten Epoche relativiert. In übertragenem Sinne – als phantasierte Strafandrohung beim Übertreten von Verboten – ist sie jedoch ein nach wie vor gebräuchliches Konzept, insbesondere in der psychoanalytischen Praxis. We

Ketten: die unlösbar miteinander verschlungenen Glieder symbolisieren einerseits die Unendlichkeit und enge Zusammengehörigkeit der Liebe, andererseits, z. B. bei der Fesselung von Gefangenen und Sklaven, Macht und Unterdrückung. Infolgedessen spielen K. auch eine Rolle in den Wunschträumen oder Phantasien von Masochisten und Sadisten, die aber auch praktischen Gebrauch davon machen, indem sie den Partner damit fesseln oder sich selbst anketten lassen (→ *Sadomasochismus*). Ar

Keuschheit: sexuelle Unberührtheit, in vielen Kulturen seit alters her in Form vorehelicher sexueller Enthaltsamkeit hauptsächlich für Mädchen obligatorisch. Unterstützt wurde diese Forderung auch vom → *Christentum* und vom → *Islam.* Die katholische Kirche hat ihren Priestern, Nonnen und Mönchen bis heute ein Keuschheitsgebot auferlegt. In den Zeiten und Ländern, in denen die Mädchen schon sehr früh verheiratet werden – mit 12 Jahren oder wenig älter –, ist das Bewahren der Jungfräulichkeit natürlich nicht so problematisch. Mit Anstieg des Heiratsalters wird dies aber immer schwieriger, deshalb wurden diese strengen Moralgesetze auch häufig übertreten. In der bürgerlichen Gesellschaft wurden voreheliche sexuelle Kontakte dem Mann durchaus zugestanden, vor allem wenn er diskret dabei vorging. Man nahm auch keinen Anstoß, wenn das betreffende Mädchen später dann sitzengelassen wurde, nicht selten mit einem Kind, und der Mann dann eine andere, selbstverständlich keusche Frau heiratete. Die → *Entjungferung* fand dann erst in der → *Hochzeitsnacht* statt. In den islamischen und einigen anderen Ländern haben sich diese Sitten bis in unsere Zeit erhalten, sie sind typisch für den niedrigen Sozialstatus der Frau; noch immer wird sie dort nach der Heirat als Eigentum des Mannes betrachtet. In den meisten europäischen Ländern und den USA dagegen hat sich seit Beginn des 20. Jahrhunderts dank großer sozialer Veränderungen und einer allmählichen Liberalisierung der Sexualität die → *Emanzipation* der Frau, wenn auch zögernd, zunehmend durchgesetzt (vorehelicher → *Geschlechtsverkehr*). Die Forderung nach Gleichberechtigung bezog sich nicht nur auf Beruf und Gesellschaft, sondern auch auf ihr Sexualleben – das voreheliche eingeschlossen. Der überhöhte Stellenwert, den die K. jahrhundertelang besaß, erscheint uns heute geradezu lächerlich. Ar

Keuschheitsgürtel: ein speziell für die Frau aus Leder oder Metall oft sehr kunstvoll gefertigter und mit einem Schloß versehener Gürtel, der ähnlich wie eine Schambinde die äußeren Geschlechtsteile abdeckte. Nur der Besitzer des Schlüssels – in den meisten Fällen war es der eifersüchtige Ehemann – konnte das Schloß öffnen und mit der Frau schlafen.

Diese Sitte geht auf das Mittelalter zurück, als die Kreuzzugsritter oft jahrelang nicht nach Hause kamen und daher nicht ganz zu Unrecht um die Treue ihrer Gattinnen fürchteten. Die Ritter selbst legten sich allerdings hinsichtlich der ehelichen Treue keinen Zwang an, sondern genossen in vollen Zügen, was sich ihnen unterwegs an Liebesabenteuern bot.

Wenn allerdings der Frau die aufgezwungene Enthaltsamkeit zu lästig wurde, ließ sich mit Hilfe eines Nachschlüssels, den sich ihr Geliebter besorgte, das Problem lösen. Zwar ist diese Zeit schon lange vorbei, doch hin und wieder soll es auch heute noch vorkommen, daß ein Ehemann auf Nummer Sicher geht und während seiner Abwesenheit die Gattin verschließt. Ar

kink (engl. verfilzt, verknotet, verdreht): verrückter, verdrehter, spleeniger Sex aus den USA. Die neue Welle setzt auf Phantasie, Rollenspiele, Verkleidungen, → *Telefonsex*, Voyeurismus und allerlei bunte Sexvarianten zum Genießen. Sie wird von all jenen getragen, denen normaler Sex »zu normal« ist. Die öffentliche Meinung wird bewußt geschockt, repressiven Auffassungen werden Verrücktheiten entgegengesetzt. Dabei geht es wesentlich nicht um sexuellen Kontakt, sondern um die Vorstellung davon, um einen Als-ob-Sex. In New York (Manhattan) wird eine TV-Sex-Show (Voyeurvision Live Tele-Fantasy) für 5 Dollar die Minute angeboten, in der die Moderatorin Lynn Muscarella die gemeinen Wünsche ihrer Zuschauer erfüllt. Das Männermagazin Playboy zitiert sie 1992 mit den Worten: »Für mich findet Sex im Kopf statt und nicht zwischen den Beinen.« KS

Kitsch: Zu K. als deformierter Variante wirklicher → *Kunst* zählen minderwertige Erzeugnisse, die Wertvolles vortäuschen, aber nur billiger Abklatsch sind, wobei eine Mischung von Imitation und Illusion dominiert. Gerade in bezug auf die Erotik hat der Kunst-Kitsch etwa seit dem Ausgang des 18. Jahrhunderts bis in die Gegenwart ständig zugenommen. Die bürgerliche Salonkunst des 18. und 19. Jahrhunderts – Erotisches wird in die Wickelschürze der Wohlanständigkeit gekleidet – hat an der Gesamtentwicklung des K. einen nicht unwesentlichen Anteil. Auch die Zeit des Biedermeier in der ersten Hälfte des 19. Jahrhunderts, aber auch der Jugendstil um 1900 führten zu einer großen Menge kunsthandwerklicher und künstlerischer Arbeiten, die wohl dem K. zuzuordnen sind. Der dazwischenliegende Historismus mit seinem Zug zu Pomp, Pathos, Dekoration und Rührung versuchte sich ebenfalls in der Nutzung der Erotik, auch wenn die Ergebnisse heute künstlich, starr und aufgesetzt wirken. Die Verbindung von Heroischem und Sexuellem in den Jahren um 1870/71, die in der Zeit des Ersten Weltkrieges wiederaufgenommen wurde, hat zu den fragwürdigsten kitschigen Darstellungen geführt. Die Grenzen zwischen Kunst und K., zwischen K. und Alltagskultur, zwischen Trivialem und Einfachem sind fließend, und zeitbedingte Vorlieben und Modetrends spielen bei der Bewertung eine maßgebende Rolle.

Wer kennt sie nicht, die zierlichen Nippes-Damen mit den keuschen Brüstchen und dem träumerisch-romantischen verheißungsvollen, unschuldigen Blick aus samtenen Augen; die Bierkrüge mit einem aufreizend gebogenen Frauenkörper als Henkel; die metallenen Flaschenöffner, bei deren Benutzung man das Miniaturmodell eines nackten Frauenkörpers fest in der Hand hat; die »Flohbeine« – bestrumpfte Damenbeine mit daraufgemalten Flöhen aus Porzellan als Pfeifenstopfer. Im Kunsthandwerk ist der K. besonders verbreitet. Holzintarsien-Bilder mit nackten Schönen gehören ebenso dazu wie Wandbehänge mit sich umarmenden Paaren – immer mit idealen Formen, idealem Blick, und in einer Atmosphäre aufgesetzter Romantik, möglichst mit Palmen und untergehender Sonne. Der artige Elfenreigen im Schlafzimmer der Urgroßeltern mit seinen nackten Nymphen, deren Scham von langem Haar verhüllt ist, erfreut sich mancherorts heute wieder nostalgischer Zuneigung. Auch → *Postkarten* mit gezeichneten oder fotografischen Darstellungen – meist weiblichen – dienten der massenhaften Verbreitung des erotischen K. Schon Daguerreotypien aus den Jahren um 1860 spielten bei der Wiedergabe leicht bekleideter Mädchen mit dem Stereoeffekt. Vielleicht sollte manches, wie die verschiedenen Arten von Klappkarten oder die Kugelschreiber, bei denen das hübsche Mädchen auf Knopfdruck die Hüllen fallen läßt, eher zu den Scherzartikeln als zum K. gerechnet werden, denn bei diesen Dingen geht es kaum um den vorgeblich höheren Anspruch, sondern vordergründig um das direkte Vergnügen.

Weit verbreitet ist der literarische K., z. B. in Gestalt der Groschenromane mit ihren rührenden Liebesgeschichten, die bösartig als die → *Pornographie* für die einfältige Frau bezeichnet werden. Ebenso findet sich erotischer K. im Film, in Volks- und Küchenliedern, in der Lyrik, in Stammbuchverschen, in der Werbung. K. hat immer etwas mit dem Gegenteil von echtem Gefühl und wirklicher Kunst zu tun, auch wenn die Rezipienten gefühlvoll auf K. reagieren. Eine pauschale Verurteilung von K. ist allerdings unsinnig. Dazu ist er manchmal viel zu schön. Se

Kitzler (Klitoris, Clitoris): das sexuelle Lustorgan der Frau, das eine Schlüsselrolle für das sexuelle Erleben bis hin zum → *Orgasmus* spielt. Der K. liegt im Bereich der äußeren Geschlechtsteile zwischen den kleinen Schamlippen und weist in seinem anatomischen Bau gewisse Ähnlichkeiten mit dem männlichen Glied auf. Er besitzt nämlich ebenfalls zwei Schwellkörper – nur daß diese kleiner sind –, die bei sexueller Erregung durch einen verstärkten Blutzufluß anschwellen und größer werden. Seine Spitze läßt sich mit der Eichel vergleichen, die ebenfalls mit einer kleinen Vorhaut bedeckt ist; zu Beginn der sexuellen Erregung tritt diese Spitze etwas hervor, gleitet aber später wieder unter die Vorhaut zurück. Die große Berührungsempfindlichkeit erklärt sich durch eine Vielzahl hier befindlicher Nervenkörperchen.

Nahezu alle Frauen reagieren schon positiv auf eine leichte Berührung dieser Region oder leichtes Massieren. Derbes Anfassen oder starkes Reiben löst dagegen bei den meisten eher unangenehme Sensationen oder Schmerzen aus. Die Stimulierung des K. gehört für die Frau zum Liebesspiel dazu. Wird sie unterlassen, reagieren viele anorgastisch (→ *Anorgasmie*). Ar

Klappe (im Jargon insbesondere von homosexuellen Männern): Treffpunkt für flüchtige Sexualkontakte zwischen unbekannten männlichen Homosexuellen (→ *Homosexualität*), oft die Männertoilette in Bahnhöfen oder in städtischen Bedürfnisanstalten, gelegentlich auch in der Nähe von Toiletten, Parkrändern, an Stränden, in Schwimmbädern, in Saunas. Die Klappen sind unter Homosexuellen meist gut bekannt. Inschriften an den Innentüren des Klos und → *Graffiti* (Zeichnungen) geben zusätzliche Hinweise.

Die K. wird von homosexuellen Männern allein zu dem Zweck aufgesucht, eine schnelle sexuelle Befriedigung zu finden. Die Kontakte bleiben anonym, nur ganz ausnahmsweise wird der Partner mit nach Hause genommen. Ein näheres Kennenlernen ist nicht beabsichtigt. Die Aktion erfolgt überwiegend schweigend. Allerdings finden sich auch Ausnahmen von diesen Regeln, und infolge von Liberalisierungen auch in bezug auf Homosexualität werden aus Klappenkontakten gelegentlich Dauerbeziehungen.

Der Besucher von K. ist unauffällig und oft gut in das normale Leben integriert, ohne daß jemand um seine Neigung weiß. Nicht selten hat er Frau und Familie. Die K. ermöglicht es ihm, seinem Bedürfnis nach sexuellem Kontakt mit einer männlichen Person schnell, problemlos und verschwiegen nachzugehen. Infolge von → *Aids* ist allerdings der Besuch einer K. riskanter geworden, insbesondere dann, wenn → *Analverkehr* ohne → *Kondom* erfolgt.

Für manche Homosexuelle, die nicht den entsprechenden Bekanntenkreis haben oder haben wollen, die keinen Partner finden oder in entlegenen Ortschaften wohnen, ist die K. oftmals die einzige Lösung. Götz Scharf beschreibt 1990 in seinem Buch »Fünf von hundert – homosexuell« Klappenbesucher durch folgende Kategorien: »Vereinsamte oder ortsfremde Homosexuelle, die keine Partnerbindung gefunden oder den Partner verloren haben. Sie resignieren, weil sie keinen Dauerpartner finden. Es gibt Klappen, die den Rentnern vorbehalten zu sein scheinen.« – »Männer aus Dörfern oder kleinen Städten, ›wo jeder jeden kennt‹, die eine größere Stadt aufsuchen, wenig Zeit haben, niemanden kennen, aber in der Klappe Kontakt finden – manchmal in einer stabilen Zusammensetzung.« – »Jugendliche, von ihrem Coming-out auf Entdeckungsreise getrieben. Es ist nicht nur Neugier, sondern der erste Wunsch, bestätigt zu finden, daß es viele Homosexuelle gibt. Und die sieht man massiert in der Klappe.« Götz Scharf und andere Autoren beschreiben nicht nur die Reize der K., sondern auch deren Problematik einschließlich des Gefühls der Schande und des Ekels. Er sieht in diesen Fällen nur einen einzigen Weg (als Appell an die Gesellschaft): »Bedingungen müssen geschaffen werden, die ein kulturvolles Begegnen ermöglichen.« KS

Knutschfleck: blutunterlaufene, sich grün, gelb und blau färbende Hautstelle (Hämatom) als Folge des »Knutschens«, worunter volkstümlich und gelegentlich abwertend heftiges Umarmen, Drücken, emsiges Kosen und leidenschaftliches Küssen verstanden wird. Beim langen und heftigen → *Kuß* auf eine Hautstelle, bevorzugt an Hals, Schulter und Oberarm, aber auch an den Oberschenkeln, wird so gesaugt und gezutscht, daß das Blut aus den Gefäßen austritt und in das umliegende Gewebe eindringt. → *Liebesbiß*. KS

Kohabitationsschmerzen (Dyspareunie, Algopareunie): bei Mann und Frau während des Geschlechtsverkehrs auftretende Schmerzen, die in den meisten Fällen nicht psychogen bedingt sind, sondern durch körperliche Störungen ausgelöst werden. Die Schmerzen sind auf den Genitalbereich lokalisiert, beim Mann meist im Bereich der Hoden und des → *Penis*, bei der Frau an den äußeren Geschlechtsorganen und der Scheide. Sie können sich in jeder Phase der sexuellen Reaktion bemerkbar machen, d. h. bereits beim Eindringen des Gliedes in die Scheide oder beim Berühren des Penis an der Eichel, während des Koitus oder erst danach.

Die Schmerzen können so intensiv sein, daß sie das Lustgefühl vermindern oder völlig unterdrücken. Auch der an sich nicht betroffene Partner wird schließlich die → *Lust* verlieren, wenn er feststellt, daß der andere leidet. Handelt es sich um kein einmaliges Erlebnis, sollte unbedingt ein Arzt zu Rate gezogen werden.

Bei den Frauen liegen die Ursachen häufig in entzündlichen Prozessen im Bereich der Scheide oder der Eierstöcke, in Blasen- oder Darmerkrankungen, des weiteren in Störungen der Lubrikation (das Feuchtwerden der Scheide), in ungünstigen Narben nach schweren Geburten oder nach gynäkologischen Operationen sowie in Lageveränderungen der Gebärmutter. Beim Mann entstehen die K. durch Vorhautverengung (Phimose) oder Entzündungen (Balanitis) der Prostata, der Hoden und Nebenhoden.

Eine Sonderform stellt die Epididymitis erotica dar – im Volksmund auch Bräutigamsschmerzen genannt –, bei der von den Nebenhoden aus heftige Schmerzen in die Leistenbeugen ausstrahlen. Vorausgegangen ist meist eine starke sexuelle Stimulation, ohne daß jedoch eine → *Ejakulation* stattfand, oder mehrere kurz aufeinander folgende Kohabitationen. Ist in diesem Fall erst einmal eine mehrtägige sexuelle → *Abstinenz* zu empfehlen, sollte im ersten Fall bis zum Samenerguß masturbiert werden. Dann lassen die Schmerzen schnell nach. Ar

Koitus (Coitus, Kohabitation, Sexualverkehr, Geschlechtsverkehr, GV, Beischlaf): die geschlechtliche Vereinigung zweier Menschen.

Früher verstand man unter K. normalerweise nur den vaginalen Geschlechtsverkehr, bei dem der → *Penis* in die Scheide eingeführt wird. In vielen Ländern ist er auch heute noch die beliebteste und häufigste Form sexuellen Kontakts, obschon auch andere Varianten wie → *oral-genitale* Beziehungen an Bedeutung gewinnen.

Die übergroße Wertschätzung des vaginalen K. hängt damit zusammen, daß früher → *Sexualität* immer auch etwas mit Fortpflanzung zu tun haben sollte. Eine Ehe wurde erst als vollzogen anerkannt, wenn der Mann in die Scheide eingedrungen war; andernfalls konnte man sie für nichtig erklären.

Erst mit der allgemeinen Liberalisierung der Sexualität und unter dem Einfluß sexualwissenschaftlicher Forschung erkannte man, daß der Geschlechtsverkehr hauptsächlich zur gegenseitigen Befriedigung des sexuellen Verlangens und viel seltener zum Zwecke der Zeugung durchgeführt wird → *Sexualität*, Funktionen der. Im Tierreich sind Fortpflanzung und Begattung eng miteinander gekoppelt, beim Menschen ist dies nicht mehr der Fall, bei ihm hat sich das Verlangen nach Liebe verselbständigt und ist auch nicht an Brunstperioden gebunden.

Deshalb wird der Begriff des K. heutzutage viel weiter gefaßt. Einmal gehören alle penetrierenden (eindringenden) Formen dazu – z. B. → *Anal-* und Oralverkehr, zum anderen kann man noch weiter gehen und alle sexuellen Aktivitäten, die zum → *Orgasmus* führen, hinzurechnen. Unberücksichtigt bleibt dabei, ob man damit schwanger werden oder ein Kind zeugen kann.

Zugunsten des vaginalen Verkehrs muß allerdings gesagt werden, daß bei keiner anderen Variante ein so inniger Körperkontakt, ein Ineinanderverschmelzen und nahezu Einswerden gegeben ist. Für die meisten Frauen und Männer ist die Penetration mit einem starken Lustgefühl verbunden, das sich durch die Stoßbewegungen und die Reibung der Scheidenwände weiter verstärkt. Es gibt allerdings auch Frauen, die Angst vor Penetration haben und eine alleinige Stimulierung des → *Kitzlers* vorziehen. Viel hängt allerdings vom Verhalten des Partners ab, ob er zärtlich und einfühlsam vorgeht oder brutal zustößt.

Die amerikanische Sexualforscherin Shere Hite hat bei Befragungen von mehreren tausend Frauen diesbezüglich viel Unerfreuliches festgestellt. »Die meisten Männer, wenn man sie sich selbst überläßt, machen ein kurzes Vorspiel mit wenig Phantasie, schenken meiner Klitoris nur wenig Aufmerksamkeit, dann gehen sie sofort zum Sturmangriff über, zur Penetration, haben ihren Spaß und schlafen dann sofort ein.« Eine andere Frau berichtet: »Vor meinem jetzigen Liebhaber haben eigentlich alle von mir erwartet, daß ich mich hinlege, wann immer sie scharf waren, nach flüchtigem Vorspiel drangen sie ein, bumsten schnell 15–30 Sekunden lang, verschossen ihr Pulver, ließen sich gnädig herab, mich mit dem Finger fertig zu machen, drehten sich zur Seite und ließen mich auf dem nassen Fleck schlafen.« Glücklicherweise gibt es – wenn auch selten – positive Erfahrungen: »Er beginnt mit Küssen, das tiefer und leidenschaftlicher wird, geht über zu Körperliebkosungen, Entkleiden, meist führt er mich dann zur Couch oder zum Bett – wir legen uns hin. Dort küssen und liebkosen wir uns wieder, bis er auf mich steigt, den Penis einführt und kommt. Wenn ich ihn gut genug kenne, weiß er, daß er meine Klitoris stimulieren muß, und legt seine Hand zwischen meine Schenkel, damit ich mich selbst daran reiben kann.« In dieser Studie (»Hite Report«, München 1976) hatten die Frauen nach dem Orgasmus das größte Vergnügen an der emotionalen Intimität, Zärtlichkeit, Gemeinsamkeit, tiefen Gefühlen mit einer geliebten Person. Als negativ wurden Sexisten, die nur »bumsen« wollten, Gewalt-Trips, ausbeuterische, gefühllose und selbstsüchtige Partner gewertet.

Für die meisten Männer ist die Penetration wichtig (das wunderbare Gefühl, daß »er drin« ist); das Eindringen in die warme, feuchte Scheide, das Sich-darin-Bewegen und immer tiefer hineinstoßen zu können ist für sie lustvoll und erregend. Nur wenige sind auf Dauer bereit, gänzlich auf den intravaginalen K. zu verzichten.

Jedes Paar muß hier seine eigenen Erfahrungen machen und seine Präferenzen kennenlernen, dabei flexibel sein und nicht stur auf einer bestimmten Variante bestehen; man muß sich gegenseitig entgegenkommen, versuchen, auf den anderen einzugehen, sich allerdings auch nichts aufzwingen lassen, wenn man es nicht mag. Ar

Koitus, serbischer: Scheinvergewaltigung. Die Frau wird niedergeworfen. Der Mann drückt die Fußgelenke der Frau über den Kopf »und dringt mit vollem Gewicht in sie ein« (Alex Comfort, »More Joy of Sex«). KS

Walter Klemm (1883–1957):
Zeichnung (o. J.) ➪

Michael von Zichy (1827–1906): Zeichnung aus dem Zyklus »Liebe« (um 1875)

Koituspositionen: verschiedene Stellungen, die während des Sexualverkehrs und Liebesspiels eingenommen werden können. Wie schon im → *Kamasutra* und anderen klassischen Werken der erotischen Literatur beschrieben, gibt es viele Möglichkeiten der sexuellen Vereinigung. Man geht im allgemeinen von acht Grundpositionen aus, die dann noch weiter variiert werden können.

1. Die Frau unten, beide Partner sind einander zugewandt. Bei der sogenannten Normalposition liegt die Frau auf dem Rücken, beide sehen sich an. Diese Position nennt man auch Missionarsstellung, weil sie in den Kolonialländern von den Missionaren praktiziert wurde, was die Eingeborenen als heimliche Beobachter offenbar recht ungewöhnlich fanden. Durch Veränderung der Beinhaltung – gestreckt, angebeugt, gespreizt – sowie Aufrichten des Oberkörpers erreicht man eine reizvolle Abwechslung, ohne die Grundposition aufzugeben.
2. Die Frau oben, beide Partner sind wieder einander zugewandt und haben nun ihre Stellung vertauscht. Der Mann liegt auf dem Rücken, die Frau sitzt oder liegt über ihm; es besteht beiderseitiger Blickkontakt. Für viele Frauen ist diese Position ausgesprochen lustvoll, weil sie selbst den Bewegungsrhythmus steuern können und außerdem sowohl vom Partner als auch von ihr der → *Kitzler* dabei stimuliert werden kann. Auch für eine schwangere Frau ist diese Stellung günstig, weil ihr Bauch dadurch nicht belastet wird.
3. Seitlich. Beide Partner befinden sich in Seitenlage und wenden

Michael von Zichy (1827–1906): »Boris' Souvenirs«. Zeichnung aus dem Zyklus »Liebe« (um 1875)

Französische Buchillustration (19. Jh.)

sich einander zu. Dabei kann die Frau ein Bein zwischen die Beine des Partners schieben oder auf seine Hüfte legen; man kann sich gegenseitig streicheln. Dreht die Frau auf der Seite liegend dem Partner den Rücken zu, kann dieser von hinten tief in sie eindringen.

4. Von hinten, einander abgewandt. Der Verkehr erfolgt von rückwärts, die Frau hat die Ellenbogen aufgestützt und kniet sich hin, der Mann dringt stehend, kniend oder liegend in sie ein.

5. und 6. Seltener sind die Positionen, bei denen sich die Partner im Sitzen oder im Stehen vereinigen. Die beiden Grundvarianten sind also:

   a) einander zugewandt, Gesicht zu Gesicht, vis-à-vis;

   b) von hinten, a tergo, aversa.

Beide Grundvarianten können stehend, hockend, kniend, sitzend, liegend ausgeführt werden, wobei die Beinhaltung verschieden sein kann (gestreckt, gebeugt, geschlossen usw.). Dadurch ergeben sich Hunderte Untervarianten.

Ob man während eines Koitus bei einer Position bleibt oder von einer in die andere überwechselt, bleibt der spontanen Entscheidung des Paars überlassen. → *Ovid* sagt in seiner Liebeskunst: »Wählt Stellungen aus, die sich eignen.« Junge Leute sind hier meist experimentierfreudiger als ältere, die mehr an Bewährtem festhalten. Dabei besteht allerdings die Gefahr, daß sich nach einer gewissen Zeit Monotonie und Langeweile einschleichen. Es fehlt die Spannung, man weiß von vornherein, wie alles ablaufen wird, die Lust schwächt sich ab. Das andere Extrem ist eine übergroße Experimentierfreudigkeit, bei der unentwegt nach neuen, immer komplizierteren Haltungen gesucht wird, so daß die Liebestechnik die emotionale Seite unterdrücken kann. Ar

Koketterie (franz. coquet = eigtl. hahnenhaft): erotisch-aufreizendes, selbstgefälliges Benehmen; routiniertes und bewußt anzügliches Gebärdenspiel (einer Frau), um durch äußere Reize auf sich aufmerksam zu machen und berechnend Männer für sich zu gewinnen; abwertend Gefallsucht, Eitelkeit. Kokettieren bedeutet, sich jemandem (meist einem Mann oder dem Mann) gegenüber erotisch aufreizend zu benehmen. Kokett heißt Männern gefallen wollend, gefallsüchtig (sie ist eine kokette Person). Abgeleitet vom französischen Wort für Hahn (coq), bezeichnete K. in seiner ursprünglichen Bedeutung die bunte und auffällige Männermode im 17. Jahrhundert. Später wurde K. jedoch der Inbegriff für »typisch weibliche« erotische Kommunikation, für das Wechselspiel von Verhüllen und Entblößen, von Gewähren und Verweigern. Sie war nach La Rochefoucauld »die Grundlage des Gemüts der Frauen«. Gespielte Schamhaftigkeit gehörte bei Hofe und im Bürgertum zum Grundrepertoire jeder Dame. Jede direkte Äußrung in einem sexuellen Zusammenhang war dagegen unschicklich (→ *Prüderie*, → *Doppelmoral*). Der französische Staatsmann Talleyrand brachte dies zu Beginn des 19. Jahrhunderts auf einen Nenner: »Sagt eine Dame ›nein‹, so bedeutet das ›vielleicht‹, sagt sie ›vielleicht‹, dann denkt sie ›ja‹, und sagt sie ›ja‹, dann ist sie keine Dame.«

Die K. ist ein Attribut der bürgerlichen Männergesellschaft der letzten zwei, drei Jahrhunderte. Auf Heirat angewiesen und dem Gefallen des Mannes ausgeliefert, mußte eine Werbeform wie die K. entstehen, die sich dann verselbständigte und durch ihre Aufdringlichkeit und Übertreibung negativ bewertet wurde. Ihre ursprüngliche Funktion verlierend, drückte die K. ein gesellschaftliches Grundverhältnis aus, indem insbesondere in den mittleren und emporstrebenden Schichten die Frau nicht im gleichen Maße wie der Mann durch Reichtum, Position, Bildung, berufliches Engagement, Leistung, sondern durch ihr Äußeres gefallen mußte. Der Macht des Mannes setzte die Frau ihre Weiblichkeit entgegen, und sie rächte sich, indem sie in der K. mehr versprach, als sie zu halten gewillt war. Der Soziologe Leopold von Wiese hält die K. in diesem Sinne für eine Umgangsform, die nur dem Schein nach Hingabelust und Hingabewilligkeit signalisiert. Das Weib will seine Macht über Män-

ner beweisen und genießt dies. Der Mann setzt dem die negative Bewertung der K. als Gefallsucht entgegen und rächt sich seinerseits wieder durch sein Wahlverhalten. Die Kokette spielt mit ihren Reizen und dem Mann, dem sie zu gefallen sucht. Sie gilt gewöhnlich als herzlos. »Was ist eine Kokette? Eine Frau, die einem beständig anbietet, was sie einem keineswegs zu geben gedenkt. Dann wäre eine Prüde? Nun, eine Frau, die einem beständig verweigert, was man von ihr keineswegs zu verlangen gedenkt.« (Robert Merle)
In der modernen Gesellschaft hat die K. als Kultur- und Kommunikationsform an Bedeutung verloren; sie wird durch andere Varianten ersetzt (→ *Sex-Appeal*, → *anmachen*, → *animieren*). Als spielerische partnerschaftliche Annäherung, als → *Flirt* zum Aufbau erotischer Spannungen (mit oder ohne sexuelle Konsequenzen), als schöner Wunsch, von Mann und Frau gleichermaßen, sich selber und einander zu gefallen und dafür seine Person einschließlich der äußeren Gestalt einzubringen, wird K. vermutlich nie aussterben. We KS

Kokotte (franz. cocotte = »Hühnchen«): Dirne, Dame der Halbwelt, vornehmere → *Prostituierte* der Gesellschaft des 19. Jahrhunderts. Die K. legten auf ein elegantes Äußeres Wert und waren sehr begehrt. Ihre Dienste ließen sie sich teuer bezahlen. Eine K. zu erringen war für reiche Männer oft ein Statussymbol. Die K. wiederum erhöhte dadurch ihren Marktwert. Im Unterschied zur Mätresse hatte die K. nicht nur einen, sondern mehrere Liebhaber (nacheinander oder gleichzeitig). Jedes Zeitalter hat die ihm eigene Form der Luxusdirne (→ *Hetäre*, → *Callgirl*). KS

Kommerzialisierung der Sexualität: geschäftsmäßige Ausnutzung der → *Sexualität* zur Erzielung finanziellen Gewinns; Vermarktung von → *Sex*; im weiteren Sinne die (direkte oder unterschwellige) Nutzung sexueller Reize für Geschäft und Umsatz. Das betrifft insbesondere die Gestaltung und die Darbietung der Waren und vor allem die → *Werbung*. Daß die Produkte irgendeine Beziehung zum Sexuellen haben, ist dabei keineswegs Vorbedingung. Vielmehr kommt es darauf an, Aufmerksamkeit zu wecken und positive Gefühle auszulösen. Das Ergebnis ist die blondgelockte Jungfrau, die nackt für einen Rasenmäher wirbt, oder Johannisbeergelee in phallusähnlichen Gläsern. Die sexuelle Symbolik, die geheime und gemeine Wünsche der Kunden anspricht, spielt bei der K. eine große Rolle. Im engeren Sinne gehören zur K. alle Waren, die das Sexualleben der Menschen betreffen und tatsächlichen oder eingebildeten, notwendigen oder möglichen, ursprünglichen oder künstlich erzeugten sexuellen Bedürfnissen entsprechen oder entsprechen wollen, dazu die Ware Sex selbst und der Körper des Menschen oder einzelne Körperteile, sofern sie angeboten und verkauft werden. K. bedeutet, daß das Sexuelle in das Reich der Warenwelt eintritt und erotisch-sexuelle Gefühle zwischen den Menschen den Regeln der Marktwirtschaft unterworfen werden. → *Sex-Busineß*, → *Sexshop*, → *Prostitution*. KS

Kondom (Präservativ, Präser, Verhüterli, Gummi, Gummischutz; früher auch: **Frommser** nach der ersten deutschen Herstellerfirma Fromm, Berlin 1920, **Überzieher, Pariser;** in Ostdeutschland: **Mondos):** Gummihülle, die wie ein Strumpf über das versteifte Glied gerollt wird, a) um zu verhindern, daß der Samen in die Scheide gelangt und eine unerwünschte Schwangerschaft eintritt, b) um Hautkontakt zu vermeiden, der zu einer Übertragung von Krankheiten führen könnte. Das K. ist sowohl ein Verhütungs- als auch ein Schutzmittel. Das K. und seine beiden Funktionen waren in einigen Ländern, z. B. in der DDR, in den 70er Jahren fast in Vergessenheit geraten, zugunsten der bequemen, sauberen, sicheren, stillen, leicht zugänglichen, ärztlich sanktionierten und kostenlosen Pille. Dies änderte sich infolge von → *Aids* grundlegend. Ohne daß die Pille an Bedeutung verlor, wurde das K. wiederentdeckt, und es erfuhr eine moralische Umbewertung. Kondombesitz und -nutzung gelten heute als moralisch, verantwortungsbewußt, intelligent, vertrauenswürdig und imaginieren einen kompetenten Umgang mit Sexualität. Oft zusätzlich zur Pille verwandt, dient es nicht nur einer doppelten Sicherheit, verbunden damit, daß nicht nur die Frau, sondern auch der Mann Verantwortung trägt, sondern eindeutig auch dem Infektionsschutz. Dennoch wird auch heute noch das K. überwiegend zur Verhütung einer Schwangerschaft genutzt. In einer repräsentativen Bürgerbefragung 1993 in Sachsen sagten beispielsweise 58%, daß sie das vergangene Mal beim Geschlechtsverkehr das K. zur Verhütung einer Schwangerschaft genutzt hätten, 13% zum Schutz vor einer Ansteckung und 29% sowohl als auch. Partnergebundene betrachten das K. häufiger als Partnerlose ausschließlich als Kontrazeptivum. Dagegen hat bei unklarer Partnersituation das K. die Hauptfunktion, vor einer Ansteckung zu schützen. Junge Männer wenden das K. häufiger an als Ältere. Manche benutzen es grundsätzlich immer, für die meisten allerdings bleibt es ein Mittel der Wahl in besonderen Fällen. Ganz anders ist dies bei → *Prostituierten*, für die infolge von

Aids die Kondomnutzung zum Standard geworden ist. Dramatisch hat Aids das Sexualverhalten von → *Schwulen* verändert; das K. wurde zum festen Freund (→ *Safer Sex*). Mit dem K. ist in die homo- und heterosexuellen Sexualkontakte ein wesensfremdes Element eingedrungen. Das K. bringt einige Unbequemlichkeiten und oft technische Probleme mit sich. Man muß es kaufen, bei sich haben, auspacken, herausnesteln, aufrollen, wieder abziehen und entsorgen. Der sexuelle Akt muß durch eine technische Aktion unterbrochen werden. Ein Fremdkörper schiebt sich zwischen die Körper der Partner, und das kann als störend empfunden werden. Nicht im direkten Körperkontakt, sondern getrennt durch ein technisches Etwas findet der intimste Vorgang statt. Die sexuelle Vereinigung ist zugleich Abgrenzung. Das belastet viele. Die Künstlichkeit des Vorganges beeindruckt und stört. Es ist etwas dazwischen, das noch dazu riecht und glitschig ist. Man kann der Vitalität nicht freien Lauf lassen und wird ständig an Aids, Geschlechtskrankheiten, Empfängnis erinnert. Viele Pärchen versuchen das zu mildern, indem sie das K. in das Liebesspiel einbeziehen und versuchen dadurch auch die technischen Probleme der Anwendung besser zu meistern. Manche empfinden das K. als eklig, insbesondere nach der Anwendung. Traditionell ist die Einstellung zu allem Körperlichen, insbesondere zu den Ausscheidungen des Menschen, eher negativ. Sexuelle Kontakte sind äußerst intim und haben mit Körper und Körperflüssigkeiten zu tun, mit Speichel, Schleim, Schweiß, Samen, die alle ihren Geruch und ihren Geschmack, ihr Aussehen und ihre Fühlbarkeit haben. Das K. macht das sehr greifbar und fügt noch Eigenes hinzu. Sofern eine positive Einstellung zum Körperlichen besteht und anerkannt wird, daß dies alles zum jeweiligen Menschen dazugehört und seine Individualität mitbestimmt, kann in der intimen Situation ein Vertrauen entstehen, das ein Gefühl von Sicherheit vermittelt. Das K. mit seinen Eigenheiten ist dann zu verschmerzen, zumal es keine Alternative gibt und der tatsächliche und psychische Gewinn durch Sicherheit enorm ist. Die Abneigung gegen das K. ist im allgemeinen psychischer Natur, doch auch die positive Einstellung hat dort ihre Quellen.

Normalerweise ist das K. überhaupt nicht zu spüren. Es besteht aus Naturkautschuk-Latex und ist so dünn (0,05 – 0,2 mm) und so elastisch, daß es weder für die Frau noch für den Mann zu Beeinträchtigungen kommt. Zudem gibt es verschiedene Größen und Varianten, mit und ohne Reservoir zum Auffangen des Samens, mit und ohne Gleitmittel, mit oder ohne samenabtötende Beschichtung, in verschiedenen Farben und mit allerlei Zusatzeffekten. Eigentlich völlig unerotisch, kann das K. dadurch selbst eine erotische Funktion gewinnen, und manche nutzen den zusätzlichen Reiz solcher bunten, streichelgenoppten, gerippten, parfümierten K. mit Vagina-Rubber, Klitoris-Reizer, Stimulationskamm, Intensiv-Reizer zielgerichtet als zusätzlichen Lustspender.

Zu bevorzugen sind elektronisch geprüfte Markenkondome. Ist das K. richtig aufgerollt, hält es großen Belastungen stand. Beim Verkehr ist mit einem Reißen nicht zu rechnen. Das K. kann höchstens durch spitze Fingernägel, kantige Ringe, scharfe Reißverschlüsse beschädigt werden. Auch beim Herausziehen des Gliedes nach dem Samenerguß ist Vorsicht geboten, damit das K. dabei nicht abgestreift wird. Zweckmäßigerweise zieht der Mann nach dem Samenerguß bei noch vorhandener Versteifung, nicht erst bei völliger Erschlaffung, das Glied behutsam heraus. Dazu hält er das K. am Gummiring fest. Bestehen Zweifel an der Dichtheit des jeweiligen K., ist es vorsichtshalber wegzuwerfen. Sollte es jedoch das einzig verfügbare sein, kann man es mit Wasser füllen und so als Laie seine Unversehrtheit prüfen. Das K. ist zum einmaligen Gebrauch bestimmt. Danach wird es weggeworfen, nicht in die Toilette, sondern eingewickelt in den Müll. Zu empfehlen ist, das Glied hinterher zu reinigen, damit beim weiteren Körperkontakt nichts passiert.

Die Herkunft des Namens K. ist zwar unklar (evtl. von lat. condere = verdecken oder nach dem englischen Arzt Conton), aber es hat eine lange Vorgeschichte in Gestalt von Leinensäckchen, Blinddarmmembranen, Schweineblasen, Ziegendärmen und manchem anderen. KS

Kontaktanzeige: private Anzeige in Tageszeitungen, Illustrierten oder speziellen Kontaktmagazinen, in der jemand entsprechend seinen Vorstellungen (→ *Partnerwunschbild*) einen Partner sucht. Dabei geht es nicht nur um die Partner fürs Leben (→ *Heiratsannonce*) oder für eine bestimmte Zeit, auch nicht nur um sexuelle Aktionen (→ *Sex-Anzeigen*, → *St.-Pauli-Presse*), sondern um vielfältige, nichtsexuelle Kontaktformen und Begegnungsmöglichkeiten wie Urlaub, Sport, Spiele, Gespräche, Briefwechsel, Hobbys.

Die Zahl solcher Partnersuchanzeigen ist im Steigen begriffen. Sie sind heute in fast allen Tageszeitungen, Wochenblättern und Illustrierten zu finden, außerdem in mannigfaltigen Kontaktmagazinen. Auch per Telefon werden – über den → *Telefonsex* hinausgehend – Dienste und direkte oder indirekte Kontakte vermittelt, die es dem einzelnen ermöglichen, seine Wünsche zu artikulieren und auf die Angaben anderer Suchender zu reagieren.

Der boomende Markt für sexuelle und nichtsexuelle K. ist zum einen ein Zeichen dafür, daß viele Lebensformen lebbar geworden sind und sich Anzahl von Partnern verschiedenster Art und Formen des Zusammenlebens im Verlaufe des Lebens ändern. Längst wird nicht mehr fast alles in der, über die und rund um die Ehe oder die Familie geregelt oder über Beruf und Arbeit realisiert, auch nicht über die Teilnahme am öffentlichen Leben und die Freizeitgestaltung. Dem reichen Angebot an Konsumgegenständen aller Art steht ein defizitäres Partner- und Kontaktangebot gegenüber. Viele Menschen leben allein, vereinzelt, isoliert. Sie finden kaum die Möglichkeit, mit anderen Menschen im alltäglichen Leben Kontakt zu knüpfen und Partner zu finden. Die Gesellschaft ist sozial stark partialisiert, und einem Außenstehenden fällt es schwer, in bestehende Gruppen oder Strukturen einzudringen oder von diesen angenommen zu werden. Der direkte persönliche Kontakt ohne Vorwarnung ist zudem mit zahlreichen Risiken belastet.

Zugleich sind die Interessen sehr speziell geworden, und ihre Realisierung verlangt oft einen hohen Aufwand, einen ausgesuchten Rahmen und einen besonderen Lebensstandard. Ein Partner allein kann oft nicht mehr für alles zuständig sein und alle Bedürfnisse befriedigen, sondern nur Teilaspekten des Lebens genügen. Die Folge ist eine Funktionalisierung und Begrenzung von Bekanntschaften, Freundschaften, Partnerschaften in bezug auf Inhalte, Formen, Zeit, Intensität. Die Bedingungen des Kontakts werden meist genau ausgehandelt, und die K. ist das erste Angebot. KS

Kontakte, oral-genitale: sexuelle Stimulierung der weiblichen oder männlichen Genitalien durch Küssen, Lecken, Saugen als Teil des Vorspiels, Ersatz des intravaginalen Koitus oder als selbständige Sexualtechnik. Früher galten o.-g. K. häufig als Perversionen; inzwischen ist diese Meinung

Michael von Zichy (1827–1906): Zeichnung aus dem Zyklus »Liebe« (um 1875)

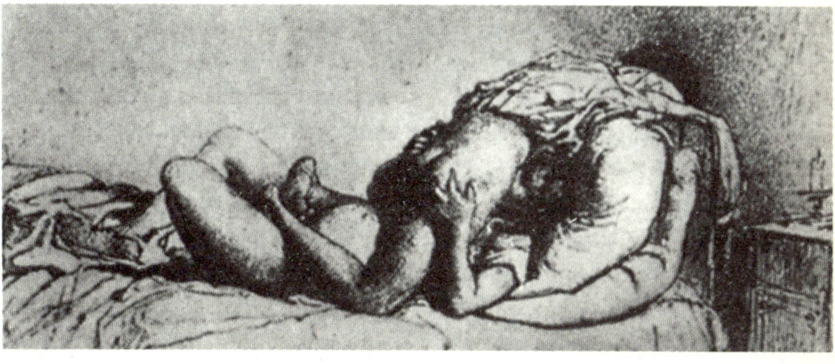

Michael von Zichy (1827–1906): Zeichnung aus dem Zyklus »Liebe« (um 1875)

längst veraltet. Insbesondere mit dem Abbau eines koituszentrierten Denkens, teilweise auch infolge einer Diskriminierung des gewöhnlichen Geschlechtsverkehrs gewannen o.-g. K. an Bedeutung. Für sehr viele Menschen gehören o.-g. K. zum → *Liebesspiel*, andere betrachten diese Technik als das Alleinseligmachende, manche lehnen sie jedoch ab oder pflegen sie nur selten (→ *französisch*, → *Cunnilingus*, → *Fellatio*, → *Oralerotik*). In einer Studie von Starke (»Partnerstudie III«, 1990) behaupteten 90% der erwachsenen Frauen, daß ein Mann ihre Geschlechtsorgane schon einmal (30% oft) mit dem Mund berührt habe; ebenso bestätigten 90% der Männer, daß ihre Geschlechtsorgane einmal (70% häufig) in Kontakt mit dem Mund einer Frau waren. Ar KS

Kontakthof: von der Öffentlichkeit abgeschirmter und für männliche Kunden bestimmter Sammel- und Präsentierplatz von → *Prostituierten*, im allgemeinen inmitten großer Vergnügungsviertel. Wie auch beim Straßenstrich gibt es einen »Koberpreis« für den Gang ins Zimmer, in dem dann, sofern nicht vorher peinlichst ausgehandelt, Nachforderungen für verschiedene sexuelle Leistungen erhoben werden. Eine künstlerische Auseinandersetzung ist im Stück »Kontakthof« des Tanztheaters Pina Bausch versucht worden. KS

Körpersprache: non-verbale (wortlose) Mitteilungen, die durch bestimmte Körperhaltungen und -bewegungen ausgedrückt werden. Seitdem Julius Fast 1970 ein Buch darüber veröffentlichte (Fast/M. Bernstein: »Körpersignale der Liebe«), hat man sich mit diesem bisher vernachlässigten Gebiet intensiv beschäftigt und dabei zum Teil recht überraschende Entdeckungen gemacht. Am bekanntesten und wohl auch jedermann geläufig ist der Blickkontakt, mit dem oft eine Kommunikation eingeleitet wird, die in einen → *Flirt* übergehen kann, ohne daß überhaupt ein Wort gewechselt wird (→ *Sinnesorgane*). Dabei ist auch die Mimik von Bedeutung, ein leises Lächeln mit leicht geöffneten Lippen signalisiert Zustimmung, eine Abwendung des Kopfes und zusammengepreßte Lippen zeigen an, daß weitere Versuche zu einer Kontaktaufnahme wenig sinnvoll sind.

Eine große Rolle spielt auch die Körperhaltung. Sie kann entspannt, gelöst oder angespannt und sogar verschlossen sein. Über der Brust verschränkte Arme sprechen für Zurückhaltung, die durch eine sehr gerade Sitzhaltung betont werden kann. Sitzt einem dagegen jemand mit leicht nach vorn gebeugtem Kopf und Rücken und offen auf den Tisch gelegten Armen gegenüber, drückt er Anteilnahme und Aufnahmebereitschaft aus. Sucht er im Gespräch Blickkontakt, empfindet man Aufmerksamkeit und Mitgefühl. Jemand, der dabei vermeidet, seinem Gegenüber in die Augen zu sehen, ist meist innerlich verunsichert und stark gehemmt.

Zur K. gehört auch die leichte Berührung, die ungewollt oder beabsichtigt sein kann. Ist der oder die Betreffende einem sympathisch, wird man sie meist als angenehm empfinden, nicht aber, wenn man z. B. von jemandem berührt wird, den man nicht mag. In vielen Ländern ist es Sitte, daß man sich zur Begrüßung oder zum Abschied gegenseitig umarmt, auch küßt, ohne daß hier eine sexuelle Motivation mitspielt.

Andererseits können leichte streichelnde Berührungen sexuelles Interesse wecken und die Lust steigern. Berührung kann aber auch Vertrauen vermitteln, unter Umständen sogar heilen, wenn man den vielen Berichten über die Wirksamkeit von Handauflegen Glauben schenkt.

Bei der sogenannten Feeling-Therapie treffen sich Frauen und Männer unbekleidet in einem dunklen Raum und müssen sich gegenseitig berühren. Eine Teilnehmerin beschrieb (nach Fast) ihre Erfahrung: »Anfangs war das seltsam, diese Hände auf meiner Haut, meine Hände auf fremden Körpern, und ich wurde von den

verschiedensten Gefühlen überfallen: Furcht und Anspannung, und was zum Teufel mache ich bloß hier? Plötzlich – ohne Warnung war da eine Berührung, die so anders war wie die anderen, daß es mich echt schockte. Dort im Dunkeln, ohne zu wissen, wer es war; und doch verspürte ich sofort eine Reaktion, und was für eine Reaktion! Ich fühlte mich getröstet und, ja, richtige Freude.«
Jeder von uns hat seine eigene K., deren er sich mehr oder weniger unbewußt bedient. Seelische Störungen können sich auch in einer veränderten K. äußern, wobei der Erfolg der Therapie an deren Rückbildung gemessen werden kann. Ganz besonders wichtig ist die K. aber innerhalb der Liebesbeziehung. Fast spricht in diesem Zusammenhang von »Körpersignalen der Liebe« und hat sie 1990 in dem gleichnamigen Buch zusammen mit Meredith Bernstein eingehend beschrieben. Ar

Krankheiten, sexuell übertragbare
(Sexually Transmitted Diseases – STD): Sammelbegriff für alle sexuell übertragbaren Infektionskrankheiten, worunter nicht nur die klassischen Geschlechtskrankheiten wie Lues (Syphilis) und Gonorrhoe (Tripper) verstanden werden, sondern auch → *Aids* (Acquired Immune Deficiency Syndrome) und weitere mehr oder weniger harmlose Krankheiten wie z. B. Chlamydien-, Herpes- und Protozoeninfektionen. Angst vor Ansteckung hat seit Kenntnis dieser Krankheiten das Sexualverhalten vieler Menschen beeinflußt. Wegen der gefürchteten Folgekrankheiten stand hier früher die Lues an erster Stelle, doch hat sie inzwischen durch die guten Behandlungsmöglichkeiten ihren Schrecken weitgehend verloren. Dafür ist seit Anfang der achtziger Jahre mit dem Auftreten der lebensbedrohlichen Immunschwäche Aids eine neue Gefahr von bisher nicht gekannten Ausmaßen aufgetaucht, die durch ihre schnelle weltweite Verbreitung und ihre schweren Komplikationen zu einer bisher beispiellosen Verunsicherung und Angst im sexuellen Bereich geführt hat. Einerseits liegt das an der ungünstigen Prognose – etwa 30% der Infizierten sterben nach wenigen Jahren –, andererseits ist trotz intensiver Forschung gegenwärtig noch kein Heilmittel gefunden. Der Aids-Erreger, das HI-Virus, wurde vermutlich aus Zentralafrika eingeschleppt und schädigt das menschliche Immunsystem. Die für die Abwehr von Krankheitskeimen bestimmten weißen Blutkörperchen, die T-Lymphozyten, können nicht mehr eingreifen; der Körper ist hilflos jeder auch noch so banalen Infektion ausgesetzt. Außerdem versagt die Abwehr auch bösartigen Geschwülsten gegenüber. Allerdings erkrankt nicht jeder Infizierte an der Immunschwä-

che, man rechnet mit etwa 30%. Nach Schätzung der Weltgesundheitsorganisation (WHO) könnten bis zur Jahrtausendwende 30 Millionen Menschen infiziert sein, hauptsächlich betroffen sind Afrika, Asien und Lateinamerika.

Aids wird überwiegend durch den Geschlechtsverkehr übertragen, seltener sind Infektionen durch verseuchte Blutkonserven oder Übertragungen auf Kinder durch ihre infizierten Mütter. Der Erreger breitet sich über die Blutbahnen im Körper aus, es genügen bereits kleine Schleimhautverletzungen, wie sie bei intimen Kontakten – vor allem bei risikoreichen Praktiken wie z. B. → *Analverkehr* – schnell entstehen können.

Trotz intensiver Forschung gibt es bis jetzt keine erfolgversprechende Therapie. Die wirksamste Bekämpfung besteht immer noch in der Aufklärung und Erziehung zu verantwortungsbewußter Sexualität (→ *Kondom*). Man kann sich auch testen lassen, ob man das Aids-Virus hat (HIV-positiv ist) oder nicht. Doch eine negative Aussage kann schon morgen überholt sein, zumal auch eine Infektionszeit einzukalkulieren ist. Neu ist das kürzlich auf den Markt gekommene Frauenkondom → *Femidom*, das hauptsächlich für solche Frauen bestimmt ist, die selbst infiziert sind oder mit einem infizierten Partner leben und nicht auf Sex verzichten wollen. Ar

Krawatte: lange Zeit ein unentbehrliches Accessoire des gut gekleideten Mannes (→ *Mode*, → *Reizwäsche*). Heute geht man das Ganze zwar lässiger an, doch ist sie immer noch ein Muß in besseren Restaurants und gehobener Stellung. Sie hat aber auch eine sexologische Bedeutung, denn wegen ihrer Form (lang herunterhängend) ist sie ein Phallussymbol – sagt Freud (→ *Psychoanalyse*). Ar

Krieg: K. und Kriegsgeschrei sind von gewaltigem Einfluß auf das Liebes- und Sexualleben der Menschen und haben vielfältige Bezüge zur → *Erotik*.

1. Kriegerisches bestimmt – in der einen Gesellschaft mehr, in der anderen weniger, zu der einen Zeit deutlicher als zu der anderen – wesentlich das Männerleitbild. Die Kraft des Siegers zieht an. Helden werden bewundert, Heerführer gefeiert. Der erfolgreiche Krieger, mutig und stark, repräsentiert das Männliche schlechthin. Dies hat uralte Wurzeln aus der Zeit der Jäger, die mit reicher Beute heimkehrten, der Helden, die den Kampf gegen Drachen bestanden und Böses abwandten, der Häuptlinge, die in Stammesfehden ihre Sippe verteidigten oder neuen Lebensraum eroberten, der Märchenprinzen, die Königstöch-

ter raubten, der strahlenden Sieger, die ihre Narben und Orden blinken ließen. Ihnen lagen die Frauen zu Füßen. Die Heldenpose ist freilich immer wieder ins Wanken geraten, nach verheerenden Kriegen und infolge pazifistischer Strömungen, verbunden mit der Friedenssehnsucht der Menschen.

2. Allem Militärischen wird schlechthin eine erotische Anziehungskraft zugesprochen. Paraden und Aufzüge mit klingendem Spiel finden auch deswegen immer wieder großen Zulauf. In der kitschigen Frauenliteratur, in Operetten und Filmen sind die männlichen Helden häufig Offiziere, Militärärzte. Uniformen, Waffen, Sieg und Niederlage, militärische Symbole sind wichtige Elemente der → *Pornographie*. Auch → *sadomasochistische* Techniken nutzen solche Details. Die Uniform steht für Männlichkeit und Kraft, ganz abgesehen davon, daß die militärische Laufbahn oder die Heirat mit einem Militär in bestimmten Zeiten höchst attraktiv war. »Schon im Frieden sticht der Wehrstand die Männer anderer Berufe bei der Weiblichkeit aus. Die Kraft wird geliebt, der Mut, die Unerschrockenheit, die bunte Uniform, die blitzende Waffe. Selbst wenn Hunderttausende von Gatten und Verlobten ins Feld rücken, deren Wiederkehr ungewiß ist, wird doch die große Emotion des Kriegsausbruchs, der Truppenaufmärsche genossen. Man erinnere sich, wie im August 1914 ein lautes Aufgebot begeisterter Frauen und Mädchen in der Öffentlichkeit die ersten Ereignisse begleitete.« (Ergänzungsband »Bilderlexikon der Erotik«, 1932) Die positiv besetzte Einstellung insbesondere von Frauen und Kindern zu allem Militärischen ist für den Soldatenstand, den Wehrdienst, die Institution Armee, für die Landesverteidigung und für Kriegsvorbereitung und Kriegsführung unerläßlich und wird daher in jeder Weise staatlich gefördert.

3. Frauen waren zu allen Zeiten eine wichtige Beute der Sieger. Ihr Schicksal war davon bestimmt, dem Sieger zu gehören. Kriegerische Einwanderer führten – wie die Römer mit den Sabinern – Kriege um die geraubten Weiber der Ureinwohner. Die Römer machten Frauen aus den besiegten Ländern zu Sklaven und bestückten damit ihre → *Bordelle*. Den Kolonisatoren waren die weiblichen Dienste der Eingeborenen angenehm. In vielen Feldzügen, so auch im Verlauf der beiden Weltkriege, gehörte die Vereinnahmung der Frauen der eroberten Gebiete zu den ungeschriebenen Rechten der Besatzer. Sexuelle Übergriffe in Gefangenenlagern, Konzentrationslagern, Gefängnis-

sen gehören zum Kriegsalltag. Die siegreiche Soldateska vergewaltigte Frauen und tötete die mißbrauchten Opfer. Auf manchen Kriegsschauplätzen, so im Dreißigjährigen Krieg, wurden auch Frauenleichen geschändet. Die französische Schriftstellerin de Saint-Points schreibt den Übergriffen sogar eine vitale Funktion zu: »Die Unzucht ist der dem Eroberer schuldige Tribut. Nach einer Schlacht, in der Männer sterben, ist es der normale Zustand, daß die durch den Krieg auserlesenen Sieger in eroberten Ländern bis zur Vergewaltigung schreiten, damit Leben wieder geschaffen wird.«

4. Ein eigenartiges Verhältnis zwischen den Geschlechtern, das die gewöhnlichen Formen der Partnerbeziehungen sprengt, entsteht durch die Anwesenheit von Frauen in der Truppe. Oftmals, z. B. auf Kriegsschiffen oder bei besonderen Einsätzen, entstehen dabei schwierige sozialpsychologische Konstellationen, darunter von Eifersucht geprägte Auseinandersetzungen. Früher wurden Frauen eigens zu sexuellen Zwecken mitgeführt, sogenannte Landsknechts- oder Troßweiber, oder Marketenderinnen und Dienstmägde übernahmen diese Funktion. Viele Berichte finden sich, insbesondere aus den letzten großen Kriegen, über Liebes- und Sexualbeziehungen zwischen Soldaten und Krankenschwestern. Das Lazarett ist gelegentlich auch ein Startplatz für eine dauerhafte Liebesbeziehung gewesen, für manche Frauen in den dezimierten Männerjahrgängen oftmals die einzige Gelegenheit, überhaupt einen Mann zu finden. Neue Aspekte haben sich daraus ergeben, daß Frauen selbst Armeeangehörige wurden. An der Front führt dies angesichts der Nähe des Todes oftmals zu spontan-flüchtigen, aber auch intensiven Verbindungen.

5. Im K. verändert sich das Geschäft mit dem Sex und die → *Prostitution.* Kommt es in dem einen → *Bordell* zu Geschäftseinbußen, weil die Männer im Felde sind und niemand mehr feiert, so blüht in dem anderen das Gewerbe, weil Soldaten dankbare Besucher sind. Gelegentlich werden Militärbordelle eingerichtet, um die Söldner bei guter Laune zu halten. Im Umfeld von Kasernen und in besetzten Städten gedeiht die Prostitution. Bekannte Beispiele aus der jüngeren Geschichte sind Pariser Absteigen während des Zweiten Weltkrieges, Puffs für amerikanische Soldaten im Nachkriegsdeutschland und die Vergnügungslokale in Saigon während des Vietnamkrieges.

6. Der K. greift tief in bestehende und künftige Partnerbeziehungen ein und schafft besondere Lebensschicksale. Er ist insofern ein dy-

namisches Element der Sittengeschichte.

a) Die Trennung vom geliebten und vertrauten Partner infolge des Kriegsdienstes kann nur schwer ertragen werden. Briefe werden geschrieben, Tagebücher geführt. Während des 2. Weltkrieges haben Mütter Tagebücher über das Gedeihen der Kinder geführt, um den Vätern, die fern der Heimat kämpften, ein nachträgliches Anteilnehmen zu ermöglichen. Die Soldaten haben ein Foto von Mutter, Frau und Kind immer dabei. Die Frauen warten auf die Rückkehr. Die Gewißheit, daß zu Hause jemand wartet, ist ein wichtiger psychologischer Faktor der Soldatenführung und wird bewußt genutzt, selbst wenn ein jahrelanges treues Warten sinnlos ist und jedes normale Liebes- und Sexualleben ausschließt. »Wart auf mich, ich komm zurück, aber warte sehr …«, wie es in dem Lied von Konstantin Simonow heißt, »Warte – bis auf Erden nichts deinem Warten gleicht.«

b) Von den Frauen in der Heimat wird absolute Treue erwartet, wenn der Mann hinaus muß oder will. Die Kreuzfahrer legten ihren Frauen → *Keuschheitsgürtel* an – ja so warn's die alten Rittersleut' (»Ging ein Ritter mal auf Reisen, / legt er seine Frau in Eisen, / doch der Knappe Friedrich / hatte einen Dieterich« – wie es im Spottlied von Karl Valentin heißt). Tatsächlich wurden die Treueschwüre oft von beiden Seiten nicht gehalten. Der Krieger erlebte seine sexuellen Abenteuer, die Ehefrau die ihrigen. »Die untreue Kriegerfrau war eine soziale Erscheinung der ganzen kriegführenden Welt.« (Ergänzungsband »Bilderlexikon der Erotik«, 1932)
Gelegentlich waren Kriegsgefangene, die in Dörfern und Städten arbeiteten, oder Kriegskameraden, die Grüße überbrachten, die Ersatzgatten.

c) In den Kriegswirren wurden durch außereheliche Kontakte Kinder gezeugt, deren Väter oft nicht bekannt waren und unbekannt entflohen. Manchmal entwickelten sich in der Heimat wie im fremden Land feste Liebesbeziehungen, einige Soldaten kehrten aus diesem Grunde niemals zurück. Andere fanden bei ihrer Rückkehr einen anderen Mann vor, von dem sich die Frau nicht mehr trennen wollte. Die sonst verbotene Bigamie (Doppelehe) ist in Kriegszeiten nicht selten. Manche Ehepartner entfremdeten sich durch die lange Trennung, die neuen Erfahrungen und die damit verbundenen

Persönlichkeitsveränderungen so, daß die Ehe nach kurzer Zeit in die Brüche ging (Nachkriegsscheidungen). Das trifft besonders auf die eigenartige Einrichtung der Kriegsehen und Ferntrauungen zu, die oft übereilte, unsinnige Eheschließungen waren. Insbesondere jungen Menschen werden durch lange Kriege die üblichen Möglichkeiten der Partnerwahl genommen.

d) Durch den K. werden viele Ehen, Verlobungen und andere Partnerbeziehungen vorzeitig durch den Tod eines Partners, meist des Mannes, beendet. In manchen Gegenden und Jahrgängen Deutschlands und der osteuropäischen Länder traf dies infolge des Zweiten Weltkrieges auf über 50% der Partnerbeziehungen zu. Ebenso wuchsen in einzelnen Jahrgängen die Hälfte aller Kinder ohne Vater auf, Kriegswaisen oder Halbwaisen. Viele Ehefrauen fanden niemals wieder einen Partner, blieben Kriegerwitwen und lebten oft jahrzehntelang bis zu ihrem Tode allein – eine der bitteren Fernwirkungen des K. Besonders tragisch war das Schicksal der Frauen, deren Männer vermißt oder in Gefangenschaft waren. Sie warteten Tag für Tag, jahrelang, oft vergeblich – bis sie es über das Herz brachten, den verschollenen Mann für tot erklären zu lassen.

7. Sofern der K. mit fortschreitender Dauer und → *Grausamkeit* die Sitten verdirbt, Kultur zerstört, die Gefühle verroht und Normen des Zusammenlebens außer Kraft setzt, verändern sich auch Bedingungen von Verhaltensweisen im sexuellen Bereich. Die Lust auf sexuelle Abenteuer, die Möglichkeit, aus dem sexuellen Alltagstrott auszubrechen und einer vielleicht unerträglichen Paarbeziehung zu entfliehen, sind wichtige Motive der individuellen Bereitschaft, Soldat zu sein. Die → *Partnermobilität* erhöht sich, die → *Partnerwahl* wird beliebiger und anspruchsloser, der sexuelle Vollzug einerseits roher, andererseits durch neue Erfahrungen vielfältiger. Eine Gewöhnung an kurze sexuelle Kontakte mit beliebigen Frauen, durch Selbstbefriedigung oder unter Männern, an Gespräche sexuellen Inhalts auf der Stube oder in der Schänke setzt ein. Bei längerer Enthaltsamkeit wirken sexuelle Anregungen sehr schnell, z. B. der bloße Anblick einer Frau. Andererseits müssen bei Gefühlsabstumpfung sexuelle Reize gefunden werden, die das Kriegsgeschehen übertreffen. Infolge schlechter Ernährung, Kälte, Krankheit und anderer ungünstiger Bedingungen kann es zu Po-

tenzschwierigkeiten bis zum Potenzverlust oder zu völliger Verkrüppelung kommen. Hinzu gesellen sich psychische Faktoren, z. B. traumatische Erlebnisse oder beim Wiedersehen der Frau nach langer Trennung (Urlaubsimpotenz). Auf der Siegerstraße steigt andererseits der sexuelle Drang, unbekümmerte Naturen fühlen sich dann wohl und genießen alles, was ihnen geboten wird oder was sie sich nehmen. Viele Soldaten leiden allerdings unter der allgemeinen Verrohung und dem Militärsex. Es entsteht bei vielen die Sehnsucht nach Nähe, Zärtlichkeit, Weichheit, Gefahrlosigkeit, Friedfertigkeit, nach dem dauerhaften Zusammensein mit einem geliebten Menschen. Diese Erfahrung wird oft in die Nachkriegszeit mitgenommen. Sie ist ein bedeutsames Motiv für Ablehnung von Krieg und Gewalt.

8. Es gibt viele weitere Zusammenhänge zwischen K. und Erotik. Dazu gehören z. B. die Auswirkungen auf das Frauen- und Männerleitbild, wenn Frauen selbst Schwert und Schild führen, wie Brunhilde, die germanische Heldenjungfrau von dämonischer Kraft und Kühnheit, oder die Jungfrau von Orleans Jeanne d'Arc, die französische Freiheitsheldin, oder Sonja Kosmodemjanskaja, die legendäre sowjetische Partisanin. In Sagen sind Frauen oft Anlässe für Kriege, der bekannteste ist der Trojanische Krieg um die schöne → *Helena*. Liebe und Sexualität in Kriegszeiten sind häufige Themen in → *Kunst* und Literatur, und auch der Film widmet sich immer wieder der damit verbundenen Tragik, beispielsweise der große Nachkriegs-DEFA-Film »Ehe im Schatten« und die Kriegsliebesgeschichte in dem italienischen Film »Sonnenblumen« mit Marcello Mastroianni und Sophia Loren. → *Aphrodite*, die Göttin der Liebe, war mit dem lahmen Hephaistos verheiratet. Dieser konnte hervorragend Waffen schmieden, ein herrlicher Krieger wie Ares, der Kriegsgott, war er nicht – seinetwegen wurde Aphrodite zur Ehebrecherin. Dies hat Symbolwert bis auf den heutigen Tag. KS

Kunst, bildende: Immer und überall waren erotische Bezüge und Themen in der b. K. beliebt. Selbst wenn offene erotische Darstellungen verboten waren, fanden die Künstler Mittel und Wege, Erotisches in ihren Bildern, Zeichnungen und Plastiken auszudrücken. Wohlgestaltete nackte Frauen und Männer sind Sujets von antiken Vasenmalereien bis zu den Gemälden des 20. Jahrhunderts.

In der griechischen und römischen → *Antike* gehörte es zur Normalität bildkünstlerischer Gestaltung, daß der nackte Mensch dargestellt wurde. Vasen, Plastiken und Architekturelemente, aber auch die Wandfresken aus römischer Zeit (z. B. Pompeji) belegen das. Dagegen verdammten die Kirchenväter Darstellungen nackter Menschen. Erst nach dem 13. Jahrhundert lockerte sich dies. Eva bekam weiblichere Formen, und auch bei anderen, den Menschen einbeziehenden Darstellungen änderte sich die starre Haltung. Waren es in früherer Zeit die antiken Mythen, so bildeten im Mittelalter vor allem Geschichten aus der Bibel den Hintergrund für die Darstellung des nackten Menschen. Das ist im Inneren der Kirchen (Altargemälde und Kapitelle) genauso erkennbar wie an äußeren Bauelementen und Bauplastiken (Portale, Friese). Aus der Zeit der Gotik sind zwar nur wenige Darstellungen erhalten, aber man kann davon ausgehen, daß vieles nicht erhalten blieb und manches bewußt zerstört wurde. Die wenigen überlieferten Werke (Handschriften, Kleinplastiken) zeigen deutlich, daß man im Mittelalter der Erotik insgesamt weitaus großzügiger gegenüberstand, als man gemeinhin glaubt. Aus dem 14. und 15. Jahrhundert ist eine Vielzahl erotischer Grafiken bekannt; es gab Themen wie Liebesgarten oder Jungbrunnen und immer wieder Liebespaare in Lauben, im Garten, im Bett und im Bade.

Mit der Renaissance in Italien und der mit ihr verbundenen neuen Sicht auf die Existenz des Menschen, sein Selbstbewußtsein und die Freuden des Lebens wandten sich Maler und Bildhauer wieder verstärkt der Darstellung schöner nackter Menschen und von Liebespaaren zu. Antike Mythologie und Christentum wurden in der Kunst der Renaissance vermenschlicht und miteinander verbunden: Johannes der Täufer verband sich mit → *Dionysos* (Leonardo da Vinci); die heilige Jungfrau wurde mit entblößtem Busen gemalt, wie sie das Jesuskind stillte. Unzählige Darstellungen von → *Leda* mit dem Schwan entstanden. Auch wenn der eigentliche Geschlechtsakt selbst nicht dargestellt wurde, so deuteten ihn – zumindest im mythologischen Sinn – Schlange, Schwan und Stier an. Die Geburt der Venus war ebenfalls ein beliebtes Thema. Giorgiones (um 1477–1510) in die Landschaft eingebundene »Schlummernde Venus« (Dresdner Zwinger) mit ihrer unschuldigen, aber doch erotisierenden Nacktheit verkörpert das Frauenideal ihrer Zeit und hat ihren Reiz bis heute erhalten.

Im europäischen Norden dominierten zunächst biblische Szenen bei der Darstellung erotischer Beziehungen und Figuren. Hauptthemen waren → *Adam und Eva* und der Sündenfall, aus dem Alten Testament die badende → *Susanna* mit den beiden lüsternen Alten, das Bad der → *Bathseba*, → *Lot* und seine Töchter. Aus dem

Neuen Testament wurde vor allem das Jüngste Gericht mit einer meist großen Leiberfülle ausgewählt. Im 16. Jahrhundert entwickelte sich in Italien eine Bewegung gegen den Freiraum, den sich die Künstler inzwischen geschaffen hatten. So wurden die nackten Körper von Michelangelos »Jüngstem Gericht« auf päpstliche Anordnung von Danielle de Volterra 1555 übermalt; woraufhin dieser den Spitznamen »Braghettone« (Hosenmaler) erhielt. Etwas später wurden auf Veranlassung Pius' IX. die »unkeuschen« Statuen im Vatikan mit Weinblättern aus Zink versehen, die die Genitalien verdeckten. Da diese aber im Winde beträchtlichen Lärm verursachten, mußten sie wieder entfernt werden.

Doch ließ sich die Entwicklung zu größerer Freizügigkeit, zur Darstellung der Schönheit und Sinnlichkeit des menschlichen Körpers zwar verzögern, aber nicht grundsätzlich verhindern. Ein Beispiel dafür ist die Schule von Fontainebleau: Von 1530 bis 1570 statteten italienische Künstler den prächtigen Palast von Fontainebleau bei Paris aus. An die Stelle religiöser Szenen trat weltliches Leben; Pate stand die antike → *Mythologie*. Giovanni Battista di Jacope malte 1535 hier seinen mit allegorischen Figuren bevölkerten Jungbrunnen. In den Gemälden dominieren erotische Schönheit, Eleganz und Farbenpracht, während in der zweiten Schule von Fontainebleau, bei der hauptsächlich französische Maler am Werke waren, eine realistischere Darstellungsweise vorherrscht. Auch die Werke der Flamen und Niederländer künden vom gewachsenen Selbstbewußtsein der Menschen und ihrer Lebensweise, selbst wenn die gewagteren Szenen mythologische Titel erhielten, wie »Odysseus und Circe«, »Venus und Mars«.

Im Vergleich zum Süden sind die erotischen Bilder des Nordens weniger elegant, aber direkter, kraftvoller und manchmal auch brutaler, insgesamt wohl auch vitaler und weniger verklärt. So stehen auch bei Rembrandts (1606–1669) Radierungen und Zeichnungen liebender Paare nicht die Harmonie und Schönheit, sondern die Aktion im Vordergrund. Die üppigen Frauenakte von Peter Paul Rubens (1577–1640) spiegeln Lebenslust und Sinnlichkeit in prallen Farben wider.

Wie sich die Schönheitsideale im Laufe der Zeit wandeln, läßt sich gut am Beispiel des weiblichen Körpers erkennen. Einmal dominieren zarte, fast ätherische Gestalten, dann üppige, fast den Rahmen sprengende Frauenfiguren. Typisch für das Rokoko sind die galanten Szenen von Jean Honoré Fragonard (1732–1806), die wegen ihrer erotischen Inhalte sehr unterschiedlich bewertet wurden. Schäferspiele im Freien, Kaminszenen im traulichen Kabinett bis zu eindeutigen Liebesszenen gehören dazu. In Spanien war es vor allem Francisco de Goya (1746–1828), der mit den Gemälden »Die bekleidete Maja« und »Die nackte Maja« Werke von einmaliger erotischer Ausstrahlung schuf. Im 19. Jahrhundert gab es kaum einen Maler, der sich nicht zumindest zeitweise erotischen Themen zugewandt hätte. Dagegen half auch nicht das Verbot einzelner Ausstellungen, wie die Courbets 1855 in Paris, und die immer wieder bei einem Teil des Publikums und den Hütern der öffentlichen Moral ausgelöste Entrüstung über inzwischen weltberühmte Gemälde von Edouard Manet (1832–1883). Das »Frühstück im Freien« und »Olympia« sind heute Glanzstücke des Louvre in Paris. Auch Auguste Renoir (1841–1919) erregte mit seinen in leuchtenden Farben gemalten Frauenakten erhebliches Aufsehen und erntete damit auch herbe Kritik. (»Mein ureigenes Anliegen war es stets, Menschen zu malen wie schöne Früchte.«) Gewagte erotische Darstellungen schuf der englische Maler, Kupferstecher und Illustrator Aubrey Beardsley (1872–1898) im typischen Jugendstil. Kurz vor seinem Tod distanzierte er sich zwar von den anstößigsten Bildern und befahl ihre Vernichtung, doch glücklicherweise blieben sie der Nachwelt erhalten. Heute sind sie in Sammlungen in London und Washington zu bewundern.

Auch Ende des 19. Jahrhunderts bestand noch eine recht widersprüchliche Einstellung zur Darstellung von nackten Menschen. So wurden 1884 wieder einmal bei etwa 100 Statuen im Louvre die zu realistisch wirkenden Geschlechtsteile mit Weinblättern bedeckt; 1888 ging man in Frankreich im Namen des Gesetzes und des verletzten Schamgefühls gerichtlich gegen verschiedene Künstler vor. Andererseits entstanden zur gleichen Zeit die im Prostituiertenmilieu angesiedelten Werke von Henri de Toulouse-Lautrec (1864–1901). Er stellte das Leben von Montmartre in einzigartiger und bisher unbekannter Einfühlsamkeit dar. Durch ihn wurde das Plakat zum künstlerischen Medium, und die von ihm gestalteten Lithographien gehören heute zu den Kostbarkeiten grafischer Sammlungen in der Welt. Großen Einfluß übte auf ihn der japanische Holzschnitt aus. Auf ganz andere Weise gelang es seinem Landsmann Auguste Rodin (1840–1917) in seinen weich aus dem Stein wachsenden Plastiken von Liebespaaren (oft aus Marmor, wie »Der Kuß« aus dem Jahre 1886), sinnliche Liebe darzustellen.

Im Deutschland des ausgehenden 19. und des beginnenden 20. Jahrhunderts waren es Künstler wie Max Liebermann (1847–1935), Lovis Corinth (1858–1925) und Max Klinger (1857–1920), die Erotisches bildhaft werden ließen. Was bei Max Liebermann zumeist nur angedeutet wird, existiert auf den Bildern und Grafiken Lovis Corinths kraftvoll eruptiv, in einer vom französischen Impressionismus angeregten Farbigkeit. Den Jugendstil der Jahrhundertwende mit seiner Betonung des Linearen und Ornamentalen vertreten der Österreicher Gustav Klimt (1862–1918) mit verführerischen Porträts und Akten, der Tscheche Alphonse Mucha (1860–1939) und der Norweger Edvard Munch (1863–1944) mit seinen von starken Emotionen und Sexualität bestimmten Bildern und Grafiken. In Deutschland schufen die Expressionisten – ausgehend von den »Brücke«-Künstlern Otto Müller (1874–1930), Ernst Ludwig Kirchner (1880–1838), Max Pechstein (1881 bis 1955), Karl Schmidt-Rottluff (1884–1976, dem es um die »ins Transzendentale gesteigerte Erotik« ging), Erich Heckel (1883–1970) bis zu Otto Dix (1891–1969) – unkonventionelle Akt- und Paardarstellungen von starker sinnlicher Ausstrahlung, wobei insbesondere Otto Dix in seinen Bildern von Dirnen und Zuhältern eine sehr realistische Betrachtungsweise vertritt. Hier gibt es Ähnlichkeiten zu George Grosz (1893–1959), der in den 20er Jahren mit den Mitteln der Karikatur das satte und zufriedene Bürgertum in seinem Doppelleben darstellte: In seinen Bordellszenen sind es oft gerade die nackten Mädchen, die den Blick auf sich lenken und durch den Kontrast zum danebenstehenden Spießer gesellschaftliche Mißstände anprangern. Auch Egon Schiele (1890 bis 1918) läßt sich hier zuordnen. In einer Kritik von 1916 war – auf seine Zeichnungen bezogen – von einer »sexualpathologischen Zuspitzung der Motive« die Rede. Seinen kantigen Aktdarstellungen ist eine (so manchen bis heute abstoßende) Sinnlichkeit von großer Eindringlichkeit und auch menschlicher Tragik eigen. Anders der Bildhauer Wilhelm Lehmbruck (1881–1919) und der russische Maler Marc Chagall (1887–1985). Insbesondere letzterem ist es gelungen, durch seine an Märchen erinnernden Bilder auf höchst phantasievolle Weise anrührende Liebesszenen zu schaffen.

Zahlreiche Künstler des 20. Jahrhunderts haben sich in ihren Arbeiten mit der Erotik und Sexualität auseinandergesetzt. Der Spanier Salvador Dali (1904–1989), bei dem diese Thematik das Leitmotiv seines gesamten Werkes bildet, oder der Österreicher Rudolf Hausner (geb. 1914) ebenso wie die Deutschen Max Schwimmer (1895 bis 1989), Hans Theo Richter (1902 bis 1969), Willi Sitte (geb. 1921) oder Werner Klemke (1917–1994) stehen stellvertretend für viele andere. Schwimmers lockere Zeichnungen, häufig Buchillustrationen, waren in den 50er und 60er Jahren gesuchte Sammelobjekte und trafen den freier werdenden Zeitgeist. Klemkes erotische Titelbilder des »Magazins« mit dem Kater erfreuten sich außerordentlicher Beliebtheit.

Dominierte einst bei der Darstellung von Akten und Liebespaaren sowohl in der Malerei wie in der Plastik eine möglichst der Natur entsprechende Wiedergabe, so stand in der ersten Hälfte des 20. Jahrhunderts vor allem der Ausdruck im Vordergrund. Heute findet man – hauptsächlich in der jungen Künstlergeneration – eine viel provokativere Darstellung der Sexualität insbesondere in Zeichnungen und Druckgrafiken. Ein Beispiel ist das 1986 von Trakia Wendisch gemalte Bild »Frau mit Fernseher« (eine mit gespreizten Beinen vor dem eingeschalteten Fernsehapparat liegende Frau, die masturbiert), das (auf der X. Kunstausstellung der DDR in Dresden) für viele Diskussionen sorgte. Sexuelle Szenen, in denen alle möglichen Varianten sexueller Verhaltensweisen erfaßt werden, sind heutzutage nichts Ungewöhnliches mehr und erregen kaum noch Ärgernis. Se Ar

Kuß: Berührung mit den (leicht gespitzten) Lippen. Nach ihrer Funktion und ihrer Bedeutung lassen sich verschiedene Kußsorten voneinander unterscheiden: Freundschafts-, Verehrungs-, Unterwerfungs-, Friedens-, Versöhnungs-, Freuden-, familiärer, mütterlicher, väterlicher, geschwisterlicher, Willkommens-, Abschieds-, Liebes- und erotisch-sexueller K. Geküßt werden Personen bzw. Körperteile – Fuß, Hand, Stirn, Schulter, Genitale (oral-genitale → *Kontakte*), Mund usw. – aber auch Gegenstände wie Fahnen, Kreuze, Altar, Bibel, Ikonen, Amulette, Spielkarten, Fotos, Briefe, Fan- und Kultgegenstände. Oftmals handelt es sich um religiös-rituelle oder beschwörende K. Der Verliebte küßt ersatzweise das Bildnis seiner Angebeteten. Der Spieler beschwört das Glück per K. auf Karten oder Würfel. Der K. des Bischofsrings soll göttliche Kraft und Segen übertragen. Der kniefällige K. des Rocksaums oder der Hand von Priestern und Königen signalisiert Verehrung und Unterwerfung. Das Küssen heiliger Gegenstände gehört nach kirchlichem Recht zur Taufe und zur Priesterweihe; es besaß bei Vertragsabschlüssen im Mittelalter Rechtskraft, ebenso der K. des Lehnsherrn bei Belehnung der Vasallen. Der Sühne- und Friedenskuß beschloß die Versöhnung nach Krieg und Streit. Üblich war in vielen Ländern, daß die Untergebenen, die Höflinge, die Armen dem Herrscher die Füße küßten oder küssen durften. Der Fußkuß wurde später zum Handkuß gemildert. Auf die Hand geküßt zu werden wurde nach und nach ein Vorrecht der Frauen, insbesondere der Oberschicht, manchmal nur als verbale Restform erhalten geblieben (Küß die Hand, gnä' Frau). Noch heute ist der Handkuß in einigen Ländern, z. B. Ungarn und Polen, eine übliche und höfliche Form der Begrüßung der Frau, während er in anderen Ländern ganz und gar unsittlich wäre. Das obligate Küßchen auf die Wange hingegen ist durchaus modern und zeigt Verbundenheit und Gleichgesinntheit. Eine lange Tradition hat der Gutenacht- genauso wie der Neujahrskuß. Manche nehmen eine Offerte mit Kußhand an. Der auf die eigene Hand gedrückte K., der anderen symbolisch zugeworfen wird, die sogenannte Kußhand, gehört genauso zu den Gebräuchen wie die Kußfreiheit beim → *Fasching* oder Kußspiele, Pfänderspiele, die allerdings aus der → *Mode* gekommen sind. Kußrituale und Kußgewohnheiten sind uralt, leben bis heute fort und finden neue Anlässe und Ausdrucksformen, vom päpstlichen Rollfeldkuß bis zum sozialistischen Bruderkuß unter früheren Parteiführern, vom Mannschaftskuß auf den Schützen des erlösenden Tores bis zur kußvollen Umarmung der Gewinner eines Fernsehratespiels.

Seit Jahrhunderten gilt der K. als reales und symbolisches Zeichen der sexuellen Vereinigung. Bei der Verlobung und der → *Hochzeit* war er von ritueller, teilweise auch von rechtlicher Bedeutung, und auch heute gehört der K. auf dem Standesamt und das Küssen des Brautpaars auf dem Hochzeitsfest vielfach zur Zeremonie. Ein Mißbrauch des K. wird seit eh und je negativ geahndet (Judaskuß), und in manchen Situationen verbitten sich Menschen die Intimität des K. (»Küssen ist bei mir nicht erlaubt …«).

Der K. erfüllt viele Funktionen und gehört zur Sittengeschichte der Menschheit. Manche Kulturen allerdings kennen den K. nicht. Im alten → *Japan* gab es nicht einmal ein Wort für den K. Noch heute ist z. B. bei den Eskimos oder den Lappen nicht das Berühren der Lippen, sondern das Aneinanderreiben der Nasen üblich. Bei den meisten Völkern jedoch hat der K. seinen festen Platz im Alltagsleben. In unserer Kultur gibt es wohl niemanden, der keine Kußerfahrung hat, und sei es, daß er als Baby geküßt wurde oder daß ihm im Jugendalter ein K. verwehrt wurde. Von besonderer Bedeutung ist der K. zwischen Verliebten oder Liebenden, der erotisierende, der sexuelle K. Er stellt eine besondere Form partnerschaftlicher Intimität und sexueller Aktivität dar. In der Lebens- und Sexualgeschichte des einzelnen Menschen bedeutet der erste »richtige« K. meist ein besonderes Ereignis, da er eine neue Qualität des intimen Umgangs bedeutet und meist stark erotisierend wirkt. Die intime Berührung beim K. weckt zwischen Erstverliebten meist völlig neue Gefühle und schafft eine bisher nicht erlebte Gemeinsamkeit. Heute haben Jungen und Mädchen durchschnittlich mit 14–15 Jahren dieses Erlebnis. Der K. bleibt im Verlaufe des Lebens von selbständiger Bedeutung. Zugleich ist er im Jugendalter meist eine Vorstufe zu weitergehenden sexuellen Kontakten, die beim Küssen angebahnt, imitiert oder einverständlich vorweggenommen werden. Auch später ist für viele Pärchen das Küssen der Auftakt zu einem intimen Zusammensein, ein Ritual, das beiderseitige Bereitschaft signalisiert, und auch während des intimen Zusammenseins werden mannigfaltig K. getauscht. Der Mund-zu-Mund-K. gehört für viele zur Innigkeit des Geschlechtsverkehrs.

Auch bei den Liebesküssen findet sich ein großer Formenreichtum. Das Kußrepertoire ist umfangreich: der feste K. mit geschlossenen Lippen, der lose K. mit geöffneten Lippen, der feuchte oder der trockene K., der kurze oder der lange, der bittere und der süße, der unverbindliche und der bindende, der saugende K. mit dem Effekt des → *Knutschflecks*, der stille und der geräuschvolle K., der kurze K. mit schnellem Auseinanderziehen der Lippen, »Schmatz« genannt, der penetrierende (eindringende) Kuß, der → *Zungenkuß*, der K. mit Einbeziehung der Zähne (→ *Liebesbiß*), der sanfte, geile, gehauchte, knallende, nette, drängende, leidenschaftliche K., der im süddeutschen Raum und in Österreich Busserl, Bussel oder Bussi und am Rhein Bützchen oder Bäss heißen kann. Im altindischen → *Kamasutra* werden dreißig Arten des K. aufgezählt, z. B. der gemessene, der zuckende, der stoßende K., verbunden mit dem Rat: »Eine Liebkosung vergelte man mit einer Liebkosung.«

Statistisch gesehen ist die liebste Kußstelle der Mund, gefolgt von Wange, Hals, Nacken, Brust. Von Kopf bis Fuß kann jede Körperstelle zum Kußort werden, insbesondere die erogenen → *Zonen*. Jeder hat seine Vorlieben und seine Techniken. In den 19 Gedichten des Johannes Secundus über den K. heißt es: »Was weiß ich, welche Art Küsse am besten schmecken? / Feucht berühren mich deine Lippen? Feucht schmeckt der Kuß gut. / Gibst du den Kuß mir trocken? Auch so ist er süß, / auch so ergießt sich Feuer in meine Glieder. / Ist der Kuß lang, du Süße? Ist er kurz, schallend oder leise? / Gebe ich ihn, bekomme ich ihn? Es ist dieselbe Freude.«

In bezug auf die Geschlechterverhältnisse ist der Mund-zu-Mund-K. theoretisch von besonderem Interesse. Da diesbezüglich die Anatomie von Mann und Frau im wesentlichen gleich ist und beiden die gleichen Kußtechniken möglich sind, entfallen männliche oder weibliche Besonderheiten, die zu Wertungen führen können, z. B. daß – wie im Falle des Koitus – die Frau der aufnehmende, passive Teil und der Mann der nehmende, eindringende Teil ist. Beim Mund-zu-Mund-K. sind Mann und Frau gleich. Er kann zudem nicht erzwungen werden, sondern setzt Einverständnis voraus, wenngleich gewaltsame Kußversuche vorkommen und auch geraubt werden.

Eine weitere Besonderheit des Mund-zu-Mund-K. ist, daß er eine Primär-

und Haupthandlung ist, die kaum andere Handlungen gleichzeitig zuläßt. Während des Küssens kann man nicht oder nur mit artistischem Aufwand essen, sprechen, lesen, fernsehen, arbeiten. Die meisten Menschen schließen beim Küssen die Augen, sie fühlen nach innen und geben sich ganz dem K. hin.

Der sinnliche, erotische K. ist – ab einem gewissen Intensitätsgrad – psychisch und physisch keinesfalls belanglos. Sozial gesehen bedeutet er ein bestimmtes Verhältnis zwischen zwei Menschen. Psychologisch gesehen dokumentiert er die gefühlsmäßige Intensität dieser Beziehung, verbunden mit Erwartungshaltungen, Phantasien, Gewohnheiten, mit Lust- oder Unlusterleben. Der K. hat aber nicht nur eine seelische Komponente, sondern auch eine körperliche. Die Lippen sind ein sehr feinfühliges Organ. Die Äderchen und Nerven liegen nicht unter einer dicken Haut, sondern sind nur von einem feinen und dünnen Epithelium bedeckt. Der Mundbereich besitzt von allen Schleimhautfalten die meisten Nerven. Diese strahlen auf das gesamte sensorische System aus. Das Küssen regt einerseits an, setzt andererseits andere Empfindungen wie Schmecken, Riechen, Hören, Sehen herab. Die Sinne schwinden im wahrsten Sinne des Wortes. Durch das Küssen wird der gesamte Körper erotisiert, so daß auch ein → *Orgasmus* nicht ausgeschlossen ist. Puls und Blutdruck erhöhen sich, die Lippen schwellen an, es wird einem »warm ums Herz«. Die Nebenniere setzt Adrenalin frei. Chemische Substanzen, Neuropeptide, rasen durch den Körper und versetzen ihn in ein Gefühlshoch. Gleichzeitig wird das Immunsystem gestärkt. Die freudige Erregung hemmt die Produktion negativer Streßhormone. Küssen ist gesund – allen warnenden Theorien über die Myriaden von Bakterien, die beim Küssen übertragen werden, zum Trotz.

Wann, wie und warum der K. entstand, ist umstritten – und vielleicht auch nicht so wichtig. Die einen sehen darin eine ritualisierte Futtergeste, die anderen führen ihn auf den Instinkt des Beriechens und des Kostens zurück. Freud sieht im Küssen ein Urbedürfnis nach der Mutterbrust. Durch das Saugen würden die Lippen des Säuglings sexualisiert und gewissermaßen kußsüchtig. Der Verhaltensforscher Irenäus Eibl-Eibesfeld meint, die Mund-zu-Mund-Fütterung sei die Wurzel des Küssens. Ernest Borneman verweist auf das Verbeißen, das Schnäbeln der Turteltauben und ähnliche tierische Vorgänge. Aus der Mythologie, den Märchen, aus Literatur und → *Kunst* ist der K. nicht wegzudenken. Mit dem K. wird Leben eingehaucht, und der tödliche K. nimmt es wieder. Der Prinz küßt Dornröschen wach. Der geküßte Frosch verwandelt sich in einen König. Der K. ist ein ständiges Motiv der lyrischen Dichtung. Heinrich Heine: »Die Welt ist dumm, die Welt ist blind. / Und dich wird sie immer verkennen. / Sie weiß nicht, wie süß deine Küsse sind, / und wie sie beseligend brennen.« Ebenso häufig ist der K. im Volkslied, auf der Bühne und im Schlager besungen worden: »Ich küsse Ihre Hand, Madame, und denk, es sei Ihr Mund ...« – »Ach, ich hab' sie ja nur auf die Schulter geküßt ...« Marilyn Monroe hauchte ins Mikrofon: »I wanna be kissed by you ...« Millionenfach ist Küssen gefilmt geworden, nachdem der erste Filmkuß 1896 einen Sturm der Entrüstung hervorgerufen hatte. Heute versuchen Fans die küssenden Leinwandstars in Hollywoodfilmen nachzuahmen. Der K. wurde in Stein gehauen wie in der berühmten Plastik von Auguste Rodin, der den K. als die Sprache der Seele bezeichnete, nachdem der griechische Philosoph Plato ihn schon als magisches Zusammenfließen zweier Seelen durch den Hauch des Atems faßte.

Der französische Erzähler Guy de Maupassant schwärmt vom K.: »Der Kuß ist wohl nur ein Vorspiel, aber ein bezauberndes; köstlicher als das Werk selbst; ein Vorwort, das man immer wieder liest, während man das Buch nicht in allen Fällen noch einmal lesen kann. Ja. Das Sichfinden der Lippen ist das vollkommenste, göttlichste Gefühl, das Sterblichen zuteil werden kann; die letzte höchste Grenze des Glücks. Im Kuß, und nur im Kuß vermeint man oft diese erstrebte, unmöglich erscheinende Vereinigung der Seelen zu spüren, dieses Einswerden ersterbender Herzen. Alle Raserei vollständigen Besitzergreifens kommt nicht dieser zitternden Annäherung der Münder gleich, dieser ersten frischen, feuchten Berührung und dieser unbeweglichen, hingerissenen gegenseitigen Umklammerung.« KS

Leda: Schwester des Kalchas und Tochter des griechischen Königs Thestios. Als Gattin des Spartanerkönigs Tyndareus wurde sie eine der zahllosen sterblichen Geliebten des → *Zeus*. Der unersättliche Gott näherte sich der liebreizenden Frau in Gestalt eines makellosen weißen Schwans, und sie erhörte ihn an den Ufern des Flusses Eurotas. Als Folge legte sie zwei Eier, aus denen → *Helena* und Polydeukes (Pollux) schlüpften, dessen Bruder Kastor in derselben Nacht durch Tyndareus gezeugt wurde, beide erlangten als Zwillinge mythologische Berühmtheit. Die Mär vom Zeus-Schwan soll eventuell von L. nur erfunden worden sein, um ihren wahren Liebhaber und damit den Vater der nicht von ihrem Ehegatten Tyndareus stammenden Kinder zu schützen.

Die Verbindung L. mit dem Schwan ist eines der beliebtesten Motive in der bildenden → *Kunst*, schon in der → *Antike*, dann erneut in der Lust und Freude zugewandten Renaissance bis in die Gegenwart. Bereits auf einem Wandgemälde in Pompeji, auf Vasenbildern und Amphoren findet sich das Motiv. Ab dem 15. Jahrhundert trat mehr und mehr das Erotische dieser Szene hervor. Gemälde von Rubens, Correggio, Leonardo da Vinci, Michelangelo, Veronese und eine Vielzahl von Kupferstichen und anderen Grafiken entstanden. Nachdem das 19. Jahrhundert weniger Interesse am Motiv bekundete, findet es sich vor allem in der Grafik des 20. Jahrhunderts wieder. Auch die Literatur hat sich des Themas angenommen. Eine umfangreiche Spezialsammlung zum Thema »Leda und der Schwan« besitzt Wolfram Körner, Berlin, der die Illustrationen zu diesem Lexikon beigesteuert hat. Se Ar

Lendengrübchen (auch **Kreuzgrübchen**): zwei weiche Vertiefungen im Rücken von Frauen, insbesondere von jüngeren, seltener von Männern (nur bei einem Viertel von ihnen). Sie liegen wenige Zentimeter links und rechts der Wirbelsäule oberhalb des Pos und bilden mit der Mitte der Gesäßspalte und dem Grübchen unterhalb des letzten Lendenwirbelfortsatzes einen auf dem Kopf stehenden Rhombus, in diesem Falle Michaelissche Raute genannt. Die L. werden als Merkmale schöner weiblicher Körperbildung geschätzt und sind oft ein zusätzlicher erotischer Reiz des Frauenrückens. KS

Walter Klemm (1883–1957): »Lesbos«. Aquarellierte Zeichnung (o.J.)

Lesben: Frauen, die Frauen lieben (sexuelle → *Orientierung*, → *Homosexualität*). KS

Levirat (lat. levir = Schwager): Schwagerehe, eine Ehe- bzw. Familienform, in der Witwen und deren Kinder durch den Bruder des verstorbenen Mannes versorgt und geschützt werden. Sie bildete sich historisch beim Übergang von der Gruppenehe in der Sippe zur Mehrgenerationenfamilie und Einzelfamilie heraus (→ *Familie*). Im jüdischen Brauchtum früherer Zeiten hatte das L. auch folgende Bedeutung: Wenn ein Ehemann starb, ohne Kinder zu hinterlassen, so war es Aufgabe seines Bruders, die Witwe zur Frau zu nehmen und den erstgeborenen Sohn als rechtmäßigen Erben aufzuziehen. Eine jüdische Frau heiratete also nicht nur ihren Mann, sondern dessen ganze Familie (→ *Onan*). We

Libido (lat. Wunsch, Lust, Verlangen):

1. sexuelles → *Bedürfnis*, erotische Gelüste, Begierde, Antrieb zu sexuellem Erleben, auch Verlangen nach Körperlust;
2. psychische Energie, allgemeine Lebensenergie (nach dem Psychologen und Freudschüler Carl Gustav Jung).

Von dem Sexualwissenschaftler Albert Moll geprägt, ist L. ein zentraler Begriff der Freudschen Trieblehre (→ *Psychoanalyse*, → *Trieb*); L. ist hier die Energie des Sexualtriebs, seine verhaltensantreibende seelische Seite, seine affektive Qualität. Ihre Herkunft haben libidinöse Empfindungen in verschiedenen körperlichen Quellen (erogene → *Zonen*, → *Partialtriebe*). In der Interaktion mit der Außenwelt erhalten sie ihre Richtung und werden zu Impulsen zielgerichteten Handelns.

Unter dem Einfluß der Verhaltensforschung wurde L. später durch den Ausdruck sexuelle Appetenz (lat. appetentia = Begehren) teilweise verdrängt. Darunter ist eine sexuelle Suchbereitschaft, die Bereitschaft, auf Reize sexuell zu reagieren, ganz allgemein sexuelle Ansprechbarkeit zu verstehen. Statt eines biologischen Sexualtriebes wird ein extern bedingtes Sexualverhalten angenommen, und zwar sowohl in bezug auf die jeweilige Situation, in der das aufnahmebereite Individuum auf Reize reagiert, wie generell auf die → *Sexualität* als soziales Phänomen.

Beide Begriffe – L. und sexuelle Appetenz – sind Termini, die von der Alltagssprache nicht übernommen wurden. Insbesondere L. gilt heute eher als altmodischer bzw. verschrobener Fachjargon. Ar KS

Libidostörung: sexuelle Lusthemmung, Beeinträchtigung des sexuellen Verlangens, das in verschiedenen Schweregraden – vom völligen Fehlen bis zur leichten Abschwächung – vorkommen, vorübergehend oder ständig vorhanden sein kann. Während die L. bei Männern relativ selten auftritt, gehört sie bei den Frauen zu den häufigsten sexuellen Funktionsstörungen. Ehe man eine solche Diagnose stellt, muß man berücksichtigen, daß geringe Schwankungen normal sind. Außerdem hat jeder seinen individuellen Bedürfnispegel, auf den er sich im Laufe seiner Sexualentwicklung eingestellt hat und der als relativ konstant anzusehen ist. Von einer echten Störung kann erst dann gesprochen werden, wenn eine gesunde Person im geschlechtsreifen Alter kaum sexuelle Lust verspürt. Organisch zeigt sich dieses Mangelphänomen bei der Frau im Ausbleiben der Lubrikation (des Feuchtwerdens) der Scheide, beim Mann im Nichtzustandekommen der Gliedversteifung. Am häufigsten ist die situationsspezifische Variante, d.h. es handelt sich um eine Störung, die nur unter bestimmten ungünstigen Bedingungen einsetzt, bei günstigen Voraussetzungen jedoch ist das Verlangen vorhanden. Selten sind die primären Lusthemmungen, bei denen praktisch nie oder nur ein schwaches, leicht zu unterdrückendes Verlangen besteht. Ursachen sind meist schwere seelische oder körperliche Leiden, die über lange Zeit andauern. Mit einer zeitweiligen L. kann jemand reagieren, der seinen Partner für ein vermeintliches oder tatsächlich begangenes Unrecht bestrafen will oder ihn aus anderen Gründen ablehnt. Angst vor Verlust der Selbstkontrolle während des Sexualverkehrs kann ebenfalls zu einer bewußten Unterdrückung der → *Lust* führen.

Immer muß nach auslösenden Faktoren gesucht werden. Die Aussichten auf Besserung oder Heilung hängen davon ab, inwieweit die Störfaktoren auszuschalten sind. Lusthemmung kann für sich allein oder in Verbindung mit einer → *Orgasmusstörung* auftreten. Ar

Liebe (ahd. līubī, mhd. liebe); **lieben** (ahd. liuben, mhd. lieben als »lieb machen«, »lieb werden«):

1. im weiteren Sinne: starke, gefühlsbetonte, hinwendende Beziehung zu Objekten aller Art, z.B. zu nahestehenden Personen (Elternliebe, Geschwisterliebe), zu anderen Personen und Personengruppen (jemand ist kinderlieb), zu sich selbst (Eigenliebe), zu Lebewesen (jemand ist tierlieb), zu Sachen, Ideen und anderen Gegebenheiten (Vaterlandsliebe, Heimatliebe, Friedensliebe, L. zum Beruf, zur Natur, L. zur Kunst), zu Prozessen und Tätigkeiten (mit L. Blumen züchten oder ein altes Radio reparieren) oder als umfassende Zuneigung (Nächstenliebe, Menschenliebe, die L. Gottes);
2. im engeren Sinne die individuelle Geschlechtsliebe;
3. im euphemistisch umschreibenden Sinne sexuelle Handlungen und Sachverhalte (Liebe machen, käufliche Liebe, → *Liebesspiel*), → *Sprachlosigkeit*;
4. im Nebensinne Gefälligkeit (eine Liebe ist der anderen wert);
5. im personalisierten Sinne geliebte Person (sie ist meine große, erste, alte Liebe, meine Jugendliebe).

Die individuelle Geschlechtsliebe ist eine Einstellung besonderer Qualität zu einer anderen Person. Sie ist auf die Gesamtpersönlichkeit des anderen einschließlich deren Geschlechtlichkeit gerichtet und bedeutet eine emotional starke, zur Ausschließlichkeit neigende Bindung. Der Liebende fühlt sich zu dem geliebten Menschen hingezogen und strebt ein körperliches und geistig-gefühlsmäßiges (»seelisches«) Einssein mit ihm und den Aufbau einer Paargruppe an. Wenn zwei sich lieben, erfolgt eine gegenseitige Induktion; L. tendiert zur Gegenseitigkeit. »Eines Liebsten Minne taugt nichts, bleibt das Herz des andern frei.« (Walter von der Vogelweide)

»Wenn Du liebst, ohne Gegenliebe hervorzurufen, d. h., wenn Du durch Deine Lebensäußerung als liebender Mensch Dich nicht zum geliebten Menschen machst, so ist Deine Liebe ohnmächtig, ein Unglück.« (Karl Marx)

Sexologische Untersuchungen zeigen, daß vor allem die Jugendlichen L. als ein partnerschaftliches Verhältnis betrachten; sie wird als einmalig empfunden und ist im gesuchten Idealfall die große L., die ein Leben lang hält. Sie verlieben sich nicht auf Zeit, nicht vorläufig oder probehalber, sondern suchen die feste, vertrauensvolle, dauerhafte Liebesbeziehung und wenden sich voll und uneingeschränkt der geliebten Person zu. Dieser geliebten Person wollen sie auch treu sein (→ *Treue*). Partnerwechsel ist dann nicht ein Durchbrechen des Liebe- und Treue-Ideals, sondern die Folge davon. Ebenso kann die moderne Bindungsunlust nicht als Gegentendenz betrachtet werden, sie ist ebenfalls eine Folge des Ideals, sich (nur) mit einem bestimmten, einem vertrauenswürdigen, einem geliebten und liebenden Partner einzulassen.

Die L. ist ein äußerst komplexes und vielschichtiges Phänomen. Befragt danach, was sie mit L. verbinden, antworteten Jugendliche beispielsweise (Starke, »Liebe und Sexualität bis 30«, 1984):

Glück: Geborgenheit, Optimismus, Glückseligkeit, Wonne, Freude.

Partner und Partnerschaft: Vertrauen, Verständnis, Ehrlichkeit, gegenseitige Verantwortung, gegenseitige Achtung, gemeinsame Interessen, gemeinsame Ideale und Ziele; füreinander dasein; mein Ehemann, meine Ehefrau, mein Freund, meine Freundin, mein(e) Geliebte(r).

Zärtlichkeit: streicheln, küssen, Wärme, Kontakt, liebkosen, Berührung.

Sexualität: vereint sein, Hingabe, Liebesnacht, Liebesspiel, Begehren, Lust, Erotik, Anziehung.

Familie: heiraten, Ehe, Kinder.

Aktivität: Initiative, verantwortlich fühlen, ungeheure Kraft, etwas gemeinsam unternehmen, sich einsetzen.

Gegenwart: Realität, Bedingungen meistern, Freude auf jetzt, Alltag, Bestand.

Die häufigsten Worte, die mit L. assoziiert werden, sind Zärtlichkeit und Vertrauen, Verständigung und Verständnis; nicht Verliebtsein und auch nicht Leidenschaft. Beides wird bejaht und ausgelebt, aber doch als flüchtig betrachtet. »Das Eigentümliche in der Verständigung von Frau und Mann ist nicht die Leidenschaft, sondern die Zärtlichkeit.« (Elisabeth Badinter, 1993)

L. wird als ein überragendes, teils überschäumendes, teils tief-stilles Gefühl empfunden, das die ganze Persönlichkeit erfaßt und das gesamte Leben beeinflußt. Nichts wird ohne die geliebte Person gedacht, die Lebensperspektive und die Lebensplanung ändern sich durch diese Person, sie ist der wichtigste Kommunikationspartner und Sanktionsgeber und wird Teil des eigenen Lebens. In der Paargruppe institutionalisiert sich die L.: (Hauptsächlich) aus L. wird (heutzutage) geheiratet, und fehlende, vergangene oder eine neue L. ist auch ein Grund für Scheidungen.

L. ist (heute) insbesondere für Jugendliche der entscheidende Grund und die ausschlaggebende Bedingung für sexuelle Kontakte. Der erste Geschlechtsverkehr findet meist im Rahmen einer festen Partnerbeziehung statt. Die meisten Menschen haben weit häufiger und viel lieber innerhalb als außerhalb einer Liebesbeziehung sexuelle Kontakte (anonymer → *Sex*). Im Denken und Fühlen der meisten Menschen gehören L. und → *Sexualität* eng zusammen. Das Sexuelle findet für sie in der L. seinen Rahmen und seine große Dimension. Nach Untersuchungen von Starke und Weller 1990 (»Partnerstudie III«) hatten 90% der Männer und 94% der Frauen besonders erregende Erlebnisse im bisherigen sexuellen Leben mit dem festen Partner, 40% bzw. 28% mit einem anderen bekannten Partner, 24% bzw. 11% allein (durch Selbstbefriedigung). Nur 13% der Männer und 3% der Frauen sagen, daß sie mit unbekannten Personen erregende sexuelle Erlebnisse hatten.

Das Verhältnis von L. und → *Sexualität* gehört sowohl in der Theorie wie in der Praxis zu den großen Fragestellungen. Das eine Extrem ist der lieblose Sex; an die Stelle der L. tritt der Sex »als bloßes Vergnügen, als Unterhaltung, und die damit verbundene absolute Bindungslosigkeit und Austauschbarkeit der Partner untereinander« (Walter Hollitscher, »Der überanstrengte Sexus«, 1975). Statt einer Humanisierung erfolgt eine »Animalisierung der menschlichen ›Liebesverhältnisse‹ zum ›wertfreien‹ Sex« (H. H. Schmidt, »Die berufstätige Mutter«, 1981). Das andere Extrem ist eine unsexuelle, gereinigte, reine L., eine L. ohne körperliche → *Lust*, die Sexuelles allenfalls als notwendiges Übel der Fortpflanzung akzeptiert, oder die sogenannte platonische L., die auf sexuellen Verkehr verzichtet. Das Verhalten der meisten Menschen liegt fern von diesen Extremen.

In ihrem Verhalten stehen die verschiedenen Funktionen der Sexualität in einem dialektischen Wechselverhältnis und verschmelzen mit der L. Das ist kein widerspruchsfreier Prozeß, und er nimmt bei jedem und in jeder Liebesbeziehung eine charakteristische Gestalt an. Eigentliches Glück entsteht für die meisten Menschen durch das spannungsreiche Wechselverhältnis zwischen L. und Sexualität.

Insbesondere anfangs wird die geliebte Person überhöht betrachtet und idealisiert (Liebe macht blind). Der oder die Auserwählte ist oftmals nicht er/sie selbst, sondern ein Wunschbild, in das der Verliebte seine eigenen Vorstellungen und Werte projiziert (→ *Partnerwunschbild*). Jeder Gedanke an die geliebte Person ist voller Sehnsucht. Die Nähe zu ihr wird gesucht und als Glück empfunden. Enttäuschungen bleiben nicht aus, wenn sich beide wirklich kennenlernen, die erste Verliebtheit schwindet und ein Zusammenleben versucht wird. »Es gibt kaum eine Aktivität, kaum ein Unterfangen, das mit so ungeheuren Hoffnungen und Erwartungen begonnen wird und das mit einer solchen Regelmäßigkeit fehlschlägt wie die Liebe«, meint der Psychoanalytiker Erich Fromm (»Die Kunst des Liebens«, 1956). Die L. zweier Menschen beinhaltet eine große Dynamik und ist ein mehr oder weniger geordnetes, mehr oder weniger chaotisches Spannungsverhältnis mit vielen, auch gegenläufigen Prozessen. Dies erklärt sich aus dem Beteiligtsein der stärksten Gefühle, zu denen ein Mensch fähig ist, und daraus, daß sich

a) die Partner verändern, und zwar meist ungleichmäßig, und
b) auch die Liebes- und Lebensbedingungen anders werden.

L. bedeutet engste Bindung und ist zugleich eine offene Angelegenheit von durchaus unklarer Perspektive. L. ist gewaltig, aber kann nicht erzwungen werden. Sie schafft Abhängigkeiten und verlangt Aufeinandereingehen und Rücksichtnahme, aber sie hat die autonome, selbständige Persönlichkeit der beiden Partner zur Bedingung. L. ist das Besondere, muß aber dem Alltag standhalten. An der Veralltäglichung eines nicht alltäglichen Gefühls ist schon manche Liebesbeziehung gescheitert. L. braucht Nähe (»... und die Liebe per Distanz, / kurz gesagt, mißfällt mir ganz«, wie Wilhelm Busch reimte), aber ohne Distanz kommt es zu Kurzschlüssen mit nachfolgender Entladung. Für den einen ist die L. »das natürlichste und vergnüglichste Ding von der Welt« (Gerhard Branstner), für den anderen ein Mysterium, ein Wunder, oder unnatürlich, weil erworben und kultiviert, und keineswegs immer lustvoll. »Das Wunder aller Wunder ist die Liebe« sang Mireille Mathieu in den siebziger Jahren. L. ist ein Mysterium, ein Himmelsgeschenk, aber doch auch real und begreifbar (»Zutrauen kein Unding, Liebe kein Phantom« – Christa Wolf). Für den einen ist L. gesund, stark, lebendig, vital, für den anderen eine Art Krankheit, ja Wahnsinn; ein warmes, gutes Gefühl voller Vertrautheit und Geborgenheit einerseits, Leiden und Leidenschaft, eine »Passion« (Niklas Luhmann, »Liebe als Passion«, 1984) andererseits. L. ist Freud und Leid zugleich. Dem einen Dichter, wie Adelbert von Chamisso (1781–1838), ist L. das Glück schlechthin: »Das Glück ist Liebe, / die Lieb ist das Glück, / ich habe es gesagt / und nehm's nicht zurück.« Anderen Dichtern, wie Clemens Brentano (1778–1842) bedeutet sie aber auch: »Im Lieben wohnt Betrüben / und kann nicht anders sein.« Nichts ist sicherer als L., doch sie stellt zugleich ein großes Risiko dar. L. kann nicht gekauft oder gemietet oder vertraglich gebunden oder sonstwie garantiert werden; sie ist offen, unberechenbar, unbezahlbar. Sie entzieht sich jeder Bilanz, spekuliert nicht auf Gewinn, verwahrt sich vor Transferausgleichen, läßt nicht mit sich handeln, stellt keine Bedingungen und erhebt doch einen hohen Anspruch. Sie wird durch Geben reicher, weil sie kein Tausch-, Gebrauchs- oder Konsumgut, sondern ein Gefühl, eine Beziehung ist. Zu lieben ist eine Fähigkeit, die abgefordert werden will, und eine Fertigkeit, die – wie alle Fertigkeiten – durch Aktivität und Agieren nicht verschleißt, sondern trainiert und gefestigt wird. Lieben will gelernt sein. Erich Fromm spricht 1956 von der »Kunst des Liebens«.

Als Grundgefühl einmal gegeben, verfestigt oder verflüchtigt sich die L. durch das tägliche Zusammenleben immer wieder. L. in Langzeitpartnerschaften unterscheidet sich von der L. in kurzen, stürmischen Abenteuern. Leben Liebende lange zusammen, so kennen sie sich gut, haben Vertrauen zueinander, wissen um die Stärken und Schwächen des anderen; das Gefühl von L. kann tief und unzerstörbar, das sexuelle Leben gut eingespielt sein, nur mit diesem bestimmten Partner ist Sexualität denkbar und befriedigend; der Zusammenhalt erscheint nicht mehr gefährdet, insbesondere aufgrund der gemeinsamen Erlebnisse; die Liebenden haben Freud und Leid miteinander geteilt, gehören zusammen, einer kann ohne den anderen nicht mehr leben. Stirbt der eine, folgt der andere bald nach. Die andere Seite der Langzeitpartnerschaft ist der Überdruß, die tödliche Langeweile, die Reizlosigkeit, insbesondere dann, wenn sich die Paargruppe isoliert und keiner der beiden Partner von außen Neues einbringt, wenn der Gesprächsfluß austrocknet oder wenn die Konflikte so groß werden, daß aus L. Haß, Verachtung, Abscheu wird oder die L. zwar vergangen ist, man aber trotzdem zusammenbleibt, oder wenn eine neue L. stärker als die alte ist.

Zunächst nur als Beziehung zwischen Mann und Frau vorgestellt, wird sie inzwischen als mögliche gegen- oder gleichgeschlechtliche L. sowohl für hetero- als auch für homosexuelle Beziehungen anerkannt.

Die L. ist so verschieden, wie die Menschen verschieden sind. Je reicher eine Persönlichkeit, desto mehr kann sie in die L. einbringen. Gefühllose Menschen können nicht lieben.

L. setzt eine Affinität zu anderen Menschen voraus und verlangt die Fähigkeit, sich einem anderen Menschen positiv zuwenden zu können.

L. ist nicht nur von Person zu Person unterschiedlich, sie wandelt sich im Verlauf des eigenen Lebens. Sie ist die junge, die stürmische, die romantische, die heimliche, die wahre, die sinnliche, die leidenschaftliche, die wilde, die große, die innige, die ewige L.

L. ist für viele Menschen alternativ in dem Sinne, daß sich – bei allen Möglichkeiten von Sympathiebeziehungen zu verschiedenen Menschen – die große L. auf nur einen Partner bezieht (ob man zwei oder mehr Menschen lieben kann, wird selten bejaht und noch seltener gelebt – aber doch so oft, daß es nicht ganz unmöglich erscheint). Sie ist aber meist nicht alternativ zu anderen Werten des Lebens (Familie, Freundschaft, Beruf, Kultur, Sport). Im Gegenteil: Die starke und souveräne Liebe toleriert und befördert anderes, das ebenfalls als positiv, schön, erlebnisreich und gut empfunden wird. Auch insofern wohnt der L. jenes konstruktive Element inne, das sich bei der eigenen Persönlichkeitsbildung, dem Erlernen der L. und bei der Gestaltung einer Liebesbeziehung zeigt. Der subjektive Anspruch zielt auf eine sinnvolle Integration der verschiedenen Pflichten, Möglichkeiten, Aufgaben (z.B. die Vereinbarkeit von Elternschaft und Beruf). Nicht selten kommt es aber auch zu erheblichen Wertkonflikten in der aktuellen Lebenssituation wie in der Lebensgestaltung. Die jeweilige Produktionsweise verändert die Bedingungen für die Liebe und die Paargruppe (→ *Arbeit*). Die moderne Arbeitswelt schafft für den einzelnen neue Möglichkeiten, beeinflußt und belastet aber auch das Familienleben bis hin zur Aufgabe traditioneller Muster (→ *Single*, → *Familie*).

Das Geldverdienen ist an den einzelnen gebunden und überwiegend nicht an die Familie oder die Liebesbeziehung. Der Berufstätige ist den Gesetzen des Marktes unterworfen, und diese Gesetze interessieren sich kaum für L. und Familie. »Denn mit der Auflösung der Familie als Wirtschaftsgemeinschaft entstehen neue Formen der Existenzsicherung, die über den Arbeitsmarkt vermittelt und auf die Einzelpersonen bezogen sind. Dabei wird das Verhalten des Berufstätigen den Gesetzen des Marktes unterstellt – z. B.: Mobilität und Flexibilität, Konkurrenz und Karriere – , die kaum Rücksicht nehmen auf private Bindungen. Wer aber diesen Gesetzen nicht folgt, riskiert Arbeitsplatz, Einkommen und soziale Stellung.« (Elisabeth Beck-Gernsheim, »Das ganz normale Chaos der Liebe«, 1990)

Insbesondere die Berufstätigkeit der Frau, verbunden mit der Möglichkeit einer eigenen Lebensplanung, der individuellen, nicht vom Mann abhängigen Lebensgestaltung und einer Selbstverwirklichung, verändert das Familienleben und das Verhältnis der Partner zueinander. Denn nunmehr ordnet sich der Lebenslauf der Frau nicht mehr dem des Mannes unter, sondern beide gestalten ihr Leben individuell. »Das entscheidend Neue im Feld von L. und Ehe ist nicht die in soziologischen Theorien herausgearbeitete Individualisierung des Lebenslaufs, sprich, des männlichen Lebenslaufs, die im Übergang zur Moderne einsetzte. Das entscheidend Neue ist hier vielmehr die Individualisierung des *weiblichen* Lebenslaufs, die Herauslösung auch der Frau aus der Einbindung in die Familie, die erst Ende des 19. Jahrhunderts langsam begann und seit den sechziger Jahren dieses Jahrhunderts um so schneller sich fortsetzte ... Erst jetzt kommt zustande, daß im Augenblick der Liebe zwei Menschen aufeinandertreffen, die *beide* den Möglichkeiten und Zwängen einer selbstentworfenen Biografie unterstehen.« (Elisabeth Beck-Gernsheim, 1990)

Dabei ist es nicht allein die Berufstätigkeit der Frau, die die Partnerschaft verändert, sondern die Art und Weise der Arbeit, der Bildungsweg und die Qualifikation, die gesamte (selbst- bzw. fremdbestimmte) Lebensgestaltung, die Dominanz der jeweiligen Möglichkeiten und Zwänge, der je spezifische Eingriff der Arbeits- in die Familienwelt, die diese Veränderungen bewirken. Diese Individualisierung von Mann und Frau hat aber ihre Pointe nicht darin, daß jeder nur für sich allein lebt, so wie es in den modernen Gesellschaften den Anschein hat. Auch hier möchten die meisten Menschen mit einem geliebten Partner zusammenleben. Alleinsein »ist tödlich«, die Zweisamkeit erscheint als lebensnotwendig und schafft für die meisten Menschen die Bedingungen ihres Glücks. Die L. nimmt in den verschiedenen Zeiten und Gesellschaften die verschiedensten Formen an und hat eine historische Dimension. Die individuelle Geschlechtsliebe, wie wir sie heute kennen, ist ein Entwurf der bürgerlichen Gesellschaft, also erst wenige Jahrhunderte alt. »Sie gehört zu den jüngsten Errungenschaften der Gattung Mensch« (Volkmar Sigusch, »Vom Trieb und von der Liebe«, 1984). Sie hat neue sittliche Maßstäbe geschaffen und setzt ein freies Verhältnis zwischen den Menschen und den Geschlechtern voraus. Die Gesellschaft ist nicht nur die Bedingung und der Maßstab für die L., sondern Ausmaß und Intensität der L. sind auch ein

Maßstab für den Charakter einer konkreten Gesellschaft und für die Bedingungen des Zusammenlebens.
Die L. gehört zu den höchsten Lebenswerten der Menschen und bestimmt ihr Lebensglück wesentlich. Die großen Mißerfolge von Liebesbeziehungen, die Niederlagen, die die L. erleidet, die Verkrüppelungen und Einengungen, denen sie unterworfen ist, all die Konflikte, Reibereien, Trennungen und Enttäuschungen ändern nichts daran, daß L. immer wieder versucht wird. Sie ist ein Ideal, das paradigmatisch für menschliche Beziehungen steht. Das Gegenteil von L., sagte der nicaraguanische Dichter Ernesto Cardenal 1994 bei einem Vortrag in Berlin, ist nicht Haß, sondern Egoismus. Eine Gesellschaft, in der die L. keine Chance hätte, würde zugrunde gehen.
Die L. ist unzählige Male besungen und bedichtet worden (→ *Liebeslied*, → *Liebesgedicht*). Sie ist vielleicht *der* Gegenstand jeder Kunst und Literatur. KS

O glücklich, wer ein Herz gefunden,
Das nur in Liebe denkt und sinnt;
Das, mit der Liebe treu verbunden,
Sein schönres Leben erst beginnt!

Wo liebend sich zwei Herzen einen,
Um eins zu sein in Freud und Leid,
Da muß des Himmels Sonne scheinen
Und heiter lächeln jede Zeit.
Die Liebe, nur die Lieb ist Leben!
Kannst du dein Herz der Liebe weihn,
sie hat dir Gott genug gegeben,
Heil dir, die ganze Welt ist dein!

(Hoffmann v. Fallersleben, 1798–1874)

Liebesbiß: eine leidenschaftlich-archaische Form des aktiven Körperkontakts im Liebesspiel. Bei großer Erregung kann es zum mehr oder weniger zarten Beißen kommen, oft auch als Ausdruck höchster Lust beim → *Orgasmus*. Der Schmerz tritt zurück oder wird als lustvoll empfunden. Später sind oft die Zahnmale zu erkennen.
Zu einer wahren Kunst ist der L. in Altindien entwickelt worden. Wie im → *Kamasutra* ausführlich beschrieben, gehörten Male von Bissen ebenso wie Kratzspuren, kunstvoll gestaltet und je nach Form mit poetischen Namen belegt, zur gebräuchlichen Sexualpraktik und verliehen zusätzliches Ansehen und Attraktivität. → *Knutschfleck* Ar

Liebesbrief: Brief einer verliebten oder liebenden Person an die geliebte oder umschwärmte Person, im klassischen Fall das Liebesgeständnis in schriftlicher Form, im Wiederholungsfall die Beteuerung der unverbrüchlichen Liebe, im Krisenfall der verzweifelte Rettungsversuch und im Trennungsfall die Mitteilung über das Ende – dies alles mit und ohne Locke, Foto, Verzierung, Siegel, Herzchen und aufs Papier gehauchten Küssen. Fast jeder hat in seinem Leben L. geschrieben oder erhalten. Vorformen von L. finden sich bereits im Kindesalter. In der Schule war und ist es üblich, sich mehr oder weniger heimlich Zettelchen zu schreiben. Die hohe Zeit des L. ist die erste Liebe. Nicht selten schreiben sich die jungen Verliebten täglich, selbst dann, wenn sie sich ständig sehen können, erst recht aber, wenn sie zeitweilig voneinander getrennt sind. Mit zunehmender Länge der Liebesbeziehung werden die L. kürzer, bis sie nur noch zu bestimmten Anlässen (Geburtstag, Hochzeitstag) geschrieben werden und dann ganz ausbleiben. In fortgeschrittenem Lebensalter schreiben sich die meisten Pärchen keine L. mehr, selbst wenn sie sich noch lieben. Viele Menschen bewahren ihre L. ein Leben lang gut auf, selbst wenn die Beziehung unglücklich endet. Andere geben sich bei einer Trennung die Briefe zurück. Dies war früher allgemein üblich – das Zurückgeben der Briefe war ein Zeichen der Endgültigkeit des Bruches. Trennungen und Beziehungskrisen sind neben der jungen Liebe herausragende Motive für L.

L. erfüllen verschiedene Funktionen. Die wichtigste besteht darin, sich der Liebe zu versichern und Treue zu schwören: »Ein Brieflein schrieb sie mir, ich sollt' treu bleiben ihr ...«, wie es im Volkslied heißt. »Ich liebe Dich« ist der häufigste Satz in Liebesbriefen, er kann nicht oft genug wiederholt werden. Im Überschwang der Gefühle geschrieben, wird die Einmaligkeit gerade dieser Liebe betont. (Mehr als ich kann niemand lieben, noch nie hat sich jemand mehr geliebt als wir beide.) Dies hängt mit der Originalität der subjektiven Erfahrung dieses großen Gefühls zusammen. Die geliebte Person wird in jedem Fall im L. idealisiert (überhöht, angebetet, gepriesen). Das Leben ist ohne den Liebespartner nicht mehr denkbar. (Ohne Dich kann ich nicht mehr leben). Ängste über das Ende der Liebe oder den Partnerverlust werden durch ihre Beschreibung bewältigt. Der L. ist voller Spontaneität. »Um einen guten Liebesbrief zu schreiben, mußt du anfangen, ohne zu wissen, was du sagen willst, und endigen, ohne zu wissen, was du gesagt hast«, meint Rousseau. Der L. erfüllt eine *kommunikative* Funktion. Diese ist aber im Unterschied zu anderen Briefen weniger auf die Information, den Bericht über Geschehenes oder auf andere Sachlichkeiten, sondern auf die Mitteilung von Gefühlen gerichtet. Gerade dadurch wird er zu einem außergewöhnlichen subjektiven Dokument. Der Liebesbrief hat des weiteren eine *werbende* Funktion: Die geliebte Person soll reagieren, antworten, die Liebe erwidern. Mit dem

L. wird bei Abwesenheit die Entfernung überbrückt, er hat dann eine Ersatzfunktion für das reale Zusammensein. Der L. ist nicht nur für den erwartungsvollen Empfänger, sondern auch für den Absender von allergrößter Bedeutung. (Mitunter ist die Funktion des L. mit dem Niederschreiben bereits erfüllt und der Autor schickt den Brief gar nicht ab.) Mittels des L. kommt der Schreiber mit sich selbst ins reine, er denkt an die geliebte Person, träumt von ihr, führt mit ihr fiktive Gespräche. Dadurch wird das überschäumende Gefühl zum einen artikuliert, zum anderen lebendig gehalten und intensiviert. Das große Gefühl hat eine derartige Entäußerung nötig, L. haben auch eine erotische Funktion. Sie sprechen direkt oder indirekt, je nach Ausdruckskraft des Autors, Liebesverlangen aus und Sexuell-Intimes an, wobei grober Sex kaum bevorzugt wird. Sie sind meist voller Zärtlichkeit. Nicht selten wird auf kindertümliche Ausdrücke, auf Verkleinerungsformen und auf Phantasieworte zurückgegriffen. In L. zeigen sich die Menschen von ihrer besten, also von ihrer weichen, naiven, unverstellten Seite, wie sonst kaum im Leben. L. beziehen sich in eigenartiger Weise zugleich auf den Verfasser selbst und auf die geliebte Person. KS

Fragen

Schreib mir, was du anhast! Ist es warm?
Schreib mir, wie du liegst! Liegst du auch weich?
Schreib mir, wie du aussiehst! Ist's noch gleich?
Schreib mir, was dir fehlt! Ist es mein Arm?

Schreib mir, wie's dir geht! Verschont man dich?
Schreib mir, was sie treiben! Reicht dein Mut?
Schreib mir, was du tust! Ist es auch gut?
Schreib mir, woran denkst du? Bin ich es?

Freilich hab ich dir nur meine Fragen!
Und die Antwort hör ich, wie sie fällt!
Wenn du müd bist, kann ich dir nichts tragen.

Hungerst du, hab ich dir nichts zum Essen.
Und so bin ich grad wie aus der Welt nicht mehr da, als hätt ich dich vergessen.

(Bertolt Brecht)

Beispiel für einen Liebesbriefwechsel:

Wladimir Majakowski am 26.10.1921 aus Moskau nach Riga an Lilja Brik:

Mein teures mein liebes mein angebetetes Füchslein!
Den Kurieren soll man die Briefe unverschlossen mitgeben, furchtbar unangenehm daß andere lesen was man Liebes geschrieben hat. Nutze ich die Gelegenheit Winikur Dir einen richtigen Brief zu schreiben. Ich verzehre mich, ich lechze nach Dir – und wie! – ich komme nicht zur Ruhe (besonders heute nicht!), denke immer nur an Dich. Ich gehe nicht weg, ich streiche von einer Ecke zur andern, gucke in Deinen leeren Schrank, küsse Deine Kärtchen und Deine Katzenunterschriften. Heule viel, heule auch jetzt. Daß Du mich nur nicht vergißt! Was kann es Trostloseres geben als ein Leben ohne Dich. Vergiß mich um Christi willen nicht ich liebe Dich millionenmal mehr als alle anderen zusammengenommen. Außer Dir interessiert mich keiner, mit keinem möchte ich sprechen außer mit Dir. Der schönste Tag meines Lebens wird Deine Rückkehr sein. Liebe mich Kindelchen. Hab auf Dich acht erhole Dich Kindchen. Schreib mir – brauchst Du nicht irgendwas? Ich Küsse Dich Küsse Küsse Küsse Küsse Küsse Küsse Küsse Küsse Küsse Küsse Küsse Küsse Küsse und Küsse Dich.
Dein (Zeichnung)
Wenn Du nichts von Dir *schreibst, verliere ich den Verstand.*
Vergiß nicht
Liebe mich.

Lilja Brik Ende Oktober 1921 aus Riga an Wladimir Majakowski nach Moskau:

Mein geliebter Wau! Weine nicht um mich! Ich liebe Dich furchtbar fest und für immer! Ich komme unbedingt! Käme am liebsten gleich, wenn es mir nicht peinlich wäre. Warte auf mich!
Betrüge mich nicht!!!
Davor fürchte ich mich am meisten. Ich bin Dir absolut treu. Habe jetzt viele Bekannte, darunter sind auch Verehrer, aber keiner, der mir im geringsten gefiele. Im Vergleich zu Dir sind es alles Ekel und Dummköpfe! Überhaupt bist Du mein geliebter Wau, was soll sein! Jeden Abend küsse ich Dich zwischen die Äuglein! Ich trinke keinen Tropfen! Mag nicht, kurzum, Du wärst zufrieden mit mir.

Ich habe mich nervlich schön erholt. Komme lieb und gut wieder …
Ich sehne mich ständig nach Dir.
Schreib Verse für mich.
… Ich küsse Dich von Kopf bis Pfote. Rasierst Du Dein Birnchen?
Deine, Deine, Deine
Lilja

Bettina von Arnim-Brentano an Achim von Arnim am 22. Februar 1808:

(…) ich konnte mich nicht zum Schlafen bringen und mußte mit offnen Augen noch einen großen Teil der Nacht an Dich denken, den ich nicht erreichen konnte. Siehst Du, ich konnte nicht im Bett bleiben, ich mußt mich auf die Erd legen und mit Dir sprechen und tausendmal rufen, um nichts und wieder nichts. Wer hat die Lieb gerufen? Die kömmt, treibt die alten Regenten aus, keiner widersetzt sich, sie nährt sich von unserm Atem, sie wirft Dinge, die wir als Schätze bewahrten, mit leichtem Sinn zum Tempel hinaus, sie gibt mit einer Großmut, die man Verschwendung nennen möchte, sie treibt Wucher, geizt um einen Deut, hat nie genug, und doch kann die Welt nicht ihren Reichtum umgrenzen, sie fürchtet einen Blick und ist so tapfer, daß sie mit verbundnen Augen neben Abgründen auf steilen Felsen wandelt; was aber das Wunderbarste ist, sie macht bei ihrem ungeheuren Reichtum Schulden, die sie nie abtragen kann, sie läßt sich bei ihrer großen Kühnheit binden wie ein Lamm um dieser Schulden willen! Das kann Dir mein Herz beweisen, das an Dir zum Schuldner geworden, das sich doch so reich fühlt (…) Ich glaub, je länger Du leben wirst, je lieber *wirst Du werden, und ich hoff doch, daß Du mich nicht zurücklassen wirst, sondern daß ich durch Dich und um Deinetwillen auch erwerbe.* Daß Du mir gut bist, das ist bald gesagt! *siehst Du, wie wunderbar die Lieb ist? All ihr Gut schnellt sie wie einen Pfeil durch die Luft, und es trifft den, auf welchen es gezielt war, nur mit neuem Leben (…)*

Liebesgedicht: Gedicht, in dem → *Liebe* und Liebende besungen werden. Seit es die Dichtkunst gibt, existiert auch das L. – und umgekehrt: Seit es die Liebe gibt, wird sie auch bedichtet. Dies hängt mit der Bedeutung der Liebe im Leben der Menschen und vor allem damit zusammen, daß Liebe mit den größten menschlichen Gefühlen verbunden ist: »Freudvoll / und leidvoll / gedankenvoll sein, / langen / und bangen / in schwebender Pein. / Himmelhoch jauchzend, / zu Tode betrübt; / glücklich allein / ist die Seele, die liebt.« (Klärchen in Goethes »Egmont«)

Das L. hat, indem es sich an die Geliebte oder den Geliebten wendet, eine kommunikative Funktion, vielleicht auch eine informierende Funktion, wenn es Liebesverhältnisse beschreibt, Liebesgeschichten mitteilt oder die Vorzüge der/des Angebeteten rühmt (wie im → *Minnesang*). Vor allem aber geht es im L. um die Gefühle und die Befindlichkeit des (liebenden) Autors, um seine Wünsche und Träume. Viele L. haben eine stark erotische Komponente.

Das L. ist nicht nur ein intim-individuelles Zeugnis, sondern auch ein gesellschaftlich aufschlußreiches Zeitdokument. Es spiegelt das Geschlechterverhältnis wider, Männer- und Frauenleitbilder, Liebes- und Lebensweisen, Einstellungen zu Liebe, Erotik, Sexualität, das soziale Umfeld, in dem Liebe stattfindet, die Reaktion der anderen. Ein unbekannter Dichter riet vor Jahrhunderten:

Zu frei sein, sich ergehen,
hat oft Gefahr gebracht.
Man muß sich wohl verstehen,
weil ein falsch Auge wacht.

Du mußt den Spruch bedenken,
den ich vorher getan:
Willst du dein Herz mir schenken,
so fang es heimlich an.

Das L. ist keineswegs nur ein Produkt mehr oder weniger bekannter Dichter, sondern viele Menschen, etwa 10 bis 20%, schreiben in ihrem Leben ein oder mehrere Liebesgedichte, vornehmlich in ihrer Jugend. Die meisten Liebesgedichte sind ganz privat und werden nicht allgemein bekannt. KS

Beispiele für Liebesgedichte:

Dû bist mîn, ich bin dîn:
des solt dû gewis sîn.
dû bist beslozzen
in mînem herzen:
verlorn ist das sluzzelîn:
dû muost och immer darinne sîn.

(Unbekannter Dichter)

Beispiel für das romantische Besingen der Kraft der Liebe:

Die Liebe

Die Liebe hemmet nichts; sie kennt
nicht Tür noch Riegel,
Und dringt durch alles sich;
Sie ist ohn Anbeginn, schlug ewig
ihre Flügel,
Und schlägt sie ewiglich.

(Matthias Claudius [1740–1815])

Beispiel für ein Sehnsuchtsgedicht, geschrieben von der 74jährigen Else Lasker-Schüler (1869–1945):

In meinem Schoße

In meinem Schoße
Schlafen die dunkelen Wolken –
Darum bin ich so traurig,
du Holdester.

Ich muß deinen Namen rufen
Mit der Stimme des Paradiesvogels
Wenn sich meine Lippen bunt färben.

Es schlagen schon alle Bäume im
Garten –
Auch der nimmermüde
Vor meinem Fenster –

Es rauscht der Flügel des Geiers
Und trägt mich durch die Lüfte
Bis über dein Haus.

Meine Arme legen sich um deine
Hüften,
Mich zu spiegeln
In deines Leibes Verklärtheit.

Lösche mein Herz nicht aus –
Du den Weg findest –
Immerdar.

Beispiel für den Jubel und zugleich die Klage über den Widerspruch zwischen Bindung und Unabhängigkeit in der Liebesbeziehung:

Liebes-Lied

Wie soll ich meine Seele halten,
daß sie nicht an deine rührt?
Wie soll ich sie hinheben über dich
zu andern Dingen?
Ach gerne möcht ich sie bei irgendwas
Verlorenem im Dunkel unterbringen
an einer fremden stillen Stelle,
die nicht weiterschwingt,
wenn deine Tiefen schwingen.
Doch alles, was uns anrührt,
dich und mich, nimmt uns zusammen
wie ein Bogenstrich,
der aus zwei Saiten eine *Stimme zieht.*
Auf welches Instrument sind wir
gespannt?
Und welcher Geiger hat uns in der
Hand?
O süßes Lied.

(Rainer Maria Rilke [1875–1926])

Beispiel für ein Lob der ewigen Liebesbindung:

Mondschnee

Mondschnee liegt auf den Wiesen
Wie ich von dir geh.
Wir lieben uns schon lange.
Nicht seit dem letzten Schnee.
Doch immer, wenn ich zu dir komm,
Wird mir noch so:
Ich weiß nicht, wer ich bin und wo,
Bin traurig und bin überfroh.
(Teils heidnisch und teils fromm.)

(Eva Strittmatter [geb. 1930])

Beispiel für ein närrisch-skurriles, melancholisches Gedicht:

Ich habe dich so lieb

Ich habe dich so lieb!
Ich würde dir ohne Bedenken
Eine Kachel aus meinem Ofen
Schenken.

Ich habe dir nichts getan
Nun ist mir traurig zu Mut.
An den Hängen der Eisenbahn
Leuchtet der Ginster so gut.

Vorbei – verjährt –
Dich nimmer vergessen.
Ich reise.
Alles, was lange währt,
Ist leise.

Die Zeit entstellt
Alle Lebewesen.
Ein Hund bellt.
Er kann nicht lesen.
Er kann nicht schreiben.
Wir können nicht bleiben.

Ich lache.
Die Löcher sind die Hauptsache
An einem Sieb.

Ich habe dich so lieb.

(Joachim Ringelnatz [1883–1934])

Beispiel für ein erotisches Gedicht (von Walter Hinterer als eines der kunstvollsten erotischen Gedichte nach 1945 bezeichnet):

Anständiges Sonett

Schreib doch mal
ein anständiges Sonett
St. H.

Komm beiß dich fest ich halte nichts
vom Nippen.
Dreimal am Anfang küß
mich wo's gut tut.
Miß mich von Mund zu Mund.
Mal angesichts

der Augen mir Ringe um
und laß mich springen unter
der Hand in deine. Zeig mir wie's
drunter
geht und drüber. Ich schreie ich bin
stumm.

Bleib bei mir. Warte. Ich komm
wieder
zu mir zu dir dann auch
»ganz wie ein Kehrreim schöner
alter Lieder«.

Verreib die Sonnenkringel auf dem
Bauch
mir ein und allemal.
Die Lider halt mir offen.
Die Lippen auch.

(Ulla Hahn [geb. 1946])
KS

Liebeshilfen: hinter dieser romantisierenden Bezeichnung verbergen sich zumeist für den Mann entwickelte Hilfsmittel für → *Erektionsstörungen*, damit er trotz ungenügender Gliedsteife den Sexualverkehr durchführen kann (→ *Penisprothese*). So gibt es über den Penis zu streifende kondomartige Gummihüllen, die umgeschnallt werden, so daß ein fester Sitz vorhanden ist, oder Glieder zum »Anziehen«, meist angearbeitet an einen Gummislip. Diese oder ähnliche Hilfsmittel können ebenso von Frauen bei lesbischen Beziehungen, von Transsexuellen oder Behinderten benutzt werden. Ar

Liebeskugeln: zwei hohle, fünfmarkstückgroße, der sexuellen Erregung der Frau dienende Messingblech- oder Plastikkugeln, von denen die eine leer und die andere mit einer oder mehreren Metallkugeln gefüllt ist. Diese beiden Kugeln, aus Ostasien, insbesondere Japan stammend und Rino-tama genannt, werden in die Scheide eingeführt und gegebenenfalls mit einem Tampon gesichert. Schon bei der geringsten Bewegung des Unterleibs beginnen die L. zu »klingeln« (weshalb sie auch Klingelkugeln heißen) und zu kitzeln. Die Vibrationen wirken luststeigernd. Manche Frauen nutzen den Vorteil, daß die L. auch unbemerkt in der Öffentlichkeit getragen werden können; vielleicht um eine Bahnfahrt oder eine Sitzung angenehmer zu gestalten (→ *Masturbationsinstrumente).* KS

Liebeskunst (lat. ars amandi): die Fähigkeit, das sexuelle Zusammensein so lustvoll und beglückend wie möglich zu gestalten. Daß diese Thematik auch für unsere Vorfahren von Interesse war, geht aus den unzähligen mehr oder weniger ernst zu nehmenden Werken der erotischen → *Literatur* hervor. Zu den berühmtesten und heute noch bekannten zählen das → *Kamasutra* und die »Ars amandi« von → *Ovid.* Sie zeigen, mit welcher Gründlichkeit und welchem Ernst an eine scheinbar leichte Aufgabe gegangen werden sollte, und berücksichtigen dabei nicht nur die physiologischen Besonderheiten beider Geschlechter, sondern widmen die gleiche Aufmerksamkeit der psychologischen Einstimmung. Die sachlich-neutrale Alltagsatmosphäre soll durch ein erotisierendes Klima ersetzt werden, nicht etwa durch schnelle, gleich auf den → *Koitus* abzielende Handgreiflichkeiten, die den meisten Frauen zur Einstimmung nicht genügen, vielmehr durch ein leises Sich-Annähern, durch den Austausch von Zärtlichkeiten, durch liebevolle Worte, um sich dann durch Streicheln der erogenen → *Zonen* allmählich vorzutasten – im eigentlichen Sinne des Wortes. Dabei soll der Partner seine eigene Lust genießen, immer aber auch die des anderen bedenken, deren Miterleben das eigene Lustgefühl weiter steigert und zum Höhepunkt führt. Der Rhythmus beider Partner geht ineinander über. Er kann zu Beginn langsam sein, um dann allmählich schneller zu werden. Nicht nur die Bewegung, auch die Atmung der Herzschlag, der ganze Körper intensivieren sich, bis schließlich der → *Orgasmus* einsetzt. Um diese Phase nicht zu rasch zu erreichen, die gegenseitige Lust noch länger und intensiver auszukosten, wenden Erfahrene gewisse Verzögerungstaktiken an: Sie werden vorübergehend langsamer, verändern z. B. die Position, wodurch der Rhythmus zunächst unterbrochen wird und neu aufeinander abgestimmt werden muß. Kennen sich beide Partner noch nicht lange, müssen sie gegenseitig ihre Reaktionen erst vorsichtig erkunden, während ein eingespieltes Paar sich diesbezüglich sofort versteht und mühelos von einer Aktion zur nächsten überwechselt. Etwas Neues auszuprobieren macht Spaß und kann erfreulich sein, sofern die Technik nicht die Oberhand über das emotionale Erleben gewinnt. Nach dem Höhepunkt klingen die stürmischen Zärtlichkeiten aus, die Liebenden bleiben aneinandergeschmiegt, genießen die Entspannung, die Befriedigung; vielleicht schlafen sie zusammen ein, um unter Umständen – durch das Erfolgserlebnis beflügelt – nach einer Ruhepause zu neuen Taten zu erwachen. Ar

Liebeslied: Lied, in dem → *Liebe* und Liebende besungen werden. Ursprünglich werbender Gesang, um Liebe zu erwecken oder um zu verführen, oder Lobpreisung einer Angebeteten. Hans Sachs nannte das L. Buhllied, weil es der Buhle, der Geliebten, galt. Liebesglück und Liebesleid sind ein zentrales, vielleicht das wichtigste Thema aller Poesie. Wohl alle Dichter haben ein L. oder ein → *Liebesgedicht* geschrieben. Johann Wolfgang von Goethe forderte: »Liebe sei vor allen Dingen / unser Thema, wenn wir singen.« → *Sirenen*, → *Minnesang*, → *Volkslied*, → *liederliches Lied*. KS

Beispiel aus dem Lochamer Liederbuch (1460):

All mein Gedanken, die ich hab,
die sind bei dir.
Du auserwählter ein'ger Trost,
bleib stets bei mir.
Du, du, du sollst an mich gedenken;
hätt ich aller Wünsch Gewalt,
von dir wollt ich nicht wenken.

Du auserwählter ein'ger Trost,
gedenk daran!

Mein Leib und Seel, das sollst du gar zu eigen han!
Dein, dein, dein will ich ewig bleiben;
du gibst Freud und hohen Mut,
kannst all mein Leid vertreiben.

Du Allerliebst und Minniglich,
du bist so zart,
deinsgleichen wohl in allen Reich,
die findt man hart.
Bei dir, bei dir ist mein Verlangen.
Nun ich von dir scheiden soll,
so hältst du mich umfangen.

Liebesmuskel: Beckenbodenmuskel der Frau. Je besser er ausgebildet ist, desto stärker ist seine Wirkung auf das Glied in der Scheide. In der altindischen Liebeskunst Tantra (→ *Indien*) wird dem L. für ein intensives Sexualleben große Beachtung geschenkt, zumal er für die Entspannung im gesamten Beckenbereich wichtig ist und einer guten Köperhaltung dient. In Frankreich wird eine muskulöse Scheide scherzhaft »casse-noisettes« (Nußknacker) genannt.

Der L. ist leicht zu lokalisieren. Wenn eine Frau beim Wasserlassen den Fluß stoppt, dann spannt sie diesen Muskel an. Durch willkürliches Spannen und Entspannen, durch Anziehen und Loslassen, durch Nach-oben- und Nach-unten-Drücken, schnell oder langsam, stufenweise oder auf einmal, blinkernd oder flatternd, in kurzen oder langen Intervallen, kann dieser Muskel trainiert werden, was auch für eine gute Kontrolle der Blase wichtig ist und gegen ungewollten Urin-Abgang wirkt. Das Training ist praktisch jederzeit und jedenorts möglich. In den USA werden dafür Kurse angeboten; Übungen mit einem Kunstpenis aus Edelstahl, nach dem kalifornischen Gynäkologen Kegel-Bar genannt, sollen sich förderlich auswirken (→ *Beckenbodenübungen*, → *Orgasmusschulen*, → *Masturbationsinstrumente*). KS

Liebesspiel: spielerischer Austausch von Zärtlichkeiten; euphemistisch-umschreibendes Kosewort für sexuelle Aktionen. Die Partner geben sich völlig entspannt und gelöst der → *Liebe* hin. Ohne gedanklich abzuschweifen, konzentriert man sich ganz auf das liebevolle, zärtliche Umwerben des Partners, genießt die eigene → *Lust* und die des Partners, bis sich die gegenseitige Erregung zum → *Orgasmus* steigert. Auch nach dem Höhepunkt werden die Liebkosungen fortgesetzt – zarter, inniger, abgeschwächter, bis schließlich gemeinsam der Ausklang erlebt wird.

Kein Vorbild für ein schönes L. ist das männliche Verhalten, das Erich Weinert in dem Gedicht »Geist und Stoff« karikiert: »Im Sexuellen verstand er keinen Spaß. / Er nahm es ernst und tat es mit Maß / an Hand einer kleinen Tabelle. / Selbst Friedas Technik verlockte ihn nicht. / Punkt zehn Uhr fünfzehn machte er Licht / und verließ ihre Kammerschwelle …«

Zum Streicheln und Kosen gehören auch lautliche Äußerungen wie Flüstern von Liebesworten, Seufzen, Stöhnen, ja auch Lustschreie. Zwar sind sie ursprünglich Ausdruck der eigenen Lust, wirken aber auch stimulierend auf den Partner. Daß Brecht ähnlicher Meinung war, geht aus seinem Gedicht »Liebesunterricht« hervor: »Aber, Mädchen, ich empfehle / etwas Lockung im Gekreisch: / Fleischlich lieb ich mir die Seele / und beseelt lieb ich das Fleisch …«

L. impliziert Abwechslung, Monotonie führt bald zu Langeweile und Gleichgültigkeit. Ar

Liebestechnik: eine sehr sachliche Bezeichnung für all jene sexuellen Handlungen, Methoden, Verfahren, Instrumente, die dazu beitragen, das sexuelle Erleben und den erotisch-sinnlichen Genuß bis hin zum → *Orgasmus* möglichst intensiv zu gestalten, wobei Technik unwillkürlich zur Assoziation mit maschinell gesteuerten Abläufen führt und jede emotionale Komponente vermissen läßt. Um wieviel einfallsreicher – und zugleich als wirkliche Fachleute – erwiesen sich unsere Vorfahren, wenn sie in diesem Zusammenhang von → *Liebeskunst* sprachen. Ar.

Liebestod:

1. plötzliches Ableben beim Geschlechtsverkehr. Etwa 0,5% aller ungeklärten Todesfälle sollen auf diese Weise eintreten. Vorwiegend erleiden ältere Männer den L., und zwar vor allem
   a) in ungewohnter Umgebung,
   b) in einer außerehelichen Beziehung,
   c) mit jungen Frauen,
   d) nach ausgiebigem Essen und maßlosem Trinken.

   Der Tod in → *Liebe* und bei der Liebe wird von manchen als ideal empfunden. Mohammed hat den L. als höchstes Märtyrertum der Liebe gelobt;
2. gemeinsames Aus-dem-Leben-Scheiden (Doppelselbsttötung) von Liebenden; meist, weil ihre Beziehung gesellschaftlich nicht anerkannt wird. Da sie ihre Liebe nicht leben können, sterben sie lieber. Klassische Beispiele aus der Kunst sind Richard Wagners »Tristan und Isolde« (»So stürben wir, um ungetrennt, ewig einig ohne End«) und Shakespeares »Romeo und Julia« (»Ich will dir deine Lippen küssen« – »Und so im Kusse sterb' ich«);
3. Freitod aus unglücklicher Liebe

(»Ich möcht' am liebsten sterben, dann wär's auf einmal still ...« Volkslied), bis auf den heutigen Tag ein häufiges Motiv für den Selbstmord. KS

Liebeszauber: Übernatürliche Kraft von Handlungen, Zeichen, Dingen; Mittel zur Erweckung oder Bekräftigung der Liebe (→ *Aberglaube*). Das Verlangen nach einem Liebespartner und das Bedürfnis der Menschen nach Zuneigung hat die verschiedensten Formen des L. hervorgebracht: Liebesmittel, Liebestränke (→ *Aphrodisiaka*), Liebesamulette, Talismane, Ringe als Liebesversprechen, Symbolismen, Zaubersprüche (→ *Liebeszauberformeln*). Liebeshungrige Mädchen legten sich in die Tanzschuhe Zehnwurzelkraut, weil dieses wie ein männliches Glied aussah; sie reichten dem erhitzten Burschen beim Tanze ihr Taschentuch, damit er sich damit abtrockne; sie pinkelten in die Stiefel des Angebeteten oder ließen ihn in einen Apfel beißen, den sie vorher zwischen die Beine gelegt hatte. Im Glauben an die Zauberkraft des Kusses für die Liebe legten sich Burschen die Zunge einer Turteltaube oder einer Schwalbe in den Mund. Der treulosen Geliebten wurde eine Locke vom Haupthaar abgeschnitten und auf dem Kreuzweg vergraben, um sie wieder zu gewinnen.

Das Institut für Sexualforschung in Wien hat in den 20er Jahren viele solche Beispiele gesammelt, z. B. auch dieses: Das Mädchen formt aus Teig unter Zugabe von Speichel, Blut, Nägeln und Haaren des Geliebten ein menschliches Gebilde, das sie auf den Namen des betreffenden Burschen tauft und bei zunehmendem Mond auf einem Kreuzweg vergräbt. Dann läßt sie ihr Wasser auf die Stelle rinnen und spricht dazu: »Peter, Peter, ich liebe dich! Wenn verfault dein Bildchen ist, sollst du wie der Hund der Hündin, also Liebster mir nachlaufen!«

Ein mittelalterliches Liebesrezept verordnete für die widerspenstige Geliebte folgende Speise, die sicher schon wegen ihres Eiweißgehalts anregende Wirkung hatte: »Man nehme das Gehirn einer Katze und einer Eidechse; das Menstruationsblut einer Hure; den menschlichen Samen; die Gebärmutter einer brünstigen Hündin, die sich dem Hunde versagt hat; die Eingeweide einer Hyäne; den linken Schädelknochen einer Kröte.«

In alter Zeit spielte der L. im Leben der Menschen eine bedeutende Rolle. Er drückte Hoffnungen aus und war zugleich tätiges Verhalten. Insofern hatten die vielfältigen Gebräuche – die uns heute kurios anmuten, manchmal auch abstoßen und im allgemeinen fremd geworden sind – im Alltag durchaus eine positive Funktion.

Wie sehr in unserer modernen Zeit des Verstandes und der Wissenschaft noch an Liebeszauber geglaubt wird, ist schwer zu sagen. Das Bleigießen, Kartenlegen, Wahrsagen ist jedenfalls nicht ausgestorben, und die erotische Symbolkraft eines Motorrads, einer Zigarette, eines Fußballs, einer Lederjacke, einer Jeanshose, einer Punkfrisur, einer Hifi-Anlage ist gewiß nicht zu unterschätzen.

In seiner zweiten Bedeutung hat sich das Wort L. auf jeden Fall erhalten, nämlich daß von jemandem oder von etwas oder der Liebe selbst eine besondere Anziehungskraft ausgeht: »Ihr Bildnis ist bezaubernd schön« (Mozart, Zauberflöte); Zauber einer Nacht, Zauber der Liebe; sie hat ihn ganz verzaubert. KS US

Liebeszauberformeln (Liebeszaubersprüche): Zeichenkombinationen, geheimnisvolle Wortreihungen, kurze Sätze mit angeblich magischer Kraft zur Beschwörung von Liebe.

Mit L. wollten die Menschen in alter Zeit die Zuneigung eines Menschen gewinnen (→ *Liebeszauber*, → *Aberglaube*); Beispiele dafür sind bei allen Völkern zu finden:

Serbische Formel: Ich rüttle diesen Zaun, der Zaun das Meer, das Meer meinen Liebsten; er komme herbei und sage mir seinen Namen!

Zigeunerinnen nahmen an bestimmten Tagen knotige Weidenzweige in den Mund und sprachen: Dein Glück esse ich, dein Glück trinke ich; ich gebe dir mein Glück dafür, bis du mein!

Russische Liebesbeschwörung an die sieben stürmischen Winde: Nehmt den grämenden Kummer ab von den Witwen, Waisen und kleinen Kindern, von der ganzen Welt und traget ihn einer schönen Jungfrau ins unbändige Herz; durchdringt es mit einem stählernen Beil und pflanzet hinein grämenden Schmerz!

Von besonderer Bedeutung für die Liebe und Fruchtbarkeit ist seit Urzeiten das Dreieck. Mit der Spitze nach oben symbolisiert es das züngelnde männliche Feuer, das Glied, die Zeugungskraft, die Männlichkeit, mit der Spitze nach unten das weibliche Element, das von den Bergen rinnende fruchtbare Wasser, den gebärenden Schoß. KS

Lieder, liederliche: Anstößige Verse, Reime, Lieder, die auf freche, derbe, drastische Weise Obszönes beinhalten, darunter Erotisch-Sexuelles. L. L. werden vorwiegend mündlich weitergegeben, nur ausnahmsweise sind sie in Sammlungen dokumentiert. Aus dem offiziellen Kultur- und Bildungsgut sind sie verbannt, doch jeder kennt sie; sie verletzen bewußt den guten Ton (→ *Sprache*). Sie werden in Männergesellschaften, Kasernen, Gefängnisse, Kneipen, lustigen Runden, bei Gelagen und ausgelassenen Feiern, zu vorgerückter Stunde gesungen und immer von neuem variiert, verändert, ergänzt, übertroffen. Mit Vorliebe handeln sie von körperlichen Grundfunktionen des Alltags, die literarisch gern verdrängt, übersehen oder beschönigt werden: Essen, Trinken, Verdauen, Ausscheiden, Schlafen, Zeugen, Ehezwist, Seitensprünge. Die l. L. triefen von Worten wie Fressen, Saufen, Furzen, Scheißen, Vögeln. Dazu werden allerlei Alltagsgeschichten und Malheure belacht. Frau und Mann und ihr Verhältnis zueinander sowie der Geschlechtsakt werden besungen. In gewisser Hinsicht stellen sie eine unverblümte Gegenreaktion auf allzu Sentimentales, Hehres, Falsches, Künstliches, Moralistisches dar; oft sind sie voller Witz und Ironie, sprechen eine direkte Sprache, nicht selten aber auch eine Sprache der allzu deutlichen Anspielungen mittels Wortspielen und Bildern. Dic allgemeine Prüderie wird mit Schmutz beworfen. Unverschämt überschreiten sie die Schamgrenze; nichts ist den l. L. heilig, es gibt keine Tabus, keinen Kot, in dem sie nicht wühlen. Sie sind sittenlos und sittenwidrig. Zugleich dokumentieren sie die Kehrseite spießig-männlichen Verhaltens, indem sie das erlauben, was sonst verboten, aussprechen, was sonst unaussprechlich, realisieren, was sonst nur in der Phantasie möglich ist. Ungehemmt kann der Gehemmte in l. L. schweinigeln, beleidigen, entwürdigen und jeder schmutzigen Phantasie freien Raum lassen. Schadenfreudig kann der Pechvogel neues Selbstbewußtsein ersingen, der Gedemütigte, Geschlagene, Erfolglose seinen Frust abreagieren, der Ehekrüppel seine Wut ablachen. Die l. L. sind wie der sexuelle → *Witz* ein außerordentlich kompliziertes sozialpsychologisches und kulturelles Phänomen. In ihren besten Zeugnissen nähern sich die l. L. dem lustig-frechen Volkslied, in ihren schlechtesten der Zote und → *Pornographie*. Zur Schatzkammer der l. L. haben große Dichter, Komponisten und Unterhaltungskünstler beigetragen, vor allem aber anonyme Reimer und Verseschmiede aus dem sogenannten einfachen Volk. Die Mittel der l. L. sind vielfältig. Ein besonders beliebtes ist die

Parodie und Verballhornung bekannter Lieder:

O wie so trügerisch, sind Weiberherzen!
Sind keine Männer da, nehmen sie Kerzen.

(nach Verdi, Rigoletto)

Auf der grünen Wiese, hab ich sie gefragt,
ob sie mich mal ließe, ja hat sie gesagt.

Was macht ihr Schlümpfe denn im Bett?
Wir lieben Weiber dick und fett.

Könnt ihr den Orgasmus haben?
Ja, doch müssen wir uns plagen.

Genauso beliebt sind *Klapphornverse:*

Zwei Knaben gaben sich einen Kuß,
der eine, der hieß Julius,
der andere, der hieß Gretchen,
ich glaub, es war ein Mädchen.
Zwei Mädchen völlig unberührt,
spazieren durch den Garten.
Die eine hab ich gleich verführt,
die andre mußt halt warten.

Oder *Schüttelreime:*

Wenn die Hausfrau pudelnackt,
den Hausfreund an der Nudel packt,
dann träumt sie nachts im Himmelbett,
ach, wenn mein Mann so'n Pimmel hätt.

Häufig gesungen werden sogenannte *Vexierlieder*, die das eigentlich obszöne Wort unmißverständlich ankündigen, aber dann doch vermeiden:

Und unser aller Fri-Fra-Franz,
der hat an großn schwi-schwa-rzn Frack,
der ihm gut steht,
wenn er in die Gesellschaft geht.

Bekannt und beliebt sind nach einem bestimmten Muster und mit einem Namen gereimte Verse, die zur Fortsetzung einladen, z. B. das Lied vom Sanitätsgefreiten Neumann oder die sogenannten *Pfarrerverse*:

Der Pfarrer von Emden, der stärkt seine Hemden,
im eigenen Samen, in Ewigkeit, amen.

Die verrufenste Sammlung dieser Art sind wohl die *Wirtinnen-Verse*, von denen inzwischen mehrere Hundert bekannt sind. Einen der »zahmsten« zitiert 1912 der große Sittengeschichtler Eduard Fuchs:

Frau Wirtin hat auch einen Knecht,
was er ihr tat, das war ihm recht.
Er tät sie karessieren,
und wenn er tags drauf früh aufstand,
konnt er kein Glied mehr rühren.

Fortsetzung finden immer wieder Vierzeiler zu bekannten Melodien, z. B. nach dem Modell:

Da drobn aufm Berg,
da steht ne Fabrik,
da werden die Weiber
elektrisch gefickt. Holladrihiho-holladrio …

Liederliche Serienlieder mit schier unendlich vielen Versen gibt es auch auf die Melodie »Ich bin ein Musikante …« oder »Ein Vogel wollte Hochzeit machen«:

Der Schwan, der schenkt der Braut
kokett
ein wunderschönes Himmelbett. Vidi
rallala ...

Nun sei bedankt, mein lieber
Schwan,
erwidert drauf der Bräutigam. Vidi
rallala ...

Jede soziale Schicht und jeder Berufsstand hat seine eigenen l. L.: Es gibt erotische Studentenlieder, Soldatenlieder, Bauernlieder, Seemannslieder, die bei gleichem Inhalt regional gefärbt sein können, wie das folgende *Schnaderhüpferl* zeigt:

Und 's Fensterln is sündhaft,
und ih wer's nimmer toa;
und wal d' Köchin in der Stadt is'
schlafft der Pfarrer alloa.

Viele der l.L. sind *eigenständige Text- und Melodieschöpfungen.* Alte Geschichten werden erzählt, Berufe dargestellt, Mönche und Nonnen verspottet, Körperteile besungen, unglaubliche Begebenheiten mitgeteilt, Mißgeschicke belacht und Manneskraft und Frauenlist gefeiert.

Es wollt ein Bauer früh aufstehn,
wollt naus auf seinen Acker gehn.
Falteritarallala, falteritara.

Und als der Bauer nach Hause kam,
da wollt er was zu fressen ham.

Ach Lieschen koch mir Hirsebrei
mit Bratkartoffeln und Spiegelei.

Und als der Bauer saß und fraß,
da rumpelt in der Kammer was.

Ach liebe Frau, was ist denn das?
Da rumpelt in der Kammer was.

Ach lieber Mann, das ist der Wind,
der raschelt da am Küchenspind.

Der Bauer sprach: will selber sehn,
will selber naus in die Kammer gehn.

Und als der Bauer in die Kammer
kam,
stand der Pfaff da, zog sein Hosen
an.

Ei Pfaff, was machst du in meinem
Haus?
Ich werf dich ja sogleich hinaus.

Der Pfaff, der sprach: Was ich ver-
richt?
Dein Frau, die kann die Beicht noch
nicht.

Da nahm der Bauer ein Ofen-
scheit,
und schlug den Pfaffen, daß er
schreit.

Der Pfaffe schrie. O Schreck
o Graus!

Und hielt den Arsch zum Fenster
naus.

Da kamen die Leut von nah und fern
und dachten, das sei der Morgen-
stern.

Der Morgenstern, der war es nicht,
es war des Pfaffen Arschgesicht.
So soll es allen Pfaffen gehn,
die nachts zu fremden Weibern gehn.

Und die Moral von der Geschicht:
Trau nicht des Pfaffen Arschgesicht!
KS

Literatur, erotische: Wie in jeder Kunstform hat die → *Erotik* auch in der L. zu allen Zeiten eine große Rolle gespielt. Ohne Erotik und die Beschreibung körperlicher, sinnlicher Liebe wäre die L. viel ärmer, vielleicht gar nicht denkbar, denn ohne → *Sexualität* gibt es kein menschliches Leben. Durch die Jahrhunderte finden sich in den Werken der meisten Autoren auch erotische »Stellen«, die von physischer Liebe handeln.
Sammlungen entstanden, so »Hermaphroditus« (Leipzig 1986) für die alte griechische und römische L., William Graham Coles »Liebe und Sexus in der Bibel« (Hamburg 1961), W. Feyerabends »Die Erotik im amerikanischen Roman« (Regensburg 1953), Hermann Schreibers »Erotische Texte, Sexualpraktiken in der Literatur in 2000 Jahren« (München 1980). Manche Schriftsteller, wie Christoph Martin Wieland (1733–1813), Arthur Schnitzler (1862–1931), gelten als besonders erotisch, ohne daß sie erotische Werke im eigentlichen Sinne geschrieben hätten. Über Jahrhunderte ist Erotik unter dem Einfluß der Religion, insbesondere der christlichen Kirche, als etwas zu Verbergendes, zu Verdrängendes, ja zu Verdammendes, nicht für die Öffentlichkeit Bestimmtes angesehen worden. In den letzten Jahrzehnten hat sich ein deutlicher Wandel vollzogen. Vor allem in Romanen sind stark erotische Passagen fast obligatorisch geworden. Die Ansichten darüber variieren je nach Zeit, Ort, Gesellschaftsform und Gesellschaftsschicht und können sich manchmal auch innerhalb kurzer Zeiträume erheblich ändern.
Seit Jahrhunderten gibt es »gereinigte« Ausgaben literarischer Werke, manche als »für die Jugend bearbeitet« oder als »ad usum Delphini« (eigentlich: für den Thronfolger in Frankreich) bezeichnet. Diese »Reinigung« bedeutet, daß erotische Teile, aber auch Anspielungen, ganz weggelassen oder in ihrer Aussage völlig verändert und verharmlost werden. Das gilt insbesondere für Übersetzungen antiker Autoren. Doch auch in Sammlungen von Märchen (Grimms Märchen) und Volksliedern (Des Knaben Wunderhorn) wurden ganze Stücke weggelassen oder erotische

Stellen und sexuelle Bezeichnungen unterdrückt, oft auch völlig umgeschrieben.

Zensur, Verbot und Beschlagnahme von erotischen Werken haben erst im 17. Jahrhundert begonnen. Vorher wurden erotische Bücher zwar auch verfolgt und vernichtet, ihre Autoren und Drucker ins Gefängnis gebracht, doch nicht wegen der Erotik, sondern wegen anderer Tendenzen. Das Erotische wurde häufig benutzt, um gegen Mißstände, religiöse Beschränkungen und weltliche Unterdrückung anzugehen und um fortschrittliche Ideen zu propagieren. Restriktionen sind bis Anfang der zweiten Hälfte des 20. Jahrhunderts bestehengeblieben. Trotzdem ist derartige Literatur immer gedruckt und, wenn auch nicht in der Öffentlichkeit, vertrieben worden. Sie gehörte zur sogenannten »clandestinen« (heimlichen) Literatur, die »sous le manteau« (unter dem Mantel), also unter dem Ladentisch verkauft wurde. Häufig wurden solche Texte auch mit der Hand abgeschrieben oder dann im 20. Jahrhundert mit der Schreibmaschine und schließlich mit dem Kopiergerät vervielfältigt.

Als e. L. sind Werke zu bezeichnen, in denen sinnlich-erotische oder sexuelle Themen dominieren. Diese Definition kann von der Antike bis heute gelten. Die Meinungen darüber sind allerdings sehr unterschiedlich und Grenzen schwer zu ziehen. Für den französischen Literaturhistoriker Etiemble z. B. ist animalisch, anrüchig, aufreizend, ausschweifend, brünstig, faunisch, galant, geil, hemmungslos, indiskret, lasterhaft, lasziv, lüstern, maßlos, obszön, pervers, pornographisch, roh, schamlos, schlüpfrig, schmierig, schweinig, triebbesessen, unflätig, verdorben, viehisch, zotig, zügellos, zynisch – alles andere als erotisch. Siegfried Placzek meint: »Von ausgesprochener Pornographie pflegt man dort zu sprechen, wo in einer Dichtung das Sexuelle überwiegt und der Geist aus ihr verbannt ist.« Ähnlich äußert sich der Verleger Maurice Girodias, dessen Produktion oft als Pornographie bezeichnet wurde, obwohl er berühmte Autoren in seinem Verlag hatte, wie de Sade, Jean Genet, Henry Miller: »Die Bücher sind beides, große Werke der Kunst und scharfe Werke von Sex«, also keine → *Pornographie*, sondern erotische Werke. Und Henry Miller meint: »Das Obszöne hat nichts mit sexueller Aufreizung zu tun, wie das bei der Pornographie der Fall ist … Ich bin gegen die Pornographie und für das Obszöne.« Zur Schädlichkeit gibt es einen Ausspruch von Bruno Kreisky: »Ich bin nicht so entsetzt über ein bissel Pornographie, weil mir die Pornographie sympathischer ist als Mord und ähnliche Dinge. Die Pornographie dient letztlich doch dem Leben, und das andere dient dem Tod.« Das kann für die sogenannte weiche Pornographie (→ *Softporno*) gelten. In der »harten« ist Sexuelles mit Gewalt, Mord, Folterungen und ähnlichen kriminellen Handlungen verbunden. Dies ist auch in sonst für Pornographie offenen Ländern umstritten.

Eine »Geschichte der erotischen Literatur« hat Paul Englisch (Stuttgart 1927) geschrieben, in neuer Zeit Patrick Kearney: »A History of Erotic Literature« (London 1982). Seit Jahrtausenden gibt es erotische Folklore, die aber erst seit 100 Jahren systematisch gesammelt, niedergeschrieben und gedruckt wird, und eine erotische Weltliteratur. Von den erotischen Schriften der Antike sind die meisten nicht direkt überliefert; nur durch andere Autoren, die sie erwähnen oder zitieren, kennen wir den Sotades von Maroneia, Paxanos und die Elephantis, die über Stellungen beim Beischlaf geschrieben haben, oder Aristides von Milet, dem zu Ehren eingeschobene erotische Stellen bei den Römern »Milesiaca« genannt wurden. Lukian hat Erotika herausgebracht, z. B. die »Hetärengespräche«, ebenso haben Alkiphron, Herodes von Kos, Athenaios aus Naukratis, Achilles Tatius, Menander sehr erotische Epigramme, Briefe und Gespräche geschrieben. Sie beschreiben Mädchen- und Knabenliebe, Bordellszenen, Verführungskünste und sexuelle Praktiken. Vom erotischen → *Theater*, den sogenannten Atellanen, dem Mimus und dem Pantomimus sind kaum Texte erhalten. Es waren derbe Possen mit zügellosen erotischen Szenen. Die Stücke von Plautus sind erotische Komödien mit glänzenden Wortspielen und Witzen. Liebesgedichte, oft von starker Sinnlichkeit, wie die von Catull, Horaz, Juvenal, Martial, Properz und Vergil, sind immer wieder abgeschrieben und später gedruckt worden. Die »Ars amatoria«, (Liebeskunst) von → *Ovid* ist das meistbekannte, -zitierte und -übersetzte Werk dieser Zeit. Vom bedeutendsten Roman der griechisch-römischen → *Antike*, der zugleich erotisch ist, dem »Satyricon« des Petronius, sind ebenfalls nur Bruchstücke erhalten geblieben. Real und parodistisch, kritisch und satirisch wird das Leben der Lebewelt dieser Zeit erfaßt, der Lebensstil, der Luxus, das Sexualleben in allen seinen Formen. Die »Carmina priapeia« stellen eine Sammlung von Gedichten und Inschriften dar, die sich mit Priap, dem Gott der Fruchtbarkeit, und der physischen Liebe befassen.

In Indien haben nicht nur im Schrifttum erotische Themen schon immer eine Rolle gespielt. Um das Jahr 350 verfaßte Vatsyayana sein Werk über die Liebeskunst, das → *»Kamasutra«*. 1000 Jahre später schrieb Kalyanamalla sein »Anangaranga«, das mit Rezepten und Zaubersprüchen die Liebeskraft des Lesers zu stärken trachtet. Die in beiden Werken beschriebenen Stellungen sind in Wandfriesen und Plastiken der Hindu-Tempel noch heute zu betrachten.

Von den Arabern wurden vor 1000 Jahren die Märchen aus Tausendundeiner Nacht erzählt. Dabei sind teilweise indische und persische Quellen verwendet worden. Zahlreiche erotische Passagen finden sich im Original, das aber oft verfälscht wurde. Ein erotisches Werk der arabischen Welt erschien im 16. Jahrhundert: »Der duftende Garten zur Erholung des Geistes« von Scheik Nefzaui, in dem nicht nur über den Beischlaf, sondern auch »über einige Fragen, die für den Mann und die Frau von Nutzen sind« gesprochen wird (→ *Islam*). Aus dem → *China* der Mingzeit sind drei erotische Romane überkommen. Am bekanntesten, doch nicht am erotischsten ist »King Ping Meh« aus der 2. Hälfte des 16. Jahrhunderts. Im bürgerlichen Milieu spielend, werden Sitten und Leben einer Großfamilie jener Zeit dargestellt. Den bedeutendsten chinesischen erotischen Roman schrieb Li Yü 1634: »Jou Pu Tuan« (Andachtsmatten aus Fleisch). In diesem Buch stehen die Menschen und ihr reiches Liebesleben im Vordergrund. Wie Li Yü, ein Autor, der erst vor einigen Jahren in Europa bekannt wurde, ist auch Dschü-Lin Ya-Schi zu nennen, in dessen Schriften taoistische Liebespraktiken beschrieben werden.

In Deutschland hat im 10. Jahrhundert Roswitha von Gandersheim »den abscheulichen Wahnsinn unerlaubter Liebe« in mehreren Dramen und Legenden dargestellt. → *Flagellantismus*, Vergewaltigung und → *sadomasochistische* Szenen spielen darin eine große Rolle. Im 16. Jahrhundert schildern mit großer Deutlichkeit die Schwänke das Liebesleben aller Schichten des Volkes, zu Hause, in Bordellen, in Klöstern. Heinrich Bebel, Friedrich Dedekind, Jörg Wickram und viele andere haben solche Schwanksammlungen herausgebracht, oft beeinflußt von französischen und italienischen Novellen, wie Boccaccios Decamerone, z. B. als Altdeutsches Dekamerone. Seit 1800 hat Christian August Fischer unter dem Pseudonym Ch. Althing erotische Romane veröffentlicht: »Dosenstücke«, »Hannchens Hin- und Herzüge« und andere. Friedrich Wilhelm Bruckbräus Romane bestehen fast zur Gänze aus massiv erotischen Passagen von offensichtlicher Zweideutigkeit. Schon 1789 erschien von Carl Timlich »Priaps Normalschule«. Diesen Roman rechnet Paul Englisch wegen seines schonungslosen Realismus und seines bezaubernden Humors mit zu den besten Werken der Weltliteratur. Obwohl Gustav Schillings »Denkwürdigkeiten des Herrn von H.« demgegenüber etwas abfallen, gilt dieses Buch als Standardwerk der deutschen erotischen Literatur. Goethe berichtet in seinen »Venezianischen Epigrammen« und dem »Tagebuch 1810« über eigene erotische Erlebnisse, kurzzeitige Impotenz, auch Bedenken wegen Geschlechtskrankheiten. Die Autorschaft des E.T.A. Hoffmann an »Schwester Monika«, einem mäßigen Erotikon mit flagellantistischer Tendenz, ist umstritten. Carl Müller, genannt »Saumüller«, schrieb zahlreiche Gedichte, die eigentlich Zoten in Versform sind. »Die Memoiren einer Sängerin«, 1868 und 1875 in zwei Bänden erschienen, gelten als Standardwerk der e. L. Viele spätere Erotika sind nach dem Muster dieser »Memoiren« entstanden: Die unschuldige, sehr junge Heldin / der Held wird heimlich Zeuge eines Liebesaktes und beteiligt sich später selbst daran. Es kommt zu kleineren und schließlich größeren Orgien sowie zu jeder möglichen Art und Abart sexueller Betätigung. Das Buch »Die reizenden Verkäuferinnen oder Julchen und Jettchens Liebesabendteuer auf der Leipziger Messe«, Mitte des 19. Jahrhunderts erschienen, hat weder mit Leipzig noch mit der Leipziger Messe zu tun. Sujet ist das meist in etwas schwülstigen Farben gemalte Liebesleben der beiden Mädchen und ihrer Wirtin mit einem Studenten sowie einem anderen jungen Mann.

Anfang des 20. Jahrhunderts (1906) kommt aus Wien »Josefine Mutzenbacher, die Lebensgeschichte einer Wiener Dirne von ihr selbst erzählt«. Diese angebliche Autobiographie beschreibt in typischer Weise, wie ein kleines Mädchen in einem Wiener Armenviertel umweltbedingt schnell zur Dirne wird. Durch den Wiener Dialekt kommt es zu vielen humorvollen Szenen, wie etwa im Kapitel über die Aufnahme von Pornofotos. Ansonsten läßt dieses Buch nichts aus, was zur damaligen Zeit tabu war oder als anstößig galt, z. B. lesbische Kontakte, → *Inzest*, → *Analverkehr*, Selbstbefriedigung, sexuellen Kindesmißbrauch, Verführung durch einen hochwürdigen Beichtvater und einen Katecheten während der Schulstunde. Als Fortsetzung erschien 1943 (?) unter dem Titel »Meine 365 Liebhaber« ein Bericht über das weitere Leben der Josefine.

In »James Grunert, ein erotischer Roman aus dem heutigen Berlin« ist der Held ein Mann. Als Zehnjähriger wird er von einer schönen Baronin verführt und erlebt als junger Mann alle möglichen sexuellen Abenteuer im Kreis der vornehmen Gesellschaft ebenso wie im Bordell. Der Autor dieses Romans ist Ernst Klein, der als Richard Werther weitere Erotika geschrieben hat, die als mäßige Trivialromane gelten, u.a. »Der Skandal in Graz«, »Erotische Abenteuer eines Kriminalkommissars«, »Der lüsterne Detektiv«, »Freudenmädchen«, »Die Beichte einer Sünderin«. Ein etwas höheres Niveau hat »Durchtollte Nächte, durchjubelte Tage. Der Roman einer Berliner Lebedame«, auch als »Lore« gedruckt. Lebendiger geschrieben sind »Das Bildnis des Dorian Gray« (1943?), das nichts mit dem gleichnamigen Buch von Oscar Wilde zu tun hat, und »Die Weisheiten der Aspasia« von Fritz Thurn 1923 in Wien; die berühmte Hetäre führt Alkibiades in alle Geheimnisse der → *Liebeskunst* ein.

Das Buch »Hurengespräche, gehört, geschrieben und gezeichnet von W. Pfeifer« erschien 1919 in einer sehr kleinen Auflage in Berlin. W. Pfeifer ist Heinrich Zille. Die Frauen erzählen, wie sie zu Dirnen geworden sind. Entscheidende Momente sind erotisch abgebildet. Zille hat schonungslos, manchmal bis zum Unerträglichen, in Bild und Text die damaligen Verhältnisse im Berliner »Milieu« geschildert.

In Italien schrieb Mitte des 14. Jahrhunderts Boccaccio seinen berühmten »Decamerone«, eine Sammlung von Novellen, die im wesentlichen von Liebesabenteuern handeln und durch eine Rahmenhandlung zusammengehalten werden. Neben dem »Decamerone« entstand in Italien eine Reihe von Werken mit Schwänken, Fazetien und Novellen. Sehr viele sind erst Anfang unseres Jahrhunderts in deutscher Übersetzung erschienen, etwa Bracciolinis (gen. Il Poggio) »Facetiae« (später mit Holzstichen von Werner Klemke illustriert) oder Cornazanos »Proverbi« (Proverbi sind erotisch ausgedeutete Sprichwörter) sowie Werke von Bandello, Cynthio, Fiorentino, Fortini, Grazzini, Massuccio, Morlini, Sacchetti, Sercambi (»Der Stapellauf«). Eine andere Seite der e. L., die nicht aus dem Volk stammt, stellen die Schriften Pietro Aretinos dar. Die »Sonetti lussuriosi« (1525) sind Gedichte nach Zeichnungen von Giulio Romano, die Liebesstellungen zei-

Werner Klemke (1917–1994): Zeichnung zu »Josefine Mutzenbacher« (1966)

gen. In den zehn Jahre später erschienenen »Ragionamenti« (Gespräche) berichtet eine ältere Kurtisane über ihr Leben und ihre Methoden, um ein junges Mädchen in die Liebeskunst einzuführen. Zustände und Sitten der damaligen vornehmen Gesellschaft werden dabei in satirischer Weise abgehandelt. Ähnlich wie in Italien gab es in Frankreich oft sehr derbe Schwanksammlungen, z. B. »Les cent nouvelles«, später Werke von Rabelais, des Periers, Marguerite de Navarras »Heptaméron«. Die Lieder und Balladen von François Villon haben fast durchweg mit sinnlicher Liebe zu tun.

In der zweiten Hälfte des 17. Jahrhunderts erschien das vielleicht berühmteste Erotikon: Nicolas Chorier »Die Gespräche der Aloisia Sigea«. Dieses ursprünglich lateinische Werk wurde bald ins Französische und danach ins Englische und Deutsche übersetzt. Fast gleichzeitig erschien ein weiteres klassisches Erotikon: Milliot »L'école des filles ou la philosophie des dames«. Auch diese Schule der Liebeskunst ist in Dialogform gehalten. Im 18. Jahrhundert werden eher »Briefe« bevorzugt: »Lettres de Mme P. née C.«, »Lettres de Nanine« u.a., die einen oft stark erotischen Inhalt haben. Ein eigentlich antiklerikales, gesellschaftskritisches Werk, doch zugleich ein massives Erotikon sind »Die Memoiren des Saturnin oder der Klosterpförtner« von J. Charles Gervais de Latouche. Der Handlungsablauf ist ähnlich wie bei der »Philosophischen Therese«, neuerdings Denis Diderot zugeschrieben, oder »Venus im Kloster«. Demgegenüber ist »Thémidore« von Godard d'Aucourt ausgesprochen »milde«. Wie »Les bijoux indiscrets« (Die geschwätzigen Kleinode) von Diderot und »La Pucelle d'Orléans« (Die Jungfrau von Orleans) von Voltaire kann das Werk trotz erotischer Thematik nicht als Erotikon im engeren Sinn gelten – ebenso wie bestimmte Bücher von Crébillon, Choderlos de Laclos und Louvet de Couvray. Im letzten Drittel des 18. Jahrhunderts ist Andrée de Nerciat ein fruchtbarer erotischer Schriftsteller: »Der Teufel im Leib«, »Felicia ou mes fredaines«, »Les Aphrodites«, »Liebesfrühling« u.a. Während die bisher genannten Schriften meist noch im Bereich des erotisch Möglichen bleiben, erscheinen die Werke des Marquis de Sade als irreale und unmenschliche Phantasien, voll von Grausamkeiten und Menschenverachtung, eben »sadistisch«, z. B. »Die Geschichte der Justine oder die Leiden der Tugend«, »Juliette oder die Wonne des Lasters«, »Die Philosophie im Boudoir«. Das Buch »Die 120 Tage von Sodom oder die Schule der Unzucht« stellt systematisch 600 Beispiele aller nur denkbaren sexuellen Perversitäten und Folterungen bis zum Mord als Erlebnisse in erzählter Form dar. Man kann die Werke de Sades eigentlich nicht als Erotika im oben erwähnten Sinne bezeichnen. Restif de la Bretonne hat seine »Anti-Justine oder die Freuden der Liebe« gegen die unmenschliche »Justine und Juliette« geschrieben. Es sollte darin nur die Wollust der Liebe und nicht die Grausamkeit gezeigt werden, trotzdem kommen auch hier massiv sadistische Stellen vor.

Im 19. Jahrhundert geht es zunächst harmloser zu. Die Romane von Balzac, Monnier, Zola, Barbey d'Aurevilly enthalten erotische Passagen. Maupassant werden »die Nichten der Frau Oberst« zugeschrieben. »Gamiani oder zwei tolle Nächte«, wohl von Alfred de Musset, ist drastischer: Szenen zwischen Frauen sowie zwischen Frau und Tieren kommen vor. Gegen Ende des Jahrhunderts erschienen zahlreiche Bücher, die ihrem Inhalt nach austauschbar sind, und andere, die erotische Spezialliteratur darstellen, z. B. → *Flagellantismus*, oral-genitale → *Kontakte*, Analverkehr. Diese Tendenz setzt sich im 20. Jahrhundert fort, in dessen Verlauf sadistische und sadomasochistische Akzente wieder zunehmen. Die meisten Romane von Autoren wie Le Nismois, E. D. weisen außer den geschlechtlichen Vorgängen wenig Handlung auf und entwickeln die handelnden Personen oder deren Beziehungen zu ihrer Zeit und Gesellschaft nur sehr spärlich. Unter den Büchern von Pierre Louÿs sind einige von großer erotisch-literarischer Qualität: »Der Teufel ist ein Weib«, »Die Abenteuer des Königs Pausolos«, »Anstandsbüchlein oder kurzgefaßter Leitfaden für junge Mädchen der gebildeten Stände« und schließlich das massive Erotikon »Drei Töchter ihrer Mutter«. Um die Mitte des 20. Jahrhunderts erschienen einige Romane, die höheres Niveau haben, aber fast nur abartige erotische Szenen mit Grausamkeiten, Folterungen und ähnlichem enthalten, z. B. »Die elftausend Ruten« von Guillaume Apollinaire, »Die Geschichte der O.« von Pauline Réage, »7« von Antoine Mantegna, Werke von Jean Genet.

Die »Canterbury Tales« von Geoffrey Chaucer Ende des 14. Jahrhunderts in England haben Boccaccios »Decamerone« zum Vorbild und enthalten viel derbe Erotik. Der Earl of Rochester schrieb mehrere erotische Werke. Am stärksten ist das Drama »Sodom«. Schon die Personen des Stückes tragen von sexuellen Begriffen abgeleitete Namen. Die fünf Akte bestehen aus Erfahrungen, Reden und Aktivitäten, die mit geschlechtlicher Liebe und Geschlechtskrankheiten zu tun haben, auch künstliche Glieder kommen vor. Das Manuskript aus dem 17. Jahrhundert wurde 1904 und 1909 übersetzt und deutsch gedruckt. Zu den berühmtesten erotischen Romanen gehört, Mitte des 18. Jahrhunderts entstanden, »Fanny Hill or Memoirs of a Woman of Pleasure« von John Cleland. Die »Fanny Hill« ist immer wieder – meist verstümmelt – gedruckt, in viele Sprachen übersetzt und sehr oft nachgeahmt worden. Bis in die 60er Jahre hinein stand dieses eher harmlose Buch, das viel über die Sitten jener Zeit verrät, auch in Deutschland auf dem Index. Edward Sellon hat in den 60er Jahren des 19. Jahrhunderts zwei erotische Romane geschrieben: »The New Epicurean or The Delights of Sex« und »Phebe Kissagen …«; beide sind »Memoiren in Briefen« und schildern das Liebesleben eines wohlhabenden Mannes bzw. (in »Phebe Kissagen«) einer Frau, die ein Bordell unterhält. Die Aktivitäten der Bordellmädchen und der Besucher werden beschrieben.

Viele Erotika sind mit flagellantistischen Szenen durchsetzt und von keinem sehr hohen Niveau. Etwas literarischer ist der Charles Swinburne zugeschriebene Roman »Flossie, a Venus of fifteen«, in dem orale Praktiken Vorrang haben.

Beispiel für ein homoerotisches Werk ist das Oscar Wilde zugeschriebene »Teleny or The Reverse of the Medal«. Um 1890 wurde in Holland ein elfbändiges Werk gedruckt: »My Secret Life«: sexuelle Erlebnisse und Beobachtungen, von einem Mann viele Jahre lang genau aufgeschrieben, in einer realistisch unverblümten Sprache – ein bis dahin in dieser Form unbekanntes literarisches Ereignis.

1882 hat Mark Twain in den USA »1601« veröffentlicht, eine imaginäre Unterhaltung zwischen berühmten Engländern mit zum Teil ausgesprochen unflätigen Ausdrücken.

1930 wurde das Buch »Lady Chatterley's Lover« von D. H. Lawrence wegen seiner ungeschminkten Beschreibung der Liebesszenen gerichtsbekannt. Lawrence gilt seither als Bahnbrecher für eindeutige erotische Schilderungen im nicht als Erotikon konzipierten modernen Roman. Henry Miller hat mehrere solcher Romane geschrieben, in denen über körperliche Liebe und über sexuelle Probleme sehr frei, meist in Ich-Form, erzählt wird: »Wendekreis des Krebses«, »Plexus«, »Nexus« und andere. Über »Sexus« äußerte Henry Miller: »Etwas kann ich, ohne zu erröten, zugunsten dieses Buches sagen: Verglichen mit der Atombombe ist es voll von lebensspendenden Kräften.« Als Erotikon kann man eigentlich nur sein »Opus Pistorum« bezeichnen, das trotz einer fraglichen literarischen Qualität wohl als pornographisch zu gelten hat. Erotische Literaturgeschichte hat das Buch → *»Lolita«* von Vladimir Nabokov geschrieben, in dem ein erwachsener Mann einem Schulmädchen verfällt. William Burroughs' homosexuelle Geschichte »The Naked Lunch« ist als erotischer Roman zu bezeichnen. Trotz vieler erotischer Stellen gilt das nicht für Werke von Autoren wie Norman Mailer, John Updike (»Ehepaare«, »Bessere Verhältnisse«), Philip Roth (»Portnoys Beschwerden«). Ohne großen literarischen Anspruch, an der Grenze zur Pornographie, sind Anfang der zweiten Hälfte des 20. Jahrhunderts zahlreiche Erotika erschienen (»White Thighs«, »The Chariot of Flesh«, »The sexual Life of Robinson Crusoe« und viele andere), deren Handlung in der Filmindustrie, im Weltraum oder in der Computerwelt angesiedelt ist. Kö

Live-Show (auch **Sex-Live-Show, Sex-Live, Live-Girls):** im Unterschied zur → *Video-Show* Darbietungen mit lebenden Körpern. Dazu gehören Sexprogramme in Nachtbars oder speziellen Amüsierlokalen, → *Peepshow*, → *Striptease* u. ä. Der Ausdruck »live« wird vor allem in der Sichtwerbung verwendet, um auf die direkten Besonderheiten des Geschäfts hinzuweisen. KS

Lolita (Verkleinerungsform des spanischen Namens Lola, nach dem gleichnamigen Roman von Vladimir Nabokov, 1955): Minderjährige, die als Weib, nicht als Kind auf Männer erotisch anziehend wirkt oder zu wirken versucht und sich mit ihnen freiwillig auf Sexuelles einläßt. Der Name L. steht für sündhafte Unschuld. Die Kind-Frau macht den Mann abhängig bis zu dessen Verderben (sexuelle → *Hörigkeit*), die Heranwachsende hängt sich so sehr an den Mann oder wird von ihm so sehr vereinnahmt, daß sie schwere Schäden davonträgt, zumal sie meist verlassen wird, wenn sie ihre verführerische Unschuld verloren hat, erwachsen geworden ist, eben keine reizvolle L. mehr ist.

Als L.-Komplex wird die Neigung vor allem älterer Männer bezeichnet, sich minderjährigen und sehr jungen Mädchen sexuell zuzuwenden oder wenigstens von ihnen zu träumen (→ *Pädophilie*). Möglichkeiten einer gewissen Realisierung ergeben sich auf dem sogenannten Babystrich, in speziellen Bordellen, auf dem → *Drogenstrich* oder durch → *Mädchenhandel*. Dabei trifft der → *Freier* allerdings oft nicht auf Minderjährige, sondern auf sehr jung aussehende volljährige → *Prostituierte*.

In vielen Ländern, so auch in Deutschland, wird der sexuelle Kontakt mit unter 14jährigen streng bestraft. Eine L.-Affäre, unter welchen Voraussetzungen auch immer, kann daher nur ein heimliches und höchst gefährliches Abenteuer sein. Wie weit verbreitet ein solches Verhalten ist, kann folglich nicht gesagt werden. KS

Lot: der Neffe Abrahams, meist nur im Zusammenhang mit seinen Töchtern genannt. Als die Städte Sodom und Gomorrha wegen des lasterhaften Lebens ihrer Bewohner vernichtet werden sollten, wurde L. als einer der Gerechten des Alten Testaments auf Bitten Abrahams durch zwei Engel Gottes veranlaßt, samt Frau, Töchtern und Schwiegertöchtern die Stadt Sodom zu verlassen – unter der Bedingung, sich bei der Flucht nicht umzusehen. Die Neugier wurde L.s Frau zum Verhängnis: Als sie sich umblickte, erstarrte sie zur Salzsäule. L. verbarg sich mit seinen beiden Töchtern in einer Höhle. Da diese meinten, es gäbe nun keine Männer mehr auf der Welt (ihre eigenen hatten es abgelehnt mitzugehen), beschlossen sie, ihrem Vater soviel Wein zu trinken zu geben, daß er nicht mehr wahrnehmen konnte, wie ihm geschah, und schliefen mit ihm, um dem Stamm Nachkommen zu sichern. Die aus diesem Beischlaf hervorgegangenen Söhne, Moab und Ammon, wurden zu den Stammvätern der Moabiter und der Ammoniter. Diese Legende aus der Bibel gilt als die erste Beschreibung eines → *Inzests*. Das Vorspiel zur direkten Vereinigung zwischen L. und seinen Töchtern sowie der Geschlechtsakt selbst wurden wegen der intensiven Erotik zu einem Lieblingsthema der Malerei des 16. und 17. Jahrhunderts, doch auch bis in die Gegenwart hinein immer wieder aufgegriffen, bot sich doch die Gelegenheit, Sinnlichkeit und Nacktheit in reizvoller und aufreizender Verbindung darzustellen, ob bei Albrecht Altdorfer, Lucas Cranach d. Ä., Lucas van Leyden oder Josef Heintz, bei Veronese oder Tintoretto, Furino oder Max Ernst. Se

Lust:

1. allgemein: Verlangen, Wunsch, inneres Bedürfnis nach etwas, erwartungsvolle Vorfreude, gefühlsmäßiger Spannungszustand, der nach Lösung drängt und meist angenehm, anregend, positiv erlebt wird; speziell: sexuelles Verlangen, sinnliche Begierde, auf sexuelle Befriedigung gerichtetes Begehren (→ *Libido*, → *Bedürfnis*, → *Sexual- und Lustzentren*). In diesem Sinne hat jemand Lust auf etwas oder die Lust ist vergangen (→ *Frustration*). Man lebt nach Lust und Laune, also wie es einem gefällt, oder zügelt seine Lust oder nimmt sie anderen. Man ist erpicht darauf, etwas zu tun. Man tut etwas aus Lust und Liebe. »Lust lehrt pfeifen«, wie das Sprichwort sagt. Lustlos kommt nichts zustande, motiviert alles. »Lust und Liebe sind die Fittiche / zu großen Taten« (Pylades in Goethes »Iphigenie auf Tauris«). L. auf Liebe stellt sich ein, und es werden Aktivitäten eingeleitet, um die L. zu stillen. Belastend ist es, wenn in einer Partnerbeziehung der eine L. hat und der andere gerade nicht (sexuelle → *Diskordanz*).
2. aus der Erfüllung von 1. entstehende angenehme, schöne Empfindung; gesteigerte Freude, Vergnügen, vitales, sinnliches Hochgefühl; allgemein als Lebenslust und speziell als Fleischeslust.

L. ist also zum einen das Verlangen und zum anderen dessen Befriedigung, insgesamt eine »lebenssteigernde Gefühlsregung«, wie Hans Giese sagte (»Wörterbuch der Sexualwissenschaft«, 1952). Die Beziehungen zwischen den Menschen beinhalten beide Faktoren und die Resultante daraus. L. konstituiert die erotischen Beziehungen, ohne L. keine → *Erotik*. Erotik ist L. oder ein

Garnichts. In der → *Sexualität* des Menschen ist die L. nicht nur angenehme Zutat, sondern von selbständigem Wert als Methode und Inhalt, Zweck und Ziel. Die Lustfunktion gehört zu den grundlegenden Funktionen der Sexualität. Sie hat sich von der Fortpflanzung emanzipiert und ein Eigenleben begonnen, das anderen Gesetzmäßigkeiten unterliegt. L. ist nicht abstrakt, sondern konkret und an das einzelne Individuum gebunden; außerhalb des Individuums gibt es keine L. »In unsrer eigenen Brust, / da oder nirgends fließt die Quelle wahrer Lust«, wie es der Dichter beschreibt (Christoph Martin Wieland, 1780). Die L. am und beim Sexuellen ist von den habituellen und aktuellen Befindlichkeiten des jeweiligen Menschen abhängig, unterliegt aber nicht nur internen, sondern auch externen Einflüssen. Sie hat ihre allgemeinen, speziellen und einzelnen Raum-Zeit-Bedingungen. Von besonderer Bedeutung ist die Partnersituation. In ihr geht die Lustfunktion eine Symbiose insbesondere mit der Beziehungsfunktion der Sexualität ein, um sich dadurch zu potenzieren. Wollte man die Lust aus den erotisch-sexuellen und anderen Beziehungen der Menschen verbannen, würde man diese Beziehungen zerstören. Andererseits könnte man annehmen, daß gerade in der Langzeitbeziehung die Gefühle veröden, daß die Liebe die L. tötet. »Das Ungerichtete, Bewegliche, kurzum das Triebhafte, wurde dadurch, daß es dem Zwang zur dauernden Liebe unterstellt wurde, zu einer einklagbaren Sache, also verdinglicht und damit um seine Lebendigkeit gebracht« (Martin Dannecker). Dem steht entgegen, daß Zwang zur Liebe ein Widerspruch in sich ist, denn → *Liebe* läßt sich nicht erzwingen oder willkürlich erzeugen, allenfalls kann man von einer Norm der Langzeitpartnerschaft sprechen, die aber nicht mit Liebe gleichzusetzen ist. Wenn das ungerichtet Triebhafte zu einer einklagbaren Sache wird, stirbt es freilich. Eheliche Pflicht, Lustpflicht, Orgasmuszwang, unphysio- und unpsychologisches Konkordanzstreben sind zivilisatorisch-bürokratische Phänomene organisierter und zugleich kompensierter Lustfeindlichkeit. Das Individuum tritt dabei zurück, der Akt als solcher wird das Kriterium, eine Scheinsexualität und Scheinlust entstehen. Die dauernde Liebe, sofern sie nicht nur als äußere Konvention ohne Inhalt, als bloße Fiktion betrachtet wird, kann auf solche Scheinlust verzichten; sie ist aber dem spontanen Erleben, dem uferlosen und ungehemmten Gefühl, der emotionalen Tiefe keineswegs abhold, im Gegenteil, sehr viele Menschen finden gerade in ihr die große L., so wie andere ihr sexuelles Verlangen auf andere Art stillen.

Wegen seiner großen Bedeutung für das Leben der Menschen spielt der Lustbegriff in der Psychologie, speziell in der Freudschen Theorie, eine zentrale Rolle (→ *Psychoanalyse*); alles psychische Tun und Lassen habe das Ziel, L. zu schaffen und Unlust zu vermeiden (»Lustprinzip«). Die Dialektik von L. und Unlust findet sich in anderer Weise schon früher. Die L. wird in der Nähe von Leid und Schmerz gesehen. Liebeslust und Liebesleid werden gemeinsam besungen (→ *Volkslied*): »Aber tief im Herzen klingen / lange nach noch Lust und Leid« (Joseph Eichendorff, 1837). Oder drastisch in einem frühen Spruch: »Gemischt ist Tod in jede Erdenlust« (Hans Holbein, 1538).

Das Wort »Lust« hat in der Sprachgeschichte zunächst keine negative Bedeutung. Erst im 16. Jahrhundert erhielt es einen negativen Beigeschmack in Richtung Sünde. Hinfort gab es eine gute und eine böse L. L. war Himmelslust, Lustbarkeit, Lustspiel, doch auch → *Wollust*, abnormes Verlangen, übersteigerte sexuelle Begierde. Das Wort lüstern entstand (verdeckte, verquere, schäbige Begierde). L. wurde heimlich und unheimlich, den dunklen Trieben zugeordnet, niedrig, flüchtig und eines braven tugendsamen Menschen nicht würdig. »Die Tugend nur ist unvergänglich, nicht die Lust« (Dietrich Grabbe, 1829). Der deutsche Dichter Christian Fürchtegott Gellert warnt 1757 vor der Wollust: »Unter deiner Lüste Bürde / sinkst du von eines Menschen Würde / zur Niedrigkeit des Tiers herab.« Aus der ganzheitlichen frohen L. werden verderbliche Lüste, die zu zügeln oder ganz auszumerzen sind. Erst dann kann Rechtschaffenheit gelingen, wie der Dichter Friedrich von Logau 1654 mahnt: »Nicht wer Gold zu Golde trägt, / ist als Reicher anzuschreien; / wer die Lüste abgelegt, / dem kann alles wohlgedeihen.« Das freie Ausleben von Sinnlichkeit und der Kampf dagegen finden sich in der erotischen Geschichte der Menschheit in einem ständigen Wechselspiel. Insbesondere die Religion zeigt Grenzen auf. Macht- und ordnungspolitische Interessen werden mit Mitteln der Lustfeindlichkeit durchgesetzt. Vitale Gefühle der Menschen werden ignoriert, manipuliert und zerstört, wenn es die Machtinstanzen so wollen. Ökonomischer Gewinn steht vor Gefühlsgewinn.

Wenn die L. zu Lotterei und Lotterie verkommt, wenn Oberschichten der Dekadenz verfallen, wenn die Ausschweifung den Grenzbereich der L. erreicht hat, wenn die Orgie zum Alltag wird, dann scheint in der Gesellschaft ein Seismograph zu ticken, der Einhalt erzwingt. Doch mit der verdorbenen L., die unproduktiv und inaktiv geworden ist und die Menschen lähmt statt anregt, abstumpft statt erneuert, wurde die L. oft generell verdammt; das scheint ihr ständiges Schicksal zu sein. Ewig wehren sich die Menschen gegen das Verderben und die Verdammung ihrer L.: indem sie lustvoll leben, ohne sich selbst oder anderen zu schaden, indem sie produktiv sind.

Die unterschiedliche und widersprüchliche Bedeutung von L. zeigt sich in den überaus zahlreichen Wortzusammensetzungen. Die *Augenlust* ist eine läßliche, doch immerhin eine Sünde, zumal sie oft weitere Sünden nach sich zieht: in die Augen – in den Sinn. Heipe Weiss schreibt im »Lexikon der Sünde« 1989 ironisch: »Wer einen Gegenstand oder einen Menschen zum Zwecke der Erbauung oder aus Gründen des Verlangens und Begehrens länger als notwendig wohlwollend betrachtet, der sündigt durch Augenlust.« Lessing bedichtet die Lust des Schauens so: »Wenn ich Augenlust zu finden / unter schattig kühlen Linden / schielend auf und nieder gehe, / und ein schönes Mädchen sehe, / möcht' ich lauter Auge sein.« Die Augenlust ist verwandt mit der *Schaulust* (→ *Voyeurismus*), die in vielem eine *Ersatzlust* ist. Gewöhnlich aber folgt der Augenlust die *Fleischeslust*, die sinnliche Begierde und das sexuelle Vergnügen, ebenso eine Sünde, und zwar eine verwerfliche, weil Fleisch nicht so edel ist wie Seele und Geist. Der Augen-, manchmal auch der Fleischeslust konnte man in einem *Lustwäldchen* oder auf den verschlungenen Pfaden und in lauschigen Winkeln eines *Lustgartens* frönen. Im deutschen *Garten der Lüste* wuchs alles, was die erotische Phantasie hergab. Im arabischen »Duftenden Garten des Scheik Nefzaui« (→ *Islam*) folgt nach dem ersten Satz »Gelobt und gedankt sei Allah, der höchste Lust des Mannes in die Frau gelegt hat und höchste Lust der Frau in den Mann« die Prognose »Höchste Lust stellt sich bald ein, wenn die Leiber sich innig berühren«. Dies kann auf der deutschen *Lustwiese*, dem breiten Liebespfühl, geschehen oder auch in einem *Lustschloß*. Ein *Lustgreis* ist ein alter *Lustmolch*, der immer noch nur an das eine denkt, und wenn er es dann auch noch tut, ist er ein *Lüstling*, was fast einem Wüstling gleichkommt, vor allem wenn er sich einen → *Lustknaben* hält. Viele alte L.-Ausdrücke sind heute nicht mehr gebräuchlich. Der Sexualwissenschaftler Friedemann Pfäfflin schrieb 1990: »Der bunte Strauß vieler Lustwortblüten welkte in der zweiten Hälfte des letzten Jahrhunderts dahin, und übrig blieb das magere Sträußlein dorniger und fleischfressender Gewächse, die Lustseuche, der Lustmord und der Lustmörder. Aus der L., die vor zweihundert Jahren fast jedwedem Ding, Empfinden oder Handeln höhere Weihen verleihen konnte, wenn nur entsprechend sprachlich apponiert, wurde ein Phänomen, dem durch die Apposition der Wörter Seuche, Mord und Mörder ein abstoßender Beigeschmack anhaftet.« *Lustseuche* steht dabei für die sexuell übertragbare → *Krankheit* Syphilis, → *Lustmord* für die Tötung mit sexuellem Hintergrund, eine falsche und irreführende Bezeichnung. Pfäfflin geht davon aus, daß die Tat selber »kein lustvoller und auch libidinöser Akt, sondern Ergebnis ungebremster aggressiver Impulse« und L. und sexuelle Begierde kaum ein Motiv des *Lustmörders* sind; vielmehr werde zusammen mit dem Opfer die L. gemordet. Zu den alten Ausdrücken sind aber auch neue hinzugekommen, z. B. mit der Psychoanalyse und emanzipatorischen Bewegungen des 20. Jahrhunderts. Eine angenehm empfundene, gern ausgeübte Handlung ist *lustbetont*. Wer dem Lustprinzip folgt, zieht der *Unlust* den *Lustgewinn* vor. Die Frau möchte nicht bloßes *Lustobjekt* des Mannes sein, sondern hat ihr eigenes *Lustempfinden*. Wer zwanghaft immer neue Genüsse sucht, ist *lustsüchtig*. Durch L. entsteht neue L., sie kann auch unstillbar sein (→ *Nymphomanie*, → *Donjuanismus*). »So trinkt fast immer der Mensch die Lust in Strömen und – dürstet!« (Ewald Christian von Kleist, 1749)

Nach Diskussionen der jüngsten Zeit scheint in den westlichen Industriegesellschaften dieser Strom der L. zu versiegen, die Stromstärke abzunehmen, die Spannung zu fallen. In seinem Buch »Aus!« artikuliert Ernest Borneman 1994 provokativ das Verschwinden der Leidenschaft und den Niedergang des heterosexuellen Koitus: »Die Leute vögeln nicht mehr miteinander. Die tun alles mögliche statt des einen Altmodischen …« Eine Zeitschrift schreibt 1994: »In Deutschland könnte, laut einer Umfrage, jede dritte Frau zwischen 17 und 35 gut und gerne auch dauerhaft auf Sex verzichten.« Als Gründe werden lusttötende Faktoren in der Industrie-, Konsum- und Informationsgesellschaft genannt, äußere Faktoren einer psychischen → *Sättigung*, verbunden mit der Abwehr eines Übermaßes an sexuellen Signalen. Sexualberater berichten von Paaren, die harmonisch miteinander leben, doch die L. auf Sex verloren haben. Als Ursache wird die emotionale Distanz, insbesondere in den Mittel- und Oberschichten, gesehen. Bei der Arbeit, im Dienst, in der gesellschaftlichen Sphäre würden die Kontakte untereinander korrekt, jedoch oberflächlich, unverbindlich-nett, leidenschaftslos, unerotisch, aseptisch und frei von Verantwortung füreinander verlaufen. Gefühle zu haben gelte als unpraktisch und riskant. Coolsein sei besser. Wer sich lustvoll öffnet, wird verletzbar und angreifbar. Wer L. spendet und Gefühle verschenkt, ist ein schlechter Händler. Beziehungen werden nur als Zweckbündnisse eingegangen. Im Bedarfsfall kann auf sexuelle Dienstleistungen zurückgegriffen werden. → *Sex* wird depersonalisiert, es kann auf ihn wie auf ein überflüssiges Konsumgut verzichtet werden. Um Sex zu haben, ist ein anderer Mensch nicht mehr erforderlich oder gar störend. Das Sexuelle wird sogar als Belastung empfunden. Überflutet von den Reizen der

Konsumgesellschaft, hat man schließlich auch Sex satt. An das Leben mit einem Übersättigungsgefühl gewöhnt, hat man »auf nichts mehr Bock«. Hinzu kommt die lusttötende Angst, die große Angst vor der Zukunft, vor dem Abstieg, vor dem Alter, vor Krankheit, vor → *Aids*, vor → *Krieg*, vor → *Gewalt*, vor Übergriffen, vor den anderen und dem anderen, vor dem Erwischtwerden, Verzinktwerden, der Verdächtigung, vor dem Ausgenutztwerden, Versagen, Spott und Hohn, vor dem Mann und der Frau. Der schlimmste Lustfeind ist die Angst.

Dennoch ist dies nur die eine Seite. Die Menschen leben heute in vielerlei Hinsicht freier und haben weitaus größere Gestaltungs-, Erlebnis- und Entscheidungsmöglichkeiten, auch in bezug auf Liebe und Sexualität. Das trifft insbesondere auf die Frau zu. Die Einstellung zu allem Körperlichen und zur Nacktheit ist in vielem freier geworden. Gegenüber Varianten der Sexualität ist die Toleranz größer geworden.

Jede Gesellschaft und jede Zeit hat ihre lustfeindlichen und lustfreundlichen Seiten. Weil Sexualität eine gesellschaftliche Dimension besitzt, nimmt sie verschiedene Gestalten an. Immer gibt es Menschen und Menschengruppen, die über ihren oder unter ihren erotisch-sexuellen Möglichkeiten leben oder nicht so lustvoll leben können wie andere. Jede neue Generation findet ihr eigenes Verhältnis zu Liebe und L., das oft nicht das Verhältnis der älteren Generation sein kann. Die Jungen versuchen, auf ihre Weise lustvoll zu leben und glücklich zu werden. Empirische Untersuchungen der jüngsten Zeit lassen nicht erkennen, daß junge Leute keinen Sex wollen, daß ihre Sexuallust verkümmert oder verschwunden ist, daß sie sich nicht mehr auf Liebe und Sexualität einlassen. Sie lehnen lediglich bestimmte Formen von Sex ab – um andere um so mehr zu wünschen. Ebensowenig kann davon ausgegangen werden, daß den Älteren generell die L. abhanden gekommen ist und sexuelle Kontakte einschließlich Geschlechtsverkehr seltener geworden sind. Die L. ist eine vitale Lebensreaktion und ein Lebensprogramm, einfach ausgedrückt in dem berühmten Satz Ulrich von Huttens in einem Brief vom 25.12.1518: »Es ist eine Lust zu leben.« KS

Lustknabe (veraltet): männlicher Knabe oder Jüngling, der einem Mann als Sexualpartner dient (→ *Pädophilie*) und sich unter Umständen auch dafür bezahlen läßt (→ *Strichjunge*). Verbreitet waren derartige Beziehungen in der griechischen und in etwas abgeschwächter Form auch in der römischen → *Antike*. Viele der früheren L. errangen durch ihre Beziehungen zu hochgestellten Persönlichkeiten später angesehene Stellungen. Während in Athen der Umgang mit dem älteren Partner auf etwa gleicher sozialer Ebene stattfand, wobei es daneben auch käufliche, der unteren Schicht der → *Hetären* ähnliche L. gab, wurden im alten Rom mit Vorliebe junge Sklaven für diese Liebesdienste mißbraucht; abhängig von ihrem Besitzer, waren sie seiner sexuellen Lust ausgeliefert. Wie weit verbreitet dieser Mißbrauch damals war, zeigt ein kaiserlicher Erlaß von Antonius Pius (138–161 v. Chr.), der dies untersagte. Ar

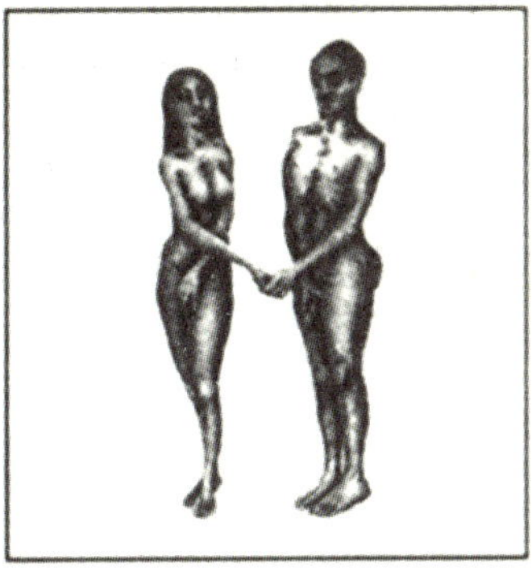

Mädchen- und Frauenhandel: An- und Verkauf von weiblichen Personen, insbesondere zum Zwecke der Arbeit, der Ehe und der → *Prostitution.* Ursprünglich Teil des Sklavenhandels, hat der M. im Verlaufe der Zeit die verschiedensten Formen angenommen. Auch heute noch ist es in einigen Ländern möglich, eine Arbeitskraft, ein Dienstmädchen, eine Ehefrau käuflich zu erwerben. → *Zuhälter* kaufen sich nicht selten ihre Mädchen. Dabei werden Unerfahrenheit und Hilflosigkeit der Mädchen, Armut der Eltern, mangelnde Bildung und Vertrauensseligkeit ausgenutzt und durch Versprechungen und Geschenke Hoffnungen auf einen guten Verdienst und ein besseres Leben geweckt. List und Gewalt sind übliche Mittel beim Erwerb von Mädchen für den M.

Eine charakteristische Art des modernen M. ist der Transfer von Mädchen aus armen Ländern in die reichen westlichen Länder. Dies geschieht auf dreierlei Weise: Zum einen werden diese Mädchen, hilflos schon auf Grund der mangelnden Sprachkenntnisse, als illegale Arbeitskräfte in Haushalten, Gaststätten und an anderen Arbeitsorten ausgebeutet, oftmals nur gegen Kost und Logie und ein geringes Taschengeld; sie sind nicht versichert und können jederzeit wieder abgeschoben werden. Zudem werden sie oft von ihren Arbeitgebern sexuell belästigt und mißbraucht. Zum zweiten werden solchen Ausländerinnen Ehen vermittelt, nicht selten nach sexuellem Mißbrauch durch die Händler. Die Heiratsvermittlung erfolgt ganz legal, z. B. über → *Heiratsannoncen*, in denen – oft in rassistischer Weise – die Vorzüge von Exotinnen gepriesen werden. Probezeit und Ratenzahlungen sind möglich, ein Umtauschrecht besteht meist, wie bei anderen Waren auch. Um legal in dem neuen Land leben und arbeiten zu können, versuchen Ausländerinnen zu heiraten und bezahlen Geld dafür, in Deutschland zwischen 5000 und 10 000 Mark. Oft werden sie aufgrund ihrer Zwangslage in vielfältiger Weise ausgenutzt. Bei Trennung oder Scheidung verlieren diese Frauen das Aufenthaltsrecht, und ihnen droht die Abschiebung. Zum dritten – dies kommt am häufigsten vor – geraten die solcherart zur Handelsware deklassierten Mädchen direkt oder über Umwege zur Prostitution. Oftmals werden diesen Frauen andere Arbeiten versprochen, um sie dann jedoch → *anschaffen* zu lassen. Manche dieser Frauen, z. B. aus Osteuropa, schließen sich auch mehr oder weniger freiwillig diesem Milieu an, ohne daß ihnen allerdings Arbeitsbedingungen und Verdienstmöglichkeiten bekannt wären. Oft werden sie schlechter behandelt als die einheimischen Kolleginnen. In Deutschland sind insbesondere Thai-Mädchen, aber auch Schwarzafrikanerinnen, Lateinamerikanerinnen und andere über den organisierten M. in die → *Bordelle* gekommen. M. gilt heute als schwere Verletzung der Menschenrechte, als eine besonders entwürdigende Ausbeutung der Frau sowie als Rassismus und → *Sexismus* (→ *Gewalt*). 1992 hat der Deutsche Bundestag eine Verschärfung der Gesetze gegen den Menschenhandel verabschiedet. Danach wird der Handel mit ausländischen Mädchen zum Zwecke der Prostitution strafrechtlich noch schärfer geahndet als vorher. Nach § 181 wird als schwerer Menschenhandel bestraft, wer eine andere Person

1. mit Gewalt, durch Drohung mit einem empfindlichen Übel oder durch List zur Aufnahme oder Fortsetzung der Prostitution bestimmt,
2. durch List anwirbt oder gegen ihren Willen mit Gewalt, durch Drohung mit einem empfindlichen Übel oder durch List entführt, um sie in Kenntnis der Hilflosigkeit, die mit ihrem Aufenthalt in einem fremden Land verbunden ist, zu sexuellen Handlungen zu bringen, die sie an oder vor einer dritten Person vornehmen oder von einer dritten Person an sich vornehmen lassen, oder
3. gewerbsmäßig anwirbt, um sie in Kenntnis der Hilfslosigkeit, die mit ihrem Aufenthalt in einem fremden Land verbunden ist, zur Aufnahme oder Fortsetzung der Prostitution zu bestimmen.

Verschiedene Organisationen, insbesondere der Frauenbewegung, z. B. die Arbeitsgemeinschaft gegen internationale sexuelle und rassistische Ausbeutung (agisra) oder der österreichische Arbeitskreis gegen Frauenhandel und Sextourismus, wenden sich gegen den M. und sensibilisieren die Öffentlichkeit für die damit verbundenen Probleme. KS

Fallbeispiel (verhandelt vor dem Amtsgericht Frankfurt am Main am 24. 3. 1992):

Die junge Argentinierin Gabriela V. wird noch minderjährig von ihrem Vormund erst nach Holland und dann nach Deutschland gebracht und zur Prostitution gezwungen. Dies findet unter psychischer Gewalt statt. Gabriela reagiert nicht mit Verweigerung und Flucht, sondern mit nach innen gekehrter Verzweiflung und einer schweren Unterleibserkrankung. Da dieser Zustand ihr es nach einiger Zeit unmöglich macht, weiterhin Penetrationsverkehr in der Prostitution zu ertragen, weist ihr Vormund, der heute Angeklagte Argentinier Carlos C., sie an, sich einer Vergrößerung der Vagina zu unterziehen. Diese Operation wird von einem niedergelassenen Frankfurter Arzt durchgeführt, der die darauf eintretenden Komplikationen und Beschwerden Gabrielas als psychische Probleme einstuft. Gabriela muß weiterhin hohe, festgesetzte Freierquoten erzielen, und das verdiente Geld wird ihr zur Gänze abgenommen. Als sie sich schließlich weigert, weiterzumachen, schließt Carlos C. sie ein. Am folgenden Tag wird sie von der Polizei befreit (nach agisra-Rundbrief 4, 1992).

Beispiel für eine Anzeige (Berlin 1991):

»An alle Herren, die ernsthaft eine Lebensgefährtin suchen! Zahlreiche deutschsprechende Mädchen aus Polen, Um- und Spätaussiedlerinnen, lieb, anschmiegsam, fleißig und sparsam, suchen ein Auskommen und ziehen bei Zuneigung zum Mann ... Partnersuchdienst ...«

Mänaden (griech. die Rasenden): die weiblichen Anhänger des griechischen Gottes → *Dionysos*, in der römischen Mythologie Bacchantinnen im Gefolge von Bacchus geheißen. Zunächst waren es Wald- und Bergnymphen, die von → *Satyrn* und lüsternen Silenen (→ *Silenos*) verfolgt wurden, später entfesselte Tänzerinnen, die – zusammen mit Satyrn und Silenen – im ekstatischen orgiastischen Rausch mit Musik und Geschrei Dionysos folgten. Von ihrem Gott besessen, vereinigten sie sich mit ihm unter dem Einfluß von Narkotika und Reizmitteln, Menschen- und Tieropfer waren nicht selten dabei.

Auf Reliefs und Vasen sind die M. häufig gemeinsam mit Dionysos dargestellt, auch Satyrn mit aufgerichtetem Glied fehlen nicht. In Darstellungen von rauschhaften Gelagen und Sexorgien, den Dionysien (Bacchanalen), findet man die M. seit der Renaissance verstärkt in der Malerei. Im Italien des 15. Jahrhunderts werden solche Szenarien zur Wiedergabe religiöser Ekstase und Klage genutzt. Bis in die Kunst des 20. Jahrhunderts (Lehmbruck u. a.) wirkt der Typus der M. als Sinnbild für Verführung, sinnliche Lebensfreude und ekstatischen Genuß nach. In der Literatur findet man erste Belege bei Homer. Se

Männermagazine: bebilderte Zeitschriften erotischen bis pornographischen Inhalts. In den modernen Konsumgesellschaften in großer Zahl vorhanden und meist professionell gestylt, huldigen die M. einem bestimmten Männerleitbild. Das »Alles für den modernen Mann« reduziert sich auf die großen M: Mann, Macht, Motoren, Münzen, Mädchen, Muskeln, Mut, Management, Monopol, Masturbation – so wie in den Frauenzeitschriften die großen K dominieren: Küche, Kinder, Kirche, Königshäuser, Künstler, Kleider, Kosmetik, Keuschheit, Küßchen, Kitsch.
Mit dem marktfreundlichen Männerleitbild wird ein Weltbild gefördert, das ein Leben in den höheren Etagen der Industriegesellschaft als erstrebenswert propagiert, Tüchtigkeit, Unternehmergeist und Lebensgenuß empfiehlt, Sorgen und Probleme verdrängt, Wohlverhalten mit gelegentlich kleinen rebellischen Seitensprüngen erlaubt und das nationale und männliche Selbstbewußtsein fördert. Teils versnobt, teils vergröbernd gestaltet, erreichen die M. die verschiedenen Bildungs- und sozialen Schichten. In den verbreitetsten M. dominiert eine sogenannte weiche Pornographie (→ *Softpornos*) in handwerklich und drucktechnisch hervorragender Qualität. Die bildhübschen, wohlgeformten Mädchen (→ *Playmate*), offensichtlich sympathisch und auf Sex eingestellt, formen ein für den Normalmann und die Normalfrau unerreichbares und doch über die Zeitschrift scheinbar so nahes Schönheitsideal und wirken geschmacksbildend. Das Sexuelle wird in irreführender Form geschönt, verschönt, beschönigt und damit verharmlost, verflacht, standardisiert, auf Konsum und ein zufriedenes, angepaßtes Leben in der bestehenden Gesellschaft zugerichtet. In jüngster Zeit kopieren – teilweise unter massivem Protest der Verlage – private Fernsehanstalten die M. und senden zu meist später Stunde lockere Programme für Männer.
Bestimmte M. widmen sich auch sexuellen Spezialinteressen und sind wichtige Kommunikationsmittel für sexuelle Minderheiten. KS

Märchen: mündlich überlieferte, meist im vorigen Jahrhundert gesammelte und aufgeschriebene Volkserzählungen, in denen Prinzessinnen und Königssöhne, aber auch einfache Leute die Helden sind, die oft unwahrscheinliche, auch unwirkliche Situationen erleben. Gute und schlimme Träume werden wahr, Wünsche erfüllen sich. M. gehen fast immer gut aus: »... und sie lebten vergnügt bis an ihr Ende.« Die sinnliche Liebe bringt Lust und Glück. Deshalb spielen – ähnlich wie beim → *Volkslied* – Bräute, Kinderkriegen und Sexuelles in den Märchen aller Völker eine Rolle, so in den Märchen »1001 Nacht« (erotische → *Literatur*). Meist sind allerdings die erotischen Wurzeln ver-

Rudolf Keller: »Rotkäppchen«. Radierung aus der Mappe »Erotische Märchen« (um 1920)

Rudolf Keller: »Schneewittchen«. Radierung (um 1920)

schlüsselt und oft nur schwer erkennbar (→ *Symbole*). Manche Leser sehen in der Nase, in einem Knöchelchen oder einem Bein (Rumpelstilzchen) ein Symbol für den Penis, ein Schuh wird zur Scheide. (Sigmund Freud: »Schuh oder Pantoffel als Symbol des weiblichen Genitales.«) Auch haben die Sammler der alten Volksmärchen das Sexuelle, Anstößige, Grausame häufig getilgt, kaschiert oder verschwiegen. Sie haben den Text »gereinigt«, vielleicht weil er »nur für Kinder« gedacht war. 1908 erschienen als Privatdruck in Wien »Erotische Märchen«. Hier sind – literarisch nicht unbedingt niveauvoll – die Märchen der Brüder Grimm zu massiv erotischen Erzählungen umgewandelt. Da wird aus dem einen, der auszog, das Fürchten zu lernen, einer, der auszog, das Lieben zu lernen. In einer neuen Ausgabe dieser M. unter dem Pseudonym Johann Christoph Spielnagel mit sonst identischem Text, 1980 und 1986 erschienen, werden Ausdrücke verschärft, wie z. B.: »… das Ficken zu lernen.« Das »Dornröschen« wird so geweckt: »Da lag es mit entblößtem Venusberg und hatte den Finger im Tor stecken. Es war so schön, daß der Prinz die Augen nicht abwenden konnte, es duftete und glänzte. Da zog der Prinz ganz leise den Finger des Mädchens aus dem Tor, warf geschwind seinen Panzer und die anderen Kleider weg und legte sich zu ihm. Das war ein wonnesames Gefühl, als er den warmen Mädchenleib umfing. Als es aber noch immer schlief, da wagte er sich weiter vor und bezog mit seinem Schweif den Venusberg und glitt so tief hinein, als es gehen wollte. Hierauf drückte er seine Lippen auf die des Mädchens und gab ihm einen Kuß. Wie er es mit dem Kuß berührt hatte, schlug Dornröschen die Augen auf und erwachte und blickte ihn ganz freundlich an. Da machte der Prinz geschwinde fertig. Dann gingen sie zusammen herab …« Aus »Rapunzel« wird auf diese Weise eine sexuelle Geschichte: »… Wie von unsichtbaren Händen fühlte der Königssohn sich festgehalten, die Zauberin nahm seinen Schweif heraus und wichste ihm mit ihren dürren Händen einen nach dem anderen herunter. Der Königssohn hatte sehr viel mitgebracht für seine süße Rapunzel, aber das mußte er jetzt alles unter den Händen der Hexe herausspritzen. Das schlimmste war, daß Rapunzel, die auf dem Boden lag und durch das fortwährende Lecken der Katze bis zum Wahnsinn aufgeregt war, die Arme nach ihrem Liebsten ausstreckte, und der konnte zu ihr nicht kommen …« Aber auch dieses Märchen geht schließlich gut aus. Bei den Brüdern Grimm bekommt Rapunzel im übrigen Zwillinge sozusagen aus heiterem Himmel. In der ersten, ursprünglichen Fassung »lebten sie lustig und in Freuden eine geraume Zeit«. In den entsprechenden französischen Fassungen dieser M. tritt Sexuelles noch mehr in den Vordergrund.

Schon im 18. Jahrhundert entstanden auch Kunstmärchen mit erotischen Inhalten, in England und Frankreich vor allem von Swift, Diderot, Voltaire, Crébillon, in Rußland von Afanassjew (»Heimliche Märchen«). In einer großen erotischen Bibliographie werden aus der Zeit von 1704 bis 1808 18 deutsche Bücher mit erotischen M. erwähnt: 1774 z. B. »von Lorchens holder Nacht« mit dem Kapitel: »Im Rausch des Genusses«; 1901 »Das Märchen vom Weib, ein Bilderbuch für alte Knaben«, 1905 »Die Märchen der Liebe«. Alexander von Ungern-Sternberg brachte 1850 seine »Braunen Märchen« heraus.

Rudolf Keller: »Rapunzel«. Radierung (um 1920)

Diese Erzählungen haben weniger direkt, mehr auf Grund ihrer Zweideutigkeit erotischen Charakter. »Die rosenrote Fliege« beginnt so: »Es waren einmal drei hübsche junge Feen, die saßen beisammen, lachten und plauderten, und die eine rief: Ich habe doch den schönsten kleinen Fuß, den es auf der Welt gibt; und ich, sagte die andere, habe doch den wohlgeformtesten Busen, und die dritte setzte hinzu: und ich habe den allerreizendsten Hintern. Wie sie das gesagt hatten, ging ein junger Bauer vorbei, der reife Kürbisse zu Markte trug; der lachte die drei übermütigen Feen aus, indem er rief: Mein Mädchen Fifine hat einen viel kleineren Fuß, einen weit wohlgeformteren Busen und einen tausendmal schöneren Hintern. Das muß ich wissen, denn ich bin Mistifax, ihr Geliebter.« Das Sternbergsche »Rotkäppchen« endet in roher, verachtender Manier: »Junge Mädchen / sind dazu geschaffen, / verspeist zu werden. / Ein recht hungriger Wolf / ist ihnen das Liebste auf Erden.«

Im 20. Jahrhundert sind rein pornographische, kitschige Texte als Märchen ausgegeben worden, obwohl sie damit überhaupt nichts zu tun haben. Ein »Volksmärchen 1973« von Barbara Benton beginnt beispielsweise so: »Nachlässig hingestreckt ruhte die blendend schöne Frau am Strand des blauen Mittelmeeres. Der laue Hauch einer schwachen Brise kostete lind die zarte Haut, verfing sich in den krausen Locken wirbelnd um die prachtvollen Hügel der Brust und küßte im Weiterhuschen noch ganz schnell die Wollustpartie. Ein süßes Lächeln schwebte um die Lippen der bezaubernden Gestalt.« Der Text endet: »Ein Ruck – der Spieß saß fest, und in Barbaras Liebesgestöhn zischte es, des Grafen Strahl sauste mit voller Wucht in den empfangsbereiten Tempel der schönen Frau und füllte das Innere bis zum letzten Winkel. Laute Entzückungsrufe ausstoßend nahm sie den Segen in Empfang. Atemlos blieben die beiden Menschen liegen und genossen den Augenblick der Seligkeit.« Soweit das Beispiel keines M., sondern eines Pornoromans. Kö

Masochismus: sexuell motiviertes Bedürfnis nach Gedemütigt- und Gequältwerden, wobei im Gegensatz zum → *Sadismus* dieses Erleben und passive Hinnehmen den Masochisten sexuell erregt und befriedigt. Der Name stammt von Krafft-Ebing (1840–1902), der sich dabei auf den österreichischen Schriftsteller Sacher-Masoch (1836–1895) bezog. Dieser hatte in dem seinerzeit berühmten Roman »Venus im Pelz« die Reize des Leidens verherrlicht.

Der Masochist sehnt sich nach einer → *Domina*, der er sich völlig unterwirft und auf deren Geheiß er die entwürdigendsten Handlungen vornimmt. So dient er ihr z. B. als Reittier und wird von ihr dabei mit Sporen und Peitsche traktiert, oder er muß als Hund den Hundenapf auslecken oder andere absurde Befehle ausführen. Gehorcht er ihr nicht aufs Wort, wird er streng bestraft.

Da Masochisten in den meisten Fällen ihre Neigungen nicht zu Hause ausleben können, suchen sie spezielle Klubs oder Bordelle auf, die entsprechend ausgestattet sind, im modernen Vergnügungsdeutsch ist dafür der Ausdruck SM-Studios geläufig (→ *Sadomasochismus*). Hier finden sie in den sogenannten Folterkammern alle möglichen Marterinstrumente vor wie: Sortimente verschiedener Peitschen und Lederriemen, Metallketten, auch galgenähnliche Vorrichtungen, wo sie aufgehängt und geschlagen werden können. Die hier als Domina arbeitenden Mädchen sind meist auf das Erfüllen der ausgefallensten Wünsche vorbereitet und haben oft Stammkunden. Zum Koitus kommt es in der Regel nicht, alles läuft nach einem bestimmten Ritual ab, die allmähliche Steigerung der Schmerzen verstärkt die Lust und die sexuelle Erregung, bis schließlich der Orgasmus eintritt.

Nicht selten versuchen Masochisten, über Zeitungsinserate entsprechende Partner oder Klubs zu finden. Im Text wird bereits der Wunsch nach einer starken Frau oder Herrin zum Ausdruck gebracht oder von strenger Erziehung gesprochen; erhält er eine Antwort, wird der Schreiber in den folgenden Briefen seine Neigungen und Wünsche deutlicher beschreiben; er sieht sich als Diener oder als Sklave.

Beim Fehlen eines Partners kann der Masochist ganz allein sowohl zum Peiniger als auch zum Gequälten werden, indem er sich selbst Verletzungen zufügt, z. B. durch Stechen oder Schlagen (→ *Automasochismus*).

Daß masochistische Neigungen schon in der Kindheit auftreten können, beschreibt beispielsweise der französische Philosoph Jean-Jacques Rousseau in seinen »Confessions« (Bekenntnisse), als er im Alter von acht Jahren im Internat war und dort gelegentlich von der Schwester seines Lehrers, einer 30jährigen Dame, mit der Hand geschlagen wurde, wenn er nicht genügend gelernt hatte. Neben den Schmerzen empfand er ein wollüstiges Gefühl, das ihn stark erregte, so daß er sich nach neuen Züchtigungen sehnte. Er wagte aber nicht, sie zu provozieren, und als er eines Tages wieder Schläge mit der Hand bekam, bemerkte die Dame offenbar den bei ihrem Opfer ausgelösten Effekt und schlug ihn von dieser Zeit an nie mehr wieder. Rousseau verspürte jedoch weiterhin das Verlangen, sich von Damen, die ihm gefielen, züchtigen zu lassen, wobei auch – wie der Sexualwissenschaftler Magnus Hirschfeld in seiner dreibändigen »Sexualpathologie« meint – das Gefühl der Unterwerfung eine Rolle spielt.

Im übrigen ist der M. nicht eine ausschließliche Domäne der Männer. Es gibt auch Frauen mit derartigen Neigungen, doch ist ihr Verhalten bisher nicht in dem Maße wie das der Männer erforscht worden. Der weibliche M. spielt sich mehr im verborgenen ab und hat eigene Formen entwickelt, was nicht zuletzt damit zusammenhängt, daß traditionell der Bereich der käuflichen sexuellen Dienste Frauen verschlossen blieb. In den Industriegesellschaften sind jedoch inzwischen Klubs und Szenen entstanden, in denen Männer und Frauen masochistische und oft gleichzeitig sadistische Neigungen nach strengen Ritualen ausleben können. Ar

Masturbation (Selbstbefriedigung, Sex for One, Ipsation, fälschlicherweise auch **Onanie,** → *Onan)*: durch Streicheln oder Massieren der erogenen Zonen des eigenen Körpers ausgelöste Lust und Befriedigung, bei Männern insbesondere die Stimulation des Penis (sich einen runterholen, wichsen), bei Frauen insbesondere des → *Kitzlers*.

Man kann sich heute kaum vorstellen, wie die M. noch bis zum Beginn unseres Jahrhunderts verteufelt wurde. Sie galt nicht nur als Laster oder schwere Sünde, sondern gleichermaßen als Ursache für alle möglichen Krankheiten – von der Epilepsie bis hin zur Rückenmarkschwindsucht und ähnlichen höchst unangenehmen Leiden. Begünstigt wurde diese Fehleinschätzung durch das seinerzeit sehr berühmte und weitverbreitete Buch über die Onanie von Tissot (1774), bedauerlicherweise lange Zeit ein Standardwerk, das die wissenschaftliche und auch die öffentliche Meinung zur M. prägte. Kennzeichnend ist bereits das dem Buch vorangestellte Motto (eines gewissen Canitz): »Wenn schnöde Wollust dich erfüllt, / so werde durch ein Schreckensbild / verdorrter Totenknochen / der Kitzel unterbrochen.«

Erst die Pioniere der Sexualforschung wie beispielsweise Havelock Ellis, der 1901 den Begriff Autoerotismus anstelle von Onanie verwandte, Iwan Bloch (»Das Sexualleben unserer Zeit …«, Berlin 1907) und andere bekämpften energisch diese Vorurteile und sprachen von der M. als Vorläufer einer voll entwickelten → *Sexualität* und damit von einem physiologischen Vorgang.

Umstritten war auch, welches Geschlecht bezüglich der M. das aktivere sei, daß es damals sexuell recht aktive Frauen gegeben haben muß, beweist die Tatsache, daß immer wieder diverse Geräte aus Scheide oder Blase entfernt werden mußten, die nur der Selbstbefriedigung dienen konnten. Ein deutscher Chirurg hatte eine besondere Apparatur zur Entfernung von Haarnadeln aus der Blase erfunden.

Für Jugendliche und Kinder, die beim Masturbieren erwischt wurden, hatte man sich strenge Strafen ausgedacht. Sie bekamen Fausthandschuhe übergezogen, die Hände wurden ans Bett gefesselt, das Genitale mit Bandagen verschnürt. Beliebt waren auch die Prügelstrafe oder Kastrationsdrohungen. Sogar eine Art Käfig, in den die Knaben eingesperrt wurden, sollte das Selbstbefriedigen verhindern. Glücklicherweise liegen diese grausamen Zeiten hinter uns. M. wird heute als völlig normale Verhaltensweise akzeptiert. Sie ist nicht nur bei Kindern und Jugendlichen Ausdruck der sich manifestierenden sexuellen Be-

Michael von Zichy (1827–1906): »Ganz allein«. Zeichnung aus dem Zyklus »Liebe« (um 1875) ➪

Gaspillage

dürfnisse, sondern spielt auch im Erwachsenen- und höheren Lebensalter als reizvolle sexuelle Variante eine Rolle. Während in einer Partnerschaft das gegenseitige Masturbieren zum Liebesspiel gehören kann, ist es für den Alleinstehenden eine Möglichkeit zur sexuellen Entspannung, die ihm sonst nicht möglich ist. Selbstbefriedigung ist nicht mehr tabuisiert, man kann ruhig darüber sprechen. Für viele ist M. der Ausgangspunkt für sexuelle Selbsterfahrung. Betty Dodson beschreibt 1987 in ihrem Buch »Sex for One« Rituale der Selbstliebe: Dazu gehören z. B. ein entspannendes Bad, Körperbegutachtung, Selbstmassage, Erforschung der Genitalien und Tanz vor dem Spiegel, um sexy Bewegungen zu erproben. Wer möchte, kann sich außerdem Bodysexgruppen anschließen, eine Form von Selbsterfahrungsgruppen, bei der die Teilnehmerinnen nackt zusammensitzen, ihre sexuellen Erfahrungen austauschen, ihre Körper erkunden und auch masturbieren. In den USA haben diese Gruppen besonders bei Feministinnen Anklang gefunden; in Deutschland sind sie wohl erst im Kommen. Ar

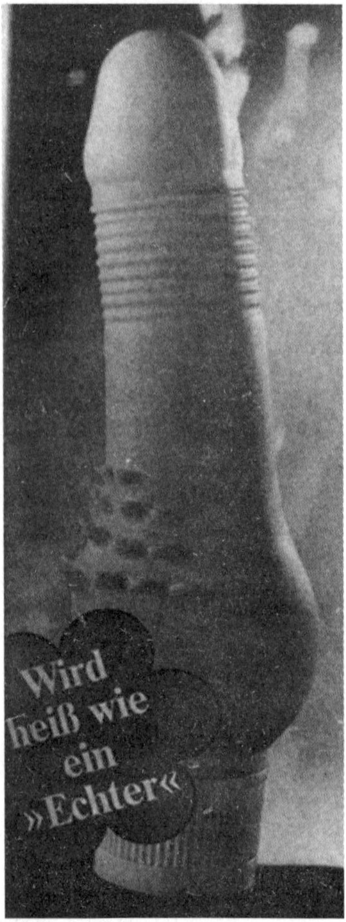

Vibrator (aus einem Versandkatalog, um 1987)

Masturbationsinstrumente (Selbstbefriedigungsinstrumente): Sexspielzeug; verschieden geformte und aus unterschiedlichem Material bestehende Gegenstände, die hauptsächlich von Frauen und etwas seltener von Männern zur Masturbation benutzt werden. Entweder werden bereits in der Natur vorkommende M. verwendet, z. B. bestimmte Früchte wie Bananen oder im Haushalt vorhandene Gegenstände wie Kerzen, Hölzer, Bürsten, oder industriell produzierte, die heute vor allem in → *Sexshops* oder per Versand angeboten werden. Aus aller Welt sind seit Jahrhunderten künstliche Phalli bekannt, die oft mit großer Raffinesse dem Original so naturgetreu wie möglich nachgestaltet wurden. Sie ist von manchen afrikanischen Stämmen bekannt, daß der aus Holz geschnitzte künstliche Phallus in seiner Mitte eine mit Flüssigkeit gefüllte Röhre enthielt, deren Inhalt man entleeren und somit die → *Ejakulation* nachahmen konnte. In der griechischen → *Antike* befriedigten sich die Frauen mit dem Olisbos, einem aus Leder bestehenden Penis, der von der lesbischen Partnerin vor den Unterleib gebunden werden konnte, um koitieren zu können.

Auch aus dem arabischen und südostasiatischen Raum wird über den Gebrauch derartiger Apparate berichtet. In Europa müssen sie ebenfalls populär gewesen sein, denn schon im Mittelalter wandten sich Vertreter der Kirche gegen diese »Sünde«. Trotzdem nahm ihre Anwendung in der sinnesfreudigen Renaissance weiter zu, und die sich in vielen Sprachen findenden, oft recht amüsanten Bezeichnungen bezeugen die weite Verbreitung. Einige Beispiele: Godemiché (aus dem Lat., gaude mihi = bereite mir Freude), Consolateur (Tröster), Ladies Friend (Damenfreund), Gummipeter, Witwentröster. Ständig wurde ihre Herstellung verfeinert und verbessert. Als besonders raffiniert galt ein im 17. und 18. Jahrhundert in Frankreich gebräuchlicher künstlicher Penis mit einem mit heißer Milch zu füllenden hodenähnlichen Sack, der komprimiert und dadurch entleert werden konnte. Heutzutage sind zwar mechanische S. noch immer in reicher Auswahl vorhanden, doch hat inzwischen auch hier die Elektronik Einzug gehalten. Meist stehen elektronische Hilfsmittel als Vibratoren zur Verfügung. Penisähnlich geformt und mit einer elastischen Gummispitze versehen, werden sie von einer im Inneren befindlichen Batterie und einem kleinen Elektromotor angetrieben. Sie können sowohl zur Kitzler- als auch zur Scheidenstimulation eingesetzt werden, wobei die in der Stärke regulierbaren Vibratoren die sexuelle Erregbarkeit steigern und die Lustempfindung verbessern können. Vibratoren werden daher auch manchmal orgasmusgestörten Frauen bei der Therapie empfohlen.

Auch für Männer gibt es mechanische und elektronische Hilfsmittel: etwa eine als »Seemannsliebchen« bezeichnete aufblasbare und in Lebensgröße erhältliche Gummipuppe, die einen scheidenähnlichen Schlitz besitzt, aus dem mit Hilfe eines pneumatischen Systems Flüssigkeit abgesondert werden kann. Manche Männer wollen keine ganze Puppe, sondern begnügen sich mit einer Attrappe der weiblichen Geschlechtsorgane.

Der Sexmarkt ist überfüllt mit einer Vielzahl von Sexspielzeugen, manche uralt wie die → *Liebeskugeln*, andere aus jüngster Zeit stammend, wie die Vibratoren; ständig kommen neue hinzu. Dem Erfindungsreichtum sind keine Grenzen gesetzt, zumal es sich um einen sehr lukrativen Markt handelt. Ar

Meile, geile (umgangssprachlich): Vergnügungsstraße und → *Strich* in Großstädten (→ *Rotlichtviertel*), eigentlich die Reeperbahn im Hamburger Vergnügungsviertel St. Pauli, die ungefähr eine Seemeile (1609 m) lang ist. Gelegentlich wird sie auch als die teuerste Meile der Welt bezeichnet. Der deutsche Rockstar Udo Lindenberg hat die g. M. in seinem Lied »Reeperbahn« 1989 legendär besungen:

Da gibt es so 'nen Boulevard
die Große Freiheit auch ganz nah,
und ich weiß, mich zieht's zum Kietz.
Reeperbahn – ich komm an,
Du geile Meile, auf die ich kann.
Reeperbahn – alles klar,
Du alte Gangsterbraut, jetzt bin ich wieder da.

KS

Menstruation: neben Periode und Regel die gebräuchlichste Bezeichnung für die monatliche, sich über mehrere Tage erstreckende Blutung des weiblichen Geschlechts, die in unseren Breiten mit der Menarche um das 12.–13. Lebensjahr einsetzt und sich normalerweise – von Zeiten der Schwangerschaft abgesehen – bis zum Ende der Geschlechtsreife regelmäßig wiederholt. Mit der letzten Periode setzt die Menopause ein; die reproduktive Phase der Frau ist nun beendet, es wird kein befruchtungsfähiges Ei mehr gebildet.

Für viele Völker ist die M. ein eigentümliches Phänomen, um das sich aus diesem Grunde zahlreiche Mythen und Riten bildeten. Die Frau galt während der Zeit der M. meist als unrein, mußte sich von der Öffentlichkeit fernhalten und wurde von den Männern gemieden. Geschlechtsverkehr war in diesen Tagen verboten. Mancherorts bedeutete schon der Anblick oder die Berührung einer menstruierenden Frau Unglück (→ *Aberglaube*). Nach dem Abklingen der Blutung mußte sich die Frau intensiv waschen, ehe sie wieder in den Kreis der Gemeinschaft aufgenommen werden konnte. Dem Menstruationsblut wurden schädliche Wirkungen nachgesagt. In Ploss/Bartels »Das Weib in der Natur- und Völkerkunde« (Berlin 1927) wird in diesem Zusammenhang Plinius zitiert, der sich zum »Blutfluß der Weiber« folgendermaßen äußert: »Kommen sie in diesem Zustand in

die Nähe von Most, so wird er sauer, die Feldfrüchte werden durch ihre Berührung unfruchtbar, Pfropfreiser sterben ab, die Keime in den Gärten verdorren … und die Früchte der Bäume, unter denen sie gesessen haben, fallen ab. Der Glanz der Spiegel wird durch ihren bloßen Anblick matt, die Schneide eiserner Geräte stumpf, das Elfenbein verliert seinen Glanz, ja sogar Erz und Eisen rosten und bekommen einen üblen Geruch. Hunde, die davon lecken, werden wütend, und ihr Biß wird dadurch zum unheilbaren Gifte.«
Dieser Aberglaube war außerdem nicht nur bei afrikanischen oder südostasiatischen Völkern weit verbreitet, sondern Ploss und Bartels berichten ähnliches auch aus verschiedenen Gegenden Deutschlands. So durfte in Thüringen keine Menstruierende eine Brauerei betreten, damit das Gebräu nicht umschlage; in Schlesien durfte sie nichts pflanzen, im Rheinland Räume, in denen der Wein gärte, nicht aufsuchen. In den nördlichen Gebieten soll man lange geglaubt haben, durch den Koitus mit einer Menstruierenden den Tripper zu bekommen.
In unserer modernen Zeit sind diese abergläubischen Vorstellungen zumindest in Europa weitgehend überwunden. Dank der fortgeschrittenen Hygiene muß sich auch heute keine Frau während der M. unrein fühlen. Und doch meiden auch heute noch manche Frauen in diesen Tagen engen Körperkontakt. Dem Geschlechtsverkehr während der M. stehen heute viele durchaus aufgeschlossen gegenüber, es spricht ja nichts dagegen; mitunter zeigt sich die Frau während dieser Zeit sogar besonders erregt. Doch viele Männer und Frauen haben zur Zeit der M. keinen Geschlechtsverkehr; ein mit Blut beschmierter Penis erscheint ihnen wohl unästhetisch. Wer keinesfalls auf sexuellen Kontakt verzichten möchte, weicht dann auf → *Fellatio* oder → *Petting* aus. Ar

Menstruationsfetischismus: Sonderform des → *Fetischismus*, bei dem die menstruierende Frau und das Menstruationsblut mit seinem Geruch (für viele eher abstoßend) für den Mann besondere sexuelle Reizauslöser darstellen. Der Koitus zur Zeit der M. bedeutet für solche Fetischisten das höchste Lustgefühl; sie bevorzugen diese Tage, während die meisten Menschen zumindest bei starken Blutungen auf Intimkontakte lieber verzichten. Ar

Minderwertigkeitsgefühl: das Erleben eigener mangelhafter körperlicher oder geistiger Voraussetzungen und Fähigkeiten. In bezug auf das Partner- und Sexualverhalten bilden sich M.

häufig nach Enttäuschungen heraus (→ *Frustration*), deren Ursachen in äußerlichen Unzulänglichkeiten gesehen werden. Figur, Frisur, modische Kleidung spielen im Jugendalter eine große Rolle für die Chancen bei der Partnersuche. In der Pubertät sind es oft retardierte (in ihrer körperlichen Entwicklung zurückgebliebene) Mädchen und Jungen, die zu M. neigen. Eindeutige Geschlechtsunterschiede im Sinne generell stärker ausgeprägter M. bei Frauen gegenüber Männern, jahrhundertelang durch die gesellschaftliche Behandlung der Frauen als Menschen zweiter Klasse herausgebildet, finden sich heute in unserem Kulturkreis immer seltener. Damit werden Annahmen über die notwendige Entstehung solcher psychischen Geschlechterunterschiede auf Grund biologischer Unterschiede – z. B. die psychoanalytische These vom → *Penisneid* kleiner Mädchen (→ *Kastrationskomplex*) und der zwangsläufig erlebten Minderwertigkeit der → *Klitoris* – als Produkte ihrer Zeit erkannt. Von klein auf ertragenes Minderheitserleben kann zu einem gestörten Selbstbewußtsein führen, das später immer wieder durch allerlei Verhaltensstrategien kompensiert wird oder aber in → *Aggression* und → *Gewalt* umschlägt. Auch sexuelle Gewalt und Gewalt gegen Schwächere, z. B. gegen Kinder, Frauen, Gefangene, kann in frühkindlichem Minderwertigkeitserleben und mangelndem Selbstwertgefühl eine Ursache haben.

Das Entstehen von M. kann durch eine Erziehung verhindert oder zumindest eingeschränkt werden, die sich prinzipiell an der Förderung der starken Seiten der Heranwachsenden orientiert. Das hilft dem einzelnen, mit Schwächen zu leben und sich selbst zu akzeptieren.

Problematisch ist der Versuch, erlebte Minderwertigkeit in übertriebener, aggressiver Weise zu kompensieren, wenn beispielsweise ein körperlich kleiner Mann ein zwanghaftes Geltungs- und Machtstreben entwickelt, das ihn zu ständigen sexuellen Eroberungsversuchen treibt. Für diesen Mechanismus inadäquater Defizitkompensation führte der Psychoanalytiker Alfred Adler den Begriff »Minderwertigkeitskomplex« ein. We

Minne: Im Mittelalter übliche Form der Frauenverehrung und Liebe. Ursprünglich die helfende und erbarmende Zuwendung. Liebendes Gedenken (erhalten im englischen Wort mind und im deutschen [gut-]meinen). Mit der → *Liebe* in ihrer heutigen Gestalt ist die M. nicht zu vergleichen. Die individuelle Geschlechtsliebe zwischen zwei Menschen und die feste Liebesbeziehung entstanden erst später.

Im 12. und 13. Jahrhundert änderte sich in der ritterlichen höfischen Gesellschaft die Beziehung zwischen dem Ritter und seiner frouwe, und eine neue Form der M. entstand. Die ökonomische Entwicklung ließ dem Lehensritter mehr Freiraum und ermöglichte eine höfische Kultur, die insbesondere an den großen Höfen als den Treffpunkten der Ritterschaft gepflegt wurde und das eigene Standesbewußtsein förderte. Eine bedeutende Ausdrucksform, schließlich die bedeutendste, war der → *Minnesang.*

Es gab die niedere M. und die hohe M. Die *niedere* M. war von Sinnlichkeit und praktischer Erotik getragen. Sie suchte und fand sexuelle Befriedigung im intimen Kontakt. Die *hohe* M. war hingegen ein ideelles Streben, und zwar immer vom Mann zur Frau, nie umgekehrt – eine Minnesängerin wäre undenkbar gewesen. Die Angebetete, fast immer die Frau eines anderen Ritters, blieb unerreicht. Sie war das Idealbild des Weibes schlechthin. Mit oft großer Aufopferung warb der liebende Ritter um die Auserkorene und vollbrachte ihr zu Ehren Heldentaten. Die Vorzüge seiner Geliebten preisend, zog er durch die Welt. Dabei wurde interessanterweise niemals der Name der Angebeteten genannt – die Angebetete war gewissermaßen ein Abstraktum.

Dieses höfische Spiel verfiel mit dem Niedergang der höfischen Kultur, und der Begriff der M. verschwand für Jahrhunderte. Immerhin scheint aber manche Eigenart der hohen M. nicht ganz verloren, sondern in unserem Liebesbegriff aufgegangen zu sein: die Überhöhung der geliebten Person, die Idealisierung der Liebe, die Aufopferungsbereitschaft, die Einzigartigkeit und Ausschließlichkeit gerade der einen Liebe, die Treue auch bei unerfüllter Liebe und – allerdings erst bei Walther von der Vogelweide in Verbindung mit der niederen M. – die Gegenseitigkeit der Beziehung. Walther von der Vogelweide (um 1170–1230) stellte der adligen, standesgebundenen, pflichtgemäß abweisenden frouwe das freie wip mit weiblichen Zügen gegenüber (»wip sin alle frouwen gar« – echt weiblich sollen alle Frauen sein). Unter M. verstand er bereits Liebe »(herzeliebez frouwelin)« mit gegenseitiger Zuneigung:

Herrin, nun besinne
dich, ob ich dir lieb im Herzen sei.
Eines Liebsten Minne
taugt nichts, bleibt das Herz
des andern frei.
Minne sei nicht einsam, sie seit stets gemeinsam,
so gemeinsam, daß sie dringt
durch zwei Herzen und sonst keines zwingt.

KS US

Minnesang: Deutsche Ritterlyrik des 12. und 13. Jahrhunderts. M. wurde insbesondere an den großen Höfen gepflegt und war bedeutender Teil der höfischen Kultur. Die Minnesänger sangen – einstimmig, von Laute oder Fiedel begleitet oder solo – eigene Texte und Melodien. Die formalen Regeln waren streng und zu huldvoller Erstarrung verurteilt. Hauptgegenstand waren die Lobpreisung der Geliebten (→ *Minne*). Die Lieder sind in Handschriften überliefert, von denen die bedeutendste die sogenannte Manesse-Handschrift ist (benannt nach dem Züricher Ritter und Ratsherrn Rüdiger Manesse, 1224–1304). Sie umfaßt 7000 Strophen von 140 Minnesängern.

Berühmte Minnesänger waren Heinrich von Morungen, Reinmar von Hagenau, Neidhart von Reuenthal, Hartmann von Aue, Wolfram von Eschenbach, Konrad von Würzburg. Walther von der Vogelweide, der wohl bekannteste Minnesänger, verband die höfische Kunst der Ritter mit den Liedern der Fahrenden, deren »Lieder der niederen Minne« zu den Schönsten gehören, was die mittelalterliche Lyrik hervorgebracht hat. Der M. fand seine Fortsetzung im Meistergesang der Bürger; vieles ist auch vom Volkslied aufgenommen worden.

KS US

Aus einem Lied von Walther von der Vogelweide:

Si wundervol gemachet wîp,
daz mir noch werde ir habedanc!
Ich setze ir minneclîchen lîp
vil werde in mînen hôhen sanc.
Gerne ich allen dienen so:
doch hân ich mir diese ûz erkorn.
Ein ander weiz die sînen wol:
die lobe er âne mînen zorn;
habe ime wîse unde wort
mit mir gemeine: lobe ich hie, sô
lobe er dort.

Ir houbet ist sô wünnenrîch;
als ez mîn himel welle sîn.
Wem solde ez anders sîn gelîch?
Ez hât ouch himelischen schîn.
Dâ liuhtent zwene sternen abe:
dâ müeze ich mich noch inne ersehen,
daz si mir si alsô nâhen habe!
sô mac ein wunder wol geschehen:
ich junge, und tuot sie daz,
und wirt mir gernden siechen
seneder sühte baz.

(Du wundervoll geschaffnes Weib,
ach würde mir dein »Habe Dank!«.
Ich stelle deinen schönen Leib
voran in meinem hohen Sang.
Gern möcht ich dienen allen Frauen,
doch hab ich eine mir erwählt.
Ein andrer mag auf andre schauen,
die lobe er, wie's ihm gefällt.
Er hat Gesang und Wort
mit mir gemein, und lob ich hier,
so lob er dort!

Ihr Haupt erglänzt so wonnenreich,
als ob's mein Himmel wollte sein:
wem anders käm ihr Antlitz gleich?
Hat es doch himmlisch schönen
Schein.
Zwei Sterne leuchten hell daher:
ich könnte mich in ihnen sehen,
wenn ich ihr nur ganz nahe wär.

Dann kann ein Wunder leicht geschehen:
ich würde jung dabei, ich Liebeskranker wäre aller Schmerzen frei.)

Minotaurus: gefährliches Ungeheuer, halb Stier, halb Mensch, das der Verbindung von Pasiphaö, der Frau des Minos, König auf Kreta, mit einem Stier entstammt. Jedes Jahr mußten dem M. sieben Jünglinge und sieben Mädchen aus Athen geopfert werden. Daedalos, Vater des bekannten Ikaros, hatte das Labyrinth erbaut, in dem der M. lebte. Auf seinen Rat gab die Königstochter Ariadne dem Theseus, der in einer heimlichen Liebesnacht gezeugt worden war, ein Wollknäuel und ein Zauberschwert. So gelang es ihm, das Mischwesen M. zu töten und damit Athen von dem jährlichen Opferritual zu befreien; mit Hilfe des Wollknäuels fand Theseus aus dem gefährlichen Labyrinth wieder heraus. Dieser Sieg über das Untier ist ein häufiges Motiv in der bildenden → *Kunst.* Der M. wird dabei als die Verkörperung der wilden, naturgegebenen Leidenschaften interpretiert. Se

Mobbing (engl. to mob = mißhandeln, bedrängen): negative (ärgernde, peinigende, herabwürdigende, frustrierende) Handlungen, die gegen eine Person gerichtet sind (von einer oder mehreren anderen ausgehend), sehr oft über einen längeren Zeitraum hinaus vorkommen und eine Beziehung zwischen Täter und Opfer kennzeichnen. Zu M., einem zuerst von amerikanischen Soziologen entdeckten und genauer beschriebenem Phänomen, kommt es vor allem am Arbeitsplatz und bedeutet im engeren Sinne, jemanden aus seinem Job, seiner Stellung hinausdrücken, hinausekeln, ihn so lange anschwärzen, → *anmachen,* zermürben, kleinkriegen, entnerven, entmutigen, bis er die Lust verliert, seine Leistung abfällt und er freiwillig geht oder aber entlassen werden kann. Oft fällt der/die Betroffene schon vorher durch Krankheit länger oder endgültig aus (Magengeschwüre, Zusammenbruch des Kreislaufs, Herzinfarkt). In jüngster Zeit nimmt M. zu. Gemobbte entziehen sich der für sie unerträglichen Situation nicht selten durch Selbstmord. Sozialforscher in Schweden haben herausgefunden, daß 20 % aller Selbstmorde unmittelbar auf die psychischen Bedingungen am Arbeitsplatz zurückzuführen sind; M. ist dabei ein herausragender Faktor. Oft werden Menschen gemobbt, die längere Zeit – meist unfreiwillig – aus dem Arbeitsleben ausgeschlossen waren, nun ohnehin befangen und in ihrem Selbstwertgefühl beeinträchtigt einen Neueinstieg versuchen und von einem oder mehreren Kollegen massiv behindert werden. Doch auch bei langjähriger Berufstätigkeit in ein und derselben Firma läßt sich M. nachweisen: Das Opfer wird lächerlich gemacht, hinter seinem Rücken werden Gerüchte verbreitet, (oft erfundene) Intimitäten werden erzählt; es wird wie Luft behandelt oder verbal attackiert, auch mit Zoten beschämt oder durch ständige Anspielungen auf seine Unfähigkeit beleidigt und in jeder Weise tyrannisiert. Insbesondere weibliche Opfer sind häufig verbalen sexuellen Belästigungen und Beleidigungen ausgesetzt. Mitunter ist der Mobber oder die Mobberin vom Opfer nach einem eindeutigen Antrag zurückgewiesen worden und versucht nun, sich zu rächen.

Neben der direkten Absicht, jemanden aus seiner beruflichen Position zu vertreiben oder seinen Aufstieg zu verhindern, hat M. auch die sozialpsychologische Funktion, in einer Gruppe durch die Installation eines Prügelknaben Machtstrukturen zu sichern und den Wert der eigenen Person zu erhöhen, indem eine andere degradiert wird. Ein schwarzes Schaf, ein Sünden- und Prellbock für alles, ein Ball im Spiel der Mächte läßt sich in jeder Gruppe finden, und diese Vereinbarung und die Gemeinsamkeit der Rituale bei der Jagd auf den Prügelknaben hält die Gruppe zusammen. Der Mobber ist gerade deshalb jemand, weil er andere zum Nichts deklariert. M. bedeutet, andere auszugrenzen, um sich aufzuwerten – ein Ergebnis, das nicht nur durch verbale Attacken, sondern durch vielfältige, teils vordergründige, teils hinterlistige Aktionen bis zur offenen Gewalt zu erreichen versucht wird. Darüber hinaus ist M. ein grausames Gesellschaftsspiel mit Unterhaltungswert und sozialsadistischem Lustgewinn (→ *Sadismus*); das schwächste Glied der Gruppe wird mit immer gleichen und immer neuen Methoden zum allgemeinen Gaudium vorgeführt und lächerlich gemacht; er tappt in die tödlichen Fallen, die ihm gestellt werden, und zeigt dann jene erbärmliche Miene, die im erbarmungslosen Spiel erwartet wird. Wer dabei nicht mittut, wird selber ausgegrenzt. In einem satirischen Gedicht von Klaus Lettke im »Eulenspiegel« 1994 heißt es unter der Überschrift »Mobbing macht Laune«: »Beim Mobbing gibt es immer was zu lachen, / weil wir uns gegenseitig fertigmachen, / das Motto lautet: Alle gegen einen! / Und, Gott sei Dank, trifft's immer bloß die Kleinen.«

M. kommt in diesem sozialpsychologischen Sinne nicht nur am Arbeitsplatz, sondern auch in der Schulklasse oder in anderen Gruppen vor. Der ständige Psychoterror und die endlosen Erniedrigungen führen zur Veränderung sowohl der Täter – sie werden immer brutaler und rücksichtsloser und büßen jedes Fein- und Mitgefühl ein – als vor allem auch des Opfers, das verunsichert und gelähmt wird und dessen Persönlichkeit durch ständige Mißerfolge und Erduldung von Bösartigkeiten leidet. Das beeinträchtigt schließlich seine gesamten Lebensbereiche. Der bzw. die am Arbeitsplatz Gemobbte versucht in aller Regel, über die erlittenen Schmähungen und Schwierigkeiten mit Partner und Familie zu sprechen. Ist M. am Arbeitsplatz ein Dauerzustand, führt das zu einer Dauerbelastung für Familie und Partnerschaft. M. kann die gesamte persönliche Ausstrahlung einschließlich der erotischen mindern und auch das eigene Sexualverhalten, die → *Lust* und die sexuelle Erlebnisfähigkeit negativ beeinflussen. US

Mode: Kleidung hatte schon immer mit → *Erotik* zu tun – entweder, um die erotische Ausstrahlung zu verstärken, oder, seltener, um sie abzuschwächen. Die M. repräsentiert die jeweilige Zeitströmung, der sich beide Geschlechter anpassen, soweit es ihnen möglich ist. Ihr ständiger Wechsel macht unser Alltagsleben abwechslungsreicher und weniger monoton. Einmal herrschen dunkle, dezente Farben vor, dann werden sie plötzlich von grellen, auffallenden Tönen abgelöst. Die strenge Modediktatur vergangener Zeiten gibt es jedoch heutzutage nicht mehr; im Grunde kann jeder tragen, was ihm gefällt und was er sich finanziell leisten kann. Vor allem die M. für die Frau soll nicht nur ihr Selbstbewußtsein verstärken, sondern auch die Blicke anderer auf sich ziehen. Sie soll die eigene Persönlichkeit unterstreichen, Vorzüge betonen, Schwächen kaschieren. Für die Modeschöpfer ist die Entwicklung neuer Kreationen wie ein Spiel zwischen Verhüllung und Entblößung (Transparentlook, barbusig), wobei besonders die typisch weiblichen Merkmale wie Brust und Po zur Schau gestellt, reizvoll drapiert, verdeckt und wieder hervorgezaubert werden. Beispiele hierfür sind Veränderungen des Halsund Rückenausschnittes, Verkürzung des Kleidersaums bis zum Po (Mini) oder Verlängerung bis zum Knöchel (Maxi), superenge Kleider oder lose fallende Gewänder, alles ist möglich. Der erotische Reiz geht dabei nicht nur von den Schnittformen, Mustern und Farben aus, sondern auch von den verwandten Materialien; das leise Knistern von Taft oder Seide bei Bewegungen wirkt zusätzlich verführerisch.

In frühen Zeiten herrschten strenge Kleiderordnungen, denen man sich zu unterwerfen hatte. Um ja nicht mit »ehrbaren Frauen« verwechselt zu werden, war zeitweilig für → *Prostituierte* eine besondere Tracht vorgeschrieben, so daß man ihr Gewerbe sofort erkennen konnte. Die ersten Kleider trug man am spanischen Königshof. Sie wirkten allerdings kaum erotisierend, da die Frau in ein Kostüm eingezwängt war, die Brüste wurden mit darübergelegten Bleiplatten weggedrückt, das Kleid reichte bis zur Erde, nur der Kopf war zu sehen. Im Gegensatz zur strengen Etikette des spanischen Hofes ging es in der Renaissance freizügiger und lockerer zu. Vornehme Damen exponierten ihren Busen und ließen ihn malen. Auch in der Französischen Revolution wurden Brüste und Schultern gezeigt, während man sie zur Zeit des Biedermeier wieder keusch unter vielen Schulterkragen versteckte. Heutzutage kann eigentlich jede Frau in der M. ihren individuellen Geschmack beweisen, und selbst wenn sie dem generellen Modetrend folgt, kann sie durch Accessoires wie z. B. → *Schmuck* oder anderes Beiwerk ihre Persönlichkeit zum Ausdruck bringen. Der heute bestehende enge Kontakt mit anderen Völkern und Ländern beeinflußt die M., manches wird von den dortigen Trachten übernommen und etwas abgewandelt.

Auch die Männermode hat sich im Laufe der Jahrhunderte beträchtlich gewandelt. Zeitweilig war sie ähnlich farbenfreudig und prunkvoll wie die der Frauen, wobei das Genitale durch die Schamkapsel besonders hervorgehoben wurde. Bereits die mittelalterliche Rüstung besaß einen aus Kupferdrähten geflochtenen Beutel für Penis und Hoden, der später noch mit einem senkrecht verlaufenden Eisenband versehen wurde. Im 15. und 16. Jahrhundert waren die Schamkapseln gepolstert und oft so kunstvoll verziert, daß diese M. seitens der Kirche als sündhaft angeprangert wurde. Allmählich kehrte in die Kleidung der Männer Zurückhaltung, besonders hinsichtlich der Farbigkeit, ein. Der offizielle Geschäftsanzug ist auch heute noch schwarz oder dunkelgrau, während der Freizeitlook dem Mann mit bunten Hemden und auffallenden Krawatten sowie farbenfrohen Sakkos viele Möglichkeiten zur individuellen Gestaltung bietet. Zu einer Art internationalen Massenuniform sind die aus amerikanischen Farmerhosen entwickelten Jeans geworden, die Gesäß und Oberschenkel plastisch modellieren und dadurch sehr erotisch wirken können, ein Umstand, der sie sehr schnell auch in die Frauenmode Eingang finden ließ. Jeans gehören außerdem zu einer Kleidung, bei der die Unterschiede zwischen typisch männlicher und typisch weiblicher M. ebenso verwischt werden wie die sozialen Unterschiede. Ein wichtiger Bestandteil der Kleidung war lange Zeit das Hemd. Es wurde direkt auf der Haut getragen und bestand anfangs aus einem langen, meist aus Leinen hergestellten Gewand, das den Körper verhüllte. Man trug es tagsüber unter der restlichen Kleidung; geschlafen wurde nackt. Erst im 18. Jahrhundert kam das Nachthemd auf. Aus zunächst ausgesprochen biederen Kleidungsstücken entwickelten sich Hemd und Nachthemd mittels neuer Materialien und anderer Gestaltungsformen zu reizvollen Attributen der weiblichen Unterwäsche. Als besonders elegant gilt Seide, oft mit kostbaren Spitzen verziert, oder hauchdünne Gewänder, die die darunter verborgenen Reize nur noch andeutungsweise verhüllen. Wichtig sind auch die → *Farben*: Weiß gilt als Betonung der Unschuld, Rot wirkt leidenschaftlich, und Schwarz hat etwas Sündhaft-Verruchtes an sich. Die erotische Einweisung mancher künftigen Ehefrau bestand im Geschenk eines Nachthemdes mit Liebesschlitz für die Hochzeitsnacht. Bei dem Flatterhemd der 50er und 60er Jahre handelt es sich um ein kurzes, locker geschnittenes Hemdchen, mit einem kleinen Slip kombiniert, das durch sein Material und seinen raffinierten Schnitt sehr reizvoll wirken kann. Während die Damenhosen früher meist ebenfalls aus Leinen bestanden und bis zu den Knien reichten, sind sie heute von kleinen, frechen Höschen – Slips und Tangas – abgelöst worden, die oft noch verheißungsvolle Sprüche tragen, um den Partner anzuregen.

Ein allgemeiner Modetrend der letzten Jahre ist die Farbe Schwarz. Das »kleine Schwarze« gehört zur Garderobe jeder eleganten Frau, doch auch die Jugend liebt schwarze Kleidung, besonders aus Leder. Über das Praktisch-Modische hinaus dokumentiert sich hier eine Art Gruppenmentalität; man vermeidet bewußt das Individuelle, jeder geht im schwarzen Lederlook, alle sind gleich. Darüber hinaus ist schwarzes Leder aber auch das klassische Zubehör des → *Sadomasochismus*, ein → *Symbol* für Beherrschung und Unterwerfung.

Starke erotische Bezüge hatte auch stets die Bademode. Das Freibaden, so wie wir es heute kennen, kam erst im 19. Jahrhundert auf. Anfangs trugen beide Geschlechter, vor allem aber die Frauen, ein hochgeschlossenes Badekostüm. Man zog sich in einem Badekarren um, der gelegentlich auch ein ungezwungenes Beisammensein mit dem Geliebten ermöglichte. Heute haben sich die Badesitten total verändert, die Badeanzüge – ob Bikini oder ganzteilig – sitzen so eng wie möglich, betonen pralle Formen und Rundungen. Wer will, kann auch nackt baden oder oben ohne. Der Spielraum der M. ist noch nie so groß gewesen, in allen Bereichen der M. herrscht ein ständiger Wechsel, wobei von Zeit zu Zeit auch Bewährtes ein wenig aktualisiert wiederauftaucht. Der Phantasie der Modeschöpfer sind keine Grenzen gesetzt, und ihre willigen Kunden folgen meist auch den verrücktesten Trends.

Se Ar

Monogamie (griech. mónos = einzeln und gámos = Ehe): Einehe, Paarungsehe, in weiterem Sinne auch dauerhafte Paarbeziehung. Mit dem Begriff der M. verbinden sich zwei wesens-

verschiedene gesellschaftliche Entwicklungsprozesse: Zum einen bildet sich mit der Menschwerdung die individuelle Geschlechtsliebe heraus. Die aus der Arbeitsteilung zwischen Mann und Frau hervorgehende Dauerbeziehung schließt die Sexualität mit ein. Sie führt zu emotionaler Zuwendung und zur Verfeinerung und Kultivierung des Sexualverhaltens über die Entwicklung der sinnlich-erotischen Komponente. Diese Individualisierung des Sexualverhaltens wird andererseits durch ökonomische Bedingungen der Menschheitsentwicklung erzwungen, durch die Entstehung des Privateigentums und die Sicherung des Erbrechts in väterlicher Linie im → *Patriarchat*. So entsteht die M. mit dem Ende der Urgesellschaft, als Hauptform gesellschaftlich sanktionierter Sexualbeziehungen zwischen Mann und Frau, wobei die damit verbundenen Zwänge (z. B. Heiratszwang) den Aufbau individueller Liebesbeziehungen oft geradezu ausschließen.
Durch das → *Christentum* wird die M. zur alleinigen Eheform mit Anspruch auf lebenslange sexuelle → *Treue* erklärt und darüber hinaus zur einzigen Form der Partnerbeziehung, in der Geschlechtsverkehr moralisch zu rechtfertigen ist. Das ändert jedoch nichts daran, daß die Moralnorm der M. zu allen Zeiten und in allen Gesellschaften zwar offiziell anerkannt, im realen Leben aber durchbrochen wurde, vor allem von Männern (→ *Doppelmoral*). Spiegelbild der aus ökonomischen Gründen erzwungenen M. der Frauen ist das partnermobile Leben derjenigen Männer, die es sich materiell leisten können, sei es in Form der → *Prostitution*, von Nebenfrauen oder eines Harems (→ *Polygamie*).
M. und → *Erotik* bilden eine widersprüchliche Einheit mit einem Spannungs- und Konfliktpotential für jeden Menschen, der dauerhafte sexuell-erotische Erfüllung anstrebt: Einerseits kann sich nur durch ein bestimmtes Maß an Beziehungsstabilität die emotional-kommunikative Seite der Sexualität ausreichend entfalten; andererseits führt ausschließlich Zweisamkeit über einen langen Zeitraum oft zu sexueller Verödung und lusttötender Gewohnheit (→ *Lust*). We

Moral (lat. mos = Sitte, Brauch, moralis = sittlich): allgemeines, auf das Denken und Handeln der Menschen bezogenes System von Werten und → *Normen*. Die Grunddimension moralischer Wertung ist die von »gut« und »böse«; entsprechende Verhaltensanforderungen bestimmen, was getan oder unterlassen werden soll. Moralische Werte und Normen sind mit der menschlichen Gesellschaft entstanden und verändern sich mit ihr, was Fortschritte und Rückschritte und die Gebundenheit der M. an konkrete Personen und Personengruppen in konkreten Gesellschaften einschließt (→ *Doppelmoral*).

Insbesondere das Sexualverhalten unterliegt seit Jahrhunderten differenzierter moralischer Bewertung. Deshalb wird in der Alltagssprache mit M. oder Unmoral oftmals ausschließlich die Normkonformität oder -abweichung sexuellen Verhaltens bezeichnet; ein unmoralischer Mensch ist demgemäß einer, der sexuell ausschweifend lebt, und ein moralischer einer, der sexuell treu ist. Traditionelle Vorstellungen über den Ursprung der M. unterstützen ein solches Denken. Das → *Christentum* begründet die M. im Sündenfall, der zur Vertreibung von → *Adam und Eva* aus dem Paradies geführt hat. Sünde war hinfort die Übertretung eines göttlichen Gebots oder eines davon abgeleiteten Sittengesetzes, speziell die selbstbestimmte sexuelle → *Lust*. Moralisches Gewissen ist, davon abgeleitet, gleichzusetzen mit dem permanenten Schuld- und → *Schamgefühl* gegenüber fleischlichen Gelüsten, also gegenüber dem → *sexuellen* Bedürfnis und den erlebten oder erwünschten Formen seiner Befriedigung. Freud (→ *Psychoanalyse*) vermutete den Ursprung der Moral im Mord an einem tyrannischen Urvater, der die Söhne mit Schuld belädt und sie im nachhinein zur Einhaltung des väterlichen → *Inzest-Verbots* veranlaßt und zur Verehrung des Urvaters im Totem. Materialistische Erklärungen verweisen auf ökonomische Ursachen für die Entstehung sexuell-moralischer Normen. Dessenungeachtet entwickeln Moralvorstellungen immer auch ein Eigenleben und sind so nie einfacher Reflex materieller gesellschaftlicher Existenzbedingungen.

Die gesellschaftliche Gesamtheit moralischer Anschauungen wird von jedem Menschen in seiner Entwicklung ausschnitthaft, d. h. aus der Perspektive seiner sozialen Lebenslage, angeeignet (→ *Sozialisation*). So bildet sich sein sittliches Normbewußtsein, das → *Gewissen*, heraus. Die jeweiligen moralischen Forderungen entscheiden darüber, inwieweit sexuell-erotische Verhaltens- und Erlebnisweisen toleriert werden und sich individuell normal entwickeln können, oder ob sie frustriert werden und zu Fehlentwicklungen führen. Im Extremfall entsteht auf diese Weise entweder eine enterotisierte Schuld- und Schammoral oder eine → *Sexualität* und → *Erotik* bejahende Liebesmoral. We

Motivation: Gesamtheit der Beweggründe, die ein bestimmtes Verhalten auslösen. Der Mechanismus des Entstehens sexueller M. besteht darin, daß der Mensch auf der Basis seines sexuellen → *Bedürfnisses* bestimmte

Handlungsalternativen (→ *Masturbation*, → *Koitus* usw.) hinsichtlich ihrer Bedeutung für die Bedürfnisbefriedigung bewertet. Die jeweiligen Handlungen und ihre Objekte erlangen so subjektive Bedeutung, werden zu Motiven und erzeugen Handlungsbereitschaft. Sexuelle M. ist nicht mit der M. sexuellen Verhaltens gleichzusetzen. Unter Umständen kann sich sexuelle M. auf Objekte oder Handlungen richten, die aus der Sicht der Gesellschaft oder zumindest für die Mehrheit ihrer Mitglieder keinen sexuellen Charakter besitzen (→ *Fetischismus, Pyromanie, Kleptomanie*). Sinnliches Luststreben kann prinzipiell am Zustandekommen jeglicher Handlung mehr oder weniger beteiligt sein. Genauso wie es sexuell motiviertes Verhalten geben kann, das äußerlich nicht als solches erkennbar ist, kann es im anderen Extrem auch sexuelle Verhaltensweisen geben, die nicht sexuell motiviert sind, d. h., durch die keinerlei sexuelle Bedürfnisbefriedigung angestrebt wird.

Auch in die M. des alltäglichen Sexualverhaltens gehen zumeist nicht nur sexuell-erotische Motive ein. Das ist ganz selbstverständlich, da z. B. im sexuellen Beisammensein normalerweise außer körperlicher Befriedigung und → *Lust* auch die Nähe zu einem geliebten Partner gesucht wird. → *Liebe* und Geborgenheit sind aber nicht allein durch → *Sexualität* herstellbar, zumindest nicht auf Dauer. Dazu bedarf es des gemeinsamen Handelns der Partner in vielen Lebensbereichen. Schwingen in der M. sexuellen Verhaltens zu viele solcher nichtsexuellen Motive mit, kann die Sexualität überfrachtet werden.

Inadäquate M. sexuellen Verhaltens, die nicht auf die Befriedigung sexueller Bedürfnisse zielen, können zu Deformationen des sexuellen Verhaltens und Erlebens führen. Das Spektrum reicht hier von Störungen im Erleben (→ *Anorgasmie*) über auffällige Verhaltensweisen, z. B. häufigen Partnerwechsel (→ *Nymphomanie*, → *Donjuanismus*), bis hin zu sexuell-pathologisch und kriminologisch bedeutsamen Handlungen, etwa dann, wenn sich angestaute → *Aggressivität über sexuelle Affekthandlungen entlädt* (→ *Gewalt*).

Ein sexualpsychologisch besonders interessanter Bereich ist die M. zum ersten Geschlechtsverkehr. Als Hauptmotiv Jugendlicher hat sich in den letzten Jahrzehnten bei beiden Geschlechtern zunehmend → *Liebe* und Zuneigung zum Partner herausgebildet. Weitere Motive sind → *Neugier*, Erlebnisdrang, sexuelles Verlangen. Das klassische Motiv der Mädchen, den Geschlechtsverkehr auf Drängen des Jungen hin zuzulassen, um ihn nicht zu verlieren oder fester an sich zu binden, ist hingegen kaum noch anzutreffen. Die Initiative zum ersten Geschlechtsverkehr geht heutzutage meist von beiden Partnern aus. We

Musik: Schon immer gehören Lebensfreude, Erotik und M. eng zusammen. M. wirkt stärker als andere Kunstformen auf das menschliche Gefühl ein. Durch Melodie, Harmonie und Rhythmus (auch Lautstärke) kann sie mittelbar und unmittelbar erotische Beziehungen zwischen den Menschen unterstützen und sexuelle Gefühle befördern. Die Texte von Liedern und Musikstücken haben sehr oft → *Liebe*, → *Sexualität* und Partnerschaft zum Inhalt. Leise, zärtliche Unterhaltungsmusik wird von Liebesuchenden als angenehm empfunden und kann die Sehnsucht steigern. M. kann Liebesglück ausdrücken und Liebesleid mildern. Sie kann erregen und beruhigen, aufreizen und abkühlen. Dabei spielen nicht nur die M. selbst, sondern auch die Interpreten eine wichtige Rolle. Sie tragen dazu bei, daß sich Vorlieben und Rituale herausbilden. Zu allen Zeiten und bei allen Völkern hat die M. in der Alltagskultur und speziell in bezug auf Partnerbeziehungen und Sexualität eine überragende Rolle gespielt, und es sind die verschiedensten Ausdrucksweisen hervorgebracht worden. Von außerordentlich großer erotischer Bedeutsamkeit ist seit eh und je die Verbindung von Musik und → *Tanz*. Beide sind wesentliche Elemente der erotischen Kommunikation zwischen den Menschen. → *Sirenen*, → *Minnegesang*, → *Liebeslied*, → *Lieder liederliche*, → *Volkslied*, → *Theater*. Se KS

Mythen, sexuelle: Verklärungen sexueller Sachverhalte; Irrlehren und legendenhafte Auffassungen über Sexuelles, die sich hartnäckig in der öffentlichen Meinung halten und eine »sagenhafte« Berühmtheit besitzen; nicht hinterfragte oder nicht hinterfragbare Annahmen; häufig auch Scheinwahrheiten, Klischees, die einfach übernommen werden, Fehlannahmen oder sexuelle Vorurteile, die über harmlose Dinge den Schleier des Vorherbestimmten, Magischen legen und dem Menschen das Gefühl des Ausgeliefertseins vermitteln. Nach Horkheimer und Adorno entsteht ein Mythos mangels trefflicher Erklärungen für ein Phänomen; das Unerklärliche und Unverständliche wird mystifiziert und bekommt eine irrationale oder gar keine Erklärung.

S. M. hat es zu allen Zeiten gegeben. Insofern Schein und Sein der Sexualverhältnisse schwer zu durchschauen sind, einer Entfremdung unterliegen und ein Boden für Verklärungen besteht, werden s. M. genährt und können neue entstehen. Weit verbreitet sind die folgenden s. M.:

Der *Mythos vom Simultanorgasmus* oder: Nur der gemeinsame ist der richtige → *Orgasmus*. »Wer sich richtig liebt, kommt zusammen.« Seit Van de Velde und seiner »Vollkommenen Ehe« setzen sich Liebende mit den unterschiedlichen Erregungskurven von Mann und Frau auseinander. Getragen von Achtung für den Partner und von Verantwortung für das gleichzeitige Glück, bemühen sie sich, die Erregungskurven in Übereinstimmung zu bringen. Insbesondere bei jungen Partnern bildet sich oft ein regelrechter Gleichzeitigkeitskomplex heraus. Sie sind enttäuscht, wenn beider Orgasmus nicht zusammenfällt, und halten dann den ganzen → *Koitus* für mißlungen, von dem (und nicht von anderen sexuellen Handlungen) sie idealerweise den Simultanorgasmus erwarten. Die akzeptierte Norm, nicht nur an sich selber, sondern auch an den anderen zu denken und nur zufrieden zu sein, wenn auch der andere befriedigt ist, erfährt hier eine hinderliche Auslegung. Es wird nämlich nicht beachtet, daß der gleichzeitige Orgasmus nicht das einzige, Ideale, Erstrebenswerte, sondern nur Zufall oder Kunststück sein kann, auch wenn er – so er denn ausnahmsweise eintritt – als überwältigend und erst als die wirkliche Verschmelzung mit dem Partner empfunden wird. Dieses Verschmelzungsideal wird im Mythos vom Simultanorgasmus auf das Sexuelle übertragen. Dem stehen die oft unterschiedlichen Reaktionsweisen der beiden Partner und die Nichtübereinstimmung des optimalen Rhythmus beim Orgasmus sowie die intellektuelle Dekonzentriertheit und das Abschalten in höchster sexueller Erregung entgegen.

Der *Mythos von der unbedingten Selbstkontrolle in der sexuellen Begegnung* oder: Disziplin muß sein. Erzogen zu Selbstdisziplin und Selbstkontrolle, bemühen sich viele Menschen auch im intimen Verhalten um Selbstkontrolle. Sie lassen sich nie richtig gehen, der Verstand obsiegt über das Gefühl, die angenommene Norm wird zum Fetisch, man verordnet sich die verordnete Zurückhaltung, kontrolliert sich und den Partner ständig und hat Angst davor, aus der Rolle zu fallen, weil dies Nachteile bringen könnte. Selbstdisziplin ist in der alten Sexualpädagogik ein zentrales Wort (Prinzip »Zucht und Ordnung«). Jedoch hat die Selbstkontrolle beim sexuellen Zusammensein ihre Grenze, und sie kann hinderlich und selbstzerstörerisch sein, weil sie gewissermaßen Reserven zurückhält, der freien, ungehemmten, offenen, sexuellen Erfüllung entgegensteht, vitale Gefühle unterdrückt oder verkümmern läßt und ein ständiges Mißtrauen gegenüber dem Partner bedeutet. Erst die absolute Öffnung und der Verzicht auf Kontrolle bedeutet wirkliches Vertrauen zum Partner und auch zu sich selbst. Dafür müssen allerdings die Umstände gegeben sein.

Der *Mythos von dem einen Orgasmus* oder: Alles oder nichts. Orgasmuskult statt Orgasmuskultur. Dieser Mythos beinhaltet mehrere Aspekte. Der eine besteht in dem klassischen Grundmodell Erregung – Orgasmus – Ende, der andere in der Vernachlässigung des multiplen und mehrfachen Orgasmus der Frau (mit dem Gegenmythos der unendlich potenten Frau, die einen tollen Orgasmus nach dem anderen und die tollsten auf einmal hat). Der dritte bezieht sich darauf, daß Orgasmus gleich Orgasmus ist und immer gleich empfunden werde (Orgasmus gehabt, alles okay). Die Variabilität und Kompliziertheit des sexuellen Geschehens wird dabei ignoriert. Der vierte Aspekt enthält eine krampfhafte Orgasmuszentriertheit. Ein Zärtlichkeitsaustausch ohne Orgasmus wird als unvollkommen betrachtet. Fehlt der Höhepunkt, so hat die gesamte Partnerbeziehung keinen Höhepunkt. Nicht so sehr der Inhalt und die Gestaltung der Beziehung, sondern das Stattfinden eines Ereignisses, die Lösung ist die Hauptsache. Daraus entstehen oftmals schwerwiegende Belastungen, mangelndes Selbstwertgefühl, Minderwertigkeitskomplexe, Versagungsängste, Leistungsdruck. Der Mythos ist Ausdruck einer entfremdeten, fetischisierten Sexualität und nährt diese.

Der *Mythos vom alleinseligmachenden Koitus* oder: Nur vaginaler Geschlechtsverkehr zählt wirklich. Dieser Mythos folgt einem patriarchalischen Modell von Sexualität mit latenter und unbewußter Überbetonung der Fortpflanzungsfunktion als Legitimation für das Sexuelle. Alle anderen Formen sexuellen Kontakts werden abgelehnt, minderbewertet oder nur koitusbezogen betrachtet, nämlich als Vorspiel, begleitende Zärtlichkeiten, Nachspiel. Tatsächlich aber gibt es keinen vernünftigen Grund gegen andere Sexualtechniken und Befriedigungsformen sowie generell gegen selbständige Varianten im Liebesspiel.

Der *Mythos von der wenn nicht schädlichen, so doch unwürdigen → Selbstbefriedigung* oder: Wer zuviel masturbiert, ist irgendwie nicht ganz normal oder hat keine richtige oder eine gestörte Partnerbeziehung. Tatsächlich ist Selbstbefriedigung eine Variante sexueller Betätigung und ein eher harmloses Vergnügen.

Der *Mythos von der Penisgröße* oder: Je größer das Glied, desto besser (→ *phallische* Irrtümer). Dieser Mythos hängt mit der Verehrung des erigierten → *Penis* als Fruchtbarkeitssymbol und Zeichen für Potenz und Männlichkeit zusammen (→ *Phalluskult*). Jedoch ist nicht die Größe des Penis, sondern sein Gebrauch für die Befriedigung der Frau erheblich, und die Gleichung Penis = Mann geht niemals auf.

Der *Mythos von dem Zusammenhang zwischen Koitusfrequenz und befriedigendem Sexualleben* oder: Je häufiger, desto besser. Dieser Mythos favorisiert die Quantität. Entscheidend ist jedoch die Qualität der Beziehung und des intimen Zusammenseins.

Der *Mythos vom einmal gegebenen Samenvorrat* oder: Nach 1000 Schuß ist Schluß. Dieser Mythos wird als Argument gegen das Ausleben von Sexualität und insbesondere gegen eine Sexualbestätigung vor der Ehe benutzt (aufsparen, sich nicht vorzeitig ausgeben). Eine biologische Grundlage dafür ist nicht vorhanden, im Gegenteil, allein durch Gebrauch wird die Sexualfunktion geübt und gestärkt, so wie ein Brunnen nicht dadurch versiegt, daß man aus ihm schöpft, sondern gerade durch das Schöpfen wird das Nachfließen angeregt.

Der *Mythos von den positiven Sexualwirkungen des Alkohols* oder: Besoffen läuft es besser. Alkohol enthemmt und hilft dadurch möglicherweise gegen Ängste und Schüchternheit. Ansonsten ist Alkohol dem sexuellen Verlangen, der sexuellen Empfindsamkeit, der Potenz nur abträglich und auf die Dauer gesundheitsschädigend.

Der *Mythos von der größeren Liebesfähigkeit des törichten Weibes*; das Lob der heiligen Einfalt oder: Dumm fickt besser. Das stimmt nicht. Im Durchschnitt gesehen, besteht kein Zusammenhang zwischen Dummheit und sexueller Empfindungsfähigkeit. Der Mythos pflegt ein bestimmtes Leitbild der Frau als geeignetes, williges, anhängliches, sinnliches, anspruchsloses Weibchen und als prima Spielzeug des dominanten Mannes. Intelligenz und Bildung werden als intervenierende Variable des Geschlechtsaktes, also als störend und unnütz betrachtet. Die Beziehungen zwischen Intelligenz/Bildung und sexueller Aktivität/Liebesfähigkeit sind jedoch viel komplizierter. Untersuchungen zeigen, daß reflektierende, nachdenkliche, sensible Intellektuelle in ihrem Sexualverhalten empfindlicher und in ihrer Orgasmusfähigkeit störanfälliger sein können und ihren Gefühlen häufig mehr Zwang anlegen als ursprüngliche, vitale, einfache, gemütliche und gemütsreiche Frauen (und Männer), die sinnlich sehr unvermittelt agieren. Andererseits kann mehr Intellekt Phantasie und Einfallsreichtum bedeuten. Hohe Bildung geht tendenziell mit einer Verfeinerung des Liebeslebens und einer Kultivierung der Gefühle mit reicheren Genußmöglichkeiten einher. Dazu kommt, daß die gebildete Frau, die fest im beruflichen und gesellschaftlichen Leben steht, über ein anderes Selbstbewußtsein, ein anderes Persönlichkeitsprofil und andere soziale Beziehungen verfügt. Dies wirkt sich auf die Fähigkeit zur Selbstbestimmung im Sexualleben aus. Der letztgenannte Mythos findet seinen Niederschlag auch in folgender Sentenz: Jeder Mann wünscht sich eine perfekte Köchin in der Küche, eine Dame auf der Straße, eine Gelehrte im Gespräch und eine Dirne im Bett. Und was hat er wirklich? Eine Köchin im Gespräch, eine Dirne auf der Straße, eine Dame in der Küche und eine Gelehrte im Bett.

Diese und andere Mythen stehen miteinander in Zusammenhang und repräsentieren eine schräge Sexualideologie. KS

Mythologie: Gesamtheit der mythischen Überlieferungen eines Volkes; erdichtete und verklärte Erzählungen aus alter Zeit, Helden- und Göttersagen, auch → *Märchen* und Legenden. Zu verschiedenen Zeiten an verschiedenen Orten zur Erklärung von Problemen und Erscheinungen entstanden, die die Menschen bewegen, verkörpern die Mythen und Legenden »eine universelle menschliche Erfahrung« (Arthur Cotterell, »Die Welt der Mythen und Legenden«, 1990). Wichtige Themenkreise in der M. fast aller Völker sind neben dem Sinn des Lebens, neben Unglück, Erfolg, Grausamkeit, Tod, dem Leben nach dem Tod, Verrat, dem Gegensatz von alt und neu, dem Verhältnis der Menschen zu den Göttern, Magie, Macht, Schicksal, → *Krieg*, Zufälle, Wahnsinn, der Beschaffenheit des Universums, auch Fruchtbarkeit, Familienbande, → *Liebe*, Geschlechterbeziehungen, erotische Ausstrahlung, Verführung und Liebeszauber, weil sie im Alltag der Menschen von zentraler Bedeutung waren und folglich auch geistig-kulturell verarbeitet wurden (→ *Gottheiten* der Liebe und der Fruchtbarkeit). Beispielsweise findet sich das Urbild der Fruchtbarkeitsgottheit in prähistorischen Bildern und Statuen, die die Muttergottheit zeigen. Die starke Betonung von Brüsten, Lenden und Gesäß verweist darauf, was verehrt wurde. Ohne fruchtbare Frauen konnten die Sammler und Jäger der Urzeit nicht überleben. Wahrscheinlich stammen die meisten großen Mythen aus einer Zeit vor der Entstehung unserer Zivilisation.

Der Mythenreichtum gewährt einen tiefen Einblick in die Geschichte der Völker und die Psyche der Menschen. Die Mythen sind in vielerlei Form in fast alle Religionen und in unsere Kultur eingegangen. Auch heute noch sind Liebesgötter aus der M. wie Amor und → *Eros* geläufig. Nach C. G. Jung (1876-1961), dem Psychoanalytiker, schließt das kollektive Unbewußte das geistige Erbe der gesamten Menschheit ein, und zwar in Form von zu Urbildern oder Archetypen geronnenen Erfahrungen, die »uns ein unbekanntes psychisches Leben bewußt machen, das einer weit zurückliegenden Vergangenheit angehört. Dieses Seelenleben ist das Gedankengut unserer längst nicht mehr existierenden Vorfahren, die Art und Weise, wie sie sich das Leben, die Welt, die Götter und die Menschen vorstellen.« KS

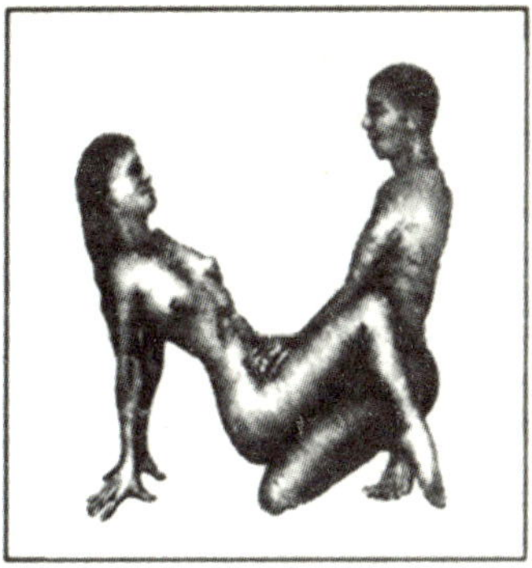

Nachspiel: gemeinsames Ausklingenlassen des Orgasmuserlebens, indem man sich einander weiter liebevoll zuwendet, zärtlich aneinandergeschmiegt, Koseworte flüstert, eventuell auch – vom Liebesspiel erschöpft – zusammen einschläft. Für das Gesamterleben ist die Gestaltung des N. genauso wichtig wie die des → *Vorspiels*. Ein abrupter Beginn ist für den Partner ebenso unbefriedigend und lusthemmend wie der abrupte Abbruch. Ar

Narzißmus: In-sich-selbst-verliebt-Sein; krankhafte Selbstliebe. Der Name geht auf Narzissos (auch Narkissos) zurück, der nach der griechischen Mythologie die ihn liebende Nymphe Echo verschmähte und dafür von → *Aphrodite* mit Selbstliebe bestraft wurde. Als er beim Trinken aus einer Quelle im Wasser sein Spiegelbild entdeckte, verliebte er sich so sehr in sein Abbild, daß er sich in Sehnsucht danach verzehrte. Um ihn vor seiner Liebespein zu erlösen, wurde er schließlich in eine Blume, die Narzisse, verwandelt.
Sexologisch bedeutet N., daß der Betreffende unfähig ist, jemand anderen als sich selbst zu lieben. Für ihn ist sein Körper der allerschönste, er betrachtet sich mit Vorliebe stundenlang im Spiegel und masturbiert dabei. In reiner Form ist N. selten, narzißtische Verhaltensweisen beobachtet man aber bei vielen Ich-Menschen. Ar

Natursekt (auch **goldener Regen, goldene** →*Dusche):* Urin. Von Urinfetischisten und im Sexgewerbe sowie in

→ *Sexanzeigen* benutzte Umschreibung, im Englischen auch Water Sports oder Wet Sex (nasser Sex) genannt. Insbesondere in Pornofilmen ist die Einbeziehung des Urins in sexuelle Spiele üblich. Schon wegen der Überschreitung eines Sauberkeitstabus und der Aufhebung einer Intimität wird es als erregend angenommen, sich gegenseitig vollzupinkeln oder dabei zuzusehen sowie auch Urin zu trinken (Fachausdruck dafür: Urolagnie). → *Prostituierte* wissen zu berichten, daß manche → *Freier* solche Wasserspiele verlangen. KS

Necking (engl.): gegenseitiges Liebkosen und Streicheln, wobei es allerdings nicht zur Berührung der Geschlechtsorgane kommt. Meist ist N. nur eine kurze Phase zu Beginn einer sexuellen Beziehung, die bald zum → *Petting* überleitet. Das Wort N. ist in Deutschland nicht so heimisch geworden wie Petting und andere Amerikanismen. Es entspricht einer bestimmten Stufentheorie jugendsexuellen Verhaltens, vom → *Dating* über das N. zum → *Petting* und dann schließlich zum Geschlechtsverkehr. Diese Schemata entsprechen aber heute nicht den wirklichen Varianten jugendlichen Sexualverhaltens. Ar KS

Nekrophilie: die Liebe zu Leichen, eine ungewöhnliche sexuelle Neigung. Für den Nekrophilen sind lebende Personen nicht lusterregend. Erst wenn sie tot sind, werden sie für ihn begehrenswert. Man spricht hier auch von Leichenfetischismus, der darin besteht, daß die Toten – zumeist sind es junge, hübsche Frauen – geküßt und liebkost werden; auch zum Geschlechtsverkehr kann es kommen. Ar

Neo-Vagina: neue Scheide, die künstlich, auf operativem Wege, angelegt wird, meist bei jungen Mädchen oder Frauen mit einer angeborenen Fehlbildung; die Vagina ist in solchen Fällen nur andeutungsweise oder überhaupt nicht vorhanden. Aber auch bei Mann-zu-Frau-Transsexuellen wird dieser Eingriff notwendig, um ihnen den vaginalen Sexualverkehr zu ermöglichen (→ *Transsexualismus*). Für den Erfolg der Operation ist es wichtig, daß die neue Scheide, die anfangs fest austamponiert wird, später mit einer penisähnlichen Prothese regelmäßig bougiert wird, um eine Schrumpfung zu verhindern. Nach Abheilen der Wunde sind schon bald Intimbeziehungen erlaubt, wobei zunächst behutsam zu verfahren ist, da die sich heranbildende Innenauskleidung verletzbar ist. Ar

Neugier: das Bedürfnis, Informationen aufzunehmen, etwas zu entdecken oder zu erproben. Sie ist eine Grundkomponente der menschlichen Lernfähigkeit und somit auch der sexuellerotischen Entwicklung (→ *Sozialisation*). Neugieraktivitäten existieren vom ersten Lebenstag an und bleiben das ganze Leben erhalten (→ *Sexualität* im Lebenszyklus). In der frühen Kindheit ist die erotische N. zunächst auf die Erkundung des eigenen Körpers gerichtet (Autoerotismus). Bereits beim Säugling stellt sich sehr schnell, über die Nahrungsaufnahme hinaus, das sogenannte Wonnesaugen ein, die Erfahrung eines Lustgewinns durch Lutschen an Mutterbrust oder Nuckelflasche, wodurch ein Suchen nach belutschbaren Gegenständen ausgelöst wird. Im zweiten bis dritten Lebensjahr beginnen Kinder die beiden Geschlechter zu unterscheiden und werden sich damit auch ihrer eigenen Geschlechtszugehörigkeit bewußt. Das führt zu steigender N. an eigenen Geschlechtsbesonderheiten und denen anderer Kinder und Erwachsener. Diese Schaulust (→ *Partialtriebe*) äußert sich im wechselseitigen Betrachten und Betasten der Geschlechtsteile, darunter gelegentlich auch bei sogenannten Doktorspielen. Später zeigt sich sexuelle N. in Fragen nach der Entstehung der Kinder, nach der Bedeutung sexueller Begriffe und ähnlichem, wobei diese N. oft schnell gestillt ist. Im Jugendalter spielt die N. bei der Partnerwahl und der Aufnahme sexueller Kontakte eine bedeutende Rolle, sie kann allerdings durch ein Übermaß an vorgefaßten Meinungen und stereotypen Bildern schon erstickt sein, bevor der richtige Zeitpunkt gekommen ist; der Jugendliche meint schon alles zu wissen und zu kennen, der Reiz des Neuen stellt sich erst gar nicht ein.

Auch im Erwachsenenalter und in einer Langzeitpartnerschaft ist die Erhaltung von Liebe und erotischer Lust undenkbar ohne den Wunsch, an- und miteinander immer wieder Neues zu entdecken. Die Nichtbefriedigung erotischer Bedürfnisse besonders in der Kindheit durch Tabuierung der Nacktheit, durch Verbot und Verhinderung autoerotischer Betätigung, durch Informationssperren, durch Geheimnistuerei und Ausweichen vor den Fragen des Kindes mag dessen N. zunächst anstacheln; findet sich jedoch keine Möglichkeit der Befriedigung, kann ein so erzwungenes permanentes Defiziterleben zu Fehlentwicklungen führen, zur krankhaften N.; z. B. kann aus kindlicher Schaulust, die sich normalerweise zu einem integrierten Bestandteil der Erwachsenensexualität entwickelt, zwanghafter → *Voyeurismus* werden (→ *Perversionen*). Ziel der → *Sexualerziehung* wie jeder Erziehung muß deshalb sein, N. angemessen zu befriedigen und somit zu erhalten. Im weiteren Sinne kommt es darauf an, den Heranwachsenden so viele Erkenntnis- und Gestaltungsmöglichkeiten einzuräumen, daß die

N. gar nicht versiegen kann, sondern zu einem produktiven Element des gesamten Lebens wird, wie es in einem Lied der siebziger Jahre hieß: »Wenn die Neugier nicht wär' …« We

Neunundsechzig (volkstümlich): gegenseitiger oralgenitaler Kontakt – → *Cunnilingus* und → *Fellatio* –, wobei die Zahlen 6 und 9 die Position der beiden Partner symbolisieren. Ar

Französische Buchillustration (19. Jh.)

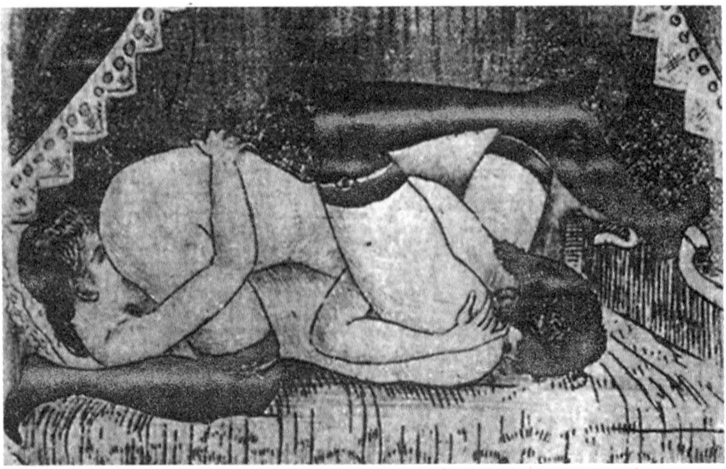

Neurose (gr. neuron = Nerv): erworbene psychische Störung oder Erkrankung. Früher unterschied man Psychoneurosen (seelisch-nervöse Erkrankungen, z. B. Hysterie) und Organneurosen (funktionelle Störungen, z. B. der Herztätigkeit, die auf Nervenerkrankungen zurückgeführt wurden). Später wurde entdeckt, daß die funktionellen Erkrankungen, zu denen die meisten Sexualstörungen gehören, aus der psychischen Fehlverarbeitung von Erlebnissen und Konflikten herrühren. Sie werden deshalb auch psychosomatische oder neurotisch bedingte Erkrankungen genannt. Der Begriff N. suggeriert ein klar abgrenzbares Bild von Krankheitssymptomen bzw. Beschwerden und ihren Ursachen, das es jedoch nicht gibt. Auch aufgrund eines mannigfachen

Bedeutungswandels im Verlaufe einer 200jährigen Geschichte wird heute fachwissenschaftlich statt von N. häufiger von psychischen Fehlentwicklungen gesprochen. Die Beziehung zwischen Sexualität und N. sind vielfältig. Obwohl die Annahme Freuds (→ *Psychoanalyse*), daß jedes neurotische Symptom ein Stück unterdrücktes Sexualleben des Patienten darstellt, in ihrer Rigorosität abzulehnen ist, entstehen Beschwerden wie Schlaflosigkeit oder Migräne häufig durch sexuelle Konflikte bzw. ein unbefriedigendes Sexualleben. Die Ursachen hierfür können weit zurückliegen und auf sexuellen → *Hemmungen* und Ängsten beruhen, die bereits in der Kindheit entstanden sind.

Da das sexuell-erotische Erleben zu den sensibelsten und deshalb störanfälligsten Bereichen des Menschen gehört, führen Streß und Probleme aus anderen Lebenssphären häufig auch zu sexuellen Funktionsstörungen oder zu Unlust (→ *Lust*). We

Nikotin: Das Rauchen hat vielerlei Beziehungen zum Partner- und Sexualverhalten.

1. Pfeife, Zigarre und Priem sind männliche Attribute. Das Rauchen war zunächst den Männern vorbehalten (→ *Geschlechtstypisches*); erst in den 20er und 30er Jahren unseres Jahrhunderts zogen auch die Frauen an der Zigarette, als Zeichen von Emanzipation, Eleganz, Lebensstil. Die Filmdivas agierten in vornehmen Salons, lange Zigarettenspitzen in eleganter Haltung zwischen die Finger geklemmt. Der erhöhte Nikotinkonsum in den vergangenen Jahrzehnten kam vor allem dadurch zustande, daß es immer mehr Raucherinnen gab, die immer mehr Zigaretten konsumierten. Dennoch ist für die Werbung das Rauchen nach wie vor eine Männerdomäne, assoziiert mit Erwachsensein und dem Duft der großen weiten Welt. Diese direkten und unterschwelligen Werbebotschaften beeinflussen die → *Sozialisation* Heranwachsender, die oft schon im Kindesalter zur Zigarette greifen.
2. Zigaretten und Aschenbecher sind nach wie vor ein Zeichen von Gastfreundschaft, obgleich sich insofern schon manches geändert hat. Rauchen ist in unserer Gesellschaft ein selbstverständliches Element von Festlichkeiten, Feiern, Erholung, Einen-Draufmachen – meist verbunden mit Alkoholgenuß. Eine Nichtraucher-Nachtbar wäre ebenso ungewöhnlich wie ein starker Raucher, der nicht trinkt.
3. Die Zigarette gehört auch heute oft zum Ritual des Kennenlernens eines Partners (Darf ich Ihnen

Feuer geben?) oder zur Vorbereitung eines intimen Zusammenseins.

4. In der Langzeitpartnerschaft und in der Familie ist Rauchen einerseits feste Gewohnheit und Übereinkunft, andererseits oft ein Konfliktherd, vor allem, wenn einer der Partner nicht raucht und Abscheu vor dem kalten Rauch verspürt, der sich in Wohnräumen festsetzt.
5. Da Rauchen wie alle Süchte rücksichtslos macht, wird diese Sucht oftmals zu einer starken Belastung für Partnerschaft und Familie. Gegebenenfalls entscheidet sich der süchtige Raucher für die Zigarette und nicht für Partner oder Kind. Ein Raucher geht über Leichen, konsequentermaßen auch oft über seine eigene. Er muß rauchen und schirmt sich dadurch ab. Er genießt seine Lust allein, was im intimen Zusammensein von Partnern als eigenartig empfunden werden kann.
6. Besonders schädlich ist das Rauchen für das werdende Leben im Mutterleib. N. ist eines der gefährlichsten Gifte, geht in die Blutbahnen des Embryos über und richtet dort Schaden an. Nicht alle Schwangeren können aber vom Rauchen lassen. Zudem sind Schwangere oft Nikotinwolken ausgesetzt, nicht zuletzt denen des Mannes.
7. Obwohl Rauchen eine legalisierte Droge und frei erhältlich ist, obwohl es ein wichtiges Marktelement darstellt, zu unserer Genuß- und Lebenskultur gehört, als männlich, erwachsen, stilvoll gilt und Antinikotinbotschaften oft belächelt werden, nimmt im → *Partnerwunschbild* von Jugendlichen Rauchen keinen hohen Rang ein, im Gegenteil: Rauchen ist bei den meisten eindeutig ein Negativ-Ideal. Vor die Wahl gestellt, bevorzugen junge Männer eine Nichtraucherin; junge Frauen denken ähnlich. Bei vielen Partnersuchenden (z. B. über Anzeigen), auch den Älteren, gilt Nichtrauchen sogar als Bedingung einer Beziehung und wird als Zeichen von Solidität und Charakterstärke betrachtet.
8. Statistische Untersuchungen belegen, daß – im statistischen Durchschnitt, nicht in jedem Einzelfall – Raucher im Vergleich zu Nichtrauchern in allen wesentlichen Persönlichkeitsmerkmalen und auch in bezug auf Liebe und Sexualität schlechter abschneiden. Nikotin steigert die sexuelle Potenz nicht, sondern mindert sie eher. Die schnelle Lust auf die Zigarette verhindert oder ersetzt oft die große Liebe, und die große Lust vergeht oft im Zigarettenrauch. Insbesondere bei Frauen ist die Zigarette oft der Frustbegleiter auf dem langen Weg der Enttäuschungen, ein Halt, wenn andere Bindungen fehlen. KS

Normen: in der ursprünglichen Bedeutung (lat. norma = Winkelmaß, Richtschnur, Regel) ein technischer Begriff. Bezogen auf das menschliche Handeln sind N. gesellschaftliche Richtlinien und Vorschriften, in denen sich die ökonomischen Verhältnisse und die Lebensweise einer Gesellschaftsordnung widerspiegeln. N. sollen der Aufrechterhaltung oder Herstellung einer bestimmten sozialen Ordnung dienen. Sie existieren in verschiedenen Formen, z. B. als Gesetze und religiöse Glaubenslehren oder als überlieferte Sitten und Gewohnheiten eines Volkes (→ *Moral*). Die Herausbildung von Verhaltensnormen ist notwendiges Produkt der Menschwerdung. In der gemeinschaftlichen Tätigkeit, die den Menschen zum Menschen macht, entwickelt sich seine Fähigkeit, individuelle Handlungsantriebe bewußt zu steuern, gegebenenfalls auch zu unterdrücken und sie in Übereinstimmung mit den Interessen und Zielen der Gemeinschaft zu bringen (→ *Sozialisation*). Somit ist die Gesellschaft nicht Unterdrückungsinstanz individueller Bedürfnisse, sondern, im Gegenteil, notwendige Voraussetzung, diese Bedürfnisse überhaupt erst entwickeln und auch befriedigen zu können. Die ersten sexual-moralischen N. entwickelten sich wahrscheinlich vor rund 40 000 Jahren in der Gentilgesellschaft. Viele archäologische Funde künden von der kultischen Verehrung des Weiblichen in der Frühzeit der Menschheit. Als erste eigentliche Sexualnorm gilt das Gebot der Exogamie, der Zwang zur Heirat außerhalb des Stammes, um diesen zu vergrößern und wirtschaftlich zu stabilisieren. In seiner Folge entstand das → *Inzest-Tabu,* das Verbot geschlechtlicher Beziehungen innerhalb des eigenen sozialen Verbandes. Der allmähliche Übergang zur Klassengesellschaft, der vor etwa 7000 Jahren begann, führte mit der Durchsetzung der → *Monogamie* in den meisten Kulturen zur Entstehung restriktiver Sexualnormen. In der christlichen, aber auch in anderen religiös-ethischen Lehren wurde jegliche, nicht der Fortpflanzung (in der Ehe) dienende Form der → *Sexualität* als widernatürlich abgelehnt. Dazu gehörten insbesondere → *Masturbation*, → *Homosexualität*, sexuelle Praktiken außerhalb des → *Koitus*, → *Empfängnisverhütung*. Sinnliches Lusterleben wurde zur Sünde erklärt, was sich besonders gegen die Sexualität der Frauen richtete – man meinte, das sexuelle Empfinden der Frau sei für den Zeugungsakt entbehrlich, während es dem Mann nicht abgesprochen werden könne (→ *Doppelmoral*). Liberalere N., wie sie sich besonders in der zweiten Hälfte dieses Jahrhunderts in den entwickelten Industrieländern herausgebildet haben, begünstigen die individuelle Entwicklung des sexuell-erotischen Verhaltens und Erlebens, frei von Verklemmtheit, Ängsten und Schuldgefühlen. Viele Verhaltensformen wurden enttabuiert und toleriert, z. B. der → *voreheliche* Geschlechtsverkehr. Das Fehlen verbindlicher Normensysteme oder ihre widersprüchliche Vielfalt, die mit der gesellschaftlichen Diskussion verschiedener Themen immer entsteht bzw. einhergeht, kann jedoch individuell bzw. partnerschaftlich ebenso zu Konflikten führen, da sich die Verhaltensunsicherheit mit zunehmendem Entscheidungsspielraum erhöht. Ohne den Aufbau individueller Normsysteme auf der Basis entsprechenden Wissens ist eine aktive, verantwortliche, lustvolle und befriedigende Sexualität nicht lebbar. We

Nymphen: in der griechischen Sage in der freien Natur, in Wäldern, Seen, Flüssen, Meeren lebende gottähnliche, meist jungfräuliche und reizvolle junge Mädchen (im ursprünglichen Wortsinn bedeutet Nymphe: junges Mädchen oder Braut). Sie wurden insbesondere in ländlichen Gegenden verehrt, weil von ihnen Fruchtbarkeit und Segen erhofft wurde. Wegen ihrer Schönheit wurden sie auch von den Göttern als Liebesgespielinnen begehrt. Die N. galten als Töchter des Zeus und gehörten zu den niederen, aber beliebten Naturgöttinnen. Als Oreaden hausten sie in den Bergen und Wäldern, als Dryaden lebten sie in den Bäumen, als Hamadryaden wurden sie mit den Bäumen geboren und starben mit ihnen, und als Najaden waren sie allen Arten des Süßwassers zugeordnet, den Quellen der Flüsse und damit auch den Grotten und Höhlen, in denen Wasser fließt. Im allgemeinen waren sie schöne, freundliche und gelegentlich sehr begehrliche Mädchen; daher widmeten sie sich mit Vorliebe der Verführung schöner, meist sterblicher Männer. Einige N. waren jedoch scheu und keusch, so daß es denen nicht gut erging, die sie gegen ihren Willen beobachteten oder ihnen nachstellten.

Zusammen mit Silenen (→ *Silenag*) und → *Satyrn* tanzten die N. lebenslustig und temperamentvoll im Gefolge des → *Dionysos* oder jagten mit ihrer Anführerin → *Artemis* in den Wäldern. Es ist anzunehmen, daß die mythologische Verbindung zwischen N. und Satyrn auch mit rituellen Deflorationsriten zusammenhängt. In der bildenden Kunst findet man die N. schon seit der mykenischen Zeit, ursprünglich noch bekleidet; eines ihrer Charakteristika ist jedoch der verhüllende, Neugier weckende Schleier. In hellenistischer Zeit zeigten die N. meist ihre wohlgeformten Brüste. Bis zum Ende des 19. Jh. wurden die N. nackt – oft in verführerischen Haltungen liegend oder stehend, häufig mit einem Trinkgefäß – dargestellt: auf Vasen, Münzen, als Reliefs, Brunnenplastiken und vor allem auf Gemälden. Insbesondere im Barock gehörten die N. als anonyme Begleitfiguren zu vielen Bildkomplexen; z. B. auf Bildern von Rubens und Jordaens, aber auch von Lucas Cranach d. Ä. und später von Böcklin bis zu Burne-Jones und Waterhouse mit ihren gefährlich lockenden, verführerischen Wassernymphen. Das Wort N. ist auch heute noch im Sprachgebrauch. Als nymphenhaft werden zarte, anmutige Frauen gerühmt. Nymphchen sind attraktive Halbwüchsige mit weiblicher Ausstrahlung (→ *Lolita*). Die Schamlippen werden gelegentlich als N. bezeichnet. Wenn eine Frau sexuell unersättlich ist, spricht man von → *Nymphomanie*. Se Ar

Nymphomanie: übermäßig gesteigertes sexuelles Verlangen der Frau, im Volksmund gelegentlich Mannstollheit genannt. Der aus dem Griechischen abgeleitete Name, früher gebräuchlicher als heute, bezieht sich vermutlich auf die ebenfalls → *Nymphen* genannten kleinen Schamlippen und nicht auf die aus der → *Mythologie* bekannten feenähnlichen Wesen. Die N. ist die weibliche Entsprechung des → *Donjuanismus*. Beiden gemeinsam ist neben dem schier unersättlichen sexuellen Bedürfnis das Ausbleiben der sexuellen Befriedigung. So sind sie immer auf der Suche nach neuen Sexualpartnern, neuen Erlebnissen, um endlich einmal den oder die Richtige und somit das ersehnte Glück zu finden. Die mangelnde Satisfaktion wird jedoch nicht etwa auf eigenes Versagen zurückgeführt, sondern immer auf das Unvermögen des Partners. Seine Schuld ist es, daß man ihn schnell wieder verläßt, nicht das eigene Verhalten. Bedingt durch die ständige Frustration stellt sich bei diesen Frauen immer größere Unzufriedenheit ein, die sie – fast immer vergeblich – mit einem neuen Liebhaber zu beseitigen hoffen. So entwickelt sich ein Teufelskreis. Der Sexualforscher Magnus Hirschfeld charakterisiert diese Verhaltensweise mit einem Zitat aus Goethes Faust: »Und im Genuß verschmacht' ich nach Begierde.«

Allerdings kommen Extremformen selten vor, und überhaupt ist die Beurteilung, jemand sei nymphomanisch, stark subjektiv gefärbt, da mehr oder weniger bewußt die eigene Sexualität zum Maßstab genommen wird.

In seltenen Fällen kann bei solchen Frauen eine Störung im emotionalen Erleben vorliegen, eine besondere Form der → *Anorgasmie*. Da sie überwiegend psychogen ist, kann – wenn der Wunsch nach einer Veränderung besteht – eine Psychotherapie angebracht sein. Ar

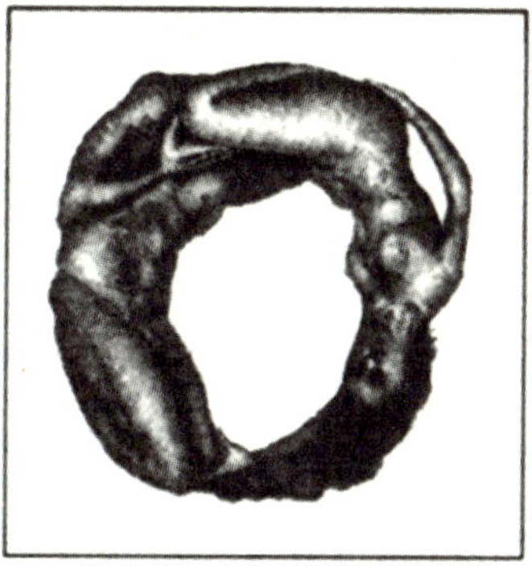

Odaliske (türk.): Name für weiße Sklavinnen, die in Harems lebten. Sie waren wegen ihrer Schönheit und Kunstfertigkeit – auch in Liebesdingen – berühmt, und der Sultan pflegte sich aus diesem Kreis seine Gemahlinnen auszusuchen. Gebar sie ihm ein Kind, erhielt sie ihre Freiheit zurück. Ar

Ödipus (griech. Schwellfuß): in der griechischen Mythologie der Sohn des Laios, König von Theben, und seiner Frau Jokaste. Da das Orakel von Delphi prophezeit hatte, Ö. würde später seinen Vater ermorden und seine Mutter heiraten, setzten ihn seine Eltern als Kind mit durchbohrten Füßen aus, um die Weissagung zunichte zu machen. Er wurde aber in den Bergen von Hirten aufgefunden und dem König von Korinth übergeben, der ihn als seinen Sohn aufzog. Unwissentlich tötete Ö. den eigenen Vater, befreite Theben und heiratete – ebenfalls ohne es zu ahnen – seine Mutter, die ihm zwei Söhne und zwei Töchter gebar. Als später Ö. durch den Seher Teiresias die Wahrheit erfuhr, geriet er in große Verzweiflung, blendete sich die Augen und irrte, begleitet von seiner Tochter Antigone, bis zu seinem Tode in Attika umher. Ar

Ödipuskomplex: ein von Sigmund Freud mit Bezug auf die Ödipussage geprägter Terminus, wonach sich jeder Junge zwischen dem dritten und fünften Lebensjahr in seine Mutter verliebt und seinen Vater als Rivalen betrachtet, der ihn zur Strafe kastrieren könnte. Der Ö. kann in fixierter Form schwere innere Konflikte auslösen. Charakteristisch ist in diesen Fällen eine übermäßige Mutterbindung, die den Betroffenen unfähig macht, eine andere Frau zu begehren und zu lieben. Sinnvoll ist hier eine → *Psychoanalyse.* Ar

Onan: Gestalt aus dem Alten Testament (1. Moses 38, 8–10), dessen Name als früher übliche Bezeichnung für Selbstbefriedigung mißbraucht wurde (Onanie). Seine ihm zur Last gelegte und mit dem Tode bestrafte Handlung war nämlich keineswegs die Selbstbefriedigung, sondern der → *Coitus interruptus* (unterbrochener Geschlechtsverkehr). Nach den bürgerlichen Gesetzen der damaligen Zeit mußte O. die Witwe seines Bruders heiraten, um mit ihr Kinder zu zeugen und dadurch die Nachkommenschaft des Bruders zu sichern (→ *Levirat*). Da er dies jedoch nicht wollte, schlief er zwar mit seiner Schwägerin, ließ aber den Samen zu Boden fallen, damit sie nicht schwanger werden konnte. Damit beging er allerdings ein schweres Vergehen, denn der Talmud fordert innerhalb der Ehe Beischlaf mit Samenerguß in die Scheide. Obschon dieses Geschehen von jedermann im Alten Testament nachgelesen werden kann, hielt sich die falsche Bezeichnung äußerst hartnäckig, und insbesondere das davon abgeleitete Verb »onanieren« ist bis heute nicht verschwunden (→ *Sprache*). Ar

One-night-Stand (engl. wörtlich = steht für eine Nacht): einmalige flüchtige sexuelle Begegnung; Liebe für eine Nacht, ohne daß sich daraus eine längere Beziehung entwickeln soll; ein kurzer Seitensprung, weiter nichts (→ *Fast-food-Sex*). Ar

Oralerotik: erotische Anziehungskraft des Mundes einschließlich der Lippen und der Mundhöhle. Alles zusammen stellt eine erogene → *Zone* dar, die im → *Liebesspiel* mit an erster Stelle steht, und zwar nicht nur zu Beginn einer Kontaktaufnahme, sondern während des ganzen Liebesaktes. Die gegenseitige Berührung der Lippen, die zart oder sehr intensiv sein kann (→ *Kuß*), das Eindringen der Zunge in den Mund des Partners und ihre Bewegungen, führen zur sexuellen Erregung und Lust bei beiden Partnern. Die weiche Schleimhaut der Mundhöhle ähnelt der Scheide und wird deshalb auch zur Kohabitation benutzt (→ *oral-genitale* Kontakte, → *französisch*). Lippen und Zunge küssen, lecken und saugen an vielen

Stellen des Körpers, besonders im Bereich der → *Klitoris* (→ *Cunnilingus*) und des → *Penis* (→ *Fellatio*). Schon der Anblick der Lippen übt eine starke Signalwirkung aus, die durch den Gebrauch von Lippenstift – rot und glänzend – von vielen Frauen bewußt verstärkt wird und ihre sexuelle Ansprechbarkeit betont. In unserem Kulturkreis hat die O. eine weitaus größere Bedeutung als ihr Gegenpol, die → *Analerotik.* Ar

Orgasmus (griech. orgōn = heftig verlangen): der sexuelle Höhepunkt, die Kulmination sexueller Erregung, das Höchste, was an sexueller Lust erlebt werden kann, und zwar gleichermaßen im seelischen und körperlichen Bereich. Dennoch ist die Gefühlsintensität dieser nur Sekunden dauernden Lustphase nicht immer gleich, auch die Fähigkeit der Empfindung ist individuell verschieden. Jeder erlebt sozusagen seinen eigenen, ihm gemäßen O., der nicht an den Erlebnissen anderer meßbar ist. Faktoren wie die augenblickliche Befindlichkeit, das Verhältnis zum Partner, die sexuelle Erziehung kommen hinzu und ergeben insgesamt ein höchst individuelles Geschehen. Deshalb äußert sich der O. auch bei jedem anders. Manche geraten geradezu in Ekstase, stöhnen, schreien, umklammern ihren Partner, als wollten sie nie wieder von ihm lassen, befinden sich in einer Art Trance, nehmen ihre Umgebung kaum noch wahr (→ *sexuelle* Reaktion). Andere erleben ihn schriller, können dabei aber ebenso tief empfinden und glücklich sein. Bei vielen Menschen treten körperliche Zuckungen auf, sie werden wie von einem Krampf geschüttelt.

Von diesem außergewöhnlichen Erleben sind viele Dichter und Schriftsteller inspiriert worden. Eine der schönsten Schilderungen stammt von D. H. Lawrence, dessen Buch »Lady Chatterley« inzwischen zu den Klassikern erotischer → *Literatur* gehört. Seine Heldin hat sich nach Jahren einer sexuell frustrierenden Ehe mit einem querschnittgelähmten Mann in den auf ihrem Anwesen beschäftigten Wildhüter verliebt und gibt sich ihm schließlich hin, wobei sie eine bisher nie gekannte sexuelle Erfüllung erlebt. Lawrence beschreibt die Szene so: »Auch seinen Körper hatte er vorn entblößt, und sie fühlte seinen nackten Leib, als er zu ihr kam. Einen Augenblick lang war er ruhig in ihr, geschwellt und bebend. Dann, als er begann, sich zu bewegen, im jähen hilflosen Orgasmus, wellten neue, seltsame Schauer in ihr auf. Wellten wellend, wellend, wie flatterndes Übereinanderzüngeln sanfter Flammen, sanft wie Federn, liefen aus in helleuchtende Spitzen, herrlich, süß, und alles in ihr schmolz, zerfloß. Wie Glocken war es, die schwangen, immer höher schwangen, empor zum

Gipfel. Sie lag da, war sich der wilden kleinen Schreie nicht bewußt, die sie am Schluß ausstieß. Aber es war zu schnell vorüber, zu schnell, und sie vermochte nicht mehr, durch eigenes Bemühen zu ihrem Ende zu kommen. (...) Sie konnte nur warten, warten und stöhnen, als sie spürte, wie er sich zurückzog und es zu dem schrecklichen Augenblick kam, da er ganz aus ihr gleiten und fort sein würde. Während doch ihr Schoß offen war und weich und sanft nach ihm schrie – wie eine Seeanemone unter der Flut, nach ihm schrie, daß er wieder zu ihr komme und ihr Erfüllung bringe. Bewußtlos vor Leidenschaft, klammerte sie sich an ihn, und er glitt nie ganz aus ihr, und sie fühlte, wie seine weiche Knospe sich in ihr regte und seltsame Rhythmen sie durchspülten, mit seltsamer, rhythmischer, wachsender Bewegung, schwollen, schwollen, bis sie ihr ganzes klaffendes Bewußtsein überfluteten, und dann begann wieder die unsagbare Bewegung, die keine wirkliche Bewegung war, sondern reiner, immer tiefer strudelnder Wirbel des Empfindens – tiefer und immer tiefer trichterten sie sich durch ihr ganzes Gewebe und ihr Bewußtsein, bis sie ein einziges, sattes, konzentrisches Fließen des Gefühls war und dalag und schrie, in unbewußten, unartikulierten Schreien. Die Stimme aus der tiefsten Nacht, das Leben!«
Nicht jeder ist zu einem derartigen intensiven Gefühlserleben fähig. Das eigentliche Wesen des O. zeigt sich aber auch bei anderen Verläufen in einer zunehmenden Steigerung sexueller Erregung und Lust, bis ein Gipfel erreicht wird, der nicht mehr überschritten werden kann. Bei manchen Frauen sind innerhalb kurzer Zeit Mehrfachorgasmen möglich, vorausgesetzt, die sexuelle Stimulierung wird nach dem ersten O. fortgesetzt. Zwar sinkt die sexuelle Erregung danach ein wenig ab, aber nur bis zur Plateauphase (→ *sexuelle* Reaktion), um dann schnell wieder den Höhepunkt zu erreichen. In dieser Form sind Mehrfachorgasmen nur bei Frauen bekannt, beim Mann folgt dem O. eine refraktäre Phase, deren Dauer u. a. auch vom Alter abhängt. Erst nach dieser Phase der Erholung ist der Mann wieder erektions- und orgasmusfähig. Ar

Orgasmusschulen: Für diejenigen, die Schwierigkeiten beim Orgasmuserleben haben, sind spezielle, meist auf der indischen Tantralehre beruhende Trainingsprogramme entwickelt worden. Besonders stark eingesetzt hat sich für »Tantra oder die Kunst der sexuellen Ekstase« die amerikanische Psychologin Margo Anand, die ihre Erfahrung nicht nur in dem gleichnamigen Buch, sondern auch in persönlichen Seminaren vermittelt. Sie will zeigen, daß man Sinnlichkeit lernen und steigern kann. Zu ihrem Programm gehören Meditation, Atemtherapie, gegenseitige Massage und verschiedene praktische Liebesübungen. Es geht nicht darum, den Genuß und Höhepunkt so schnell wie möglich zu erreichen, sondern den → *Orgasmus* durch unterschiedliche Methoden und Übungen so lange wie möglich hinauszuzögern, um sich dann erst einem intensiven Genuß hinzugeben. Eine andere Funktion von O. besteht darin, Frauen zusammenzuführen und ihnen ein Körpergefühl zu vermitteln, das ihr Selbstbewußtsein steigert und sie vom Mann unabhängig macht. Unter der Firmierung O. sind inzwischen auch obskure und unseriöse Einrichtungen aller Art entstanden. Ar KS

Orgasmusstörung: vorübergehendes oder ständiges Ausbleiben des → *Orgasmus*, auch Anorgasmie genannt, das bei ersten Sexualkontakten oder erst später, nach anfangs ungestörtem sexuellen Erleben, auftritt. O. kommen häufiger bei Frauen als bei Männern vor, weil ihr Orgasmus störanfälliger und labiler ist. Laut einer Studie erlebten 1989 nur etwa ein Drittel aller Frauen bei jedem (oder fast jedem) Geschlechtsverkehr einen Orgasmus; etwa 10 % nie (oder fast nie) und die übrigen oft bis gelegentlich (Starke, »Partnerstudie III«, 1990). Die Ursachen sind vielschichtig, mitunter treffen mehrere Störfaktoren zusammen. Zu den häufigsten gehören

a) sexualfeindliche Erziehung in Kindheit und Jugend,
b) unerfreuliche Sexualerlebnisse,
c) ungünstige Umweltbedingungen,
d) fehlende Stimulierung des Kitzlers,
e) vorzeitiger Samenerguß des Mannes.

Eine große Rolle spielt die Partnerbeziehung. Die jeweilige Frau reagiert bei einem bestimmten Partner anorgastisch, bei einem anderen kommt sie zum Höhepunkt. Diese partnerbedingten Störungen sind Ausdruck einer inneren Ablehnung des Partners oder eine Abwehrreaktion bei bestimmten, ihr nicht zusagenden Sexualpraktiken. Ausbleiben kann der Orgasmus auch, wenn eine liebevolle Einstimmung fehlt, der Mann im Liebesspiel nur an seine eigene Befriedigung denkt und der Sexualkontakt insgesamt wenig anspruchsvoll und erregend ist. Umgekehrt kann die Frau durch Passivität und offen zur Schau getragene Lustlosigkeit das Orgasmuserleben des Mannes verhindern.

Von welcher erogenen → *Zone* der O. ausgelöst wird, ist ohne Bedeutung. Es gibt keinen richtigen oder falschen O. Ausschlaggebend ist allein, ob das intensive Lustgefühl überhaupt empfunden wird. Die Behandlung einer O. richtet sich nach der Ursache. Oft ist durch eine gezielte Sexualtherapie, z. B. in Form eines speziellen Übungsprogramms, Abhilfe möglich → *(Orgasmusschulen)*. Ar

Orientierung, sexuelle:

1. psychosexuelle Neigung zum anderen oder gleichen Geschlecht, die nach heutiger Auffassung nicht durch Erziehungsmaßnahmen, Psychotherapie oder Medikamente zu verändern ist, wobei der Gedanke der Veränderung, der Umpolung oder Umwandlung allein schon diskriminierend ist und sich interessanterweise meist nur auf (männliche) Homosexuelle (→ *Homosexualität*) bezieht. Die s. O. hängt nicht vom Willen und Wunsch des einzelnen ab, sie ist daher kein moralisches Faktum, und eine moralische Verurteilung ist daher unmenschlich. Sie muß akzeptiert und als eine Variante des Menschseins betrachtet werden. Folglich muß die Gesellschaft sie schützen, und Homo- und Heterosexuelle menschenrechtlich gleichstellen. Im Ansatz ist die s. O. schon in der Kindheit und Jugend entwickelt, prägt sich dann weiter aus und steht meist Mitte Zwanzig definitiv fest (→ *Coming-out*). Die s. O. von Bisexuellen richtet sich auf beide Geschlechter. Über die s. O. und die Ursachen für Homosexualität, → *Heterosexualität* oder → *Bisexualität* entflammt immer wieder der wissenschaftliche und öffentliche Streit. Argumente und Sichtweisen kommen hinzu, die dem jeweiligen Zeitgeist sowie dem tatsächlichen Verhalten und den Verhältnissen der Menschen entsprechen. Sind Homosexuelle als Minderheit verfolgt und gilt Heterosexualität als das einzig richtige und normale Verhalten, so richten sich fortschrittliche Bestrebungen auf den Abbau von Diskriminierungen und Verfolgungen, auf die Emanzipation, auf die sexuelle → *Identität* auf die Formierung der minderheitlichen Subkultur. Werden Männer und Frauen in einer Gesellschaft unterschiedlich bewertet und sind sie nicht gleichgestellt, dann werden auch Schwule und Lesben unterschiedlich bewertet. Die Diskussionen um die s. O. werden anhalten, solange es die genannten und weitere Unterschiede in der gesellschaftlichen Bewertung gibt.
2. psychosexuelle Neigungen und Vorlieben aller anderen Art, z. B. solche, die sich nicht auf Menschen, sondern auf Gegenstände (→ *Fetischismus*), Tragen andersgeschlechtlicher Kleidung (→ *Transvestitismus*), Tiere (→ *Zoophilie*) oder bestimmte teilweise gefährliche Sexualpraktiken (→ *Sadismus*) beziehen. Ar KS

Outing (engl. öffentlich machen, herausposaunen, aufdecken): in bezug auf → *Homosexualität* die Mitteilung (vom Homosexuellen) in Massenmedien, daß ein Prominenter (von dem dies bisher nicht allgemein bekannt war oder der es noch nicht selbst öffentlich gemacht hatte) homosexuell ist. Der Begriff wurde 1990 in den USA geprägt und führte zu öffentlichen Kontroversen. Die Befürworter greifen auf Kategorien wie Ehrlichkeit, Offenheit, Wahrheit zurück und meinen, daß a) auf diese Weise deutlich werde, wie viele Homosexuelle es gibt, b) die Akzeptanz der Schwulen und Lesben in der Öffentlichkeit dank der Prominenz der Geouteten steige, c) den betroffenen Homosexuellen das → *Coming-out* erleichtert werde, sie endlich nicht mehr verdeckt leben müßten und erleichtert aufatmen könnten, d) andere Homosexuelle angeregt würden, sich zu bekennen, e) heuchlerische Homosexuelle, die gegen Homosexualität auftreten und gegen Homosexuelle Politik machen, entlarvt würden. Die Ablehner verweisen darauf, daß a) outen ein ungerechtfertigter Eingriff in die Privatsphäre sei und es jedem selbst überlassen bleiben müsse, was er in welcher Öffentlichkeit über sich aussagt, b) ein Leitbildeffekt nicht eintreten könne, weil das Coming-out freiwilliges und selbstbewußtes Bekenntnis zur eigenen Homosexualität bedeute, c) die Outer auf anmaßende Weise zum Richter und Schicksalsbestimmer der Geouteten würden, d) die wirklichen Probleme der Diskriminierung Homosexueller durch diese Medienspektakel eher verdeckt als gelöst würden. O. lebe gerade von der Diskriminierung der Homosexualität. O. beruht teilweise auf falschen Annahmen, z. B. daß erfolgreiche und mächtige Homosexuelle in jedem Fall unter der Verheimlichung ihrer Neigung litten oder daß Prominente in ihrem Bekannten- und Arbeitskreis nicht als homosexuell bekannt seien oder daß nur wahr und real sei, was in den Massenmedien so genannt werde.

Ohne Prominentenkult, Sensationsgier und Medienkünstlichkeit ist das Phänomen O. nicht zu erklären. Es bedient das überzüchtete Bedürfnis, private Details publik zu machen, die Lust am Bloßstellen, die Schadenfreude. O. ist spektakulär und deswegen erregend und unterhaltsam. Es macht den einzelnen ohne dessen Einverständnis und Wissen zum willkürlichen und schutzlosen Spielzeug der Öffentlichkeit. Hinzu kommt die besondere Brisanz infolge von → *Aids.* Der Soziologe und Sexualwissenschaftler Martin Dannecker schreibt 1992 über das »gewaltsame Demaskieren prominenter Homosexueller und Lesben«:

»Outing ist ein Symptom der desolaten Lage der Schwulen, in die sie nicht zuletzt durch die Aids-Krise geraten sind. Gerade im Zeichen von Aids ist es nicht nur unsolidarisch, als

Homosexueller über seine Homosexualität zu schweigen, sondern auch unerträglich und dem eigenen Wohlbefinden nicht zuträglich. Eine Rechtfertigung für das Outing ist daraus aber nicht abzuleiten, weil ein solches Sprechen keineswegs auf dem Marktplatz stattfinden muß. Die relevanten sozialen Zusammenhänge, in denen sich einer bewegt, sind dafür allemal der bessere Ort. Outing ist überdies ein Symptom der Desillusionierung weiter Teile der Schwulen- und Lesbenbewegung.« (»Zeitschrift für Sexualforschung«, 1/1992).
Inzwischen hat der Begriff O. weite Verbreitung gefunden; geoutet werden z. B. sexuell Mißbrauchte, Vergewaltigungs- und Inzestopfer. Eine regelrechte Outingkultur ist entstanden; sich zu outen oder geoutet zu werden ist Mode geworden. KS Ar

Ovid (Publius Ovidius Naso, 43 v. Chr. bis 17 n. Chr.): römischer Dichter, der vor allem durch seine Schriften über die Liebe und die Liebeskunst – »Ars amandi« – berühmt wurde. In Rom genoß er zunächst alle Ehren eines von der Gesellschaft verwöhnten Dichters, bis er im Jahre 8 n. Chr. von Kaiser Augustus nach Tomis – dem heutigen Konstanza an der rumänischen Schwarzmeerküste – verbannt wurde. Er war in Ungnade gefallen, angeblich weil er den Kaiser beim Liebesspiel mit der eigenen Tochter ertappt hatte. Daß seine Ratschläge für Liebende auch heute keineswegs veraltet sind, zeigen folgende Beispiele aus »Kunst der zärtlichen Liebe«: »Glaubt mir, man darf die Freuden der Liebe nicht überstürzen, / langsam lockt sie hervor, zögert sie weise hinaus! / Wenn du die Stellen gefunden hast, deren Berührung der Freundin wohltut, / laß die Scham nicht hindern, daß du sie berührst. / Dann wirst du sehen, wie die Augen in zitternder Liebe erstrahlen, / so wie vom Spiegel des Sees leuchtet die Sonne zurück. / Dann werden Klagen folgen, es folgt ein verliebtes Gestammel, / sanfter Seufzer sodann, Worte, die passen zum Spiel. / Aber laß nicht die Geliebte zurück, mit größeren Segeln fahrend, / noch auch sei sie schneller im Laufe als du! / Beide zugleich erreichen das Ziel! Nur dann ist vollkommen euer Genuß, / wenn zugleich beide besiegt und erlöst!«
Demjenigen, der die Annäherung sucht, rät er mit folgenden Worten: »Misch Dich dreist in den Schwarm, such neben sie zu gelangen, / zupf von der Seite sie leicht, tupf mit dem Fuß ihr den Fuß. / Jetzt ist es Zeit, sprich sie an, sei nicht schüchtern … / Spiel den Verliebten und sprich von angeblichen Wunden des Herzens, / spar weder Künste noch Kniffe, daß es auch glaubhaft erscheint. / Ist solch ein Vertrauen zu wecken doch leicht, / für liebenswert hält sich auch

das häßlichste Weib, keine sich selber mißfällt. / Und manch Angeber ward dann wirklich von Liebe ergriffen, / was nur Verstellung zuerst, wurde doch Wahrheit zuletzt. / Drum, um so mehr, ihr Mädchen, seid freundlich gegen den Heuchler, / echte Liebe beginnt gern mit solch frommem Betrug. / Jetzt also gilt's, mit Schmeicheleien listig ihr Herz zu betören, / so wie die Strömung des Baches hängenden Uferrand höhlt. / Heb ihr Gesicht, ihr Haar in den Himmel, / laß nichts dich verdrießen, rühm, wie ihr Finger so fein, / preise, wie niedlich ihr Fuß. / Hören doch selbst die Züchtigen gern das Lob ihrer Schönheit .../ Sei mit Versprechen nicht schüchtern, Versprechen ködern die Mädchen.« Ar

Päderastie: Sonderform der → *Pädophilie*, bei der sich die psychosexuelle Neigung ausschließlich auf Kinder und Jugendliche des männlichen Geschlechts bezieht. Die bei uns heute noch strafbare Knabenliebe hatte ihre Blütezeit in der griechischen → *Antike*, wo sie gesellschaftlich ebenso anerkannt war wie heterosexuelle Beziehungen und niemand diese Neigung etwa verbergen oder verheimlichen mußte (→ *Homosexualität*). Ar

Pädophilie: im wörtlichen Sinne Kinderliebe, in der Sexualwissenschaft die psychosexuelle Neigung zu Kindern und Jugendlichen beiderlei Geschlechts. Eine Sonderform ist die → *Päderastie*, bei der sich die Neigung nur auf Kinder und Jugendliche des männlichen Geschlechts richtet.

Daß der Anblick von Kindern und Heranwachsenden erotische Gefühle auslösen kann, ist nichts Ungewöhnliches. Gerade das Kindhafte, noch nicht völlig Ausgereifte, das bereits Züge des späteren Erwachsenen erkennen läßt, wirkt anziehend. Meist sind es ältere Männer, die in den Bann eines Nymphchens geraten (→ *Nymphen*), und obwohl viele betonen, daß es ihnen eigentlich gar nicht um eine sexuelle Beziehung, sondern mehr um geistig-erotische Bindung gehe, kommt es meist doch zu geschlechtsverkehrähnlichen Handlungen, wenn nicht sogar – soweit es die anatomischen Verhältnisse zulassen – zum Koitus.

Der Schriftsteller Vladimir Nabokov hat in seinem berühmten Roman »Lolita« die Verführungskraft eines solchen Mädchens und die widerspruchsvollen Gefühle, die ein solches Verhältnis hervorgerufen hat, eindrucksvoll geschildert: »Ich entsinne mich gewisser Augenblicke – nennen wir sie Eisberge im Paradies –, in denen ich, nachdem ich mich an ihr gesättigt hatte – nach phantastischen, wahnwitzigen Anstrengungen, die mich matt in seligblauer Erschlaffung zurückließen –, sie in die Arme schloß mit – endlich – einem stummen Stöhnen menschlicher Zärtlichkeit (ihre Haut schimmernd im Neonlicht, das vom gepflasterten Hof durch die Jalousiespalten drang, ihre tränenverklebten Wimpern rußschwarz, die ernsten grauen Augen leerer denn je – ganz und gar kleine Patientin nach schwerer Operation, von der Narkose noch halb betäubt –, und die Zärtlichkeit vertiefte sich zu Scham und Verzweiflung, und ich hegte und wiegte meine leichte, einsame Lolita in meinen Marmorarmen, stöhnte in ihr warmes Herz, streichelte sie blindlings, bat sie stumm um ihren Segen – und wie auf dem Gipfel dieser menschlichen, qualvollen, selbstlosen Zärtlichkeit (mit meiner Seele, die allen Ernstes um ihren nackten Körper schwebte) plötzlich, höhnisch, entsetzlich, die Begierde von neuem anschwoll – und Lolita sagte ›nein, o nein‹ mit einem Seufzer vom Himmel, im gleichen Augenblick sank alles, Zärtlichkeit, selige Bläue, in Trümmer.«

Inwieweit die Kinder durch die Pädophilie psychisch oder auch somatisch geschädigt werden, hängt vom Vorgehen (zärtlich, rücksichtsvoll oder gewaltsam, grob, nur auf eigene sexuelle Befriedigung bedacht) und der Art der Handhabung ab. Manche möchten das kindliche Genitale nur ansehen und streicheln, andere verführen die Kinder zur Masturbation oder bestehen auf vaginalem bzw. analem Koitus, der wegen der ungenügenden Genitalentwicklung zu schmerzhaften Einrissen der Vaginal- bzw. Rektalschleimhaut oder zu noch schwereren Verletzungen führen kann. Ferner ist von Bedeutung, ob es sich um ein einmaliges Ereignis oder um wiederholte, sich über längere Zeit erstreckende Sexualkontakte handelt. Zweifellos werden viele dieser Kontakte nicht bekannt; es muß mit einer hohen Dunkelziffer gerechnet werden (sexuelle → *Gewalt*, → *Aggression*, → *Sexualität* im Lebenszyklus). Die Verführer stammen meist aus dem nahen Umfeld des Kindes, oft sind es Freunde oder Bekannte der Familie, denen das Kind vertraut. Gerade aus diesem Grund haben viele Angst, von dem Geschehen zu berichten und nehmen an, daß man ihnen nicht glauben wird. Andere wiederum wurden von vornherein eingeschüchtert oder bedroht. Aus Angst vor einem Skandal nehmen manche Eltern von einer Anzeige Abstand.

Pädophile Verhaltensweisen sind heute streng tabuiert, sie werden allgemein scharf abgelehnt und gesetzlich geahndet. Ar

Pan: einer der griechischen Naturgötter, ursprünglich ein arkadischer Hirtengott; sein römisches Pendant war Lupercus (Wolfstöter, der die Herden Schützende). Nach den verschiedenen Sagen wird P. eine Vielzahl von Eltern zugeschrieben (als seine Mutter nannte man u. a. Kallisto, Penelope und Hybris, als seinen Vater Zeus und Apoll). Er wurde von → *Nymphen* aufgezogen. Der Gestalt nach ist er ein Mischwesen: Während Oberkörper und Arme menschlich ausgebildet sind, haben Kopf und Unterkörper Bocksgestalt. Später bleiben von dem Mischwesen nur noch die Bockshörner und die Bocksfüße übrig. Die Erfindung der Panflöte wird mit einer der zahlreichen Liebschaften des lüsternen und jeder schönen Nymphe nachstellenden Gottes in Verbindung gebracht. So hatte sich P. in die Nymphe Syrinx verliebt, die vor ihm flüchtete und auf ihr Flehen zum Schutz vor ihm in Schilfröhricht verwandelt wurde. P. blieb nur noch übrig, sich aus diesem Schilf eine Flöte anzufertigen, eben die Panflöte oder Syrinx, um darauf seiner Klage Ausdruck zu verleihen. Die Panflöte spielte in der bukolischen (Hirten-) Dichtung und Kunst eine große Rolle. P. ist in enger Verbindung mit den → *Satyrn* und → *Silenen* zu sehen, als deren Anführer er oft im Gefolge des Dionysos erscheint. In der Renaissance und im Barock entstanden viele Kunstwerke, die P. und Syrinx gewidmet waren. Die Maler wurden von der Sinnlichkeit in der Haltung des P. und der Schönheit der Syrinx zu Aktdarstellungen angeregt. Figurenreiche Bilder wie z. B. Poussins »Triumph des Pan« um 1635 zeigen einen heidnischen Natur- und Fruchtbarkeitskult, während auf dem Gemälde »Der Garten des Pan« (1886/87) von Burne-Jones ein Liebespaar zu sehen ist, das Pans Musik lauscht.

Dagegen hat die »panische« Angst nichts mit der erotischen Wirkung Pans zu tun, sondern bezieht sich auf ihn als einen naturgewaltigen Gott, der plötzlich und grundlos einzelne Menschen oder eine ganze Menschenmenge »in Panik versetzen« kann. Auf diese Kraft führte man den Sieg der Griechen über die Perser in der entscheidenden Schlacht bei Marathon zurück. Zum Dank wurde ihm deshalb in Athen eine Kultstätte geweiht. Se

Parfüms (Duftstoffe): seit dem Altertum bekannt, wurden sie ursprünglich bei religiösen Kulthandlungen benutzt, fanden später aber auch Eingang in das Alltagsleben. Der Name »Parfüm« stammt aus dem Lateinischen und bedeutet wörtlich »durch Rauch«.

Von vielen Kulturen ist überliefert, daß den Göttern wohlriechende Rauchopfer dargebracht wurden, um

sie günstig zu stimmen. Auch in der → *Bibel* wird erwähnt, daß Noah für seine Rettung vor der Sintflut mit einem Rauchopfer aus Zedernholz und Myrrhe dankte.
Im Reich der Sumerer und im alten → *Ägypten* verwendete man duftende Salben und Öle. Ihre Herstellung galt als Kunst und war den Priestern vorbehalten als eine ihnen von Gott verliehene Gabe. Den vornehmen Toten gab man in kostbaren Gefäßen duftende Essenzen mit ins Grab. Später begehrten sie auch die Lebenden, zunächst Pharaonen, dann die ägyptische Oberschicht. In Babylon hatten die Damen der Oberschicht die erotisierende Wirkung von Duftstoffen erkannt, die aus exotischen Blättern und aromatischen Hölzern gewonnen wurden, und machten reichlich davon Gebrauch. Auch die berühmte Königin von Saba soll sich vor ihrer Begegnung mit König Salomo betörenden Düften ausgesetzt haben.
Weit verbreitet war die Anwendung von ätherischen Ölen und Düften auch in der griechischen und römischen Antike. Die griechischen Parfümerien dienten nicht nur dem Einkauf, sondern waren gleichzeitig auch Treffpunkte des gesellschaftlichen Lebens, wo man sich zu Gesprächen und Klatsch zusammenfand, oft auch mit der Absicht, zarte Bande zu knüpfen.
Die Bedeutung des P. wurde von berühmten Dichtern gewürdigt, z. B. von → *Ovid*. Mit zunehmendem Einfluß des → *Christentums* und seiner asketischen Moral nahm jedoch der weltliche Gebrauch von P. vorübergehend ab, denn sie galten wegen ihrer sinnlichen Wirkung als lasterhaft und verdammenswert. Für religiöse Zwecke wurde ihre Anwendung allerdings beibehalten. Auch heute kennen die griechisch-orthodoxe und die römisch-katholische Kirche noch Weihrauchdüfte beim Gottesdienst.
In den arabischen Ländern verlief die Entwicklung anders. Hier bemühte man sich um eine weitere Verfeinerung in Form von besonderen Destillationsmethoden und stellte erstmals das heute noch berühmte Rosenwasser her. Nicht umsonst sprach man von den Wohlgerüchen Arabiens, an denen sich auch die Haremsdamen erfreuen konnten. Über die Mauren gelangten die Duftstoffe nach Spanien und breiteten sich von dort über ganz Europa aus. In Südfrankreich entstand ein Zentrum zur Parfümherstellung, das in moderner Form heute noch existiert. Man begann damals, heimische Blüten mit orientalischen Extrakten zu mischen. Zur Beliebtheit der P. trug bei, daß es zu dieser Zeit mit der persönlichen Hygiene nicht zum besten stand. Die Düfte machten es möglich, den eigenen, nicht immer angenehmen Körpergeruch zu überdecken. Neue Impulse erhielt die Parfümproduktion, als Katharina von Medici als Gattin Heinrichs II. von Italien nach Frankreich kam und ihre eigenen P. mitbrachte,

wodurch die französischen Produkte beeinflußt wurden. Immer vielfältigere und raffiniertere Zusammensetzungen ließen die Mahnungen der Kirche in Vergessenheit geraten. Mit der Renaissance blühte das Parfümgeschäft wieder auf. Nicht nur die Damen der Gesellschaft, auch hohe Vertreter der Kirche legten Wert auf gute Düfte. Selbst Napoleon verzichtete bei seinen Feldzügen nicht auf die duftenden Wässerchen und Pomaden. Während der Gebrauch von P. ihres hohen Preises wegen zunächst nur für die höhere soziale Schicht möglich war, änderte sich dies mit der Einführung der synthetischen Herstellung. Die teuren, natürlichen ätherischen Öle wurden durch die billigen, doch ebenso wohlriechenden synthetischen Öle ersetzt. Somit waren die P. nun praktisch jedermann zugänglich. Die P.-Industrie hat seither einen enormen Aufschwung verzeichnet. Viele Firmen stehen im Wettstreit, um mit immer feineren Duftmischungen den Markt zu beherrschen. Heute kann sich jeder sein Lieblingsparfüm nach seinem Geschmack auswählen, wobei es üblich geworden ist, tagsüber leichtere, frische Duftkomponenten und abends schwere, sinnlich betörende zu bevorzugen. Letztere enthalten meist Moschus, Amber und ähnliches. Manche selbstbewußte Frauen verzichten ganz auf P.

Unser Geruchsorgan, die Nase, kann 3000 verschiedene Gerüche wahrnehmen und empfindlich auf kleine Nuancen reagieren, obschon es individuelle Unterschiede gibt (→ *Sinnesorgane*). Manche Düfte sind uns sofort sympathisch, andere sind, darüber hinaus, von starker Wirkung – sie unterstreichen den Reiz der Partnerin oder des Partners, erotisieren und stimmen auf zärtliche Stunden ein. Die Atmosphäre erhält durch den betörenden Duft etwas zusätzlich Verlockendes, sexuell Erregendes.

Unter den vielen Duftvarianten sind jedoch immer auch einige, die einem nicht zusagen, die man instinktiv ablehnt. Im übertragenen Sinne bezieht sich das auch auf unsere Reaktion bestimmten anderen Personen gegenüber. Während manche Menschen einem auf Anhieb sympathisch sind, kann man andere vom ersten Moment an nicht »riechen«.

Ihren Eigengeruch halten allerdings die meisten Menschen nicht für anziehend und tun ihr möglichstes, um ihn durch künstliche Düfte zu unterdrücken oder zu ersetzen. Schweißgeruch z. B. gilt für viele als unangenehm und abstoßend, obwohl frischer Schweiß keineswegs stinkt und zu einem leidenschaftlichen Koitus einfach dazugehört. Um dem Reinlichkeits- und Frischebedürfnis Rechnung zu tragen, hat die kosmetische Industrie zahlreiche Deodorants auf den Markt gebracht. Genitalgerüche kann man mit Intimsprays beseitigen. Allerdings gilt hier ebenso wie bei der Anwendung von mehr oder weniger kostbaren P., daß geringe Dosen ausreichen, weil ein Zuviel eher abschreckend wirken kann. Ar

Paris: zweiter Sohn des trojanischen Königs Priamos und der Hekabe; Bruder von Kassandra. Eines Traumes wegen, der eine von diesem Kind ausgehende Gefahr prophezeite, wurde P. im Gebirge ausgesetzt, wo ihn mitleidige Hirten aufzogen. Oinone, die Tochter des Flußgottes Kebren, wurde seine Frau. In dieser Zeit kamen drei Göttinnen mit der Bitte zu ihm, durch die Überreichung des Apfels der Eris, der Göttin der Zwietracht, die Schönste zu bestimmen (Urteil des Paris). Die drei Kandidatinnen waren Hera, die Frau des → *Zeus*, die kriegerische Pallas Athene, Lieblingstochter des Zeus, und die anmutige → *Aphrodite*, die Göttin der Schönheit. Von den Versprechungen der drei Göttinnen lockte ihn das Angebot der Aphrodite am meisten. Sie versprach ihm die schönste Frau der Welt. So überreichte er ihr als Siegerin des Wettbewerbs den Apfel. Die Rache der beiden anderen gekränkten Göttinnen bestimmte das weitere Leben des P. Da → *Helena*, die Frau des Menelaos, als die schönste Frau in der Welt galt, war der Konflikt unvermeidlich. Der Trojanische Krieg wurde durch die Entführung der Helena ausgelöst und endete mit der Zerstörung Trojas sowie der Rückkehr Helenas. P. wurde nach seiner Niederlage im Zweikampf mit Menelaos dank Aphrodites Hilfe gerettet; nachdem er Achill tötete, verwundete ihn Philoktet, und er starb, weil ihm seine rechtmäßige Gattin Oinone seiner Untreue wegen das nötige Heilmittel verweigerte. In der bildenden → *Kunst* der → *Antike* wurde P. häufig in seinem Liebeswerben um die schöne Helena, auf der Flucht mit ihr oder im Zweikampf mit Menelaos dargestellt. Doch zum Hauptmotiv wurde das schon in der antiken Kunst beliebte »Urteil des Paris«, ein Motiv, das seit dem 14. Jahrhundert wieder auf Interesse stieß. Einer der Gründe war die Verbreitung der Troja-Romane. Während im Italien des 15. Jahrhunderts die Göttinnen noch bekleidet gemalt wurden, zeigten die Bilder nördlich der Alpen, daß die Maler mit Freuden die Gelegenheit wahrnahmen, schöne Frauen mit wohlgeformten, verlockenden Körpern voller Sinnlichkeit und Anmut darzustellen. Jede der drei Gottheiten ist schließlich gewillt, diesen schönen jungen Mann für sich zu gewinnen. Bekannte Werke mit dem P.-Motiv wurden von Lucas Cranach d. Ä., Peter Paul Rubens, Jordaens, Anselm Feuerbach, Max Klinger, Lovis Corinth, Otto Müller geschaffen. Auch in der Kunst der Gegenwart wird das Motiv verspielt bis derb-erotisch wiederaufgenommen. Eine Ausstellung Ende der 80er Jahre im Schloßmuseum Gotha zum Thema Parisurteil fand wegen ihrer Vielfalt großen Anklang. Se

Partialtriebe: nach Freud (→ *Psychoanalyse*) Bestandteile des Sexualtriebes, die sich zunächst einzeln in der Kindheit entwickeln und unabhängig voneinander Befriedigung suchen, um sich später in der genitalen Sexualität des Erwachsenen zu strukturieren. Freud unterschied den oralen, analen und phallischen P. Nach seiner Theorie über die Bedeutung verschiedener erogener → *Zonen* in der kindlichen Sexualentwicklung entsteht bereits im Säuglingsalter durch das Saugen an der Mutterbrust Lustgewinn bei der Nahrungsaufnahme, später auch durch Lutschen am Daumen. In der zweiten Entwicklungsphase wird Stuhl- und Harnentleerung (und ihre Beeinflußbarkeit) bewußt als lustbringender Vorgang erlebt. In der dritten, der phallischen Phase weichen die nichtgenitalen Tendenzen der ersten und zweiten Phase dem »Genital-Primat«. Im Erwachsenenalter manifestieren sich die P. nach Freud als »Verlust« oder in (fixierter) Form von Perversionen wie → *Exhibitionismus*, → *Voyeurismus*, → *Sadismus* und → *Masochismus*. Neben der Unterordnung der P. in der Sexualität der Erwachsenen unter den genitalen Trieb und ihrem Beitrag am Zustandekommen der »Vorlust« (Erotisierung beim → *Vorspiel* zum → *Koitus*) nahm Freud an, daß frühkindliche → *Fixierungen* von P. Ursache von → *Perversionen* seien. Weiters vermutete er, daß die → *Sublimierung* der P. zu bestimmten nichtsexuellen Verhaltensweisen, zu Vorlieben oder gar Charaktereigenschaften des Erwachsenen führen könne. Nach seiner Ansicht gehen z. B. der Sinn für Ordnung und Sauberkeit oder auch Sparsamkeit auf analerotische Triebäußerungen zurück. Während das Konzept der P. für die Erklärung der kindlichen Sexualentwicklung und die Entstehung bestimmter Formen psychischer Erkrankungen allgemein anerkannt wird, sind Freuds Annahmen zur Umwandlung sexueller Energien recht umstritten. We

Partnermobilität: der Wechsel von Sexualpartnern. Wie aus sexualwissenschaftlichen Untersuchungen hervorgeht, hat die Mehrzahl der Menschen im Leben mehr als einen Sexualpartner. Die P. ist in der zweiten Hälfte unseres Jahrhunderts in allen industrialisierten Ländern angestiegen. Sie hat verschiedene Erscheinungsformen und Ursachen. Vier Tendenzen lassen sich qualitativ unterscheiden:

(1) Die »serielle Monogamie«, das Nacheinander fester Partnerschaften vor allem im Jugendalter. Sie

ist Lernprinzip der Jugendlichen. Mit ihr verbindet sich das Einüben partnerschaftlicher und sexueller Verhaltensweisen, die Suche nach einer optimalen Partnerschaft mit hohem Anspruch an die Qualität der Beziehung, die oft zur Beendigung einer alten und zum Aufbau einer neuen Partnerschaft führt. Dieses Nacheinander ist Ausdruck gewachsener Souveränität im Umgang mit Sexualität auf Grund gesellschaftlicher Entwicklungen, die zu einer Liberalisierung sexueller → *Normen* geführt haben. Mit dem ein- oder mehrmaligen Partnerwechsel im Laufe des Lebens verbindet sich das Ideal der Einheit von → *Liebe* und Sexualität. Eine solche romantische Liebesmoral folgt immer weniger dem traditionellen Leitbild der lebenslangen ehelichen → *Monogamie*, obwohl oder gerade weil innerhalb der jeweiligen Liebesbeziehung nach wie vor großer Wert auf → *Treue* gelegt wird.

(2) Das Fremdgehen. Gelegentlich oder dauerhaft werden Sexualbeziehungen neben einer festen Partnerschaft bzw. der Ehe eingegangen. Ein Grund dafür (neben Abenteuertum, Erlebnisdrang, Neugier und vielem anderen) ist ein unbefriedigtes Sexual- und Gefühlsleben in der Primärbeziehung. Man kann dabei Sexualbeziehungen unterscheiden, die den Ausstieg aus der Partnerschaft vorbereiten, und solche, die den Verbleib in ihr ermöglichen. Die Zunahme der Seitensprünge ist weder als Ausdruck libertärer Normen zu feiern noch als Übertretung des traditionellen Monogamiegebots zu verdammen. Sie ist in sich widersprüchlich und nicht selten ein Produkt der Probleme von Langzeitpartnerschaften. Seitensprünge sind traditionell ein männliches Privileg. In der modernen Gesellschaft mit einer größeren → *Emanzipation* der Frau und vor allem deren beruflicher Selbständigkeit gleicht sich das jedoch weitgehend aus. Fast immer werden sexuelle Seitensprünge mit gut bekannten Partnern vollführt. Spontankontakte mit kaum oder gänzlich unbekannten Partnern, anonyme Sexualkontakte, sind die Ausnahme und werden meist abgelehnt.

Generell kann sowohl in bezug auf (1) als auch auf (2) eine moralische Bewertung nicht gegeben werden, die an der Zahl der Partner festgemacht ist. Weder hohe noch niedrige Partnerzahlen sind generell ein Ausdruck von Qualität, Leistung, Stabilität, Befriedigung, Glück. Dazu sind die Persönlichkeiten und ihre Lebensaktivität in den vielfältigen Situationen des Lebens zu verschieden. Folgt man dieser Erkenntnis, dann ist der Treue-Appell angesichts von → *Aids* ebenso verständlich wie lebensfremd und repressiv. Die P. allein schafft noch keine Aids-relevanten Risikosituationen, und kaum jemand verzichtet einer abstrakten Treue wegen auf Liebesglück. Andererseits kann es infolge einer emotional engen Beziehung zum Verzicht auf Schutz vor einer Ansteckung kommen.

(3) Der bezahlte Sex (→ *Prostitution*). Neue Partner sind leicht und ohne Übernahme wechselseitiger Verantwortung als Wegwerfartikel zu bekommen. Die Lust kann schnell und problemlos befriedigt werden. Obwohl es auch Formen der Prostitution von Männern (vorwiegend für Schwule, aber auch für Frauen) gibt, dominiert die weibliche Prostitution. Der gesamte damit verbundene Amüsierbetrieb einschließlich der → *Pornographie* ist hauptsächlich für Männer bestimmt. Daher sind diese sexuellen Kontakte (einschließlich längerer Beziehungen und Stammkunden) bei Männern weitaus häufiger als bei Frauen. Unter den Männern lassen sich in bezug auf Prostitution habituell drei Gruppen unterscheiden: die einen leben völlig ohne prostitutive Kontakte, die anderen nehmen solche sexuellen Dienstleistungen gelegentlich in Anspruch, und die dritten haben Prostitution fest in ihr Leben integriert. In ihrem soziologischen und psychologischen Profil sind diese Gruppen klar voneinander abgehoben, die Grenzen zwischen ihnen sind nicht fließend. Die Größe der Gruppen ist in den sozialen Untergruppen und Territorien unterschiedlich.

(4) Die → *Promiskuität*. Damit wird der sehr häufige Wechsel von Sexualpartnern ohne feste Bindungen bezeichnet. Weitere Formen der P. sind → *Partnertausch* und → *Gruppensex*. We KS

Partnertausch: kurzzeitiges Wechseln des Sexualpartners zwischen Paaren mit gegenseitigem Einverständnis. Der eigene Ehemann wird spaßeshalber gegen den Ehemann einer anderen ausgetauscht, um mit diesem zu schmusen und Geschlechtsverkehr zu haben. Der P. geschieht normalerweise zum selben Zeitpunkt, z. B. anläßlich einer Party. Er kann sich wiederholen, ist aber nicht permanent. Die sexuelle Handlung kann in getrennten Räumen, aber auch in Gegenwart des ursprünglichen Partners erfolgen, um den Reiz durch das Zuschauen und durch gemeinsame Sexspiele zu erhöhen. P. geht dann in → *Gruppensex* über. Auf diese Weise kann es auch zu gleichgeschlechtlichen Kontakten kommen. Beispiele: Die beiden Ehefrauen schmusen miteinander, und die beiden Ehemänner schauen zu, oder eine Ehefrau befriedigt sich mit dem Vibrator selbst, und die anderen beobachten sie dabei.

P. ist ein beliebtes Thema der erotischen → *Literatur* und gilt als Zeichen sexueller Aufgeschlossenheit. Ein hübsches Weib empfiehlt den eigenen Liebhaber der Gespielin, um dieser einen Gefallen zu tun und jenen zu rühmen. Zum Ausgleich vergnügt sich das Weib dann mit dem ursprünglichen Partner der Freundin, den sie möglicherweise ohnehin heimlich verehrt. Inwieweit P. zu verschiedenen Zeiten und in verschiedenen Völkern verbreitet war, ist nicht genau bekannt. P.-ähnliche Formen wird es wohl – zufällig oder bewußt angestrebt – gegeben haben, ohne daß sich der P. als herrschende Kulturform durchsetzen konnte. Allein die Möglichkeit einer unerwünschten Schwangerschaft mit unklarer Vaterschaft mag dies verhindert haben.

P. im engeren Sinn ist eine moderne Erfindung. In den höheren Gesellschaftsschichten der USA entstanden, hat er die Funktion, sexuelle Abwechslung und die Befriedigung sexueller Spiel-, Leistungs- und Abenteuerlust in einem vereinbarten Rahmen zu ermöglichen, ohne die bestehende Partnerbeziehung, insbesondere die Ehe, zu gefährden. Die → *Partnermobilität* wird damit gesellschaftsfähig und ohne moralische Konflikte und soziale und partnerschaftliche Sanktionen lebbar. Der Hang zum Konservativen zwecks Erhalt der Ehe verbindet sich zwanglos mit dem Wunsch, zeitgemäß zu sein in Form sexueller Liberalität. Die eigene Partnerbeziehung wird, so heißt es in Berichten, durch P. besser verträglich, sie erhält möglicherweise auffrischende Anregungen, bekommt eine neue Qualität und kann sich stabilisieren. Kritiker des P. behaupten, daß Gefühle und intime menschliche Beziehungen nicht ohne weiteres austausch- und kontrollierbar seien. Die Beteiligten können unterschiedlich motiviert sein, was Nötigungen beinhalten kann. Mancher der Beteiligten sieht sich möglicherweise zum bloßen Spielzeug des anderen degradiert: Ohne entsprechende Absichten werden neue Bindungen möglich, und alte sind auf einmal gefährdet. P. kann insofern auch zu einer Quelle von Problemen und Konflikten werden. KS US

Partnerwahl: die Entscheidung für einen Liebes-, Sexual- bzw. Ehepartner. In die P. gehen vielfältige Gefühlszustände ebenso wie rationale Erwägungen ein, bewußte und unbewußte (→ *Partnerwunschbild*). Auch die »Liebe auf den ersten Blick« basiert auf Vorerfahrung. Vom Umfang der persönlichen Erfahrung, der Selbsterkenntnis und dem Zweck der P. hängt die kritische Tiefe der Entscheidung ab. Wer ein erotisches Abenteuer sucht, wird sich überwiegend von der äußerlichen Attraktivität des potentiellen Partners leiten lassen – ohne den Anspruch zu erheben, sie oder ihn als ganze Persönlichkeit näher kennenlernen zu wollen. Im allgemeinen ist die P. jedoch ein Prozeß, der über mehrere Etappen und Entscheidungen führt. Bei jungen Menschen beginnt dieser Prozeß oft mit spontaner → *Verliebtheit* und führt über gemeinsames Handeln zur allmählichen Vertiefung der Beziehung oder zu ihrem Bruch (→ *Partnermobilität*). Bei Älteren bedarf es vor einer Liebeserklärung häufig einer längeren Phase des Kennenlernens. Selten bei jung und alt, doch nicht ausgeschlossen sind Kennenlernen, P. und der Aufbau einer Partnerbeziehung erst nach einem sexuellen Kontakt (→ *Sexualität* im Lebenszyklus).

Weil Partnersuche und Kontaktaufnahme oft mit Schwierigkeiten verbunden und manche Menschen einsam sind, gibt es Formen der gewerblichen P. wie z. B. Kontaktanzeigen (→ *St.-Pauli-Presse*), Partnerbörsen im Rundfunk, → *Heiratsannoncen.* Professionelle Partnervermittlungen nutzen psychologische Erkenntnisse und Computerprogramme. Doch wie groß das Maß an Erfahrung, der Anspruch auf Wissenschaftlichkeit und die jeweilige Erfolgsquote auch sein mögen – Liebe und sexuell-erotische Erfüllung sind nicht programmierbar, denn jeder Mensch und jede Partnerschaft ist letztlich etwas Einmaliges. We

Partnerwunschbild: die Idealvorstellung von einem (künftigen) Liebes- und Lebenspartner; zugleich ein Partner*schafts*wunschbild. In unserem Kulturkreis ist das P. junger Leute heute weitgehend vom Ideal der Gleichberechtigung zwischen Mann und Frau bestimmt. Der Partner soll die Liebe erwidern, treu sein, sich um sexuelle Übereinstimmung bemühen. Neben Vertrauen und Verstehen ist → *Zärtlichkeit* ein ideales Kriterium für eine Partnerschaft, die symmetrisch sein soll und Selbstbestimmtheit und Freiraum für die eigene Persönlichkeit bieten muß. Diese hohen Ansprüche einer romantischen → *Liebe* sind oft nicht dauerhaft einlösbar. Deshalb sind die Hauptgründe für eine bestimmte → *Partnerwahl* gleichzeitig auch die häufigsten Scheidungs- bzw. Trennungsursachen – dann mit negativem Vorzeichen: mangelnde Liebe, Untreue, sexuelle Nichtübereinstimmung, Intoleranz, Streit, Furcht vor dem anderen, Herrschaft eines Partners, latente oder tatsächliche Übergriffe.

Die Treue als »der wahren Liebe Schwester« und die Folgen des Fehlens derselben besang schon der Minnesänger Heinrich von Meißen um 1300: »Hast du Treu und Stetigkeit, / so bin ich ohne Sorgen gar, / daß mir jemals Herzeleid / von deinem Mutwill widerfahr. / Hast du aber diese nicht, / so möcht ich dich besitzen nimmer; / weh, wenn dann das Herz mir bricht!«

Weitere wichtige Kriterien des P. sind

ähnliche Interessenlagen in bezug auf Familie, Freizeit und berufliche Entwicklung, gleiche oder ähnliche politische Ansichten und Weltanschauungen. Einen hohen Stellenwert im P. der meisten Jugendlichen nehmen Eigenschaften ein, die auf die familiäre Zukunft und die Stabilität der Partnerschaft gerichtet sind. Dazu gehören in herausragendem Maße: »eine liebevolle Mutter, ein liebevoller Vater sein«, doch auch Häuslichkeit, sinnvolle Arbeitsteilung im Haushalt, gegenseitige Anteilnahme an den beruflichen Sorgen. Eine vergleichsweise untergeordnete Bedeutung, zumindest im jugendlichen Denken, besitzen hingegen finanzielle, Besitz- oder Statuserwägungen, das Nachdenken darüber, ob ein künftiger Partner auch standesgemäß sei; das sind häufiger Kriterien der Eltern bei der Bewertung potentieller Schwiegersöhne und -töchter.

Aufgrund der traditionell stärkeren Betonung weiblicher Schönheit und Körperlichkeit in unserer Gesellschaft spielt die erotische Attraktivität im P. der Männer eine größere Rolle als in dem der Frau, deren Einkommen jedoch eine niedrigere.

Vorstellungen über den Partner und über gewünschte Eigenschaften erleichtern Partnersuche und → *Partnerwahl.* »Das Bild vom Partner entwickelt sich im Prozeß der Stabilisierung der weltanschaulichen, moralischen und politischen Position des Jugendlichen, im Prozeß der Konkretisierung seiner Lebenspläne und -ansprüche und dem Bewußtwerden seiner eigenen Möglichkeiten und Grenzen« (Ulrike Siegel, 1974). Das P. basiert niemals ausschließlich auf der bisherigen Erfahrung mit dem eigenen und anderen Geschlecht, sondern ist ein Ergebnis der gesamten Persönlichkeitsentwicklung; es spiegelt die Wertorientierung Jugendlicher wider und ordnet sich ein in die Vorstellungen, die Jugendliche von ihrem weiteren Leben haben. Manchmal gehen Jugendliche dabei über die gegebenen gesellschaftlichen Bedingungen und Normen hinaus, manchmal bleiben sie aber auch hinter ihnen zurück. Mehr oder weniger stark ist das P. von den herrschenden Mustern und speziell dem Männer-, Frauen- und Familienleitbild sowie im Jugendalter auch von modischen Vorbildern bestimmt. Untersuchungen der Jugendforschung zeigen, daß nahezu alle Jugendlichen Vorstellungen von ihrem künftigen Partner haben. Diese bestehen weniger in einem Puzzle aus idealen Eigenschaften, sondern in einem Anspruch an sich selbst und den anderen und beinhalten Wertgrenzen, die idealerweise nicht überschritten werden sollen. Auf dieser Basis erhalten sich die meisten Jugendlichen Offenheit gegenüber dem zukünftigen Partner und die Bereitschaft, sich auf ihn einzustellen und die Zufälligkeiten und Überraschungen neugierig zu genießen. We KS

Patriarchat (gr. patriarches = Stammvater): Vaterherrschaft, Herrschaft des Mannes in Familie und Gesellschaft. Das P. entstand mit dem Übergang von der Ur- zur Klassengesellschaft. Der biologisch bevorteilte Mann, der bei der Aufzucht der Nachkommen ungebunden ist und über größere Körperkräfte verfügt, wird beim Betreiben von Ackerbau und Viehzucht produktiver als die Frau. Er produziert mehr, als er verbraucht, und konzentriert das entstehende Privateigentum in seinen Händen. Die so entstehende ökonomische Ungleichheit zwischen Mann und Frau wird durch gesellschaftliche → *Normen*, religiöse Gebote und Rechtsvorschriften abgesichert. Mit der Stabilisierung des Vaterrechts entwickelten sich Religionen mit männlichen Gottheiten an der Spitze. Das P. ist gekennzeichnet durch Patrilinearität, d. h. durch Vererbung in väterlicher Linie (vom Vater auf den Sohn). Um die Vaterschaft zu sichern (deren Nachweis erst in jüngster Zeit eindeutig oder nahezu 100prozentig möglich ist), war die → *Treue* der Frau erforderlich (→ *Monogamie*). In der patriarchalen Familie wird die Frau zum Besitz des Mannes, den er herrscherisch, beschützend, ausnutzend und teils eifersüchtig bewacht. Die monogame Ehe und die damit verbundenen Moralnormen, die die Sexualität der Frau schmähen und einschränken, werden geheiligt.

Ziemlich einig ist sich die Geschichtswissenschaft über die Tatsache, daß vor dem Zeitalter des P., das vor etwa 7000 Jahren anbrach, in früheren Jahrtausenden der Menschheitsgeschichte matrilineare Familienverhältnisse bestanden. Die Blutsverwandten lebten zu jener Zeit in Clans bzw. Sippen. Uneinig ist sich die Wissenschaft jedoch in der Frage, ob in der Urgesellschaft über die nachweisbare Verehrung der Frau als Stammutter hinaus auch ein Matriarchat, eine Frauenherrschaft, bestanden hat. Wahrscheinlicher ist, daß auch damals schon »der starke Mann« als Beschützer und Führer des Familienverbandes fungierte.

In den zurückliegenden Jahrhunderten wurde die Vorherrschaft des Mannes und die Unterdrückung der Frau politisch und juristisch vielfältig stabilisiert. So hatten Frauen lange Zeit kein Wahlrecht und wurden durch eine Heirat wieder unmündig wie ein minderjähriges Kind. Heute ist Frauen in allen modernen Ländern die Gleichheit vor dem Gesetz verfassungsmäßig garantiert. Im beruflichen und familiären Alltag jedoch, bis hinein ins Sexualleben, haben sich noch viele diskriminierende Verhaltensweisen erhalten. Deshalb ist Kritik an patriarchalen Gesellschaftsstrukturen und der Kampf um ihre Überwindung auch in der Gegenwart nötig (→ *Feminismus*). We

Peep-Show (engl. to peep = heimlich zuschauen): aufreizende Darbietung des weiblichen Körpers. Aus den USA kommende Variante des Guckkastens, in dem Darsteller agieren. Auf kleinstem Raum, z. B. einer Drehscheibe, präsentiert sich – umringt von Kabinen mit stehenden oder sitzenden Männern – eine ausgezogene oder nur sparsam bekleidete Frau (gelegentlich auch zwei oder ein Pärchen). Sie stellt ihre intimsten Körperstellen zur Schau, streichelt sich, vollführt aufreizende Bewegungen und versucht – mehr oder weniger gekonnt – ihre Zuschauer zu erotisieren. Der Kunde betritt (allein) eine Kabine, wirft ein Geldstück ein (in Deutschland gewöhnlich 1 DM für eine Minute), ein Vorhang öffnet sich, und er kann – selbst unbeobachtet – dem Modell zuschauen (im allgemeinen hinter einer Trennscheibe). Teilweise ist auch Blickkontakt möglich, die Kabinen sind manchmal komfortabel und mit Belüftung und Rauchmöglichkeiten ausgestattet. Die Girls wechseln, auf einer Eingangstafel wird durch ein Foto angezeigt, welches Girl gerade arbeitet.

Im allgemeinen sind die Girls keine Prostituierten. Die sexuelle Abreaktion erfolgt gegebenenfalls durch Selbstbefriedigung, wofür oft Papier und Abfallbehälter bereitstehen. Doch gibt es auch Mischformen. Gegen einen bestimmten Preis kann man eine Solokabine mieten, in der das gewählte Girl bei entsprechender Bezahlung zu einer »Privatshow« und zu weiteren sexuellen Leistungen bereit ist, insbesondere zur billigen → *Handarbeit.*

Ende der 80er Jahre ist die P.-S. stark in die öffentliche Kritik geraten. Sie wird – insbesondere von Teilen des → *Feminismus* – als Gipfel der Frauenverachtung und Entwürdigung abgelehnt. Andere fügen hinzu, daß die P.-S. auch für den Mann peinlich und entwürdigend sei. Dem wird entgegengehalten, daß die P.-S. im Grunde ein harmloses kleines Vergnügen in korrektem, sauberem Rahmen in einer prostitutiven Gesellschaft sei. »In den Peep-Shows geht es jedenfalls unmittelbarer und sauberer zu als in den Verlagen, Kranken-, Kauf-, Funkhäusern und sonstigen Betrieben ... In den Bordellen und Peep-Shows wird von Männern über einen Teil des Körpers der Frau verfügt, in Fabriken und Filmstudios erklärtermaßen über alles: Körper, Seele, Geist« (Volkmar Sigusch, »Vom Trieb und von der Liebe«, 1984). Außerdem wird die P.-S. im Zeitalter von → *Aids* als eine der idealen Formen von Safer Sex betrachtet. Sexualwissenschaftler betonen, daß – wenn überhaupt – die Kritik der gesamten → *Sex-Busineß-Szene* gelten müsse und nach den Ursachen für den Bedarf an P.-S. zu suchen sei.

Infolge der Proteste ist die P.-S. in vielen Städten verboten oder wenigstens aus dem Zentrum verbannt worden. Selbst auf der berühmten Reeperbahn in Hamburg St. Pauli gibt es seit 1990 keine P.-S. mehr. Andere Formen, alte und neue, sind an ihre Stelle getreten, z. B. → *Videoshow* oder → *Striptease*. Vielerorts sind lediglich die Kabinen entfernt worden, die Drehscheibe mit den Girls ist geblieben; sie rotiert nun inmitten von Lokalen oder in speziellen Räumlichkeiten. Das Prostituierten-Projekt Hydra hat 1988 die ökonomischen, psychologischen und anderen Aspekte der P. analysiert und Aussagen von P.-S.-Girls vorgelegt. Die Urteile reichen von »ein Job wie jeder andere« bis zur subtilen Bewertung des eigenen Tuns und des schauenden Mannes. KS

Beispiel eines solchen Selbstzeugnisses in Gedichtform:

Die Peep-Show ist was für den Mann,
der liebt zu wichsen dann und wann.

Er wirft mal schnell ein Markstück ein,
Klappe auf, schon wichst das Schwein.

Klappe zu, jetzt wird es schwierig,
ein Markstück sucht der Wichser gierig.

Klappe auf, nun steht er wieder,
und die Hand geht auf und nieder.

Der Schweiß steht ihm auf der Stirn,
was geht wohl vor im Wichserhirn?

Er wird nervös, die Hose rutscht,
sie liegt im Schleim vom andern Schwein.

Er zischt und röchelt, wichst und glotzt,
wenn der Stengel endlich kotzt.

Die Augen treten vors Gesicht,
wenn ihm Sperma aus dem Penis bricht.

Hastig wird er abgeputzt,
dann verpackt.

In die Box kommt der Ochs,
mir ist schon langsam übel.

Endlich ist er wieder cool,
mir wär's lieber, er wär schwul!!

Penis (lat., **Schwanz, männliches Glied**): sexuelles Lust- und Fortpflanzungsorgan des Mannes, das durch seine einzigartige Fähigkeit zur → *Erektion* zum Symbol von Potenz und Männlichkeit geworden ist (→ *Phalluskult*, → *Genitalien*). In den westlichen Gesellschaften hat das Wort P. andere Bezeichnungen für das männliche Glied verdrängt, insbesondere in Teilen der Mittel- und Oberschicht. Ar

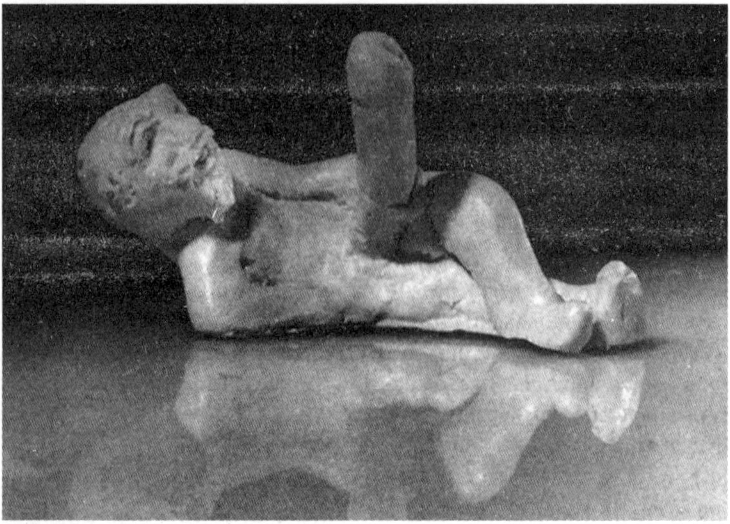

Minikeramik nach einer peruanischen Grabbeigabe (20. Jh.)

Penisbürstchen: zumeist aus Pferdehaaren, Borsten oder ähnlichem Material angefertigtes Reizmittel, das wie eine kleine Bürste kranzförmig um die Eichel gelegt wird, um die Partnerin stärker sexuell stimulieren zu können. Diese Sitte war sowohl in Südamerika als auch in Java und China bekannt. Auf demselben Prinzip beruhen die heutzutage üblichen Reizkondome, deren oberes Ende mit starken Noppen oder dornenähnlichen Fortsätzen ausgestattet sind (→ *Reizinstrumente*). Ar

Penisfraktur: Bruch des erigierten → *Penis*, meist infolge gewaltsamer Abknickung. Meist handelt es sich um eine Kohabitationsverletzung (beim Geschlechtsverkehr) oder Unfallfolge. Der Penis schwillt sofort stark an, verfärbt sich blaurötlich, weil sich sehr schnell ein Bluterguß innerhalb des Gliedes entwickelt. Das Ganze ist äußerst schmerzhaft. Begünstigt wird die P. durch spielerische Manipulationen am Penis, vielleicht unter Alkohol, bei derbem und grobem Zupacken und Knicken oder bei einer heftigen Abwehrreaktion, wenn ein Einführen des Penis vermieden werden soll. Eine zusätzliche Komplikation besteht in einer Verletzung der Harnröhre, erkenntlich an blutiggefärbtem Urin oder an der Unmöglichkeit, Wasser zu lassen. Die P. ist ein Notfall und muß sofort ärztlich behandelt werden, eventuell operativ. Ar

Penisneid: nach Ansicht von → *Freud* eine Reaktion bei kleinen Mädchen, wenn sie das Vorhandensein des → *Penis* beim anderen Geschlecht und das Fehlen desselben bei sich selbst wahrnehmen (→ *Kastrationskomplex*). Heutzutage erscheint die generelle Annahme eines derartigen Konflikterlebnisses bei Mädchen nicht mehr haltbar. Der rationale Kern des Freudschen Konzepts besteht wohl darin, daß Mädchen gegenüber Jungen vor allem in früheren Zeiten bei der Erziehung benachteiligt wurden (und es auch heute oft noch werden), weshalb sie sich mit ihrer Mädchenrolle mitunter nicht identifizieren wollten, neidisch auf die Vorrechte der Jungen waren und wünschten, selbst ein Junge zu sein. P. sollte insofern als Metapher verstanden werden. We

Penisprothesen: Kunststoffimplantate, die in den Penisschwellkörper eingepflanzt werden, so daß der → *Penis* versteift und der → *Koitus* ermöglicht wird. Ihre Anwendung ist nur in bestimmten Fällen indiziert, z. B. bei Transsexuellen, wenn operativ ein künstlicher Penis geschaffen wird oder wenn eine → *Erektion* infolge eines Unfalls oder einer Krankheit nicht mehr zustande kommt. Seitdem die Schwellkörperinjektion eingeführt wurde, wird man in Zukunft jedoch weitgehend auf Implantate verzichten können. Ar

Perversionen (lat. perversus = verdreht, verkehrt): außer- und ungewöhnliche, z. T. bizarre sexuelle Praktiken, teils als abnorm oder krankhaft bewertet. Zu den P. zählen klassischerweise u. A. → *Exhibitionismus*, → *Voyeurismus*, → *Sadismus*, → *Masochismus*, → *Fetischismus*.

P. haben eine psychische Funktion, die über die Erzeugung sexuellen Lustgewinns hinausgehen. Sie sind sexualisierte Konfliktlösungsversuche. In perversen Handlungen, die oft extrem zwanghaft und ritualisiert vollzogen werden, wird ein Grundkonflikt der Betroffenen, beispielsweise die Unterlegenheit gegenüber einer dominanten Mutter, verschlüsselt dargestellt und scheinbar gelöst. »Salopp könnte man sagen, Perversionen sind unbewußt inszenierte sexuelle Happenings, die einen Selbstheilungsversuch darstellen. Da sie von Ängsten und Konflikten gespeist werden, sind sie oft auch voller

Haß und Feindseligkeit. Stoller bezeichnet Perversionen deshalb als die erotische Form von Haß« (Gunter Schmidt, »Das große Der Die Das«, 1986).

P. haben wie viele andere psychische Fehlentwicklungen eine Doppelfunktion: Zum einen wirken sie persönlichkeitsstabilisierend, mitunter über einen langen Zeitraum hinweg, und ermöglichen dem Betroffenen eine erträgliche Existenz. Zum anderen erreichen sie nicht selten Krankheitswert, bekommen Suchtcharakter, werden immer exzessiver und gleichzeitig mit immer weniger Befriedigung praktiziert und enden schließlich in destruktivem und selbstdestruktivem Verhalten.

Die Grundlagen zum Verständnis der P. und ihrer Entstehung hat Sigmund Freud gelegt. Er ging davon aus, daß der Mensch als »polymorph perverses« Wesen zur Welt kommt, d. h., daß die sinnliche Lustsuche des Säuglings zunächst ganzheitlich und ungerichtet ist. In psychosexuellen Entwicklungsphasen bilden sich erogene → *Zonen* und diesen entsprechende → *Partialtriebe* heraus, die sich letztlich in der genitalen Sexualität bündeln. Nach der Freudschen Theorie entstehen P. dann, wenn diese Integration mißlingt und die Partialtriebe ihrerseits die Vorherrschaft übernehmen. P. verkörpern somit in extremer und isolierter Form Bestrebungen, die auch im »normalen« Sexualverhalten vorhanden sind.

In der Alltagssprache sind die Ausdrücke Perversion, pervers, pervertieren zu schillernden, überwiegend negativ besetzten Wörtern geworden. »Pervers« wird

a) im Sinne von abartig und widernatürlich gebraucht, für alles, was fremd erscheint, dem eigenen Normenverständnis, bestimmten Herkömmlichkeiten oder Ideologien widerspricht und insbesondere sexuell anrüchig ist,
b) (allgemeiner) für unerhört, ordnungswidrig, normüberschreitend, schrankenlos, schlimm benutzt,
c) im (Jugend-)Jargon als Ausdruck des Erstaunens, der drastisch anerkennenden oder abwertenden Bewertung des Besonderen verwendet.

»Pervertieren« bedeutet: ins Widernatürliche, ins Perverse eben verdrehen oder verdreht werden (Beispiel: Das Wort pervers ist zu einem Schimpfwort pervertiert). In bezug auf sexuelle Verhaltensweisen verstellt der Begriff P. oftmals den sachlichen Blick; vorbewertend wird eine sexuelle Variante als krankhaft, eklig, unzumutbar, absonderlich, verachtungswürdig, abscheulich diffamiert und alles mögliche darunter subsumiert. Daher hat P. als sachlicher Begriff an Tauglichkeit eingebüßt. Im Hinblick auf die große Zahl normabweichender Sexualpraktiken wird heutzutage oft allgemeiner von sexuellen → *Deviationen* gesprochen. We KS

Petting (engl. to pet = liebkosen, knutschen): eine Form des sexuellen Kontakts, bei dem mit Ausnahme des → *Koitus* (Einführen des Gliedes in die Scheide) alles erlaubt ist: Küssen, Liebkosen, Streicheln, Stimulierung der männlichen und weiblichen Geschlechtsorgane mit der Hand oder dem Mund (oral-genitale → *Kontakte*), und zwar bis zum → *Orgasmus*. P. ist in den USA entstanden und dort sehr beliebt. Mit P. konnte man sexuell aktiv sein und den Orgasmus erreichen, ohne eine Schwangerschaft befürchten zu müssen. Außerdem galt P. für viele aus moralischer Sicht für anständiger und eher tolerierbar als der Koitus, weil das Mädchen danach noch jungfräulich in die Ehe gehen konnte und die immissio penis, das Einführen des Gliedes, vermieden wurde (obwohl höchstwahrscheinlich viele Jungfernhäutchen beim intensiven P. eingerissen wurden). Im P. verbinden sich sexuelle Liberalität und sexueller Leistungsgedanke mit konservativen Denkweisen. In unseren Breiten hat sich die Pettingphase im Jugendalter nicht durchgesetzt. Wird die Beziehung der jungen Partner als liebevoll empfunden, kommt es schnell zu sexuellen Kontakten einschließlich Geschlechtsverkehr (→ *vorehelicher* Geschlechtsverkehr). P. ist ein beliebtes Vorspiel, ein sexueller Meilenstein auf dem Wege zueinander, Teil des Zärtlichkeitsaustausches in der intimen Situation, eine sexuelle Variante

Walter Helfenbein (1893–1984): Radierung (o. J.)

unter anderen und nur dann ein Ersatz für intravaginalen Geschlechtsverkehr, wenn dieser aus bestimmten Gründen nicht erfolgen soll und kann. Ar KS

Phalluskult: göttliche Verehrung des erigierten (versteiften) Gliedes, des Phallus, in Indien Linga oder Lingam genannt, als Symbol der Fruchtbarkeit und der sexuellen Potenz. In Afrika, Kleinasien, Europa, Mittelamerika, Indien und Japan war dieser Kult weit verbreitet. So ist z. B. von mittel- und nordamerikanischen Indianern überliefert, daß mit Masken und künstlichen Phalli ausgestattete Männer über die Felder gingen und dabei symbolisch einen Samenerguß vortäuschten, um eine reiche

Ernte zu erhalten. In der griechischen → *Antike*, insbesondere in Athen, wohin der P. wahrscheinlich über Kleinasien gelangt war, stand er in Verbindung mit den Göttern Priapos und → *Dionysos* (→ *Priapismus*). Bei den großen öffentlichen Festen zu Ehren des Dionysos wurden große Phalli durch die Straßen getragen; anschließend berauschten sich alle und gaben sich ihren sexuellen Gelüsten hin. Die Kolonien waren verpflichtet, übergroße Phallussymbole als Tribut nach Athen zu senden. Auf Münzen, die den Gott Priapos darstellen, ist der Penis häufig als ein Symbol zu sehen. Priapos galt nicht nur als Hüter der Äcker, man meinte auch, sein Phallus schütze vor dem bösen Blick. Deshalb wurden Phallusdarstellungen in Übergröße an vielen Häusern angebracht oder in Amulette eingearbeitet.

Einen großen Stellenwert besaß der P. in → *Indien*, wo der Phallus sowohl als eigenständige Gottheit wie auch als Symbol Schiwas, des höchsten Gottes, verehrt wurde. In vielen Tempeln finden sich noch heute Phallusdarstellungen in allen Größen und aus verschiedenen Materialien, die von den Frauen verehrt und geküßt werden, damit sie Kinder bekommen. Mitunter ging diese Verehrung in der Vergangenheit so weit, daß sie den Penis nackter Wanderprediger küßten, die dabei keine Miene verziehen durften. Bei den Hochzeitszeremonien erhielt die Braut ein Lingasymbol als Anhänger. Nachdem die katholischen Missionare später die Abschaffung dieses in ihren Augen sündhaften Brauchs forderten, machte man ein kleines Zugeständnis und schmückte das Lingasymbol mit einem kleinen Kreuz.

Der aus dem alten Ägypten bekannte P. geht auf das Götterpaar Isis und Osiris zurück. Da Isis unter den Leichenteilen des erschlagenen Osiris keinen Penis fand, ließ sie als Ersatz einen Penis aus Holz anfertigen, um ihn mit ins Grab zu legen; andernfalls hätte der Verstorbene im Jenseits auf seine Manneskraft verzichten müssen. Statuen zeigen Osiris fast immer mit einem großen Glied, in einigen Fällen sogar mit einem dreifachen Phallus. Bei religiösen Festen führten ägyptische Frauen einen großen Phallus mit sich, den man mit Hilfe von Stricken bewegen und aufrichten konnte.

Die über ganze Erdteile sich erstreckende Verbreitung des P. ist nach Nigel Davies (»Liebe, Lust und Leidenschaft«, Reinbek, 1987) eine Hinterlassenschaft der Primitivgesellschaft und läßt uns erkennen, wie sehr die Menschen ihre Götter um ertragreiche Ernten und fruchtbare Frauen anflehten. Dem überdimensionalen Glied wurden magische Kräfte zugesprochen, die über Geburten und Ernten wachen und sie schützen sollten. Ar

Pharmaka (Medikamente): können je nach Art ihrer Zusammensetzung das Sexualverhalten beeinflussen, entweder in Form einer Anregung oder Dämpfung. Da das männliche Keimdrüsenhormon Testosteron (bei beiden Geschlechtern) eine Zunahme der → *Libido* bewirkt, verbessert ein entsprechendes Medikament bei Männern mit Testosteronmangel die Erektionsfähigkeit. Die weiblichen Keimdrüsenhormone (Östrogene) hingegen vermindern bei Männern das sexuelle Bedürfnis und können sogar Impotenz hervorrufen. Bei Frauen scheinen sie keinen direkten Effekt auf das Sexualverhalten auszuüben. Ein Pharmakon mit erheblicher Beeinträchtigung der Libido und der Potenz ist der Testosteron-Antagonist Cyproteronazetat (Androcur), der überwiegend zu therapeutisch-dämpfenden Zwecken bei Personen mit gesellschaftlich unerwünschten sexuellen Neigungen (z. B. Exhibitionismus) eingesetzt wird.

Eine Abschwächung der Libido kann als Nebenwirkung bei Medikamenten auftreten, die gegen Bluthochdruck oder Epilepsie gegeben werden. Ähnlich wirken hochdosierte Beruhigungsmittel (Tranquilizer), Antidepressiva, Alpha- und Beta-Rezeptorenblocker. Gestört werden Libido und Potenz auch bei Vergiftungen mit Blei, Quecksilber, Arsen und Schädlingsbekämpfungsmitteln. Ar

Picazismus (franz. pica = perverser Appetit): sexuell motiviertes Verlangen, Teile oder Ausscheidungsprodukte des menschlichen Körpers – Urin, Kot, Sperma, Menstruationsblut oder auch Menschenfleisch – zu sich zu nehmen, wobei das Verzehren die sexuelle Lust befriedigt. Es handelt sich um eine sehr seltene perverse Verhaltensweise. In der sexualwissenschaftlichen Literatur sind Fälle beschrieben, bei denen Picazisten Massenmorde begingen, um das Fleisch ihrer Opfer zu essen.

In mancherlei Hinsicht zeigt der P. eine gewisse Ähnlichkeit mit dem → *Fetischismus*, auch wenn sich der Fetischist im allgemeinen mit dem Anblick und Betasten des Fetischs begnügt oder ihn als Hilfsmittel bei der → *Masturbation* benutzt. Ar

Piercing (engl. pierce = durchstechen, durchlöchern, lochen):

1. Anbringen von Gegenständen an zu diesem Zwecke durchbohrten Körperstellen, z. B. dem Ohrläppchen;
2. der Gegenstand selbst, der durch das entstandene Loch geführt wird, z. B. ein Ring.

Das P. ist, obwohl unter diesem Namen nicht geläufig, uralt und erfüllt schmückende, erotische und andere Funktionen. Von dem Ritual der gezielten Körperverletzung, der Faszination des Stechens, dem Ertragen von Schmerz und der provokanten Betonung von Körperstellen geht ein archaischer Reiz aus. Stammes- oder Rangzeichen wurden vielfach auf diese Weise getragen. Pharaonen, Medizinmänner und Krieger demonstrierten damit Macht und Männlichkeit. Frauen versuchten, durch solchen Körperschmuck auf sich aufmerksam zu machen. Bis auf den heutigen Tag ist es bei Urvölkern möglich, sich auf diese Weise zu schmücken. Der Vorgang des P. ist immer der gleiche: Ein Loch wird in einen Körperteil gestochen und anschließend ein Gegenstand aus Holz, Elfenbein, Metall, Plastik usw. durchgesteckt oder ein Draht oder Stäbchen hindurchgefädelt, auf dem sich u. a. Perlen, Diamanten, Bernstein befinden. Die bei uns am häufigsten verbreitete Form des P. sind die Ohrringe. Es gibt fast keine Frau ohne Löcher in ihren Ohrläppchen. Überwiegend werden diese Löcher schon in der Kindheit (meist in einer Arztpraxis) eingestochen, um in der Folge nicht mehr zu verwachsen. → *Schmuck* jeder Art, edel und unedel, kunstvoll oder primitiv, groß oder klein, ein- oder mehrfarbig, neumodisch oder altmodisch, wird an den weiblichen Ohrläppchen befestigt, meist symmetrisch an beiden Ohren, seit einiger Zeit jedoch auch bewußt asymmetrisch. Was noch vor wenigen Jahrzehnten hierzulande undenkbar gewesen wäre: Auch Männer (meist aus irgendeiner Szene) tragen unterdessen – einfach als Provokation oder nur so zum Spaß – an einem oder beiden Ohren je einen, seltener auch mehrere Ohrringe. Zunächst wiesen sich damit → *Schwule* untereinander aus, bevorzugt die ganz jungen, oder outeten sich dadurch partiell (→ *Outing*). Danach schlossen sich jedoch auch junge heterosexuelle Männer dieser Mode an, so daß heute eine Perle im Ohrläppchen längst nicht mehr auf → *Homosexualität* hindeutet.

Typisch für den P.-Boom der jüngsten Zeit ist, daß er

a) oftmals äußerst virtuos praktiziert wird,
b) die verschiedensten Körperstellen einschließlich der Genitalien einbezogen werden (Intimschmuck) und daß er
c) auffälliger Habitus einer bestimmten exklusiven oder alternativen Schicht ist und kulthafte Züge angenommen hat. Dabei werden Anregungen aus der Lederszene und Techniken aus dem Bereich des → *Sadomasochismus* eingebracht sowie eine sexuelle Intensivierung angestrebt.

Unterdessen ist eine ganze P.-Industrie entstanden, die alle denkbaren Varianten anbietet, als Intimschmuck vor allem in Gold, Silber, Platin sowie, bevorzugt (weil allergisch ungefährlich), Chirurgenstahl; als Ringe, Kettchen, Zwingen, Stäbchen, Drähte, Perlen, Nadeln; gesteckt, geschraubt, geknüpft, gelötet; glatt oder genarbt,

unverziert oder vielfältig gestaltet und kombiniert.
Neben Kurpfuschern nehmen professionelle Studios (und Ärzte) das P. vor. Das Loch heilt in 3–4 Wochen ab und kann dann mit Dehnungsinstrumenten noch geweitet werden. Der im Grunde kleine chirurgische Eingriff ist nicht ungefährlich. Laienhaft vorgenommen, kann er Infektionen und andere Schäden bewirken. Auch das Tragen von gepierctem Schmuck kann zu Verletzungen führen. Insbesondere im Genitalbereich ziehen Hautverletzungen ein erhöhtes Infektionsrisiko nach sich (Hepatitis, → *Aids*), vor allem dann, wenn das P. Teil einer sexuellen Aktion ist; wenn beispielsweise zum Zweck der Erregung Schamlippen durchstochen und mit Metallringen behängt werden oder eine Nähnadel in die Brustwarze gestochen wird.
In der P.-Szene wird zwischen Body- und Sex-P. unterschieden. Sex-P. betrifft die Geschlechtsteile, vor allem Glied, Eichel, Vorhaut, Hodensack, Kitzlervorhaut, große und kleine Schamlippen; Body-P. alle anderen Körperstellen, bevorzugt Ohren, Nase (Nasenflügel, Nasenscheidewand), Lippen, Zunge, Wangen, Augenbrauen, Brust und Nabel. Die Piercingkultur hat für die verschiedenen Formen des P. Namen gefunden, beispielsweise wird beim »Ampallang« ein Kanal durch die Eichel einschließlich der Harnröhre getrieben. Insbesondere das Sex-P. wird nicht nur als schmückend und allgemein erotisierend, sondern direkt als stimulierend und sexintensivierend betrachtet. Trotz dieses Vorzugs haben das Sex-P., aber auch viele Arten des Body-P., noch nicht so weite Verbreitung wie der Ohrring gefunden, weil sie offenbar den Alltagsanforderungen sowie den Möglichkeiten und kulturellen Einstellungen der meisten Menschen widersprechen oder einfach als überflüssig und unsinnig betrachtet werden. Gerade daraus ergibt sich allerdings ein zusätzlicher Reiz für P.-Fans, der des Besonderen und Ungewöhnlichen. KS

Pin-up (engl. anheften): Bild einer erotisch anziehenden Frau, dem P.-u.-Girl, häufig von Illustrierten oder → *Männermagazinen* angeboten, z. B. als heraustrennbare Doppelseite in der Mitte des Heftes oder zum Ausschneiden. Die P.-u. sind ein schmückendes und anregendes Element in Schlafzimmern von Jugendlichen, Männerbüros, Arbeitshallen, Umkleideräumen, Fahrerkabinen, Garagen, Autoläden, Bars, Kasernen (»Spindbilder«). Sie sind für Männer bestimmt und dienen ihnen als Ersatz für weibliche Gesellschaft. Sie verschönern den tristen Alltag oder die ansonsten karge Arbeits- und Lebensumwelt. Gelegentlich dienen sie als sexueller Stimulus zur Anregung der Phantasie oder bei der Selbstbefriedi-

gung. Je nach Möglichkeiten und Gepflogenheiten werden sie im Ranzen, der Schublade, dem Bücherschrank versteckt, an die Innenseite von Schranktüren gezweckt oder offen an die Wand gepinnt.
Das P.-u. ist, ausgehend von den USA und dort maßgeblich stilisiert, eine Sitte des 20. Jahrhunderts, die mit einer bestimmten gesellschaftlichen Auffassung von → *Sex* und der Entwicklung einer Sexindustrie zusammenhängt. Darstellungen nackter oder halbnackter Frauen gab es schon früher, viele Künstler malten Akte. Gefördert von Druck- und Vervielfältigungsmöglichkeiten und insbesondere der Fotografie wurde mit dem P.-u. ein Massenpublikum bedient und eine Bilderotik für den Alltag geschaffen, die jedermann zugänglich ist.
Amerikanische Frauenorganisationen tolerierten oder förderten – nur scheinbar im Widerspruch zu ihrer sonstigen strengen Haltung – das P.-u.: Sie sahen darin ein Mittel gegen die Ausbreitung von → *Homosexualität* und anderer, ihnen unlieber Varianten des Sexualverhaltens in der Armee und infolge des Krieges. Das P.-u. war und ist ein wichtiges Requisit im Leben von Söldnern und Soldaten und erreichte den Zenit seiner Bedeutung im Zweiten Weltkrieg. Es war in allen amerikanischen Armeemagazinen zur moralischen Unterstützung der Truppe zu finden. Nach dem Kriege eroberte das amerikanische P.-u. auch (West-)Europa, bis es allmählich an Bedeutung verlor und durch andere Formen von Bilderotik ersetzt wurde. Insbesondere die Pornohefte wurden seine erfolgreichen Konkurrenten. Die eher harmlosen P.-u. paßten nicht mehr in die 60er und 70er Jahre mit ihrer größeren sexuellen Freizügigkeit und unverhüllten Nacktheit. Aus dem P.-u.-Girl wurde das → *Playmate*, aus der heraustrennbaren Zeitschriftenseite das erotische Poster, aus dem Innenseiten-Star von Spezialmagazinen das Cover-Girl, das Titelmädchen beliebiger Illustrierter, aus dem kunstvollen Magazin-Nackedei der → *Softporno*. Angesichts der sexuellen Revolution mußten die Anzüglichkeiten der P.-u. altmodisch erscheinen, und auch die von den P.-u.-Girls repräsentierten Frauentypen fanden kein entsprechendes Echo mehr oder wurden abgelehnt.
Das P.-u. spiegelt einen bestimmten Zeitgeist und ein spezielles Bild der Frau und der Geschlechterverhältnisse wider. Es bestimmt und bedient das herrschende → *Schönheitsideal*, eine besondere Nähe besteht zum Film. Bedeutende Filmschauspielerinnen wie Marilyn Monroe, Jane Russell, Jayne Mansfield, Claudia Cardinale, Brigitte Bardot sind P.-u.-Girls gewesen und waren millionenfach auf Schranktüren angepinnt. Im Unterschied zur namenlosen Vielfalt späterer Jahre war das P.-u. oftmals personifiziert.
Das Typische bei der Gestaltung von P.-u. besteht in folgenden Faktoren:

a) P.-u. zeigen ausgesuchte, neckische, aufreizende Körperhaltung;
b) sie betonen Beine, Brüste, Taille, Lippen, Augen, Haare, Schultern, Rücken, Po, Arme und Hände, nicht aber die Schamgegend; der Unterleib war tabu, eine Scheide bei gespreizten Schenkeln wäre als P.-u.-Motiv undenkbar;
c) P.-u.-Girls suchen den Blickkontakt mit dem Betrachter und werden nicht auf ein Geschlechtsorgan mit Umfeld wie oft in der → *Pornographie* reduziert; sie lächeln meist (als ob sie das englische Wort für Käse »cheese« aussprächen – weshalb die P.-u. auch Cheesecake, Käsekuchen, genannt wurden) und zeigen ihr Gesicht selbst dann, wenn ihre Hinter(n)seite im Zentrum der Fotografie steht (einladender Blick über die Schulter);
d) sie strahlen eine lebendige, freundliche, leichte, sorglose, manchmal lustige Atmosphäre aus, wirken nicht cool und unbeteiligt;
e) legen auf bestimmte Accessoires Wert – auf ein raffiniertes Kostüm, schicke Schuhe, ein verführerisches Dekolleté, ausgesuchten Schmuck, tolle Hüte und allerlei Requisiten wie Spiegel, Fächer, Blumen;
f) stilisieren bestimmte weibliche Typen, z. B. das reizende Baby, das kindliche Trotzköpfchen (Brigitte Bardots Schmollmündchen), das unschuldig-sinnliche Dummchen, die schöne Braut, die rassige Tänzerin, die verwerfliche Stripperin. Das typische P.-u.-Girl ist nett und schön sowie ein wenig infantil.

Obwohl auf Derb-Sexuelles und Obszönes meist verzichtet wurde, und bestimmte Details (wie Brustwarzen oder Schamhaare) normalerweise der Zensur zum Opfer fielen, waren die P.-u. vorwiegend auf sinnlichen Reiz aus, signalisierten Hingabe, suggerierten erotischen Kontakt, priesen ihre eigene Schönheit, forderten zu Liebkosungen mit den Augen auf. P.-u. waren ein Spielzeug, das im männlichen Alltag angebetete Liebesgöttinnen leicht verfügbar machte. KS

Playboy (amerik. Spieljunge):

1. (jüngerer, lediger) wohlhabender Mann, der – meist in Gesellschaft hübscher Mädchen – verschwenderisch und ohne Reue und Treue seinem Vergnügen lebt. Neben Geld, Reichtum und den damit verbundenen Zugriffsmöglichkeiten bedeutet diese amerikanische Wortschöpfung des 20. Jahrhunderts eine bestimmte Lebensart in der Konsumgesellschaft, die von Sorglosigkeit, Mobilität, Freizügigkeit, Amüsement, Unverbindlichkeit, Verantwortungslosigkeit, Verschwendungssucht, politischer Abstinenz, Lockerheit, Genuß auf Kosten anderer geprägt ist und im Grunde eine

zwanghafte Flucht vor Sinnleere und Langeweile darstellt.
Der P. ist auf dem Hintergrund von Überproduktion und aus Mangel an Alternativen ein Konsumfetischist, auch auf erotischem Gebiet, wodurch → *Liebe*, → *Erotik* und → *Sexualität* inflationär entwertet werden und somit an Reiz verlieren. In dem Maße, wie hemmungsloser Konsum aus ökologischen und anderen Gründen kritisch betrachtet wird und postmaterielle Wertorientierungen Anklang finden, kommt der P. aus der Mode. Die klassischen P. wie Porfirio Rubirosa, Baby Pignatari und Gunter Sachs gehören einer vergangenen Epoche ausschweifenden Lebens an und sind schon fast eine Legende.

2. Umgangssprachlich – von 1. abgeleitet – genuß- und erotisch spielfreudiger Mann mit → *promiskuitiver* Sexualauffassung und betonter Männlichkeit.
3. Titel eines weltweit verbreiteten US-amerikanischen → *Männermagazins*. 1953 von dem Amerikaner Hugh Hefner für P., Pseudoplayboys und solche, die es gerne werden möchten, geschaffen, ist es unterdessen oft imitiert worden. KS

Playgirl (engl. Spielmädchen):

1. nur in gewissem Sinne weibliches Gegenstück zum historisch früheren → *Playboy*. Das P. ist nicht wie dieser bestimmend und finanzkräftig, sondern eine Gespielin für den (zahlungskräftigen) Mann. Beide, → *Playboy* und P., sind Symbole einer konsumorientierten Männergesellschaft.
2. Titel einer ähnlich wie der → *Playboy* aufgemachten Zeitschrift, in geringerer Auflage und mit hübschen, nackten Männern für Frauen (und Männer). KS

Playmate (engl. Spielgefährtin): junges, attraktives Mädchen als erotische Augenweide und Männerspielzeug. → *Männermagazine* küren z. B. ein »Playmate des Monats«, das, in reizvollen Posen fotografiert, in Form einer Doppelseite im Heftinneren der Männerwelt zugänglich wird. Für ein Fotomodell ist dies wegen der damit verbundenen Eigenwerbung und des Entgelts meist ein Höhepunkt in der Laufbahn, zumal heutzutage mit einem P. oft der gleiche Kult betrieben wird wie mit einem Filmstar. KS

Po (lat. podex = Gesäß; Popo, Hintern, Arsch, Hinterteil, Allerwertester): die starken Muskelgruppen am Ende des Rückgrats ermöglichen den aufrech-

Aus einem amerikanischen Männermagazin (um 1975)

ten Gang und dienen zusammen mit dem Fettpolster als Sitzfläche. Der Po bestimmt wesentlich die äußere Gestalt des Menschen. Er ist für die meisten von überragender erotischer Bedeutung, gehört zu den wichtigsten erogenen → *Zonen*, ist beliebter Inhalt sexueller Phantasien und nicht selten Ort sexueller Handlungen (→ *Analerotik*, → *Analverkehr*, → *Afterlecken*), sofern er nicht generell bei jeder sexuellen Interaktion direkt oder indirekt beteiligt wird. Als nervenreicher Körperbereich ist der Po bei beiden Geschlechtern mit anderen erogenen Zonen verbunden. Das Streicheln, Kneten, Drücken, Massieren des P. erotisiert den ganzen Körper. Insbesondere bei der Frau besteht eine Verbindung zwischen → *Brüsten* und Po. Eine Stimulierung des P. kann zu einer Erregung der → *Brüste* und einer Erektion der Brustwarzen führen. Das Streicheln der Brust wiederum kann die Gesäßmuskeln lockern und die Scheide aufnahmebereit machen. Wohl die meisten Männer lieben weibliche Rundungen. Viele von ihnen mögen den → *Koitus* von hinten auch deshalb, weil sie dabei die Rückenpartie und den Po bewundern können. Auch viele Frauen mögen Männerpos. Der Analbereich spielt im heterosexuellen wie auch in der homosexuellen Liebe eine große Rolle.

Bei allen Gemeinsamkeiten bestehen zwischen dem Hintern der Frau und dem des Mannes wesentliche anatomische Unterschiede. In der Pubertät und mit der Geschlechtsreife werden die weiblichen Hüftknochen breiter, und es lagert sich mehr Fettgewebe als bei den Männern ab. Auf diese Weise entstehen die typisch weiblichen Formen, die zu den sogenannten sekundären Geschlechtsmerkmalen gehören. Der größere Hintern und die Tatsache, daß bei der Frau die Oberschenkelknochen nicht parallel zur Wirbelsäule stehen, sondern leicht angewinkelt sind, verändern auch den Gang. Die Pobacken schwingen mindestens mehrere Zentimeter nach links und rechts. Frauen wackeln also mit dem Po; diese Bewegungen können sie etwas unterdrücken oder betonen, je nach Einstellung, Mode oder Situation. Männer nehmen den Hüftausschlag und die Bewegung des P. als erotisches Signal wahr. Bei ihnen wird in der Pubertät die Muskulatur straffer, der Hintern knackig, fest und stramm. Mit zunehmendem Alter verliert er allerdings seine Form. Ebenso findet sich die Lücke zwischen den Schenkeln bei der Frau woanders als beim Mann, nämlich gleich unterhalb der Pobacken. Dies erleichtert das Einführen des Penis auch von hinten und ist zugleich auch »Schaufenster« – vor allem, wenn die Frau sich bückt, werden die Schamlippen sichtbar. Dies wiederum wird von Werbung, erotischer Fotografie und vor allem der → *Pornographie* genutzt.

Das Verhältnis unserer Kultur zum Po ist ambivalent. Einerseits wird ein schönes Hinterteil geschätzt, andererseits ist Arsch das häufigste Schimpfwort. Einerseits betont die → *Mode* den Hintern, von den knallengen Jeans über Miniröcke oder anliegende Höschen bis zum knappsten Tanga (→ *Reizwäsche*), andererseits bleibt er – von wenigen Ausnahmen abgesehen (→ *FKK*) – verhüllt, konsequenter als die Brüste. Einerseits ist der Po Ort von Liebkosungen, andererseits traditionelles Ziel von Schlägen. Einerseits wird der süße P. besungen, andererseits werden über die vier Buchstaben schmutzige Witze gerissen. Möglicherweise hängt dies mit einer Ekelschranke zusammen, die unsere Kultur aufgebaut hat, einer negativen Haltung zu allen Körperausscheidungen, insbesondere zum Kot, für den es kein positiv besetztes Wort, höchstens ein neutralverhüllendes wie Stuhl, doch viele negativ besetzte wie Scheiße und Kacke gibt. Beides bringt unsere Kultur ästhetisch nicht unter einen Hut. Der Hintern bleibt »gespalten« und zweideutig, nicht selten wird er mit Schmutz und jeder Art von Sünde in Verbindung gebracht; in vielerlei Hinsicht ist der Po auch heute noch tabuiert. Vielleicht ist an dieser Ambivalenz auch unsere Fixierung auf Vorderseite und Antlitz schuld; die Rückseite stellt eher »die zweite Front«

dar. Die große Bedeutung des Hinterteils liegt im Unbewußten und ist archaisch.

Der Umgang mit dem Hintern hat allerlei illustre Erscheinungen gefördert: den Gesäßfetischisten, der das Hinterteil fürs Ganze nimmt; den Hintern-Freak, der kein Vorne mehr kennt; das soldatisch-dümmliche Schinkenklopfen; den verklemmten Po-Grapscher; den patriarchalisch-derben Klaps auf das Hinterteil der Magd; die sexuell getönte Klistiermode vergangener Zeiten; die Kotfresser oder diejenigen, die nur zur sexuellen Befriedigung kommen, wenn sie vollgeschissen werden, den → *Flagellantismus*, das Geißeln des weichen, gut durchbluteten P., auf dem sich die Striemen schnell und deutlich abzeichnen; den → *Sadomasochismus*, der eventuell durch Mißhandlungen des kindlichen P. verfestigt worden ist. Unsere Vorfahren waren in bezug auf den Po weit unbefangener. Im Mond wurde eine Spiegelung des P. gesehen. Im Französischen wird das Gesäß und der Mond mit demselben Wort (lune) bezeichnet. Das himmlische Abbild des irdischen Hinterns war Ausgangspunkt für göttliche Urbilder. Die ältesten Gottheiten, oftmals in die beiden Hälften des Sichelmondes geteilt, sind Beleg dafür. Die Zweifaltigkeit, das Gespaltensein, ist seit Urzeiten ein Thema des Menschseins, der Po ist ein Ganzes und dennoch gespalten. Die Mond-und-Po-Verehrung ist an vielen Zeugnissen der Vergangenheit ablesbar, auch in der → *Mythologie*. Frau Luna, die Mondgöttin, hatte selbstverständlich runde, ausladende Hüften, und → *Aphrodite*, die griechische Schönheitsgöttin, wurde auch Kallipygos (die Schönärschige) genannt). Was freilich den schönen Po ausmacht, ist umstritten und wohl vom jeweiligen Schönheitsideal einerseits und den individuellen Vorlieben andererseits abhängig. Die Auswahl ist groß, zu finden sind der feste und der weiche Po, der pralle und der schmale, der kurzspaltige und der langspaltige, der flache und der volle, der runde und der quadratische, der schlanke und der dicke, der apfelförmige und der birnenförmige, der kugelige und der halbmondförmige. Wer die Geometrie und die Magie liebt, der kann sich in Flächen und Linien vertiefen: Der große Kreis enthält zwei gleich große Kreise, teilweise oval oder kegelförmig. Der kleinste wie der großte Po hat zwei Falten, die Längsfalte (Afterfurche) und die Querfalte, gebildet von der unteren Begrenzung der beiden Pobacken. Beide Linien bilden ein magisches Kreuz. Doch auch ein zauberhaftes Dreieck läßt sich ausmachen, von einem Viereck ganz zu schweigen (Quadratarsch). Ein auf den Kopf gestellter Rhombus ziert als Michaelissche Raute das weibliche Hinterteil (→ *Lendengrübchen*). Jeder kann seine Po-logischen Kreise ziehen oder finden. KS

Polygamie: Vielehe, in erweitertem Sinn auch die feste Beziehung zu zwei oder mehreren Sexualpartnern. Unterschieden wird zwischen Polyandrie (Vielmännerei), Polygynie (Vielweiberei) und Gruppenehe (zwischen mehreren Frauen und Männern).

Es gibt eine Vielzahl von Kulturen, in denen Formen der P., meist als Vielweiberei, bis in unser Jahrhundert hinein existieren. Bekanntestes Beispiel ist der Harem an orientalischen Fürstenhöfen. In allen modernen Gesellschaften dominiert jedoch die → *Monogamie*; polygames Verhalten beschränkt sich hier meist auf inoffizielle Sexualkontakte neben einer Dauerbeziehung (→ *Treue*, → *Partnermobilität*). In den letzten Jahrzehnten hat es insbesondere in Westeuropa nicht an Versuchen gefehlt, andere Formen polygamen Zusammenlebens, wie die Gruppenehe in Kommunen, zu praktizieren. Jedoch erwiesen sie sich alle auf Dauer als emotional stärker belastend und störanfälliger als die traditionelle Zweierbeziehung. We

Pornographie (griechisch pórnē = Hure, porneuo = Hurerei treiben): als schamverletzend-obszön bewertete Darstellungen sexuellen Inhalts. Dies kann sich auf Wort und Bild beziehen. Eine allgemein anerkannte und befriedigende Definition von P. gibt es nicht und kann es wahrscheinlich auch nicht geben. Ursachen dafür sind:

(1) Jede Gesellschaft, jede Untergruppe der Gesellschaft und eigentlich jeder Mensch hat seine eigene (deutliche oder verschwommene, ehrliche oder heuchlerische, kompetente oder inkompetente, tolerante oder intolerante) Vorstellung davon, was P. ist. »Denn die Schamgrenzen verschieben sich zwischen den Lebensaltern, sozialen Klassen, Gesellschaften und Epochen« (Rüdiger Lautmann und Michael Schetsche, »Das pornographische Begehren«, 1990). Was von der einen Gesellschaft akzeptiert wird, z. B. als künstlerischer Akt, ist für die andere bereits P. Was im Gotteshaus aufregen würde, regt im Freudenhaus an. Was dem einen ganz harmlos vorkommt, ist für den anderen abstoßend. Das hängt damit zusammen, daß sich

(2) der Sittenkodex wandelt und folglich schwer bestimmbar bzw. in einer übergreifenden Definition faßbar ist, was jeweils gegen die herrschenden Sitten verstößt und damit als unsittlich gilt.

(3) Begriffe wie unsittlich, schamverletzend und obszön sind selbst sehr unklar. Der Soziologe Rüdiger Lautmann meint: »Sexuell-obszön ist, was so bezeichnet wird – nur dies ist gewiß.« Eine Gesellschaft (oder Untergruppen oder Personen)

legt fest, was als obszön, verwerflich, unanständig zu gelten hat. Das Sexuelle, das an sich nicht obszön ist, wird als obszön etikettiert. »Nichts ist Pornographie per se« (Robert Stoller, »Perversion«, 1979), erst die Betrachtung, Bezeichnung, Bewertung, Phantasie macht Sexuelles zu P. Pornographisch ist, was so bezeichnet wird.

(4) Es kann nur schwer bestimmt und nachgeprüft werden, was das sittliche Empfinden eines oder mehrerer oder aller Menschen wirklich verletzt.

(5) Die Einstellung zum Sexuellen und der Stellenwert von Sexualität ist bei verschiedenen Menschen, Menschengruppen, Völkern, Ideologien und Religionen unterschiedlich. Wenn Sexualität generell unterdrückt wird, so werden auch Darstellungen sexuellen Inhalts unterdrückt. In einer prüden Gesellschaft hat es erotische → *Literatur* schwer. Ist in einer Gesellschaft sexuelle Heuchelei allgemein verbreitet, so blüht die P. im verborgenen. Überwiegt die Lustfeindlichkeit, haben freimütige, anregende Erotika keine Chance. Alex Comfort definiert in seinem Buch »Joy of Sex« (Spaß am Sex, 1972) P. ironisch als jede Art von Sexliteratur, »die jemand verbieten will«. Tatsächlich wird P. häufig von Gesetzestexten her definiert.

(6) Sexuelles ist einerseits allgegenwärtig, steht andererseits aber immer in einem besonderen Zusammenhang. Das aufgerichtete männliche Glied ist in einem Anatomielehrbuch kein Grund zur Aufregung, bei einem Exhibitionisten jedoch ein öffentliches Ärgernis, am FKK-Strand eine Seltenheit, beim Arbeiten hinderlich, in einer indischen Skulptur Kunst, als afrikanische Furchtbarkeitsfigur ein Symbol, in einer Tageszeitung eine Peinlichkeit, in einem Pornoheft Standard und Standarte, in der intimen Situation erfreulich.

Zu den Streitpunkten bei der Begriffserklärung von P.:

(1) Kunst oder nicht. Was als Kunst gilt, kann nicht P. sein. Diese ist sauber, wertvoll, anspruchsvoll, legitimiert – jene schmutzig, primitiv, wertlos, verwerflich. Das Aktbild eines großen Meisters ist keine P. (auch wenn es zur Zeit seiner Entstehung als sittenwidrig verdammt war), ein Foto gleichen Inhalts kann es allerdings schon sein. Mit dem Kriterium des Künstlerischen wird nur scheinbar ein qualitativ-inhaltlicher Maßstab gewonnen. Die Unterscheidung bleibt formal und willkürlich oder ist bloßes Alibi, ganz abgesehen davon, daß zwischen Nichtkunst und Kunst eine Grauzone verläuft und daß »die Grenzen zwischen hoher Literatur, eroti-

scher Literatur und Pornographie fließend sind« (Wolfgang Popp, 1990, GSW-Jahrestagung: Pornographie).

(2) Primitiv oder nicht. P. mit Primitivität gleichzusetzen stimmt sicher in vielen Fällen, doch ein Unterscheidungskriterium kann dies nicht sein, weil auch hier die Grenzen schwer zu ziehen sind und etwa sehr freie Darstellungen, darunter solche verwerflichen Inhalts (z. B. sexuelle Gewalt gegen Kinder), durchaus nicht primitiv sein müssen. Viele Pornos schrecken ab, weil sie handwerklich schlecht gemacht sind, aber Professionalität kann nicht alles legitimieren.

(3) Gewalt oder nicht. Für viele ist das Hauptkriterium für P. → *Gewalt*; indem P. abgelehnt wird, soll gegen Gewalt angegangen werden. Doch kommt einerseits → *Gewalt* auch in vielen anderen Bereichen vor und ist als Gewalt und nicht als etwas Sexuelles zu bekämpfen, und andererseits sind viele »Pornos« überhaupt nicht oder nur latent gewalttätig (→ *Softporno*).

(4) Sexuell erregend oder nicht. Häufig wird als Zweck und Ziel von P. die sexuelle Erregung in die Definition einbezogen. Das ist zwiespältig: Zum einen mag zwar die Absicht, erregen zu wollen, bestehen, doch der eine kommt vielleicht in Stimmung, der andere nicht. Weiters ist es schwierig bis unmöglich, die stimulierende Absicht oder die erregende Wirkung empirisch hinreichend zu prüfen. Zum dritten werden die Menschen durch viele Dinge sinnlich und sexuell angeregt, ohne daß jemand auf den Gedanken käme, von P. zu sprechen. Und schließlich ist sexuelle Anregung keineswegs verwerflich – viele guten → *Erotika* verdienen nicht Verbannung, sondern Anerkennung dafür, daß sie erotisieren.

(5) Verletzend oder nicht. Als herausragendes Kriterium gilt für viele, daß P. die Würde des Menschen, insbesondere der Frau, verletzt und generell inhuman ist: ebenfalls ein qualitativ-wertendes Kriterium, das subjektive Auslegungen zuläßt. Sobald moralische Wertungen in eine Definition eingehen, verliert diese ihren feststellenden, gegenstandsbeschreibenden Charakter und ihre sachliche Brauchbarkeit.

In bezug auf P. sind Aussagen und Begriffsbestimmungen charakteristisch, die nicht nachprüfbar und nicht von wissenschaftlichem Wert sind. Sie lassen jede mögliche Auslegung zu. Andererseits gibt es zahlreiche Bemühungen um eine sinnvolle Bestimmung von P. Beispiele (P.-Diskussion in der Berliner Zeitschrift *FÜR DICH*, 1990):

»Pornographie ist die sexualisierte Darstellung von Frauen und zum Teil auch von Männern, wobei Sexualität mit Erniedrigung und Gewalt verbunden ist. Pornographie ist der Spiegel gesellschaftlicher Verhältnisse – kurz, die Männergesellschaft macht sich ein Bild von Frauen. Ein Bild von Frauen, die nein sagen und ja meinen, Untermenschen, mit denen man entsprechend umgehen kann. Die enorme Zunahme von Pornographie ist somit die männliche Reaktion auf den weiblichen Versuch, mehr Freiheit und Selbstbestimmung zu erkämpfen.« (Alice Schwarzer)

»Ich verstehe unter Pornographie die detaillierte Darstellung sexueller Handlungen in Wort und Bild, bei der über die Persönlichkeit des Agierenden absichtlich nichts mitgeteilt wird, so daß ein Projektionsraum entsteht für die Phantasie der KonsumentInnen. Meines Erachtens erzeugt Pornographie nicht das sexistische Frauenbild, sondern bedient es nur. Nicht die Pornographie ist sexistisch, sondern der/die KonsumentIn. Die Zunahme sexistischer Vorstellungen liegt in gesellschaftlichen Verhältnissen begründet, in denen das Geschlechterverhältnis ein Machtverhältnis ist.« (Christina Schenk)

»Für mich geht es bei Pornographie um die Darstellung von außergewöhnlichen, d. h. mit Brutalität und ähnlich Angsterregendem verbundenen Sexualpraktiken, was Sex mit Kindern oder Tieren einschließt. Typisch für derartige Produktionen ist der Zweck, als grob-primitives sexuelles Stimulans zu dienen und damit Profit zu erzielen.« (Lykke Aresin)

»Pornographie ist die ausführliche und detaillierte wörtliche oder bildliche Darstellung eindeutig sexueller bzw. sexuell-genitaler Handlungen eines oder mehrerer Menschen mit sich selbst, miteinander, mit Objekten oder Tieren. ›Handlung‹, sofern sie überhaupt vorkommt, dient einzig und allein der Einleitung oder minimalen Umrahmung sexueller Akte. Die Personen kommen gleich ›zur Sache‹ und bleiben dabei. Die Persönlichkeit der ›Handelnden‹ ist völlig unbedeutend, sie sind einzig sexuell Agierende oder Reagierende, somit ›Sexualobjekte‹.« (Hartmut Bosinski)

In dem Entwurf eines Anti-Porno-Gesetzes (PorNO-Gesetz) heißt es: »Pornographie ist die verharmlosende oder verherrlichende, deutlich erniedrigende sexuelle Darstellung von Frauen oder Mädchen in Bildern und/oder Worten, die eines oder mehrere der folgenden Elemente enthält:

1. die als Sexualobjekt dargestellten Frauen/Mädchen erleiden Erniedrigung, Verletzung oder Schmerz;
2. die als Sexualobjekt dargestellten Frauen/Mädchen werden vergewaltigt – vaginal, anal oder oral;
3. die als Sexualobjekt dargestellten Frauen/Mädchen werden von Tieren oder Gegenständen penetriert – in Vagina oder After;

4. die als Sexualobjekt dargestellten Frauen/Mädchen sind gefesselt, geschlagen, verletzt, mißhandelt, verstümmelt, zerstückelt oder auf andere Weise Opfer von Zwang und Gewalt.« (Alice Schwarzer, »Von Liebe und Haß«, 1992)

Trotz der Unterschiede in Bestimmung und Bewertung von P. scheint es doch einige wesentliche Merkmale zu geben, die unbedingt oder doch in vielen Fällen zu P. gehören:

(1) P. stellt vordergründig und vorzugsweise sexuelle Vollzüge dar und nicht oder nur verkürzt den Weg dazu und die damit zusammenhängenden erotischen Spannungen und Freuden. Die Akteure wollen Sex immer und sofort, sie haben sich gewünscht, was ihnen angetan wird. Ein Nachher und die psychische Verarbeitung fehlen meist. Damit verkürzt und vereinseitigt P. Sexuelles und degeneriert → *Erotik* zur unmittelbaren sexuellen Lösung.

(2) P. konzentriert sich auf das Agieren von Geschlechtswerkzeugen. Die für → *Liebe* und Erotik so bedeutsame Gesamtpersönlichkeit des Menschen und seine soziologische und psychologische Situation sind für P. weniger oder gar nicht interessant. Die Qualität eines Mannes bemißt sich nach der Stärke seines Gliedes, seiner → *Erektion*, seines Ergusses. Der Mann ist sein → *Penis*; die Frau besteht aus Vagina, umgeben mit Fleisch, garniert mit Haaren, Lippen, → *Brüsten*, → *Po*. Andere Werte als sexuelle gibt es nicht. Das Individuum wird seiner Individualität beraubt, diese wird allenfalls auf Äußerlichkeiten oder grobe Typisierungen reduziert. Der Mensch wird zum Sexualwerkzeug.

(3) P. verherrlicht in völlig unsinniger und unwirklicher Weise die sexuelle Potenz und Appetenz.

(4) P. reißt alle Schranken nieder, überschreitet alles Denk- und Fühlbare, kennt keine Tabus und nutzt den Reiz des Verbotenen. Es gibt keinen Aspekt menschlicher Sexualität, der nicht dargestellt würde. Gerade dieses Niederreißen von Grenzen ist für viele so reizvoll, abenteuerlich, lustvoll-schauerlich, gar rebellisch. Gleichzeitig ist P. völlig unkritisch – einzelnen Menschen ebenso wie gesellschaftlichen Verhaltensweisen gegenüber, also äußerst bequem.

(5) Um vielfältig zu sein oder zu erscheinen und den Reiz des Besonderen und Fremdartigen zu nutzen, hat in der P. das Abwegige, Ausgesuchte, Exotische, Ungewöhnliche ein Übergewicht.

(6) Der P. ist eine bestimmte Bildgestaltung und eine → *Sprache* eigen, eben die pornographische, die nicht einfach auf das Vulgäre und Saloppe reduziert werden kann, sondern künstlich ist und

Pornohefte (um 1970)

den genannten Merkmalen entspricht, also vordergründig auf Sexualakte und Geschlechtsorgane gerichtet ist und einfältig anfeuert, lobt, dankt (»Ja, gib's mir! Du fickst wundervoll! Du hast die geilste Fotze! Mach mich fertig! Spritz mir deine Ficksahne auf die Titten!« – aus einem → *Pornovideo*). Die Sprache wird ergänzt durch endloses Ächzen und Stöhnen, das inzwischen geradezu zum Markenzeichen von Pornofilmen und → *Pornovideos* geworden ist.

(7) P. beinhaltet viele Formen von Gewalt und appelliert an Brutalität und Rücksichtslosigkeit. Diese Gewalt ist vorwiegend gegen Schwächere, insbesondere gegen Frauen gerichtet. Nach den Regeln der P.-Dramaturgie gefällt letzteren nach anfänglichem Schrecken das Schreckliche. Ge-

walt wird als erstrebenswert und lustvoll gefeiert.

(8) Der P. liegt ein eigenartiges Bild von Mann und Frau sowie von den Verhältnissen zwischen den Geschlechtergruppen zugrunde. Sie demütigt alle Beteiligten, insbesondere die Frauen, und macht sie lächerlich, insbesondere die Männer. Dieses eigenartige Bild kann die sexuelle Selbstfindung und sexuelle Selbstverwirklichung der Frau und des Mannes beeinflussen oder behindern.

(9) P. ist vorzugsweise für (bestimmte) Männer gemacht.

(10) P. entintimisiert. Sie macht öffentlich, was seinem Wesen nach nicht für die Öffentlichkeit bestimmt ist.

Weitgehende *Einigkeit* besteht darüber, daß P.

a) bestimmte Interessen von Menschen bedient oder sie schafft;
b) sexuelle Wünsche in der Phantasie erfüllt, die in der Wirklichkeit nicht erfüllbar sind oder gar gefährlich sein könnten;
c) durchaus sexuell anregend sein kann;
d) die Grenzen zu anderen Darstellungen sexuellen Inhalts fließend sind;
e) daß P. ein großes Geschäft ist und Riesenprofite bringt, heute vor allem in Form der Pornovideos.

Der Literaturwissenschaftler Wolfgang Popp sagte 1990 auf der GSW-Jahrestagung: »Die Sexualwissenschaft wird das Phänomen Pornographie nicht angemessen ins Blickfeld bekommen, wenn sie sich auf die Beschäftigung mit der äußeren Erscheinung, den pornographischen Produkten und ihrer möglichen, wahrscheinlichen oder manifesten Wirkung auf Konsumenten beschränkt und den Produktionsbereich, insbesondere in seinen dunkel bleibenden Ursprüngen, außer acht läßt.« Dazu gehören die Motive der Geschäftsleute ebenso wie die Motive der Autoren und Akteure von Pornos.

Umstritten ist, ob P. durchweg negativ ist. Einige halten dagegen, daß P. Aggressionen abbaut, daß sie die Phantasie anregen kann, daß sie ähnlich der → *Prostitution* eine Ventilfunktion hat. Andere sehen nur das Negative, lassen »gute Erotika« hingegen gelten. Die dritten lehnen nur bestimmte Auswüchse und Übertreibungen ab.

Der Streit um P. entbrennt immer wieder und hat in der Bundesrepublik Deutschland sowie in anderen Ländern auch unter den Sexualwissenschaftlern zu erheblichen Kontroversen geführt. Ende der 70er Jahre begannen die amerikanischen Feministinnen Andrea Dworkin und Catherine A. MacKinnon eine Kampagne gegen P. Mit der PorNO-Kampagne der Frauenzeitschrift *Emma* rückte P. in die öffentliche Diskussion. Die Antikampagnen, der wissenschaftliche Streit und die Sorge vieler

Menschen über die Ausbreitung von P. sind auf jeden Fall ein Hinweis für die menschliche und gesellschaftliche Bedeutung des Themas. Dabei geht es meist weniger um die P. selbst, sondern um Phänomene wie Gewalt, Ekel, Trivialisierung, Tabus, Menschenwürde, vor allem aber um Sexualität und die Beziehungen zwischen Mann und Frau. Wenn auch Funktion und Wirkung von P. umstritten und wenig erforscht sind, so ist doch klar, daß P. den Zustand und die Lebensweise einer Gesellschaft widerspiegelt. P.-Analyse ist Gesellschaftsanalyse. P. ist immer in Funktion zur jeweiligen Gesellschaft zu sehen. Mit Erotik, Lust und Liebe hat P. oft nur wenig zu tun. Für viele steht die P. geradezu im Widerspruch zu Erotik und Liebe, und der Kampf um (aber auch gegen) P. kann lustfeindlich untersetzt sein. »Wild gemischte Gefühle also ruft die Konfrontation mit Pornographie hervor. Das ist kein Wunder. Pornographie wird massenhaft produziert und konsumiert, also muß sie auch massenhaft etwas ansprechen. Pornographische Stücke sind gesellschaftliche und psychologische Dokumente, die etwas über die sexuellen Verhältnisse in dieser Gesellschaft und in uns selbst aussagen. Pornographie ist nicht konstruiert wie die sexuelle Wirklichkeit. Das ist das letzte, was sie abbilden will: sexuelle Realität, das, was sich tatsächlich abspielt. Kein Mensch würde das kaufen. Vielmehr ist sie konstruiert wie sexuelle Phantasien und Tagträume, so unwirklich, so größenwahnsinnig, so märchenhaft, so unlogisch und auch so stereotyp.« Der Hamburger Sexualwissenschaftler Gunter Schmidt hebt damit das Wechselverhältnis von soziologischer und psychologischer Dimension in der P. hervor (»Das große Der Die Das«, 1986).

P. – was auch immer darunter zu verstehen ist – gibt es seit mindestens 200 Jahren. Immer fanden sich geschäftstüchtige Produzenten, geschickte Vertreiber und interessierte Abnehmer von P. Kein Verbot konnte die Herstellung und Verbreitung von P. ganz ausrotten, sondern höchstens behindern und dazu beitragen, daß immer neue Kanäle gefunden wurden oder immer primitivere Darstellungen heimlich kursierten. Die Verbotsentscheidungen waren ohnehin – auch beim besten Willen – eben auf Grund der unklaren Definition von P. schwierig. Oft wurden hervorragende oder völlig harmlose Darstellungen erotischen Inhalts verfolgt (erotische → *Literatur*). Ein klassisches Beispiel sind die Memoiren des Freudenmädchens Fanny Hill von John Cleland, die lange auf dem Verbotsindex standen, ohne daß der aufgeschlossene Leser irgendwelche Verbotsgründe finden könnte. Nicht selten wurden unter dem Vorwand der P. politische und andere Werke geächtet und deren Verfasser verfolgt. In vielen Bibliotheken sind Darstellungen, die als pornographisch eingestuft sind, der Allgemeinheit nicht zugänglich, werden wie Staatsgeheimnisse unter Verschluß gehalten und allenfalls Wissenschaftlern oder anderen Experten zu Spezialarbeiten – nicht zum Vergnügen – unter Vorweis von Sonderbescheinigungen kurzzeitig zur Einsicht überlassen. In manchen Ländern werden private Postsendungen mit Druckerzeugnissen, die der entsprechende Beamte als P. bewertet, konfisziert, z. B. grundsätzlich alle (auch wissenschaftliche) Schriften über Homosexualität. Entsprechend streng sind auch die Grenzkontrollen. Auf der Jagd nach P. werden Grundrechte des Menschen verletzt, z. B. das Postgeheimnis. Subjektivität, Willkür, unsinniger Aufwand, Verfolgung Andersdenkender und Andersfühlender, Diskriminierung sexueller Minderheiten waren die Folgen jedes bedingungslosen, allgemeinen P.-Verbots, das im übrigen niemals die vorgegebenen Funktionen (wie Kampf gegen Sittenverfall, Jugendschutz, Gleichstellung der Frau) erfüllen konnte, sondern nur neue Probleme schuf (Heimlichkeit, illegale Geschäftemacherei, Gewissenskonflikte). Daher lehnen nicht nur Experten, sondern viele Menschen ein Verbot der P. und die damit verbundene Bevormundung ab. Damit befürworten sie keineswegs Primitivität, Gewalt, Entwürdigung der Frau und andere Aspekte der P., sondern lehnen lediglich fremde (staatliche) Einmischung und Willkür zugunsten der eigenen Entscheidung ab, um Produkte zugänglich zu machen, die erotisch bereichernd sind. KS

Pornovideo: (auf Magnetbandkassette gespeicherter) Videofilm pornographischen Inhalts zum Einlegen in Videorecorder bestimmt. Die Entstehung der Videotechnik, also die Möglichkeit, Fernsehsendungen mitzuschneiden, bespielte Videokassetten eigener Wahl anzuschauen und auch Filme mit Hilfe einer Videokamera selbst zu drehen, hat von Anfang an zu einer ungeheuren Verbreitung erotischer und insbesondere pornographischer Filme geführt, die die Grenzen des bisher Gewohnten (z. B. des Schmalfilms) sprengte. Der Fernseher als unumgänglicher Haushaltsgegenstand erweiterte durch die Videotechnik seine Funktion und ermöglichte jedermann den leichten Zugriff zum P. Eine spezielle Industrie entstand, die einen schier unersättlichen Markt bedient, der sich ständig erweitert (Entwicklungsländer, ehemals sozialistische Länder). Die Profite gehen in die Milliarden.

Der Reiz des bewegten Bildes lockt im Zusammenspiel mit der gedruckten → *Pornographie* und anderen Formen des → *Sex-Busineß* die sexhungrigen Käufer in besonderer Weise an: Nun sehen sie Szenen, die in ihren Träumen nicht vorkamen. Mit Hilfe bewegter Bilder wird gezeigt, was vorher, wenn überhaupt, nur »live« zu sehen war oder als Druckerzeugnis vorlag. Nicht das stille, intensive Betrachten eines Bildes, sondern »action« ist angesagt. Dies schafft eine andere Beziehung des Betrachters zu dem pornographischen Medium und auch andere Kommunikationssituationen. Die → *Live-Show* hat durch das allgegenwärtige, billige P. Konkurrenz bekommen. Das Sex-Busineß ist weiter technisiert worden.

Das P. – meist 30, 60 oder 90 Minuten lang – bedient die vielfältigsten Interessen und produziert wieder neue. Für jeden Geschmack ist etwas dabei: → *SM-Praktiken*, → *Faustfick*, → *Softpornos*, Homosexuellensex, Galerie der übergroßen Brüste, exotische Boys und Girls, extralange und extradicke Glieder, → *Gruppensex*, → *Partnertausch*, Mundverkehr im Überfluß, Transvestiten, Transsexuelle, Schulmädchensex, Sex mit Kindern, Sex mit Greisen, Sex mit Schwangeren, Sex mit extrem Dicken, Sex mit Tieren, sexuelle Gewalt, Analsex, → *Abweichungen*, Sex mit Hilfsmitteln, Klistiere, Sex im Zusammenhang mit den verschiedensten Körperausscheidungen, Einseifen und Rasieren der Schamhaare, Sex von Filmstars und immer wieder ewig steife Glieder, Einblicke in Scheiden, die ausgefallensten → *Koituspositionen* – alles auch für Trickfilmfans.

Als Sprache dominiert das Englische (jedoch in vielen P. synchronisiert). Das P. ist international. Die Sprache der P. umfaßt Spezialausdrücke für den Insider (→ *Sprache*): Foxy Fucker, Wild Fantasy, Weekend Lovers, Pussycat for Love, Little Girls, Lucky Lips, Sex, Love and Fuck 'n' Roll, Double Dildo, Black over White, Dream Lovers, Do it Yourself, Lesbian Show, Big Tits.

Obwohl in fast allen Staaten gegen das Gesetz und die sexuellen Normen verstoßend, können P. ziemlich frei vertrieben (in → *Sexshops*, auch in Videotheken, durch Versandhandel), verliehen und öffentlich gezeigt werden (→ *Video-Show*). Gelangen P. auf den Index (Verbreitungsverbot oder Verbot für Jugendliche), werden sie oftmals gerade dadurch besonders attraktiv (Indexliste als Bestsellerliste). Die Wirkung des P. ist umstritten. Da das P. wesentlicher Bestandteil der modernen → *Pornographie* ist, spielt es in Anti-Porno-Diskussionen eine zentrale Rolle. Öffentliche Befürworter oder Verteidiger des P. gibt es kaum. Doch das tut seiner Verbreitung keinen Abbruch. KS

Beispiele für Titel von P.:

Die Jagd nach dem goldenen Ständer, Mit der Faust gefickt, Leder auf heißer Haut, Elefanten-Titten, Schwanger und so geil, Schulmädchen blutjung, Das Backfisch-Blasorchester, So wird's getrieben in deutschen Betten, Ehefrauen in der Peep-Show, Stutenfick, Wichsen und Pissen, Leck mich am …

Postkarten, erotische: Bald nachdem Generalpostmeister Heinrich von Stephan 1865 den »Sparbrief« – die Postkarte – eingeführt hatte, kamen Bildpostkarten in Umlauf. Neben Andenken-, Heimat- und Juxpostkarten entstanden auch Ansichtskarten erotischen Inhalts. Die Entwicklung der → *Fotografie* und verbesserte Drucktechniken boten dafür hervorragende Voraussetzungen. Aus den sächsischen und bayrischen Druckereien, später dann stärker aus Frankreich, strömten die pikanten Kartonbildchen in alle Welt. Sie entsprachen einem veränderten Zeitgeist und einer gewissen erotischen Aufgeschlossenheit, die das Nackte und das Sinnlich-Erregende nicht mehr völlig verdammte. Aus heutiger Sicht sind die meisten Darstellungen eher züchtig zu nennen. Mit harter → *Pornographie*, wie sie heute üblich ist, haben sie meist nicht das geringste zu tun. Die nackten oder halbnackten Mädchen sind in teils anmutiger, teils kitschiger Pose vor ausgesuchtem Hintergrund dargestellt. Sie haben ein liebliches Gesicht und lächeln den Betrachter keck an. Nicht die brutal gespreizte Scham, sondern die gefühl- und schamvolle Gesamtfigur erweckte stilvoll die erotische Phantasie. Es ist heute kaum vorstellbar, daß die drolligen Schönheiten unsere Uropas erotisch verwirren konnten. Freilich geht von diesen erotischen Kompositionen ein eigenartiger Reiz aus, dem man sich auch heute nicht ganz entziehen kann.

In dem Maße, wie sich mit der Zeit das Sexualverhalten änderte, bekamen auch die postalischen → *Erotika* neue Inhalte und neue Formen. E.P. gibt es auch heute noch, oftmals als derbe oder scherzhafte Varianten oder Reprints (Nachdrucke); sie sind aber im Vergleich zu anderen Druckerzeugnissen fast bedeutungslos geworden. Das hängt mit der Verbreitung von Zeitschriften, Büchern, Filmen und Videos erotischen und sexuellen Inhalts zusammen. In jener Zeit waren die ersten e.P. oft die einzigen erotischen Bilder, die für einen größeren Kreis zugänglich waren. Trotz aller Heimlichkeit und wohl auch Heuchelei waren sie ein Massenartikel, der in den meisten Fällen gar keinen postalischen Zweck erfüllte, sondern Gebrauchs- und Erinnerungsartikel für eigens zu diesem Zwecke hergestellte Alben war. Die besten Bildchen aus den goldenen Jahren der P. zu Beginn des Jahrhunderts, insbesondere die tatsächlich verschickten mit Poststempel, sind heute als einmalige Kunst-, Zeit- und Sittendokumente gesuchte Objekte für Sammler. KS

»Die Rose von Stambul«.
Scherzpostkarte (1. Drittel 20. Jh.) ➪

Rose von Stambul

Potenz (lat. potentia = Macht, Vermögen, Fähigkeit): die Fähigkeit des Mannes zur Durchführung des Geschlechtsverkehrs; manchmal auch Zeugungsfähigkeit. Das Wort P. ist die allgemein gebräuchliche Eindeutschung des medizinischen Fachausdrucks »potentia coeundi«. Im engeren Sinn versteht man darunter meist eine intakte → *Erektion*, die eine Voraussetzung für den intravaginalen → *Koitus* ist. Kommt keine Erektion zustande, spricht man von Impotenz. In bezug auf die sexuelle Leistungsfähigkeit der Frau ist seltener von P. die Rede, höchstens im Zusammenhang mit der Fähigkeit zu Mehrfachorgasmen.

Eine möglichst starke P. zu besitzen ist der Wunschtraum vieler Männer. Es geht ihnen dabei nicht allein ums Sexuelle, sondern sie verbinden damit eine kraftvolle Ausstrahlung. Vitalität, Souveränität, was auch ein starkes Selbstbewußtsein fördert. In der Tat kann sich große sexuelle Leistungsfähigkeit positiv auf andere Bereiche auswirken; eine schwache P. führt häufig zu innerer Verunsicherung, Minderwertigkeitskomplexen (→ *Minderwertigkeitsgefühl* und Versagensängsten.

Ein auf das Sexualleben übertragenes Leistungsdenken kann sich allerdings zu einem Leistungsdruck entwickeln – zu jeder Zeit, an jedem Ort und mit jedem Partner potent sein zu müssen. Wer sich als sexuellen Leistungssportler sieht, bringt sich um viele reizvolle Möglichkeiten und gerät in Gefahr, die Wünsche und Bedürfnisse des Partners zu vernachlässigen.

Als Maßstab für die Stärke der P. galt lange Zeit die Kohabitationsfrequenz (Häufigkeit des Geschlechtsverkehrs). So haben sich seit Jahrhunderten Philosophen, Theologen, Sexualforscher und andere sich als kompetent ausgebende Personen zu diesem Thema geäußert und auch Ratschläge erteilt. Sokrates hielt für den ehelichen Koitus eine Häufigkeit von einmal alle zehn Tage für angemessen; Mohammed sprach sich für einmal pro Woche, Luther für zweimal pro Woche aus. Hirschfeld berücksichtigt altersbedingte Einflüsse auf die P. und schätzt die Norm für Männer zwischen 20 und 30 auf 100- bis 300mal im Jahr, bei Männern bis zum 40. Lebensjahr 51- bis 150mal und bei über Vierzigjährigen 50- bis 100mal pro Jahr. Nach Kinsey, dem Altmeister der modernen Sexualwissenschaft, sollen in den Altersgruppen zwischen 16 und 30 Jahren gelegentlich Kohabitationsfrequenzen von 25mal und mehr pro Woche vorkommen. In den älteren Gruppen verringert sich die Schwankungsbreite. Bei 50jährigen fand er einen Maximalwert von 15 pro Woche, bei 60jährigen von drei pro Woche. Nach jüngeren Untersuchungen haben 20- bis 50jährige Erwachsene im Durchschnitt an acht Tagen im Monat Geschlechtsverkehr, das Altersgefälle ist dabei nicht so stark wie erwartet, dagegen ist die Streuung außerordentlich groß. Durchschnittsangaben sind nur bedingt aussagefähig und keineswegs auf jeden übertragbar, da die P. von zahlreichen Faktoren abhängt, insbesondere von psychischen Befindlichkeiten, der Partnerbeziehung und äußeren Umständen. Glücklich Verliebte haben besonders häufig Geschlechtsverkehr, in fester Beziehung Lebende häufiger als → *Singles*.

Als »potentia generandi« bezeichnet man die Zeugungsfähigkeit, eine eigenständige Funktion, die unabhängig von der »potentia coeundi« vorkommen kann. Eine ungestörte Kohabitationsfähigkeit läßt demnach noch keinen Rückschluß auf eine intakte Zeugungsfähigkeit zu; diese zu überprüfen erfordert spezielle Untersuchungen. Ar

Potiphars Weib: nach der → *Bibel* die Frau des Kammerherrn und Hauptmanns des Pharao, die versuchte, Joseph, den Lieblingssohn Jakobs, zu verführen. Joseph widerstand ihr und stieß sie zurück, doch blieb dabei sein Mantel in ihren Händen zurück, den die Beleidigte nun ihrem Mann als Beweis für einen unziemlichen Annäherungsversuch überreichte. Potiphar schenkte ihr Glauben und warf Joseph ins Gefängnis. Seitdem gilt P.W. als Sinnbild

a) der Verführung und
b) der Verurteilung eines unschuldigen Mannes auf Grund eines Indizienbeweises einer beleidigten und rachsüchtigen Frau.

Das Motiv wurde oft in der → *Kunst* dargestellt, z. B. von Rembrandt und Carlo Cignani. Se Ar

Priapismus: eine nicht sexuell bedingte, sondern krankhafte und meist sehr schmerzhafte Dauererektion. Der Name geht auf Priapos, den Sohn von → *Aphrodite* und Dionysos zurück, der stets mit einem großen, stark erigierten Glied dargestellt wird (→ *Phalluskult*).

Der P. ist kein einheitliches Krankheitsbild, sondern kann durch verschiedene Ursachen ausgelöst werden, z. B. Diabetes oder Leukämie. Häufiger sind allerdings entzündliche Gefäßerkrankungen im Genitalbereich dafür verantwortlich, die zu Thrombosen der Penisschwellkörper führen. Auch Blutungen nach Unfällen können durch ausgedehnte Blutergüsse zum P. führen, P. stellt einen medizinischen Notfall dar und muß sofort ärztlich behandelt werden. Ar

Promiskuität: häufiger, gewohnheitsmäßiger Wechsel von Sexualpartnern, ohne mit ihnen feste Bindungen einzugehen. Die Bewertung der P. ist heftig umstritten. Befürworter sehen in ihr die eigentliche Form »triebgemäßer« sexueller Befriedigung. Abwechslung durch Partnerwechsel wird für den dauerhaften sexuellen Lustgewinn als unabdingbar angesehen. Da P. wahrscheinlich die Urform menschlichen Sexualverhaltens ist, wird die in den meisten Kulturen geforderte partnerschaftliche Einbindung der Sexualität insbesondere in die monogame → *Ehe* von Verteidigern der P. zum Wesensmerkmal gesellschaftlicher Unterdrückung und die Befreiung der Sexualität von partnerschaftlichen Fesseln als ein Hauptweg zur sozialen Befreiung erklärt. Die antiautoritäre Studentenbewegung der sechziger Jahre erhob P. zur Durchsetzung ihrer → *sexuellen* Revolution zur Norm. Ein damals weitverbreiteter Slogan lautete: »Wer zweimal mit derselben pennt, gehört schon zum Establishment.« Gegner der P. halten diese oft für die Unmoral schlechthin, verdammen Untreue, zügelloses Leben, Genußsucht, oft auch fleischliche → *Lust*. Hinzu kommt die Warnung vor Gefahren wie der Ansteckung mit sexuell übertragbaren Krankheiten – ein leuchtendes Argument vor allem im Zeitalter von → *Aids*.

Die Bewertung promiskutiven Sexualverhaltens muß jedoch differenziert erfolgen, sein Wesen erfassen und nach Bedingungen und Ursachen des Zustandekommens von P. fragen. Das eigentliche Problem besteht nicht in der Häufigkeit sexueller Kontakte an sich, sondern in der Intensität und Qualität der jeweiligen Beziehung. Der Wechsel von Sexualpartnern ist nicht schon zwangsläufig P. (→ *Partnermobilität*). Das Gegenteil von P. ist nicht Sexualität in einer dauerhaften Partnerbeziehung, sondern in einer Liebesbeziehung, wie kurz oder lang auch immer sie dauern mag. Denn erotischer Genuß beinhaltet nicht nur pures sexuelles Lusterleben, sondern auch die emotionale und kommunikative Beziehung zum Partner. Sexualität ohne diesen Beziehungsaspekt ist mehr oder minder verarmt, entfremdet, frustriert.

Für promiskuitives Sexualverhalten sind spontane, unverbindliche Sexualkontakte, → *anonymer* Sex typisch, nicht bewußte Partnerwahl, sondern Wahllosigkeit. Möglicherweise ist permanentes sexuelles Unbefriedigtsein der Grund, was zur zwanghaften Dauersuche nach dem »richtigen« Partner führt. Tatsächlich gehen männliche und weibliche P. (→ *Donjuanismus*, → *Nymphomanie*) meist mit einer Beeinträchtigung der sexuellen Erlebnisfähigkeit einher. Manche Männer stehen unter sexuellem Leistungsdruck. Maßstab ist das »Herumkriegen« einer Partnerin zum Geschlechtsverkehr. Dabei dient Sex oft auch als Mittel zur Selbstbestätigung (→ *Minderwertigkeitsgefühl*). Das Leistungs-, Erfolgs- und Machtstreben, das auf diese Weise die

→ *Motivation* sexuellen Verhaltens mit bestimmt, ist eine Ursache der stärkeren P. des Mannes, die in den meisten Gesellschaften stillschweigend gebilligt wird oder gar als inoffizielle Norm gilt (→ *Doppelmoral*). Der Frau hingegen wird P. nur heuchlerisch in der → *Prostitution* zugestanden, die ja wiederum meist nur dem Manne dienlich ist.

Im Zusammenhang mit der Ausbreitung von Aids geriet in den letzten Jahren die promiskuitive Lebensweise homosexueller Männer in die öffentliche Diskussion und wurde häufig zur moralischen Verurteilung und Diskriminierung der → *Homosexualität* mißbraucht. Abgesehen davon, daß eine wesentliche Ursache der P. homosexueller Männer in der Intoleranz des gesellschaftlichen Umfeldes liegt, die ein normales partnerschaftliches Zusammenleben oft unmöglich macht und nicht selten nur die Wahl zwischen völligem Verzicht auf Sexualkontakte oder der heimlichen Suche nach unverbindlichen Erlebnissen läßt, hat sich inzwischen herausgestellt, daß gerade in festen Liebesbeziehungen risikoreiche Sexualpraktiken ohne → *Kondom* vorkommen.

Wie bei allen Erscheinungen des Sexualverhaltens, ist eine moralische Bewertung allein nach Quantitäten (z. B. der Zahl der Partner) unsinnig und wirklichkeitsfremd. We

prostituieren: eigentlich bloßstellen, entehren. Im Mittelalter wurden → *Hexen* prostituiert, d. h. öffentlich entehrt, an den Pranger gestellt. Das Wort stammt aus dem Lateinischen (prostituere = vorn hinstellen, öffentlich präsentieren, zur Unzucht feilbieten) und wurde nach 1700 über das französische se prostituer als »sich prostituieren« in den allgemeinen Sprachgebrauch übernommen. Heute wird das Wort nur noch reflexiv gebraucht und bedeutet, sich gewerbsmäßig → *gegen Geld zum Geschlechtsverkehr und zu anderen sexuellen Handlungen anbieten und sexuelle Leistung erbringen;* in der Sprache der Prostituierten: → *anschaffen gehen* (→ *Prostitution*). Im übertragenen Sinne bedeutet p. auch sich entehren, verächtlich machen, sich für etwas Schändliches hergeben, sich verkaufen.

Die Frauenbewegung betrachtet die Begriffe → *Prostitution*, prostituieren, Prostituierte kritisch und geht davon aus, »daß sich ja eigentlich jede Frau prostituiert, also Prostituierte ist. Frauen prostituieren sich in der Ehe, im Beruf, kurzum: zu jeder Minute im täglichen Leben« (Prostituiertenprojekt Hydra, 1988). Folglich gelte: »Jede Nutte prostituiert sich, aber die wenigsten Prostituierten gehen anschaffen.« Der wesentliche Unterschied bestehe darin, daß die tägliche Prostitution (z. B. als Sekretärin) keine zusätzliche Diskriminierung wegen des Berufs einschließe, wie das bei Nutten der Fall sei – die Sekretärinnentätigkeit gilt als anständiger, geschützter Beruf, der Beruf der Nutte als unanständig, ungeschützt. Der weite Begriff von p. schließt im Grunde auch die Männer mit ein, die in einer Männergesellschaft gegenüber den Frauen jedoch im Vorteil sind so wie »ehrbare« Frauen gegenüber Huren. KS

Prostituierte: weibliche Person (Dirne, Hure, Prostituierte, Nutte, Strichmädchen, Freudenmädchen), die gegen Entgelt sexuelle Handlungen vornimmt oder mit sich geschehen läßt (im klassischen Falle den Geschlechtsverkehr). Amtlich gesehen, gehen P. gewerbsmäßig der Unzucht nach und sind behördlich registriert. Ökonomisch gesehen, leisten P. Arbeit als Arbeitnehmer, Selbständige oder Freischaffende. Sie sind (nach einer von der amerikanischen Frauenforscherin Gail Pheterson in dem Buch »Hurenstigma«, 1990 vorgeschlagenen Bezeichnung) »Sexualarbeiterinnen«. Sie benötigen eine bestimmte Qualifikation, um professionell zu arbeiten. Berufsstrukturell gesehen, gehen P. einer bestimmten beruflichen Tätigkeit nach. Die Grenzen zur gelegentlichen, nebenberuflichen, heimlichen → *Prostitution* sind jedoch fließend. Diese Grenzen ergeben sich aus der sozialen Bedeutung der Prostitution, deren ökonomischen und rechtlichen Bedingungen in einer bestimmten Gesellschaft zu einer bestimmten Zeit sowie zu der Frage, in welcher Form Sexualität im Zusammenleben beider Geschlechter realisiert wird. Gewerblichkeit und Bezahlung gehören zur Prostitution, Organisiertheit des Gewerbes und behördliche Überwachung hingegen nicht unbedingt. Anonymität, Heimlichkeit und Diskretion sind wichtige Merkmale der Prostitution, doch finden sich auch zahlreiche Ausnahmen; bei einer Dauerkundschaft kann z. B. die Anonymität verlorengehen. Der Grad der Heimlichkeit hängt davon ab, in welchem Maße Prostitution als sittenwidrig gilt und ob sie verboten ist. Der abwertende Ausdruck »Unzucht« ist nur dann bedeutsam, wenn sexuelle Kontakte außerhalb der festen Partnerbeziehung bzw. Ehe entsprechend der jeweiligen Moral als unzüchtig gelten. Doch Unzüchtigkeit in diesem Sinne ist noch kein hinreichendes Kriterium für Prostitution: Kontakte außerhalb der institutionalisierten Partnerbeziehung sind in vielfältiger Weise möglich, nicht nur mit P. Auch das Kriterium Geschlechtsverkehr ist zu eng, da die Palette der sexuellen oder peripher sexuellen Leistungen von P. viel größer ist. Auch die »Preisgabe des Körpers« ist nicht unbedingt relevant, da P. meist nur Teile ihres Körpers zeigen oder zur Verfügung stellen und oftmals nur »am Mann arbeiten« (→ *Handar-*

beit), ohne sich selbst berühren zu lassen. Das Ausmaß der Dienstleistung wird dabei nicht nur vom Geld, sondern auch vom Repertoire und dem Angebot der P. und den Bedürfnissen der Kunden sowie von den jeweils herrschenden Regeln und Normen in der Welt der P. bestimmt. Beispielsweise gehören oral-genitale Kontakte meist zum Standard (→ *französisch*), nicht aber der Mund-zu-Mund-Kuß, der regelrecht verpönt ist. Manchmal ist nur der Geschlechtsverkehr, aber sonst keine Berührung erlaubt (»Fick mich, aber faß mich nicht an!«). Infolge von → *Aids* gehört in den aufgeklärten Ländern das Kondom zur Grundausrüstung der echten Profis. Manche Männer suchen bei einer P. nicht ausschließlich – und oftmals gar keinen – Sex, sondern den Kontakt mit einem Menschen und das Gespräch. Oftmals sind die P. mit ihrem Freier nur für kurze Zeit zusammen, insbesondere beim → *Straßenstrich*, manchmal aber auch für die Dauer von Stunden, Nächten und Wochen. Manche P. fertigen in einer Schicht ein oder zwei Dutzend Männer ab, leisten »Fließbandarbeit« (Prostituiertenprojekt Hydra), andere widmen sich einem Kunden individuell und intensiv.

Die Leistungsverpflichtung der P. beginnt nach vorheriger Anmache und Begutachtung durch den Freier – für beide Seiten ein keineswegs immer angenehmer Vorgang. »Das Taxiertwerden ist manchmal das Schwerste am Job. Wenn die da so vorbeigehen und dich auf deine Verwendbarkeit abchecken ...« (Lisa aus der Hamburger Herbertstraße). Der Freier hat meist gar nicht die Gelegenheit zum Kennenlernen, er muß sich schnell, auf den ersten Blick hin entscheiden. Nach der Kontaktaufnahme und dem mündlichen Vertragsabschluß über die zu erbringende Leistung erfolgt gewöhnlich die Übergabe der vereinbarten Summe; die Vereinbarung endet üblicherweise mit dem »Abspritzen« (der Ejakulation) des Mannes. Doch sind auch ausgedehntere und differenzierte Formen vorhanden, die über Sexuelles hinausgehen.

Diese Widersprüchlichkeiten und scheinbaren Ungereimtheiten sind nicht nur Variationen an der Oberfläche der Prostitution, sondern gehören zu ihrem Wesen. Der sexuelle Kontakt als im Grunde intimer Vorgang ist in der Prostitution kein Ausdruck einer intimen persönlichen Beziehung. Im anderen Menschen wird nicht die gesamte Persönlichkeit gesucht und gesehen. Die P. sieht den Mann aus einer besonderen, einseitigen und gewiß auch belastenden Perspektive – als Vergnügen suchendes Etwas, das auf Sex aus ist. Doch geht es wohl auch in der Prostitution niemals ganz ohne gegenseitige Beziehung, da nicht nur Körper, sondern Menschen agieren; die Entfremdung der Sexualität vom Menschen wird auf diese Weise immer wieder durchbrochen. »Ich sehe die ganze Sache als Sache von Mensch zu Mensch. Ich bin ein Mensch, der hier Geld kriegt dafür, daß er hier GV macht, und der andere ist ein Mensch, der Geld dafür gibt, daß er GV haben will. Und dann sehen wir mal, wie wir klarkommen« (Maria in einem Interview des Hydra-Projekts, 1988). Die Einstellung der P. zum → *Freier* ist – wie bei anderen Berufen auch – unterschiedlich. Marita P. schreibt in ihrem Buch »AIDS hat mir das Leben gerettet« 1994: »Obwohl Freier mich reich machten, verachte ich sie. Deshalb konnte ich ohne weiteres abschalten. Ich verkaufte meinen Körper, niemals meine Seele. Gefühle kamen nicht ein einziges Mal auf. Ich tat meine Arbeit, wie andere auf der Schreibmaschine rumklimpern … Für mich war nur der von ihm gezahlte Preis von Interesse … Sah ich Chancen auf mehr, legte ich los. Skrupel hatte ich dabei grundsätzlich nicht. Denn Freier waren Untermenschen für mich.« Die berühmte Domenica aus der Hamburger Herbertstraße sagt dagegen 1991: »Als ich anfing, hat man mir gesagt: Alle Freier sind bekloppt. Aber dann kriegte ich plötzlich so nette, charmante Gäste rein, daß ich mir sagte, mein Gott, das kann ja gar nicht stimmen … Und dann habe ich mir überlegt, daß es nicht gut ist, wenn ich so mechanisch arbeite, die Freier haben das nicht verdient und ich auch nicht. Seitdem arbeite ich einfach nach Lust und Laune und Gefühl. Weil das mehr Spaß bringt.«

Ob die P. selbst etwas empfindet, ist per definitionem uninteressant. Im allgemeinen wird davon ausgegangen, daß P. beim Zusammensein mit dem Kunden nichts oder wenig empfinden, schon aus Selbstschutz; daß eine echte P. sich gerade dadurch auszeichnet, nichts zu empfinden, und Erregung gegebenenfalls nur simuliert. Das bedeutet jedoch nicht, daß P. sexuell unempfindlich wären. Sie haben mit ihrem Liebespartner oft ein befriedigendes Sexualleben. Nicht selten sind sie lesbisch. Das emotionale und erotische Klima bei der Arbeit kann jedoch sehr unterschiedlich sein und schließt Empfindungen auch seitens der P. nicht aus. Zweifellos stellt die Beziehung zwischen der P. und dem Kunden ein menschlich kompliziertes Verhältnis dar. Zwar ist der eine immer Objekt des anderen, doch ist er zugleich auch handelndes Subjekt. Zwar geht es einerseits um die reine Fleischeslust, aber es handelt sich dabei nicht um totes Fleisch oder eine Attrappe, sondern um einen lebendigen Menschen. Zwar kann der erkaufte Sex die P. entwürdigen, doch zugleich auch den Kunden, der sich eventuell in größerem Maße bloßstellt als die P. Zwar mag der befriedigte Mann die benutzte Frau verachten, aber vielleicht wird er sie auch bewundern und verehren, weil sie Freude spendet und nett ist. Zwar will die P. Geld verdienen, doch sie wird für den Kunden um so begehrenswerter sein, je mehr sie auch ihre Persönlichkeit mit einbringt. (Domenica, 1991: »Im Endeffekt kommen die Männer nicht nur auf die Brüste wieder. Brüste haben keine Seele.«) Die P. gilt als ehrlos, hat aber doch eine Berufsehre. Sie verkauft sich, aber nicht mit Haut und Haaren.

Zu allen Zeiten hat es spezifische Typen von Prostitution und P. gegeben. Das klassische Modell besteht darin, daß der → *Freier* in ein → *Bordell* geht, ein Mädchen auswählt, mit ihr allein aufs Zimmer geht und bezahlt. Ebenso klassisch ist der → *Strich*. Die P. steht auf der Straße oder vor einem Bordell und macht auf sich aufmerksam. Dem Kunden wird ein Grundpreis genannt, der sogenannte Koberpreis, weiteres kann sofort oder auf dem Zimmer verhandelt werden, Nachforderungen sind in schon angeregtem Zustand des Freiers nicht selten. Bezahlt wird immer vorher für das Zimmer, die vereinbarte Leistung und die Zeitdauer (meist 20 Minuten, eine halbe oder volle Stunde). Darüber hinaus gibt es viele Variationen und Abweichungen von diesen beiden Grundmustern. In einigen Vergnügungsvierteln oder -straßen sitzen die P. im Schaufenster, z. B. in der berühmten Hamburger Herbertstraße, die ansonsten für den allgemeinen Verkehr geschlossen und nur durch ein Tor zu erreichen und für Jugendliche unter 18 Jahren verboten ist. Das → *Callgirl* trifft sich auf telefonische Vermittlung mit dem Kunden, auch in dessen Wohnung, was sonst überaus selten vorkommt. Manche P. machen auf Anforderung auch Hotelbesuche. Auf dem → *Drogenstrich* regiert die Beschaffungsprostitution. Dabei handelt es sich meist nicht um echte P., sondern um Drogensüchtige, die sich oftmals wehrlos und besonders billig feilbieten. Der → *Autostrich* bedient die Kraftfahrer, entweder gleich im Auto oder nach gemeinsamer Fahrt in eine Pension. In den meisten Städten ist genau bestimmt, wo und zu welchen Tageszeiten P. tätig sein dürfen (z. B. nicht in den sogenannten Sperrbezirken oder nicht vor 20 Uhr). Die Reviere sind streng aufgeteilt. Oftmals dürfen die P. nur in dunklen Nebenstraßen anschaffen, manchmal ist das Gegenteil der Fall. P. arbeiten auch in speziellen Saunen, Klubs, Filmbars, Nachtklubs, Massagesalons und an anderen Orten oder werden durch Agenturen oder Anzeigen vermittelt. In Deutschland und in anderen Ländern hat die Wohnungsprostitution an Bedeutung gewonnen. Sie gewährleistet Anonymität, Diskretion und Privatatmosphäre. Immer wieder entstehen – nicht zuletzt infolge der jeweiligen rechtlichen Bestimmungen und der gegebenen Möglichkeiten (Auto, Wohnung, Wohnwagen, Klubs, Saunen, Restaurants, → *Bordells*) – neue Formen, und alte Formen werden verdrängt, wie z. B. der Straßenstrich. War gegen Ende des letzten Jahrhunderts noch der Straßenstrich der Hauptort des Prostitutionsgeschehens, so hat sich heute das Bild gewandelt. An die Stelle des Straßenstrichs ist heute die Prostitution in Clubs, Bordellen, Modelapartments oder Wohnungen getreten. Gegenwärtig sind zwei Trends zu verzeichnen. Auf der einen Seite floriert die Billigprostitution in Bordellen, als dessen Prototyp die Eros-Center beispielhaft gelten können. Auf der anderen Seite nimmt die Luxusprostitution an Bedeutung zu. (Stefanie Markert, 1991; Margot Kreuzer, 1989).

Die Rechte der P. sind meist begrenzt, insbesondere dann, wenn ein gesetzliches Prostitutionsverbot besteht. Der Kunde kann die Zahlung verweigern oder sich – immer zum Nachteil der P. – beschweren: P. können leicht beraubt werden, und auch P.-Morde kommen nicht selten vor. Daher sind die P. gezwungen, Schutzbündnisse einzugehen, z. B. mit einem sogenannten Zuhälter, der für sie faktischer, aber nicht offizieller Arbeitgeber ist, oder mit einer Bordellwirtin. Da die Förderung der Unzucht in vielen Staaten gesetzlich verboten ist und eine luxuriöse, hygienische, angenehme Ausgestaltung der Bordells und Zimmer bereits als eine solche Förderung gewertet wird, sind viele Absteigen und Bumszimmer anspruchslos und primitiv. Oft sind die Umstände, unter denen der Sex absolviert wird, für beide Seiten unwürdig und belastend.

Zu den für P. wünschenswerten Arbeitsbedingungen gehören vor allem das Recht auf freie Wahl des Kunden; weiter die Freiheit, über den Arbeitsort und die Art der Arbeit entscheiden zu können; das Recht, über ihren Verdienst zu verfügen; das Recht, zusammenzuleben, mit wem sie wollen. Im weiteren Sinne geht es um die Anerkennung ihres Berufsstandes, um eine gewerkschaftliche Vertretung. Dies scheitert jedoch an dem Widerstand der konservativen Gesellschaft; das Prostitutionsgewerbe wäre dann nicht nur mehr oder weniger geduldet, sondern gesetzlich anerkannt. In Deutschland gilt Prostitution als sittenwidrig. P. können aus diesem Grunde keine regulären Arbeitsverträge abschließen und die Leistungen der gesetzlichen Sozialversicherungen (Krankenversicherung, Arbeitslosenversicherung, Unfallversicherung) nicht in Anspruch nehmen. Die Moral hört allerdings an den Pforten der Finanzbehörden insofern auf, als P. Einkommensteuern, verschiedentlich auch Umsatzsteuer bezahlen müssen. Sie haben gesetzliche Pflichten, aber keine entsprechenden gesetzlichen Rechte.

Das hat dazu geführt, daß immer wieder Versuche unternommen wurden, eine Prostituiertenbewegung zu schaffen. Beispielsweise wurde nach dem Ersten Weltkrieg in Hamburg eine revolutionäre Zeitung für P. herausgegeben, die aber bald unter Hohnlachen scheiterte. Seitens der Frauenbewegung entstand 1980 unter dem Namen Hydra in Berlin ein autonomes Frauenprojekt, in dem derzeitige und ehemalige Prostituierte und Nichtprostituierte zusammenarbeiten, um sich gegen die gesellschaftliche und rechtliche Diskriminierung der Prostitution zu wenden und für deren Anerkennung als Beruf einzutreten. Seit 1984 besteht in Frankfurt am Main der »Verein zur Förderung der Information und Kommunikation zwischen weiblichen Prostituierten e.V.« unter dem Namen HWG (*H*uren *w*ehren sich *g*emeinsam – eine Umdeutung des Prostituierten-Amtskürzels hwG-Mädchen für Personen mit *h*äufig *w*echselndem *G*eschlechtsverkehr). Das Projekt versteht sich als eine Selbsthilfegruppe von Prostituierten, Ex- und Nichtprostituierten. Ähnliche Ansätze zur Selbstorganisation entstanden in Münster (Straps und Grips), Düsseldorf (Cineralla), Nürnberg (Kassandra), Stuttgart (Lola, Lüstern), Köln (Lysistrata), Kassel (Café Sperre), Bremen (Nitribit), Hannover (Phönix), Saarbrücken (Hurenselbsthilfe). Auch Kontaktstellen und Unterstützungsorganisationen entstanden, z. B. Tamara in Frankfurt und Madonna in Bochum. Zu den Themen und Aufgaben ihrer Tätigkeit gehören Arbeitsbedingungen der P., Unterkunft, Lebensunterhalt, Streetwork-Sozialarbeit, psychosoziale Begleitung, Finanzen/Schulden, Ausländerinnen, Gesundheit, Drogen, Aids. Auf dem von Hydra veranstalteten 1. Nationalen Prostituiertenkongreß 1985 in Berlin wurden 22 Forderungen aufgestellt, u. a. nach Aufnahme in die gesetzliche Krankenversicherung, Anerkennung der Prostitution als Dienstleistung, Aufhebung des Werbeverbots, Förderungsmaßnahmen für Frauen, die aussteigen wollen, keine Beschneidung der Bürgerrechte. Die Durchsetzung solcher Forderungen ist extrem schwierig, und es finden sich kaum Verbündete. Auch die P. selbst stehen der Selbstorganisation oft skeptisch gegenüber. Da ihre Tätigkeit Persönlich-Intimes berührt, mehr oder weniger im verborgenen blüht und diskriminiert ist, scheuen sie spektakuläre Aktionen in der Öffentlichkeit. Zudem halten viele P. von dem offenen Bekenntnis zu ihrem Tun, ihrem → *Outing*, nichts; sie ziehen es meist vor, unerkannt zu bleiben und ihre Tätigkeit vor ihrer Familie und ihrem Bekanntenkreis zu verheimlichen. Der Zweifel von P. an der offiziellen Anerkennung und Gleichstellung ihres Berufes ist gewiß nicht grundlos. Daß P. nicht in größerer Mehrheit die Nähe zur Frauenbewegung und zum Feminismus suchen, hängt aber nicht nur mit ihrem Skeptizismus und mit einer unpolitischen Haltung, sondern auch damit zusammen, daß sie feministische Männerfeindlichkeit nicht als berufsfördernd betrachten können.

So vielfältig die Formen der Kontaktaufnahme und die Bedingungen der Prostitution sind und so unterschiedlich die gesellschaftliche Stellung der P. ist, so bunt sind auch die Bezeichnungen für sie (→ *Sprache*). Die Hierodulen in den Tempeln des Altertums gehörten der Gottheit, und zu ihren sakralen Diensten gehörte die Prostitution. Einflußreich und gebildet waren die → *Hetären* im alten Griechenland. Die Hübschlerinnen des frühen Mittelalters verrichteten nicht nur ihre Dienste in den Frauenhäusern, sondern schmückten Feste und bildeten Spaliere. Die staatlich nicht anerkannten P., die pfuschenden Dirnen, Böhnhäsinnen genannt, wurden vor dem Stadttor gestäubt und abgewiesen. Die Troßweiber der mittelalterlichen Heere hatten ihren Zuhälter, unter dessen alleinige Aufsicht sie gestellt waren – den Hurenweibel. Im Dreißigjährigen Krieg nahm sich die Landstörzerin Courasche (bei Grimmelshausen), später die Mutter Courage (bei Brecht), des Fußvolks an. Die Kurtisane der Renaissance lebte vom Geld ihres fürstlichen Geliebten. Die Studenten des 18. und 19. Jahrhunderts wandten sich höheren Töchtern und üppigen Metzen zu. Die Strichmädchen lebten in den großen Städten als Bordsteinschwalben, Asphaltwanzen, Laufkatzen. Die hwG-Personen (häufig wechselnde Geschlechtspartner) trafen sich auf dem Gesundheitsamt. Das käufliche, leichte, gefallene Mädchen gefällt nicht jedermann. Im modernen Eros-Center erotisieren Erosinen und Bunkerschnallen. Das Callgirl schmückt als Edelnutte oder Luxusbiene reiche Herren, die sich gelegentlich auch von einer Domina fesseln oder von einer Stiefelnutte treten lassen. Die Amerikaner weiden sich an dirty girls (schmutzigen Mädchen), die doch einfach nur Sexarbeiterinnen sind. Allein die Bezeichnungen für P. sind kultur- und sittengeschichtliche Dokumente.

Die Widersprüchlichkeit und Buntheit der Prostitution haben Künstler immer wieder angeregt, P. zu verewigen. Dafür gibt es unzählige Beispiele, von den Hetären-Statuen des Praxiteles bis zu den Bordellbildern des Toulouse-Lautrec, von der Lustschule der Aspasia bis zur Lebensbeichte der Domenica, von den Sittengemälden im King-Ping-Me bis zu den Sexsitten bei Henry Miller, von Clelands Fanny Hill bis Zolas Nana, Amados Gabriela, Moravias Römerin und Kusnezows Intergirl, von der seidengemalten Geisha bis zum Filmmädchen Rosmarie und Jane Fondas Callgirl Klute.

Zu manchen Zeiten waren P. hochgeachtet und übten oft einen bedeutenden Einfluß aus. Häufiger jedoch wurden sie verfemt, verfolgt, verachtet, geächtet, erniedrigt, beleidigt, verspottet, nicht selten gebrandmarkt, angeprangert, verbrannt. Politik, Religion, Ideologie und auch die Wissenschaft haben dafür Begründungen geliefert. Nach faschistischer Erbtheorie sind P. sogar ein abseitiger Menschenschlag und erblich vorbelastet. So heißt es im Großen Brockhaus von 1933: »Die Prostituierten weisen häufig erblich-degenerative Belastungen und eigene körperliche, seelische und charakterliche Entartungsmerkmale auf.« Die schlimme Lage von P. in der frühkapitalistischen Gesellschaft führte einerseits zur Ablehnung der Prostitution aus sozialreformerischen Gründen und andererseits zur Solidarität mit ihnen. Die aufstrebende Arbeiterbewegung lehnte Prostitution konsequent ab, insbesondere unter dem Gesichtspunkt der Befreiung der Frau. Das fand sich später in dem strikten Verbot der Prostitution in den sozialistischen Ländern wieder. Die P. wurden als Opfer eines Ausbeutersystems betrachtet und als solche bemitleidet – als sozial Benachteiligte, die aus blanker Not ihren Körper verkaufen müssen oder auf andere Weise dazu gezwungen werden. Dies trifft jedoch nicht das Wesen der Prostitution. Außerdem war auch schon früher die persönliche Lage und das Einkommen von P. äußerst differenziert. Seit eh und je werden viele P. brutal ausgenutzt, wenn sie beispielsweise aus wirtschaftlich schwächeren Ländern kommen. Oft verdienen P. weit mehr als ihre Geschlechtsgenossinnen in den Fabriken.

Bis auf den heutigen Tag gelten P. – obwohl gesellschaftsadäquat – nicht oder nur ausnahmsweise als gesellschaftsfähig. Sie sind diskriminiert, mindergeachtet und rechtlos. Der Groll richtet sich dabei ausschließlich gegen die P., nicht gegen die Kunden. Darin wird die Doppelmoral der Gesellschaft deutlich. Die Verachtung der P. steht exemplarisch für die Verachtung der Frau. Die Hure als Frau, die Frau als Hure. Obgleich sich auch Männer prostituieren, fehlt sprachlich die männliche Entsprechung. Die P. ist weiblich. Der Kampf gegen Prostitution wird zum Kampf gegen P. Die gesellschaftliche Ablehnung und Verachtung der P. hat viele Gesichter und Masken: Verteidigung der Monogamie und der damit verbundenen gesellschaftlichen Strukturen, Ablehnung sexueller Zügellosigkeit und Freizügigkeit, kritische Haltung zum käuflichen, entfremdeten Sex und der ihn bedingenden Umstände, Verteidigung der Frau, Schutz von Wehrlosen, Furcht vor Zuchtlosigkeit. Die Ablehnung von P. ist nicht grundsätzlich edel oder unedel, sittlich oder unsittlich. In der Verachtung der P. kann Abwehr liegen – des für sich selbst nicht Gewollten, des als unrichtig, unsinnig und unwürdig Betrachteten; aber auch Haß auf die fremde Lust, Prüderie, Heuchelei, Scheinheiligkeit, Futterneid und vieles andere, vor allem aber die Verkennung des ökonomischen Grundverhältnisses der Warengesellschaft, in der die gewöhnliche Prostitution ein einfaches Geschäft ist im Vergleich zu den größeren Profiten in anderen Branchen. »Es ist wirklich verrückt: In einer Gesellschaft, in der prinzipiell alles käuflich ist und in der auch tatsächlich alles gekauft wird, was nicht niet- und nagelfest ist, vom Gewissen des Abgeordneten bis zum Humanitätsempfinden des Sozialarbeiters, in einer Gesellschaft, die alles darauf abklopft, ob es benutzt oder verwertet werden kann, ausgerechnet in einer solchen Gesellschaft wird die ›käufliche Liebe‹ zum Skandal … Wir alle sind genötigt, in prostitutiven Verhältnissen zu leben.« (Volkmar Sigusch, »Vom Trieb und von der Liebe«, 1984) KS

Prostitution: Sex für Geld; Kauf und Verkauf von sexuellen Diensten gegen Barzahlung. Die → *Prostituierte* läßt gegen finanzielle oder andere Entschädigung vom Kunden oder Freier sexuelle Handlungen an sich vornehmen oder nimmt solche an diesem vor. Amtlich gesehen ist P. gewerbsmäßige Unzucht; Dirnenwesen; die gewerbsmäßige Freigabe des Körpers für sexuelle Handlungen einschließlich Geschlechtsverkehr.

Alle Erklärungs-, Beschreibungs- und Definitionsversuche erweisen sich als problematisch und unzureichend. Meist enthalten sie eine negative Bewertung (»Unzucht«) oder lassen → *sexistische* Ansichten von Männern über Frauen erkennen, umschreiben oder erweisen sich sofort als unzutreffend. Z. B. ist der Ausdruck »Käufliche Liebe« unsinnig, weil Liebe nicht erkauft werden kann und nicht das Wesen der P. bestimmt. Die Umschreibungen (Gunstgewerbe, horizontales Gewerbe, → *Strich*, Laufgeschäft) sind Ausdruck der allgemeinen → *Sprachlosigkeit* auf sexuellem Gebiet oder beinhalten volksmundige, vulgäre oder andere sprachliche Elemente (→ *Sprache*). Die definitorischen Schwierigkeiten ergeben sich sowohl aus der Sache selbst, die vielgestaltig ist und sich in ihren Erscheinungsformen immer wieder gewandelt hat, als auch aus dem Umgang mit ihr wie mit allem Sexuellen in der Gesellschaft. Außerdem sind die Grenzen schwer zu ziehen, die P. ist mit anderen Formen sexueller Betätigung versippt und verschwägert. Beispielsweise hat man die Geldehe als »eine fashionablere Form der P.« bezeichnet (August Forel, »Die sexuelle Frage«, 1920). Oder umgekehrt: Nicht jede Frau, die als Hure beschimpft wird, betreibt P.

Dietz/Hesse benutzen 1964 im »Wörterbuch der Sexologie und ihrer Grenzgebiete« den Ausdruck »Lohnhurerei« und schreiben: »P. ist eine geregelte und sozial gebilligte oder geduldete Einrichtung in herrschaftlich organisierten Gesellschaften (Stände- und Klassengesellschaften), die beiden Geschlechtern außerhalb monogamer oder polygamer Eheformen in geschichtlich wechselnder Weise außerehelichen Geschlechtsverkehr ermöglicht, wobei der eine Partner seinen Körper gewerbsmäßig oder auch gelegentlich preisgibt, wenn ihm materielle Vorteile dafür gewährt werden.

Dem einen Partner fällt also reine Sachfunktion zu …«

Die P. hat eine lange und wechselvolle Geschichte. → *P.*, Geschichte, → *Tempelprostitution*, → *Bordell*.

Die P. ist in vielen Staaten ganz oder teilweise verboten oder wird durch Bestimmungen kontrolliert oder durch Verfügungen behindert. So ist – mit Ausnahme von Nevada – in allen USA-Staaten die P. nicht erlaubt; das → *Sex-Busineß* blüht freilich weiter. Die Verbote behindern die P., aber verhindern sie nicht. Sie richten sich letztlich vor allem gegen die Prostituierten, bringen aber auch die Freier in fragwürdige und peinliche Situationen und verleiten sie zu Gesetzesübertretungen.

P. hat es zu allen Zeiten und in allen Ländern gegeben. Verbote, Verachtung, Verdammung konnten daran nichts ändern. Gründe dafür sind:

(1) Die P. dient der Abfuhr sexueller Spannungen, was auf andere Weise nicht so unkompliziert möglich, bequem, reizvoll wäre. Dem Kirchenvater Thomas von Aquin folgend, wird die P. gelegentlich »Ventilsitte« genannt, man kann durchaus von einer *Ventilfunktion* der P. sprechen. Viele Männer treibt es aus einer sexuellen Notsituation heraus zu → *Prostituierten*. (Sprichwort: In der Not tanzt man mit einer Hure.)

(2) Die P. stellt in der → *Monogamie* einen Ausgleich und eine Ergänzung zur sexuellen Aktivität oder Inaktivität in der Zweierbeziehung dar und kann dazu beitragen, diese Zweierbeziehung (in erster Linie die Ehe) erträglicher zu machen *(Ausgleichsfunktion)*.

(3) Die P. ermöglicht manchen Menschen, z. B. vereinsamten, behinderten, kontaktschwachen, bindungsunfähigen oder solchen, die verschuldet oder unverschuldet ohne Partner gelebt haben oder partnerlos sind, überhaupt erst ein Sexualleben und erfüllt damit eine humanitäre oder *Sozialfunktion*.

(4) Die P. ist für sexuelle Minderheiten oft die einzige Möglichkeit, ihren Neigungen nachzugehen.

(5) Der Umgang mit → *Prostituierten* tritt für manche an die Stelle eines menschlichen Kontakts, bedeutet körperliche Nähe, ermöglicht Gespräche *(Ersatzfunktion)*.

(6) Zusammen mit anderen Formen des → *Sex-Busineß* und des kulturellen Angebots in Vergnügungsvierteln stellt die P. Unterhaltung, Abwechslung, Freizeitgestaltung dar *(Kultur- und Unterhaltungsfunktion)*. Sie befriedigt auch eine bestimmte Abenteuer- und Unternehmungslust (einen draufmachen, etwas erleben).

(7) Das Milieu der P. animiert manche Männer und regt sie sexuell an *(Reizfunktion)*. Der Drang zum Sexkonsum bedarf eines bestimmten Erregungsniveaus. Ohne Erregung geht es nicht. Wer keine Lust empfindet, aber trotzdem auf Sex aus ist, muß Reize suchen,

und zwar möglichst starke und ausgefallene. Dies entspricht der Umkehrung des Verhältnisses Bedürfnis – Befriedigung auch in anderen Lebensbereichen der Konsumgesellschaft. Man hat nicht ein Bedürfnis, das man zu befriedigen sucht, sondern zum Zwecke der Befriedigung muß man ein Bedürfnis aufbauen.

(8) Sexsüchtigen bleibt oftmals keine andere Möglichkeit, als in Vergnügungsvierteln und mittels prostitutiver Dienstleistungen ihrer → *Sucht* nachzugehen. Die Sexsucht wird allerdings rückkoppelnd immer wieder durch den Sexkonsum gestärkt, und gelegentlich wird der Besuch von Bordellen und der Kontakt mit → *Prostituierten* selbst zur Sucht.

(9) Die P. erfüllt bestimmte sexuelle Wünsche, die der feste Partner nicht erfüllen kann, will oder soll. Manche Ehemänner wollen z. B. bestimmte Sexualtechniken ihrer Ehefrau nicht zumuten und realisieren sie mit → *Prostituierten.* Andere möchten z. B. mit einer Andersfarbigen oder einer besonders dicken, dünnen oder jungen Frau Geschlechtsverkehr haben oder bei sexuellen Handlungen zusehen.

(10) Die P. ermöglicht den schnellen Sex ohne umständliches Vor- und Nachspiel, ohne langwieriges Werben um einen Partner oder ohne Partnerbeziehung überhaupt. Sie eröffnet die Chance zum »puren« Sex, wenn man nur diesen sucht. Sie ist ideal für den → *Fast-food-Sex.*

(11) Die P. hat den Reiz der Anonymität und bedeutet Unverbindlichkeit (nach dem Geschäft ist alles vorbei). Es gibt keine gemeinsamen Erinnerungen, keine Verpflichtungen, keine Vorwürfe und kein Nachtragen. Das eigene Benehmen unterliegt keiner Vor- und Nachbewertung. Was auch immer man tut, es bleibt die eigene Angelegenheit und berührt andere nicht. Die Situation, daß man hinterher dem Partner in die Augen sehen und mit dem Geschehenen leben muß, existiert nicht. Diese Unverbindlichkeit, Unbelastetheit und Verantwortungslosigkeit bedeuten für manche erstrebenswertes Ungebundensein und persönliche Freizügigkeit.

(12) Die P. pflegt die Liebeskunst professionell, leistet ihren Beitrag zur Bewahrung und Entwicklung des erotischen Reichtums der Menschheit *(sittengeschichtliche Funktion).*

(13) Die P. ist einträglich; wenn nicht für die → *Prostituierten* selbst, dann für die hinter ihnen stehenden Zuhälter, Geschäftsleute, Unternehmen und den steuereintreibenden Staat *(ökonomische Funktion).* P. belebt das Ge-

schäft, zieht Touristen an, fördert den Konsum. Die ökonomische Funktion ist vielleicht die wichtigste und grundlegende Funktion der P.: Es gibt sie, weil damit Geld verdient werden kann.

Friedrich Engels bezeichnete → *Monogamie* und P. in der modernen Welt als Gegensätze, »aber untrennbare Gegensätze, Pole desselben Gesellschaftszustandes«; die P. ist für Engels Ergänzung der Monogamie (»Der Ursprung der Familie, des Privateigentums und des Staates«). Seine Hypothese: »Die Prostitution beruht auf dem Privateigentum und fällt mit ihm.« Über das Entstehen der P. äußert er sich folgendermaßen:

»Unter Hetärismus versteht [Lewis Henry] Morgan den neben der Einzelehe bestehenden außerehelichen geschlechtlichen Verkehr der Männer mit unverheirateten Weibern, der bekanntlich während der ganzen Periode der Zivilisation in den verschiedensten Formen blüht und mehr und mehr zur offenen Prostitution wird. Dieser Hetärismus leitet sich ganz direkt ab aus der Gruppenehe, aus dem Preisgebungsopfer der Frauen, wodurch sie sich das Recht der Keuschheit erkauften. Die Hingebung für Geld war zuerst ein religiöser Akt, sie fand statt im Tempel der Liebesgöttin, und das Geld floß ursprünglich in den Tempelschatz. Die Hierodulen der Anaitis in Armenien, der Aphrodite in Korinth, wie die den Tempeln attachierten religiösen Tanzmädchen Indiens, die sogenannten Bajaderen (das Wort ist verstümmelt aus dem portugiesischen bailadeira, Tänzerin), waren die ersten Prostituierten. Die Preisgebung, ursprünglich Pflicht jeder Frau, wurde später durch diese Priesterinnen, in Stellvertretung für alle anderen, allein ausgeübt. Bei anderen Völkern leitet sich der Hetärismus her aus der den Mädchen vor der Ehe gestatteten Geschlechtsfreiheit – also ebenfalls Rest der Gruppenehe, nur auf anderm Weg uns überkommen. Mit dem Aufkommen der Eigentumsverschiedenheit, also schon auf der Oberstufe der Barbarei, tritt die Lohnarbeit sporadisch auf neben Sklavenarbeit und gleichzeitig, ihr notwendiges Korrelat, die gewerbsmäßige Prostitution freier Frauen neben der erzwungenen Preisgebung der Sklavin. So ist die Erbschaft, die die Gruppenehe der Zivilisation vermacht hat, eine doppelseitige, wie alles, was die Zivilisation hervorbringt, doppelseitig, doppelzüngig, in sich gespalten, gegensätzlich ist: hier die Monogamie, dort der Hetärismus mitsamt seiner extremsten Form, der Prostitution. Der Hetärismus ist eben eine gesellschaftliche Einrichtung wie jede andere; er setzt die alte Geschlechtsfreiheit fort – zugunsten der Männer. In Wirklichkeit nicht nur geduldet, sondern namentlich von den herrschenden Klassen flott mitgemacht, wird er in der Phrase verdammt. Aber in der Wirklichkeit trifft diese Verdammung keineswegs die dabei beteiligten Männer, sondern nur die Weiber: sie werden geächtet und ausgestoßen, um so nochmals die unbedingte Herrschaft der Männer über das weibliche Geschlecht als gesellschaftliches Grundgesetz zu proklamieren.« KS

Prostitution, Geschichte: Sie beginnt im → *Patriarchat* als Ausgleich und Ergänzung zur → *Monogamie* in dem Moment, da sich sexuelle Lust kaufen und verkaufen läßt, d. h. daß jemand (der Mann) nicht nur einen überschüssigen Sexualtrieb, sondern auch die überschüssigen Mittel hat, für sexuelle Handlungen zu bezahlen, und jemand anders (die Frau) freiwillig oder erzwungen in die Lage kommt, nicht primär zur eigenen sexuellen Befriedigung, sondern zu der des Mannes sexuelle Leistungen gegen Entgelt zu erbringen. Es muß also

a) ein bestimmtes Niveau der Produktion gegeben sein, damit Mehrwert ermöglicht und für die Besitzenden verfügbar ist,
b) eine bestimmte Macht- und Herrschaftsstruktur bestehen, damit der eine dem anderen dienen kann, und
c) die Arbeitsteilung so weit fortgeschritten sein, daß ein selbständiger Erwerbszweig wie die P. getragen werden kann.

Keineswegs ist also die P. »das älteste Gewerbe der Welt«, wie es volkstümlich angenommen wird. Es mußten erst bestimmte sozioökonomische Strukturen entstehen. Im Verlaufe dieser veränderten gesellschaftlichen Verhältnisse entsteht ein patriarchalisch einseitiges Grundverhältnis zwischen Mann und Frau: Die Frau wird sein eigen. »Sein Leib zu sein ist ihre Eigenschaft. Eine Leibeigenschaft« (Martin Buchholz, 1994). Ihr Bauch gehört ihm, und er entscheidet über die Fortpflanzung.

Fortpflanzung und → *Lust* trennen sich. Lust wird kaufbar. Die Frau wird zum (käuflichen) Lustobjekt des Mannes. Nicht die beiderseitige oder gemeinsame Lust, sondern die des Mannes ist entscheidend. Seitens der Frau wird der Geschlechtsakt nicht mehr mit Lust verbunden. Die Frau hat Geschlechtsverkehr, ohne daß sie selbst Lust zu suchen hat oder etwas dabei empfindet, bzw. ihre Empfindung ist Nebensache. Die sexuelle Leistungskraft der Frau wird zur Ware, die gelegentlich gut, gelegentlich schlecht und mitunter gar nicht bezahlt wird. In bezug auf beide, die Frau und den Mann, fallen Liebe und Sexualität auseinander. P. bedeutet im Regelfall Sexualität ohne Liebe.

Die Geschichte der P. ist wechselvoll und hat je nach den gesellschaftlichen Bedingungen und Traditionen in bestimmten Ländern zu bestimmten Zeiten die unterschiedlichsten Formen des sexuellen Geschäfts hervorgebracht (→ *Gastprostitution*, → *Tem-*

pelprostitution, *→ Bordell*, *→ Sextourismus*, *→ Sex-Busineß*). Beispiele dafür sind:

(1) Im Zweistromland Babylonien zwischen Euphrat und Tigris, lange vor Beginn unserer Zeitrechnung, lebten in den Tempeln der alles beherrschenden Liebesgöttin Ischtar (ein prunkvolles Tor ist im Pergamonmuseum Berlin zu bestaunen) die Hierodulen, die Priesterinnen der Liebe. Diese ausgesucht schönen, reichen, hochgeachteten und nicht selten berühmten Frauen erbrachten ihre sexuellen Dienstleistungen gegen Gold und Geschmeide, Gewürze und Honig. Trotz ansonsten strengster Sitten (Gesetzgebung des Hamurabi) war ihnen als Stellvertreterinnen der Liebesgöttin sexuelle Freizügigkeit gestattet.

(2) Im alten Persien waren Frauen rechtlos und besonders abhängig; sehr viele lebten im Harem, ohne Kontakte nach außen. Die außerordentlich strengen Sittengesetze schrieben auch den jungen Männern Keuschheit vor der Ehe vor. Nachts überstiegen sie die Mauern und trafen sich mit Straßenmädchen. In moschusduftenden Gemächern erlebten sie gegen klingende Münze die verbotenen Freuden der Liebe. In den persischen Heerlagern – und nicht nur dort – blühte die Knabenprostitution.

(3) Der altjüdische Kulturkreis führte einen harten Kampf gegen sexuelle Freizügigkeit und Hurerei. Die Propheten der Juden wetterten immer wieder gegen Völlerei und Lasterhaftigkeit und warnten vor den Reizen der (käuflichen) Frauen. Im Alten Testament wird Hurerei wiederholt verdammt. Sirach 9,4 ff. mahnt: »Flieh die Buhlerin, daß du nicht in ihre Stricke fallest. Gewöhne dich nicht zu der Sängerin, daß sie dich nicht fange mit ihren Reizen … Hänge dich nicht an die Huren, daß du nicht um das Deine kommest. Gaffe nicht in der Stadt hin und wieder, und laufe nicht durch alle Winkel. Wende dein Angesicht von schönen Frauen, und sieh nicht nach der Gestalt anderer Weiber. Denn schöne Frauen haben manchen betört, und böse Lust entbrennt davon wie ein Feuer.«
Obwohl sie Hurerei ablehnten, hatten die Propheten Mitleid mit den verachteten Huren. Im »Hurenlied« (Jesaja, 23,16) heißt es: »Nimm die Harfe, gehe in der Stadt um, du vergessene Hure; mache es gut auf dem Saitenspiel, und singe getrost, auf daß dein wieder gedacht werde.«

(4) Die verfeinerten Sitten des alten China bezogen sich auch auf die Geschlechtsbeziehungen und deren verspielte Variationen, wie sie aus der erotischen *→ Literatur* und aus Tuschzeichnungen überliefert sind. In den beliebten Freu-

denhäusern erwartete den zahlenden Kunden eine erfahrene, geschmeidige, schöne, aufregende Partnerin, die »mit zartem Geplauder und Musik die Sinne ihres Herrn oder Gastes zu reizen« wußte (Günther Hunold, »2000 Jahre Bordell«, 1984). Die gymnastische Fähigkeit zu extremen Stellungen, in denen die »Jadeflöte« in die »Jadepforte« eindringen konnte, gehörte zur beruflichen Qualifikation im kunstvollen Liebesspiel.

(5) Im frühen Japan wurden Mädchen in Tempeln zu Dienerinnen der Liebe erzogen. Bis heute kristallisierten sich zwei Typen heraus: die vornehme, schöne, hochgebildete Geisha als Unterhaltungsdame und die gewöhnliche Prostituierte, die Imbai, die früher von armen Eltern an ein Freudenhaus verkauft wurde. In staatlichen Freudenhäusern hießen die Mädchen Joro, die sich durch ihre höhere Bildung und vor allem ihre Reinlichkeit von den Straßendirnen, den Jotoka, abhoben. Um sauber und glatt zu wirken, wurden nicht selten die Schamhaare ausgezupft. Geishas und Imbais sind auf vielen Holzschnitten verewigt (→ *Japan*).

(6) In Indien entstand zunächst die Kaste der professionellen Liebesdienerinnen, der Kurtisanen, und erst viel später die der Freudenmädchen. Die Kurtisanen mußten äußerst erfahren in der Liebeskunst sein und die Liebesbedingungen kulturvoll und gediegen zu gestalten wissen. Im → *Kamasutra* des Vatsyayana ist dies ausführlich beschrieben. Dieses weltberühmte Werk ist ein Beleg dafür, wie Nationaltypisches und Zeitspezifisches die Form der P. bestimmt. Das Kulturniveau einer Gesellschaft und deren Sittenverständnis finden in der P. ebenso ihren Niederschlag wie die allgemeinen Lebensbedingungen der Menschen. P. ist ein Element der Alltags- und Menschheitskultur.

(7) Die bunten Zelte der Kurtisanen und auch der billigen Freudenmädchen waren Anziehungspunkte während der Frühjahrsfestlichkeiten im El-Fayum-Tal des Nildeltas. Angelockt von erotischen Weisen und Texten, von Tanz und Musik erblickte der zahlende Gast auf erhöhtem Diwan inmitten von seidenen Kissen die leichtbekleidete Kurtisane. Auf einem kunstvollen Tablett wurden Erfrischungen gereicht, und männliche und weibliche Dienerinnen stellten die Wasserpfeife als Einladung zur geruhsamen Plauderei bereit. Um 50 v. Chr. und später war Alexandria ein Zentrum der P. im Mittelmeerraum. In den Lupanaren (Bordellen) wurden Vergnügungen aller Art geboten.

(8) Die Famosa im alten Rom, eine Frau aus gutem Hause, traf sich im

Bordell mit ihrem Liebhaber oder suchte neben eigener Zerstreuung einen Nebenverdienst. Außer dieser Amateurin gab es – ähnlich wie die Auletriden in Griechenland – die junge, zarte, hübsche und wählerische Delicata, die auf glanzvollen Festen oder an ausgewählten Örtlichkeiten ihre zahlungskräftigen Freier fand. Der römische Kaiser Vespasian heiratete eine Delicata, Flavia Domitilla, die ihm drei Kinder gebar, wovon zwei römische Kaiser wurden. In den römischen Bordellen waren Lustknaben und Halbkastraten zeitweilig in der Überzahl. Im 6. Jahrhundert wurden Bordellmünzen geprägt. Sie berechtigten zum Eintritt in ein Lupanar (Bordell) und wurden als Geschenkmünzen auch gesammelt.

(9) Die christliche Lehre lehnte – insbesondere in ihrer lust- und körperfeindlichen Ausprägung, aber auch aus anderen Gründen (Käuflichkeit) – P. ab und bekämpfte sie mehr oder weniger energisch. Nach Thomas von Aquin ist Eheverkehr ein zielgerichtetes Ausscheiden des Samens zum Zwecke der Kindererzeugung; der Zweck des Gebrauchs der Geschlechtsorgane bestehe in der Zeugung der Nachkommenschaft; der Geschlechtsakt könne nur dann sittlich sein, wenn er der rechten Ordnung entspräche (vgl. Uta Ranke-Heinemann, »Eunuchen für das Himmelreich«, 1990). Sofern das Kirchendogma also die Fortpflanzungsfunktion der Sexualität (die nur innerhalb der Ehe erlaubt ist) postuliert (→ *Sexualität*, Funktionen), muß P. abgelehnt werden, da sie ja außerhalb der Ehe, zum Zwecke der Lust und ohne Zeugungsabsicht stattfindet. Das hinderte die Kirchen nicht, an Bordellen zu verdienen. Weise Kirchenväter wußten auch, daß die P. nicht ausrottbar ist, und erkannten ihre soziale Funktion. Für den heiligen Augustinus war sie schmutzig, unanständig und schandhaft. »Doch entfernt die Prostitution aus den Angelegenheiten der Menschen, und ihr werdet alle Dinge mit Lust beflecken, gebt sie zu den ehrlichen Matronen, und ihr werdet alle Dinge mit Schande und Verworfenheit entehren.« Die Kirche gab mit der P. der sündhaften Lust einen Platz, um Schlimmeres zu verhindern und insbesondere die Ehe rein zu halten. Ähnlich sah der Kirchenvater Thomas von Aquin eine Ventil- bzw. Entsorgungsfunktion der P. und verglich sie mit dem Schmutz im Meer oder dem Abwasserkanal in einem Palast. »Nehmt den Kanal weg, und ihr werdet den ganzen Palast mit Verunreinigung füllen … Nehmt die Prostitution aus der Welt, und ihr werdet sie mit Sodomie füllen.« Huren können angesichts solcher Wertungen nur der

letzte Dreck sein, sofern sie nicht überhaupt ideales Opfer von Verfolgungen und Gewalt sind. Eine Verteufelung der P. spielte in den mittelalterlichen Hexenprozessen eine Rolle (→ *Hexe*). Zugleich gehörte es auch zur Strategie der Kirche, sich barmherzig der »gefallenen« Mädchen als reuige Sünderinnen anzunehmen. Das klassische Beispiel dafür ist Maria Magdalena, die nach der Kirchenlehre eine Hure war, dann aber Jesus folgte.

(10) Die Frauen- und Freudenhäuser des Mittelalters – im 12. Jahrhundert zum ersten Male erwähnt und auch in den kleinsten deutschen Städten üblich – wurden zunächst als notwendig und angenehm empfunden. Kaiser Sigismund, das Haupt der Christenheit, dankte anläßlich des Konzils in Konstanz 1414, zu dem sich auch 1500 Freudenmädchen eingefunden hatten, dem Magistrat Bern dafür, daß dieser seine Frauenhäuser den Herren des Hofes unentgeltlich zur Verfügung gestellt hatte. Dem Papst Sixtus IV. brachte ein einziges, von ihm initiiertes Bordell 20 000 Dukaten ein. Mit der Ausbreitung der Syphilis änderte sich der Umgang mit der P. Den Hurenwirten wurden in der Polizeiordnung von 1577 strengste Strafen angedroht. Zu den harten Maßnahmen gegen → *Prostituierte* gehörten Ausweisung, Prangerstehen, Straßenfegen, Haarabschneiden, Bockreiten, Durchpeitschen, auch Abschneiden der Nase und der Ohren und Ersäufen. »Der Erfolg blieb aber aus; die Prostitution verkroch sich in die Schlupfwinkel, welche ihr jede Stadt in Fülle bot, und so blühte die ›Geheimprostitution‹ mehr denn je.« (Institut für Sexualforschung, Wien, 1931, »Bilderlexikon Erotik«)

(11) Mit der Entstehung der kapitalistisch-marktwirtschaftlichen Gesellschaft veränderte sich auch der Charakter der P. Sie nahm Warencharakter an und wurde besonders verachtet. Für die Arbeiterbewegung wurde sie zu einem Sinnbild der Ausnutzung und Unfreiheit der Frau. Prostituierte seien »bedauernswerte Opfer der bürgerlichen Gesellschaft: erst ihrer verfluchten Eigentumsordnung und dann noch ihrer verfluchten moralischen Heuchelei«, sagte W. I. Lenin 1920 (nach: Clara Zetkin, »Erinnerungen an Lenin«) und betrachtete die P. als ein schwieriges Problem für Sowjetrußland: »Zurückführung der Prostituierten zur produktiven Arbeit, Eingliederung in die soziale Wirtschaft – darauf kommt es an.« Die Zügellosigkeit des sexuellen Lebens bewertete er als

bürgerliche Verfallserscheinung. »Nichts wäre falscher, als der Jugend mönchische Askese zu predigen und die Heiligkeit der schmutzigen bürgerlichen Moral ... Weder Mönch noch Don Juan, aber auch nicht als Mittelding den deutschen Philister.« In den sozialistischen Ländern war P. offiziell verboten. Volkseigene Freudenhäuser gab es nicht.

(12) Wie weit P. in einzelnen Ländern zu verschiedenen Zeiten verbreitet war, läßt sich in Zahlen ebensowenig belegen, wie sich Charakteristika der Prostituierten und ihrer Freier beschreiben lassen. Meist liegen keine genauen Statistiken vor, und die vorhandenen sind mit Skepsis zu betrachten, da es genug Gründe gab und gibt, die zahlenmäßige Verbreitung zu unter- oder zu übertreiben. Um 100 v. Chr. zählte man in Rom 32 000 Dirnen. Um 1490 soll die Zahl der »öffentlichen Frauen in Rom« 7000 betragen haben. Nach Schätzungen der Polizei gab es in Paris um 1860 30 000 Prostituierte, nach inoffiziellen aber 120 000. Um 1840 soll es in London 30 000 bis 80 000 Prostituierte gegeben haben. Der Sozialreformer Robert Dale Owen ging 1830 von 20 000 Prostituierten in New York aus und berechnete, wenn jede von ihnen drei Kunden pro Tag empfing, daß dann die Hälfte der erwachsenen Männer dreimal in der Woche eine Prostituierte aufsuchte. Zur Zeit des Goldrausches explodierte in San Francisco mit der Zahl der Einwohner (1852 25 000) auch die der Prostituierten (3000). In Cincinnati (200 000 Einwohner) waren es 1869 7000 und in Philadelphia (700 000 Einwohner) 12 000. 1866 berichtete der New Yorker Polizeipräsident von 621 Bordellen. In Wien, einst eine der sündigsten Metropolen Europas, arbeiteten um 1825 20 000 Prostituierte – eine auf sieben Männer. Um die Jahrhundertwende gab es (geschätzt) 60 000 Prostituierte in London, 60 000 in Paris, 50 000 in Berlin, 25 000 in Wien. Nach Daten der Polizeidirektion Wien (1926–1928) waren von den kontrollierten Prostituierten in ihrem vorherigen Beruf 29 % Hilfsarbeiterinnen, 28 % Hausgehilfinnen, 12 % Schneiderinnen, 6 % Kassiererinnen, 3 % Kellnerinnen, 3 % Verkäuferinnen (und der Rest in anderen Berufen Tätige) gewesen. In Thailand gab es Ende der 80er Jahre 60 000 Bordelle mit 1,2–2 Millionen Prostituierten (geschätzt), in Brasilien 5 Millionen, in Indien 2 Millionen.

(13) Auch für Deutschland sind die Zahlen widersprüchlich. 1949 soll es (ohne die Troßmädchen der

Besatzungstruppen) 100 000 bis 150 000 Prostituierte gegeben haben. Für 1990 reichen die Schätzungen (für die alten Bundesländer) von 50 000 bis 400 000. Einer der Gründe für die große Schätzungsbreite liegt im Definitionsverständnis – z. B. ob haupt- und nebenamtliche Prostituierte erfaßt werden – und natürlich in den Dunkelziffern. Auf dem Straßenstrich arbeiten knapp ein Fünftel aller Prostituierten, zwei Drittel in Lokalen und Bordellen. Knapp ein Zehntel sind Beschaffungsprostituierte. Etwa ein Viertel sind ausländische Prostituierte (Intersofia-Untersuchung; Stefanie Markert, 1991). Ebenso unterschiedlich sind Angaben zu Freierkontakten. Sie reichen von 80 Millionen bis 300 Millionen jährlich, was einer Freieranzahl von 3,2 bis 12 Millionen entspräche.

1780 zählte man in Berlin etwa 100 amtlich bewilligte → *Bordelle*. Auf 150 Einwohner kam etwa eine Dirne. 1845 wurden die Bordelle geschlossen, um später wieder aufzublühen und von neuem verboten zu werden, wobei sie im Westteil der Stadt nach 1945 einen festen Platz im Berliner Tag- und Nachtleben errangen. Die Zahl der Prostituierten in Berlin West wird auf 6000 geschätzt, darunter viele Ausländerinnen, hinzu kommen viele Illegale. Seit 1990 haben sie Konkurrenz aus dem Ostteil der Stadt bekommen, die Preise und Bedingungen verderben. »Auf Berlins sündigen Meilen herrscht Krieg« (*Coupé*, 1990). Im Unterschied zu anderen Städten gibt es in Berlin keine Sperrbezirke, d. h., Prostituierte können überall arbeiten; die Situation war in Berlin schon früher liberaler als in anderen Städten.

(14) Eine Ursache für die P. und deren Katalysatoren ist die arbeits-, berufs-, kriegs- oder politisch bedingte Trennung der Männer von ihren Frauen oder von Frauen überhaupt. Insbesondere dann, wenn Männer über längere Zeit zusammengepfercht leben, gedeiht die P. in jeder Form, wird gefördert oder geduldet.

(15) Eine lange Tradition hat die Hafenprostitution. Seit eh und je verjubeln die Seemänner nach langer Fahrt und der damit verbundenen Enthaltsamkeit ihre Heuer in den Vergnügungsvierteln der großen Hafenstädte. Die P. gehört zu dem Service, den die Häfen notwendigerweise bieten müssen.

(16) Eine besondere Nähe bestand schon immer zu Armee und Krieg. In allen Garnisonsstädten gab es Bordells. Die zwangsweise Isolierung der Soldaten von Frauen führte gewöhnlich zu ei-

ner bedeutenden Ausweitung der P. Nicht selten wurden vor einer großen Schlacht die Soldaten reihenweise ins Feldbordell geführt. Erich Maria Remarque schildert 1929 in seinem Roman »Im Westen nichts Neues« eine solche Szene aus dem Ersten Weltkrieg. Streng war die deutsche Überwachung der Freudenhäuser in den von den Faschisten besetzten Gebieten. In Pariser Bordells bekamen die Soldaten eine Karte mit dem Namen des Hauses (z. B. Bordell 4, Rue de Hanovre), auf der sie den Namen der Partnerin und das Datum einzutragen hatten, mit dem Vermerk: »Du mußt dich nach dem Geschlechtsverkehr sanieren lassen! Die nächste Sanierstelle findest du auf dem Plakat am Ausgang! Bewahre die Karte mindestens 5 Wochen gut auf!« Offiziere bekamen mit dem Hinweis auf »deutsche sanitäre Überwachung« eine Liste nur ihnen vorbehaltener Bordelle. Nach der Niederlage Japans stellte der Staatsminister Konoe Fuminaro mit dem Argument, ehrenwerte Frauen zu schützen, 50 Millionen Yen jenen Prostituierten zur Verfügung, die sich der sexhungrigen amerikanischen Soldaten annahmen. Im Vietnamkrieg lebten in Saigon eine große Anzahl der Frauen von der P.

(17) Die Sieger haben sich in der Geschichte schon immer der Frauen der Besiegten bedient, die seit Babylon zu Sklaven gemacht, sexuell mißbraucht, als Prostituierte gehalten oder in die P. getrieben wurden. Im alten Griechenland versorgte man nach und nach die Bordelle mit Sklaven. In Europa verfrachtete man junge Mädchen zwangsweise in Frauenhäuser und richtete sie für die P. ab. Zu einer bedeutenden Ausweitung der P. führte die Kolonisierung. »Die herrschenden Europäer leisteten sich als Ersatz für die abwesenden Ehefrauen einheimische oder extra ins Land gebrachte Prostituierte. Oftmals wurden die Frauen zwangsweise der Prostitution zugeführt. Es gab auch die weiblichen Dienste der Sklavinnen« (Mechthild Mauer, »Tourismus, Prostitution, Aids«, 1991).

Andererseits wurden Immigrantenfrauen in die P. getrieben. »Seit ungefähr 1850 waren in Amerika die in San Francisco lebenden Chinesinnen Sklavinnen in jeder Hinsicht. Gegen Ende des Jahrhunderts lockten Zuhälter Frauen aus Polen, Irland, Puerto Rico und Kuba ins Land und nutzten ihre Abhängigkeit aus, um sie zur P. zu zwingen. Ungefähr um 1900 war es das große Geschäft, mit dem sich etwa 50 000 Kuppler und Zuhälter ihren Lebensunterhalt verdienten«, schreibt Reay Tannahill 1980 in seiner »Kulturgeschichte der Erotik«. Bis auf den heutigen Tag floriert der Handel mit indischen Mädchen in mittelöstlichen Harems. Der billige Nachschub für Bordelle kommt in der heutigen westlichen Welt zu einem bedeutenden Teil aus der Dritten Welt, aus Südostasien, Afrika, und er verleiht den Bordellen jene exotische Note, die die inländischen Freier anlockt. »Wahrscheinlich gibt es die Sklaverei und die sexuelle Sklaverei, seit es Menschen gibt. Beides ist im Grunde genommen miteinander verknüpft ... Sexuelle Sklaverei reicht vom einfachen Zuhälter, der vielleicht nur zwei Prostituierte für sich arbeiten läßt, bis zum Einschleusen orientalischer Mädchen in die USA, die hier als Hausangestellte arbeiten müssen, und den Verkauf von Bräuten in vielen Teilen Afrikas« (Roy D. Eskapa, »Die dunkle Seite der Sexualität«, 1988). Die UNO, Interpol und Amnesty International haben umfangreiches Datenmaterial gesammelt über die sexuelle Sklaverei und die Ausbeutung der Prostituierten auch in jenen Ländern, die die »Konvention für die Unterdrückung des Menschenhandels und der Ausbeutung der Prostitution durch andere« unterzeichnet haben. Eine besonders heimtückische Form der sexuellen Sklaverei ist die P. in Gefängnissen, die nicht selten mit Gewalt und Grausamkeit einhergeht.

(18) Für die wirtschaftlich schwächeren und politisch abhängigen Länder, insbesondere in der sogenannten Dritten Welt, ist charakteristisch, daß entweder die eigene Geschichte der P. von fremden Einflüssen überformt wurde oder die P. überhaupt erst infolge der Kolonisierung, Unterwerfung oder Abhängigkeit entstand. Drei Tendenzen sind dabei charakteristisch: Zum einen kommen – unfreiwillig oder freiwillig – Frauen in die wirtschaftlich stärkeren Länder und arbeiten dort als Prostituierte. Zum anderen benutzen die neuen Herren oder generell die Ansiedler aus den wirtschaftlich stärkeren Ländern die Einheimischen als Prostituierte. Schließlich entsteht zum Zwecke des Gelderwerbs und wegen der dringend benötigten Devisen in diesen Ländern eine Billig-P. für reiche Ausländer – obwohl die P. in vielen Ländern der Dritten Welt offiziell verboten ist (wie in Thailand, den Philippinen, Kenia, Indonesien, Mexiko). Ähnliche Effekte zeigten sich auch in sozialistischen Ländern (Valutaprostitution in Moskau, War-

schau, Prag, Budapest, Berlin). Wirtschaftliche Interessen setzen sich immer wieder über moralische Bedenken und Sexualnormen hinweg. Mit der Ausbreitung des Tourismus hat sich in den Reiseländern eine spezielle Vergnügungsszene, die auch P. mit einschließt, entwickelt. Sex wird zur touristischen Attraktion. Mit dem → *Sextourismus* ist ein neues Kapitel in der Geschichte der P. begonnen worden.

Der Sexologe Helmut Kentler weist 1982 im »Taschenlexikon Sexualität« darauf hin, daß die heute übliche P. »an die Entstehung herrschaftlicher Gesellschaftsformen gebunden ist. Hier entsteht aus der Machtungleichheit unter den Menschen eine Wertungsgleichheit, die sich in den Beziehungen zwischen Männern und Frauen so auswirkt, daß die Männer (vor allem der herrschenden Schicht) alle sexuellen Vorrechte genießen, während die Frauen (vor allem der beherrschten Schicht) zur Sache, zum Lustinstrument erniedrigt werden. Die Doppelmoral offenbart das Herr-Knecht-Verhältnis zwischen Mann und Frau. Lust und Erotik spalten sich. Der Geschlechtsgenuß kann jetzt mit Verachtung und Schande statt mit Liebe gekoppelt sein, und diese Erniedrigung des Sexuallebens wird auf die P. übertragen. Neu ist ... daß auch die Prostituierten anfangen, für ihre Emanzipation zu streiten.«

Die Geschichte zeigt, daß P. durch keinerlei Maßnahmen und Verbote auszurotten ist. P. besteht solange wie die gesellschaftlichen Grundverhältnisse, die sie hervorbringen. Sie wird von selbst verschwinden – oder doch wenigstens einen ganz anderen Charakter annehmen –, wenn die sexuelle Leistungskraft der Menschen, insbesondere jene der Frau, und alle Surrogate des Sexuellen ihren Warencharakter verloren haben werden, wenn Sex nicht mehr vermarktet sein wird und jeder Mensch seine sexuellen Bedürfnisse frei und ungehemmt befriedigen sowie unter ihm genehmen Bedingungen menschliche Beziehungen eingehen können wird. Ob die professionelle Liebeskunst dann noch eine Chance hat oder nicht, sei dahingestellt, und ob dies ein Verlust oder ein Gewinn für die Menschen ist, ebenfalls. KS

Prüderie (frz. prude = spröde, zimperlich): die übertriebene Abwehr aller mit → *Sexualität* und → *Erotik* in

Beziehung stehender Sachverhalte und ihre Abqualifizierung als unschicklich und sittenwidrig. Die prüde Persönlichkeit hat ein gestörtes Verhältnis zur eigenen Sexualität, das sie in der Rolle des Sittenwächters über andere auszugleichen versucht. Als das Zeitalter der P. ist die zweite Hälfte des 19. Jh. in die Geschichte eingegangen, in das die Regierungszeit der äußerst sittenstrengen britischen Königin Viktoria fiel; deshalb wird »viktorianisch« oft als Synonym für »prüde« gebraucht. Wie es Viktoria trotz aller Sexualfeindlichkeit gelang, ihrer Pflicht zur Erzeugung eines Thronfolgers nachzukommen, ist wie folgt überliefert: »Ich schließe die Augen und denke an England.«

Die in vielen europäischen Ländern und Nordamerika zur damaligen Zeit seuchenartig um sich greifende P. kann von ihrem Wesen her als Produkt der ökonomischen Entwicklungsprozesse aufgefaßt werden: Frühkapitalistische Industrialisierung führte zu strengen Regeln in der Arbeit und im gesamten Leben. Die nordamerikanischen Puritaner sind das zeitgenössische Kapitel für allgemeine Sittenstrenge. Konsum und Genuß galten als Verschwendung, Sparsamkeit und Leistung wurden zu neuen Tugenden. Mit der generellen Abwertung des Genusses entstanden auch asketische und lustfeindliche → *Normen*. Sie galten besonders für breite Schichten des aufstrebenden Bürgertums.

Welche Blüten die Versuche trieben, Sexualität aus dem öffentlichen Leben zu eliminieren, und welche psychischen Begleiterscheinungen das mit sich brachte, schildert der Sexologe Erwin Haeberle 1983: »Jung und alt lebten in einer künstlichen Welt, aus der jeder Hinweis auf sexuelle Dinge verschwunden war. Andererseits waren die Menschen insgeheim von Sexualität besessen. Da man sich nicht mehr offen darüber unterhalten konnte, wurde Sexualität zur finsteren, drohenden Macht. Überall lauerten unbekannte Gefahren. Selbst die harmlosesten Wörter und Handlungen hatten oft eine versteckte sexuelle Bedeutung. Jeder gebildete Mensch mußte diese Nebenbedeutungen wahrnehmen, sie jedoch gleichzeitig ignorieren. Der Preis der Keuschheit war ewige Wachsamkeit. Am Ende wurde der ›gute Geschmack‹ so weit getrieben, daß ein ›ordentlicher‹ Bürger die Bücher männlicher und weiblicher Autoren in getrennten Bücherschränken aufbewahrte, damit man ihn nicht beschuldigen konnte, er leiste sexueller Promiskuität Vorschub« (Haeberle, »Die Sexualität des Menschen«, 1983).

Gesellschaftliche P. und die mit ihr einhergehende sexualfeindliche Erziehung führen nicht zur Kultivierung, sondern zum Verfall sexueller Sitten. Die weitgehende Unterdrückung und Nichtbefriedigung sexueller → *Bedürfnisse* ist oftmals Ursache psychischer Fehlentwicklungen und Erkrankungen. Es ist kein Zufall, daß sich die → *Psychoanalyse* als Neurosenlehre in einer Zeit schärfster Sexualunterdrückung zu entwickeln begann.

Ein amüsantes Plädoyer gegen die auch unter Sozialisten verbreitete P. lieferte Friedrich Engels 1883 anläßlich einer Würdigung des Dichters Georg Weerth: »Indes kann ich doch die Bemerkung nicht unterdrücken, daß auch für die deutschen Sozialisten der Augenblick kommen muß, wo sie dies letzte deutsche Philistervorurteil, die verlogene spießbürgerliche Moralprüderie, offen abwerfen, die ohnehin nur als Deckmantel für verstohlene Zotenreißerei dient. Wenn man z. B. Freiligraths Gedichte liest, so sollte man wirklich meinen, die Menschen hätten gar keine Geschlechtsteile. Und doch hatte niemand mehr Freude an einem stillen Zötlein als gerade der in der Poesie so ultrazüchtige Freiligrath. Es wird nachgerade Zeit, daß wenigstens die deutschen Arbeiter sich gewöhnen, von Dingen, die sie täglich oder nächtlich selbst treiben, von natürlichen, unentbehrlichen und äußerst vergnüglichen Dingen ebenso unbefangen zu sprechen wie die romanischen Völker, wie Homer oder Plato, wie Horaz und Juvenal, wie das Alte Testament und die Neue Rheinische Zeitung.« We

Psychoanalyse: eine von Sigmund Freud etwa ab 1895 begründete und sich bis in die heutige Zeit weltweit entwickelnde psychologische Wissenschafts- und Therapierichtung.

Ursprünglich war die P. ein Verfahren zur Diagnose und Therapie neurotischer Störungen. Freud suchte nach den Ursachen psychischer Erkrankungen und fand sie in konflikthaften Kindheitserlebnissen seiner Patienten, die diese seinerzeit nicht bewältigt, sondern abgewehrt und aus ihrem Bewußtsein ins Unbewußte verdrängt hatten. Seiner Meinung nach waren die von ihm untersuchten Neurosen sämtlich durch Konflikte im Sexuellen entstanden. Ausgehend von seinen Einzelfallanalysen, entwickelte Freud eine umfangreiche Theorie der Persönlichkeit, ihrer Entwicklung und Struktur, sowie der kulturhistorischen Entwicklung des Menschen. Im Zentrum seines mehrfach modifizierten Triebkonzeptes steht der menschliche Sexualtrieb, dem er eine spezifische psychische Energie, die → *Libido*, zuschreibt. Sie ströme von den erogenen → *Zonen* her dem Bewußtsein zu (→ *Partialtriebe*, → *Narzißmus*).

Gemäß einem universellen »Lustprinzip« dränge die als erotische Spannung wahrgenommene Libido auf Entladung im Sexualverhalten. Die gesellschaftliche Realität in Gestalt der erziehenden Eltern verhindere jedoch das Ausleben der sexuellen Impulse (»Realitätsprinzip«), was in negativer Hinsicht zu ihrer Verdrängung und zu neurotischer Erkrankung führen könne, aber auch zu ihrer teilweisen Verwandlung in nichtsexuelle Aktivitäten, ihrer → *Sublimierung*. Durch Analogieschlüsse zwischen Individual- und Gesellschaftsentwicklung führte Freud das Zustandekommen jeglicher Kulturleistungen auf diesen letztgenannten Mechanismus zurück.

Zu den Verdiensten Freuds gehört es, ein bedeutsames klinisch-psychologisches Diagnose- und Therapiekonzept begründet zu haben, wenngleich heute bekannt ist, daß neurotische Erkrankungen oft weder allein in Sexualkonflikten noch ausschließlich in der frühen Kindheit wurzeln.

In seinem gesamten Werk thematisiert Freud die gesellschaftliche Sexualunterdrückung und bekämpft die auch in der Wissenschaft verbreitete → *Prüderie* und → *Sprachlosigkeit*. Als erster verwies Freud auf die Existenz sexuell-erotischer Impulse von frühester Kindheit an. Allerdings verabsolutierte er die radikale Sexualfeindlichkeit seiner Zeit (der letzten Phase der österreichisch-ungarischen Monarchie) und auch die Bedingungen des Wiener Bürgertums zum prinzipiellen Gegensatz zwischen triebunterdrückender Gesellschaft und einer letztlich gesellschaftsfeindlichen Triebnatur des Menschen. Freud interpretierte die unter den Bedingungen sexueller Unterdrückung entstehende sexuelle Bedürftigkeit als primäres, allem Handeln zugrunde liegendes Bedürfnis schlechthin. Dem ist entgegenzuhalten, daß das Wesen des Menschen in den durch Arbeit selbst geschaffenen gesellschaftlichen Verhältnissen begründet wird. Menschliche Bedürfnisse haben biologische Grundlagen, sind aber in ihrer historisch-konkreten Ausprägung gesellschaftliche Produkte. Das trifft auch auf sexuelle Bedürfnisse zu.

Die P. ist insofern eine progressive Lehre, als sie das Recht des Menschen auf sexuelle Betätigung und erotische Lust als notwendige Bedingung seiner Entwicklung anerkennt. Sie ist jedoch (zumindest in ihrem traditionellen Zweig) zugleich konservativ, indem sie die menschliche Daseinserfüllung in der Herstellung privat-familiären Glücks sieht, in der individuell zu vollziehenden Anpassung an vorgegebene gesellschaftliche Verhältnisse, deren Veränderung weder für sinnvoll noch für möglich erachtet wird.

Wichtigstes Requisit der P. war für Freud die Couch, auf die sich seine Patienten legten, um ihm ausführlich ihre Lebensgeschichte und ihre Träume zu berichten, während er am Kopfende saß, zuhörte, mitunter nachfragte und sich Notizen machte. Diese Situation sollte der Entspannung dienen, damit sich der Patient alles von der Seele reden konnte, was er jahrelang mit sich herumgeschleppt hatte. Dabei fielen ihm plötzlich längst vergessen geglaubte Einzelheiten und Vorgänge ein, die manche seiner jetzigen Reak-

tionen erklärten. Neurotiker versuchen z. B. bestimmte Wünsche zu verdrängen, aber »im Unbewußten besteht die verdrängte Wunschregung weiter, lauert auf eine Gelegenheit, aktiviert zu werden, und versteht es dann, eine entstellte und unkenntlich gemachte Ersatzbildung für das Verdrängte ins Bewußtsein zu schicken«. Die Ersatzbildung manifestiert sich als Symptom mit Anzeichen der ursprünglich verdrängten Idee. »Die Wege, auf denen sich die Ersatzbildung vollzog, lassen sich nun während der psychoanalytischen Behandlung aufdecken. Ist das Verdrängte wieder der bewußten Seelentätigkeit zugeführt – unter Überwindung beträchtlicher Widerstände –, kann der so entstandene psychische Konflikt unter der Leitung des Psychoanalytikers einen besseren Ausgang finden, als ihm die Verdrängung bot.«
Ansatzpunkte für die Behandlung liefert der Patient durch die freie Assoziation. Obschon er die Behandlung wünscht, entwickelt sich in ihm ein Widerstand, der die Verdrängung will. Diese Abwehrkräfte des Ichs gehören zum neurotischen Konflikte und bedürfen einer genauen Analyse.
Wichtig für die P. ist die Übertragungssituation – die Beziehung zwischen Patient und Therapeut verändert sich plötzlich; während sie sich anfangs recht harmonisch entwickelt, tritt nach einer gewissen Zeit ein Wandel ein. Der Patient zeigt sich verschlossen, es fällt ihm nichts mehr ein, was er berichten könnte, er hält sich zurück. Ursache für diese Veränderung ist zumeist eine tiefe Gefühlsbeziehung, man könnte es auch Verliebtheit nennen, die der Patient für seinen Therapeuten empfindet, ihm aber nicht offenbaren will. Übertragung bedeutet bei Freud die Übertragung von Gefühlen auf die Person des Therapeuten; bei Frauen äußert sie sich in Liebe, bei Männern kann sich eine feindselige oder negative Übertragung entwickeln – wenn der Therapeut männlichen Geschlechts ist; das Umgekehrte ist bei einer Therapeutin der Fall.
Die Übertragung gleicht einer Neurose, die die ursprüngliche Neurose ersetzt. Nach Freud ist die »analytische Kur« für den Therapeuten wie für den Kranken eine schwere Arbeitsleistung, die zur Aufhebung innerer Widerstände nötig ist. Aber »durch die Überwindung dieser Widerstände wird das Seelenleben des Kranken dauernd verändert, auf eine höhere Stufe der Entwicklung gehoben und bleibt gegen neue Erkrankungsmöglichkeiten geschützt. Diese Überwindungsarbeit ist die wesentliche Leistung der analytischen Kur, der Kranke hat sie zu vollziehen, und der Arzt ermöglicht sie ihm durch die Beihilfe der im Sinne einer Erziehung wirkenden Suggestion. Man hat daher auch mit Recht gesagt, die psychoanalytische Behandlung sei eine Art von Nacherziehung.« Die P. als Therapie ist ständig weiterentwickelt und ver-

feinert worden. In bestimmten Schichten der USA und anderer westlicher Länder ist sie zu einem festen Bestandteil der Lebensweise, zu einer Kulturform und teilweise auch zu einem Statussymbol geworden. In anderen Ländern und sozialen Schichten ist sie bedeutungslos geblieben. We Ar

Pygmalionismus: eine Sonderform der sexuellen Orientierung, die sich auf Statuen richtet und deshalb auch Statuophilie genannt wird. Der Name stammt von dem König Pygmalion, der der Sage nach auf Zypern lebte und sich unsterblich in eine Frauenstatue aus Elfenbein verliebte. Von dieser starken Zuneigung berührt, erbarmte sich die Göttin → *Aphrodite* seiner und erweckte die Statue zum Leben, so daß er sein Liebesverlangen befriedigen konnte.

Diese romantische Geschichte ist von vielen Dichtern aufgegriffen und modifiziert worden. Am bekanntesten ist zweifellos das Musical »My Fair Lady«, dem das Theaterstück von Bernard Shaw zugrunde liegt. Allerdings handelt es sich hier mehr um einen Pygmalionkomplex. Der Mann – in diesem Fall der Sprachforscher Higgins – verliebt sich in die von ihm nach seinen Vorstellungen geformte Eliza, anfangs ein armes, ungebildetes Blumenmädchen, das er aufgrund einer Wette in eine Lady umerzieht, die es mit einer Herzogin aufnehmen könnte – ähnlich wie ein Bildhauer eine Statue nach seinen Wünschen und Vorstellungen gestaltet. Ar

Quickie (engl. quick = schnell, geschwind): schneller, problemloser Geschlechtsverkehr ohne Vor- und Nachspiel (→ *Fast-food-Sex).* KS

Reaktionszyklus, sexueller: phasenförmiger, regelhaft wiederkehrender Verlauf der sexuellen Erregung von ihrem Beginn bis zur Entspannung nach dem → *Orgasmus.*

Ein kurvenförmiger Verlauf wurde in den zwanziger Jahren bereits von dem holländischen Frauenarzt van de Velde nachgewiesen und etwa 40 Jahre später in den USA von Masters und Johnson bestätigt und noch detaillierter erforscht. Die Forscher unterschieden vier Phasen:

(1) Erregungsphase,
(2) Plateauphase,
(3) Orgasmusphase und
(4) Entspannungs- und Lösungsphase,

wobei die Phasen sich nicht scharf voneinander abgrenzen, sondern fließend ineinander übergehen. Jede hat ihre bestimmte psychische und körperliche Symptomatik. Es treten Veränderungen an den Geschlechtsorganen von Mann und Frau auf, die hauptsächlich Folge einer starken Blutfülle sind, die unter dem Einfluß sexueller Erregung im Genitalbereich entsteht. Außerdem beobachtet man Allgemeinerscheinungen wie Blutdruckanstieg, Zunahme von Herzschlag- und Atemfrequenz, Zunahme von Muskelspannungen und anderes.

Kennzeichnend für die weibliche Reaktion ist zu Beginn das Schlüpfrigwerden der Scheide (Lubrikation), die innen feucht wird und sozusagen Kohabitationsbereitschaft signalisiert. Außerdem erweitert und verlängert sie sich, um das Glied besser aufnehmen zu können. Auch der Kitzler hat sich inzwischen etwas vergrößert, ist berührungsempfindlicher geworden, die Schamlippen sind angeschwollen und haben sich dunkler gefärbt. Gleichzeitig werden die Brüste praller, und die Brustwarzen richten sich auf. Bei manchen Frauen – auch bei einigen

Männern – kommt es in diesem Stadium zu einer leichten fleckenförmigen Rötung der Haut (engl. sexflush).

Charakteristisch für die Plateauphase ist ein vorübergehender Stillstand der Erregung. Im unteren Scheidendrittel entwickelt sich eine manschettenförmige Schwellung, Orgasmuskissen oder Manschette genannt. Schnell darauf folgt die Orgasmusphase, die nur Sekunden dauert. Alle inzwischen eingeleiteten körperlichen und seelischen Reaktionen erreichen jetzt ihren Gipfel; der Blutdruck ist um etwa ein Drittel seines ursprünglichen Wertes angestiegen, die Atemfrequenz kann bis zu 160 Schläge pro Minute betragen, der Muskeltonus hat sich verstärkt, im Bereich des Orgasmuskissens treten kurz hintereinander rhythmische Kontraktionen auf, deren Häufigkeit und Intensität von der Stärke des Orgasmus bestimmt wird. Gleichzeitig zu diesen subjektiv oft gar nicht wahrgenommenen körperlichen Reaktionen hat sich das Lustgefühl immer mehr vergrößert, bis es schließlich nicht mehr steigerungsfähig wird und den Höhepunkt erreicht. Manchmal ist die Konzentration auf das sexuelle Erleben so intensiv, daß die Umgebung kaum noch wahrgenommen wird. In der Entspannungs- und Lösungsphase gehen die beschriebenen Veränderungen allmählich zurück.

Typisch für die Erregungsphase des Mannes ist die Gliedversteifung. Durch die Blutfülle im Genitalbereich werden die Schwellkörper prall und bewirken dadurch Vergrößerung und Steifwerden des Penis. Die Haut des Hodensacks zieht sich leicht zusammen, und die Hoden steigen nach oben. Die Brustwarzen richten sich auf.

In der Plateauphase vermehrt sich vor allem die allgemeine Muskelspannung, spontane Zuckungen sind möglich. In der Orgasmusphase entwickelt der Mann die gleichen Allgemeinsymptome wie die Frau. Sein Blutdruck steigt noch mehr als bei der Frau an. Atemfrequenz und Herzschlag sind schneller. Auch das Lustgefühl erreicht jetzt den Höhepunkt. Zumeist ist sein Orgasmus mit der → *Ejakulation* gekoppelt. Indem sich Harnröhren- und Penismuskeln rhythmisch kontrahieren, wird die Samenflüssigkeit in kurzen Intervallen ausgestoßen, normalerweise ein stark lustbetonter Vorgang.

Die Dauer der einzelnen Phasen ist verschieden. Je länger die Erregungsphase besteht, desto länger nimmt die Entspannungs- und Lösungsphase in Anspruch. Am kürzesten ist die Orgasmusphase, etwas länger (aber meist nur einige Minuten lang) dauert die Plateauphase. Seelische und körperliche Veränderungen während der sexuellen Reaktion sind eng miteinander vernetzt. Das sich immer mehr verstärkende Erregungs- und Lustgefühl ist sozusagen der Motor, der das komplexe Geschehen antreibt und steuert. Ar

Reizinstrumente, sexuelle: aus verschiedenen Materialien hergestellte Gegenstände, die beim Liebesakt die sexuelle Erregung und Lust zusätzlich steigern. Sie sind seit Jahrhunderten in vielen Völkern bekannt und in moderner Form auch heute noch gebräuchlich.

Die vom Mann anzuwendenden R. dienen hauptsächlich dazu, das Glied zu verstärken und zu vergrößern. So werden z. B. bei einer aus Indonesien stammenden Sitte dem Jugendlichen kleine Kugeln in den vorher durchbohrten Penis eingesetzt und von Zeit zu Zeit gegen größere ausgetauscht, um eine möglichst große Reizfläche zu erreichen (Ampallang). In Japan kennt man etliche über den Penis zu stülpende Hüllen, die man als Kabutodama bezeichnet. Zu einer Sonderform gehört der Zuiki, ein heutzutage aus Plastik produzierter Ring, der über das Glied oder über einen Finger gezogen wird. An der Außenwand des Ringes befinden sich drehbare Kügelchen, die den Reibungseffekt verstärken. Ähnlichen Zwecken diente die in Polynesien gebräuchliche Penisinkrustation, bei der kleine Steine, Muscheln oder andere Gegenstände unter die Vorhaut geschoben werden, um dort einzuwachsen. Bei anderen Völkern war das Einsetzen von Reizstäben in den Penis üblich. Während diese Verfahren für den Mann mehr oder weniger schmerzhafte Prozeduren mit sich brachten und seine eigene → *Lust* eher indirekt durch die größere Befriedigungsmöglichkeit seiner Partnerin gesteigert wurde, erfordern die modernen Reizkondome derartige Opfer nicht mehr. Sie erreichen das gleiche Ziel durch warzen- oder stachelartige Fortsätze und werden wie andere → *Kondome* über das Glied gezogen.

R. für die Frau werden meist in die Scheide eingeführt und oft auch zur Selbstbefriedigung benutzt, z. B. künstliche Phalli (→ *Dildo*, Masturbationsinstrumente). Besonderer Beliebtheit erfreuen sich die Klingelkugeln – in Japan Rinotama genannt –, in deren Innerem sich kleine Metallzungen befinden, zwischen denen schon bei der geringsten Bewegung winzige Metallkugeln hin und her schwingen, deren Vibrationen durch die Stöße des Penis verstärkt werden und dadurch die Lust steigern (→ *Liebeskugeln*).

Den erotisierenden Effekt von Vibrationen macht sich die Sexindustrie zunutze, indem sie spezielle → *Vibratoren* entwickelte, die in großer Vielfalt auf dem Markt sind und – wenn man den Werbetexten Glauben schenken will – zu bislang ungekannten Liebeswonnen verhelfen. Viele von ihnen sind phallusähnlich aus körperfarbenem Softmaterial, wobei einige noch mit besonderen Extras ausgestattet sind. Hierzu gehören Temporegelung, heizbare Spitze oder Multi-Mobil-Vibratoren, die nicht nur am eichelähnlichen Ende vibrieren, sondern sich auch gleichzeitig rhythmisch auf und ab bewegen. Wem ein einziger Vibrator nicht genügt, der kann sich ein ganzes Set verschiedener Streichelstäbe zulegen, die sowohl eine punktuelle als auch eine flächenförmige Stimulation und die anale Reizung ermöglichen. Eine Neuentwicklung stellt ein auf Geräusche reagierender Vibrator dar, der an eine Soundbox angeschlossen wird: je stärker die Geräusche, um so intensiver die Vibrationen.

Bei dem Erfindungsreichtum und der sich schnell der Nachfrage anpassenden und Nachfrage schaffenden Sexindustrie ist ständig mit Weiter- und Neuentwicklungen zu rechnen, wobei diese Hilfsmittel nicht nur als Trostspender für einsame Stunden gedacht sind, sondern auch den Liebesgenuß zu zweit erhöhen können. Ar

Reizwäsche (auch Dessous; frz. dessous = darunter): vorzugsweise elegante, seidene, mit Spitzen oder Rüschen und anderen Verzierungen und Weglassungen versehene Unterwäsche für junge Mädchen und Frauen; im weiteren Sinne auch andere Bekleidungsstücke wie Negligé, Nachtwäsche, Badebekleidung, Strümpfe, Strapse (→ *Mode*, → *Büstenhalter*), die als verführerische und schmückende Kleidung eine erotisch-sexuelle Wirkung ausüben – mehr oder minder bewußt für den, der sich so kleidet. Unterwäsche für das weibliche Geschlecht war wohl nie reine Nutzkleidung, sondern schon immer mit einer sexuellen, erotischen Komponente verbunden. Frauen und Männer wußten, daß der größte sexuelle Reiz nicht von totaler Nacktheit ausgeht, sondern von einer »Halbnacktheit«. Der Liebesakt war und ist häufig von der Zeremonie des gegenseitigen Auskleidens begleitet. Den letzten Hüllen vor allem der Frau galt dabei die besondere Aufmerksamkeit – des Mannes und der Modeschöpfer, der Wäscheindustrie und der Werbung. Durch Kreationen, die gewissermaßen zur Berufsbekleidung von Revuetänzerinnen, Stripperinnen und Prostituierten wie auch von erfahrenen Liebhaberinnen wurden, entstand eine immer raffiniertere und vielfältigere R.-Mode wie z. B. Dessous, die gerade noch die Brustwarzen verdecken oder sie aussparen; immer kleinere Schlüpfer (Tangas, knappe Slips mit hohem Beinausschnitt oder was von ihnen übrigbleibt beim String, dem knappen, pofreien Tanga); Höschen mit Schlitzen und Öffnungen an den entscheidenden Stellen, die gewissermaßen nach unten hin offen sind. Diese Art von R. ist inzwischen von vielen Frauen und Männern für den Hausgebrauch entdeckt worden. Sie wird nicht mehr ausschließlich in Erotik-Shops oder in Spezial-Boutiquen, sondern in jedem größeren Kaufhaus angeboten.

Dabei lassen sich »süße Höschen« mit raffinierten Verzierungen schon für kleine Mädchen entdecken, die in diesem Umfeld sozialisiert werden (→ *Sozialisation*) und ihre Geschlechtsidentität erwerben (→ *Geschlecht*, → *Identität*). Eine beträchtliche Zahl von Frauen und Männern bevorzugt allerdings Antidessous – »Liebestöter« – die praktischen, anschmiegsamen, warmen Baumwollschlüpfer mit oder ohne Bein wie auch den Baumwollbody, der den Schweiß oder den Ausfluß aufsaugt, sich wohlig auf der Haut anfühlt, Erkältungen oder Lungenentzündungen vorbeugt, also von praktischem Nutzen ist, und dessen man sich beim Liebesspiel ebenfalls mit grazilen, graziösen, anmutigen Bewegungen oder auch in obszöner Weise entledigen kann. Das Sichfestlegen der verführerischen, verführten Frau auf R., als Symbol für Weiblichkeit und am Manne orientiert, wird im Zeitalter der → *Emanzipation* von vielen selbstbestimmten Frauen als negativ empfunden: frau sträubt sich dagegen, auf diese Weise weiblich wirken zu wollen, und hält R. für diskriminierend. Andere Frauen wiederum werden durch teure Dessous in ihrem Selbstwertgefühl bestärkt; sie fühlen sich dadurch einer bestimmten gehobenen Schicht mit luxuriöser Lebensweise zugehörig; die R. wird zum Statussymbol.

R. ist kein Produkt unserer Tage, sondern hat eine lange Tradition. Gürtelähnliche Korsagen wurden z. B. schon vor 4000 Jahren getragen. Aus Leinen oder feinem Ziegenleder gefertigt, sollten sie genauso wie heute Taille und Hüftpartie betonen. Die Griechinnen der → *Antike* scheinen sich ihrer Figur ebenso bewußt gewesen zu sein wie die Frauen von heute. Schriftliche Überlieferungen sind zwar kaum vorhanden, doch Mosaiken, bemalte Krüge und Statuetten aus jener Zeit lassen diesen Schluß durchaus zu. Johann Friedrich Fischart schrieb im Jahre 1578 bezogen auf die Damenbekleidung: »Dann die geberden vnd die Kleidung / sind des Sinn vnd Gemüts andeitung.« Oder nehmen wir die Strapse, die heute von den Medien als das »Reizendste« der R. und als sexuelles Symbol schlechthin gepriesen werden. Auch sie sind keine Erfindung unserer heutigen Industriegesellschaft, sondern mindestens 150 Jahre alt. Mitte des 19. Jahrhunderts spannte sich eine Kordel um die enggeschnürten Mieder der Damen. Anfang dieses Jahrhunderts wurde das elastische Gummiband entwickelt. Verehrer hatten allerdings diverse Hürden zu nehmen, bis sie sich durch sämtliche Verschlüsse der Unterwäsche gekämpft hatten. Bis in die 60er Jahre unseres Jahrhunderts waren Strapse (auch »Hüftgürtel«, für Kinder »Leibchen«) eine Selbstverständlichkeit. Alle trugen sie, denn es gab außer dem meist kneifenden Strumpfband keine Alternative zur

Befestigung der Strümpfe. Als 1968 die praktische Strumpfhose auf den Markt kam, war es mit dem Ritual des An- und Abstrapsens zunächst vorbei, bis vor allem die jüngere Generation unter der Ägide von Modeindustrie und Medien Strapse als verführerische R. wiederentdeckte. Unterdessen boomt der Verkauf dieses Dessous – getreu einer Äußerung des Schauspielers Marcello Mastroianni (nach *Bild am Sonntag* vom 31.1.1993): »Das wirkliche Sexempfinden wird erst durch die Handbreit rosa Haut kultiviert, die zwischen Strumpf und Slip sichtbar ist.« Die Strapse sind lang oder kurz, dick oder dünn, schwarz, lila, rosa oder weiß, und ihre erotische Wirkung wird wohl überschätzt, außer es handelt sich um Strapsfetischisten.

Seit einigen Jahren haben auch Männer die R. für sich entdeckt. Männer wie Frauen begründen das Tragen von R. mit dem Argument, daß sie sich in R. besonders wohl fühlen und schön finden. Sie benötigen nicht immer Publikum beim An- und Ablegen von Dessous, sondern können sich auch allein an solchen hübschen Bekleidungsstücken erfreuen oder sind einfach stolz darauf, modebewußt den neuesten Trends zu folgen und sich die reizenden Sächelchen leisten zu können. Wenn Heinrich Heine vor beinahe 100 Jahren schrieb: »Sonderbar, sowie das Weib zum denkenden Selbstbewußtsein kommt, ist ihr erster Gedanke ein neues Kleid!« – Warum sollte es heute nicht ein neues Dessous sein? US

Revolution, sexuelle: radikale Abschaffung gesellschaftlicher Sexualunterdrückung. Der Begriff wurde vom Sexualforscher und -reformer Wilhelm Reich (1897–1957) geprägt. 1945 veröffentlichte er in den USA einige seiner in den 20er und 30er Jahren entstandenen sexualwissenschaftlichen Arbeiten unter dem Titel »Die sexuelle Revolution«. Seine Ideen, Theorien und politischen Forderungen, die allesamt auf die Befreiung der menschlichen Sexualität und insbesondere die Entwicklung der Orgasmusfähigkeit hinzielten, wurden in den 60er Jahren von der »Neuen Linken« und der antiautoritären Studentenbewegung in Westeuropa wieder aufgegriffen. In dieser Zeit erfolgte ein Umbruch der restriktiven Sexual- und Familienmoral, die durch 20 Jahre Wiederaufbau, Knappheit und Verzicht nach dem Zweiten Weltkrieg geprägt war. Eine ganze Generation Jugendlicher wurde durch den Hippie-Slogan »Make love, not war« beeinflußt. Mitunter werden diese Jahre als Zeit der s. R. bezeichnet.

Der Gesamtprozeß des allmählichen Wandels sexueller Einstellungen und

Verhaltensweisen, der sich seither überwiegend im stillen vollzieht, z. B. in bezug auf → *Masturbation*, den vorehelichen → *Geschlechtsverkehr*, die → *Kontrazeption*, ist jedoch treffender mit → *sexueller* Liberalisierung zu beschreiben. Dieser Liberalisierungsprozeß reicht mindestens bis in die Mitte der 80er Jahre, als infolge von → *Aids* und restaurativer Momente in der Gesellschaft eine Tendenz zu neuer Sexualfeindlichkeit einsetzte, deren Entwicklung noch nicht abgeschätzt werden kann.

Einige Ziele Reichs haben sich in den Jahrzehnten sexueller Liberalisierung durchaus erfüllt. Tatsächlich nahm in den Ländern mit progressiver Sexualpolitik die weibliche Orgasmusfähigkeit deutlich zu. Daß sich seine Vision von einer »Kultivierung der sinnlich-körperlichen Sexualität« und damit verbundener allgemeiner Befreiung insgesamt nicht verwirklichen konnte, lag u. a. an der zeitgleich mit der »Revolution« einsetzenden sexuellen »Konterrevolution« in Gestalt einer vehementen kommerziellen → *Sexwelle*, die mit der Vermarktung der Sexualität in Werbung, → *Pornographie* und → *Prostitution* auch zu neuerlicher Entfremdung und Deformierung der Sexualität beitrug. We

Rosette: Verzierung in Gestalt einer Rose oder runden Blüte. In der erotischen bzw. der → *Sprache* des sexuellen Undergrounds ist R. ein verschleiernder Name für den Anus. KS

Rotlichtviertel (engl. red-light-district): Stadtbezirk mit ausgeprägtem Sexgewerbe, insbesondere → *Sexshops*, Pornokinos, → *Live-Shows*, Nachtbars, Animierlokale, → *Bordelle*; Hurenviertel. Die R. sind teils versteckt und im Extremfall, wie die berühmte Herbertstraße in Hamburg St. Pauli, für Jugendliche und Frauen verboten, teils offen in die Stadt integriert, wie in Amsterdam rund um die Oude Kerk (Alte Kirche). Das rote Licht an Häusern, Türen und Fenstern signalisiert käufliche Liebe. Dies ist schon seit Jahrhunderten so – die öffentlichen Häuser im Mittelalter waren an der roten Laterne erkennbar. Rot gilt als sinnliche, animierende → *Farbe*, Rotlicht ist demzufolge die Standardbeleuchtung in gewerblich-intimen Räumen. KS

Russische Ölmassage: Sexualtechnik, bei der das männliche Glied mit (z. B. Baby-) Öl eingerieben und – nun besonders glitschig – vom Partner oder der Partnerin geschickt mit der Hand stimuliert wird. Die R. Ö. wird häufig von routinierten → *Prostituierten*

oder in Massagesalons mit sogenannter »Entspannung« (= Samenerguß) praktiziert, in denen Geschlechtsverkehr nicht vorgesehen ist. Die R. P. hat infolge von → *Aids* als Form des Safer Sex an Bedeutung gewonnen, da auf ein Kondom verzichtet werden kann. KS

sächsisch: sächsischer Koitus (Coitus saxonus); die Frau drückt an der Peniswurzel oder zwischen Hodensack und Anus mit zwei Fingern kräftig auf die Harnröhre. Damit soll der Samenerguß unterbrochen oder verzögert werden. Im Extremfall ergießt sich der Samen in die Blase des Mannes. Als Methode der Empfängnisverhütung ist s. allerdings unbrauchbar, da schon vorher Samenfäden austreten können und das ganze Verfahren höchst unsicher ist.

Manche schwören darauf, daß durch diese (auch teilweise) Zurückhaltung des Samens, die auch vom Mann selbst durch Muskelanspannung versucht werden kann, die Erektion erhalten bleibt oder beim zweiten Mal um so kräftiger und stabiler ist. → *Squeeze-Technik.* KS

Sadismus: von dem Sexualforscher Krafft-Ebing (1840–1902) stammende Bezeichnung für eine sexuelle Orientierung, deren Leitsymptom Lust am Quälen, Peinigen und Demütigen anderer ist. Die Namensgebung bezieht sich auf den Marquis de Sade (1740–1814), der in seinen Büchern derartige Neigungen ausführlich beschrieb und verherrlichte.

Der Sadist wendet sowohl körperliche als auch seelische Gewalt an. Er zeigt sich dabei ungemein erfinderisch im Ausdenken von immer neuen Strafformen, tritt als Herr oder Herrin (→ *Domina*) auf und verlangt unbedingte Unterwerfung. Schon geringste Vergehen werden hart geahndet, z. B. mit Fesseln, Auspeitschen oder Messerstichen. Solche sadistischen Praktiken werden nicht nur beim Sexualpartner angewandt, sondern mitunter auch bei Kindern und Jugendlichen, die sich infolge ihrer Abhängigkeit nicht zur Wehr setzen können. Nicht immer kommt es dabei zum Geschlechtsverkehr, das Ansehen der Qualen, die oft bewußt in die Länge gezogen werden, kann für den Sadisten bereits so erregend sein, daß er einen → *Orgasmus* erreicht. Bekannt waren früher die sogenannten Dienstmädchenquäler, die die Mädchen in erbärmlichen Kammern unterbrachten, sie hungern ließen, beim geringsten Anlaß grausam schlugen und sie außerdem sexuell mißbrauchten.

Viele Sadisten denken sich Folterrituale aus. Erst fügen sie ihren Opfern leichte Verletzungen zu, dann immer schwerere, und ergötzen sich dabei an der Angst und den Schmerzen der Betroffenen. Manche Sadisten quälen ihre Opfer zu Tode, weil sie dabei die stärkste Erregung empfinden, man spricht dann von Lustmord.

Über die Entstehung dieser Neigung ist nichts bekannt. Zu heilen ist sie gegenwärtig nicht, das starke sexuelle Verlangen läßt sich unter Umständen durch Hormone etwas dämpfen. Ob eine → *Kastration* hilfreich wirkt, ist umstritten, da viele psychische und soziale Faktoren mitwirken. Die Rückfallgefahr ist groß.

Wer seine sadistischen Neigungen ausleben will, findet gegen entsprechend hohe Bezahlung → *Prostituierte*, die auf die Wünsche eingehen. Doch wird meist vorher abgesprochen, wie weit das Quälen gehen darf. Trotzdem kommt es dabei gelegentlich zu Todesfällen. Ar

Sadomasochismus:

1. gemeinsames Vorkommen sadistischer und masochistischer Neigungen bei ein und derselben Person;
2. sadomasochistische Beziehung, bei der sich der eine Partner freiwillig den Anweisungen des anderen Partners unterwirft und sich bewußt quälen und peinigen läßt, wodurch beide sexuell erregt und befriedigt werden;
3. erzwungene sadomasochistische Beziehung, die der Sadist ohne Zustimmung des Partners unterhält. Meist ist dieser Partner in irgendeiner Form von ihm abhängig, z. B. als Ehefrau oder Dienstmädchen, und kann nur schwer aus der Beziehung ausbrechen. In solchen Fällen liegt bei den Mißhandelten meist kein echter oder überhaupt kein Masochismus vor.

Anhänger von 2. treffen sich heutzutage meist in S/M-Klubs oder suchen Freunde mit ähnlichen Neigungen, so daß man entsprechende Begegnungen arrangieren kann, ohne daß jemand zu sexuellen Aktivitäten gezwungen wird, die ihm nicht zusagen. Ar

Französische Buchillustration (19. Jh.) ➪

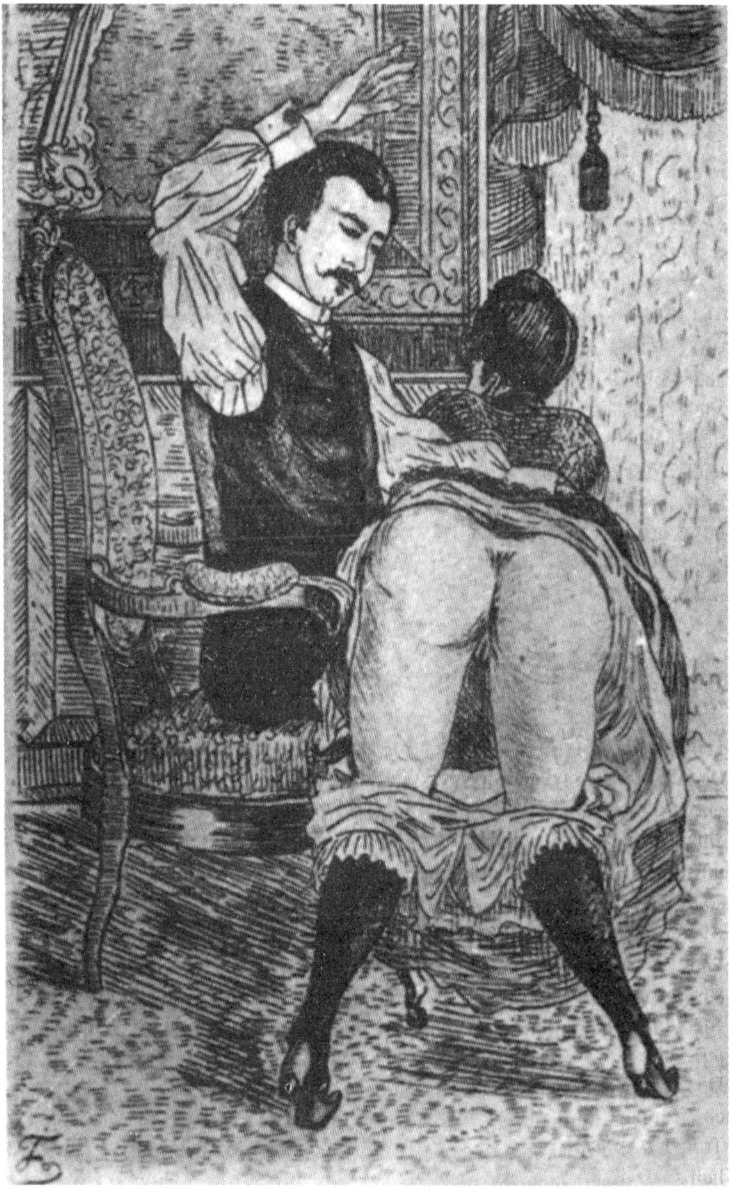

Sammlungen, erotische: Erotiksammler hat Paul Englisch (Irrgarten der Erotik, Leipzig 1931) in mehrere Kategorien eingeteilt:

(1) Der ästhetische Sammler, den in erster Linie die Schönheit und die Gestaltung des Werkes berührt;
(2) der Wissenschaftler, den sexualwissenschaftliche und kulturhistorische Fragen interessieren;
(3) der Spekulant, dem es um Gewinn geht, den weder Inhalt noch Gestaltung beeindrucken;
(4) der Erotiksammler schlechthin, der sich vom Inhalt (sexuelle) Anregung verspricht.

Echte Sammler gehören den beiden ersten Gruppen an. Die anderen werden schnell enttäuscht sein: Finanzielle Gewinne sind mit → *Erotika* schwer zu erzielen, und zur Stimulierung sind keine großen e. S. nötig.

Erotiksammlungen gelangen meist – noch zu Lebzeiten des Besitzers oder nach dessen Tod – über Auktionen ins Antiquariat und verlieren somit meist ihren Sammlungscharakter, oder die Erben (manchmal auch die Behörden) vernichten das Material. Im günstigen Fall gelangt eine solche Kollektion als Schenkung oder Stiftung in eine Bibliothek oder in ein Museum und bleibt erhalten. Die British Library in London und die Nationalbibliothek in Paris verfügen über bedeutende einschlägige Bestände. In vielen alten Bibliotheken befinden sich kleinere Kollektionen, meist sekretiert in besonderen Räumen oder Schränken. Eine Besonderheit auf diesem Gebiet war die »Deutsche Polizeistelle zur Bekämpfung unzüchtiger Bücher, Schriften und Inserate beim Preußischen Polizeipräsidium in Berlin« – ein umfangreiches Museum zur → *Erotik*. Neben pornographischen Stücken waren dort auch künstlerische und literarische Werke untergebracht. Ihre Blütezeit erlebte diese e. S. vor 1933; nach 1945 ist sie nicht mehr nachweisbar.

Seit den 60er Jahren werden Ausstellungen erotischer Kunst veranstaltet. Inzwischen sind in Amsterdam, München, Hamburg und Köln Museen oder Galerien erotischer Kunst entstanden.

Schon im 17. und 18. Jahrhundert waren im Bereich der Höfe und des Adels e. S. entstanden. 1643 wurden auf Geheiß Königin Annas ganze Säle voller erotischer Gemälde verbrannt. Madame Pompadour, die Gräfin Dubarry, Marie-Antoinette besaßen Bücher- und Bildersammlungen dieser Art. Die Königin Hortense hatte neben Büchern vor allem Statuetten, Gemmen, Medaillen und mehrere hundert Wachsfigurenszenen gesammelt – in Ludwigsburg existierte noch 1780 ein Schrank mit 100 erotischen Bildern; die Sammlung König Ludwigs I. gelangte in die Bayrische Staatsbibliothek. Seit dem 19. Jahrhundert haben auch bürgerliche Sammler bedeutende e. S., vor allem Bücher, zusammengestellt: in England Frederick Hankey (gestorben

1882), Henry Spencer Ashbee (1834–1900, Bibliothek heute in der British Library), Frankreich des 19. Jahrhunderts Edmond und Jules Goncourt, Guilbert de Pixérécourt (Paris 1838), Gaston Camus (um 1800, Bücher heute im Palais Bourbon Paris), Arpad Plesch (Monte Carlo 1955); in Deutschland Karl Gottlieb Günther (Dresden 1834), Eduard Grisebach (Ende 19. Jahrhundert), Iwan Bloch (Anfang des 20. Jh.), Werner von Bleichröder (Leipzig um 1939), Kurt Wolff (1. Hälfte des 20. Jahrhunderts); in Österreich J. N. Nicola (19. Jahrhundert), Bernhard Stern-Szana (Wien 1921) und A. M. Pachinger (München 1906). Diese Sammler und viele andere haben nicht nur ganze Bibliotheken zusammengetragen, sondern daraus auch Kataloge, Biographien und kulturgeschichtliche Werke entwickelt. Eduard Fuchs (1870–1940) schuf mit Hilfe seiner riesigen Sammlungen die erste große Geschichte der erotischen Kunst. Das Ehepaar Eberhard und Phyllis Kronhausen ging mit seiner Sammlung moderner erotischer Kunst an die Öffentlichkeit und verfaßte zahlreiche Bücher zur erotischen Literatur und Kunst (New York 1978). In unserem Jahrhundert entstanden meist sehr spezielle Kollektionen zu bestimmten Themen: → *Flagellantismus*, Homoerotik, Skatologie, kuriose und Gebrauchsgegenstände (Jessica Strang, New York 1984; Wolfram Körner, Berlin 1992), Exlibris (Kronhausen, Hamburg 1970; Gernot Blum, Wiesbaden 1986), Erotik in der Werbung, erotische Fotografien (Pierre Louÿs, Nachlaßauktion um 1980), erotische Backwaren (Rolf D. Schwarz, Dortmund), erotische Volkslieder (E. K. Blümml, Wien 1906), erotische Witze (Gershon Legman, New York 1968), erotische Bibliographien (Bayer und Leonhardt, Stuttgart 1993) usw. – bis zu ganz speziellen Themen: Salome (Hugo Daffner, München 1912), Leda und der Schwan (Wolfram Körner, Berlin 1987). Kö

Sandwich: Koitusposition zu dritt, drei Personen übereinander geschichtet. Zwischen zwei Männern liegt eine Frau, mit der zugleich Vaginal- und → *Analverkehr* praktiziert wird. Beliebtes Sujet der → *Pornographie* (→ *Dreier*). Der Jargonausdruck S. gehört zur pornographischen → *Sprache* mit ihrem speziellen Vokabular. KS

Sättigung, psychische: in der Psychologie verwendeter Begriff für die Empfindung von Unlust, Verstimmtheit und Abneigung gegen die Fortführung bestimmter Handlungen; sie entsteht durch zu einseitige, monotone und inadäquate Befriedigung von Bedürfnissen.

Das sexuelle → *Bedürfnis* existiert nicht isoliert, sondern in Wechselwirkung mit anderen Bedürfnissen und Neigungen, die eine gewisse Variabilität in der Art und Weise der sexuell-erotischen Befriedigung erstrebenswert machen. Dabei sind es selbstverständlich nicht liebgewordene oder gar unabdingbare, fixierte Gewohnheiten und Bedingungen des Sexualverhaltens, deren Veränderung gewünscht wird. Zur p. S. führen vielmehr Begleitumstände, die im Grunde der eigenen Bedürfnisbefriedigung nicht dienen, jedoch allgemein in Kauf genommen werden, z. B. die Nutzung des → *Kondoms* beim → *Koitus* oder bestimmte Wünsche des Partners; sie kann also nur von außen oder durch selbst auferlegte Zwänge im Sexualverhalten auftreten. Nicht immer sind diese Zwänge leicht erkennbar, insbesondere dann nicht, wenn ihr Ursprung außerhalb der Partnerbeziehung in gesellschaftlichen Bedingungen liegt. Kulturkritische Sozialwissenschaftler weisen seit Jahrzehnten auf gesellschaftliche Entwicklungen insbesondere in Industrieländern hin, die allgemein zu erotischer S. führen können: die extreme Vermarktung der Sexualität in der → *Pornographie* oder ein permanentes entsprechendes Überangebot in der Werbung. Der Soziologe Schelsky notierte bereits Mitte der 50er Jahre: »Man hat sich oft gestritten, ob unsere Zeit eigentlich einen hohen Grad an Erotisierung zeige oder nicht; die Bejaher dieser Ansicht konnten für ihre Behauptung auf die Allgegenwärtigkeit erotischer Bilder in der modernen Publizität und Propaganda, auf die offenherzigste Ausbreitung sexueller Anreize in Illustrierten, Kinos, Schlagermusik, Reklamebildern, Fernsehschirmen und sonstwo hinweisen. Die Frage, ob das eine Erotisierung schlechthin bedeutet, erscheint mir belanglos gegenüber der Einsicht, daß durch diese im Dauerdruck moderner Massenkommunikationsmittel aufgedrängten erotischen Bilder und Klischees die im Individuum entspringende Triebphantasie bis zur Untätigkeit entlastet und also in Wirklichkeit gehemmt wird. Man kommt der erotischen Einbildungskraft zuvor, indem man ihr zur Übernahme und zum Gebrauch mehr anbietet, als sie im Durchschnitt von sich aus überhaupt aufzubringen vermocht hätte. Die Folge ist eine Erotisierung, besser sogar Sexualisierung des modernen Menschen von außen, eine Daueraktualisierung sexueller Impulse durch die Gesellschaft ohne eigentlichen Triebdruck vom Individuum her und mit der Konzession weitgehender Phantasie- und Gefühlsträgheit« (Schelsky, »Soziologie der Sexualität«, 1955).

Erotische S. muß früher oder später zwangsläufig auftreten, wenn der Mensch in eine sexuelle Konsumentenrolle hineingezwungen wird und ihm gleichzeitig die Möglichkeiten zur Selbstgestaltung seiner Partner- und anderer Sozialbeziehungen beschnitten sind → *Lust*. We

Satyrn: griechische Natur- und Fruchtbarkeitsdämonen, wie die → *Nymphen* Abkömmlinge einer Tochter des Phoroneus; ihre weibliche Entsprechung waren die → *Mänaden*. S. waren ursprünglich Mischwesen aus Pferd und Mensch. Kunstwerke aus dem 4. Jahrhundert v. Chr. zeigen sie als schöne Jünglinge mit spitzen Ohren und einem zu einem Schwänzchen verkümmerten Pferdeschweif. In hellenistischer Zeit wurden S. mitunter auch mit Bocksfüßen und Hörnern versehen, wodurch eine große Nähe zu → *Pan* entstand, mit dem sie gelegentlich auch verwechselt wurden. Pierre Gordon deutet die S. symbolisch als ursprüngliche rituelle → *Entjungferung*; dazu paßt, daß die S. in vielen Darstellungen – vor allem auf griechischen Vasen – mit steil aufgerichtetem Glied hinter den Mänaden herjagen. Die als S. agierenden Schauspieler in den Satyrspielen (etwa ab 500 v. Chr.) traten meist mit einem Lendenschurz auf, an dem vorn ein Phallus und hinten ein Schweif angebracht war. Der indoeuropäische Wortstamm »sat« in der Bedeutung von Fülle, Trunkenheit, Samen ist wahrscheinlich mit dem Namen Satyr verwandt. Seit dem 16. Jh. gehörten die S. als übermütige, derb-drastische Figuren zum Gefolge des lebenslustigen → *Dionysos* (Bacchus). Trinklustig und vergnügt, trieben sie manchmal recht derbe Späße und stellten – auf Lebensgenuß aus – allem Weiblichen nach. In der bildenden → *Kunst*, z. B. bci Tizian, Rubens, Poussin, wurden sie auch als Ergänzung der beliebten religiös verbrämten Überraschungsszenen dargestellt: Sie beobachteten eine schlafende oder badende nackte Schönheit, meist eine Nymphe. In dieser Zeit waren die S. immer mehr zu verspielten freundlichen Wesen geworden, die sich kaum noch von den Silenen (→ *Silenos*) unterschieden. Se

Scham (Schamgefühl, Schamhaftigkeit): das Erleben der Peinlichkcit einer Situation als Resultat einer Bloßstellung oder der Scheu davor. Wessen man sich zu schämen hat, was anderen verborgen und verhüllt bleiben sollte und wo andererseits falsche S. beginnt, hängt weitgehend von den existierenden → *Normen* und der gesellschaftlichen → *Moral* ab. Das Gefühl für die Empfindung von S. bildet sich durch die Verinnerlichung dieser Normen heraus, d. h., es wird erlernt bzw. anerzogen.

In der heutigen Zeit gelten in vielen

Ländern Nacktheit, → *Sexualität* und → *Erotik* prinzipiell nicht mehr als schandbar, schämenswert oder sündig. Der Begriff S. als traditionelle Bezeichnung der äußeren Geschlechtsorgane der Frau und die eingebürgerten Bezeichnungen »Schamhaar« und »Schamlippen« sind insofern Ausdruck einer überholten Moralauffassung, wenngleich sie heute weitgehend wertfrei oder »schamlos« benutzt werden.

So wichtig es einerseits ist, Schamgefühle, die die sexuelle Lust hemmen, in einer Liebesbeziehung abzubauen, so wenig ist andererseits die damit erreichte »Schamlosigkeit« gleichzusetzen mit jeglicher Hemmungs- und Rücksichtslosigkeit gegenüber dem Partner. Nicht zuletzt wird der erotische Reiz im Liebesspiel oft durch eine gewisse Schamhaftigkeit (mag sie auch nur gespielt sein) gesteigert. Wie schwierig hier Festlegungen sind, verdeutlichen höchst gegensätzliche Aussagen von großen Kennern der Liebe. Während der französische Romancier Balzac fordert: »Die Scham muß in der Liebe sterben!«, formuliert sein Kollege Stendhal: »Der Wert der Schamhaftigkeit steht unzweifelhaft fest: Sie ist die Mutter der Liebe.« Diplomatisch vermittelt Montesquieu: »Schamhaftigkeit steht jedem gut; aber man muß verstehen, sie zu überwinden, ohne sie zu verlieren.« We

Schamberg (mons veneris, der sogenannte »Venushügel«): durch seine oberhalb der äußeren Geschlechtsteile gelegene horizontale, abgegrenzte Behaarung eine erotische Signalzone bei der Frau. Beim Mann hingegen findet sich diese scharfe Grenze nicht, bei ihm geht die Behaarung allmählich auf den Unterbauch über.

Die Völkerkundler Ploss und Bartels beschreiben in ihrem Buch »Das Weib« (1927) die vielen Varianten, die sie bei Untersuchungen an verschiedenen Völkerstämmen gefunden haben. »Bald ist es ein kurzer krauser Rasen, der den Schamhügel und die Schamlippen bedeckt, bald ein üppiger Busch, der über den Teilen wuchert und sie dem Blick entzieht. Dann wieder sind sie spärlich und dünn gesät.« In der Ausbildung der Schambehaarung soll es rassische Unterschiede geben; bei starkem, kräftigem Haupthaar ist meist auch die Schambehaarung gut ausgebildet. Nicht jeder findet die Behaarung schön. So entfernen sich manche Frauen bewußt die Schamhaare, weil der nackte Schamberg ihnen oder den Sexualpartnern reizvoller erscheint. Ar

Scheidenkrampf (Vaginismus): eine fast immer seelisch bedingte Abwehrreaktion der Frau, wodurch das Eindringen des Penis in die Vagina verhindert wird. Meist sind daran nicht nur die Muskeln des Scheideneingangs und des Beckenbodens, sondern auch die der Oberschenkel beteiligt, so daß die Beine fest zusammengepreßt werden und nicht gespreizt werden können. Der Krampf kann bereits beim Versuch, die äußeren Geschlechtsteile zu berühren, auftreten, auch bei einer nichtsexuellen Handlung, wie etwa einer gynäkologischen Untersuchung.

Hauptursache für dieses Verhalten ist Angst. Einmal können unklare oder falsche Vorstellungen über den Ablauf des Sexualverkehrs und damit verbundene Schmerzen auslösend sein, zum anderen Bedenken, ob das Glied vielleicht zu groß für die Scheide ist, oder bereits gehabte unerfreuliche Sexualerlebnisse. Meist handelt es sich um junge, sexuell noch unerfahrene Frauen.

Friedman unterteilt die vaginistischen Frauen in drei Typen:

(1) Der Dornröschentyp. Hier muß die Sexualität ähnlich wie bei Dornröschen erst erweckt werden.

(2) Der Brunhildetyp: Hier will sich die Frau gleich Brunhilde aus der Nibelungensage nicht kampflos dem Mann ergeben, obschon sie sich innerlich nach dem superpotenten Mann sehnt.

(3) Der Bienenköniginnentyp. Sie möchte den Mann – wie die Biene die Drohne – eigentlich nur zur Fortpflanzung. Sobald sie schwanger geworden ist, möchte sie den intravaginalen Koitus vermeiden, sie hat ihr Ziel erreicht. Der Mann hat seine Schuldigkeit getan.

Am häufigsten ist Typ (1), (2) und (3) kommen relativ selten vor.

Manche Paare finden einen Ausweg im gegenseitigen → *Petting*. Meist drängt der Mann doch nach einer gewissen Zeit auf Intimverkehr. Ar

Schmuck: zierende und verschönernde Gegenstände aus unterschiedlichen Materialien, die am Körper getragen werden, oder andere den Körper zierende Elemente, z. B. die Bemalung des Gesichts oder die Tätowierung, die keine erotisch-sinnlichen Anspielungen enthalten. Tätowierungen waren als Stammesmerkmale üblich; sie wurden bei Matrosen gebräuchlich und waren später ein Markenzeichen bestimmter Undergroundgruppen. Jetzt machen insbesondere junge Leute davon Gebrauch und lassen sich Herzen mit verschlungenen Initialen oder den Namen der Liebsten einritzen.

Schon immer hatte das Sichschmücken erotische Aspekte. Man will damit die Aufmerksamkeit auf sich lenken und dabei auch bestimmte Körperpartien hervorheben. So gibt es S. für das Haar, die Ohrläppchen, den Hals, die Brust und die Finger. Manchmal ist es raffiniert ausgeführter Modeschmuck, der den Vorteil hat, das man ihn schnell wieder durch anderen ersetzen kann. Kostbarer S. aus Edelsteinen, Gold, Silber oder Platin ist »für immer« gedacht (»diamonds are for ever«) und stellt zugleich auch einen Vermögenswert dar. Marilyn Monroe sang ironisch: »Diamonds are the girls best friends.« S. zu schenken ist auch aus diesem Grunde ein verbreitetes Ritual, das auch eine werbende, verführerische oder bestechende Funktion hat und nicht selten Macht und Reichtum des Schenkenden und den abhängigen Status des Beschenkten betont, der sich wiederum aus Freude erotisch erkenntlich zeigt.

Das Schmücken ist traditionell eine Domäne der Frauen, die auch reichlich davon Gebrauch machen. Männer verhalten sich meist zurückhaltender, doch auch sie verschönen sich mit Ringen oder einem goldenen Kettchen, weil es ihnen gefällt – oder sie schmücken sich mit Orden und Ehrenzeichen. In jüngster Zeit sind diesbezügliche Frauen- und Männerleitbilder durcheinandergeraten und neue Formen entstanden, z. B. in bezug auf den sogenannten Intimschmuck (→ *Piercing*).

Zu den symbolischen Fesseln der Liebe und zur Verbundenheit gehören neben Ketten auch Fingerringe, insbesondere Verlobungs- und Trauringe, aber auch Armreifen und Armbänder, Schnallen, Bänder und Gürtel. Schon das Anlegen des Schmucks kann erotisierend wirken, wenn man sieht, wie die Frau vor dem Spiegel damit posiert oder um Hilfe beim Anlegen – oder Ablegen – bittet.

Je nach Ländern sind die Schmucksitten verschieden. In Asien trägt man den Edelstein auf der Stirn oder schmückt sich mit einem roten Punkt, der gut mit der dunkelgetönten Haut kontrastiert. Bei einigen afrikanischen Stämmen tragen die Frauen viele Ringe um den Hals und an den Armen. Bei anderen hängt man verschiedene Gegenstände an die Ohrläppchen oder verbreitert die Lippen; dem Erfindungsreichtum sind keine Grenzen gesetzt. S. gehörte schon in alten Zeiten zum täglichen Leben, mehr noch aber zum nichtalltäglich-festlichen, wobei auch einfache Materialien sehr reizvoll wirken können.
Se Ar

schmusen: liebkosen, zärtlich sein. S. ist eine intime und sehr persönliche Form des vertrauten Körperkontakts, wobei Erotisch-Sexuelles fehlen kann. Eltern s. beispielsweise mit ihren Kindern in einer gemütlichen Stunde, oder Verliebte gehen ihrem Bedürfnis nach Nähe und Berührung durch Schmusen nach, ohne sich sexuellem Leistungsdruck auszusetzen. Jugendsexologische Forschungen in den 80er/90er Jahren zeigen, daß – zusammen mit einer Renaissance der romantischen Liebe und einer Abkehr vom liberalistischen »Sex um jeden Preis« – s. an Bedeutung gewonnen hat. KS

Schoßhund: ursprünglich ein kleiner, verhätschelter Hund, der die meiste Zeit auf dem Schoß seiner Herrin sitzt und von ihr liebkost und mit Leckerbissen verwöhnt wird. Es ist jedoch ein offenes Geheimnis, daß – besonders im 18. Jahrhundert – diese Tierchen ihren Besitzerinnen auch spezielle Liebesdienste erwiesen. Mit ins Bett genommen, spielten und leckten sie am → *Kitzler* und trugen so zur sexuellen Erregung und → *Lust* ihrer Herrin bei, vor allem wenn gerade kein entsprechender menschlicher Partner zur Verfügung stand. Heutzutage sind derartige Sexualkontakte selten. Ar

Schwangerschaft: Sie beeinflußt das sexuelle Verhalten der Frau vor allem hinsichtlich des sexuellen Verlangens, hat aber auch Einfluß auf das sexuelle Erleben des Mannes. Meist vermindern sich im ersten Drittel der S. bei der Frau infolge der körperlichen Umstellungen die sexuellen Bedürfnisse, insbesondere, wenn häufiges Schwangerschaftserbrechen hinzukommt. Das zweite Schwangerschaftsdrittel erlebt die Frau im allgemeinen beschwerdefrei, sie fühlt sich wohl und leistungsfähig, was sich auch positiv auf ihr Sexualverhalten auswirkt. Sie verspürt wieder stärkeres Verlangen nach Liebe und Zärtlichkeit, daher kann die Häufigkeit des Sexualverkehrs wieder zunehmen, manchmal sogar die vor der S. bestehende übertreffen. Beide Partner empfinden in dieser Zeit starke Lustgefühle, wobei sich die erotische Anziehungskraft der Frau durch die vergrößerten Brüste und die Blutfülle der Unterleibsorgane erhöht. Wie reizvoll für den Partner das Miterleben der Kindsbewegung sein kann, wenn er ihren Leib streichelt, beschreibt schon Goethe in den »Venetianischen Epigrammen«: »Wonniglich ist's, die Geliebte verlangend im Arme zu halten, / Wenn ihr klopfendes Herz Liebe zuerst dir gesteht. / Wonniglicher, das Pochen des Neulebendigen fühlen, / Das in dem lieblichen Schoß immer sich nährend bewegt.«

Nicht nur für Dichter, sondern auch für Maler und Fotografen ist bis zum heutigen Tag die schwangere Frau ein reizvolles Motiv gewesen.

In den letzten Schwangerschaftswochen lassen allerdings sexuelles Bedürfnis und sexuelle Aktivitäten nach. Zum einen fühlt sich die Frau durch den zunehmenden Bauchumfang in ihrer Beweglichkeit eingeengt, zum anderen konzentriert sie sich mehr

Michael von Zichy (1827–1906): »Eine Stunde vor der Niederkunft«. Zeichnung aus dem Zyklus »Liebe« (um 1875)

auf ihr Kind und befürchtet, ihm durch Geschlechtsverkehr schaden zu können. Da intensive Orgasmen und heftige Koitusbewegungen u. U. eine Frühgeburt auslösen können und durch den zu dieser Zeit schon leicht geöffneten Muttermund Keime in die Gebärmutter eindringen können, ist wenige Wochen vor der Geburt und auch danach zeitweilig sexuelle → *Abstinenz* zu empfehlen. Beim Koitus während der S. ist auf den Bauchumfang Rücksicht zu nehmen; eventuell sind bestimmte Stellungen zu bevorzugen. Günstig ist der Verkehr in Seitenlage oder wenn die Frau die obere Position einnimmt – sie kann dann selbst den Rhythmus bestimmen. Manche Paare entscheiden sich für → *Petting*, weil dabei die Belastung relativ gering ist.

Einfluß auf das Sexualverhalten während und nach der S. hat das Partnerschaftsverhältnis. Viele Frauen sind jetzt besonders liebebedürftig und sehnen sich nach Zärtlichkeit, die nicht immer als Aufforderung zum → *Koitus* gemeint ist. Egoistisches Verhalten des Mannes wird als kränkend empfunden und kann eventuell auch noch nach der Geburt des Kindes ihre Reaktionen negativ verändern. In vielen Fällen stellt die S. einen emotionalen Höhepunkt in der Partnerbeziehung dar, der zugleich auch viele sexuelle Höhepunkte enthält. Verläuft die Partnerbeziehung glücklich, so wird auch die S. besser vertragen, vor allem dann, wenn das Kind gewollt ist und von beiden Partnern mit Freude erwartet wird. In diesen Fällen erhöht sich meist die sexuelle Aktivität des Paares, und auch nonkoitale Befriedigungsformen werden vor allem bei den Partnern einbezogen, die auch sonst sexuell aktiv und aufgeschlossen sind. Untersuchungen zeigen, daß die Wiederaufnahme der sexuellen Beziehungen nach der Geburt und das sexuelle Erleben gerade von dieser emotionalen Befindlichkeit während der S. beeinflußt werden. Der erste Geschlechtsverkehr nach der Geburt wird im Durchschnitt etwa nach acht Wochen vollzogen (nur bei 20 % der Frauen mit Orgasmus-Erleben). Je nach Familiensituation, Qualität der Partnerbeziehung, sexueller und allgemeiner Lebensaktivität bestehen Unterschiede. Aufgeschlossenen, aktiven Partnern, die sich lieben, gelingt es weitaus besser, sich auf die neue Lebenssituation und auf den Übergang von der Zweisamkeit zur Dreisamkeit einzustellen. Bei manchen Frauen entwickelt sich eine übergroße Zuwendung zum Kind, die die Liebe zum Partner in den Hintergrund drängt. Der enge Körperkontakt zum Kind, vor allem beim Stillen, befriedigt das Zärtlichkeitsbedürfnis, der Wunsch nach Sexualkontakt mit dem Partner ist weniger stark. Meist wendet sich die Frau nach einer gewissen Zeit ihrem Partner wieder zu. Auch für ihn bedeutet die S. eine Veränderung seiner sexuellen Gewohnheiten, zum Beispiel die Abstinenz gegen Ende der S. und im Wochenbett. Wer sich nicht damit abfinden kann, masturbiert oder sucht außereheliche Kontakte.

Im allgemeinen pendelt sich das Sexualverhalten nach Geburt und Wochenbett auf das frühere Niveau ein. Lusthemmend können neben psychischen Problemen und Überlastungssyndromen auch Komplikationen im Verlaufe der S. oder bei der Geburt wirken. Bei → *Kohabitationsschmerzen* müssen vom Frauenarzt organische Ursachen, z. B. schlecht verheilte Damm- oder Scheidenrisse, behandelt werden. Ar

Schwärmerei: gefühlsbetonte Begeisterung für eine meist stark idealisierte Person, zu der in Gedanken eine (teilweise auch erotische) Beziehung hergestellt wird, ohne daß eine ernsthafte Erwiderung erwartet oder ein sexueller Kontakt angestrebt wird. »Beim Schwärmen kommt es nicht selten zu einer Übersteigerung der Widerspiegelung des Angeschwärmten. Im Regelfall weiß dieser auch nichts davon, daß er das Ziel der Schwarmhaltung ist« (Heinz Grassel/Kurt R. Bach, »Kinder- und Jugendsexualität«, 1979). Die S. wird als eine typische Begleiterscheinung der Pubertät und als eine Art Vorstufe für Verlieben und Partnerwahl betrachtet. Gefühlstiefe und seelische Kraft werden erprobt und ein → *Partnerwunschbild* erträumt, das dann auf eine konkrete Person, z. B. einen Lehrer oder einen Filmstar oder einen Sportler – eben den »Schwarm« –, übertragen wird.

In den 20er Jahren analysierte die Wiener Psychologin Charlotte Bühler Tagebücher gutbürgerlicher Mädchen und fand sie schwärmerisch. Seither gilt die »Schwärmerei als Phase der Reifezeit« (Bühler, 1926), und zwar insbesondere bei Mädchen, denen das Schwärmen im Blut liege. Aber auch der Jüngling habe – folgt man dem damals führenden Jugendpsychologen Eduard Spranger – eine Phase der »idealen Sehnsucht«. In deren stillen Tiefen bilde sich die seelische Zeugungskraft, die den Jüngling vor dem »Hinabgleiten in den niederen Genuß« behüte (»Psychologie des Jugendalters«, 1927). Das seinerzeit als typisch angenommene Schwärmen ist für Jugendliche unserer Zeit nicht charakteristisch.

Untersuchungen zeigen, daß viele Heranwachsende im obigen Sinne nie geschwärmt haben. Die gedankliche Auseinandersetzung mit einem möglichen Partner, die ein Gefühl ausdrückt und die Phantasie anregt, ist meist recht praktisch und diesseits orientiert. Bewußte und unbewußte Vorbilder spielen selbstverständlich eine Rolle, und auch heimliche Verehrungen gehören – in allen Lebensaltern – dazu. Als Ersatz für eine erotische Beziehung oder als hinauszögerndes Mittel gegen Sexualkontakte fungiert S. typischerweise nicht. Statt bloß gedanklicher werden tatsächliche Partnerbeziehungen aufgebaut, in denen es bald zu sexuellen Kontakten kommt, ohne daß dies von vornherein als niederer Genuß abgewertet wird.

Die Fixierung auf eine bestimmte Person, auf überlegene und dominante Größen aus Politik, Kultur, Sport und die durch die Massenmedien beförderten Idolbildungen sind freilich bedeutende gesellschaftliche Erscheinungen, die heute vielleicht erdrückender und unausweichlicher als früher das Denken und Fühlen von Menschen bestimmen; doch sie sind nicht mit dem Ausdruck S. zu beschreiben, wenngleich diesbezügliche Elemente und Sexuelles – unterschwellig oder unverhohlen – mitschwingen. Statt S. sind für die Gegenwart Starkult, Fanverhalten, Sexidolbildungen und ähnliches in ihrer mehr soziologischen und sozialpsychologischen Dimension beachtenswert. KS

Schwule: früher eine abwertende Bezeichnung für männliche Homosexuelle, oft ein Schimpfwort. Heutzutage wird sie von diesen bewußt akzeptiert; die Mehrheit der Homosexuellen sagt von sich, sie sei »schwul«. In der Bevölkerung hat sich diese Akzentverschiebung noch nicht überall durchgesetzt. Infolge der jahrhundertelangen Verteufelung der → *Homosexualität* hat »schwul« für viele Heterosexuelle noch immer den Beigeschmack von etwas Abnormem, mitunter auch Anrüchigem. Diesem Vorurteil wollen sich die Homosexuellen stellen, sie wollen als S. akzeptiert werden (sexuelle → *Orientierung*). Ar

Selbstbewußtsein: Kenntnis und Bewertung der eigenen Person, in der modernen Psychologie auch als Selbstbild oder Selbstkonzept bezeichnet. Wird jemand im Alltag als sehr selbstbewußt bezeichnet, so ist damit meist nicht primär der Stand seiner Selbsterkenntnis gemeint, sondern seine Selbstbewertung (Selbstwerterleben, Selbstwertgefühl, Selbstvertrauen, Selbstsicherheit). Ein in dieser Hinsicht stabiles S. ist Grundvoraussetzung für jede eigene Aktivität. Dies ist auch bei der Partnersuche und den ersten erotisch-sexuellen Kontakten so. Sie schließt die Fähigkeit zur Verarbeitung eventueller → *Frustrationen* ein. Für das Sexual- und Partnerverhalten sind vor allem zwei Aspekte des S. bedeutsam: erstens die Einstellung zum eigenen biologischen Geschlecht und zu den damit verbundenen gesellschaftlichen Erwartungen (→ *Geschlechtsrolle*) und zweitens die Beurteilung der eigenen erotischen Attraktivität. Inadäquate Selbsteinschätzungen der erotischen Wirkung auf einen potentiellen Partner resultieren meist aus Unkenntnis darüber, welche Merkmale überhaupt für ihn oder sie anziehend wirken. Aus psychologischen Untersuchungen ist bekannt, daß viele Männer meinen, Frauen würden besonders durch Körpergröße, breite Schultern, muskulöse Arme oder einen großen Penis beeindruckt – den typischen »Macho« (→ *phallische* Irrtümer). Tatsächlich jedoch ist der »Traummann« der meisten Frauen oft ganz anders, z. B. schlank, mit schmalen Pobacken und schönen Augen, während Körpergröße und Penislänge eher nebensächlich sind und zu starke Muskeln sogar viele abstoßen. Selbstverständlich unterliegen solche Merkmale erotischer Attraktivität historischem und kulturellem Wandel, dem »Zeitgeschmack«. Möglicherweise konnten mollige Frauen zu Rembrandts Zeiten ein höheres Selbstwertgefühl entwickeln, als es ihnen heutzutage in unserem Kulturkreis möglich ist, der Schlankheit idealisiert. Zu keiner Zeit bestanden erotische Leitbilder jedoch allein aus äußerlich-körperlichen Merkmalen. Das Bewußtsein körperlicher Attraktivität ist meist ein nützlicher, doch kein unabdingbarer und in Einzelfällen sogar ein hemmender Faktor beim Aufbau erotischer Beziehungen. Ein übersteigertes sexuell-erotisches S. kann zu Selbstverliebtheit führen (→ *Narzißmus*), zu einem Gefühl des »Sich-für-andere-zu-schade-Seins«, und so den Aufbau einer Liebesbeziehung verhindern.

Obwohl oft verallgemeinernd von mehr oder weniger selbstbewußten Menschen gesprochen wird, ist die Selbstbewertung und -erkenntnis ein differenzierter Prozeß. Das Bild von der eigenen Attraktivität ist besonders im Jugendalter sehr wichtig und kann auf die gesamte Persönlichkeitsentwicklung ausstrahlen (→ *Minderwertigkeitsgefühl*). Mit zunehmendem Alter wird jedoch die gesellschaftliche Anerkennung der Leistung und Leistungsfähigkeit zum Hauptkriterium der Selbstbewertung. Manche junge, beruflich engagierte Frau erlebt es als Konflikt, wenn sie von der Männerwelt weniger als kompetente Kollegin denn als begehrenswertes Sexualobjekt angesehen wird. In der weiblichen Abwehr dieser Art Wertschätzung kommt weder → *Prüderie* noch übertriebenes Emanzipationsstreben zum Ausdruck, sondern ganz einfach der Wunsch, als Persönlichkeit und nicht nur als Körper anerkannt zu werden. Letztlich sind in allen Bereichen des Lebens nur solche Persönlichkeitsmerkmale dauerhaft selbstwertstabilisierend, die sich im gemeinsamen Handeln mit anderen Menschen bewähren und soziale Beziehungen festigen. We

Selbsterstickung: eine autoerotische Sexualpraktik, bei der sich der → *Masochist* eine Plastiktüte über den Kopf stülpt und sie am Hals verschließt, um sich durch den bald eintretenden Sauerstoffmangel in einen lustvollen Rauschzustand zu versetzen, der bis zum → *Orgasmus* führt. Dieses Vorgehen ist nicht ungefährlich; der Übergang vom Rausch in einen völligen Bewußtseinsverlust kann so rasch erfolgen, daß der Betroffene sich nicht mehr rechtzeitig befreien kann und unbeabsichtigt erstickt. Es handelt sich dann um eine ungeplante Selbsttötung. Ar

Sex: Aus den USA übernommene Verkürzung von → *Sexualität*. Der Allerweltsausdruck S. bezieht sich in vielfältiger Weise auf das Sexualleben der Menschen (guten Sex haben), auf die Darstellung des Sexuellen in den Medien und in der Unterhaltungsbranche (Sexfilm) und auch auf

die sexuelle Anziehungskraft (sie hat viel Sex, → *Sex-Appeal*). Häufig erfolgt mit der Bezeichnung S. eine Akzentuierung von sexuellen Vollzügen, insbesondere des → *Orgasmus*, und eine Verkürzung auf das Agieren von Geschlechtsorganen. In der internationalen Umgangssprache hat das Modewort S. das Wort → *Erotik* verdrängt, das seinerseits amerikanisiert in → *Sex-Busineß* Eingang gefunden hat (→ *Eros-Center*, Erotic-Show).
Die Internationalisierung eines Schlagwortes ist in der Geschichte nicht neu. In der → *Erotik* früherer Zeiten waren beispielsweise französische Ausdrücke von starker Wirkung. Vokabeln wie Rendezvous (Verabredung, Liebestreff) oder poussieren (schöntun, umwerben), die heute altmodisch klingen, sind Beispiele dafür. Heute spricht man auf Grund des Vorbildcharakters amerikanischer Lebensformen von → *Dating*, → *Petting*, → *Striptease*, → *sexy*, → *Live-Show*, Safer Sex.
S. ist nicht nur buchstäblich eine Verkürzung. S. betrifft die Isolierbarkeit und Objektivierbarkeit des Sexuellen, die Überführung der Lust in die Warenwelt. Die Erotik ist als S. kommerziell und marktfähig geworden, nicht nur direkt im Sex-Busineß, sondern in vielfältiger, mehr oder weniger offener Weise in der Werbung, den Massenmedien, der Massenkultur. S. bedeutet ein Abheben von der Gesamtpersönlichkeit und zugleich ein Diktat über sie.
S. sieht den Menschen, die Frau oder den Mann, als mit Geschlechtsorganen und allerlei käuflich zu erwerbenden Sexartikeln agierendes Lustsubjekt oder als genutztes Lustobjekt. Der Mensch wird selbst zum Sexinstrument. Die Schriftstellerin Maxie Wander reflektiert dies so: »Im Sex drücke ich meine ganze Persönlichkeit aus, viel direkter als sonstwo, ja? Ich bin keine Sexmaschine, ich bin eine Frau. Und es geht wunderbar, sobald ein Mann das begriffen hat.« KS

Sex, anonymer: Geschlechtsverkehr oder andere sexuelle Handlungen mit unbekannten Personen. Zu jeder Zeit hat es die spontane sexuelle Begegnung ohne Ansehen der Person gegeben – den »Spontanfick« nach heutigem Sprachgebrauch. Übermächtiges sexuelles Verlangen, Liebe auf den ersten Blick, eine günstige Situation (»Gelegenheit macht Liebe«), sind dem a. S. förderlich. Meist bleibt es beim einmaligen Kontakt, aber gelegentlich entwickelt sich eine feste Partnerbeziehung; der a. S. ist dann zum Mittel des Kennenlernens geworden.
Der a. S. ist Ausdruck für die Selbständigkeit der Lust- und auch der Bestätigungsfunktion der → *Sexualität*. Vatsyayana nennt im → *Kamasutra* als erste Hauptart der Liebeskunst

die »spontane Liebesvereinigung aus gegenseitiger Sympathie« und als zweite »die Liebesvereinigung aus Leidenschaft«. Sexueller Sofortkontakt kann vergnüglich, befriedigend und gelegentlich auch umwerfend schön sein, ohne daß man den Partner kennt oder über die Begegnung hinaus kennenlernen will. Im Grunde sind viele, wenn nicht alle Menschen – nach landläufiger Meinung häufiger Männer als Frauen – bereit und fähig, auf erotische Reize zu reagieren und sexuell zu agieren (vom → *Kuß* bis zum → *Koitus*), sofern ein Verlangen danach be- oder entsteht. Ein strenger Sittenkodex und anderes, z. B. Furcht vor Schwangerschaft oder vor Geschlechtskrankheiten, vor dem Ertapptwerden, mangelnde Gelegenheit, verschiedene Formen der Aufsicht und Bestrafung, setzen dem Schranken, die aber immer wieder durchbrochen werden. Stärker als allgemeine Verbote wirken Selbstdisziplinierung und Unterdrückung des eigenen Sexualtriebes im Verein mit den eigenen Moralauffassungen, Ansprüchen und Gewohnheiten. Bei großen Unterschieden zwischen den und innerhalb der einzelnen Gesellschaften sowie auch zwischen Alters-, Geschlechts- und anderen Gruppen möchten die Menschen im allgemeinen wissen, mit wem sie sich einlassen; sie sind an der Persönlichkeit des Partners interessiert und wollen selbst auch als Persönlichkeit interessant sein. Sie betrachten sexuellen Kontakt und insbesondere Geschlechtsverkehr als etwas Intimes, das nur einem vertrauten Menschen gilt; sie offenbaren ihre Gefühle am liebsten dem Liebsten, sie suchen den Schutz der vertrauten Partnerschaft. Infolgedessen ist a. S. insbesondere als Dauerform des Sexuallebens eher die Ausnahme als die Regel. Deutsche Untersuchungen (Starke, »Partner III«, 1990) zeigen, daß bei neun von zehn Sexualkontakten außerhalb der festen Beziehung der Sexualpartner bekannt ist und die großen sexuellen Erlebnisse vorzugsweise in Liebesbeziehungen gefunden werden.

Formen des a. S. sind gezieltes oder zufälliges Anmachen, z. B. in Nachtbars, Kontakte infolge von Anzeigen (→ *St.-Pauli-Presse*), → *Telefonsex*, → *Klappensex*, → *Prostitution*, Vergewaltigung.

In der modernen Industriegesellschaft mit ihren Entfremdungen, Anonymitäten, Heimlichkeiten und ihrer Doppelmoral gewinnt der a. S. einen besonderen Charakter und einen besonderen Stellenwert. Ernest Borneman sieht 1990 in seiner »Enzyklopädie der Sexualität« in der Anonymität einen Faktor von größter Bedeutung in der psychopathologischen Diagnose sexueller Verhaltensformen und bringt den a. S. in die Nähe von geschlechtlichem Infantilismus (»ein wichtiges Kennzeichen der sexuellen Reife ist der Verzicht auf Anonymität«), Perversion, Herrschsucht (z. B. beim Schreiber anonymer obszöner

Briefe oder pornographischer Bücher unter Pseudonym oder beim Abortkritzler), der Unfähigkeit, sich persönlich zu binden, sich hinzugeben und für seine Pflichten einzustehen. »Die Anonymität der Großstadt ist eine Brutstätte der Verantwortungslosigkeit. Hier kann der Schullehrer, den jeder in seinem Heimatdorf kennt, anonym untertauchen und im pädophilen Bordell mit kleinen Mädchen oder präpubertären Knaben verkehren. Hier kann der Richter, den jeder in seiner Kreisstadt kennt, im homosexuellen Puff nach Partnern suchen. Hier kann die verheiratete Frau Ehebruch begehen, während ihr Mann sich im Massagesalon von Masseusen mit Brennesseln auspeitschen läßt und die Tochter sich mit dem Handelsreisenden im anonymen Stundenhotel trifft. Die Anonymität der Großstadt wird damit zur Kupplerin: sie begünstigt die Krankheit des 20. Jahrhunderts – die Angst vor Bindung, der Nachkommenschaft, der Permanenz der Liebe und damit auch vor dem Geschlechtsverkehr. Denn die endgültige Form der Anonymität ist der Verkehr mit einem Tier, einem Toten oder einem Ding, statt mit einem Menschen.

Für manche Bürger wird der a. S. zur einzigen oder bequemsten oder zugänglichsten Möglichkeit, ein abwechslungsreiches Sexualleben zu führen, bestimmten sexuellen Neigungen nachzugehen oder überhaupt erregende Sexualerlebnisse zu haben. Die Unverbindlichkeit und Pflichtlosigkeit, das Fehlen einer Vor- und Nachgeschichte, die Freiheit von gemeinsamen Erinnerungen, von Vorurteilen und Vorbewertungen, die Unmöglichkeit eines späteren Vorwurfs wird als Vorteil eines ungehemmten Auslebens bewertet, das so in der formellen Zweierbeziehung als nicht oder nicht dauerhaft möglich betrachtet wird.

In ihrem Bestseller »Angst vorm Fliegen« 1973 lobt Erica Jong den »zipless fuck« (reißverschlußloser Fick), weil beim Zusammenkommen die Reißverschlüsse wie Rosenblätter hinunterfallen. Voraussetzung dafür sei, daß man den Partner nicht zu genau kennenlernt. »Ich habe beispielsweise festgestellt, daß jede Betörtheit sich verflüchtigt, sobald ich mich einem Mann befreundet fühle, an seinen Problemen teilnehme, ihm zuhöre, wenn er sich über seine Frau und seine gewesenen Frauen, seine Mutter, seine Kinder auslabert. Danach könnte ich ihn mögen, vielleicht sogar lieben – doch ohne Leidenschaft. Und gerade die Leidenschaft war es doch, die ich suchte.« Als zweite Voraussetzung für den Spontanfick nennt sie die Kürze der Beziehung oder die Anonymität, die die Sache noch besser mache: »Der schnelle Ablauf des Intermezzos hat die komprimierte Dichte eines Traumes und zieht anscheinend keinerlei Reue oder Schuldgefühl nach sich, da weder über ihren verstorbenen Ehemann noch über seine Verlobte gesprochen wird. Die Traumnummer oder der Spontanfick ist von äußerster Reinheit, da ohne jede Nebenabsicht. Es findet kein Machtkampf statt. Der Mann ›nimmt‹ nicht, und die Frau ›gibt‹ nicht. Niemand hat den Ehrgeiz, einem Ehemann Hörner aufzusetzen oder eine Ehefrau zu demütigen. Keiner von beiden versucht, irgend etwas zu ›beweisen‹ noch den anderen in irgendeiner Weise zu übervorteilen. Der Spontanfick ist das Sauberste, was es gibt.« Allerdings: Der anonyme, spontane, reine Fick auf Anhieb »ist seltener als das Einhorn. Mir ist er nie beschieden gewesen«. Ar KS

Sexaholics: Sexsüchtige. Personen, die dem Sex wie einer Droge verfallen sind (→ *Sucht*). Im angelsächsischen Sprachraum spricht man von sex addicts. Daß Sucht keineswegs nur an bestimmte Substanzen gebunden ist, weiß man seit langem. Beispiele hierfür sind Spielsucht oder süchtiges Verlangen nach Fernsehen oder nach der Bewältigung von Extremsituationen.

Wie bei anderen Süchtigen nimmt auch die Sexsucht im Laufe der Jahre immer mehr zu. Dem amerikanischen Psychologen Patrick Carnes folgend, unterscheidet Werner Gross, von dem die Bezeichnung stammt, drei Stufen:

Stufe 1 beginnt mit übermäßiger → *Masturbation* (mehrmals täglich) und zusätzlichem Mehrfachkoitus. Um die Erregung zu verstärken, werden → *Pornographie*, → *Peep-Shows*, → *Prostitution* und ähnliches genutzt. Das Sexuelle gewinnt im täglichen Leben mehr und mehr an Bedeutung und schließlich die Oberhand. Der eigene Genuß steht im Mittelpunkt. Andere Lebensinhalte werden verdrängt. Die Partnerbeziehung verliert an Bedeutung oder wird gar nicht mehr angestrebt.

Stufe 2: Der Süchtige baut seine → *Sexualphantasien* weiter aus, verfeinert seine Sexualpraktiken und geht zu ungewöhnlichen Handlungen über. Die bisherigen Reize reichen nicht mehr aus, sie werden durch Gewöhnung verschlissen; er braucht stärkere Stimulantien – ähnlich wie der Drogensüchtige auf härtere Substanzen umsteigt oder der Alkoholsüchtige seinen Alkoholkonsum steigert und wahllos alles Alkoholische trinkt. In dieser Phase kann es zu → *Exhibitionismus*, → *Voyeurismus*, obszönen Telefonanrufen (→ *Telefonsex*) und ähnlichem kommen. Unter Umständen kann er die Kontrolle über sein Sexualverhalten verlieren und strafbare sexuelle Handlungen begehen, z. B. → *Inzest*.

Stufe 3: Der S. wird aggressiver. Die Hemmschwelle zur Gewalt gegenüber Schwächeren wird noch niedriger. Am Ende steht die Sexualstraftat. Der

Süchtige kann zu einer Gefahr für die Gesellschaft werden. Nicht alle S. erreichen diese Stufe.
Der typische Suchtverlauf beginnt mit der Selbststimulation. Reicht das nicht mehr aus, bezieht der Sexsüchtige andere Menschen mit ein, belästigt, bedrängt, zwingt sie zum Geschlechtsverkehr. Vor allem Personen mit ursprünglich sehr starkem sexuellen Verlangen neigen zur Sexsucht. Sie wollen mehrmals am Tag Geschlechtsverkehr mit ihrem Partner haben, der sie dann nicht mehr befriedigen kann oder nicht mehr versteht; sie wechseln ständig die Sexualpartner. Immerfort suchen sie nach neuen sexuellen Reizen. Solche Verhaltensweisen gleichen dem → *Donjuanismus*. Sie werden vornehmlich, aber nicht ausschließlich bei Männern beobachtet. Wie bei allen Süchten ist der Übergang vom Normalverhalten zur Sucht schwer bestimmbar und fließend. Jemand, der gerne ißt und Kulinarisches liebt, muß nicht unter Freßsucht leiden. Ähnlich führt starkes sexuelles Verlangen und Freude an Erotik nicht automatisch zur Sucht. Charakteristisch für die Sucht ist das Zwanghafte, Destruktive, Selbstzerstörerische. Der Süchtige geht, von seinem unstillbaren Verlangen getrieben, über Leichen, einschließlich seiner eigenen. Die Persönlichkeit verändert sich und verfällt.
Zur Bekämpfung der Sexsucht bieten sich verschiedene Methoden an: Wie andere Suchtformen ist auch die Sexsucht schwierig zu therapieren, viele Süchtige wollen gar keine Behandlung. Wer davon loskommen will, kann Angebote wie Selbsthilfegruppen, ambulante und stationäre Psychotherapie, vor allem in Form von Verhaltenstherapie, nutzen. An die Stelle der Sexbesessenheit, bei der Sex zum Konsumgut geworden ist, soll eine Liebesbeziehung zum Partner treten, in der das gegenseitige Lusterleben im Mittelpunkt steht. Die Heilung ist ungewiß und die Rückfallgefahr groß. Ar KS

Sexanzeigen: (meist) private Kleinanzeigen in Zeitungen und Zeitschriften zum Kauf und Verkauf von → *Sex* und zur Herstellung eines Kontakts zwecks sexueller Handlungen (→ *Kontaktanzeigen*). S. sind Ausdruck einer bestimmten sexuellen Liberalisierung und zugleich deren Gegenteil: Verdeckung der sexuellen Mobilität, Anonymisierung sexueller Kontaktaufnahme. In strengen Ländern gibt es S. nicht oder nur in Ansätzen, insbesondere dann, wenn kein Sexmarkt vorhanden ist und bestimmte Formen der sexuellen Aktivität wie → *Partnertausch* nicht Bestandteil der allgemeinen Lebensweise oder als moralisch verkommen tabuiert sind. Der Verzicht auf S. bedeutet für bestimmte Menschen und Menschengruppen, z. B. für sexuelle

Minderheiten, den Verlust einer Kontaktmöglichkeit und somit eine Benachteiligung. Das Verbot stellt die Vorwegnahme einer persönlichen Entscheidung und einen Übergriff auf Privates dar.
Meist erscheinen S. in speziellen Presseorganen (→ *St.-Pauli-Presse*); aber sie finden sich auch in der allgemeinen Presse, z. B. in harmloser Form wie »Einsamer Endvierziger mit gutem Einkommen sucht sinnliche Blondine für gelegentliche schöne Stunden, Diskretion zugesichert« (Leipzig, 1990). Solche S. enthalten – besonders durch den Hinweis auf unbedingte Diskretion und den erwünschten okkasionellen Charakter der Beziehung – die leicht erkennbare Botschaft, daß ein mehr oder minder käufliches Mädchen und keine feste Lebenspartnerin gesucht wird. Attribute wie vorurteilsfrei, kontaktfreudig, aufgeschlossen, tolerant, Sinn für alles Schöne, spielfreudig, zeitgemäß, unkonventionell, unbeschwert, unkompliziert signalisieren eine allgemeine Sexbereitschaft, auch in Gruppensituation. Ganzfoto, Bildzuschrift, künstlerische Fotos bedeuten Aktfotos, möglichst mit Genitalien. Hobby Film oder Foto oder Bücher bezieht sich auf den Austausch von → *Pornographie*. Entspannende Massage bedeutet das Angebot einer erotischen Massage mit abschließender Stimulierung des Gliedes bis zum Erguß. S. sind oft stark verschlüsselt. Im Sex-Underground hat sich eine Art Geheimcode entwickelt, der unverfängliche Ausdrücke enthält, die nur für den Eingeweihten einen speziellen Sinn ergeben. Anpassungswillig bedeutet masochistisch und eigenwillig sadistisch; anspruchsvoll oder nicht alltäglich oder bizarr oder extravagant weist auf die Neigung zu Perversitäten hin; zünftige Arbeitskluft oder Interesse an Leder- oder Gummimoden läßt auf Sexpraktiken mit Leder, Gummi oder anderen Bekleidungen schließen; ein Mann mit Attributen hat einen sehr großen Penis; echte oder phantasievolle Freundschaft heißt Sexpartnerschaft; die gesuchte Freizeitpartnerin für die Ehefrau soll eine bisexuelle Frau für den Sex zu dritt sein; schutzbedürftiger Freund, sportliche Dame, schüchterne Dame, zarte Freundin betreffen schwule bzw. lesbische Kontakte. Daß trotz Chiffre und Anonymität die Aufgeber und Leser von S. auf solche Geheimcodes angewiesen sind und sich nicht offen äußern wollen oder können, ist aufschlußreich. In der St.-Pauli-Presse, in Druckerzeugnissen des Sex-Undergrounds und in pornographischen Publikationen sind die S. direkter und oft vulgär-grob: »Unersättlicher Fickbolzen sucht vollbusige, dickärschige, perverse Stuten für hemmungslose Leck- und Fickorgien. 100 % Diskretion und Sauberkeit!« (Essen, 1989). KS

Sex-Appeal (engl. appeal: Appell, Anziehungskraft, Reiz): erotische Anziehungskraft bzw. Ausstrahlung (insbesondere einer Frau), das »gewisse Etwas«, das erotische Fluidum, das unbewußt von einem Menschen ausgeht. Aus dem Amerikanischem kommend und klassisch mit Filmstars wie Jayne Mansfield oder Marilyn Monroe und → *Pin-up-Girls* verbunden, fand der Modebegriff S.-A., der heute in der Umgangssprache kaum mehr gebraucht wird, vor allem nach 1945 Verbreitung (→ *Sexbombe*, Sexidol, → *sexy*). Dabei ging es um sexuelle Schlüsselreize. Dominierend war der auf → *Sex* orientierte Lockruf, die Zurschaustellung weiblicher Reize, um den Mann zu erregen. Insofern Frauen mit S.-A. ihre Persönlichkeit bewahrten, war ihre Ausstrahlung oft besonders groß. KS

Sexbombe: umgangssprachlich und scherzhaft für eine Frau mit starker sexueller Ausstrahlung (→ *Sex-Appeal*). Das klassische Vorbild sind amerikanische Filmschauspielerinnen wie Jayne Mansfield und Marilyn Monroe als Sexidole. Die S. verspricht durch äußerliche Reize (sexuelle Schlüssel- oder → *Signalreize*) höchste sexuelle Freuden und regt damit zum Kauf von Magazinen, Kinokarten, Kosmetika, Kleidung u. a. m. an. Die S. bedient einen männlichen Durchschnittsgeschmack und formt ihn zugleich. Wirkliche erotische oder Liebesbeziehungen mit einer S. werden nicht erwogen. Nicht Partnerschaft und Liebe sind angesagt, sondern Sex. Die heute eher harmlos bis komisch wirkende S. ist durch schärfere Varianten der Zurschaustellung sexueller Reize und härteren Sex abgelöst worden. Nostalgisch erinnern sich aber manche gern an die S. ihrer Jugend. KS

Sex-Busineß (engl. business = Geschäft): das Geschäft mit dem → *Sex*. Dazu gehören → *Sexshops*, Pornokinos, → *Videokabinen*, Vergnügungszentren, → *Männermagazine*, → *Striptease* und generell → *Pornographie* und → *Prostitution*. Im weiteren Sinne kann man auch die sexuellen Reize der Werbung, Warenpräsentation und Gestaltung von Waren dazurechnen (→ *Sexualisierung*). Das S.-B. ist in den modernen marktwirtschaftlichen Gesellschaften zu einem festen Bestandteil der Lebensweise geworden, dem sich kaum jemand entziehen kann. Voraussetzung ist die → *Kommerzialisierung* der → *Sexualität*. Das S.-B. ist ein einträgliches Unternehmen und bringt hohe Profite. Es nutzt das sexuelle Interesse und die sexuellen Wünsche der Menschen, insbesondere der Männer, und verspricht und leistet eine rasche, unkomplizierte, teilweise auch verfeinerte Befriedigung sexueller Wünsche oder bietet die Voraussetzungen für einen schärferen sexuellen Genuß. Das S.-B. orientiert sich an den in der jeweiligen Gesellschaft vorhandenen sexuellen Bedürfnissen und schafft und formt Bedürfnisse, die gesellschaftsadäquat und geschäftsfördernd sind. Es bedient auch sexuelle Spezialinteressen und kümmert sich um sexuelle Minderheiten, sofern sie kommerziell interessant sind.

Infolge der sexuellen Liberalisierung hat sich das S.-B. deutlich legalisiert und ist ein bedeutender Faktor des Konsums geworden. Der Hamburger Sexualwissenschaftler Gunter Schmidt schreibt 1986 in »Das große Der Die Das«: »In einer Gesellschaft, die auf Konsum hin angelegt, auf schnelle Befriedigung und viele Wünsche angewiesen ist, kann nicht ein Bedürfnisbereich, also auch nicht die Sexualität, ausgespart und sozusagen sparsam bewirtschaftet werden. Damit ist die sexuelle Liberalisierung ein gesellschaftskonformer, genauer ein gesellschaftlich anpassender Prozeß.« Das S.-B. entspricht der Tatsache, daß die Menschen mehr Zeit haben (Verkürzung der Arbeitszeit, Arbeitslosigkeit, Zeitgewinn in der Freizeit durch Effektivierung), und versucht diesem Freiraum einen Inhalt zu geben, abzulenken, Sorgen zu mildern und Sofortfreuden zu geben. Gunter Schmidt: »Sexualität ist *ein* Füllsel, als Füllmasse, als Erlebnisware unentbehrlich geworden, ebenso unentbehrlich wie die Waren der Unterhaltungsindustrie, die permanent angeboten werden, denk- und maulstopfend – daß bloß keiner die Unzufriedenheit merke … Allerdings läßt sich durch besinnungslose Selbstbeschäftigung auf lange Sicht keiner beschwichtigen, zum Glück nicht.« Das S.-B., das insbesondere in den großen Städten zu Hause und auch öffentlich sichtbar ist, findet immer wieder Gegner, die aus religiösen, sittlich-moralischen, ökonomischen, politischen, feministischen oder anderen Gründen protestieren oder sich prüde, spießbürgerlich, scheinheilig entrüsten. Da das S.-B. fest zur westlichen Industriegesellschaft gehört, sind die Erfolge der Gegner des S.-B. bescheiden. Verdammung in Nebenstraßen oder aus den Stadtzentren, Verbot von Peep-Shows, Anti-Porno-Paragraphen, Diskriminierung der → *Prostitution* und ähnliche Maßnahmen kriminalisieren und moralisieren das S.-B. und vor allem dessen Akteure zwar, schaden dem großen Geschäft aber meist nicht dauerhaft und haben oft nur eine Alibifunktion. Am Wesen des S.-B. ändern sie nichts. KS

Sexismus: Benachteiligung oder Bevorteilung von Menschen aufgrund ihres Geschlechts. Der Begriff hat mit → *Sex* und → *Erotik* nichts zu tun, sondern kommt vom englischen Wort sex für Geschlecht (→ *Sexus*). Er stammt – in Analogie zu Rassismus – aus der amerikanischen Frauenbewegung und bezieht sich insbesondere auf die Minderbewertung, die Chancenungleichheit, die doppelte Unterdrückung und sexuelle Ausbeutung der Frau in patriarchalischen Gesellschaften. Insbesondere Feministinnen haben dazu feinsinnige Analysen verfaßt, die nicht nur den offenen, sondern auch den verdeckten S. betreffen. Das betrifft z. B. die Idealisierung der (unbezahlten) Frau als Hausfrau, Weibchen und Mutter in der Männergesellschaft, die Degradierung der Frau zum funktionalen Anhängsel des Mannes, die unterschiedliche Erziehung von Jungen und Mädchen. Die Frauenforscherin Ilona Ostner hält den Begriff S. eher als den des Patriarchats (im weiteren Sinne) dafür geeignet, das Machtverhältnis zwischen den beiden Geschlechtern zu bezeichnen: »Sexistisch wären dann jene Verhaltensweisen, die in der Frau in erster Linie das Geschlecht (das für andere da ist) sehen, während das, was Frauen sonst noch sind, tun, sein oder tun können, hinter das bloße Geschlechtsein zurücktritt« (»Grundbegriffe der Soziologie«, 1992).

In seiner extremen Form ist der Kampf gegen den S. (als Unterdrückung der Frau) allerdings selbst sexistisch geworden, indem er

a) die beiden Geschlechtergruppen als die wesentliche Differenzierung der Gesellschaft und die einzelne Person nicht in erster Linie als individuelle Persönlichkeit, sondern als Mann oder Frau betrachtet,
b) zwischen den beiden Geschlechtergruppen und zwischen Mann und Frau grundsätzlich nur Unterschiede, Spannungen und Konflikte sieht,
c) den Mann zum Hauptfeind des Menschen im allgemeinen und der Frau im besonderen hinstellt und
d) die politische Befreiung der Frau und der gesamten Gesellschaft in der Befreiung und völligen Abwendung vom Mann und speziell im Lesbianismus sieht.

So sieht die amerikanische Feministin Jill Johnston 1982 in ihrem Buch »Lesbian Nation: the Feminist Solution« die Lösung wie folgt: »Erst wenn alle Frauen Lesbierinnen sind, gibt es eine echte politische Revolution … Feministinnen, die noch immer mit Männern schlafen, liefern ihre stärksten Lebensenergien dem Unterdrücker aus.« Die negativen Hauptsymbole der S. sind aus extremfeministischer Sicht der → *Penis* und die Penetration als machtmännliches Eindringen in die (passive, wehrlose, schutzlose) Frau, als Durchbohren, Aufspießen. Die Leeds Revolutionary Feminist Group meint, daß »das Eindringen ein symbolischer Akt der Unterdrückung ist, da der Unterdrücker (der Mann) in den Körper der Unter-

drückten eindringt«, und betrachtet Männer prinzipiell als verabscheuungswürdig, eklig, hassenswert.
Obwohl das Wort S. erst wenige Jahre alt ist, gibt es das so bezeichnete Phänomen seit langem, und zwar (in bezug auf die Frau) seit dem Patriarchat und der Unterdrückung und fehlenden Gleichstellung der Frau. Dafür findet sich in den verschiedenen Kulturkreisen und Lebensbereichen der Alten und der Neuen Welt unendlich viele Belege. In judäisch-christlicher Tradition beginnt die Geschichte der Menschheit sexistisch mit dem von Eva initiierten Sündenfall. Das Weib ist von nun an das schuldige und minderwertige Geschlecht. Bis auf den heutigen Tag können Frauen zum Beispiel nicht zum orthodox-jüdischen Rabbi oder zum katholischen Priester geweiht werden. Bei den Hindus war die Frau nur durch den Mann zu ihrer Existenz berechtigt, sie folgte ihm in den Tod. Auch in der chinesischen Tradition sind die Frauen grundsätzlich mannbestimmt. In vielen Völkern wird es bis heute als ein Unglück betrachtet, ein Mädchen statt einen Jungen zu gebären bzw. als Frau geboren zu werden. Weibliche Föten werden weit häufiger abgetrieben als männliche. Die moderne Reproduktionsmedizin ermöglicht moderne Formen des S. In arabischer Tradition sind Frauen schwarz gekleidet und tragen den Schador (Schleier); nur ihrem Mann dürfen sie sich zeigen, dessen vollständiges Eigentum sie sind. Im Islam ist es oberste Pflicht der Frau, ihrem Mann einen Sohn zu schenken. Damit sich Mädchen und Jungen nicht sehen können, sind im Iran die Klassenzimmer durch Vorhänge unterteilt (so wie es im alten Deutschland getrennt Eingänge für Knaben und für Mädchen gab); nur Jungen, aber keine Mädchen dürfen an den Lehrer direkte Fragen richten. Die Kinder bleiben Eigentum des Mannes, alle Schritte der Frau müssen vom Mann genehmigt und ihm genehm sein; im Iran ist dies gesetzlich verankert. In einigen afrikanischen und anderen Ländern darf die Frau kein sexuelles Wesen sein. Ihr werden Kitzler und Schamlippen herausgeschnitten. In vielen europäischen Ländern galt es noch vor nicht allzu langer Zeit als völlig normal, daß die Frau beim Geschlechtsverkehr nichts empfand oder ihre Lust nicht zeigte; Lust war allein dem Mann vorbehalten. Über viele Jahrhunderte hin hatten die Männer das Recht (und die Pflicht), ihre Ehefrauen zu schlagen; bis zum Ende des 19. Jahrhunderts war dies auch in England, Frankreich und Deutschland offiziell erlaubt. Nicht die Männer, sondern die Frauen wurden zu fast allen Zeiten besonders hart für den Ehebruch bestraft, nicht selten wurden sie dafür geschlagen, verstoßen, verbrannt. Das gleiche Recht auf Bildung und auf politische Mitbestimmung (Wahlrecht), das Recht auf gleichen Lohn für gleiche Arbeit, auf

den Abbruch oder die Fortsetzung der Schwangerschaft und überhaupt auf die gleichen Menschenrechte ist für die meisten Frauen in der Welt bis heute nicht verwirklicht. Allein aufgrund der Tatsache, daß sie »dem anderen Geschlecht« angehören, bleiben Frauen diskriminiert. Sie werden als erste arbeitslos, erhalten als letzte Kredite für Unternehmen, werden von Männern aus führenden Positionen verdrängt oder gelangen erst gar nicht so weit.

Quotenregelungen sind eine mehr oder weniger hilflose, oft wenig wirksame und in gewissem Sinne sogar diskriminierende Reaktion auf S., weil Frauen nicht aufgrund ihrer Leistung und Persönlichkeit, sondern lediglich aufgrund ihres Geschlechts in bestimmte Gremien gelangen. Erst wenn Quotenregelungen nicht mehr nötig sind, kann man von einer wirklichen Gleichstellung der Frau sprechen.

Der S. ist sowohl an der Basis der Gesellschaft (Arbeit und Beruf) wie auch in den Überbauinstitutionen (Politik, Religion, Ideologie, Moral, Kultur, Wissenschaft) zu finden und hat auch sprachlich insofern seinen Niederschlag gefunden, als die gesamte Sprachstruktur und viele Begriffe männlich dominiert sind und eine weibliche Form oftmals fehlte oder fehlt (z. B. Offizier, Förster; man). Zugleich sind im modernen Kampf gegen den S. auch neue Sprachstrukturen und Wortbildungsarten entstanden, am sichtbarsten (doch noch nicht am hörbarsten) das modische *I* in weiblichen Endungen, um damit auszudrücken, daß nicht nur Männer, sondern auch Frauen gemeint sind (PolitikerInnen, TeilnehmerInnen, KandidatInnen, HandwerkerInnen), aber z. B. auch pejorative Bezeichnungen für den sexistischen Mann wie z. B. Chauvi (Abkürzung von Chauvinist, nach dem Napoleon-Nostalgiker Chauvin bzw. einer prahlerischen Lustspielfigur entstandene Bezeichnung für einen extremen Nationalisten) oder Macho. KS

Sexmuffel: Mensch, mit dem sexuell nichts anzufangen oder der gegenüber → *Sex* deutlich zurückhaltend ist. Dahinter kann sich Prüderie, Unlust, Scheu, Übersättigung, Unsicherheit, Triebschwäche oder die Furcht vor Triebstärke, Abwehr von Animation und Zwang oder einfach die Tatsache verbergen, daß man etwas anderes vorhat und »sich seiner Haut wehrt«. Dem S. wird schnell und oft irrtümlicherweise vorgeworfen, sexuell verklemmt und nicht aufgeschlossen zu sein. Der umgangssprachliche Ausdruck ist meist abwertend gemeint und gilt in erster Linie dem Mann. Von der eigenen Frau gebraucht, ist er oft ein Ausdruck für ein zu geringes sexuelles Engagement des Mannes und für erotische Mangelerlebnisse der Frau. KS

Sexrekorde: Die Rekordsucht hat auch den Bereich Liebe, Partnerbeziehung, Sexualität erreicht. Viele dieser Angaben sind harmlos und unterhaltsam: z. B. die längste und die kürzeste Ehe, die größte Anzahl von Eheschließungen, die größte Anzahl von Kindern. Andere sind unsinnig: die ausgefallenste Koitusposition oder der längste Kuß. Die dritten haben ihren Platz im Kuriositätenkabinett. Die vierten enthalten gewisse Informationen über Grenzwerte. Die fünften sind sinnlos, makaber, entwürdigend und oftmals reiner Schwindel oder sowenig nachprüfbar – wie etwa das schönste Gesicht Deutschlands, das lediglich eine Vereinbarung oder das Ergebnis einer Auswahl von Kandidatinnen ist. Sie verleiht jemandem Popularität und Aufmerksamkeit, die er auf andere Weise nicht bekommen könnte. Wie alle Rekorde spiegeln die S. Ideale, Phantasien, Wünsche, Präferenzen einer Gesellschaft oder einzelner Gruppen wider. Die moderne Rekordsucht stellt zudem den Rekord über den Menschen in seiner Einmaligkeit, sie entprivatisiert alles Persönliche und bemißt alles Individuelle an einem allgemeinen Spitzenwert. Sie ist eine Funktion der Sieger- und Erfolgsgesellschaft und zugleich ein inhaltsloses Gesellschaftsspiel. Vor allem die Boulevardpresse meldet solche S. In bezug auf die Größe der Brüste soll ein amerikanisches Fotomodell den Weltrekord halten (zusammen 40 Kilo). Ein Mann aus Belfort in Frankreich soll den längsten Koitus erlebt haben (vom kürzesten ist nichts bekannt). Das längste Glied im Ruhezustand soll 39 cm lang sein, erigiert 45 cm, die längsten Brustwarzen 8 Zentimeter, der größte Warzenhof handtellergroß, die längsten Schamhaare 15 cm lang. Der Milchspritz-Rekord liegt bei fast zwei Metern, auch über einen Samenweitschuß von 15 Metern ist schon berichtet worden. Eine der größten Porno-Sammlungen der Welt soll der Vatikan besitzen, wohl weniger aus Rekordlust. Andere haben die meisten Akt-Postkarten oder die meisten Kitzler-Fotos. Beim Penis-Fechten werden die erigierten Glieder aneinandergehauen, bis das eine schlappmacht. Die schönste Tätowierung eines Penis ist in einem Erotikmuseum zu sehen. Dort ist auch die Rekordliste einer Prostituierten mit der Anzahl der Freier an einem Tag zu finden. Eine Frau kann auf einer Mundharmonika zwischen den Schamlippen eine Melodie spielen, eine andere am selben Ort an einer Zigarette ziehen. Ein Mann hat es ausgehalten, erst nach der dritten Nadel, die ihm in den Penis gestochen wurde, zu schreien, ein anderer konnte noch nach einer Woche 43 Frauenbrüste identifizieren, die er an einem Zeitungskiosk gesehen hatte. Die meisten S. sind Männersache.
Ks

Sexshop: Laden mit Waren, die das Sexualleben betreffen. Dazu gehören:

a) Druckerzeugnisse (Bildbände, Belletristik, Hefte, Zeitschriften), Fotos, Filme, Dias, Videokassetten erotischen bis pornographischen Inhalts,
b) Aufklärungsliteratur,
c) Kondome verschiedenster Art und Gestaltung,
d) Präparate mit → aphrodisischer und ejakulationsverzögernder Wirkung,
e) Reizwäsche,
f) Parfüms mit geschlechtsspezifischen → *Duftstoffen*,
g) Kosmetika für die Intimpflege, Intimsprays,
h) Gleitmittel,
i) Reizinstrumente wie Vibratoren bzw. Massagegeräte, Kunstpenisse, Kunstscheiden, Seemannsbräute (aufblasbare Puppen als Partnerersatz), → *Liebeskugeln* Rin-no-tama, Potenz- und Lustringe, Kitzelaufsätze, vibrierende Analstöpsel (→ *Masturbationsinstrumente*),
j) Gegenstände fetischistischer (→ *Fetischismus*) oder → *sadomasochistischer* Art wie Leder, Gummi, Peitschen, Stricke,
k) erotische Scherzartikel (Gesellschafts- und Kartenspiele, Karnevalsartikel u. ä.).

Der Zutritt zu S. ist im allgemeinen für Jugendliche unter 18 Jahren nicht erlaubt. Die Waren dürfen von außen nicht einsehbar sein, doch sind in den einzelnen Ländern und Städten die Bestimmungen unterschiedlich streng. Oft sind die S. mit → *Videokabinen*, Pornokinos, Sex-Live-Shows, seltener mit Vergnügungslokalen gekoppelt. Die Besucher sind meist Männer. Einzelne S. sind mit der → *sexuellen* Liberalisierung in den marktwirtschaftlichen Industriegesellschaften entstanden und haben zugleich zu dieser Liberalisierung beigetragen. Sie verkörpern und bedienen eine bestimmte Auffassung von → *Sex*. In vielen Ländern der Welt gibt es bis auf den heutigen Tag keine oder nur ausnahmsweise S., insofern in einer Mangelgesellschaft die Voraussetzungen dafür fehlen oder Moralnormen es nicht zulassen. In Deutschland waren die *Beate-Uhse-Läden* bahnbrechend. Sie stellen mit ihrem sauberen, soliden, sorgfältigen und ideenreichen Angebot die deutsche Variante der S. dar und werden von anderen Ländern als vorbildlich betrachtet. Beate Uhse (geb. 1914) vertritt eine positive und freie Sexualität, möglichst ohne grobe Gewalt und ohne Schaden für den anderen. Das Sexualleben soll vergnüglich, harmlos, nett, aufregend, interessant, kurzweilig und befriedigend sein, und die von ihr vertriebenen Produkte sollen dies ermöglichen oder unterstützen: »Das ausgesucht Beste für die Liebe, fürs Vergnügen und Verführen« (Beate-Uhse-Journal Nr. 5/1992). Beate Uhse, die zu den bekanntesten deutschen Namen gehört (bei 99 %

der Westdeutschen bekannt) betreibt auch ein großes Versandhaus mit Millionen von Kunden. KS

Beispiele für Buchtitel aus S.:
Lustgewinn in der Ehe, Die Freuden der Liebe, Sexuelle Weltrekorde, Die großen Sexualgeheimnisse, 1001 erotische Bettgeschichten, Schamlose Muschis, 62 heiße Stellungen.

Beispiele für Videos:
Super-Sex-Show, Lady of Paris, Wie reiße ich eine Frau auf, Lust durchs Schlüsselloch.

Beispiele für Artikel:
Lustset total, Zauberstab Luxus. Gnadenlos gefühlsstark, Lutsch-Lippen, Computergesteuerter Vibrator mit Orgasmus-Phallus und Lustschnäbler, Extasy-Bikini, Sexy-Hexis Penis-Power.

Sexspezialitäten, nationale: Die einzelnen Völker und Länder haben in unterschiedlicher Weise einen Beitrag zur erotischen Schatzkammer der Welt geleistet. Arabische Tempeldienerinnen, blumig bezeichnete Koituspositionen im alten → *China*, Sexualtechniken auf japanischen Holzschnitten, afrikanische Fruchtbarkeitssymbole und vieles andere gehören dazu. Sprichwörtlich ist die indische Liebeskunst (→ *Indien*). Vieles ist aus der griechischen und römischen → *Antike* von uns rezipiert worden. Entsprechend ihrer Kulturentwicklung und ihrem wirtschaftlichen und politischen Einfluß auf benachbarte und ferne Länder haben kleine Länder, doch vor allem die großen Weltreiche auch die sittengeschichtliche Entwicklung und das Zusammenleben der Geschlechter beeinflußt. In jüngster Zeit geht über Film, Fernsehen, Buch, Wissenschaft der wesentliche Einfluß von den USA aus; es ist zu einer gewissen Amerikanisierung der Sexualität gekommen. Insgesamt ist insbesondere mit der politischen und wirtschaftlichen Verflechtung der letzten Jahrzehnte und mit den neuen Kommunikationstechniken auch das Sexualleben der Menschen internationaler geworden. Dennoch haben sich viele Völker und nationale Gruppen Eigenes erhalten, und sie verfügen oft über ein spezifisches System sexueller Normen. Dadurch ist eine bunte Palette und große Vielfalt sexueller Verhaltensweisen vorhanden, und es koexistieren auch in der heutigen Welt gegensätzliche Normen, Wertorientierungen und Verhaltensweisen.
In bestimmten Ländern ist etwa → *Homosexualität* straffrei, in anderen ein tödliches Verbrechen. → *Prostitution* oder → *Pornographie* sind in dem einen Land verboten, in dem anderen nicht. Der → *voreheliche* Geschlechtsverkehr ist dort Sünde und hier Normalität. Das Alter beim ersten Geschlechtsverkehr ist in

den einzelnen Ländern unterschiedlich, ebenso der Anteil orgasmischer Frauen.
Wie auch auf anderen Gebieten neigen Menschen dazu, ihre eigene Welt und ihre eigenen Sitten als die besten und einzig möglichen zu betrachten. Das Fremde und Ungewohnte wird vorschnell abgelehnt, verspottet, verachtet oder gar bekämpft. Die Folgen sind nicht nur Selbstachtung, Selbstbewußtsein, Verteidigung der eigenen Identität, sondern auch Intoleranz, Anmaßung, Aggression. Gleichzeitig wirkt aber die Gegentendenz des sittlich-kulturellen Austausches

a) als Überfremdung oder Diktat in der negativen und
b) als aufgeschlossenes, achtungsvolles Geben und Nehmen in der positiven Variante.

Generell ist davon auszugehen, daß die inneren Lebens- und Entwicklungsbedingungen einer Gesellschaft und deren wirtschaftliche, politische, kulturelle Struktur das Zusammenleben der Menschen und die gesamte Persönlichkeitsentwicklung einschließlich der Sexualität bestimmen. Dadurch und infolge von Traditionen ist bis auf den heutigen Tag Nationaltypisches in den sexuellen Einstellungen und Verhaltensweisen zu finden. Dies gilt freilich nur insofern, als die sozialen Aspekte der Sexualität betrachtet werden, obwohl es auch auf anderen Ebenen durchaus Besonderheiten gibt (z. B. körperliche Besonderheiten, Hautfarbe, Gestalt). Nicht nur zwischen den Völkern, auch innerhalb eines nationalen Rahmens findet sich eine mehr oder weniger große Differenzierung entsprechend den realen Gliederungen der gegebenen Gesellschaft. Diese ist oftmals größer als die Differenzierung zwischen einzelnen Nationalstaaten. Wendet man sie auf das einzelne Individuum an, so kann man sagen, daß jeder Mensch aufgrund seiner je spezifischen Herkunfts- und Entwicklungsbedingungen seine eigene Sexualgeschichte und sein eigenes Sexualleben hat.
Tatsächliche oder angenommene Besonderheiten oder sexuelle Gewohnheiten oder Vorlieben einzelner Völker haben auch sprachlich ihren Niederschlag gefunden. Oftmals handelt es sich dabei allerdings nur um Decknamen oder Hilfsbezeichnungen für schwer Benennbares, ohne daß dahinter heute noch wirkliche S. stehen (→ *Sprachlosigkeit*, → *Sprache*).
Beispiele: englisch (für milder Masochismus, zartdominante Behandlung), → *florentinisch*, → *französisch* (für Mundverkehr), griechisch (für Analverkehr), → *russische* Ölmassage, russisch (für → *Flagellantismus*, → *Sadomasochismus*, Schlagen zwecks sexueller Erregung, nach dem russischen Sprichwort »Ein Mann, der seine Frau nicht prügelt, der liebt sie nicht«), → *sächsisch*, spanisch (für Brustverkehr), → *Spanischer Reiter*, → *Wiener Auster*. KS

Sextourismus:

1. Reisen in Vergnügungszentren, um im Schutze der Anonymität sexuelle Neigungen auszuleben, denen im heimatlichen Milieu nicht oder schwer entsprochen werden kann;
2. Reisen in fremde Länder, um bestimmten sexuellen Vorlieben unbeschadet nachzugehen, die im eigenen Land vielleicht nicht geduldet oder bestraft werden, oder um unter Ausnutzung des wirtschaftlichen Gefälles billig zu → *Sex* zu kommen oder um Geschlechtsverkehr ohne → *Kondome* haben zu können, weil → *Aids* dort noch nicht verbreitet ist, oder um sexuelle Erfahrungen mit Menschen zu sammeln, die nett, freigebig, ursprünglich, vertrauenswürdig, achtungsvoll, liebesfähig, sexuell aufgeschlossen und keine ausgebufften Profis, sind oder um auf Sexualpartner zu treffen, die sich ausnutzen lassen.

Das seit den 60er Jahren bekannteste und beliebteste Reiseziel von Sextouristen aus den reichen westlichen Ländern ist Thailand mit seinen 60 000 Bordellen und 1–2 Millionen Prostituierten, darunter die Hälfte unter 16 Jahren. 60–70 % der Touristen sind Männer, die meisten von ihnen – bis zu 80 % – haben sexuellen Kontakt mit einheimischen Mädchen. Für die einen Besucher ist der Sex eine zusätzliche touristische Attraktion, für die anderen Hauptmotiv der Reise. Nicht selten wird ein Mädchen über mehrere Tage und Wochen gemietet, gelegentlich entstehen dabei Liebesbeziehungen. Inzwischen sind andere Länder dem Trend zum S. gefolgt, insbesondere die Philippinen, Kenia, Sri Lanka, die Dominikanische Republik und Brasilien. Auch in Reiseländern wie Israel, Marokko, Tunesien, Malaysia, Südkorea, Indien, Costa Rica, Westafrika, Mauritius und jüngst in den osteuropäischen Ländern verbreitet sich der S. Die meisten Sextouristen sind heterosexuelle Männer. Aber auch Homosexuelle finden billige Sexparadiese in der Dritten Welt (Nordafrika, Asien, Karibik, Lateinamerika).

In einigen Ländern (Karibik, Mexiko, Kenia) nehmen auch Frauen sexuelle Angebote wahr (etwa 10 % der weiblichen Touristen). Kenia ist für die Prostitution heterosexueller Männer bekannt, die den Europäerinnen ihre sexuellen Dienste anbieten. Eine bedeutende Form des S. ist die Kinderprostitution. Die Prostituierten der Dritten Welt, insbesondere Jugendliche und Kinder, sind in besonderem Maße der Gefährdung durch Aids ausgeliefert. Im Unterschied zur Prostitution in den Industrieländern gehört in der Dritten Welt das Kondom keineswegs zum Standard. Die Tourismuswerbung setzt gezielt auf sexuelle Reize. »Das gesamte Reiseland muß sich prostituieren, damit es an den Mann gebracht werden kann. Die Möglichkeit zur massenhaften Konsumierung der Reiseziele ist nur durch das starke Gefälle zwischen dem reichen Norden und dem armen Süden möglich. In der Dritten Welt können sich viele Reisende wochenlang Serviceleistungen und Vergnügungen kaufen, für die sie zu Hause an einem Tag schon ihr gesamtes Urlaubsbudget ausgeben müßten. Der Prostitutionstourismus breitet sich auf immer mehr Länder aus« (Mechthild Maurer, »Tourismus, Prostitution, Aids«, 1991). »Der S. ist eine moderne Form kolonialer Ausbeutung« (Helmut Kentler, »Taschenlexikon Sexualität«, 1982). Dieses strenge Urteil wäre dadurch zu mildern, daß es sich auch beim S. um schöne, außergewöhnliche, exotische Erlebnisse und um partnerschaftliche Freuden handeln kann, die der gewöhnliche Alltag vielleicht nicht zu bieten vermag. KS

Sexualerziehung: zielgerichtete Beeinflussung der individuellen Aneignung von Wissen, Wertungen und Fähigkeiten in bezug auf Sexualität und Partnerschaft. Sie ist als Sexualpädagogik ein Bereich des gesamten gesellschaftlichen Bildungs- und Erziehungsprozesses. Bevor sich der gesellschaftlich organisierte Bildungs- und Erziehungsprozeß, wie wir ihn heute kennen, im 18. Jh. zu entwickeln begann, war eine spezielle S. oder sexuelle Aufklärung unbekannt. Sexuelles Wissen wurde im Volke wie anderes Wissen auch durch alltägliche praktische Erfahrung gewonnen. Die Kinder lebten in der Welt der Erwachsenen und erlebten in ihr Nacktheit, Zeugung oder Geburt als ganz alltäglichen Teil des Lebens. Auch im Bereich der privilegierten Bildung und Erziehung galten nicht von jeher sexualfeindliche Normen, wie es die jahrhundertelange Existenz christlicher Klosterschulen im europäischen Kulturkreis vermuten läßt. So herrschte in der Blütezeit der Antike geradezu ein »pädagogischer Eros« – jenes von Sokrates und Platon vertretene Ideal gleichgeschlechtlicher Freundschaftsliebe, welches in die Erziehung und Bildung der Jünglinge durch ältere Männer sexuelle Kontakte ausdrücklich einbezog (→ *Pädophilie*).

Die gesellschaftliche Beeinflussung der individuellen Sexualentwicklung in den zurückliegenden zwei- bis dreihundert Jahren ist gekennzeichnet durch ein Bild vom Kind als unschuldigem, asexuellem Wesen, dessen Unwissenheit möglichst lange zu erhalten und dessen → *Neugier* zu bekämpfen ist. Wenn überhaupt, so sollte ein sexuelles Wissen vermittelt werden, welches der Abschreckung dient, Falschinformationen eingeschlossen. Beispielhaft für die antisexuelle Erziehung im 18. und 19. Jh. war der erbitterte Kampf gegen die → *Masturbation*, welcher mit absurden pseudowissenschaftlichen Argumenten über die angeblichen gesundheitlichen Folgen der »Onanie« geführt wurde. Mit der Sexualwissenschaft, die sich in den 80er Jahren des 19. Jh. zu entwickeln begann, formierte sich auch der Kampf gegen sexuelle Unterdrückung, für sexuelle Aufklärung und wirkliche S.

In vielen Ländern, insbesondere der Dritten Welt, ist es jedoch auch heutzutage noch sehr schwer, sexualwissenschaftliche und -medizinische Erkenntnisse gegen Unwissenheit und kulturell gewachsene Normen, Geschlechterstereotypen und Vorurteile durchzusetzen. Von weltweit vorrangiger Bedeutung ist seit Mitte der 80er Jahre sexualerzieherisch der Kampf gegen die Ausbreitung der Immunschwächekrankheit → *Aids*.

Auch in den modernen Ländern Europas reicht das Spektrum der S. von äußerst freizügigen Konzepten bis zu sehr restriktiven Strategien in christlich-katholischer Tradition. Allgemeiner Konsens ist, daß S. über das traditionelle Anliegen sexueller → *Aufklärung* weit hinausgehen müsse, daß sie – im Sinne einer Gesundheits- und Moralerziehung – nicht bloß biologisch-medizinische und ethische Themen aufgreifen, sondern sich auch kulturhistorischen, soziologischen, psychologischen, juristischen und politischen Fragen zuwenden sollte. Ein Hauptproblem fast aller Erziehungskonzepte besteht in der nur sehr zögernden Hinwendung zur Lust- und Beziehungsfunktion der menschlichen → *Sexualität* und → *Erotik*. Hier stößt jede schulische Erziehung mit ihrer zwangsläufig dominierenden Wissens- und Wertevermittlung auf Grenzen. Die Haupterzieher bei der Herausbildung sexuell-erotischer Erlebnis- und Handlungsfähigkeit sind deshalb die Eltern bzw. die unmittelbaren Kontakt- und Vertrauenspersonen der Heranwachsenden. Eine moderne familiäre S. geht davon aus, daß Sexualität und sexuelle Lernprozesse vom ersten Lebenstag des Kindes an existieren. S. muß deshalb »von Geburt an und immer« erfolgen und darf sich nicht auf aufklärende Wissens- und Normenvermittlung beschränken. Sie ist in erster Linie der bewußte praktische Umgang miteinander; die emotionale Eltern-Kind-Beziehung ist Grundlage für die Wirksamkeit aller anderen Erziehungskomponenten. Jedes Kind sucht die → *Zärtlichkeit* der Erwachsenen und muß sie ausreichend erhalten, um später selbst in der Lage zu sein, tiefe emotional-erotische Partnerbindungen zu entwickeln. Besonders wichtig ist es, zur Bewahrung einer natürlichen und unverklemmten Einstellung des Kindes gegenüber dem eigenen Körper und der Nacktheit insgesamt beizutragen. Wenn das Kleinkind seinen Körper lustvoll (»autoerotisch«) erkundet, sollte das nicht unterbunden oder verboten werden; das Spielen am Geschlechtsteil kann – über die Entwicklung der Sinnlichkeit hinaus – auch der Gewöhnung an selbständige Körperhygiene dienen. Von zentraler Bedeutung bei der sexuellen Wissensvermittlung ist die umfassende Information über die Frage, wie Kinder auf die Welt kommen und die Praxis des elterlichen Geschlechtsverkehrs sowie die dabei erlebte wechselseitige Befriedigung, Lust, Beglückung. Schweigen sich Eltern zu diesen Themen schamhaft aus, finden Kinder dafür (wenn sie aus anderen Quellen informiert werden) nur eine logische Erklärung: die Unanständigkeit ihres Tuns.

Zur umfassenden sexuellen Aufklärung gibt es keine Alternative. Nicht sie bringt auf »dumme Gedanken«, sondern nur die falsche, halbwahre, mystische und verschwommene Information. Auch im Jugendalter bleiben die Eltern die engsten Vertrauten und Ratgeber bei Problemen mit dem partnerschaftlichen und soziosexuellen Verhalten ihrer heranwachsenden Kinder, wenn sie ihnen ausreichend Toleranz und Vertrauen entgegenbringen. Grundsätzlich verzichtet werden sollte deshalb auf prophylaktische Verbote, Warnungen oder gar Drohungen. Moralistische Verhaltensnormen sind leicht zu verkünden, meist jedoch schwer zu begründen. Überzeugen kann nur das sachkundige Argument. Warnungen vor den Folgen sexueller Handlungen führen eher zu Heimlichtuerei, Ängsten, Schuldgefühlen oder Trotzreaktionen. Eine partnerschaftliche S. ist letztlich die Unterstützung der Selbsterkenntnis und Selbstentwicklung Heranwachsender in ihrem Sexual- und Partnerverhalten. We

sexualisieren: eine sexuelle Bedeutung verleihen, in Beziehung zu → *Sexualität* bringen. Das Objekt des S. (ein Gegenstand, eine Person, ein Ereignis, ein Gefühl, ein Prozeß, eine Beziehung) muß dabei gar nichts mit Sexualität zu tun haben. Ein schlanker Turm mit Turmkopf wird als Phallussymbol gedeutet, obwohl er an sich weder erotisch noch sexuell ist. Für Schokolade wird mit einem jungen Mädchen geworben, aber nicht das Mädchen soll umworben, sondern die Schokolade gegessen werden – ein völlig asexueller Akt. Der Schuhfetischist befriedigt sich an Damenschuhen, obwohl sie ursprünglich keine Sexualobjekte sind; sie werden vom Fetischisten zu solchen sexualisiert (→ *Fetischismus*).

Das S. begleitet den Menschen vom Beginn seiner Geschichte an. Die Fruchtbarkeitsriten der Naturvölker sind voller Sexualisierungen und haben in zahlreichen → *Symbolen* einen Ausdruck gefunden. Der → *Aberglaube* ist reich an Sexualisierungen. Die → *Perversionen* hängen eng mit Sexualisierungen zusammen. Die moderne Werbung stellt alles nur Denkbare in einen sexuellen Zusammenhang. Dabei sollen Wünsche geweckt werden, die zum Kauf verführen. Die Sexualisierung führt zu sexuellem Begehren, »ohne daß dieses je befriedigt wird, geschweige denn befriedigt werden soll« (Stephan Hoyndorf, 1992). Damit entsteht einerseits ein ständiger Spannungszustand, im Extremfall möglicherweise sogar sexuelle → *Sucht*, andererseits eine Gewöhnung an bloße Versprechungen und schließlich eine Übersättigung bis zur Abneigung gegen den allgegenwärtigen Sex.

Unsere Welt ist voller Sexualisierungen. Nahezu alles enthält Bezüge zum Sexuellen, nicht nur die Reklame, sondern auch Mode, Design. Das schnittige Auto ist ein klassisches Beispiel. Sehr stark ist die Sexualisierung im Show-Busineß, auf der Bühne: der tanzende Popsänger, der sich ständig zwischen die Beine faßt, der Frontman mit koitusartigen Bewegungen oder der Musiker, der sein Instrument phallusartig umgreift, sind unverblümte Formen des S. Mittels Musik, durch Reden oder auf andere Weise wird bei Massenveranstaltungen das Publikum sexualisiert. Kommunikationssituationen werden mit Hilfe der → *Sprache* oder durch Gesten sexualisiert (Flüche, Anzüglichkeiten, Zweideutigkeiten, → *Witze*). Auch Phänomene wie Macht und → *Gewalt* sind der Sexualisierung unterworfen, etwa als männliche Unterwerfung von Frauen in sexueller Form und mit sexuellem Hintergrund. Die Gewalt wird durch sexuelle Handlungen und Attribute sexualisiert, so wie das Sexuelle durch Gewalt entsexualisiert wird. Sexualisiert werden auch die Beziehungen zwischen Menschen. Einer → *Freundschaft* zwischen einem Jungen und einem Mädchen im Alter von 15 Jahren wird schnell eine sexuelle Bedeutung beigemessen, sie scheint als reine Freundschaft gar nicht denkbar, ebensowenig wie eine enge, nichtsexuelle Beziehung zwischen einem Ehemann und einer anderen Frau. Eine zärtliche Berührung zwischen Vater und Sohn wird leicht als unpassende, möglicherweise homosexuelle Handlung empfunden, die sich nicht schickt, und Zärtlichkeiten zwischen Vater und Tochter rücken in die Nähe eines sexuellen Übergriffs oder sind im aktuellen Diskurs sehr schnell sexuellen Mißbrauchs verdächtig. Die amerikanische Soziologin Shere Hite bemerkte 1994 (»Hite Report. Erotik und Sexualität in der Familie«, München, 1994), es werde »bei allen Beziehungen zwischen Menschen verschiedenen Geschlechts ein sexueller Hintergrund vermutet«: »Unsere Kultur ist starr: Ihre Begriffe und institutionalisierten Verhaltensnormen sind so eng gefaßt, daß wir uns keine intime Nähe ohne oder jenseits sexueller Gefühle vorstellen können.«

In Wahrheit haben aber die meisten Handlungen der Menschen, die meisten Dinge, die uns umgeben, die meisten Ereignisse, die wir erleben, keine oder nur eine geringe Beziehung zur Sexualität, so groß deren Bedeutung auch sei. Eine inflationäre Sexualisierung bedeutet letztlich eine Entwertung der Sexualität und eine allgemeine Entsinnlichung. Daher entziehen sich sehr viele Menschen den ständigen Sexualisierungen nicht zuletzt, um ihre eigene Gefühlswelt zu schützen. KS

Sexualität (lat. sexus = Geschlecht): Oberbegriff für alle seelischen und körperlichen Vorgänge, die direkt oder indirekt mit dem → *Sexuellen* in seiner individuellen und gesellschaftlichen Dimension zu tun haben. Sich sexuell zu betätigen gehört zu den Grundbedürfnissen des Menschen, nicht nur der Fortpflanzung wegen, sondern hauptsächlich wegen der damit verbundenen Lust und Befriedigung, die man an sich selbst oder gemeinsam mit dem Partner erlebt.

Die menschliche S. ist biologisch fundiert, doch wird das spätere Verhalten durch psychosoziale Einflüsse geprägt und erlernt. Dabei spielen die von der jeweiligen Gesellschaft vorgegebenen Leitbilder eine wichtige Rolle. Vom einzelnen wird erwartet, daß er sich daran orientiert, obwohl seine innere Einstellung davon abweichen kann.

Während beim wild lebenden Tier die S. instinktiv gesteuert wird und eng mit der Fortpflanzung verknüpft ist, verhält sich dies beim Menschen anders. Sein Instinkt ist weitgehend reduziert, und sein sexuelles Verlangen kann (muß aber nicht) mit dem Wunsch der Fortpflanzung verbunden sein. Mit Eintritt der Geschlechtsreife kann der Mensch – theoretisch – jederzeit sexuell aktiv werden. Dabei verfügt er potentiell über eine große Zahl sexueller Varianten, doch haben die meisten Gesellschaftsordnungen Regeln und Normen aufgestellt, die teils restriktiv, teils liberal gehandhabt werden – je nachdem, um welche Zeit und um welches Land es sich handelt. In Europa übernehmen viele Staaten die christlichen Moralprinzipien, die jahrhundertelang eine freie Entfaltung der S. verhinderten. Selbst heutzutage, in einer viel liberaleren Zeit, sind noch nicht alle Schranken gefallen, und ein bestimmtes Normverständnis wirkt fort. In einem komplizierten Wechselverhältnis mit der gesellschaftlichen Wertung besitzt die S. für jeden einzelnen einen individuellen Stellenwert. Die Bedeutung der S. ist auf drei Hauptfaktoren zurückzuführen (→ *Sexualität, Funktionen der*):

(1) biologisch als Voraussetzung für die Reproduktion,
(2) subjektiv als eigenes Erleben von Lust und Befriedigung und
(3) sozial- bzw. zwischenmenschlich als in ihrer Art einmalige Partnerkommunikation, die gegenseitige Beglückung ermöglicht und damit

wesentlich zu einer Stabilisierung der Partnerschaft beiträgt. Ar

Sexualität, Funktionen der: Die → *Sexualität* dient vielfältigen Zwecken, erfüllt verschiedene Aufgaben, entspricht verschiedenen Bedürfnissen und hat viele Seiten. Die ursprüngliche Funktion der Sexualität ist die Fortpflanzung; beim Menschen sind andere Funktionen hinzugekommen. Die moderne Sexualwissenschaft unterscheidet: die Lustfunktion, die Relations- oder Beziehungsfunktion, die Kommunikationsfunktion, die Institutionalitätsfunktion, die Bestätigungsfunktion, die Tauschfunktion, die kompensatorische Funktion und weitere. Die Beschränkung der Sexualität auf Fortpflanzung oder die Rechtfertigung der Sexualität durch die biologische Funktion wäre insofern einseitig, unmenschlich und unsozial, als die Komplexität und Kompliziertheit der menschlichen Sexualität in ihren psychologischen, sozialen und anderen Dimensionen vernachlässigt würden. Bei der Befriedigung ihrer sexuellen Bedürfnisse sind die meisten Menschen nur ausnahmsweise an der Zeugung eines Kindes interessiert, dagegen fast immer an der Verhinderung einer unerwünschten Schwangerschaft. Im Durchschnitt haben die Menschen in ihrem Leben zwischen 2000- und 9000mal Geschlechtsverkehr ohne das Ziel der Fortpflanzung. Andererseits kann eine Frau ohne sexuelles Begehren befruchtet werden, im Falle der künstlichen Befruchtung sogar ohne jede Sexualität.

Die *Lustfunktion* ist die dominierende Funktion der menschlichen Sexualität. Sexuelles Begehren, → *Erotik*, Sinnlichkeit, Vorfreude auf Sexuelles und Freude am Sexuellen, sexuelles Vergnügen, sexuelle Befriedigung mit ihren mannigfaltigen Empfindungen sind darin eingeschlossen (→ *Lust*). Die Menschen streben nach sexueller Aktivität wegen der damit verbundenen Empfindungen und Erlebnisse. Sexuelle oder sexuell getönte Gefühle sind mehr oder weniger angenehme, reizvolle, schöne, großartige, starke Gefühle. Sexuelles ermöglicht und schafft Vergnügen, Entspannung, Lust. Sexuelles bewegt die Menschen. Die Sexualität ist mit den größten menschlichen Gefühlen, Leidenschaften, Motiven verbunden. Menschen lieben Sexuelles wegen der damit verbundenen Lust. Dies bedeutet nicht, daß Lust der einzige Grund für Sex oder daß alles Sexuelle lustvoll sei.

Die *Relations- oder Beziehungsfunktion* betrifft die Beziehungen und Verbindungen, die anläßlich von Sexualität zwischen Menschen eingegangen werden bzw. den erotischen und sexuellen Gehalt zwischenmenschlicher Beziehungen und Kontakte. Diese Funktion umfaßt das, was sich in einer Beziehung zwischen den Partnern sexuell abspielt, was sie erotisch und gefühlsmäßig füreinander empfinden, was die Sexualität zur Stabilität der Beziehung beiträgt. Im klassischen oder Modellfall betrifft die Beziehungsfunktion die → *Liebe* (Geschlechtsliebe) zweier Menschen.

Die *Kommunikationsfunktion* der Sexualität kann einerseits als eine Teilfunktion der Beziehungsfunktion betrachtet werden, reicht andererseits aber auch darüber hinaus. Sie betrifft die kommunikativen Aspekte der Sexualität und betrachtet Sexualität als menschliche Kommunikation. Dabei geht es um die körperliche und geistige Verständigung, um Bedeutungsinhalte, die im sexuellen Kontakt übertragen werden, um die Signale, die von einem zum anderen gehen, um Intensität und Extensität der Berührungen, des Gesprächs, der Gesten, des Zärtlichkeitsaustausches, des Miteinander, Zueinander und Gegeneinander.

Lust- und Relationsfunktion der Sexualität können unabhängig oder fast unabhängig voneinander existieren. Das ist bei vielen sexuellen und erotischen Erlebnissen und Verhaltensweisen so, bei der → *Selbstbefriedigung* oder beim → *anonymen* Sex und bei der → *Prostitution*, obwohl auch hier meist ein Mindestmaß von menschlicher Beziehung zustande kommt. Andererseits kann es in einer Partnerbeziehung aus Pflichtmotiven, Gewohnheit, Rücksichtnahme, Trotz, Machtstreben oder weiteren Gründen zu sexuellen Handlungen kommen, ohne daß Lust oder größere Lust dabei empfunden wird. Im allgemeinen sind jedoch Lust- und Beziehungsfunktion der Sexualität eng miteinander verknüpft. Im Denken und Fühlen der meisten Menschen, so ergeben sexologische Untersuchungen (Starke, »Liebe und Sexualität bis 30«, 1984), gehören Liebe und Sexualität eng zusammen. Liebe wird nicht ohne Sexualität gedacht, sondern mit Sexualität bedacht, und die Sexualität erhält durch die Liebe subjektiv eine große Dimension. Die Liebesbeziehung wird als der ideale Ort für die höchste sexuelle Lust betrachtet.

Damit ist die *Institutionalitätsfunktion* der Sexualität angesprochen. Sie betrifft die Institution, z. B. die Paargruppe, die Ehe oder andere Gemeinschaften, in der Sexualität stattfindet, und beschreibt die Bedeutung der Sexualität für diese Institution. Aus christlich-patriarchalisch-konservativer Sicht wird die Ehe als einzig legitimer Ort für Sexualität betrachtet (im betonten Standardfalle Geschlechtsverkehr zum Zwecke der Fortpflanzung). Freiere, teilweise romantisierende Auffassungen heben das Kriterium der Liebe hervor und präferieren die feste Liebesbeziehung als idealen Ort der Sexualität, ohne daß andere Möglichkeiten grundsätzlich geleugnet würden. Diese Auffassung, die mit einer grundsätzlich positiven Bewertung von Liebe und Sexualität in allen Altersgruppen einhergeht, hat sich in vielen modernen Gesellschaften durchgesetzt. Sie beinhaltet den Anspruch, daß zu erfüllten Ehe- und Partnerbeziehungen ein befriedigendes Liebes- und Sexualleben gehört. Andere Theorien sehen eben diese Zweierbeziehung bzw. die Langzeitpartnerschaft als einer freien, erlebnisreichen, ungehemmten Sexualität abträglich und idealisieren den → *anonymen*, spontanen Sex mit seinen bequemen, verantwortungslosen Unverbindlichkeiten. Die Ursachen für solche Auffassungsunterschiede liegen darin, daß die Funktionen der Sexualität nicht zeitlos, sondern konkret gesellschaftlich bestimmt sind und sich auch innerhalb einer gegebenen Gesellschaft in den verschiedenen Teilgruppen der Bevölkerung, zwischen den einzelnen Menschen und auch bei der jeweiligen Person ganz unterschiedlich realisieren können.

Die *Bestätigungsfunktion* der Sexualität bezieht sich darauf, daß sich der Mensch durch sexuelle Aktivität in seiner Existenz bekräftigt sieht. Er fühlt sich lebendig, wie neu geboren und in seiner Körperlichkeit, seiner Potenz, als ganze Persönlichkeit, als Mann oder als Frau bestätigt.

Die *Tauschfunktion* der Sexualität besagt, daß Sex gegen Sex getauscht wird (verschaffst du mir einen Orgasmus, dann verschaffe ich dir einen Orgasmus) oder daß Sex als Leistung, Produkt, Ereignis vergeben, verschenkt, verkauft werden kann (sich hingeben, sich dem anderen ganz schenken, miteinander ins Geschäft kommen), oder daß Sexualobjekte aus- oder eingetauscht werden (→ *Partnertausch*, Mädchenhandel). Sexuelle Lust kann seinen Preis haben und selbst zum Preis werden. Sex kann Belohnung und Strafe sein (sexuelle → *Gewalt*, Sexentzug). Die Tauschfunktion drückt zugleich individuelle und gesellschaftliche Beziehungen aus: Mit dem ganzen Menschen kann (mehrfach gebrochen) auch seine Sexualität zu einer Art Ware werden, die ihren Wert und ihren Preis hat.

Die *kompensatorische Funktion* (nach Gunter Schmidt, »Das große Der, Die Das«, 1986) benennt die Tendenz, daß Sexualität Nichtsexuelles ausgleicht (auf individueller Ebene beispielsweise Unzufriedenheit, Sinnleere, mangelnde Selbstverwirklichung, fehlenden Erfolg, Gefühlsdefizite, Kontaktschwäche, gefährdete Partner- oder Ehebeziehung, Angst). Die Sexualität »dient im privaten wie im gesellschaftlichen Ausmaß zunehmend zur Beschwichtigung ganz anderer Bedürfnisse und Ansprüche«. Die kompensatorische Funktion droht damit andere Funktionen der Sexualität zu ersetzen und zu gefährden und insbesondere Liebessexualität zu entwerten. Andererseits kann eine Kompensation nur wegen der Vitalkraft des Sexuellen gelingen. In Maurice Druons Roman

»Der Sturz der Leiber« fragt sich der alte Wilner, als er mit der jungen, von ihm abhängigen und ihn zugleich ausnutzenden Sylvaine zusammen ist: »Warum ist der Liebesakt das einzige, was die physische Angst beschwichtigt?« KS

Sexualität im Lebenszyklus: jede Lebensphase – vom Säugling angefangen bis hin zum alten Menschen – besitzt neben einem allgemeinen sexuellen Grundmuster altersspezifische Besonderheiten.

A. *Sexualität im Säuglings- und Kleinkindesalter.* Spätestens seit Freud (→ *Psychoanalyse*) wird akzeptiert, daß Säuglinge und Kleinkinder keine asexuellen Wesen sind – wie früher oft fälschlich behauptet –, sondern daß sie bereits sexuelle Regungen und Lustgefühle verspüren können. Diese sind zwar nicht mit denen der Erwachsenen identisch, bilden aber deren Vorstufe, und ihre weitere Entwicklung bestimmt das spätere Sexualverhalten. Je nachdem, wie diesbezüglich mit dem Kind umgegangen wird, kann es negative oder positive Sexualgefühle empfinden. S. beginnt bereits mit dem Stillen. Die Mutter befriedigt nicht nur Hunger und Durst des Säuglings, sondern bietet auch Wärme und Geborgenheit; sie schafft angenehme und lustvolle Empfindungen, wie sie in ähnlicher, wenn auch differenzierterer Form für den Liebeskontakt Erwachsener wichtig sind. Freud und die → *Psychoanalyse* schenken dieser frühen Phase besondere Beachtung (→ *Partialtriebe*, → *Penisneid*, → *Kastrationsangst*).

Im ersten Lebensjahr beginnt das Kind Körperbewußtsein zu entwickeln. Es befühlt seinen Körper, lernt dabei angenehme und weniger angenehme Erregungen kennen. Mehr als die Erwachsenen annehmen, beobachtet es auch das Verhalten seiner Bezugspersonen. Es kennt ursprünglich keine → *Scham*, dieses Gefühl wird ihm erst anerzogen. Wenn es an seinem Genitale herumspielt und dabei immer wieder »Pfui, das darfst du nicht tun« hört, setzt sich in ihm die Überzeugung fest, daß man diese Region nicht berühren darf, daß dies unrecht ist. Die Folge davon kann sein, daß die hier erzeugten Hemmungen es später an einer freien Entfaltung seiner Sexualität hindern (→ *Sexualerziehung*). Es ist eine Tatsache, daß schon wenige Monate alte Kinder durch entsprechende Selbststimulation eine → *Erektion* oder, wenn es sich um Mädchen handelt, einen → *Orgasmus* auslösen können. Schon ein kleines Mädchen kann ein Sekret aus ihrer Scheide absondern, ähnlich der späteren Lubrikation der Frau. Da die Kinder zur Wiederholung solcher Handlungen neigen, kann man zu Recht annehmen, daß sie ihnen Lust bereiten.

Im Vorschul- und Schulalter sind sexuelle Spielereien unter Geschwistern oder Spielgefährten nichts Ungewöhnliches. Man spricht hier von »Doktorspielen«, weil die Kinder die ihnen meist bekannte Untersuchung als Rahmenhandlung für das Entkleiden und Zurschaustellen ihrer Genitalregion benutzen. Allerdings sind diese Doktorspiele heute viel seltener als früher und als allgemein angenommen wird. Nach Untersuchungen von Starke/Weller 1990 waren 62 % der über 40jährigen Männer diesbezüglich in ihrer Kindheit aktiv, aber nur 34 % der 17jährigen; bei Frauen ist der Anteil noch etwas niedriger. In seltenen Fällen kommt es auch zur gegenseitigen → *Masturbation*, zumeist, wenn größere Kinder dabei sind. Es kann auch vorkommen, daß Kinder, die zufällig ihre Eltern beim Geschlechtsverkehr überrascht haben, diesen nachahmen, ohne sich jedoch der Bedeutung und Tragweite des Vorgangs bewußt zu sein. Ihre Motivation ist einfach Neugier, eine für die Altersgruppe völlig normale Reaktion. Mit altersgerechter sachlicher Information kann man diese Neugier befriedigen.

Problematischer ist der sexuelle Kontakt eines Kindes mit einem Erwachsenen (→ *Pädophilie*). Ein jüngeres Kind versteht noch nichts von sexuellem Mißbrauch, anders ist es bei älteren. Vor allem wenn sie dazu gezwungen werden – beispielsweise ein analer oder vaginaler Koitusversuch bei einem 7- oder 8jährigen Mädchen –, kommt es nicht nur zu schmerzhaften Verletzungen, sondern möglicherweise auch zu bleibenden psychischen Schäden. In den meisten Gesellschaften werden derartige Sexualhandlungen Erwachsener gesetzlich bestraft.

Kinder stehen der Sexualität zunächst völlig unbefangen gegenüber. Was erlaubt oder verboten, was gut oder schlecht ist, lernen sie erst von den Erwachsenen.

B. *Sexualität im Jugendalter.* Das sexuelle Verhalten Jugendlicher ergibt sich nicht aus der sexualbiologischen Reifung. Sexuelle Handlungen sind schon vor der Geschlechtsreife zu beobachten, sie sind lustbetont und als normal im Sinne von natürlich zu bewerten. Mit der Geschlechtsreife setzt nicht automatisch die für Erwachsene charakteristische sexuelle Betätigung ein. Dabei unterscheiden sich Mädchen und Jungen: Die Zeugungsfähigkeit des Mannes und die erste → *Ejakulation*, die meist mit Lustgefühlen und

Michael von Zichy (1827–1906): »Kleine Spiele«. Zeichnung aus dem Zyklus »Liebe« (um 1875)

→ *Orgasmus* verbunden ist, hat andersgeartete sexuelle Bezüge als die durch die Menarche gekennzeichnete Empfängnisfähigkeit der Frau, die mit der Lustfunktion der → *Sexualität* unmittelbar nichts zu tun hat; sexuelle Bedürfnisse treten nicht obligatorisch auf. Die Sexualpädagogen Heinz Grassel und Kurt Bach schreiben 1979 in »Kinder- und Jugendsexualität«: »So bedeutsam auch die Menarche ist, so kann doch mit dem Vorhandensein der Menstruation das sexuelle Verhalten und Erleben der Mädchen nicht geklärt werden.« Andererseits markiert die Geschlechtsreife ein qualitatives Ereignis in der individuellen Entwicklung des Menschen, das für sein gesamtes Leben einschließlich seines Liebes- und Sexualverhaltens von herausragender Bedeutung ist. Mit der Geschlechtsreife und den ihr zugrundeliegenden biologischen Prozessen sowie den puberalen Wachstumsvorgängen generell gerät der Heranwachsende allmählich zu einer anderen körperlichen Befindlichkeit, in eine andere psychologische Situation und einen anderen sozialen Kontext.

Das Verhältnis von Geschlechtsreife und Sexualität wird in Literatur und Wissenschaft unterschiedlich gesehen. Ein extremer Standpunkt besteht darin, von Sexualität erst mit der Pubertät und der Geschlechtsreife zu sprechen und Begriffskopplungen wie Kindersexualität als sachlich unvereinbar abzulehnen. Die Sexualität setze demnach erst nach der Geschlechtsreife ein, verbunden mit einem sexuellen Lustempfinden, wie es mit dem Orgasmus gegeben ist. Dieser rigide Standpunkt kann dazu verführen, die Beziehungen zum Sexuellen vor der Pubertät zu übersehen oder zu unterschätzen und die sexuelle Entwicklung der Heranwachsenden undialektisch, nicht in ihrer Genese zu sehen. Die Kontinuität der Entwicklung des menschlichen Sexualverhaltens im Lebenszyklus in seinen biologischen, psychologischen und soziologischen Bezügen kann dabei leicht verlorengehen. Gerade in ihr liegen aber die hauptsächlichen Erklärungen des Liebes- und Sexualverhaltens Jugendlicher. Bei allem Gemeinsamen über die Zeiten, Epochen und Gesellschaften hinweg hat die Jugendsexualität konkrete historische Bezüge. Sie findet in einem sozialen Raum und unter sich wandelnden Lebensbedingungen statt. Sie ist bestimmten Normen unterworfen, die extrem unterschiedlich sein können, z. B. in bezug auf die Einstellung zur → *Jungfernschaft*, zum Heiratsalter oder zum gesetzlichen Schutzalter. Die Jugend ist ein dynamisches Element der Gesellschaft, auch hinsichtlich des Partner- und Sexualverhaltens. Das Jugendalter als Lebensphase und die Jugend als soziographische Gruppe (ein Element der Sozialstruktur) sind keineswegs rein psychologisch bestimmt, sondern unterliegen den Bedingungen und Möglichkeiten der jeweiligen Gesellschaft. In den modernen Industriegesellschaften beobachten Jugendforscher (Walter Friedrich, Klaus Hurrelmann u. a.) eine Verlängerung der Jugendphase bei Verwischung der unteren wie der oberen Grenzen des Jugendalters in Form einer Akzeleration (die jüngeren Jugendlichen werden immer jünger) wie einer Dezeleration (die älteren Jugendlichen werden immer älter). Zudem ist »die Jugend« nichts Einheitliches, sondern äußerst differenziert.

Für die heutige Zeit und insbesondere auf Deutschland bezogen sind folgende Tendenzen zu beobachten:

(1) Jugendliche werden heute im Durchschnitt drei Jahre eher geschlechtsreif als zu Beginn des Jahrhunderts. Die Menarche, das Alter der ersten Regelblutung, liegt bei durchschnittlich 12,8 Jahren, die Ejakularche, das Alter des ersten Sa-

menergusses, bei 13,9 Jahren. Zu dieser physischen Akzeleration gesellt sich eine psychische Akzeleration im Kontext der frühzeitigen Einbeziehung der Heranwachsenden in Konsum und Information. Die Lebensentwürfe werden vielfältiger, offener und zugleich kurzfristiger und unberechenbarer. Die Lebensperspektiven verbreitern sich, weil die Chancen und Alternativen – aber ebenso die Risiken und Unwägbarkeiten – zunehmen. Sexuelle Selbstfindung, Partnersuche und Partnerbeziehung stellen wichtige Sozialisationsfaktoren dar und fördern die persönliche Entwicklung der Jugendlichen. Zunächst offen gegenüber vielen potentiellen Partnern, werden bald Bindungen eingegangen, die qualitativ anders sind als alle anderen bisherigen Bindungen, insbesondere die zu den Eltern und Geschwistern. Die Geschlechtlichkeit des Partners und das Sexuelle werden zu invarianten Merkmalen der Beziehung und Bindung. Monogamisches Verhalten, das gelegentlich auch monomanisch mit seinen Vereinseitigungen sein kann, wird erprobt. Der Partner und die Paargruppe greifen tief in den Alltag ein und eröffnen neue Zugänge zur personalen und sozialen Umwelt, verschließen aber auch andere. Die Paargruppe wird zur Begleitbedingung der eigenen Persönlichkeitsentwicklung und zur konstanten Größe im Lebenslauf.

(2) Mit 16 Jahren sind 90 % der deutschen Jugendlichen schon einmal verliebt gewesen. Die → *Verliebtheit* drängt bald auf Erwiderung und den Aufbau einer Paargruppe. → *Schwärmerei* ohne Kontaktstreben und ohne energische Anstrengung zur Interaktion ist heute nicht charakteristisch. Das Verliebtsein wird nicht unterdrückt, versteckt, heimlich genossen, sondern unter der Voraussetzung gegenseitiger Induktion institutionalisiert.

(3) Jugendliche gehen früh feste Partnerbeziehungen ein. Mit 16 Jahren sind rund 80 % partnerschaftserfahren. Aktuell haben mit 16 Jahren ein Viertel der Jungen und die Hälfte der Mädchen eine feste Freundschaft. Dieser Anteil war früher im Osten Deutschlands höher. Jetzt wollen insbesondere männliche Jugendliche ohne feste Bindung leben und noch warten, um bezüglich ihrer beruflichen Orientierung und Lebensgestaltung offen und flexibel zu sein. Sie sehnen die Freuden der Zweisamkeit nicht

unbedingt herbei und scheuen Risiken, Belastungen, Ärger. Dennoch: Auch von denen, die gegenwärtig keinen festen Partner haben, sehnen sich die meisten nach Liebe. Dies ist nicht nur bei jungen Mädchen so, sondern auch bei schon älteren Singles. Gründe für *ungewollte* Partnerlosigkeit: Der oder die Richtige wurde noch nicht gefunden; die verflossene Beziehung ist noch nicht verarbeitet. Die Schuld an diesem Zustand sucht der Betroffene oft bei sich selbst (zu hoher Anspruch, Kontaktprobleme), weniger in den objektiven Lebensumständen. Als Gründe für *gewollte* Partnerlosigkeit werden vor allem Zeitmangel, Leistungsdruck in der Schule und bei der Arbeit angegeben. Über ein Viertel der partnerlosen Männer und knapp die Hälfte der Frauen meinen, daß sie ihre sexuelle oder ihre Freiheit überhaupt nicht aufgeben wollen.

(4) Die emotionalen Bindungen in festen Beziehungen sind eng. Sie werden – selbst im Stadium nascendi – fast niemals mit »Ich weiß nicht« und selten mit »Wir mögen uns« beschrieben, oft mit »Verliebtheit« und noch häufiger mit »Liebe« in Verbindung gebracht. Die meisten jungen Deutschen gehen eine Bindung nur dann ein und suchen Nähe und Intimität nur dann, wenn sie der Beziehung das Prädikat »Liebe« verleihen können. Jungen wie Mädchen haben die psychische Erwartungshaltung und suchen das sichere Gefühl, daß auch ihr(e) Partner(in) engagiert ist, und zwar mindestens ebenso stark wie sie selbst. Sich lediglich aus Langeweile oder Einsamkeit, zur Stärkung des eigenen Selbstbewußtseins, aus Prestige- oder anderen (z. B. rein sexuellen) Gründen eine(n) Freund(in) zuzulegen ist ganz und gar untypisch geworden.

Die jugendliche Partnerbeziehung ist im Regelfall eine Liebesbeziehung, und zwar eine mit hohem Anspruch und ganz bestimmten Qualitäten. Das dominierende und übergeordnete Kriterium und zugleich das Hauptmotiv des Aufbaus einer Paargruppe ist dabei das gegenseitige Vertrauen. Dazu gehören das Sichanvertrauenkönnen, gegenseitiges Einfühlungsvermögen, Gleichklang der Herzen, geistige und körperliche Kommunikation, Zärtlichkeit – alles verbunden

Michael von Zichy (1827–1906): »Damit das Kind nicht weint«. Zeichnung aus dem Zyklus »Liebe« (um 1875) ➪

mit der Achtung der eigenen Person, der Anerkennung der eigenen Individualität, der Akzeptanz von persönlichen Freiräumen. Dagegen werden Bedürfnisdiskordanzen, Streit, Furcht vor dem anderen, Herrschaft eines Partners, latente oder tatsächliche Übergriffe, eine überwiegend sexuell dominierte Liaison sofort als negativ empfunden und als unerträglich abgelehnt.

Nicht Beliebigkeit, sondern → *Liebe* kennzeichnet die jugendliche Paargruppe. Die Liebe wird auch verbalisiert: Rund 90 % haben ihrem Partner schon gesagt, daß sie ihn lieben. Jugendliebe ist heute nicht sprachlos, sondern kommunikativ. Die meisten, rund 80 %, möchten möglichst lange mit ein und demselben Partner zusammensein, die restlichen 20 % planen Partnermobilität ein, fast niemand will von vornherein lebenslang auf Partnerschaft verzichten.

(5) In Liebesbeziehungen kommt es schnell zu sexuellen Kontakten einschließlich Geschlechtsverkehr. Eine längere und sich verselbständigende → *Pettingphase* ist nicht charakteristisch. Der erste Geschlechtsverkehr geschieht bei ungefähr der Hälfte der Jungen und Mädchen innerhalb der ersten drei Monate nach dem Kennenlernen. So gut wie alle Jugendlichen tolerieren den vorehelichen → *Geschlechtsverkehr* und praktizieren ihn auch. Virginität (Jungfernschaft) wird weder als Makel noch als Erfolg noch als etwas Besonderes bewertet, das es zu bewahren gelte. Der erste Geschlechtsverkehr ist bei der Mehrzahl der Jugendlichen von Liebe oder Verliebtsein getragen und findet zu 75 % bis 85 % in einer festen Partnerschaft statt. Nur in Ausnahmefällen ist er anonym, zufällig, beiläufig. Bei allgemeiner Tendenz zu Gleichaltrigkeit ist der erste Koituspartner zwar meist etwas älter, aber in vielen Fällen sexuell ebenfalls unerfahren. Der erste Geschlechtsverkehr ist dann ein gemeinsam angestrebtes und beiderseits gewolltes Ereignis. Sind diese Bedingungen nicht gegeben, so wird auf Geschlechtsverkehr lieber verzichtet.

(6) Das Alter beim ersten Geschlechtsverkehr, Kohabitarchealter genannt, stimmt bei männlichen und weiblichen Jugendlichen seit den 70er Jahren ganz oder nahezu überein. Frauen haben also genauso früh wie Männer, im Durchschnitt etwa mit 17 Jahren, den ersten Geschlechtsver-

kehr. Rund ein Drittel der Mädchen ist beim ersten Koitus noch nicht 16 Jahre alt. Insbesondere in Westdeutschland ist die Unterschicht diesbezüglich etwas früher aktiv, während sich die Oberschicht und künftige Intellektuelle noch etwas zurückhalten.

(7) Die Jugendlichen verfügen heutzutage über einen Ort, an dem sie ungestört zusammensein, Zärtlichkeiten austauschen und miteinander schlafen können. Das ist in den meisten Fällen das eigene Zimmer in der elterlichen Wohnung oder das Zuhause des Partners. Zu den Eltern besteht eine meist enge emotionale Bindung. Insbesondere die Mutter, weniger der Vater, ist die erste Vertrauensperson und der bevorzugte Kommunikationspartner auch in Liebesangelegenheiten. Die meisten Eltern akzeptieren die Partnerbeziehungen ihrer jugendlichen Kinder, erlauben das Übernachten und wissen um die sexuellen Kontakte Bescheid. Sexualität findet nicht heimlich irgendwo draußen, sondern gemütlich im eigenen Bett statt.

(8) Der Anteil orgasmischer Frauen hat sich insbesondere in den 70er Jahren erhöht. Etwa 75 % der 16jährigen, 90 % der 18-jährigen, 95 % der 22jährigen und 99 % der 27jährigen gaben Orgasmuserfahrungen an. Auch die Orgasmusraten bei Geschlechtsverkehr und intimem Zusammensein waren gestiegen. Die sexuelle Befriedigung des Mannes und der Frau gilt als invariantes Element partnerschaftlicher Sexualität. → *Zärtlichkeit* ist die häufigste Assoziation bei Liebe und Sexualität. Sexuelle Empfindungsfähigkeit wird erwartet und geschätzt. Sexuelle Kontakte ohne Lust werden von den Frauen im allgemeinen erst gar nicht in Erwägung gezogen.

(9) → *Empfängnisverhütung* wird von Jugendlichen positiv bewertet und überwiegend korrekt praktiziert. Rund 80 % der Frauen haben beim ersten, mindestens 90 % beim letztzurückliegenden Geschlechtsverkehr verhütet. Rund drei Viertel der 16jährigen und neun Zehntel der 18jährigen haben • Pillenerfahrung. Nur 5 % der Koituserfahrenen haben noch nie verhütet. Nahezu alle betrachten die Schwangerschaftserfahrung als gemeinsame Verantwortung. Die gängigen Mittel und Methoden der Kontrazeption sind unter Jugendlichen gut bekannt. Am populärsten ist mit 99 % die

Pille. Zwei Drittel haben Erfahrung mit dem → *Kondom*. Sichere Kontrazeption wird heute – deutlicher als vor einem Jahrzehnt – als unabdingbare Bedingung für Geschlechtsverkehr betrachtet. Ungewollt schwanger zu werden ist die mit Abstand größte Angst im Zusammenhang mit Sexualität, größer als die vor → *Aids*. Die Aids-Angst unter den jüngeren Jugendlichen resultiert aus Unsicherheit, Unwissenheit und Unerfahrenheit. Sie stellt eine Art Schwellenangst bei der Aufnahme soziosexueller Kontakte dar, die sich während der Beziehung zerstreut. Die realen Gefahren werden im alltäglichen Sexualleben oft verdrängt.

(10) Autistische Konzepte des Safer Sex sind bei Jugendlichen (insbesondere im Osten Deutschlands) nicht »in«. Die Sexualität wird nicht idealerweise als aseptischer Sex möglichst ohne Berührung oder als anonymer Service oder isolierte Lust gedacht, sondern ist am (geliebten) Partner festgemacht. Hetero- wie Homosexuelle lieben einen konkreten Menschen, gehen mit ihm eine Beziehung ein und haben mit ihm sexuellen Kontakt. Die Masturbationsraten sind vergleichsweise niedrig. → *Masturbation* wird zwar als sexuelle Aktivität akzeptiert, und diesbezügliche Verklemmungen wurden abgebaut, doch wird der partnerschaftliche Sex vorgezogen.

(11) Männliche wie weibliche Jugendliche haben partnerschaftliche Vorstellungen von sexuellen Beziehungen. Man will, wenn man will, daß auch der andere will. Sich gezwungen oder bedrängt zu fühlen kommt vor und wird als belastend empfunden, doch Drängelei oder Zwang widersprechen heutzutage der Moral der meisten jungen Männer. Fast nie geht die Initiative zum Geschlechtsverkehr nur vom Mann aus. Dagegen kommt es häufiger vor, daß das Wollen der Frau ausschlaggebend ist. Die sexuelle Interaktion in der Liebesbeziehung junger Partner ist selten männlich, recht oft aber weiblich kontrolliert. In jüngster Zeit ist bei Jugendlichen eine Renaissance der romantischen Liebe zu beobachten (Schmidt/Starke/Weller, »Studie Jugendsexualität und Aids«, 1990). Das Ideal der ewigen Liebe wird durch

Michael von Zichy (1827–1906): »Versuche«. Zeichnung aus dem Zyklus »Liebe« (um 1875) ➪

das Ideal der aktuellen → *Treue* ergänzt.

(12) Diesen idealen Freuden stehen reale Ängste gegenüber. Die Ängste beziehen sich auf die Antizipation des Sexuellen und das Erleben der Sexualität.

a) Viele weibliche Jugendliche haben kein ausgeprägtes Verlangen nach ersten sexuellen Kontakten. Nur ein Viertel der 16- bis 17jährigen koitusunerfahrenen Mädchen haben den Wunsch nach mehr Sex, nur 10 % von ihnen wünschen sich den ersten Koitus. Sie fürchten Enttäuschungen, haben Angst, den Richtigen zu finden, der den eigenen Erwartungen gerecht wird, verspüren gelegentlich eine Abneigung gegen »den Mann an sich«.

b) Auch männliche Jugendliche, insbesondere aus den alten Bundesländern, verzichten häufig auf sexuelle Kontakte. Ihr sexuelles Verlangen hält sich in Grenzen. Beim ersten Geschlechtsverkehr war nicht für alle ein starkes sexuelles Verlangen ausschlaggebend. Sie knüpfen Geschlechtsverkehr an eine feste Liebesbeziehung und die treue Freundin, keinesfalls wollen sie sich auf Beliebiges, Unberechenbares, Einengendes, Belastendes nur um der Bindung willen oder wegen Sex einlassen.

c) Bei weitem nicht alle weiblichen Jugendlichen empfinden ihre sexuellen Aktivitäten als angenehm und schön, vor allem im Westteil Deutschlands nicht (Schmidt, »Jugendsexualität«, 1993). Das bezieht sich auf die Masturbation, die sie oft nicht lustvoll erleben, vor allem aber auf das intime Zusammensein mit dem Partner und den Geschlechtsverkehr.

d) Viele Jugendliche fürchten sexuelle Gewalt und haben sie schon selbst erlebt.

e) Insbesondere bei den in der Markt- und Leistungsgesellschaft sozialisierten jungen Männern kommen psychische Probleme hinzu, die mit sexueller Kompetenz, sexueller Leistungsfähigkeit, eigener Attraktivität, Frustrationen in Liebe und Sexualität und mit der Annahme zusammenhängen, dem Normendruck nicht gewachsen zu sein oder als Person nicht unvoreingenommen akzeptiert zu werden, sondern sich als Mann erst einmal durch ein Dickicht von Mißtrauen und Vorurteilen kämpfen zu müssen.

f) Die Wahrnehmung der → *Geschlechterrollen* ist für viele Jugendliche »ätzend«. Sie betrachten gerade diese Rollenfixierung unter Vernachlässigung anderer Merkmale und vor allem ihrer Individualität als einseitig. Das tatsächliche oder konstruierte Verhältnis zwischen Männern und Frauen wird teilweise als bedrohlich empfunden.

(13) Die Orgasmushäufigkeit hat sich im Vergleich zu den Zeiten der sexuellen Liberalisierung nicht verändert, wohl aber die Einstellung zum Orgasmus, zu dessen Erleben und zur Funktion, die ihm in der Partnerbeziehung zukommt. Das sexistisch legitimierte Qualitätssiegel für männliche und weibliche Potenz ist brüchig geworden, eine Orgasmuspflicht wird abgewehrt. Abneigung besteht gegen den mit allerlei Tricks herbeigeführten Leistungsorgasmus, der als Sieg im gemeinsamen Gegeneinander und als streßbesetztes Prestigeereignis gefürchtet wird. Statt dessen wird die individuelle Qualität einer gestalteten Beziehung gesucht, verbunden mit Nähe, Vertrautheit, Wärme, unbeschwerter → *Lust* und unberechenbar-unberechneter, nicht berechnender Zärtlichkeit als erotische Gesamtform. → *Schmusen* ist in, zwanghafter oder billiger Allerweltssex ist out.

Diese und andere sexologisch-soziologischen Befindlichkeiten sind mehr oder weniger großen Veränderungen unterworfen. Jede neue Generation gewinnt ihr eigenes Verhältnis zu Liebe, Erotik und Sexualität, das sich oft von dem vorangegangener Generationen unterscheidet.

C. *Sexualität im mittleren Lebensalter.* Vom 30. Lebensjahr an oder schon etwas früher sind die meisten Menschen eine feste Partnerbindung eingegangen oder haben als → *Single* eine besondere Lebensform gewählt. 1994 hatten beispielsweise 90 % der 30 bis 60jährigen im Freistaat Sachsen eine feste Partnerbeziehung. In vielen Fällen wird nicht der erste Sexualpartner der spätere feste oder Ehepartner. Sie sind sexuell nicht mehr unerfahren, kennen ihr eigenes Sexualverhalten und haben bestimmte Vorstellungen und Erwartungen an ihren Partner. Werden diese in sexueller Hinsicht auf längere Zeit nicht erfüllt, gibt es in der Partnerschaft Spannungen, → *Frustration*, Streit, mitunter Trennung, denn der Stellenwert einer befriedigenden Sexualität ist heutzutage sehr hoch, für den Mann ebenso wie für die Frau. Die Liebe im partnerschaftlichen oder ehelichen Alltag wird zur Aufgabe. Die zentrale Frage lautet jetzt oft: Zusammenbleiben oder nicht. Sie wird häufig mit Nein beantwortet. Es werden neue Verantwortlichkeiten erschlossen.

Die Fähigkeit, einen anderen Menschen kennenzulernen, mit ihm zusammenzuleben, ihn zu fordern, für ihn mit verantwortlich zu sein, wird auf die Probe gestellt. Die Sexualität gewöhnt sich an Gewöhnung. Der erotische Sonntag wird durch die sexuelle Routine des Alltags ergänzt oder von ihr abgelöst. Um das 30. bis 45. Lebensjahr ist die sexuelle Leistungsfähigkeit noch groß, erst nach dem 50. Jahr verspüren die meisten ein geringes Nachlassen. Die Koitusfrequenz hat sich bei vielen Paaren auf zweimal in der Woche eingepegelt, doch gibt es große individuelle Unterschiede.

Mit zunehmender Dauer der Partnerschaft besteht die Gefahr, daß sich eine gewisse Langeweile und Routine in die Intimbeziehungen einschleichen. Man kennt sich gegenseitig genau und weiß im voraus, wie sich der andere verhält. Um aus dieser Monotonie auszubrechen, suchen manche nach Alternativen oder zusätzlichen Reizen (→ *Partnertausch*, → *Partnermobilität*, → *Gruppensex*, → *Prostitution*). Einerseits wollen sie ihre Ehe nicht aufgeben, andererseits fühlen sie sich nicht voll befriedigt. Eine Möglichkeit ist das Fremdgehen. Der Reiz der Neuheit steigert von neuem das sexuelle Verlangen, plötzlich fühlt man sich sexuell wieder leistungsfähig und experimentierfreudiger, vor allem wenn der neue Partner oder die Partnerin jünger und äußerlich attraktiver als der langjährige Ehepartner ist. Zugleich wird nach Möglichkeiten gesucht, innerhalb langjähriger Partnerschaften noch intensiv Lust und Liebe zu erleben. Bekannte Sexualforscher und viele andere Autoren geben entsprechende Hinweise, so Masters und Johnson in ihrem Buch »Spaß an der Ehe«, Eichenlaub in »Neue Wege zum Sex in der Ehe« oder Rüdiger Boschmann/Günther Hunold in »Lustgewinn in der Ehe«. Ihrer Überzeugung nach kann man der Langeweile vorbeugen, indem sich beide Partner umeinander bemühen, sich über sexuelle Vorlieben aussprechen, Wünsche aufeinander abstimmen, sich nicht verstellen und Empfindungen nicht vortäuschen. Abwechslung im Liebesspiel ist wichtig, nicht nur was die verschiedenen Positionen anbelangt, sondern auch die Tageszeit und der Ort des Zusammenseins. Außerdem: sich gegenseitig überraschen, aufeinander Rücksicht nehmen, sich liebevoll auf den Liebesakt einstimmen. Die Scheidungsrate in dieser Altersgruppe ist hoch, einer der Hauptgründe dafür liegt in Unstimmigkeiten im sexuellen Bereich.

D. *Sexualität im höheren Lebensalter.* In der zweiten Lebenshälfte

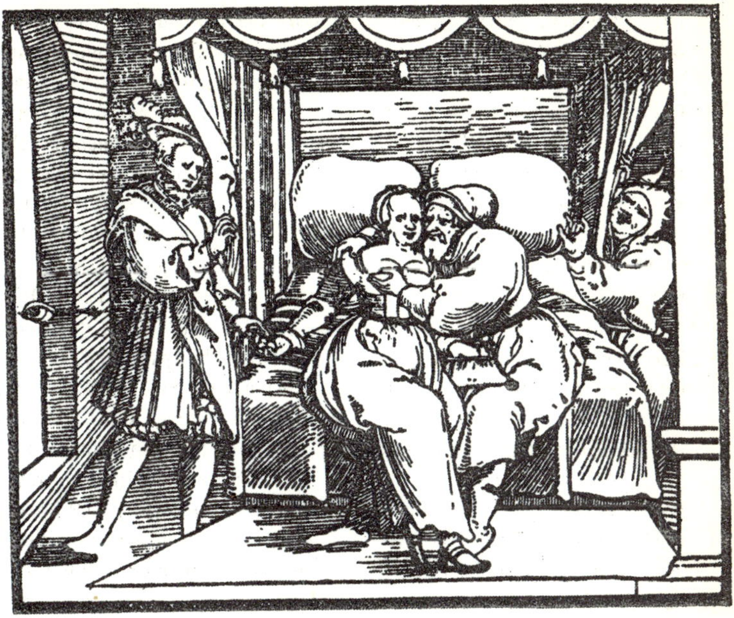

»Die an den Alten verkuppelte Frau«. Holzschnitt (16. Jh.)

nehmen im allgemeinen sexuelles Verlangen und sexuelle Leistungsfähigkeit allmählich ab. Das kann sich in einem Absinken der Koitusfrequenz äußern, wobei die Häufigkeit nicht der alleinige Maßstab für die Qualität darstellt. Erlebnisfähigkeit und Befriedigung können weiter intensiv bleiben, auch wenn man nicht mehr so oft miteinander schläft.

Der Mann wird mit zunehmendem Alter eher für sexuelle Funktionsstörungen anfällig als die Frau. Meist machen sie sich in Form von mangelnder oder nicht lange genug anhaltender Gliedsteife bemerkbar. In höherem Lebensalter kann die Erektion nicht mehr so lange aufrechterhalten werden wie in jungen Jahren; sie tritt etwas verzögert auf, der Erektionswinkel (Abstehen des erigierten Penis vom Körper) verkleinert sich (Volksmund: »Er kriegt ihn nicht mehr hoch«), der Samenausstoß erfolgt langsamer, auch die Menge der Samenflüssigkeit wird geringer. Die Zeugungsfähigkeit bleibt jedoch beim sonst gesunden Mann bis ins hohe Alter intakt. Das männliche Keimdrüsenhormon Testosteron wird im reduzierten Maß weiter produziert.

Störungen der Sexualfunktion in dieser Altersklasse stehen meist im Zusammenhang mit starker beruflicher oder/und familiärer Belastung, ungesunder Lebensweise und übermäßigem Gebrauch bestimmter Genußmittel. Erschwert ist die Prognose, wenn ernstere Erkrankungen (Bluthochdruck, Herzleiden, Diabetes mellitus u. a.) hinzukommen. Doch auch in diesen Fällen sollte ein Sexualtherapeut aufgesucht werden, oftmals ist eine Besserung möglich (→ *Sexualtherapie*). Manche sind auch zu sehr auf den intravaginalen Koitus (Glied in der Scheide) konzentriert und vergessen dabei, daß es andere Möglichkeiten zur Befriedigung gibt, die ebenso reizvoll sein können (→ *oral-genitale* Kontakte, → *Petting*).

Für das sexuelle Erleben der Frau spielen die altersbedingten Veränderungen eine geringere Rolle. Daß die Eierstockfunktion im Laufe des Klimakteriums nachläßt und schließlich aufhört, beeinträchtigt die Erlebnisfähigkeit nicht. Wer vorher orgasmusfähig war, bleibt es auch weiterhin. Viele Frauen fühlen sich sogar nach dieser Umstellung freier und lockerer, sie genießen ihr Liebesleben intensiver, weil sie keine Probleme mit der Empfängnisverhütung mehr haben. Wenn sich nach dem 60. Lebensjahr und später die Unterleibsorgane allmählich zurückbilden, wird die Scheidenschleimhaut etwas dünner und infolgedessen auch verletzlicher. Intensive Koitusbewegungen können deshalb als schmerzhaft empfunden werden, zumal auch die Schlüpfrigkeit der Scheide (Lubrikation) abnimmt. Gelegentlich kann sich auch eine Blasenreizung einstellen. Durch eine entsprechende Hormontherapie lassen sich diese Beschwerden beseitigen. Auch Erkrankungen können das Sexualverhalten ungünstig beeinträchtigen, doch auch hier besteht die Möglichkeit, auf Alternativen auszuweichen. Langjährig miteinander vertraute und aneinander interessierte Partner können hier sehr erfinderisch sein.

Es gibt im Alter aber auch viele Alleinstehende, die ohne Partner auskommen müssen; wegen des hohen Frauenüberschusses sind Frauen mehr betroffen. Für diesen Personenkreis sind die Möglichkeiten, sexuelle Wünsche zu erfüllen, eingeschränkt. Einige versuchen, ihre Gefühle zu unterdrücken oder zu sublimieren, indem sie nach einer Ersatzbefriedigung suchen, andere fangen wieder an zu masturbieren – oft verbunden mit Schuldgefühlen, weil sie denken, dies sei nicht recht, sie dürften solche Empfindungen nicht mehr haben, geschweige denn, ihnen nachgeben. Einige finden schließlich wieder einen Partner – Männer eher als Frauen –, doch handelt es sich dabei um eine Minderheit.

Auf Grund der höheren Lebenserwartung hat Sexualität im Alter an Bedeutung gewonnen. Sie ist nicht – wie früher vielfach postuliert – ein Vorrecht der Jugend und jungen Menschen, sondern sie begleitet alle Menschen bis ins hohe Alter. Ausdrucksformen, Intensität und Häufigkeit sexueller Aktivitäten wechseln im Laufe der Jahre, der Wunsch nach Liebe, Zärtlichkeit, gegenseitigem engen Kontakt und sexueller Erfüllung bleibt erhalten. Ar KS

Sexualphantasien: Vorstellungen und Träumereien sexuellen Inhalts. In den verschiedensten Formen spiegeln sie verborgene oder meist nicht ausgesprochene oder realisierte Wünsche und Sehnsüchte wider. Z. B. werden bestimmte sexuelle Handlungen oder bestimmte Partner vorgestellt, die besonders reizvoll erscheinen, oder frühere Erlebnisse noch einmal ins Gedächtnis zurückgerufen.

S. kommen hauptsächlich in drei Varianten vor:

(1) Tagsüber als eine Art Tagtraum. Sie sind meist nicht mit sexuellen Handlungen verbunden, sondern beschränken sich auf das Ausmalen besonderer Situationen.

(2) Phantasien vor oder während der Masturbation. Sie leiten die sexuelle Erregung ein und steigern sie zusammen mit der genitalen Manipulation bis zum Höhepunkt.

(3) Vor und während des Koitus auftretende S., die nicht unbedingt mit dem augenblicklichen Partner verbunden sein müssen, aber zusätzlich stimulierend wirken.

Der Inhalt der S. ist individuell völlig verschieden. Bei Frauen soll er romantischer und vielfältiger als bei Männern sein. Von Karen Shannon befragte Frauen bevorzugten folgende Themen:

Frauen als Verführerinnen junger Männer oder Knaben, Sex mit einer berühmten Persönlichkeit, Gruppensex, sich als Prostituierte fühlen und verhalten, vergewaltigt werden, Sex an verbotenen Orten haben, zuschauen beim Sex anderer oder selbst dabei beobachtet werden.

Während Frauen sich häufiger richtige Geschichten ausmalen, werden die S. der Männer meist als einfacher strukturiert beschrieben. Anthony Pietropinto und seine Mitarbeiterin Jacqueline Simenauer führen den Unterschied darauf zurück, daß Männer es gar nicht nötig haben, viel eigene Phantasie zu entwickeln, weil ihnen Herrenmagazine und ähnliche Erzeugnisse genügend Vorlagen liefern, um sich daran orientieren zu können. Im Gegensatz zu Frauen stehen Männer im Ruf, sich meist schnell selbst befriedigen und nicht erst lange vor

Alwine Hotter: »Herrengesellschaft«. Linolschnitt (um 1920)

sich hin träumen zu wollen. Bei den von ihnen bevorzugten Themen steht auch das Verführen oder Verführtwerden an erster Stelle. Die Phantasiefrau besitzt beispielsweise übergroße pralle Brüste und einen knackigen Hintern. Manch einer denkt dabei auch an seine eigene Partnerin. Nur ein geringer Prozentsatz phantasiert laut diesen Untersuchungen über Gruppensex und ungewöhnliche Sexualpraktiken.

Typisch ist, daß der einzelne bestimmte S. entwickelt und sie später immer wieder abruft, auch um sich sexuell erfolgreich einzustimmen. Einbildungskraft und Vorstellungsvermögen hängen von der Persönlichkeit, ihrem Bildungsstand und ihrer Einstellung zur Sexualität ab. Ar

Sexualprotz: Mann, der mit angeblichen oder tatsächlichen Sexualerlebnissen und Erfolgen prahlt. Die Motive dafür sind vielfältig und hängen mit der gesamten Persönlichkeitsstruktur zusammen. Der S. entweiht und vergröbert ohne Scham gegenüber dem Zuhörerkreis und insbesondere ohne Rücksicht auf die Frau sexuelle Beziehungen, die er offenbar nicht sensibel empfindet und nicht für schutzwürdig hält. Da er sonst oft nichts zu bieten hat, möchte er mit seinen sexuellen Abenteuern interessant wirken und jene Zuwendung erlangen, die er sonst vielleicht nicht erfahren würde. Das ist auch ein Grund dafür, daß selbstunsichere und gehemmte Menschen sexuelle Erfolge erfinden. Sie leiden unter einem emotionalen und erotischen Defizit, haben keine erfüllten Partnerbeziehungen und wollen ihre Minderwertigkeitskomplexe überspielen. Ähnlich motiviert sind solche Prahlereien unter Jugendlichen. Erhoffte Sexualkontakte werden dadurch vorweggenommen. Obwohl derartige Verhaltensweisen auch bei Frauen vorkommen, gibt es den Verbal-S. nur als männliche Variante. Der S. ist eine typische Erscheinung der Männergesellschaft; er rechnet damit, daß seine oft grobsexuellen und die Frau entwürdigenden Erzählungen Anklang finden. In der heutigen Zeit hat der S. kaum noch gesellschaftliche Bedeutung. Auf Grund der sexuellen Liberalisierung, eines öffentlichen Überangebots an professionellem Sex und mangels entsprechender Gesellschaft wird ihm der Boden für seine Prahlereien entzogen. KS

Sexualtherapie: Oberbegriff für verschiedene Behandlungsarten von sexuellen Funktionsstörungen. Man unterscheidet:

(1) Medikamentöse Therapie; je nach Bedarf werden antriebssteigernde, hemmende, vegetativ dämpfende, durchblutungsfördernde oder Hormonpräparate verordnet.

(2) Übungsverfahren; z. B. die Therapieprogramme von Masters und Johnson oder Helen Kaplan Singer oder Programme für anorga-

stische Frauen und Übungen für Männer mit vorzeitigem Samenerguß.

(3) Psychotherapeutische Verfahren; z. B. autogenes Training, Gesprächspsychotherapie, Verhaltenstherapie, Psychoanalyse.

Wenn irgendwie möglich, wird der Partner in die Therapie einbezogen, weil zur Überwindung der Störung neben der Therapie eine enge Kooperation innerhalb der Paargruppe sinnvoll ist. Lehnt ein Partner seine Mitwirkung ab, ist der Erfolg in Frage gestellt.

Am Beispiel des von dem amerikanischen Forscherpaar Masters und Johnson in den 60er Jahren entwickelten Therapiekonzepts soll ein solches Übungsverfahren erklärt werden: Die Grundlage bildet das sogenannte Sensualitätstraining (sensate focus), das in vier Stufen trainiert wird. In den ersten beiden Stufen liegen die Partner unbekleidet im Bett und streicheln sich gegenseitig, zunächst ohne, später unter Einbeziehung der Genitalorgane. Mann und Frau wechseln sich dabei ab, jeder übernimmt einmal die aktive und dann die passive Rolle. Wichtig ist es, seine Empfindungen zu kommunizieren; man verbalisiert, was einem unsympathisch ist und was man als lustvoll empfindet. Durch diese Übungen sollen Berührungsängste abgebaut und die Kommunikation zwischen dem Paar verbessert werden. Ein für diese Phasen bestehendes Koitusverbot soll den Leistungsdruck beseitigen. Nach dem Training finden regelmäßige Aussprachen mit dem männlichen und weiblichen Therapeuten statt; jeder Partner soll sich durch einen der beiden Therapeuten repräsentiert fühlen, Unklarheiten oder Störfaktoren erkennen und im gemeinsamen Gespräch eliminieren können. In der dritten Stufe kann nach dem Streicheln zum Koitus übergegangen werden, doch ohne den Orgasmus erreichen zu wollen, dem die 4. Stufe vorbehalten ist. Masters und Johnson führen diese Behandlung stationär im Verlaufe von zwei bis drei Wochen durch, wobei am Anfang eine genaue körperliche Untersuchung vorgenommen wird, um organische Störungen nicht zu übersehen. Daß auch die ambulante Form möglich ist und ein Therapeut ausreicht, zeigen die Erfahrungen von Helen Singer Kaplan in den 70er Jahren, die ein Sensualitätstraining in etwas vereinfachter Form durchführt und eine längere Behandlungszeit ansetzt. Diese Übungen eignen sich besonders für Orgasmus- und → *Libidostörungen*.

Bei der Behandlung des vorzeitigen Samenergusses kann man unter andrem die Squeeze-Technik anwenden: Die Partnerin übernimmt hier den aktiven Part. Ihr Partner liegt mit gespreizten Beinen auf dem Boden, sie sitzt zwischen seinen Beinen und stimuliert den Penis manuell bis zur Erektion und weiter. Sobald der

Mann das Gefühl der bevorstehenden Ejakulation verspürt, signalisiert er dies seiner Partnerin. Sie umfaßt vorsichtig die Eichel und drückt sie zusammen, woraufhin die Gliedversteifung meist zurückgeht. Danach beginnt sie erneut mit der Penisstimulation und verfährt wie beim ersten Mal. Der Zweck dieser Übung besteht darin, daß der Mann lernen soll, den Zeitpunkt des Samenergusses hinauszuzögern. Bei der Stop-und-Start-Methode (stop and go wie im Stau) wird dem Mann geraten, nach Einführen des Gliedes in die Scheide kurz zu pausieren – eventuell dabei auch gedanklich abzuschalten –, dann mit langsamen Stoßbewegungen fortzufahren und zwischendurch erneut innezuhalten, um die Erregung etwas abzubremsen. Auch das Orgasmuserleben ist erlernbar. Von LoPiccolo stammt ein Stufenprogramm, bei dem die Frau nach genitaler Selbsterkundung (Betrachtung der Geschlechtsorgane im Spiegel, Befühlen von Kitzler und Scheide) zunächst allein und dann in Anwesenheit des Partners masturbiert; schließlich wirkt er dabei mit und berücksichtigt beim Koitus die Reizung des Kitzlers. Günstig ist, wenn die Frau oben liegt oder rücklings auf ihm sitzt.

Allen Methoden gemeinsam ist das regelmäßige Üben und die damit verbundene gegenseitige Zuwendung. Ar

Sexual- und Lustzentren: nach Erkenntnis der Gehirn- und Verhaltensforschung existieren im Gehirn neben Zentren für Hunger und Schlaf auch Zentren für Sexualität und Lust. Hauptsächlich im Hypothalamus und dem sogenannten limbischen System gelegen, das bei der Steuerung unseres Sexualverhaltens eine Schlüsselrolle einnimmt, bestehen sie aus einem feinen Netzwerk verschiedener kleinerer Zentren und Schaltkreise. Dieser ganze Komplex ist aber kein in sich geschlossenes System, sondern besitzt zahlreiche nervöse und hormonelle Verbindungen zu anderen Hirnregionen, z. B. zur Großhirnrinde, so daß dort ankommende erotisierende Reize zu den S.- u. L. in Hirnmitte weitergeleitet werden können.

Zur Klärung sexuellen Verhaltens trugen anfangs Tierversuche bei, wie sie z. B. von dem Schweizer Physiologen und späteren Nobelpreisträger W. R. Heß vorgenommen wurden. Mittels in das Gehirn verpflanzter Elektroden konnte der Forscher bei Katzen durch Reizung bestimmter Zonen Lust-, Hunger- oder Müdigkeitsgefühle auslösen. Wie außerordentlich stark sexuelles Lustgefühl das Tier beeinflußt, zeigen von anderen Wissenschaftlern durchgeführte Experimente, bei denen die Tiere lernten, sich selbst zu stimulieren. Sie brauchten nur mit der Pfote eine Taste zu drücken, um auf diese Weise ihr Lustzentrum zu reizen. Die Tiere konnten von dieser Reizung nicht genug bekommen und zeigten Symptome starker sexueller Erregung. Sie vergaßen darüber sogar das Fressen, obwohl Hunger einen der wichtigsten Reize darstellt. Wenn sie nicht daran gehindert wurden, reizten sie sich suchtartig bis zur totalen Erschöpfung. Auch die Anwesenheit eines paarungsbereiten Tieres änderte ihr Verhalten nicht. Von Tierversuchen her kennen wir auch die enge Verbindung von Schmerz und Lust. Starke Schmerzreize unterdrücken das Lustgefühl – eine auch beim Menschen zu beobachtende Reaktion, allerdings mit Ausnahme von masochistisch veranlagten Personen, bei denen der Schmerz genau das Gegenteil bewirkt. Nach neuen Forschungsergebnissen verfügen die Neutronen des Lustzentrums auch über chemische Rezeptoren. Diese reagieren auf eine morphiumähnliche Substanz (Endomorphin), die bei sexueller Erregung von Hirnzellen produziert wird.

Die S. stehen aber nicht nur innerhalb des Gehirns mit anderen Zentren in Verbindung, sondern auch mit im Rückenmark gelegenen Zentren, die über die peripheren Nerven die Impulse zu den männlichen und weiblichen Geschlechtsorganen leiten. Dabei kann die Erregung primär sowohl vom Genitalbereich aus als auch umgekehrt z. B. durch Sexualphantasien im Gehirn entstehen.

Zwar ist das sexuelle Grundmuster des Menschen dem des höher entwickelten Tieres in manchem ähnlich, doch werden seine Sexualität, seine Empfindungen und sein Erleben in erheblichem Maße von seiner Psyche und sozialen Einflüssen bestimmt – ein deutlicher Unterschied zum Tier. Dafür ist das menschliche Sexualverhalten variantenreicher, komplizierter, jedoch auch störanfälliger. Ar

sexuell: geschlechtlich, den Geschlechtstrieb, das Sexualleben betreffend. Das Adjektiv »sexuell« (einschließlich der Wortzusammensetzungen, z. B. sexualwissenschaftlich) ist der zentrale Begriff für alles Geschlechtliche geworden (im Sinne von → *Trieb*, Erregung, Befriedigung) und hat den Begriff geschlechtlich mit seinen inhaltlichen Beziehungen zum natürlichen Geschlecht verdrängt. Beispielsweise sagt man heute nicht mehr Geschlechtsleben, sondern Sexualleben. Damit wird ausgedrückt, daß es nicht nur um die beiden Geschlechtergruppen und um die Mann-Frau-Beziehung, sondern um allgemeinere Fragestellungen der → *Sexualität* geht. Genau betrachtet, ist der Begriff s. recht verschwommen und kaum definierbar. Jeder kann sich darunter etwas vorstellen, doch genau beschreiben kann es kaum jemand. Seit Freud hat sich da nicht viel geändert: »Im ganzen sind wir ja nicht ohne Orientierung darüber, was die Menschen sexuell heißen. Etwas, was aus der Berücksichtigung des Gegensatzes der Geschlechter, des Lustgewinns, der Fortpflanzungsfunktion und des Charakters des geheimzuhaltenden Unanständigen zusammengesetzt ist, wird im Leben für alle praktischen Bedürfnisse genügen.« KS

Sexuelles: das Geschlechtstriebhafte. Im Unterschied zur → *Sexualität* umfaßt das S. mehr die geschlechtlichen Primärprozesse, das Ursprüngliche, Emotionale in seinen archaischen und spontanen Seiten. Der Blick ist dabei auf das Individuum gerichtet. Außerhalb des Individuums gibt es in diesem Sinne nichts S. → *Sexualität* meint dagegen mehr die gesellschaftliche Bestimmtheit, das kulturell in der Menschheitsgeschichte Gewordene (einschließlich der → *Erotik*), das vom Individuum im Lauf des Lebens Erworbene. Morgenthaler folgend, hat der Hamburger Sexualwissenschaftler Eberhard Schorsch dies so ausgedrückt (»Perversion, Liebe, Gewalt«, 1993): »Das Sexuelle ist die Bewegung des Primärprozeßhaften, die Emotionalität, die ungerichtete potentielle Dynamik. Die Sexualität hingegen ist das sekundärprozeßhaft Organisierte, das individualgeschichtlich wie gesellschaftlich Geformte.«

Der Unterschied zwischen S. und Sexualität, dem noch die Verkürzung in Gestalt des → *Sex* hinzuzufügen ist, darf nicht übertrieben oder so verstanden werden, daß das eine das »Natürliche« oder Biologische des Menschen an sich und das andere das »Künstliche«, historisch Gewordene und gesellschaftlich Überlagerte sei.

Sexualverhalten ist Sozialverhalten und wird wie dieses erlernt. Sexualverhalten ist integrierter Teil des Gesamtverhaltens einer Persönlichkeit. Die Persönlichkeit entwickelt sich aufgrund ihrer Tätigkeit in einem für sie spezifischen gesellschaftlichen und individuellen Kontext. Um Unterschiede im Sexualverhalten erklären zu können, muß der Blick auf die Umstände gerichtet werden, unter denen sich Sexualverhalten entwickelt und realisiert, auf die Handlungsspielräume, die eine Person hat. Um Besonderheiten des Sexualverhaltens in einer gegebenen Gesellschaft zu finden und interpretieren zu können, bedarf es der konkret historischen Analyse eben dieser Gesellschaft.

Der Mensch ist ein gesellschaftliches Wesen, seine Sexualität ist gesellschaftlich geformt. »Das natürliche Moment am Sexuellen läßt sich vom gesellschaftlichen prinzipiell nicht abscheiden – im Sinne von primär und sekundär, von vorausgegeben und gemacht, von richtig und falsch.« Volkmar Sigusch (»Vom Trieb und von der Liebe«, 1984) betont damit den »geschichtlich-gesellschaftlichen Charakter des Sexuellen … In jedem Trieb, in jedem Bedürfnis des Menschen ist seine ganze Gattungsgeschichte reflektiert.« → *Trieb.* KS

Sexus: Geschlecht. Aus dem lateinischen Substantiv sexus, das das natürliche (männliche = sexus virilis und weibliche = sexus muliebris) Geschlecht bezeichnet, und dem spätlateinischen Adjektiv sexualis (zum Geschlecht gehörig), das sich in sexual und → *sexuell* wiederfindet, sind eine Vielzahl Wörter und Wortzusammensetzungen entstanden. Dabei ist es zu einer Bedeutungserweiterung auf Geschlechtstrieb, geschlechtliche Erregung, → *Erotik*, Geschlechtsleben, Geschlechtsverkehr u. ä. gekommen. Im Englischen taucht das Wort »sex« erstmals 1382 in der Bibelübersetzung von Wyclif auf, und zwar im Sinne von »Geschlecht«, eine Bedeutung, die »sex« im Englischen noch heute hat. Die Bedeutungserweiterung geht vermutlich auf John Donne 1631 zurück, in dessen »Songs and Sonnets« S. im Sinne von sexuellem Begehren und Liebe gebraucht wird. »All thought of sexe ...« Im Deutschen hat sich der Begriff Sexualität erst im 19. Jahrhundert durchgesetzt. Die Biologen meinten damit die Zweigeschlechtlichkeit der Pflanzen. Indem Sexualität als Wort an Bedeutung gewann, erfuhr auch der Ausdruck → »*Geschlecht*« eine Bedeutungsverschiebung. Zunächst war damit die Sippe gemeint, später dominierten andere Bedeutungen, vor allem die Zugehörigkeit zu einer der beiden Geschlechtergruppen. KS Ar

Sexwelle: (umgangssprachlich) die Sexualisierung des öffentlichen Lebens in einer historischen kurzen Zeitspanne. Der Begriff kam Ende der 60er Jahre auf, als sich mit einer allgemeinen sexuellen Liberalisierung in den Ländern Westeuropas (sexuelle → *Revolution*) → *Pornographie* und → *Sex-Busineß* entwickelten und die Werbewirksamkeit sexueller Symbolik entdeckt wurde. Geradezu Berühmtheit bei der → *Kommerzialisierung* der Sexualität in Deutschland erlangten Beate Uhse und ihre Läden (→ *Sexshop*). Die Entstehung und Wirkung der Erotikindustrie ist – wie jede andere marktwirtschaftlich gesteuerte Produktion – janusköpfig: Einerseits versucht sie vorhandene Bedürfnisse zu befriedigen und andererseits immer wieder neue zu schaffen. Zweifellos dient eine breitgefächerte Produktion, z. B. von → *Kondomen*, → *Reizwäsche* oder erotischer → *Literatur* und ihr Vertrieb in Sexshops oder speziellen Versandhäusern der Verfeinerung sexuell-erotischer Sitten und kann individuell lustfördernd wirken. Der eigentliche Zweck kommerzialisierter

Sexualität liegt aber in der Erzielung von Gewinn, wobei die Sexualität als ein Mittel zu diesem Zweck eingesetzt wird. Resultat ist eine Hypersexualisierung der Gesellschaft, die zu → *psychischer* Sättigung und zum Verlust an → *Lust* führen kann. Aus ehemaligen Tabus werden vielfach Konsumzwänge, die das Sexualleben auf neue Weise deformieren. Die Suche nach immer anderen absatzfähigen Produktionsvarianten kann letztlich zur Enterotisierung und Entmenschlichung der Sexualität führen, wie sich drastisch an der Gewalteskalation in der → *Pornographie* zeigt. We

sexy: scherzhaft-nett für aufreizend, durch Sex anziehend, zu einer sexuellen Wirkung verhelfend. S. kann eine Person (z. B. ein attraktiver Mann), eine Handlung (z. B. Striptease) oder ein Gegenstand (z. B. ein Kleidungsstück: »ein sexy Höschen«) sein. Der Ausdruck s., der etwas aus der Mode gekommen ist und insbesondere von jungen Leuten kaum noch gebraucht wird, betont den Sex an sich, gewissermaßen in reiner Form. Allerdings muß eine Frau, die durch Kleidung, Frisur, Kosmetik, Körpersprache, Benehmen s. wirkt, nicht auf sexuellen Kontakt aus sein. Es hängt zudem nicht nur von ihr ab, ob sie sexuell begehrenswert ist, sondern auch vom Betrachter, der trotz aller sexuellen Standards nicht immer gleichartig reagiert. → *Sex-Appeal*, → *Anmachen*, → *Sex*. KS

Signalreize, Schlüsselreize: ein von Konrad Lorenz in die Verhaltensforschung (Ethologie) eingeführter Begriff; S. lösen beim Tier ein bestimmtes, genetisch festgelegtes Verhaltensmuster aus. Beim Menschen versteht man darunter Merkmale, die körperlich oder psychisch besonders anziehend wirken. Ar

Silenos: Sohn des → *Pan* und einer → *Nymphe*. Er gilt als Halbgott, und man findet ihn – oft wenig von den → *Satyrn* unterschieden – im Gefolge des → *Dionysos* zusammen mit Nymphen und → *Mänaden*. Auf vielerlei Geräten der griechischen und römischen Zeit werden die Silene (Söhne des S.) als zweibeinige halbmenschliche Pferdewesen wiedergegeben. Dabei dominiert zeitweise das orgiastische Moment; dargestellt sind sie als Zecher, doch auch als Anführer der Satyrscharen. In der bildenden → *Kunst* werden sie als ungebärdige, lüstern den Nymphen nachstellende Wesen gezeigt, seit dem 5. Jahrhundert v. Chr. sind Dickbäuchigkeit und

Kopie einer griechischen Plastik (20. Jh.)

Stirnglatze hervorstehende Merkmale. S. wird aber auch als den Menschen freundlich gesinnte Vegetationsgottheit und als Mentor des jungen Dionysos dargestellt. Se

Single (lat. singulus, engl. single = allein, einzeln): allein lebende Person. Aus dem Amerikanischen übernommen, bezieht sich die Bezeichnung S. auf eine für die westliche Industriegesellschaft charakteristische Lebensform insbesondere von 25–50jährigen in Ballungszentren. Der S. lebt nicht (oder nur kurzzeitig oder zeitweilig) mit einem Partner zusammen und verzichtet auf eine eigene Familie. Dadurch entgeht er dem emotionalen, zeitlichen, finanziellen und sonstigen Aufwand, den Partnerschaft, Familie und Kinder und ein Mehrpersonenhaushalt mit sich bringen, verzichtet aber auch auf die Freude des familialen Alltags, insbesondere über eigene Kinder. Die Verantwortlichkeiten und Verpflichtungen gegenüber Familienmitgliedern (aber auch die Freude daran) hat er nicht zu tragen. Er kann sich auf Beruf und Freizeit sowie vor allem auf sich selbst konzentrieren. Seine Freiräume für die eigene Selbstverwirklichung sind insofern groß, als er die in einer Partnerbeziehung unumgänglichen Kompromisse nicht eingehen und auf nichts zu verzichten braucht.

Der S. lebt ungebunden und frei, ebenso frei ist auch sein sexuelles Leben. Er ist niemandem Rechenschaft darüber schuldig und wird nicht (z. B. von einer eifersüchtigen Ehefrau) kontrolliert. Das S.-Dasein ist eine Alternative zur Ehe. Den Schutz und die Fürsorge, die die Familie bietet, sichern andere soziale Mechanismen, oft noch die Eltern, oder der S. versucht, sich auf andere Art (finanziell) abzusichern.

Den Gefahren des Alleinseins und dem Frust der Einsamkeit begegnet der S. zum einen durch Freundschaften aller Art, durch Kontakte in Szenen und Subkulturen, durch temporäre Partnerschaften und Liebesbeziehungen und andererseits durch Arbeit und Konsum. Für Arbeitgeber ist der strebsame und karrierebewußte Single, der sein Leben im Beruf verwirklicht sieht (z. B. in Management, Handel, Journalismus, Medizin, Wissenschaft und Forschung) besonders attraktiv, da variabel einsetz- und ständig verfügbar; insofern ist er gesellschaftsadäquat. Drei Umstände haben den S. hervorgebracht:

a) größere Chancen auf dem Arbeitsmarkt und beim beruflichen Aufstieg,
b) mehr und andere individuelle Selbstverwirklichung durch Alleinleben und
c) ein allgemein höheres Lebensniveau, das beträchtliche Einkommen des erfolgreichen einzelne und die Möglichkeit, sich jegliche Dienstleistung einschließlich der sexuellen erkaufen zu können.

Während in früherer Zeit ein Teil der arbeitenden Bevölkerung, z. B. Wanderburschen, Gesellen, Knechte, notgedrungen ledig bleiben mußten, weil sie sich keine eigene Familie leisten und das dafür notwendige Eigentum (Haus, Grund und Boden, Werkstatt) nicht erwerben konnten, gründen S. keine Familie, obwohl sie eine haben könnten und weil sie sich ein komfortables Alleinsein leisten wollen – oder weil die Berufstätigkeit dem entgegensteht.

Der S. ist Ausdruck der Vereinzelung in der modernen Gesellschaft und des Verfalls traditioneller familiärer Lebensformen. Das Sexuelle wird nicht mehr monogamisch in der (staatlich sanktionierten) Langzeitpartnerschaft oder gelegentlich außerhalb dieser, sondern *ohne* diese realisiert. Das ist eine bedeutende sittlich-kulturelle Veränderung. In den USA und in einigen europäischen Industrieländern lebt – trotz allgemeiner und traditioneller Hochschätzung von Ehe und Familie – schon ein bedeutender Teil der Bevölkerung, bis zu 50 %, als S., insbesondere in großen Städten. Jugendsoziologische Untersuchungen in Deutschland zeigen allerdings, daß die meisten Heranwachsenden keineswegs von vornherein das Single-Dasein fest einplanen und als ideale Lebensform betrachten. Erst im späteren Verlauf des Lebens erweist es sich lebenspraktisch als vorteilhaft bzw. als irreversible Gewohnheit oder einzige Alternative. Auch heute noch streben die meisten Jugendlichen (im Osten stärker als im Westen) eine feste Partnerschaft und eine Familie mit Kindern an und wollen keinesfalls auf Dauer allein leben. Allerdings zeigt sich seit der deutschen Vereinigung 1990 in Ostdeutschland, daß insbesondere junge Männer eine feste Partnerbindung hinausschieben und viel später heiraten als zu DDR-Zeiten, insbesondere um auf dem Arbeitsmarkt flexibler zu sein. Das hat Auswirkungen einerseits auf Zeitpunkt und Zahl der Geburten sowie andererseits auf das Sexualverhalten: Die 20 bis 30jährigen haben – obwohl im potentesten Alter – zwar mehr Gelegenheits- und prostitutive Erlebnisse, doch insgesamt weniger sexuelle Kontakte als ältere (die häufiger partnergebunden sind). Das S.-Dasein bereichert einerseits das Sexualleben, verarmt es andererseits aber quantitativ.

Die S. als bevölkerungssoziologisches und sozialstrukturelles Novum sind sowohl zu unterscheiden von:

a) ungewollt allein Lebenden, die keinen Partner finden oder ihn verloren oder aufgegeben haben (Behinderte, Verwitwete, Geschiedene u. a.),
b) Bindungsunfähigen,
c) zur Partnerlosigkeit Gezwungenen sowie
d) von früheren Formen des Alleinlebens (Junggeselle, alte Jungfer, Landser, Seeleute, Wanderburschen) und
e) vom traditionell gewollten Alleinleben aus religiösen oder ähnlichen Gründen (Priester, Mönche, Nonnen, Asketen, Eremiten, Einsiedler). KS

Sinnesorgane: sie alle eröffnen vielfältige Kommunikationsmöglichkeiten und wirken – wenn auch in unterschiedlicher Form und Stärke – bei Partnerwahl und Liebe mit. Vorrangig ist der *Gesichtssinn* beteiligt. Über das Sehen erhalten wir den ersten Eindruck von einer anderen Person, und er kann bereits über Sympathie oder Antipathie entscheiden. Nicht umsonst spricht der Volksmund von »Liebe auf den ersten Blick«. Beim Sehen wird zweifellos schon eine gewisse Auswahl getroffen. Eine wichtige Kommunikationsform ist der gegenseitige Blickkontakt. Für Außenstehende oft nicht wahrnehmbar, kann man über die Augensprache »Du gefällst mir, wie wär's mit einem Treff?« signalisieren, und der andere reagiert entweder durch sein Zurückblicken positiv auf das Angebot oder wendet sich ab und guckt nicht mehr hin. Neben ihrer Funktion als Sinnesorgan verfügen die Augen auch über eine große erotische Ausstrahlung. Wegen ihres Ausdrucks, ihres Glanzes und ihrer Farbe wurden sie von jeher in Liebesliedern und Gedichten gepriesen. Man verglich sie mit Sternen und unergründlichen Seen, bewunderte ihr Strahlen und Leuchten, den verheißungsvollen und lockenden, oft auch geheimnisvollen Schimmer. Im Liebesspiel trägt das gegenseitige Sehen wesentlich zur Steigerung des Lustgefühls bei. Verstärkt wird der Effekt durch eine erotisierende Beleuchtung, bevorzugt Kerzenlicht oder gedämpftes Lampenlicht. Auch das Zusehen beim Entkleiden entflammt die Gefühle; nicht umsonst ist → *Striptease* ein bekanntes und beliebtes Erotikum. Viele Frauen erregt der Anblick des erigierten Penis, da er die sexuelle Bereitschaft des Partners demonstriert.

Der *Tastsinn* spielt eine wichtige Rolle für die sexuelle Erregung und → *Lust*; die Haut reagiert infolge ihrer zahllosen Nervenverbindungen schon auf geringste Berührungen ungemein empfindlich, lustvoll vor allem bei den erogenen → *Zonen*. Praktisch jeder liebt es von klein auf, zu streicheln und gestreichelt zu werden, weil damit angenehme, entspannende oder auch sexuelle Empfindungen verbunden sind. Sogar das Kitzeln der Fußsohlen hat für manche eine lustvolle Komponente. So waren Eunuchen als Fußsohlenkitzler der Haremsdamen beschäftigt, und am russischen Hof ließ sich die Zarin Katharina von ausgewählten Hofdamen die Fußsohlen kitzeln, um sich in Stimmung zu bringen. Auch stärkere Berührungsreize, Jucken oder Schlagen können erregend wirken. Daß Körpermassage als so angenehm empfunden wird, ist ebenfalls auf die erotische Funktion des Tastsinns zurückzuführen. So ist es nicht erstaunlich, daß sich die kommerzielle Vermarktung der Sexualität auch der → *Massage* bedient und in speziellen Etablissements ihren Kunden unter dem Deckmantel der Massage auch spezielle Liebesdienste anbietet. Wie intensiv Haut und Schleimhäute reagieren, beweist u. a. das Küssen, besonders die stark erotisierende Wirkung des → *Zungenkusses*.

Von nicht zu unterschätzendem Einfluß ist der *Geruchssinn*. Bestimmte Gerüche empfinden wir als reizvoll und verlockend, andere als unangenehm oder abstoßend. Besonders wichtig ist der Geruch für manche → *Fetischisten* (Geruchsfetischismus), die sich auf oft recht ausgefallene Gerüche spezialisiert haben.

Wie andere Lebewesen verfügt auch der Mensch über einen eigenen Körpergeruch, den er heutzutage durch die reichliche regelmäßige Anwendung von Seife, Deodorants und Parfüms oft soweit wie möglich zu überdecken versucht. Eigengeruch ist meist unerwünscht und abschreckend, ganz im Unterschied zu den Tieren, deren spezifische Duftstoffe den Partner anlocken und ihm Paarungsbereitschaft signalisieren. Allerdings ist ihr Geruchssinn besser entwickelt als der des Menschen. Auch die Menschen verfügen über bestimmte Sexualgerüche, z. B. den Duft des Spermas und der Scheidensekretion.

Über den *Gehörsinn* wird uns die Stimme des anderen vermittelt, ein unverwechselbares, individuelles und leicht erkennbares Merkmal. Die Stimme des oder der Geliebten kann bereits beim Telefonieren lustvolle Gefühle auslösen. Dabei geht es nicht allein um den Inhalt des Gesprochenen, sondern auch um den Ton und die Lautstärke der Stimme. Um bestimmte Dinge auszudrücken, benutzen die meisten Liebespaare eine eigene Sprache und Koseworte, die auf den Außenstehenden oft ausgefallen oder lächerlich wirken. Zärtliches Flüstern begleitet das Liebesspiel; lustvolles Stöhnen oder Schreien steigert die eigene Erregung. Auch die Wahrnehmung von Beischlafgeräuschen wie das saugende Geräusch der Penisstöße in der Scheide oder der Rhythmus des Bettknarrens verstärkt zumeist die sexuelle Lust, sofern es nicht ablenkt.

Die weitverbreitete Verehrung berühmter Sängerinnen und Sänger ist vielfach dem erotisierenden Einfluß ihrer Stimme zuzuschreiben. Der Reiz kann so groß sein, daß damit mangelnde körperliche Attraktivität kompensiert wird. Der *Geschmackssinn* ist nicht ganz so bedeutsam wie die anderen Sinne, doch bei der Einstimmung auf den Geschlechtsverkehr hat man sich die erotisierende Wirkung eines guten Mahls seit alters her zunutze gemacht. Der Geschmack leckerer Speisen und Getränke aktiviert auch die anderen S. Darauf hatten sich früher vor allem die Chambres séparées eingestellt, wie sie in Frankreich, doch nicht nur dort, im 18. und 19. Jahrhundert eine wohlhabende Oberschicht schätzte. In solch einem separierten Zimmer dinierte der Herr mit seiner Geliebten, um sich anschließend der Liebe hinzugeben. Diskrete Bedienung war durch entsprechende Bezahlung garantiert.

Beim Entstehen und der Dynamik sexueller Gefühle bis hin zum Orgasmuserleben sind alle unsere Sinne irgendwie beteiligt; wir reagieren sinnlich. Ar

Sirenen: Gestalten aus der griechischen Mythologie; Mischwesen aus Mensch und Vogel, meist mit Mädchenkopf dargestellt. Erstmals in Homers »Odyssee« erwähnt, hausten sie auf einer Insel nahe der Straße von Messina und sangen so bezaubernd, daß die vorbeifahrenden Schiffer alles andere vergaßen, sich anlocken ließen und anschließend untergingen oder – einer anderen Variante gemäß – von den S. getötet wurden, weshalb die Ufer mit gebleichten Gebeinen bedeckt waren. Der erotische Gehalt und die Moral dieser Sage sind unverkennbar: Männer, einmal erotisch entflammt, sind nicht mehr zu halten und lassen sich ins Unglück stürzen, wenn der Verstand ausgeschaltet ist. Odysseus entging auf der Heimfahrt vom Trojanischen Krieg dieser Gefahr, indem er auf Rat der Kirke seinen Gefährten die Ohren mit Wachs verstopfte und sich selbst an den Mast festbinden ließ. Auch die Argonauten überstanden die Gefahr, weil Orpheus noch schöner sang als die S. In übertragener Bedeutung sind S. herzlose Frauen, die kaltblütig Männer betören, um sie hernach auszunutzen. US

Sklavin (Sklavia): (im Sexualjargon) das Gegenstück zur → *Domina*, der Herrscherin. Die S. muß sich dem Willen des Herrn (oder der Herrin) unterwerfen, sich seinen sexuellen Wünschen fügen, sich unter Umständen schlagen, fesseln oder auf andere Weise quälen lassen. Ihr Partner möchte seine → *sadistischen* Neigungen bei ihr befriedigen; im → *Bordell* kann er diesen Wunsch unter Umständen gegen entsprechende Bezahlung befriedigen. Je stärker die Schmerzen, die seine Sklavin zu ertragen hat, um so mehr Geld muß der → *Freier* dafür bezahlen. Ar

Softporno (engl. soft = weich): Film oder Foto oder anderes Produkt mit »weicher« → *Pornographie*. Meist in bezug auf → *Pornovideos* gebraucht. Schöne Personen agieren in anmutigen Haltungen in stilvoller Umgebung. Auf vordergründig krude Darstellungen wird weitgehend verzichtet. → *Sex* wird von seiner glattesten, saubersten, sterilsten Seite gezeigt. Probleme und Konflikte kommen in der heilen Welt des ewig schönen S. nicht vor.

Im Gegensatz dazu ist der »harte« Porno (Hardcore) schärfer, und er kennt keinerlei Rücksichten, Grenzen und Tabus. Das »Koitieren« mit einem zerfetzten Leichnam, die Männerfaust in einem Säuglingspo, das Beschmieren mit Kot oder das Auspeitschen eines Behinderten – alles kommt, trotz einschlägiger Verbote, vor. S. und Hardcore sind die beiden Seiten der pornographischen Münze in einer pornographisierten Gesellschaft. KS

Sonne und Sex: Die Sonnenstrahlung aktiviert Stoffwechsel und Hormondrüsen. Über einen komplizierten Mechanismus werden auch mehr Sexualhormone abgesondert. Damit steigt das sexuelle Verlangen. Die Lust auf Liebe ist folglich im Sommer größer als im Winter. Der »heißeste« Monat ist der Juli. Dadurch wird mancher Sommerurlaub besonders erlebnisreich, sofern ein Sonnenbrand oder ein Sonnenstich nicht einen Strich durch die erotische Rechnung machen. Sommer, Sonne, See, Strand, Spaß, Schönheit, Sex und Sehnsucht gehören für viele Menschen zusammen. Licht schafft zudem leuchtende Farben, die eine zusätzliche Anregung darstellen. Die Sonneneinstrahlung ist nicht nur hinsichtlich der Jahreszeiten, sondern auch in bezug auf Tag und Nacht von Bedeutung. Nicht nachts, sondern mittags zwischen eins und drei werden die meisten Sexualhormone ausgeschüttet. Sexuelle Lust ist eigentlich eine Angelegenheit des Lichts, nicht der Dunkelheit. Nachts ist der Mensch auf Ruhe eingestellt. Doch er ist eben kein reines Natur-, sondern ein gesellschaftliches Wesen, eine biopsychosoziale Einheit. Gewohnheiten und sozial Erlerntes bestimmen sein Sexualleben. Die meisten Mitteleuropäer praktizieren ihren Geschlechtsverkehr meistens abends vor dem Schlafengehen, wenngleich auch manches Mittagsschläfchen damit verschönt wird. Eigentlich müßten sich die Menschen nach den biologischen Gesetzen mit Vorliebe unter der prallen Sonne der Liebe hingeben – doch nein, nachts in der Bar fängt für sie das wahre Leben an, wie ein Schlager zu berichten weiß.

Steigt die Sonne, werden nicht nur mehr Sexualhormone abgesondert, sondern pro Milliliter Samenerguß auch mehr Spermien produziert (im Monat Dezember durchschnittlich 40 Millionen, im April 55 Millionen und im Juli 65 Millionen). Eigentlich müßten also im September die wenigsten und im April die meisten Kinder geboren werden. Doch das ist nicht der Fall. Die Sonne allein bringt nicht Licht in das Dunkel des menschlichen Sexuallebens. KS

Sozialisation: das Hineinwachsen des Menschen in einen sozialen Raum und in soziale Gebilde (die Gesellschaft als Ganzes und ihre Institutionen, Gruppen, Gemeinschaften), einschließlich deren Normensystemen, Sitten, Gewohnheiten, Gebräuche. Die S. ist ein lebenslanger Prozeß, dem in Kindheit und Jugend primäre Bedeutung zukommt, der aber auch später beim Eintritt in neue bzw. beim Wechsel in andere soziale Gruppen und Situationen erforderlich ist und oft konflikthaft verläuft. S. findet unter bestimmten, je spezifischen Bedingungen (einschließlich Bildung und Erziehung) statt. Insofern finden sich bei jedem Menschen einerseits Gemeinsamkeiten mit anderen, insbesondere Menschen aus gleichen Gruppen (z. B. hinsichtlich des Geschlechts, eines Landes, einer Generation, eines Berufs, eines Dorfes, die Schulklasse, der Freundeskreis, die Familie), die sich durch gleiche Lebensbedingungen und Kommunikationsräume ergeben, andererseits seine eigene, individuelle Lebensgeschichte bzw. Biographie, in der sich seine spezifische, unverwechselbare Persönlichkeit herausbildet. Daher kann die S. auch als Individuation/Individuierung, als Entwicklung einer unikaten, individuellen Persönlichkeit bezeichnet werden, die zur eigenen → *Identität* führt. Im Verlaufe dieses Prozesses werden Erfahrungen, Kenntnisse, Fähigkeiten, Fertigkeiten erworben, trainiert und gefestigt, die allgemeinen Werte einer Gesellschaft und deren Normen angeeignet und verinnerlicht, die sich als relativ stabile Einstellungen des Menschen habitualisieren und auf deren Grundlage sich relativ konstante Verhaltensweisen einer konkreten Persönlichkeit ergeben. Diese im Verlaufe des Lebens erworbenen Verhaltensdispositionen ermöglichen das Agieren und Überleben in einem sozialen Raum und sichern eine gewisse Stabilität und Effizienz des Verhaltens. Die Effekte der S. sind nicht einfach tilgbar. Sie wirken fort, auch wenn sich die gesellschaftlichen Strukturen, sozialen Situationen, die Erwartungen und Anforderungen an den Menschen ändern. Gewandelte oder auch neu erworbene Verhaltensdispositionen können sich nur auf den alten entwickeln, die im Hegelschen Sinne aufgehoben werden. Nähme man einem Menschen dieses Habituelle, z. B. seine Einstellungen, Neigungen und Werte, würde man seine Persönlichkeit zerstören. Nur durch die eigene Aktivität, insbesondere durch das Lernen (bzw. auch das Verlernen) und die → *Arbeit*, verlaufen Veränderungsprozesse konstruktiv. Dabei ist für das Niveau der Persönlichkeitsentwicklung wesentlich, welchen Inhalt und welchen Charakter die Primärtätigkeiten haben, welchen Entscheidungsspielraum der einzelne besitzt, wie selbstbestimmt er agieren kann und welche Möglichkeiten er zur Selbstverwirklichung hat und nutzt.

Die sexuelle S. meint zum einen, daß die gesamte S. eines Menschen im Verlaufe seines Lebens immer auch eine sexuelle Komponente hat, und zum anderen, daß die sexuellen Einstellungen und Verhaltensweisen ebenfalls über das gesamte Leben hinweg erworben werden, wobei das allgemeine Normensystem, aber auch die speziellen sexuellen → *Normen* und die → *Moral* eine Rolle spielen. Die großen Unterschiede, ja Gegensätze im Sexualverhalten verschiedener Völker und in unterschiedlichen historischen Epochen lassen sich gerade auf diese Effekte zurückführen, genauso aber auch die inter- und intraindividuellen Unterschiede zwischen einzelnen bzw. bei einzelnen Menschen. Besonders dramatisch verläuft ein Entwicklungsprozeß, wenn sich im Verlaufe der sexuellen Selbstfindung und der Herausbildung sexueller Identität ergibt, daß die eigenen Wünsche, Bedürfnisse oder Neigungen nicht mit dem allgemeinen Normensystem übereinstimmen.

Dies ist z. B. bei der → *Homosexualität* der Fall. Homosexuelle, die in einer überwiegend heterosexuell orientierten Umwelt aufwachsen, werden oft über lange Zeit zu einem ihrer Persönlichkeit immer weniger entsprechenden Verhalten angehalten, ehe sie nach ihrem oft konflikthaften → *Coming-out* ihre sexuelle Orientierung leben (können). Ein anderes, extremes Beispiel ist das Durchbrechen von Geschlechterrollen bis hin zur Geschlechtsumwandlung (→ *Transsexualismus*). Ein drittes, ganz anders geartetes Beispiel: Menschen, die mit der Norm aufgewachsen sind, daß die → *Scham* zu bedecken ist, sehen sich plötzlich allgemeiner Nacktheit ausgesetzt, oder FKK-Fans werden plötzlich zu textiler Scham und Ordnung gerufen. Im allgemeinen nehmen die meisten Menschen an, daß das herrschende und übliche Sexualverhalten das normale, natürliche, einzig denkbare Verhalten ist und die Sexualnormen ewig sind. Sie neigen daher zu Intoleranz und Vorurteilen, vor allem wenn diese ständig genährt werden. Auf der anderen Seite ergibt sich durch die Veränderung der Lebens- und Wertewirklichkeit und die Auseinandersetzung der Menschen mit dieser Wirklichkeit, die ja durch die Tätigkeit der Menschen auch verändert wird, ein dynamisches Element, das auch zu Änderungen in Partnerschaft, → *Familie*, → *Liebe* und → *Sexualität* führt. KS US

Spanische Fliege: das wohl schärfste und berühmteste Anregungsmittel der Welt (→ *Aphrodisiakum*). Die S. F. ist ein Ölkäfer aus Südeuropa, Nordafrika und Kleinasien – getrocknet und pulverisiert Kantharis genannt –, der ein tödliches Gift, das Kantharidin, enthält. Bereits 4 mg davon gelten als Überdosis. Schmerzhafte Dauererektionen, schwere gesundheitliche Schäden, Irrsinn sind die unberechenbaren Folgen. Nicht selten ist es zu tödlichen Unfällen gekommen. Schon im Altertum bekannt, hatte die S. F. im Mittelalter ihre hohe Zeit. Sie wurde von Leibärzten als Potenzmittel verordnet oder heimlich Speisen und Getränken beigemischt, um Frauen feuriger zu machen. Mancher Zaubertrunk enthielt die S. F.

Die S. F. greift ins Nervensystem ein und bewirkt eine starke Reizung der männlichen und weiblichen Geschlechtsteile, verbunden mit einem lustvollen innerlichen Prickeln und Brennen. Das Geheimnis der Wirkungen und Nebenwirkungen ist bis heute nicht ganz gelüftet.

Inzwischen wird eine entschärfte Version des Mittels – ohne gefährliche Substanzen – in Form von Dragees, Tropfen oder Salben in Sexshops und von Sex-Versandhäusern angeboten. KS

Spanischer Reiter: künstlicher Aufsatz auf das Glied oder penisähnlicher oder anderer Aufsatz auf Massagegeräte bzw. Vibratoren. Damit soll insbesondere der Kitzler der Frau zusätzlich stimuliert werden. S. R. können in → *Sexshops* oder über den Sex-Versand (z. B. als Lust-Quirl, Anus-Entzücker, Orgasmusbohrer, Kitzelaufsatz) erworben werden. (→ *Reizinstrumente*). KS

Spanking (engl. spank: leichter Schlag, Klaps; spanking: Prügel): das Schlagen insbesondere des → *Pos*, aber auch anderer Körperteile wie Rücken, Oberschenkel zum Zwecke des sexuellen Lustgewinns (→ *Flagellantismus*). Das S. kann mit der bloßen Hand, einer Klatsche, einer Rute, einer Gerte, einem Rohrstock, einem Ochsenziemer, einer Peitsche ausgeführt werden und auf die nackte Haut oder die strammgezogene Kleidung (Jeans, Lederhose) erfolgen. Das Schlagen ist klassischer Bestandteil des sadomasochistischen Settings, hat aber auch über den → *Sadomasochismus* hinaus Bedeutung. In jüngster Zeit nimmt nicht nur in SM-Studios (→ *Domina*, → *Sklavin*), sondern auch in gewöhnlichen Bordells der Anteil der Freier zu, die solche Praktiken verlangen. Früher eher tabuiert und diskriminiert, ist das Schlagen, das nun Spanking heißt, inzwischen gesellschaftsfähig und auch als Wort öffentlich präsent geworden. Im Hit »Hanky Panky« des Schlager- und Sexstars Madonna war die Kernbotschaft: »Spank me!« (Schlag mich!)
In manchen Partner- und Sexualbeziehungen der modernen Gesellschaft, die nicht nur oder nicht hauptsächlich auf den Koitus setzen, hat das S. einen festen Platz eingenommen. Es kann gleichzeitig oder wechselseitig geschehen, ein völlig selbständiges Ritual sein, in das Liebesspiel einbezogen werden, vor allem dann, wenn der liebliche, sanfte Zärtlichkeitsaustausch in leidenschaftlichere, archaischere, härtere Formen übergeht und stärkere Reize auslöst oder braucht. Auch während des Koitus ist S. möglich (die Frau schlägt z. B. den Mann während der Koitusbewegungen mit den Händen – soweit sie reichen – auf die Hinterbacken und umgekehrt).
Im Sadomasochismus geht es primär um den Schmerz und die damit verbundene Lust: »Schmerz ist nur im Zusammenhang mit Sex angenehm, und Sex ohne Schmerz ist nicht reizvoll. Sex *ist* Schmerz« (Sallie Tisdale: »talk dirty to me«, 1995). Dagegen werden im partnerschaftlichen Sex und in der leidenschaftlichen Liebesbeziehung andere Momente wirksam: die durch die (nicht eigentlich schmerzhaften) Schläge erzeugte Wärme (Blutzufuhr), die Intensität der Berührung, das klatschende, rhythmische oder unrhythmische Geräusch als akustische Botschaft, die Offenbarung wilder Gefühle, die Intimität, das Ver-

trauen, die Gemeinsamkeit, die sinnlich und leibnah erlebt werden. In diesem Sinne möchten sich die Liebenden nicht wirklich weh tun, und sie tun es auch nicht, weil der andere sofort »Halt!« rufen würde und Gewalt, Roheit, Brutalität, Bestrafung jenseits partnerschaftlicher Werte gesehen und abgelehnt würden. KS

Spielkarten, erotische (auch obszöne, pornographische): Kartenspiele mit derben erotisch-sexuellen Motiven sind schon seit langer Zeit bekannt. Von etwa 1500 an wurden sie als Holzschnitt und als Kupferstich auch von bedeutenden Künstlern wie Jost Ammann, Peter Flötner, Vergil Solis gestaltet. Damals und später hielten bei den erotischen Szenen an Stelle von Menschen oft Tiere, z. B. Affen, eine Rolle. Manchmal wurden freche Sprüche und Verse aufgedruckt. Mit dem Aufkommen der Lithographie nahm die Produktion von Kartenspielen stark zu. Eine Besonderheit sind zunächst normal aussehende Spielkarten, die, vor kräftige Lichtquellen gehalten, stark erotische Darstellungen erkennen lassen, sogenannte transluzente Blätter. In der zweiten Hälfte des 20. Jahrhunderts erschienen oft nach Fotos aus Pornoheften hergestellte Kartenspiele. Diese (meist aus Dänemark stammenden) Blätter sind für ein reguläres Kartenspiel allerdings kaum geeignet. Bis in unsere Zeit beschäftigen sich bekannte Graphiker und Maler gelegentlich mit dem Entwerfen von e. S. So sind nicht selten kleine erotische Kunstwerke entstanden. Kö

»Herzdame«. Aufsicht (19. Jh.)

Sport: die Beziehungen zur Erotik sind mannigfaltig. Negative Aspekte bestehen darin, daß S. als → *Askese* aufgefaßt wird, von Sexuellem ablenken und erotische Phantasien unterdrücken soll. Ob dies je funktioniert

»Herzdame«. Das gleiche Blatt, gegen das Licht gehalten

hat und ob die Turnväter der Neuzeit und die Wiederentdecker der Olympischen Spiele die sittenreinigende Wirkung wirklich erzielten, sei dahingestellt. In der Gegenwart jedenfalls ist der Sport ein Erotikum erster Ordnung geworden. Das drückt sich in folgenden Phänomenen aus:

(1) Die trainierten Körper und die ästhetischen Bewegungen der Sportler erotisieren. Der Wettkampf regt an. Manche Sportarten, z. B. Eiskunstlauf, setzen bewußt auf körperliche Ausstrahlungskraft und Schönheit. Die Kleidung unterstützt die Wirkung, eine erotisierende Sportmode hat sich entwickelt. Raffiniert geschnittene Badeanzüge, farbenprächtige Aerobic-Trikots, hautenge Laufanzüge betonen Beine und Figur. Die heutigen Sportkostüme hätten noch vor wenigen Jahrzehnten als anzüglich gegolten und wären allenfalls in Varietés oder Vergnügungslokalen akzeptiert worden. Die Männermode, beispielsweise der Abfahrtsläufer oder Eishockeyspieler, die wie Außerirdische erscheinen, signalisiert Kraft, Stärke, Dominanz, Unbesiegbarkeit.

(2) Der S. bestimmt maßgeblich das herrschende Schönheitsideal, sowohl des Mannes als auch der Frau. Sportler symbolisieren Lebenskraft, Gesundheit, Sinnlichkeit, Agilität, Männlichkeit bzw. Weiblichkeit und sind deshalb auch als Werbeträger besonders geeignet. Sportliche Gestalten sind attraktiv. Sporttreibende haben – im Durchschnitt gesehen – mehr Chancen beim anderen Geschlecht als körperlich Schwache, Unbewegliche, Kränkliche, zumal der Sportaktive oft auch sein Selbstbewußtsein stärkt.

(3) Der Leistungssport, mehr noch aber der Freizeit- und Erholungssport, sind für viele junge Menschen eine Möglichkeit des sozialen Kontakts und ein Ort der Partnersuche und Partnerfindung. Beim S. nehmen sich Jungen und

Mädchen anders wahr als in der Schule, zu Hause oder bei der Arbeit, nämlich in ihrer Körperlichkeit, ihren Bewegungen, ihrer physischen Leistungsfähigkeit und ihrem sportlich-sozialen Verhalten.

(4) Sportwettkämpfe, Meisterschaften, Olympische und andere Spiele sind öffentliche Ereignisse mit Massenwirkung geworden, insbesondere dank des Fernsehens, das jedes körperliche Detail live, in der Zeitlupe und in beliebiger Wiederholung aufbereiten und so auch voyeuristische Neigungen befriedigen kann. Diese Shows haben einen hohen Unterhaltungswert, sind Feste der Kommunikation, der Begeisterung, der Leidenschaft geworden. Sie bieten oft nicht nur dem Auge, sondern auch dem Ohr etwas: Schreien, Musik, Massengesang, Beifall, Pfiffe, Sprechchöre. Extreme sind die hysterischen Frauenschreie bei Boxkämpfen oder die Urlaute der Lust, die stöhnende Tennisspielerinnen ausstoßen.

(5) Der S. und seine massenwirksame Präsentation einschließlich der Kleidung und der Gestaltung der Sportgeräte ist voller sexueller Symbole und mit Anmache, Steigerung, Höhepunkt und Abfall gleichsam orgastisch aufgebaut. Das Rennauto kann als Phallussymbol betrachtet werden, ganz zu schweigen von der rituellen Handlung, nach dem Rennen gewissermaßen als fröhliche Lösung eine überdimensionale Sektflasche zu entkorken und kostbare Flüssigkeit ins Publikum zu spritzen. Sogenannte harte Sportarten wie Fußball und Boxen werden mit Männlichkeit in Zusammenhang gebracht, anmutige wie etwa künstlerische Gymnastik mit Weiblichkeit.

(6) Der Starkult um Sportler einschließlich seiner erotischen Momente gilt auch dem Geld, das sie verdienen und repräsentieren: Ihr Körper ist kostbar, die gigantischen Gagen setzen Phantasien frei, darunter auch erotische.

(7) In der → *Antike* ging man davon aus, daß sportliche Höchstleistungen nur durch Enthaltsamkeit zu erzielen seien und S. ebenso wie andere Formen körperlicher Betätigung die sexuelle Lust dämpfen. Teilweise hat sich diese Auffassung bis heute erhalten. Manche Trainer verbieten vor Wettkämpfen jede sexuelle Betätigung. Andere wiederum setzen auf die Stimulierung durch Sex. Inwieweit sexuelle Aktivität und sportliche Höchstleistung wirklich zusammenhängen, ist umstritten. Wahrscheinlich kommt es auf die Sport-

Scherzpostkarte (um 1900) ➪

art, die Sportler, den Zeitpunkt und die Situation an. Nach einer langen Sexorgie wird der Start zu einem Marathonlauf schwerfallen, doch ein schönes Liebesabenteuer kann Hochspringer lockern und beflügeln. Sicher ist, daß sich die sportliche Betätigung im allgemeinen günstig auf die Leistungskraft und die Lebensvitalität auswirkt und dadurch auch Lust, Liebe und Potenz fördert. Sexologische Untersuchungen zeigen, daß ein positiver statistischer Zusammenhang zwischen sportlicher und sexueller Aktivität besteht. Das bedeutet freilich nicht, daß jeder Champion ein Sexmeister und jeder gute Liebhaber ein Sportsmann ist.

(8) Sexuelle Betätigung wird von manchen Menschen als S. aufgefaßt. KS

Sprache: In wohl allen Ländern und Völkern existiert ein umfangreiches erotisch-sexuelles Vokabular. Es enthält spezielle Ausdrücke oder Redewendungen für die weiblichen und männlichen Geschlechtsorgane, für den Geschlechtsverkehr, für Liebkosungen oder für andere Bereiche der Liebe und Sexualität. Derbe Wörter und sachliche Begriffe kommen dabei genauso vor wie zarte Andeutungen und poetische Umschreibungen. Eine solche sexuelle S. ist seit alters her aus vielen Kulturen bekannt, und sie entwickelt sich ständig. Neue Wortschöpfungen kommen hinzu, z. B. Safer Sex, alte verschwinden, z. B. → *Minne*. Manche Wörter halten sich jahrhundertelang, z. B. das Wort ficken, andere kommen auf und vergehen rasch wieder. Obschon die Kenntnis solcher Wörter aus Prüderie oft verleugnet wird und ihr Gebrauch als unschicklich gilt, bleiben sie – von Generation zu Generation weitergegeben – erhalten.

Die Sprachforschung hat die erotischen Aspekte der S. arg vernachlässigt. Sich damit zu beschäftigen galt einfach als unseriös. Daher gibt es kaum sprachliche Vergleichsstudien, und es kann auch nicht gesagt werden, welche S. die erotisch reichste ist.

Für das Griechische und Lateinische sind allerdings sprachhistorische Aussagen möglich. Die Poeten der damaligen Zeit haben uns zahlreiche Zeugnisse dafür hinterlassen. Entsprechend der hohen Wertschätzung des Analkoitus im alten Hellas, gab es beispielsweise unzählige Namen dafür. Der hintere Eingang war das Knabenkränzlein oder die Rosenknospe. Von den modernen S. ist das Englische recht gut erforscht. Zu Beginn unseres Jahrhunderts erregte die Sammlung von Henry N. Cary aus Chicago Aufmerksamkeit. Die Liste mit Synonymen für Geschlechtsverkehr war 29 Seiten lang. Sie beginnt mit »acme of delight« (Gipfel des Entzückens) und endet mit »work« (Arbeit), woraus man entnehmen kann, wie unterschiedlich dieser Vorgang aufgefaßt wurde. In John Clelands »Fanny Hill« (1749/50) finden sich über 50 metaphorische Variationen für den Penis (master member of the revels, picklock, nipple of love), der in seiner heute gebräuchlichsten Form, als »penis«, nicht anzutreffen ist – so wie → *Orgasmus*, → *Petting* oder Kontrazeption – Wörter, die es damals noch nicht gab. Nur wenige Studien gibt es zur deutschen S. Eine Ausnahme bildet das Sprachlexikon von Ernest Borneman, »Sex im Volksmund«, 1974, das in einmaliger Weise den »obszönen Sprachschatz der Deutschen« belegt. »Entmutigend war die Unwilligkeit so vieler befragter Germanisten, Worte niederzuschreiben, die bisher nicht im Druck erschienen waren« (Ernest Borneman, »Sex im Volksmund«, 1974).

Die erotische Ausstrahlung eines Textes hängt keineswegs von der direkten Benennung sexueller Sachverhalte ab. Zum einen können bestimmte Wörter in dem jeweiligen Kontext eine erotische Bedeutung gewinnen, und zum anderen kann der Text so gestaltet sein, daß auch ohne sexuelle Wörter Situationen veranschaulicht, Gefühle vermittelt und die Phantasie des Lesers angeregt werden. Das trifft nicht nur auf die geschriebene, sondern auch auf die gesprochene S. zu, die ihre eigenen erotischen Möglichkeiten besitzt und die erotische Gesamtausstrahlung der sprechenden Person verstärken oder abschwächen kann.

Der erotische Gehalt einer S. läßt sich nicht allein am einzelnen Wort festmachen. Insbesondere in der Poesie können sexuelle Sachverhalte beschrieben werden, ohne daß sie ein einziges Wort direkt benennt; auch von solchen »Stellen« kann eine stark erotisierende Wirkung ausgehen. Verschlüsselungen und Umschreibungen sind nicht nur auf Zensur oder öffentliche Meinung zurückzuführen. Die künstlerische Gestaltung erhöht vielmehr die erotische Wirkung. Es wäre ein Irrtum anzunehmen, das obszöne Wort als solches sei erotisch wirksam. Je kulturvoller und differenzierter ein Mensch, desto empfänglicher ist er für eine verfeinerte, kunstvolle, phantasiereiche, liebevolle S. Dies ist auch in der intimen Situation so. Nicht (nur) das derbe Wort löst den Schauder aus, auch nicht das Wort oder die Wörter allein. Sie werden in einer bestimmten Situation ausgesprochen, die Kommunikationspartner stehen in einer bestimmten Beziehung zueinander, der Klang ihrer Stimmen sowie Gesten und Bewegungen tragen zur erotischen Bedeutsamkeit der S. bei. Dies ist auch in der darstellenden → *Kunst*, in Theater und Film und insgesamt in bezug auf das gesprochene Wort im Vergleich zu dem geschriebenen so. Das Wort ist nur *ein* Element der erotischen Botschaft.

Das Spiel mit Wörtern ist Teil des Liebesspiels. Vielen Menschen fällt es allerdings schwer, während des Geschlechtsakts zu sprechen. Schweigen kann den Partner ebenso irritieren wie sprechen. Manche Menschen haben es gern, wenn beim Liebesspiel gesprochen wird, andere stört es.

Bei der Analyse von Wörtern ist immer der Zusammenhang zu berücksichtigen. Was in der einen Situation erotisiert, kann in der anderen das genaue Gegenteil bewirken. Wenn jemand beim vertrauten Liebesspiel zärtlich vom Futzelchen seiner Geliebten spricht, ist das etwas anderes, als wenn er jemand als hinterfotzig beschimpft. Ein und derselbe sexuelle → *Witz* kann bei dem einen Erzähler eine Peinlichkeit und bei dem anderen einen Genuß darstellen. »Du Arsch« kann eine böse Beleidigung ebenso wie eine »geile Anrede« sein. »Sack« kann als Schimpfwort oder als sachliche Bezeichnung fungieren. Sprachanalyse muß daher immer Situationsanalyse sein und den gesamten Kommunikationsprozeß einschließen, Geschichte der Erotik ist immer auch Sprachgeschichte.

Im Deutschen und auch in anderen S. sind in bezug auf Erotisch-Sexuelles verschiedene Sprachebenen zu beobachten:

In der *Hochsprache* wird auf eine direkte Benennung des Sexuellen weitgehend verzichtet, das gleichsam ausgemerzt erscheint. Volkstümliche Bezeichnungen finden in sie kaum Eingang und werden schnell als S. der Straße oder als Gossenjargon abgewertet und abgewehrt. In einem Schulbuch, einer Nachrichtensendung oder einem Ministerbrief wird man das Wort Futze oder Pimmel nicht finden. Statt dessen sind – wenn überhaupt – »harmlose«, »sachliche«, »neutrale«, »unverfängliche« Ausdrücke üblich, wie z. B. »Scheide«. Solche Wörter der Hochsprache haben immer zwei Bedeutungen. (Die Scheide ist eine schützende Hülle für eine scharfe Klinge. Das Schwert in die Scheide stecken – übertragene Ausdrucksweise für Geschlechtsverkehr.) Die Hochsprache umschreibt und verschleiert, so als sei Sexuelles nicht hoffähig. Sie ist zudem absolut unerotisch. Die *Amtssprache* stützt sich auf Gesetzestexte und bürokratische Verklausulierungen (unsittlich berühren; die Ehe vollziehen: entjungfern; begatten, beiwohnen, beiliegen, kopulieren: Geschlechtsverkehr haben; erfüllte Ehebeziehung: befriedigende Sexualaktivität). Sie steht einerseits der Hochsprache, andererseits der Fachsprache nahe.

Die sexologische *Fachsprache* oder *Wissenschaftssprache* beinhaltet meist Fremdwörter bzw. Bezeichnungen aus Medizin und Biologie (Koitus, Defloration, Cunnilingus, Kohabitarche, Ejakulation). Ihre Funktion besteht darin, daß sich Fachleute und Kenner schnell und exakt verständigen können. Sie dokumentiert zugleich meist die Zugehörigkeit zu einer bestimmten Bildungs- und Sozialschicht. Ihrer Tendenz nach sind Fachsprachen elitäre Geheimsprachen: »Sie sperren das Wissen ein für die schon Wissenden und sind insofern antiaufklärerisch« (Helmut Kentler). Teilweise können solche fachsprachlichen Wörter auch als Fachjargon bezeichnet werden (beim Rezept: die Pille nicht einfach schlucken, sondern oral applizieren). Die Begriffe der Wissenschaftssprache sind durchaus nicht immer scharf definiert und richtig (Onanie steht fälschlicherweise für → *Selbstbefriedigung*, Sodomie für → *Homosexualität*).

Die *Umgangssprache* ist die erotisch vielfältigste, phantasievollste und schöpferischste S. In ihr finden sich je nach sozialer Schicht, Tätigkeit, Bildung, Territorium und anderen Differenzierungen und persönlichen Eigenheiten die unterschiedlichsten Schattierungen. In der einen Gegend sagt man für Kuß Busserl (süddeutsch), in der anderen Schmatz (sächsisch), in der dritten Bützchen (rheinisch). Die Berliner Fotze ist die sächsische Futze. Die Umgangssprache geht in die *Vulgärsprache* über oder wird sogar selbst gelegentlich so bezeichnet. Sie drückt erotische Stimmungen und sexuelle Gefühle oftmals direkt und drastisch aus; Geschlechtsverkehr haben heißt dann z. B.: bohnern, rammeln, reiten, rübersteigen, drübergehen, stoßen, bürsten, pimpern, eine Nummer schieben, geigen, bumsen, orgeln, eine Frau gebrauchen, in die Muschel rotzen, jemanden vernaschen oder vornehmen oder umlegen, es jemandem besorgen.

Ausdrücke der Vulgärsprache oder solche, die dafür gehalten oder geschaffen werden, gelangen in die *pornographische S.* (»Auf meine saftige Fickfotze bin ich ganz besonders stolz. Sie hat noch jeden Pimmel zum Spritzen gebracht. Und ich bin sicher, daß ich noch viel Ficksahne auf meinen geilen Titten verschmieren kann« – aus einem Pornoheft.) Sie wird außer in Pornofilmen von niemandem gesprochen und ist insofern eine künstliche S. Die pornographische S. vereinfacht, übertreibt und bevorzugt unmittelbare sexuelle Vollzüge. Meist ist sie grell und aufdringlich und nicht selten brutal und kriegerisch. (»Mit tierischen Lustschreien schießen sie ihre Sperma-Bomben ab, jagen ihre Säfte in alle Öffnungen der aufgespießten Ficksauen, die sich stöhnend im Sexrausch winden und wälzen« – aus einem Pornoheft.) Diese S. verfügt über ein Spezialvokabular (→ *Sandwich*, → *Natursekt*, → *Rosette*, → *Pornographie*).

Vulgärsprachliches wird aber auch von der *Literatursprache* aufgenommen und damit gesellschaftsfähig gemacht. Die Literatur leistet durch die künstlerische Widerspiegelung von Liebes- und Sexualbeziehungen, die eines ihrer wichtigsten Themen sind, einen eigenständigen Beitrag zur Entwicklung der Sexualsprache. Dagegen haben die Religionen im allgemeinen die Tendenz, Sexuelles aus der S. zu verbannen oder zu verschleiern, so daß man von einer *religiösen S.* in bezug auf Erotik eigentlich nicht sprechen kann. Fleischeslust gilt als Sünde. In der → *Bibel* bzw. in der deutschen Übersetzung wird Geschlechtsverkehr mit Erkennen umschrieben (sie erkannten sich). Dennoch finden sich auch in der Bibel lyrische Stellen, denen man einen erotischen Gehalt nicht absprechen kann, so das Lob der Geliebten im Hohenlied Salomos (→ *Bibel*).

In der S. spiegeln sich Lebenssituationen und soziale Beziehungen, insbesondere Geschlechterverhältnisse wider. Ein Mann legt eine Frau um, niemals umgekehrt – die Frau gibt sich hin. Jeder Mensch ist zunächst erst einmal man, nicht frau, nicht jedefrau, sondern jedermann. Das Mädchen ist Neutrum wie das Fräulein, und selbst das Weib ist es noch. Die → *Sexbombe* gibt es nur in weiblicher, den → *Sexualprotz* nur in männlicher Ausführung. In gewisser Weise kann man in patriarchalischen Gesellschaften von einer *sexistischen Sexualsprache* sprechen (→ *Sexismus*). Ernest Borneman urteilte 1990 in seiner »Enzyklopädie der Sexualität«: »Die deutsche Umgangssprache ist eine ausgesprochene Männersprache.« Dazu gesellt sich »in der bürgerlichen Industriegesellschaft die sprachliche Tendenz, Menschen in Maschinen, sexuelle Funktionen, menschliche Körperteile in Maschinenteile zu verwandeln«: Molkerei für Busen, Fickmaschine für Frau, Steckdose für Scheide, Getriebeöl für Scheidensekret, Kolben für Glied. Häufig ist die Verwendung finanzieller Begriffe zu finden: Sparschwein für Scheide, Du stehst hoch im Kurs bei mir für Ich liebe dich. Die Verdinglichung als Form der Abwertung spielt auch eine Rolle, wenn der Teil fürs Ganze genommen wird: alte Schaluppe, Amüsiermatratze oder Saftpresse für Frau. Die Bezeichnungen für das männliche Glied sind teils technisch-verdinglicht (Hobel, Bohrer, Latte, Büchsenöffner), teils sadistisch (Knüppel, Zuchtrute, Rohrstock), teils militärisch-aggressiv (Dolch, Lanze, Krummschwert, Pistole, Schießprügel). Nach Borneman (1990) spiegelt sich in den Männerausdrücken Aggression, Entmenschlichung, Verachtung, Mechanisierung, Verdinglichung, Angst, vor allem aber Entfremdung wider. Er knüpft damit bewußt an die Auffassungen von Karl Marx über die sprachliche Entfremdung in der bürgerlichen Welt an: »So sehr sind wir wechselseitig dem menschlichen Wesen entfremdet, daß die unmittelbare Sprache dieses Wesens uns als eine Verletzung der menschlichen Würde, dagegen die entfremdete Sprache der sachlichen Werte als die gerechtfertigte, selbstvertrauende und sich selbst anerkennende menschliche Würde erscheint.«

Neben den genannten Sprachen bzw. Sprachebenen gibt es noch eine Reihe von *Sondersprachen*, sexuelle Dialekte, Untergrundsprachen, Geheimsprachen von unterdrückten Minderheiten (z. B. bezeichnen Homosexuelle einen weibischen Mann als Schwuchtel oder Tunte). Verliebte haben oft eine besonders originelle und kreative Sprache, die neben Codeworten besonders auch Verkleinerungsformen beinhaltet.

Eine Sondersprache ist auch die *Anzeigensprache* (→ *Sexanzeigen*, → *Heiratsannoncen*, → *St.-Pauli-Presse*). Sie umgeht das offene Nennen von Wünschen und die Zensur, indem sie eine stillschweigende Vereinbarung zwischen den Eingeweihten und Interessierten herstellt. Wer »Sinn für alles Schöne und Besondere« mitteilt, signalisiert Sexbereitschaft mit Neigung zu Abweichungen. Bei der »strengen Erziehung« quält der Sadist den Masochisten oder liefert sich jemand einer Domina aus. Ein »aufgeschlossenes, tolerantes Ehepaar« sucht nicht einfach eine Bekanntschaft, sondern Partnertausch. »Kater sucht Kätzchen« wird mitnichten von Kleintierhaltern annonciert, sondern von Bedürftigen, die eine Sexgespielin suchen.

Das sexuelle Erbgut eines Volkes ist immer auch fremden Einflüssen unterworfen und mischt sich mit dem anderer Völker durch vielfältigen geistigen und tatsächlichen Verkehr und Austausch, durch Handel, Reisen, Tourismus, aber auch infolge von Krieg und Unterwerfung. Auf Grund der sittengeschichtlichen Entwicklung gingen von diesem oder jenem Land besondere Anregungen aus, die auch sprachlich ihren Niederschlag fanden. Beispielsweise galt das Französische als die S. der Liebe, und Wörter wie Rendezvous, → *Kokette-rie* sind auch im Deutschen heimisch geworden. Die in einer Zeit und in einem bestimmten Kulturkreis dominanten Gesellschaften haben schon immer auch die Sexualsprache verändert. Das trifft heute vor allem auf das Amerikanische zu, z. B. → *Sexshop*, → *sexy*, → *Coming-out*. In gewisser Weise ist die Sexualsprache heute insbesondere durch die Massenmedien zu einer *internationalen Sprache* geworden, zumindest finden sich überall Internationalismen wie → *Sex* und → *Orgasmus*.

Sprachbeispiele:

(1) Synonyme für gelegentlichen Geschlechtsverkehr außerhalb einer bestehenden Beziehung: Seitensprung, Untreue, Ehebruch, Eskapade, Abenteuer, Liebelei, Fremdgehen, Bratkartoffelverhältnis.

(2) Synonyme für → *Fellatio* (Glied im Mund): blasen, ein Flötenkonzert geben, → *französisch*, ablutschen, abkauen, abzapfen, schwanzlutschen.

(3) Sprachebenen der Bezeichnung

für sich prostituierende weibliche Personen:
verächtlich: Hure
fachsprachlich, bürokratisch: h. w. G. (= häufig wechselnder Geschlechtsverkehr)
hochsprachlich: Prostituierte
verhüllend: Freudenmädchen, Straßenmädchen, Liebesdienerin, Freischaffende, Öffentliche
salopp: Strichmädchen, leichtes Mädchen, Professionelle, Stundenbraut
(alt)deutsch: Dirne
vulgär, verachtend: Nutte
international: → *Callgirl*
gehoben: Hetäre
umgangssprachlich, abwertend: Schickse, Schneppe, Flittchen, Fose, Fetze, Imme, Kebse, Metze, Vettel
umgangssprachlich, liebevoll: Mäuschen, Kätzchen, Mieze, Puffhäschen
modern: Sexarbeiterin
insiderisch: Koberin, Kontrollmädchen, Läuferin, Legitimierte, Lizensierte
scherzhaft: barmherzige Schwester, Gunstgewerblerin, Liebesamsel, Steckdose, Sparschweinchen
ironisch: Edelnutte
drastisch, grob: Armeematratze, Entsafterin, Pißnelke
umgangssprachlich: Strichbiene, Horizontale, Asphaltbiene, Bahnhofsmieze, Bordsteinschwalbe, Chausseewanze, Sumpfhuhn

Welche S. das Volk wirklich spricht, wird mehr vermutet als gewußt. Das hängt damit zusammen, daß der Sprachgebrauch in den verschiedenen Schichten und Altersgruppen nicht einheitlich ist und zudem Veränderungen unterliegt. Sprachforschungen auf diesem Gebiet sind selten. Dennoch gibt es jeweils bestimmte Standards, die je nach Phantasie individuell variiert und ergänzt werden. Eine Untersuchung unter jungen Ostdeutschen (vorwiegend 20–22jährige) belegt dies (Starke, 1988):
Bezeichnungen für das männliche Glied: In beiden Geschlechtergruppen dominiert eindeutig Glied. Mit großem Abstand folgen Penis, Pimmel, Ding und Schwanz, bei den Männern noch Pfeife, Latte und Stange. Schwanz wird von Frauen fast ausschließlich diminutiv gebraucht: Schwänzel, Schwänzchen.
Einzelnennungen männlich: Er, Bimmel, Zauberstab, Liebesstengel, Teufel, Pflanzholz, Kolben, Kleiner, Puller, Steifer, Lustspender, Wonnespender, Hansel, Franzel, Schnudelwurtz.
Einzelnennungen weiblich: Er, Kleiner, Großer, der Liebe, Pullermatz, Würmi, starkes Kerlchen, Strick, Spaßmacher, Willy, Puller, Teufel, Dicker, Gentleman, Banane, Stengel, Familientrumpf.
Bezeichnungen für die Hoden: Bei Frauen dominiert eindeutig Hoden, gefolgt von Eier, Sack, Säckel. Bei Männern steht Sack an der Spitze der Nennungen, gefolgt von Eier, Hoden.

Einzelnennungen sind seltener als für das offensichtlich mehr im Vordergrund stehende bzw. hängende Glied: Klöten, Gebamsel, Beutel, Gewichte, Gehänge, Nüsse, Pfläumchen. Bezeichnungen für die äußeren weiblichen Geschlechtsorgane: Bei den Männern dominiert Muschi, mit Abstand gefolgt von Scheide, Fotze, Bär(chen), Muff, Loch, Schnecke, Möse sowie Mausi, Maus, Mäuschen. Bei den Frauen ist die häufigste Bezeichnung Scheide, dicht gefolgt von Muschi. Weitere gängige Bezeichnungen gibt es nicht.

Einzelnennungen: Sie, Puns, Spalt, Vagina, Vaginchen, Flausch, Muschel, Schamspalte, Lippen, Flughafen, Liebeshöhle, Höhle, Schambereich, vorn, Eierfeile, Hölle, Ritze, Nest, Rose, Häschen in der Grube (für Kitzler). Insgesamt gibt es mehr Bezeichnungen für das männliche Glied als für die weiblichen Geschlechtsteile.

Bezeichnungen für Geschlechtsverkehr: Bei den Männern ist bumsen das häufigste Wort. Es folgen (miteinander) schlafen, lieben, ficken, auch vögeln. Frauen sagen am häufigsten (miteinander) schlafen. Mit großem Abstand folgen bumsen, ins Bett gehen, intim sein, Akt. Sehr häufig sind mit Liebe zusammenhängende Fügungen: Liebe machen, lieben, sich liebhaben, lieb sein, sich Liebe geben. Dies soll zweifellos einen Zusammenhang von Liebe und Sexualität im persönlichen Empfinden zum Ausdruck bringen. In beiden Geschlechtergruppen sind mehrere Worte üblich: ich fresse dich, ich möchte dich haben, ich habe Lust, ein paar nette Stunden machen, in dich gehen, zu mir kommen, glücklich machen. Einzelworte: knörkeln, spaßmachen, pusseln, verführen, hoppeln, zin-zin, rußen, hacken, pimpern, umhauen, verbrummen, schrobeln, treiben, rammeln, spierlen. Männer wählen häufiger derbe und vulgäre Wörter.

Zärtliche Rufworte und Benennungen des Partners: Bei den Männer finden sich kaum allgemein übliche Ausdrücke, höchstens Schatz, Liebling, Liebes, Kleines sowie vor allem Maus(i), Mäuschen, Mäusel (auch von Frauen für Männer verwendet). Üblich sind Verkleinerungsformen mit -chen und -i: Schnucki, Schnuckelchen, Engelchen, Piepsi, Schuffi, Matzel, Murkelchen, Pummelchen. Typisch ist der Hinweis auf Eigenschaften: Dicke, Süße, Zarte. Überaus beliebt sind Tiere: Schnecke, Häschen, Hase, Spatz(i), Raupi. Bei den Frauen gibt es zwei klare Favoriten: Schatz (Schätzchen, Schatz, Schätzel) und Liebling (Liebster, Lieber, Mischa-Liebling). Die Tierwelt ist zahlreich vertreten: Hase, Häschen, Floh, Schnecke, Schnupperbienel, Hirsch, Borstel, Spatz(i), Spatzel, Mops(i). Weitere Ausdrücke sind: Schnuckelchen, Schnucki, Pulli, Dicker(chen), Schnurzelpurzel, Wuschel, Muckelchen, Knutschi, Kobold, Bester, Darling, du.

Die Liebe in 23 Sprachen

Deutsch	**Liebe**
Arabisch	حُبّ
Bulgarisch	любов
Chinesisch	愛情
Englisch	love
Esperanto	amo, sex. Bereich amoro
Französisch	amour
Georgisch	
Hebräisch	ליבע
Hindi	प्रेम
Indonesisch	cinta
Italienisch	amore
Japanisch	あいじょう
Niederländisch	liefde
Polnisch	miłość
Portugiesisch	amor
Rumänisch	dragoste
Russisch	любовь
Schwedisch	kärlek
Slowakisch	láska
Spanisch	amor
Tschechisch	láska
Ukrainisch	кохання

Die Liebe in 23 Sprachen

Ich liebe dich	Küß mich
أُحِبُّكِ	قَبِّلْنِي
аз любя те	целуни ме
我爱你	给我接吻
I love you	kiss me
mi amas vin	kisu min
je t'aime	baise-moi
მე მიყვარხარ შენ	
איך ליב דיך	קיש מיך
मुझे तुम से प्रेम है	मुझे चूमो
saya cinta padamu	ciumlah saya
ti amo	bacia mi
あのふたりは目下恋愛中だ	キス
ik heb je lief	kus mij
kocham cię	całuj mię
quero-te	beija-me
eu te-iubesc	săruta-mă
я люблю тебя	поцелуй меня
jag tycker om dig	kyssa mig
mám ťa rád	pobozkaj m'a
te quiero	bésame
mám tě rád	líb mě
miluji tě	
я кохаю тебе	поцалуй мене

Manche dieser Liebeswörter sind in keinem Lexikon zu finden, außer in dem hier vorliegenden. KS Ar

Sprachlosigkeit, sexuelle:

1. die aus Unwissen oder Scham geborene Unfähigkeit von Menschen, sexuelle Dinge zu benennen;
2. das Unvermögen, in intimen Situationen zu sprechen;
3. das Fehlen von Begriffen im sexuellen Bereich (→ *Sprache*).

Es ist erstaunlich, daß in vielen, aber durchaus nicht allen Ländern in der Umgangssprache wie in der Hochsprache (auch in der deutschen) exakte Bezeichnungen für Sexuelles nicht vorhanden oder nicht sehr weit verbreitet oder ausgemerzt sind, so als schäme man sich dafür. Fachtermini, Kinderausdrücke oder Umschreibungen dienen als Ersatz, wobei viele der verwendeten Bezeichnungen wie ficken, vögeln und Fotze ihre ursprüngliche Unschuld verloren haben und als vulgär, schmutzig, obszön, unsittlich, schamverletzend und unfein gelten. Die Ersatzbezeichnungen sind verständlicherweise notwendig und sichern die nötige Kommunikation. Sie *beschreiben* (»fummeln«, »hochkriegen«) oder heben *bildhaft* Eigenschaften hervor (»Steifer«, → »*feuchter* Traum«), *übertragen* (»Pullermann«) oder *verkürzen* (»Pille«). In den letzten Jahren setzten sich sachliche Bezeichnungen durch, die als unverfänglich gelten und ohne weiteres auch in der Öffentlichkeit gebraucht werden können (Glied, Scheide, Geschlechtsverkehr, Kondom).

Beispiele für Ersatzbezeichnungen: abspritzen für Samenerguß, anbuffen für schwängern, aufpassen für Herausziehen des Gliedes vor dem Samenerguß, Eier für Hoden, eheliche Pflicht für Koitus zwischen Eheleuten, es miteinander treiben für Koitus, Freudenhaus für → *Bordell*, französisch für Mundverkehr, 69 für Stellung bei gleichzeitigen oral-genitalen Kontakten zweier Partner, horizontales Gewerbe für → *Prostitution*, kalter Bauer für Ejakulat, kommen für einen Orgasmus haben, Kavalierskrankheit für Tripper, Pflaume für äußere weibliche Geschlechtsteile, pimpern für Geschlechtsverkehr, scharfmachen für sexuell erregen, Schwanz für Glied, vernaschen für Geschlechtsverkehr nach Verführung, warmer Bruder für homosexuellen Mann.

In der Literatur, im sexuellen → *Witz*, in der Zote, im frechen, → *liederlichen* Lied finden sich viele Belege für S. In dem folgenden Vers sind gleich mehrere Ersatzausdrücke enthalten, die für sich allein genommen harmlos sind, insgesamt aber einen obszönen Text ergeben:

Frau Wirtin hatte auch ein Tochter
Röschen,
das hat ein wundersames Döschen.
Das roch nach Flieder und nach
Veilchen,
und wenn es frisch gepimpert war,
dann zuckt' es noch ein Weilchen.
KS

St.-Pauli-Presse: benannt nach dem Hamburger Vergnügungsviertel St. Pauli; zur S.-P.-P. gehören Zeitungen und Zeitschriften sexuellen Inhalts, meist mit Kontaktanzeigen. Der Sinn der S.-P.-P. besteht keineswegs nur in der (eigentlich verbotenen) Werbung für → *Prostitution*, → *Sexshops*, Vergnügungslokale und andere Erscheinungen des → *Sex-Busineß*, sondern

a) im Zusammenführen sexuell Gleichgesinnter,
b) dem Nachgehen von Spezialinteressen,
c) der Befriedigung von Sammlerleidenschaften,
d) der Vermittlung sexueller Abenteuer der verschiedensten Art.

Diesen Zwecken dienen Rubriken wie Private Sexkontakte, Heiratsannoncen, Bekanntschaften, Brief- und Telefonkontakte, Jobangebote, Partnertausch, Urlaubs- und Reisebegleitung, Wochenendkontakte, Lesben, Schwulen- und Bi-Kontakte, Tauschangebote, Werbung für Klubs, Saunen, Massagesalons, Bars, Anzeigen von Callgirls, Callboys, Hostessen. Die Anzeigen versprechen die Möglichkeit, aus dem Alltag auszubrechen und wenigstens zeitweise ein zweites sexuelles Leben zuführen. Für sexuelle Minderheiten erfüllt die S.-P.-P. eine wichtige Kommunikationsfunktion.

Die S.-P.-P. hat sich ständiger Anfeindungen und des Vorwurfs der zu weit gehenden Pornographie zu erwehren. Viele dieser Presseorgane dürfen nicht öffentlich, sondern nur in Sexshops und ähnlichen Einrichtungen angeboten werden. Im Wechselspiel von Anonymität und sozialer Kontrolle, von Disziplinierung und Liberalisierung, von Heuchelei und Offenheit, von Privatisierung und Entintimisierung, von Entfremdung und Identifizierung hat die S.-P.-P. eine beachtliche gesellschaftliche und individuelle Funktion und folglich einen beträchtlichen Leserkreis. KS

Stadtplan für Männer: Orientierungshilfe für vergnügungs- und sexlustige Männer (teilweise auch für Paare). Informiert wird über Amüsierlokale, Clubs, Massagesalons, FKK- und Sex-Saunen, Vermittlungsagenturen, Bordelle, Stundenhotels. Der Leser erfährt, wo käufliche Mädchen oder Jungen zu finden sind und was sie kosten. Der stille Genießer erhält Anregungen für reine Augenfreuden (Sex-

Kinos, Porno-Video-Kabinen, Sex-Film-Bars, → *Peep-Shows*, Sex-→ *Live*-Shows, → *Striptease*). Auf Spezielles wird hingewiesen (Travestie-Shows, Transvestiten-Treffs, Studios für → *sadomasochistische* Praktiken u. a.). Homosexuelle werden über für sie interessante Treffpunkte informiert.

Der S., den es in → *Sexshops* zu kaufen gibt oder der per Post bestellt werden kann, liegt für ausgewählte Städte und Gebiete vor und ergänzt → *Sexanzeigen* und Kontaktjournale. Er enthält neben dem eigentlichen Plan auch kurze Beschreibungen und Bewertungen der Örtlichkeiten mit Öffnungszeiten, Preisen, Ausstattung, Stil und Niveau. Er hat in Bordellführern und Dirnenadreßbüchern vergangener Zeiten seine Vorbilder. Der Londoner Tavernenbesitzer Harris veröffentlichte von 1760 bis 1793 ein jährliches Register, das die Gesichter, Figuren, Manieren und besonderen Talente der Covent Garden Ladies beschrieb, die in seinem Haus in der Drury Lane verkehrten. The Rangers Magazine veröffentlichte um 1790 eine monatliche Liste der Lustdamen. Unfreiwillig zum Bordellführer wurde nach 1830 das New Yorker McDowall's Journal. In ihm waren die Untersuchungen des Reverend John R. McDowall über das Laster sorgfältig und detailliert aufgeführt. Später erschienen in New Orleans das Grünbuch oder der New-Orleans-Führer für den Gentleman und dann seit 1902 das überall erhältliche Blaubuch mit einem Hinweis auf → *Bordelle* und Girls. In Marseille gaben Bordellwirte Broschüren, Faltblätter und Postkarten heraus, auf denen die Vergnügungsviertel als touristische Attraktion dargestellt waren. Daraus entstand 1928 ein Straßenverzeichnis der Liebe. Der berühmte Führer Le Marseille curieux (1936), auch in englischer Sprache als The Curious Marseille herausgegeben, enthielt auf über hundert Seiten Anzeigen der Bordelle im Rotlichtviertel. KS

Ständer: im Sexualjargon Bezeichnung für eine besonders kräftige und lang anhaltende Gliedversteifung; auch allgemein für → *Erektion.* Ar

streicheln: mit sanfter, aber fester Bewegung wiederholt über etwas, z. B. den Schopf des Geliebten, streichen, bevorzugt mit den Fingern oder der Hand; liebkosen. Der mit dem S. verbundene Körper- bzw. Haut-zu-Haut-Kontakt ist gewöhnlich ein Zeichen von Zuwendung, Intimität und persönlicher Beziehung. S. kann beruhigen (z. B. nach einem wilden Geschlechtsakt) oder anregen (z. B. davor), ist aber wohltuend und niemals aggressiv gemeint; es gibt kein bru-

tales S. S. ist eine bedeutende Form des Austausches von → *Zärtlichkeiten*.
Von klein auf braucht der Mensch ein bestimmtes Maß an Zuwendung. In einer Welt des Kalküls hat man dafür den Begriff Streicheleinheiten geprägt. Diese können – wie der Ausdruck ironisch nahelegt – in genau erforderlicher Anzahl zugemessen oder versagt werden. Das S. wird auf diese Weise zum psychohygienischen Mittel und entspringt nicht einer gemeinsamen zärtlichen Situation. Der Streichler müsse nicht selbst etwas dabei empfinden, er könne unbeteiligt wie ein Massagegerät sein. Das ist der Fall, wenn S., wie z. B. beim Lob, zur Sanktion wird. Spontanität und Gefühl werden dabei leicht durch Berechnung und gezielte Manipulation ersetzt. Für die Liebe ist dies tödlich. KS

Strich: Stadtgegend oder Straße, in der sich → *Prostituierte* feilbieten; Straßenprostitution; im weiteren Sinne Vergnügungsviertel, in der → *Prostitution* erlaubt ist (→ *Rotlichtviertel*). Diese Straßenabschnitte oder Plätze waren mit einem Strich gekennzeichnet, daher der Ausdruck »auf den Strich gehen«, inzwischen auch allgemein für Prostitution. Nach Ernest Borneman ist die Herkunft des Wortes auf Schreff = Hure zurückzuführen.
Der (Straßen-)Strich ist nur in bestimmten Städten und dort nur in bestimmten Gegenden gestattet. Lange Zeit waren belebte Plätze inmitten von Vergnügungslokalen seine Heimat, inzwischen ist er verschiedentlich aus den Stadtzentren in Nebenstraßen verbannt worden oder existiert nur noch als → *Autostrich*. Berühmt sind der traditionelle (Baby-)Strich in der Hamburger Davidstraße/Ecke Reeperbahn abends pünktlich ab 20 Uhr oder der Edelstrich auf dem Berliner Ku-Damm von 22 bis 23 Uhr oder der nach der deutschen Einheit entstandene Szenenstrich in der Berliner Oranienburger Straße.
Man unterscheidet den Tagesstrich und den Abendstrich, d. h., in manchen Gegenden ist tagsüber und in anderen nur abends bzw. nachts Betrieb. Die Prostituierten (→ *Strichjunge*, → *Strichmädchen*) stehen in Tor- oder Hauseingängen, zwischen Vitrinen oder Bäumen und machen durch Kleidung und Haltung auf sich aufmerksam oder suchen Kontakt. (»Na, wie wär's denn mit uns?« – »Hast du nicht Lust auf etwas Besonderes?« – »Willst du nicht mal mitkommen?«) Dieses Ansprechen ist in einigen Ländern verboten. Meist wird zweckmäßigerweise über Preis und Leistung sofort genau verhandelt. Der Straßenstrich gilt – von Ausnahmen abgesehen – als eine niedrige

Stufe und die härteste und kälteste Seite der Prostitution, zumal die Arbeitsbedingungen oft schlecht sind (→ *Autostrich*). Für ältere oder weniger attraktive Prostituierte ist der S. oftmals die einzige und letzte Möglichkeit, etwas Geld zu verdienen. Auch Drogensüchtige beschaffen sich auf diese Weise Geld (→ *Drogenstrich*). Da der Straßenstrich öffentlich ist, unterliegt er in der Praxis am ehesten rechtlichen Bestimmungen und Einschränkungen. Der S. erwies sich jedoch über alle Verbote und Durststrecken hinweg als überlebensfähig und hat in manchen Städten eine jahrzehnte- oder gar jahrhundertelange Tradition. KS

Strichjunge: junge männliche Person, die auf den → *Strich* geht, also → *Prostitution* betreibt (→ *Callboy*). Auch Stricher genannt. Die Kunden sind homosexuelle Männer, in bestimmten Fällen auch heterosexuelle Frauen. Der S. ist meist selbst nicht homosexuell. In den großen Städten sind die S. oft Kinder, darunter Elternhauslose und Trebegänger (von zu Hause Ausgerissene, jugendliche Herumtreiber). Manche von ihnen sind schon früh sexuell mißbraucht worden. Eine New Yorker Studie 1991 unter Runaways (Ausreißern) zeigt den engen Zusammenhang von Not, Verwahrlosung, sexuellem Mißbrauch, Prostitution, Krankheit (darunter → *Aids*) bei diesen Halbwüchsigen (Anke Ehrhard). Für manche dieser Kinder sind die guten Onkels oftmals der einzige Halt. KS

Strichmädchen: Prostituierte, die auf den → *Strich* geht. KS

Striptease (engl. to strip = ausziehen, to tease = necken, aus den USA stammende Wortbildung um 1950): Entkleidungsshow. Die Grundform des S. besteht darin, daß ein Mädchen – meist zu Musik – mit tanzartigen, animierenden Bewegungen ein Kleidungsstück nach dem anderen ablegt, bis sie sich, als Pointe, nackt oder fast nackt den Zuschauern präsentiert. Dies geschieht meist in speziellen Vergnügungslokalen, z. B. in Nachtbars, gelegentlich unter Einbeziehung des Publikums. Die Hauptfunktion des S. ist weniger eine ästhetisch-künstlerische als erotisch-animierende: Der männliche Betrachter soll Lust auf Sex bekommen. Die S.-Tänzerinnen, auch Stripperinnen genannt, müssen nicht → *Prostituierte* sein, doch steht der S. als Teil des → *Sex-Busineß* im Umfeld der → *Prostitution* oder ist eines seiner Elemente. In manchen Lokalitäten werden die Girls z. B. anschließend an die männlichen Kunden verlost oder stehen für eine Privatshow zur Verfügung, die weiter gehende sexuelle Praktiken bei entsprechender Bezahlung einschließen kann. S. wird nicht nur von Frauen, sondern auch von Männern vorgeführt, jedoch viel seltener.

Der S. bezieht seine Wirkung aus folgenden Elementen:

a) der sinnlichen Stück-für-Stück-Wahrnehmung, der Steigerung und der damit verbundenen Anregung der Phantasie – Nacktheit an sich ist nicht aufreizend, das Entkleiden schon;
b) dem Durchbrechen des Nacktheitstabus;
c) der Atmosphäre, in welcher S. stattfindet: insbesondere die Öffentlichkeit eines ansonsten privaten Vorganges, des Ausziehens, verbunden mit tänzerischen und Bühneneffekten sowie einem animierenden Umfeld;
d) einem bestimmten Frauenbild – die Frau (genauer gesagt: der weibliche Körper) als Schönheitsspenderin, Unterhalterin, Lustmacherin und Sexualobjekt.

Der S. hatte viele Vorläufer. Sie reichen von erotischen Tänzen im persischen Harem, den Tanzspielen der → *Hetären* im alten Rom bis zum französischen Can-Can, dem modernen Ballett und dem Pariser Nachkriegs-Nachtleben in den Kellern von Saint-Germain-des-Près und im Crazy Horse Saloon. Dem S. voraus ging die amerikanische Burleske der Saloons des Wilden Westens. Doch bis zum Fallenlassen aller Hüllen war noch ein weiter Weg. Als amerikanische Modeerscheinung etabliert, fand der S. schließlich in der ganzen Welt seine Nachahmer, nicht nur bei spontanen Tanzvergnügungen, sondern auch professionell in einschlägigen Restaurants. Dazu kamen Bildfolgen in Zeitschriften sowie mehr oder weniger heimlich vertriebene Fotoserien. Bald folgten auch Schmalfilme, die meist argwöhnisch von der in den 50er Jahren sittenstrengen Polizei beobachtet wurden. Inzwischen ist der brave S. dieser Zeit längst durch schärfere Varianten ersetzt worden. Heute wird alles nur Denkbare – von der → *Vibratorshow* über den Genitalkuß vom oder am Gast bis zur Öffnung des Afters, von der Badeshow über das Enthaaren der Schamgegend bis zum Geschlechtsverkehr – auf der Bühne dargestellt. Dem Starkult folgend, wird dabei auch versucht, S.-Stars in Sondervorstellungen zu präsentieren. Häufiger ist jedoch die einfältige Kurzshow mit rasch wechselnden Girls im Angebot, teilweise als 5-Minuten-Show in kleinen Räumen, in Sex-Video-Shops oder speziellen Animierlokalen.

Der S. setzt einen bestimmten Umgang mit → *Nacktheit* und Sexualität in einer Gesellschaft voraus und soll eine Atmosphäre sexueller Aufgeschlossenheit bewirken bzw. erotisieren oder, im mildesten Fall, Freude an einem schönen Körper verschaffen. Auf viele Menschen, die eine freie Einstellung zur Nacktheit haben, z. B. FKK-Anhänger/Nudisten, wirkt S. lächerlich. Andere empfinden die Blöße und den Versuch der Erotisierung beschämend und entwürdigend, wieder andere bevorzugen von vornherein die harten → *Live-Sex-Shows* oder → *Pornovideos*. Nur wenigen gelingt es, S. als Kunstform anzuerkennen, zumal die Darbietung selten anspruchsvoll und oft primitiv ist. Der S. ist in den einzelnen Ländern unterschiedlich weit verbreitet und auf unterschiedliche Weise in den Unterhaltungsbetrieb eingebunden. Im Zuge der sexuellen Liberalisierung gehörte es bei Unterhaltungsprogrammen mit Tanz in vielen europäischen Ländern, auch in den ehemals sozialistischen, zum guten Ton, S. oder S.-ähnliche Szenen anzubieten oder die Dürftigkeit der Programme von Nachtklubs oder auf Betriebsfesten in bewußter geistig-kultureller Unterforderung des Publikums durch S. zu verhüllen. Kulturpessimisten bewerten insofern die Verdrängung anspruchsvoller Kunst, wie zum Beispiel der Tanzkunst oder der Show-Gymnastik, durch billigen und wenig aufwendigen S. als unterhaltungskulturellen Niedergang. Im Hinblick auf die Einführung des S.-Animierbetriebes am einst so braven FKK-Ostseestrand bezeichnete der Berliner Satiriker Ernst Röhl (»Eulenspiegel«, 1990) den S. als »Fortsetzung der Freikörperkultur mit anderen Mitteln«. KS

Sublimierung (lat. sublimare = erhöhen): in der → *Psychoanalyse* Ablenkung sexueller → *Triebe* auf nichtsexuelle Ziele. Das Konzept der S. fußt auf Sigmund Freuds Bestimmung sexueller Impulse als den ursächlichen Triebkräften allen menschlichen Handelns und der menschlichen Entwicklung. Es gipfelt in der Annahme, daß alle produktiven Leistungen des Menschen »zielgehemmte« und umgeformte Sexualenergie seien. Wissenschaftliches oder künstlerisches Schaffen werden beispielsweise aus der S. eines starken kindlichen → *Voyeurismus* erklärt (→ *Partialtriebe*).

Natürlich geht in der heutigen Zeit kein moderner Mensch mehr davon aus, daß sexuelle Enthaltsamkeit eine prinzipiell notwendige Voraussetzung für das Zustandekommen produktiver Leistungen sein muß. Aber mancher Erzieher befürchtet auch heute noch schädliche Einflüsse der sexuellen Betätigung bei Heranwachsenden, die Ablenkung von den wichtigen Dingen des Lebens, und versucht deshalb vielleicht, sexuelle Impulse zu unterdrücken. Im Alltagsdenken wie in der Sexualwissenschaft und der Sexualpädagogik spielt die Theo-

rie der S. durchaus noch eine Rolle, wenngleich nicht in der rigoros verallgemeinerten Form ihres Begründers.
Zweifellos finden sich in Geschichte und Gegenwart Belege dafür, daß ein hohes Maß an Produktivität (einer einzelnen Person oder auch großer Menschengruppen in bestimmten gesellschaftlichen Entwicklungsphasen) Sexualität wie andere Formen von Konsum und Genuß in den Hintergrund treten läßt und zur Ausbildung → *asketischer* Lebensweisen und → *Normen* führt. Hierbei ist ein bestimmtes Sexualverhalten aber nicht Ursache, sondern Folge der Produktionsweise und der damit einhergehenden gesellschaftlichen Bedingungen. Bis zu einem gewissen Grade möglich scheint auf individueller Ebene der Ausgleich sexuell-erotischer und partnerschaftlicher Defizite durch Arbeit zu sein. Auf diese Weise sind jedoch sexuelle Bedürfnisse nicht zu befriedigen – ihr Verkümmern wird lediglich erträglicher. Weitere Beispiele für die scheinbare Richtigkeit der Sublimierungstheorie finden sich bei sexuell ausschweifend lebenden, genußsüchtigen und gleichzeitig nur in geringem Maße produktiven Menschen. Nach dem traditionellen psychoanalytischen Denkmodell verbraucht sich deren Sexualtrieb ungehemmt im Sexualverhalten, wodurch keine Energie für höhere Zwecke übrigbliebe. Auch dieser Erklärungsansatz ist vom Kopf auf die Füße zu stellen: Mangelnde Integration des einzelnen in die Leistungsbereiche der Gesellschaft kann dazu (ver)führen, im privaten Genuß und in der Sexualität Erfüllung zu suchen. Ein isoliertes und hypertrophiertes Streben nach sexueller Lust wäre somit ein Produkt zielgehemmter gesellschaftsbezogener Bedürfnisse.
Gegen das Sublimierungskonzept sprechen Ergebnisse der empirischen Sexualforschung, speziell der Jugendforschung (Friedrich/Starke/Weller, »Liebe und Sexualität bis 30«, 1984), wonach leistungsstarke und aktive Persönlichkeiten heutzutage gegenüber den weniger produktiven zumeist auch in ihren Liebesbeziehungen aktiver und glücklicher sind.
We

Sucht, sexuelle (oder Sexsucht): maßlos oder krankhaft übersteigerter Drang nach → *Sex* (→ *Sexaholics*). Der Sex verselbständigt sich und wird zur Droge. Alle anderen Werte, Lebensinhalte und menschlichen Beziehungen einschließlich der Liebe treten zurück. Der Sexpartner, häufig wechselnd, wird zum Sexobjekt und Sexinstrument und spielt als Persönlichkeit nur dann eine Rolle, wenn damit mehr sexueller Reiz verbunden ist. Oftmals ist gar kein Partner erforderlich, z. B. bei der Porno-Sucht.

Sex wird zum Ersatz für menschliche Bindungen und zum Mittel, Lebensleere, Angst, Hoffnungslosigkeit und ungelöste Probleme auszugleichen. Die s. S. entspricht der kompensatorischen Funktion der → *Sexualität*. Wie jede Sucht eröffnet auch die s. S. dem Betroffenen neue Erlebnis- und Lustdimensionen, ohne die er nicht mehr leben kann. Die Gier nach Sex bleibt unstillbar und macht den Betroffenen von Sex abhängig, aber nicht dauerhaft glücklich. KS

Süchtigkeit, sexuelle: typisches Merkmal bestimmter sexueller Verhaltensweisen, die man früher als Perversionen, heute meist als → *Deviationen* zu bezeichnen pflegt. S. äußert sich in immer stärker werdendem Verlangen, Ausbau und Ritualisierung der speziellen Neigung unter Zurückdrängung einer partnerschaftlichen Sexualbeziehung bis hin zur völligen Aufgabe. Ar

Surrogatpartner: Mann oder Frau, der den eigentlichen oder aus irgendwelchen Gründen fehlenden Sexualpartner ersetzt; eine Methode, die von einigen Psychotherapeuten bei der Behandlung sexueller Funktionsstörungen eingesetzt wird. Manche Therapeuten bieten sogar sich selbst hierfür an. Abgesehen von den moralischen Bedenken, die bei einem solchen außergewöhnlichen persönlichen Einsatz bestehen, bestehen berechtigte Zweifel, ob sich damit eine gestörte Paarbeziehung verbessern läßt. Die Risiken einer solchen Therapie stehen in keinem Verhältnis zu einem eventuellen Erfolg, deshalb wird sie auch von den meisten Psychotherapeuten abgelehnt. Ar

Susanna: im Alten Testament die Frau des Joakim, die in Babylon von zwei alten Richtern beim Baden beobachtet und danach zum Beischlaf gedrängt wurde. Als sie die beiden abwies, beschuldigten sie S. des Ehebruchs wegen eines vermeintlichen Liebesabenteuers. Da die beiden Alten bei dem darauffolgenden Gerichtsprozeß einen Meineid schwörten, wurde S. zum Tode verurteilt. Doch der Prophet Daniel erkannte mit Hilfe von Gottes Stimme den wahren Hergang und erreichte, daß ein zweites Mal verhandelt wurde. Mittels eines geschickten Kreuzverhörs überführte er die beiden Alten, die ihre gerechte Strafe erhielten; S. wurde freigesprochen.

Die frühchristliche Kunst des 3. und 4. Jahrhunderts nahm sich bereits des Themas an, das im 15. und 16. Jahrhundert, vor allem als Badeszene eine stark erotische Färbung annahm. Im 16. und 17. Jahrhundert lag dann der Akzent in der südeuropäischen Kunst mehr auf dem Element des Zuschauens vom sicheren Versteck aus, während im Norden der Überfall durch die Alten im Vordergrund stand (Tintoretto, Domenichino, van Dyck, Rubens, Rembrandt). Im Barock erfreute sich die Geschichte der S. großer Beliebtheit, weil sie den Künstlern die Möglichkeit bot, den sinnlichen Kontrast zwischen den beiden lüsternen alten Männern und einer wohlgestalteten Frau darzustellen. Auch die Literatur hat sich der Geschichte S.'s angenommen, z. B. Hans Sachs 1557 in seinem »Daniel«. Se

Suspensorium (lat. suspendere = aufhängen): Beutel zur Einbettung der männlichen Geschlechtsorgane, um sie vor Verletzungen zu schützen, z. B. bei bestimmten Sportarten wie Boxen oder Ringen; wird auch getragen, um sie bei Hodenentzündungen ruhigzustellen, oder einfach als Tragehilfe. Ar

Swapper (engl. to swap = tauschen, betrügen): Paare, meist verheiratet, die durch → *Partnertausch* und → *Gruppensex* einen sexuellen Lustgewinn und Abwechslung suchen, ohne die Primärbeziehung zu gefährden. KS

Symbole: Sinnbilder in Form einer bildlichen Darstellung, eines Zeichens, eines Lautes oder einer Handlung für bestimmte Vorstellungen, Ideen, Begriffe, Erfahrungen, Empfindungen und auch Gegenstände. Nichtwahrnehmbares wird durch S. repräsentiert und »wahrnehmbar« gemacht. Viele sexuellen und erotischen S. werden auf ähnliche oder gleiche Weise in den verschiedensten Ländern durch die Zeiten hindurch verstanden. So standen schon in der Urgesellschaft Rhombus, Oval, Dreieck für das weibliche Geschlecht und für Fruchtbarkeit. Die Bedeutungen der einzelnen S. sind oft nicht klar voneinander abgegrenzt, außerdem sind Bedeutungsüberlagerungen und -veränderungen nicht selten. Der Psychoanalytiker Sigmund Freud entdeckte die Funktion der Symbolsprache des Traumes, die sich vor allem bei Erwachsenen häufig auf sexuelle Wünsche richtet, aber auf Grund einer inneren Selbstzensur bis zur Unkenntlichkeit verändert ist, wobei S. zum Einsatz kommen. In der bildenden → *Kunst* ist insbesondere der Surrealismus von Symbolismen gekennzeichnet, sexuelle Motive sind recht häufig. S. in Mythen, Märchen und Sitten sind Überbleibsel einer Art Ursprache der Menschheit. Viele S. hatten eine sexuelle Bedeutung. Das häufigste sexuelle S. – oft auch an Hauswänden zu sehen – ist wohl die Raute als Sinnbild des Venusbergs. Die bekannten Glückssymbole lassen sich als Sexualsymbole deuten, z. B. der Pilz als männliches Glied, das Hufeisen als weiblicher Schoß, der Schornsteinfeger steht für den Koitus, das Schwein ist Wunschbild reichen Kindersegens. Auch Märchen, die scheinbar nichts »Unzüchtiges« an sich haben, sind von hohem sexuellen Symbolgehalt. In der Mär vom Klapperstorch steht der Teich, aus dem die Babys geholt werden, für das Fruchtwasser im Mutterleib, der Storchenschnabel für den Penis und der Storchenbiß (noch dazu ins Bein) für den Koitus. Wir sind von einer Symbolwelt umgeben. S. werden in der Werbung genutzt, sexuelle S. finden sich in vielen bildlichen Darstellungen, im Fernsehen, im Film, im Theater, in Erzählungen, in der Lyrik, in der Karikatur. Viele Alltagsgegenstände haben, ohne daß es uns immer bewußt ist, ihrer äußeren Gestalt nach Symbolcharakter.

Weit verbreitet sind folgende S.:

(1) Der Apfel als S. für
   a) Verführung (die verbotene Frucht, mit der Eva im Paradies → *Adam* verführt, zugleich wohl auch symbolisch für ihre Brüste);
   b) Würdigung der Schönheit (Urteil des → *Paris*);
   c) Fruchtbarkeit, Liebe, Freude, Erkenntnis, Weisheit (der Apple-Computer Macintosh, auf dem das Manuskript dieses Lexikons geschrieben wurde, nutzt das S. des Apfels). Wenn man jemandem einen Apfel anbietet, so gilt dies manchmal als eine Liebeserklärung, und wie die Orange wird die Apfelblüte als Zeichen der Fruchtbarkeit benutzt. Im → *Christentum* steht der Apfel zum einen für Versuchung und Sündenfall, zum anderen jedoch – im Zusammenhang mit der Jungfrau Maria und Christus – für den neuen Adam und die Erlösung. In der griechischen Antike war der Apfel als Zeichen der Liebe und des sexuellen Verlangens der Venus geweiht und fand als Brautsymbol und Brautgeschenk Verwendung.

(2) Die Auster gilt als S. des Schoßes, der Schöpferkraft, des weiblichen Prinzips, der Initiation und der Fruchtbarkeit, im Chinesischen der → *Yin-Kraft*.

(3) Das Dreieck vereint in sich eine Vielzahl unterschiedlicher Bezüge – das mit der Spitze nach oben weisende männliche Prinzip (Lingam, Feuer, Leben) und das mit der Spitze nach unten weisende weibliche Prinzip (die große Mutter als Erzeugerin).

Friedrich Anton Krebs: »Schafbockwäsche«. Schabkunst (18. Jh.)

(4) Die Eichel gilt schon seit den Kelten als S. des Lebens, der Fruchtbarkeit und der Unsterblichkeit.

(5) Die Feige kennzeichnet Fruchtbarkeit, Leben, Frieden und Gedeihen. Der Feigenbaum gilt als Zeichen der Erleuchtung und verbindet das männliche mit dem weiblichen Prinzip. Das → *Feigenblatt* steht für den Phallus und das männliche Zeugungsprinzip, für Sinnenlust und Geschlechtstrieb. Die Fruchtbarkeit und die Frau als Mutter werden durch einen Korb Feigen symbolisiert. Im christlichen Verständnis hat das Feigenblatt die Funktion, die Geschlechtsteile nach dem Sündenfall zu verbergen.

(6) Der Esel steht für Demut, aber auch für Lüsternheit und Fruchtbarkeit. Als das fruchtbare Prinzip ist er dem Priapos heilig, bei den Griechen symbolisiert er Trägheit und blinde Leidenschaft. Erotische Symbolfigur ist er in Apuleius' »Der goldene Esel«, aber auch in Geschichten und Erzählungen von Lukian bis Voltaire. In der → *Psychoanalyse* gilt er als Symbol der → *Analerotik*.

(7) Zur Symbolisierung der Frau eignet sich alles, was empfangend, schützend, nährend, passiv, hohl ist oder eine Anbindung ermöglicht, diamantförmig oder oval ist. Dazu gehören die Höhle, der einzelne Garten, der Brunnen, Tür an

Tür, die Furche, Messer- oder Schwertscheiden; außerdem alles, was mit Schiffen, Wasser, Muscheln, Fischen oder Perlen zu tun hat. Gefäße werden als umfassende weibliche S. verstanden.

(8) Der Frosch steht direkt für → *Erotik*, verbunden mit Fruchtbarkeit und Produktivität.

(9) Das Haar verkörpert Liebeskraft, Stärke und Energie; das Haupthaar bezieht sich auf die höheren Kräfte und die Inspiration, während Körperhaar auf die Sinnlichkeit verweist. Jemandem das Haar oder auch nur eine Locke abschneiden bedeutet die Überwindung des männlichen Prinzips und ist auch ein Kastrationssymbol.

(10) Der Hammer gilt als S. männlicher Kraft und Stärke und steht in engem Zusammenhang mit dem Amboß als passiv-weiblicher Entsprechung.

(11) Die Höhle als Schoß der Mutter Erde steht für das weibliche Prinzip; auch als Initiationszentrum. Der Berg steht für das männliche Prinzip, die Höhle im Inneren des Berges repräsentiert das Weibliche, Verborgene, Verschlossene.

(12) Der Kelch steht für Lebensdrang, Unsterblichkeit und Fülle, zugleich ist er eine offene, empfangende, passive, weibliche Form.

(13) Die Keule meint große Stärke, steht für den Phallus und symbolisiert auch großes Verlangen.

(14) Der Lotos ist ein S., das den gesamten Orient bis Japan übergreift. Er bedeutet gleichermaßen Geburt und Tod, den Kosmos, den Urgrund allen Seins, Wiederkehr, Fruchtbarkeit, Schönheit. Die entfaltete Blüte gilt auch als empfangendes weibliches Prinzip. Zugleich steht er für die göttliche Geburt, weil er unbefleckt aus dem schlammigen Wasser emporwächst. Buddha geweiht, steht der Lotosstengel für die Weltachse. Die Blüte gehört zu den acht Kostbarkeiten oder Glückszeichen des chinesischen → *Buddhismus* und steht als »Lotosblüte des Herzens« für das Feuer, die Sonne, die Zeit, die Entfaltung allen Seins, Frieden, Harmonie und Vereinigung. Im griechischen und römischen Altertum war der Lotos ein Attribut der → *Aphrodite* bzw. Venus.

(15) Der Maibaum verkörpert durch seinen von Blättern gereinigten Stamm das phallische S. und in dem scheibenförmigen Kranz an seiner Spitze das Weibliche; beides zusammen bedeutet Fruchtbarkeit. Sein Ursprung liegt in der griechischen Antike als heilige Pinie des Attis, die bei Prozessionen getragen wurde; Männer und Frauen folgten ihr zum Tempel der Kybele und umtanzten sie. In römischer Zeit war es

das Frühlingsfest, später kam das Maibaum-S. in den Feiern der Maikönigin und des Grünen Mannes zur Geltung. Außer für den Frühling steht die alte, noch heute gepflegte Zeremonie für sexuelle Vereinigung und Wiedererweckung.

(16) Die Mandel bezeichnet Jungfräulichkeit, aber auch eheliches Glück. Als erste Blume des Jahres gilt die Mandelblüte als Erwecker, sie versinnbildlicht Wachsamkeit, doch auch Süße, Liebe und Zartheit. Im Chinesischen steht sie vor allem für Schönheit, in der christlichen Symbolik für die Reinheit der Jungfrau.

(17) Der Mensch – traditionell meist als Mann repräsentiert – symbolisiert den Mikrokosmos als Spiegelbild des Makrokosmos. Das Männliche wurde in der Vergangenheit – außer im germanischen und pazifischen Raum – durch die Sonne und den Himmel gekennzeichnet sowie durch alles, was phallisch, durchbohrend und aufgerichtet ist.

(18) Der Mörser steht für das Hohle und Empfangende – das weibliche Prinzip –, in dem der Stößel das Lebenselixier zerstampft.

(19) Muschelschalen symbolisieren das weibliche, feuchte Prinzip, den nährenden Mutterboden, Geburt, Leben, Liebe, die Fruchtbarkeit, den Mond und die Jungfräulichkeit. Muscheln fanden auch als Talisman Verwendung und sollten zu einer leichten Geburt beitragen. In griechischer und römischer Zeit bedeuteten sie auch sexuelle Leidenschaft, da sich die beiden Hälften nur schwer voneinander trennen lassen. → *Aphrodite*, die »Meergeborene«, wird häufig auf einer Muschelschale dargestellt.

(20) Die Myrte vertritt das weibliche Prinzip, als magisches Kraut ist sie die Blume der Götter und steht für Freude, Frieden, Ruhe, Glück, Beständigkeit, für Liebe und Ehe sowie eheliches Glück und die Geburt eines Kindes. Der Initiierte trägt einen Myrtenkranz auf seinem Haupt.

(21) Der Stier steht für das männliche Prinzip in der Natur; dazu gehören Fruchtbarkeit, männliche Zeugungskraft, Stärke. In allen Mythen, Sagen und Religionen spielt er eine wichtige Rolle – von Himmels- und Weltgöttern bis zum akkadischen Leitstier, mit dem das Tierkreisjahr beginnt.

(22) Verschiedene andere Tiere symbolisieren ebenfalls Triebleben und Fruchtbarkeit; sie stehen oft für das Animalische im menschlichen Wesen. Andererseits bedeutet der freundliche Kontakt mit ihnen die Verbindung zur Natur und die Einordnung des

Menschen auch in seiner Geschlechtlichkeit und seinen sexuellen Bezügen in den Weltkreislauf des Lebens. In den Tierkreiszeichen folgt nach Ptolemäus jeweils männlich auf weiblich. Männliche Zeichen sind: Widder, Zwillinge, Löwe, Waage, Schütze und Wassermann, weibliche Zeichen: Stier, Krebs, Jungfrau, Skorpion, Steinbock und Fische. Sie werden von der Astrologie vielfältig genutzt – bis zur Zusammenstellung sexuell gut harmonierender Partner. Se

Tabu, sexuelles: Verbot bestimmter sexueller Handlungen, das aus verschiedenen Gründen erlassen wird und meist eine soziale Regulierung sexueller Beziehungen erreichen soll. Weit verbreitet war und ist z. B. das Inzesttabu. Auch der sexuelle Umgang mit Kindern gilt heute als s. T., dessen Übertretung streng geahndet wird; dies war zu anderen Zeiten und bei anderen Völkern nicht oder nicht in gleicher Weise der Fall. Ar

Telefonsex:

1. erotische Telefongespräche mit dem Zweck der verbalerotischen Stimulation und Befriedigung durch → *Masturbation*. T. bleibt anonym, der Anrufer wählt sich jedoch fast immer Personen aus, die ihm zumindest vom Sehen her bekannt sind und die auf ihn erotisierend wirken. Er redet dabei ungehemmt und oft ungemein detailliert von seinen sexuellen Wünschen und Vorstellungen und versucht, den Telefonpartner ebenfalls mit Worten sexuell zu erregen, um sich möglichst gemeinsam mit ihm in immer größere Erregung bis zum → *Orgasmus* zu steigern. Viele Anrufer erreichen jedoch dieses Ziel nicht, da die Mehrheit der Angerufenen mit Unwillen, Angst oder Abscheu reagiert und sich nicht auf längere Gespräche einläßt. In den meisten Fällen sind die Anrufer männlich und die Angerufenen weiblich, doch werden auch Männer und männliche oder weibliche Kinder sowie Jugendliche angerufen. Manchmal arten solche Anrufe in einen regelrechten Telefonterror aus, der Anrufer jagt seinem Tele-

fonopfer Angst und Schrecken ein, was für ihn offenbar lustvoll ist. Insbesondere für Kinder sind solche Anrufe schockierend (sexuelle → *Gewalt*). Eine Anzeige bei der Polizei ist in diesen Fällen oft die einzige Möglichkeit, etwas dagegen zu unternehmen.

2. Für längere Gespräche sexuellen Inhalts werden inzwischen auf kommerzieller Basis verschiedene Dienstleistungen angeboten. Entstanden in den USA und dort schon seit längerem praktiziert, hat sich dieses Gewerbe erst in den letzten Jahren in Deutschland etabliert. In Zeitungen, Illustrierten und Kontaktmagazinen finden sich entsprechende Inserate, in denen »heiße Nummern« am Telefon und das Eingehen auf intimste und ungewöhnliche sexuelle Bedürfnisse versprochen werden. Auch das Fernsehen wirbt zu nächtlicher Stunde mittlerweile für T. Die männlichen Kunden haben zwei Möglichkeiten (die analog auch für homosexuelle Kontakte bestehen):
   (1) Die Telefon-Hosteß kann direkt angerufen werden. Der Anrufer nennt beim ersten Telefonkontakt seine Konto- oder Kreditkartennummer oder vereinbart eine Überweisung auf ihr Konto sowie den Termin des nächsten Anrufs. Erst wenn der Geldbetrag auf das Konto der Hosteß eingegangen ist oder sie sicher sein kann, für ihre Dienstleistung bezahlt zu werden, wird die Gegenleistung in Form sexueller Telefongespräche erbracht. Die Zeit ist dabei genau limitiert, z. B. eine halbe Stunde für 150 Mark plus Telefonkosten. Nicht selten legt der Kunde früher auf, etwa wenn er »genug hat«. Häufig ist das T.-Inserat mit dem Bild eines verführerischen und mit reizvollen Dessous bekleideten Mädchens geschmückt, um die Phantasie des Anrufers zusätzlich zu stimulieren. Die Angerufenen sind durchaus keine, wie vorgegeben, sexhungrigen Geschöpfe, sondern Profis, deren wirkliches Aussehen und Alter der Anrufer nicht erfährt, oder Laien, die sich hiervon einen Nebenverdienst versprechen. Die Frauen müssen lediglich die Fähigkeit haben, den sexuellen Phantasien der Kunden gerecht zu werden.
   (2) Der Anrufer blendet sich in eine sogenannte Party-Line ein oder geht auf Hot-Line. Bei der Party-Line wird eine gewisse Zahl von Anrufern direkt miteinander verbunden, damit sie sich unterhalten und gegebenenfalls auch Kontakte schließen können. Hot-Line bedeutet, daß ein Tonband abläuft, dem der Anrufer zuhört.

Manchmal wird er dabei über weitere Telefonnummern informiert, die er zur Erfüllung spezieller Wünsche wählen kann. Immer kommt es darauf an, den Kunden möglichst lange am Hörer ausharren zu lassen, um mehr Geld zu verdienen. Der Betrag errechnet sich über die Anzahl der Telefoneinheiten: Der Preis ist meist enorm hoch, da z. B. 3 Mark für eine Minute verlangt werden. Die Party-and-Hot-Line-Firmen haben zu diesem Zweck mit Telekom Verträge abgeschlossen, beide verdienen am T. In den ersten Minuten des Anrufs passiert oft gar nichts, der Kunde wartet, er wird auf die tollsten Varianten von T. hingewiesen, und ihm wird die tollste Lust versprochen, wenn er in der Leitung bleibt.

Manche Menschen wählen einmal aus Neugier eine T.-Nummer und belassen es bei diesem Anruf, weil ihnen diese Art von Sex makaber vorkommt und zu teuer ist. Andere gewöhnen sich daran. Die Branche boomt. Oft handelt es sich bei den Anrufern um scheue und zurückhaltende Männer, die Frauen gegenüber Kontaktschwierigkeiten haben und sich daher in die Anonymität und unpersönliche Beziehung des Telefongesprächs flüchten, um ihre Sexualphantasien auf diese Art ausleben zu können. Doch dies allein oder auch Vereinsamung und Vereinzelung erklären den Erfolg des T. nicht. Offenbar ist diese Form von Erotik der heutigen Lebensweise mancher Menschen, insbesondere Männern, ihrem Konsum- und Dienstleistungsdenken durchaus adäquat (→ *Cybersex*) und ihrer Gefühlswelt angemessen. Sie verfügen über ein (Funk-, Auto-)Telefon und das nötige Geld, um sich auch teure Anrufe zu leisten; Telefonieren gehört ohnehin zur Effizienz des Lebens. Beim T. brauchen diese modernen, der Marktwirtschaft und ihren technischen Möglichkeiten angepaßten Männer auf niemanden Rücksicht zu nehmen, müssen auf ihren Gesprächspartner nicht eingehen, haben außer (kurzzeitig) finanziellen keinerlei Verpflichtungen, müssen niemanden körperlich berühren oder riechen, setzen sich keinerlei Gefahr aus, können sich mit keiner Krankheit, z. B. Aids, infizieren, müssen nicht verhüten oder Angst vor einer ungewollten Schwangerschaft haben, kurzum – T. vermeidet alle belastenden Begleitumstände sexueller »Live-Kontakte«. T. ist sauber, ungefährlich, problemlos und effizient ohne »Schau mir in die Augen, Kleines«. Ar KS

Tempelprostitution: In einigen alten Kulturvölkern Opfer an die Götter als rituelle Handlung, das den Frauen

Ehre und dem Tempel Reichtum einbrachte. Die T. hat eine jahrtausendealte Geschichte und war vor allem im Mittelmeerraum, in Kleinasien und in Indien verbreitet. Ihre Anfänge sollen auf die Sumerer zurückgehen, die den Frühlingsbeginn mit ausschweifenden Festen feierten. Den Höhepunkt stellte die in aller Öffentlichkeit vorgenommene sexuelle Vereinigung des Königs mit der Hohenpriesterin dar, in der man die Verkörperung der Liebes- und Fruchtbarkeitsgöttin Ischtar sah. Laut dem griechischen Geschichtsschreiber Herodot fanden Weitgereiste gegen Bezahlung in den Tempeln der Liebe immer freundliche Aufnahme. Die sich Feilbietenden waren Priesterinnen, doch auch andere Frauen. »Jede Frau, die als Babylonierin geboren ist, muß sich in den Tempel der Liebesgöttin begeben und sich dort einem Fremden hingeben … die Mehrzahl der Frauen sitzt innerhalb des heiligen Bezirks, mit einem Kranz aus Bindfäden, dem Schnurenkranz, auf dem Kopf. Wenn sie einmal ihren Platz gewählt hat, darf sie nicht nach Hause gehen, bevor ein Fremder eine Silbermünze in ihren Schoß geworfen hat, worauf sie mit ihm den heiligen Bezirk verläßt und sich ihm hingibt.« Während die hübschen Frauen meist nicht lange warten mußten und schnell einen Interessenten fanden (worauf sie nach Hause zurückkehren konnten), blieben die weniger ansehnlichen im wahren Sinne des Wortes sitzen, wobei manche sogar Jahre im Sitzen verbracht haben sollen. Einige Frauen lebten ständig als → *Prostituierte* im Tempel. Oft kamen sie schon als Kinder dorthin und wurden auf ihre spätere Aufgabe vorbereitet. In der Gesellschaft nahmen sie eine geachtete Stellung ein und galten zeitweilig sogar als heilig. Männern mit gleichgeschlechtlichen Neigungen standen männliche Prostituierte – meist im Knabenalter – zur Verfügung.

Als Alexander der Große 323 in Babylon einzog, war er entsetzt über die käuflichen Liebesdienerinnen. Der Göttin der Liebe Mylitta waren viele Tempel geweiht. Ihr Kult verbreitete sich in den Ländern des östlichen Mittelmeers. In Armenien wurde die Liebesgöttin Anaitis ähnlich verehrt. Daß die T. auch von den Israeliten übernommen wurde, geht aus Textstellen im Alten Testament hervor. Von den Anhängern Christi wurde sie hingegen angeprangert und verdammt. Auch in Indien erfreute sich die T. einer großen Popularität. Die Mädchen – devidasis genannt – wurden symbolisch mit dem Gott Krishna vermählt und danach von einem Priester oder einem besonders geachteten Tempelbesucher entjungfert. Manchmal mußten sie sich zu diesem Zweck auch auf ein steinernes Glied der Gottheit setzen. Sozial waren sie sehr angesehen. Viele Eltern brachten deshalb ihre Tochter gern dem Gott als Geschenk dar. Was auch aus anderen

Gründen vorteilhaft war: Sie stimmten nicht nur den Gott wohlgefällig, sondern ersparten sich auch die Mitgift, die für die Familie eine große finanzielle Belastung bedeutete. Den devidasis wurde im Gegensatz zur übrigen weiblichen Bevölkerung auch ein Mindestmaß an Bildung vermittelt, sie lernten z. B. lesen. Aus der griechischen Antike ist uns die »Heilige Hochzeit« überliefert. Einmal im Jahr fand eine rituelle Paarung zwischen dem Priester des Dionysos und der Frau des Gottkönigs statt, der als Priester die Nachfolge der alten athenischen Könige übernommen hatte. In der griechischen Mythologie verliebte sich Zeus in Jo, Priesterin der Hera in Argos, die von letzterer aus Eifersucht in eine Kuh verwandelt wurde. Das hinderte den listenreichen Gott jedoch nicht daran, sein Ziel zu erreichen. Die »Heilige Hochzeit« ist in vielerlei Hinsicht ein Symbol der Vereinigung von Gott und Mensch.

Bei verschiedenen Formen der T. ging es weniger um sexuellen Lustgewinn als um kultische Handlungen zur Förderung der Fruchtbarkeit, denn in der damaligen Zeit war Sexualität oft gleichbedeutend mit Fortpflanzung. Keineswegs wurde dabei nur an die menschliche Fruchtbarkeit, sondern auch an die der Herden und Felder gedacht. Später traten in manchen griechischen Tempeln, z. B. in Korinth, fremdländische Sklavinnen an die Stelle der einheimischen Frauen. Dadurch veränderte die T. ihren Charakter, sie verfiel immer mehr und ging in die gewöhnliche bezahlte → *Prostitution* über. Ar KS

Theater: Der Ursprung des Dramas geht auf die Fruchtbarkeitskulte des griechischen Gottes Dionysos zurück. Neben der Tragödie entwickelte sich daraus auch die Komödie und das mit ihr verbundene Satyrspiel. Sinnlichkeit und → *Erotik*, oft verbunden mit derben Späßen, waren für die Komödie der griechischen und römischen Antike kennzeichnend. Die Stücke von Aristophanes, Eubulos, Eupolis, Platon, Plautus, Terenz, Catull legen davon Zeugnis ab. Das T. der alten und der neuen Zeit ist voller Kabalen und Liebesränke, ebenso wie die Dramen Shakespeares oder Schillers. Die meisten bedeutenden Opern haben etwas mit Liebe und ehelicher Treue bzw. Untreue zu tun, während die mit der Komödie verwandte Operette die etwas frivolere Seite der Liebe bevorzugt. Paradebeispiele für Offenheit und Lockerheit sind klassische Operetten wie »Die Fledermaus« von Johann Strauß oder »Die lustige Witwe« von Franz Lehár. Auch das heute zeitgemäße Musical hat diese Inhalte übernommen, wenn auch in zeitgemäßer Form. Musicals wie »My Fair Lady« von Frederick Loewe oder »West Side Story« von Leonard Bernstein setzen auch auf erotische Aus-

strahlung. Der Reiz von Revuen und Shows besteht in ihrer Ausstattung, vor allem in den Kostümen, die oft recht freizügig in erotischer Hinsicht sind. Auch Nacktszenen auf der Bühne sind heute nicht ungewöhnlich. Immer spiegeln das jeweilige T., das Stück, die Inszenierung, das Bühnenbild, die Kostüme und der Gestus der Künstler den jeweiligen erotischen Zeitgeist wider. Manchmal kann man von einem erotischen T. im engeren Sinn sprechen, das weniger Teil der offiziellen Theatergeschichte als vielmehr Teil der Sittengeschichte ist. Neben den öffentlichen zugänglichen T. gab es früher auch eine Art von geheimen oder privaten T., in denen pikante Stücke gespielt wurden, an denen sich eine ausgewählte Zuschauerschaft – Angehörige der Oberschicht – ergötzten. Der römische Kaiser Nero z. B. verfügte über ein solches T. Aus der Renaissance kennt man in Frankreich erotische Kammerspiele als Teil eines fürstlichen Hoftheaters. Die Förderer solcher erotischer Geheimtheater waren vom 17. bis 19. Jahrhundert häufig auch erotisch-literarische Gesellschaften, wie die »Académie de ces dames et de ces messieurs«. Diese T. wurden auch für Aufführungen politisch brisanter Stücke genutzt. Von 1862 bis 1864 existierte in Paris ein öffentliches erotisches Marionettentheater. Im 19. Jahrhundert entstanden erotische Geheimtheater in Form von Bordell-T. In Wien und München wiesen die Benennung »Theatron Erotikon« auf die klassischen Vorbilder aus dem Altertum hin. Moderne Nachfahren sind Erotik-Shows und andere theatralische Formen des → *Sex-Business*, in denen die Darsteller alle möglichen sexuellen Handlungen bis hin zum Geschlechtsverkehr zeigen. Se Ar

»Lebende Plastik«: Olga Desmond, ⇦ die erste Nackttänzerin (um 1920)

Transsexualismus: Diskrepanz zwischen dem biologischen Geschlecht und der gegensätzlichen Geschlechtsidentität, die meist mit dem Wunsch nach einer Geschlechtsumwandlung verbunden ist. Der Transsexuelle hat das Gefühl, seine Seele sitze im falschen Körper, er möchte deshalb sein bisheriges Geschlecht aufgeben und statt dessen nach entsprechenden operativen Korrekturen als Angehöriger des anderen Geschlechts weiterleben. Ein derartiger Wunsch ist – wie viele Mythen und Kulturen beweisen – offenbar uralt. Auch Dichter und Schriftsteller vom Altertum bis zur Gegenwart haben sich mit dieser Thematik beschäftigt. So beschreibt etwa Ovid in den Metamorphosen den berühmten Seher von Theben, Teiresias, der durch eine Verzauberung vorübergehend in eine Frau verwandelt wurde, später aber wieder als Mann lebte und infolgedessen über Lust- und Liebesgefühle beider Geschlechter zu berichten wußte. In ihrem autobiographischen Roman »Orlando« hat Virginia Woolf die gleiche Thematik aufgegriffen. Der Held beginnt sein Leben als Knabe und entwickelt sich zum strahlend schönen Jüngling, um eines Tages im Alter von 30 Jahren als Frau zu erwachen: »Seine Gestalt vereinigte die Anmut des Weibes mit der Kraft des Mannes.« Nach seiner überraschenden Umwandlung grübelt er darüber nach, wie er nun wohl die Liebe empfinden würde. »Dank der sträflichen Langsamkeit, mit der sich das menschliche Körper- und Seelengerüst dem Brauche anpaßt, war es auch jetzt noch eine Frau, die sie liebte, obwohl sie nun selbst eine Frau war; und wenn das Bewußtsein, daß sie dem gleichen Geschlecht angehörte, überhaupt dabei eine Wirkung ausübte, so war es die, daß es die Gefühle, die Orlando als Mann gehabt hatte, verstärkte und vertiefte. Denn jetzt lagen tausend Andeutungen und Geheimnisse, die ihr damals unbegreiflich gewesen waren, offen vor ihr. Nun war das Dunkel, das die Geschlechter trennt und in seinem trüben Element zahllosen unreinen Dingen Unterschlupf bietet, gewichen; und wenn etwas an dem ist, was der Dichter über Wahrheit und Schönheit sagt, so gewann diese Zuneigung an Schönheit, was sie an falschem Wesen verlor.«

Das eigenartige Phänomen des T. hat die Sexualwissenschaftler seit langem beschäftigt. Zunächst gab es keine klare Abgrenzung zwischen → *Transvestismus* und Transsexualismus, erst Benjamin (1953) trennte beide Formen. Im Gegensatz zum Transsexuellen begnügt sich der Transvestit mit dem Tragen andersgeschlechtlicher Kleidung, der Transsexuelle geht einen Schritt weiter und lebt im ständigen Widerspruch zu seinem biologischen Geschlecht; er haßt seine Geschlechtsorgane, so daß er sie unbedingt operativ entfernen und an ihre Stelle das Genitale des anderen Geschlechts setzen will. Selbstverstümmelungen sind daher nicht ungewöhnlich, männliche Transsexuelle versuchen oft, sich selbst zu kastrieren – was lebensgefährlich sein kann –, und weibliche schnüren sich die Brüste ein oder verletzen sich absichtlich, um sie entfernt zu bekommen.

Durch geschlechtskorrigierende Operationen läßt sich eine Angleichung an das gewünschte Geschlecht, jedoch keine vollständige Umwandlung von Mann in Frau oder umgekehrt erreichen. Vor der Operation kann bereits eine Hormontherapie beginnen: der Mann erhält weibliche, die Frau männliche Hormone. Ihre volle Wirkung entfalten diese allerdings erst, wenn die Keimdrüsen exstirpiert (herausgenommen) wurden. Meist sind mehrere Operationen erforderlich. Beim Mann wird nach Entfernung der Hoden eine künstliche Scheide angelegt, die Brüste werden durch Implantate vergrößert und, falls erforderlich, kosmetische Korrekturen des Adamsapfels und/oder des Gesichts vorgenommen. Bei der Frau werden die Brüste verkleinert, Gebärmutter und Eierstöcke entfernt, die Scheide wird verschlossen. Der Hodensack wird aus den großen Schamlippen gebildet, für die Hoden benutzt man Implantate. Problematisch ist der operative Aufbau des Penis. Er läßt sich zwar durch Transplantationen und unter Verwendung des Kitzlers formen, doch ist ein solches Glied nicht erektionsfähig, außer wenn zusätzlich eine Kunststoffprothese eingepflanzt wird. Während der Vorbereitungszeit und auch während der Operation ist psychotherapeutische Betreuung angebracht, da die psychische Belastung des Transsexuellen während des ganzen Prozesses sehr groß ist. Trotz dieses erheblichen Aufwands und der langwierigen Prozeduren bereuen die meisten Transsexuellen diese Veränderungen nicht. Der vorher beträchtliche Leidensdruck ist nun deutlich vermindert, wenn auch manche mit den kosmetischen Ergebnissen nicht immer zufrieden sind. Viel hängt vom Gelingen der sozialen Integration in der neuen Geschlechtsrolle ab, wobei auch die Suche nach einem Sexualpartner eine Rolle spielt. In vielen Ländern – auch in Deutschland – wurden spezielle Gesetze für die Personenstandsänderung und die korrigierenden Operationen erlassen. In Deutschland gilt seit 1.1.1981 ein Transsexuellengesetz, das zwei Varianten zuläßt: zum einen die sogenannte kleine Lösung (§§ 1–7), wobei nur der Vorname geändert wird, zum anderen die sogenannte große Lösung zur Feststellung der Geschlechtszugehörigkeit (§§ 8–12), d. h., es erfolgt eine Personenstandsänderung. Ar

Transvestitismus bzw. **Transvestismus** (lat. trans = hinüber, vestis = Kleidung): suchtartiges Verlangen, andersgeschlechtliche Kleidung zu tragen (→ *Cross-dressing*) und auf diese Weise die Identität mit diesem Geschlecht zu demonstrieren, obwohl die biologischen Voraussetzungen dafür fehlen. Gleichzeitig sind mit dem Tragen sexuelle Lustgefühle verbunden. Der Ausdruck T. wurde 1910 von dem Sexualforscher Magnus Hirschfeld geprägt.

Der Beginn dieser Neigung geht meist bis in die Kindheit zurück. Anfangs nur zeitweilig auftretend, macht sie sich im Laufe der Jahre immer mehr bemerkbar. Zunächst trägt der Transvestit die Kleidung des anderen Geschlechts einschließlich der dazugehörigen Unterwäsche und sonstiger Accessoires nur zu Hause. Er betrachtet sich im Spiegel, ergötzt sich an seinem Bild und empfindet dabei eine starke sexuelle Erregung; oft wird dabei bis zum Orgasmus masturbiert.

Von manchen Sexualforschern wird

der T. als eine Sonderform des → *Fetischismus* aufgefaßt, wobei für den Mann die weibliche Kleidung, für die Frau die männliche den Fetisch darstellen.

Das Verlangen nach dieser Kleidung kann so intensiv werden, daß der Transvestit, wenn sich sein Wunsch nicht umgehend realisieren läßt, innerlich unruhig und gereizt wird oder depressiv, mitunter auch aggressiv reagiert. Sobald er jedoch die Kleidung angezogen hat, fühlt er sich entspannt, befreit und glücklich; seine Unlustgefühle sind schlagartig verschwunden.

Zu Beginn der transvestitischen Entwicklung sind die Abstände zwischen den Phasen dranghaften Verlangens relativ groß, sie verkürzen sich aber mit der Zeit. Schließlich möchte der Transvestit nur noch in der andersgeschlechtlichen Kleidung herumlaufen, auch in der Öffentlichkeit.

Manche Transvestiten haben ausgefallene Wünsche, manche möchten z. B. als Schulkind mit Windeln auftreten und wie diese behandelt und angesprochen werden. Wegen der Schwierigkeit, in diesem Aufzug öffentlich in Erscheinung zu treten, suchen sie Bordelle auf, um dort ihren Neigungen nachgehen zu können.

Am besten haben es die männlichen Transvestiten, die ihre Neigung mit ihrem Beruf verbinden können und als Showstar arbeiten. Attraktiv zurechtgemacht und elegant gekleidet erscheinen sie als überraschend echt wirkende Frauen und können so Abend für Abend von einem beifallsfreudigen Publikum ihre Sehnsucht verwirklichen. Nicht jede Travestie-(Verkleidungs-)Show wird jedoch von Transvestiten bestritten. Von T. ist auch der → *Transsexualismus* abzugrenzen. Ar

Traum, feuchter (umgangssprachlich): Samenerguß im Schlaf, fachwissenschaftlich Pollution genannt, der mit einem sexuellen → *Traum* verbunden sein kann, aber nicht muß. Bei Jugendlichen gilt der f. T. als typisches Merkmal der Geschlechtsreife. Auch bei männlichen Erwachsenen, die längere Zeit auf sexuelle Aktivitäten verzichten mußten, sind nächtliche Samenergüsse nicht selten. Bei besonders leicht erregbaren Männern kommen sie auch tagsüber vor, so wie auch Frauen einen spontanen → *Orgasmus* haben können. Ar

Trauma, sexuelles: starke Gefühlserschütterung im Zusammenhang mit sexuellen Vorgängen, meist mit Auswirkungen auf das Sexualleben, z. B. starke Schmerzen beim ersten Geschlechtsverkehr, der als Vergewaltigung erlebt wird. Es können psychische Dauerschäden entstehen. KS

Träume: spontan im Schlaf auftretende geistige Aktivitäten. Jeder Mensch träumt, und zwar nicht im Tiefschlaf, sondern während der sogenannten paradoxen Schlafphasen, in denen hinsichtlich der bioelektrischen Vorgänge im Gehirn eine Ähnlichkeit zum Wachsein besteht. T. sind so wichtig wie der Schlaf. In ihrem bunten Mosaik aus Tageseindrücken und länger zurückliegenden Erlebnissen werden unbewältigte Probleme oder Konflikte jenseits von Logik und Rationalität bildhaft weiterverarbeitet, was zumeist eine psychisch entlastende Funktion hat. Nur selten stören T. den Schlaf. Freud bezeichnete die T. sogar als »Hüter des Schlafs«, da sich in ihnen oft unruhig stimmende, drängende, aber in der Realität verdrängte Wünsche erfüllen und zudem aktuelle Störreize in das Traumgeschehen einbezogen werden. Das trifft für äußere Reize zu (etwa das Weckerklingeln), aber auch für körperinterne Erregungen. Ein starker sexueller Bedürfnisdruck kann zwar keinen Traum erzeugen, wohl aber für den Inhalt von T. verantwortlich sein. Dabei kann es zu Penis- oder Klitorisversteifungen kommen und evtl. sogar ein → *Orgasmus* ausgelöst werden (→ *feuchter* Traum).

Insbesondere Wunschträume, darunter unverhüllt sexuelle, sind auch als Tagträume keine Seltenheit (→ *Sexualphantasien*): In belastenden und ermüdenden Situationen kann die Aufmerksamkeit verlorengehen, die Gedanken können abschweifen und lustvoll ausbrechen in das Reich der Phantasie, der Sehnsucht, der Visionen und Halluzinationen. Auch die Phantasien während der → *Masturbation* können zu den Tagträumen gerechnet werden. Im Gegensatz zu den inhaltlich klaren Tagträumen sind die Nacht- oder Schlafträume jedoch oft wirr und verschlüsselt.

Freud sah in der Traumdeutung den Königsweg zum Unbewußten, zur Analyse verdrängter Wünsche und Konflikte, die Neurosen erzeugen. Da er die Ursache psychischer Erkrankungen vor allem im unbefriedigten Sexualtrieb sah, richtete sich seine Traumlehre insbesondere auf die Entschlüsselung des sexuellen Gehalts von Traumsymbolen. Hierzu eine kleine Auswahl: »Alle in die Länge reichenden Objekte, Stöcke, Baumstämme, Schirme … alle länglichen und scharfen Waffen: Messer, Dolche, Piken wollen das männliche Glied vertreten … Dosen, Schachteln, Kästen, Schränke, Öfen entsprechen dem Frauenleib, aber auch Höhlen, Schiffe und alle Arten von Gefäßen.« Als häufige Symbole für den → *Koitus* nannte er das Fliegen, Eisenbahnfahren sowie das Emporsteigen auf Leitern und Treppen.

Ein anschauliches Beispiel psychoanalytischer Traumdeutung liefert Hermann Nunberg (1932): »Eine andere Patientin träumte, daß sie auf einem grün-blau gestreiften Vogel ritt und inmitten einer herrlichen Landschaft zur Erde kam. Obzwar sie zu allen anderen Traumelementen zahlreiche Assoziationen hatte, die einen mehrfachen, wohldeterminierten Sinn ergaben, fiel ihr zu dem Vogel selbst nichts ein. Nun ist der Vogel ein wohlbekanntes Symbol für das männliche Geschlechtsorgan, und ›reiten‹ bedeutet im Volksmund Sexualverkehr; der Traum muß also heißen, daß die Träumerin den Sexualverkehr wie ein Mann von oben ausübt oder ausüben will. Für die Korrektheit dieser Deutung sprach der Umstand, daß der Gatte der Träumerin wegen psychischer Impotenz in psychoanalytischer Behandlung war und so weit gebessert war, daß er geschlechtlich verkehren konnte, wenn auch nur in weiblicher Lage, so daß die Frau die Rolle des Mannes übernehmen mußte. Kürzlich aber hatte er sich wieder von ihr zurückgezogen. Der Traum ist also eine symbolische Wunscherfüllung.«

Zweifellos enthält die psychoanalytische Traumdeutung manch Kurioses, Abseitiges und Spekulatives. Sie ist jedoch ein wichtiger Vorläufer der seit einigen Jahren wieder verstärkten wissenschaftlichen Zuwendung zur Traumforschung mittels objektiverer Methoden. Die Notwendigkeit des Träumens für jeden Menschen ist durch die Ergebnisse der Psychologie und Physiologie vielfach erwiesen. Der individuelle Umgang mit T. ist hingegen sehr verschieden. Viele Menschen vergessen sie und behaupten, nie zu träumen oder allenfalls in ihrer Kindheit geträumt zu haben. Für manche Künstler sind T. eine Grundbedingung ihres Schaffens. Ganze Völker, z. B. im alten Orient, haben ihr Handeln nach T. ausgerichtet. Vielleicht sollten auch wir in unseren stark durch Rationalität (auch was das Sexuell-Erotische betrifft) geprägten Alltag ungezügelte Phantasien und Wunschträume wieder stärker einfließen lassen. We

Treue: moralischer Anspruch auf emotionale und sexuelle Ausschließlichkeit in einer Partnerbeziehung. Die Forderung nach sexueller T. entsteht historisch aus ökonomischen Zwängen gesellschaftlicher Entwicklung (→ *Monogamie*, → *Patriarchat*). Sie ist bis in die Gegenwart hinein im Alltagsbewußtsein fest verankert und hat als propagierte gesellschaftliche → *Norm* im Zeitalter von → *Aids* neuen Aufschwung erfahren. Meist wird T. nur am äußeren Verhalten im Sinne von »etwas nichttun« festgemacht (z. B. nicht »fremdgehen«, jemanden nicht verraten). In Wirklichkeit kann es aber nur aktive T. in der Übereinstimmung von innen und außen geben, von Fühlen, Denken und Tun. Wer seinen Partner nicht lieben kann, wird ihm auch nicht liebestreu sein können. (Wenn er dann nicht »fremdgeht«, tut er es vielleicht nur aus Faulheit, Angst,

Mangel an Gelegenheit oder formaler Normakzeptanz.) Wer jedoch zur Liebe fähig ist, kann durchaus auch mehreren Partnern treu sein. Wirkliche T. bedeutet T. zur Liebe, zur eigenen Gefühlswelt einschließlich der erotischen → *Lust*.

Die prinzipielle Ursache der Zerrüttung von Partnerschaften durch → *Eifersucht* besteht darin, die T. des Partners von vornherein einfordern zu wollen, sie zur Bedingung der eigenen Liebe zu machen. Sexuelle T. kann aber nicht Voraussetzung, sondern immer nur Ergebnis einer intakten und sexuell-erotisch erfüllenden Partnerschaft sein. We

Trieb: heutzutage überwiegend umgangssprachliche Bezeichnung für organische Mangel- bzw. Spannungszustände wie Hunger, Durst und sexuelle Betätigung. Wissenschaftliche Konzepte zum T., wie sie – bezogen auf die menschliche Sexualität – am umfassendsten in der → *Psychoanalyse* vorliegen, sehen in diesen organisch-vitalen Bedürfnissen die ursächliche Antriebskraft der gesellschaftlichen und individuellen Entwicklung des Menschen. Damit wird die Spezifik menschlicher Bedürfnisse als Resultat gesellschaftlicher Entwicklungen gegenüber tierischen Bedürfniszuständen verkannt und menschliches Verhalten biologisiert. Zweifellos hat jedoch – und das ist der rationale Kern verschiedener Trieblehren – jede menschliche Tätigkeit auch eine biologische Grundlage, wozu natürlich auch die sexuelle Aktivität zu rechnen ist. Um biologistische Fehldeutungen zu vermeiden, wird heute auf den Begriff T. zur Bezeichnung menschlicher Grundbedürfnisse weitgehend verzichtet. → *Bedürfnis*, → *Motivation*, → *Libido* We

Varianten, sexuelle: Oberbegriff für sexuelle Verhaltensweisen, die nicht den von der heterosexuellen Mehrheit praktizierten Aktivitäten entsprechen. Die Bezeichnung s. V. ist nicht mit solchen Vorbehalten oder Wertungen besetzt wie → *Perversionen* oder → *Deviationen* und wird daher jetzt häufiger diesen Begriffen vorgezogen. Ar

Verhältnis: Liebes- und Sexualbeziehung außerhalb der Ehe von längerer Dauer, (im personifizierten Sinne) die → *Geliebte* eines (Ehe-)Mannes bzw. der Geliebte einer verheirateten Frau (→ *Treue*). Der Begriff stammt aus dem 19. Jahrhundert und hat sich im Volksmund gehalten, wenngleich er seltener, oft scherzhaft und manchmal generell für eine Liebesbeziehung unverheirateter Partner gebraucht wird. KS

Verkleidungsdrang (Cisvestitismus): beruht auf dem bei vielen Menschen bestehenden Wunsch, einmal aus der gewohnten Alltagsrolle auszubrechen und vorübergehend in der Öffentlichkeit eine ganz andere Person darzustellen. Eine Gelegenheit zur Verwirklichung dieser (oft geheimen) Wünsche bietet z. B. der → *Fasching*, wenn man bei der Wahl des Kostüms seiner Phantasie freien Lauf lassen kann. Biedere Angestellte können sich einen Abend lang in kühne Abenteurer, Helden der Geschichte oder elegante Playboys verwandeln, sonst eher schüchterne Mädchen zeigen sich plötzlich als lasterhafte Verführerinnen und Sexbomben. Oft spiegelt das Kostüm auch die Sehnsucht nach Erotik und fernen Ländern wider, sind doch im Faschingsgetümmel immer viele unechte Spanier, Chinesen, Inder, Scheichs oder deren weibliche Entsprechungen zu finden. Für manche ist es der größte Wunsch ihres Lebens, einmal als Faschingsprinz oder -prinzessin agieren zu können. Reizvoll sind vor allem die Gegensätze – so werden die sogenannten Lumpenbälle meist von sehr reichen Leuten veranstaltet, die es genießen, sich zeitweilig in Lumpen zu hüllen und den Bettler zu spielen. Auch eine andere Geschlechtsrolle kann vorgetäuscht werden: Frauen kleiden sich als Männer, Männer wählen typische Damengarderobe (→ *Cross-dressing*). Keinesfalls handelt es sich hier immer um → *Transvestitismus* – der Wunsch, andersgeschlechtliche Kleidung zu tragen, bleibt kein einmaliges Erlebnis, sondern entwickelt sich zu einem inneren Zwang, der immer stärker wird, so daß der Betroffene auch im Alltag die andere Geschlechtsrolle einnehmen möchte. Die damit verbundenen Lustgefühle des Transvestiten weisen zweifellos eine eigene Qualität auf. Aber auf auf jemanden, der nicht dieser Gruppe angehört, kann das Tragen eines Kostüms, in dem er sich besonders wohl und attraktiv fühlt, erotisierend wirken und die sexuelle Ansprechbarkeit verstärken. Ar

Verliebtheit: starkes, nicht steuer- oder erzeugbares, zeitlich begrenztes Gefühl der Zuneigung zu einer bestimmten Person (im weiteren Sinne auch zu Objekten). Die V. gilt – nicht selten abwertend – als eine Vorstufe zur »wahren« Liebe oder als eine nur oberflächliche oder zeitweilige Variante davon. Sie ist aber von selbständigem Wert und bedeutet für den Verliebten meist ein hinreißendes Erlebnis und eine herausragende Erfahrung, verbunden mit oft lebenslangen Erinnerungen (»unsterblich« verliebt sein). Dies hängt damit zusammen, daß beim Verlieben, vor allem wenn es das erste Mal ist, ganz neuartige Gefühle aufkommen und ein Gefühlszustand vorherrscht, der die ganze Persönlichkeit erfaßt und aus dem Gleichgewicht bringt. Man ist bis über beide Ohren verliebt, man ist verknallt in jemanden, himmelt ihn an, verliert fast den Verstand, ist ganz hin. Shakespeare (1564–1616) hat es so ausgedrückt: »Verliebte und Verrückte / sind beide von so brausendem Gehirn, / so bildungsreicher Phantasie, die wahrnimmt, / was nie die kühlere Vernunft begreift.« Abraham a Sancta Clara (1644–1709) rät: »Mit einem Wort, die Verliebten sind solche Gesellen, daß man ihnen sollte hinten und vorn, oben und unten, auch auf der Seiten, ja um und um den Buchstaben N anmalen, weil die verruchte Lieb sie zu so großen Narren macht.«
Im Unterschied zur → *Liebe*, die die Nähe sucht und braucht und zur Ge-

genseitigkeit tendiert, gibt es V. auch auf Distanz. Jemand kann in einen Filmstar verliebt sein, was allerdings eher eine → *Schwärmerei* wäre. V. kann auch einer Person aus dem unmittelbaren Umfeld gelten, ohne daß diese es bemerkt oder merken soll. Die geliebte Person ist ganz unabhängig von ihren eigenen Reaktionen und Wünschen Objekt der Zuneigung, nicht Subjekt einer Beziehung. Erwiderte Liebe ist zunächst keine Bedingung für V. Insofern geht es beim Verliebtsein mehr um die eigene und weniger um die andere Person. In seinem Buch »Verliebtsein und lieben« (1983) bringt es Francesco Alberoni auf den Punkt: »Die Verliebtheit ist die Suche nach der eigenen Bestimmung ... ein Suchen nach dem eigenen Selbst, bis auf den Grund.«

Oftmals verfliegt die V., wenn man dem Angehimmelten tatsächlich näher kommt und ihn kennenlernt, wenn man es mit ihm selber und nicht nur mit einem Idealbild zu tun hat. Die Ernüchterung tut weh, doch liegt die Schuld nicht beim vermeintlich Geliebten, der nicht für die Traumvorstellung, die man von ihm hat, verantwortlich ist. Nicht selten spielt allerdings die geliebte Person mit dem Zustand des Verliebten, sie nutzt ihn aus, z. B. für ein sexuelles Abenteuer. Der Verliebte verzeiht alles und kann daher erniedrigt, beleidigt, ausgebeutet werden. Wenn keine Wechselseitigkeit zustande kommt oder der Verliebte zurückgewiesen wird, bewahrt sich der Enttäuschte manchmal seine V. und die damit verbundenen Hoffnungen als sogenannte »unglückliche Liebe«. Diese steht dann meist einer neuen V. entgegen bzw. kann nur durch diese geheilt werden.

In vielen Fällen allerdings gelingt eine feste Liebesbeziehung – was von beiden als Wunder der Liebe empfunden wird und Dichter oft beschrieben haben. Sie müssen und wollen dann den Selbstfindungsprozeß mit dem Entdecken des anderen verbinden. »Die wechselseitige Verliebtheit ist das Sicherkennen zweier Personen«, schreibt Francesco Alberoni (»Erotik«, 1987): »Verliebtheit auf beiden Seiten heißt also nicht, daß sich zwei Leute in ihrem jeweiligen Normalzustand und mit ihren bestimmten Eigenschaften erkennen, sondern daß sie sich erkennen in einem außergewöhnlichen Zustand, eben im *status nascendi*«, also in einer schöpferischen, aufwühlenden Phase, in der etwas Neues entsteht. »Sie sind, jeder für sich, einerseits Wesen aus Fleisch und Blut, mit Namen und Adressen, Bedürfnissen und Schwächen, und andererseits transzendente Potenzen, durch die das Leben in seiner Gesamtheit läuft. Aus demselben Grund sind sie gleichzeitig nahe und unendlich weit entfernt, verschmolzen und getrennt. Denn Liebe besteht in jedem einzelnen von ihnen unabhängig von der empirischen Existenz des jeweils anderen ... Im übrigen kennen sie sich selbst nicht, sie wissen nicht einmal, ob sie wirklich verliebt sind. Und niemand der beiden Verliebten weiß vor allem, ob der andere ihn auch liebt.«

Nach einer gewissen Zeit der Annäherung kommt das erste »Ich liebe dich« über die Lippen, der erste → *Kuß* wird getauscht, ein → *Liebesbrief* geschrieben und es entsteht nach und nach eine feste Bindung, auch wenn ursprünglich nur einer der beiden (oder keiner) richtig verliebt war. Für die Liebe ist V. keine unbedingte Voraussetzung. Beim Übergang von der V. zur Liebe kann die Liebeserklärung auch fehlen. In seinem Essay »Vom Sichverlieben« hat dies der Schriftsteller Robert Louis Stevenson (1850–1894) so ausgedrückt: »Tatsächlich ist die ideale Liebesgeschichte jene von zwei Menschen, die Schritt für Schritt in die Liebe hineingehen, mit verwirrtem Bewußtsein, wie zwei Kinder, die sich miteinander in ein dunkles Zimmer wagen. Vom ersten Augenblick an, in dem sie einander mit banger Neugier ansehen, können sie mit Grad für Grad wachsender Freude und Verwunderung den Ausdruck ihrer eigenen Unruhe in den Augen des anderen lesen. Da gibt es keine Liebeserklärung im eigentlichen Sinne.«

Über die Entstehung von V. gibt es wenige Theorien und viele Vermutungen. Sicher ist nur, daß sie sich unerwartet einstellt und kein bewußter, freiwilliger, sondern ein unbewußter Vorgang ist. Freilich muß die psychische Bereitschaft dafür vorhanden sein. Sich zu verlieben ist ein gefühlsreicher, widersprüchlicher Prozeß. V. bedeutet Träume, Wünsche, Hoffnung, Begehren, Potenz, Jubel, Ekstase, Harmonie und Finden, aber auch Ungewißheit, Unwohlsein, Enttäuschung, Zweifel, Qual und Suche.

Die V. ist eine vitale Lebensreaktion des Menschen, die wesentlich zu seiner Selbstfindung (→ *Identität*) und zur Findung eines anderen – des geliebten – Menschen beiträgt. KS

Vibrator-Show: eine Akteurin spielt in einem Sexlokal auf der Bühne Selbstbefriedigung mittels Vibrator (Penisersatz mit eingebautem Motor; → *Masturbationsinstrumente*). Die V.-S. gilt als besonders aufreizend und enttabuierend. KS

Videokabine: geschlossene Kabine in einem → *Sexshop*, einer Sex-Videothek, einem Sexkino oder einem Eros-Center, in der man gegen Einwurf eines Geldstücks ein → *Pornovideo* nach eigener Wahl sehen kann. Der Film ist meist nicht direkt auf dem Bildschirm, sondern gespiegelt zu sehen. Auf Knopfdruck kann man den Film wechseln. Mitunter stehen zwei Bildschirme zur Verfügung.

Meist ist die V. mit einer Sitzbank und einem Korb für Papiertücher, in komfortableren Ausführungen auch mit Belüftung ausgestattet. Der Zugang ist im allgemeinen nur einzeln möglich; es gibt, insbesondere für anonyme Kontakte zwischen Homosexuellen, jedoch auch (unbeleuchtete) Zweierkabinen.

Die V. dient zum einen der Begutachtung von Videokaufkassetten, zum anderen der Animierung zum Kauf anderer Sexshopprodukte, zum dritten der Selbstbefriedigung beim Betrachten von Pornovideos und zum vierten der Stimulierung des potentiellen Freiers (→ *Prostitution*). Oftmals stehen ganze Reihen von V. nebeneinander, es werden Dutzende von Pornovideos angeboten. Eine sexuelle Befriedigung ist problemlos, anonym und schnell möglich.

In den letzten Jahren sind insbesondere in den größeren Städten und in den Vergnügungsvierteln zahlreiche Läden mit V. entstanden. V. sind geradezu ein Markenzeichen für modernen Sex geworden und werden im Zeitalter von → *Aids* als eine günstige Form des Safer Sex betrachtet. Sie unterliegen weniger moralischen Anfeindungen als andere Formen des → *Sex-Busineß*. KS

Video-Show: Abspielen von → *Pornovideos* in Amüsierlokalen, Filmbars, Clubs. Auf einem oder mehreren Fernsehern oder auf einer größeren Leinwand laufen ununterbrochen Filme pornographischen Inhalts, meist ohne Handlung und konzentriert auf die Genitalien, teils als selbständige Augenfreude beim geruhsamen Verweilen, teils im Zusammenspiel mit einer → *Live-Show* oder als Vorspiel für käufliche Liebe.

In Großstädten westlicher Länder ist die V. oft ein Flur von Einzelzellen (→ *Videokabine*), in denen man gegen Einwurf einer Münze oft unter Dutzenden Programmen auswählen kann. Mitunter flimmert die Leinwand in einem besonderen Saal mit bequemen, separierten Sitzplätzen einschließlich Bord für ein Getränk. In manchen Lokalen kommt es dabei schnell zum Kontakt mit speziell zu diesem Service in Aktion tretenden Damen, die gegen ein Entgelt an Ort und Stelle Hand anlegen (Papiertücher liegen teilweise schon bereit) oder den Kunden für ein sexuelles Mehr in einem Kabüffchen animieren.

Um eine Show im eigentlichen Sinne handelt es sich bei der V. nicht. Die Bezeichnung verweist nur in reißerischer Weise auf das neue Medium Video im Zusammenhang mit Sex. Aus der Zeit, als der Bildschirm noch eine moderne Attraktion und die Video-Industrie erst im Entstehen war, stammt der Ausdruck »Blue Movie« für bewegte »blaue« Bilder in Sexkinos. KS

Volkslied: Da Liebeslust und Liebesleid im Lebensalltag der Menschen von so großer Bedeutung und mit vielfältigen Gefühlen verbunden sind, werden sie volkstümlich auch in einfachen Liedern besungen. Im Liedschaffen der Völker ist die Liebe ein anrührendes, oft das zentrale Thema. Die Sehnsüchte der Menschen, ihr erotisches Verlangen, ihre Sorge um den geliebten Menschen, ihre Lebensfreude werden derb oder zart, plump oder anmutig, drastisch oder feinfühlig, direkt oder verschlüsselt, kitschig-sentimental oder ursprünglich-gefühlvoll, verspielt oder geradlinig, lustig oder traurig mit »wahrem Gefühl und falscher Stimme« (Heinrich Heine) oder auch mit falschem Gefühl und wahrer Stimme vorgetragen.

Im V. werden die Vorzüge der Angebeteten gerühmt (Mein Mädel hat einen Rosenmund …), Liebeslust-Erfahrungen mitgeteilt (Das Lieben bringt groß Freud …), die heimliche Liebe besungen (Kein Feuer, keine Kohle kann brennen so heiß …), der Liebsten Grüße übermittelt (Kommt ein Vogel geflogen …), die mit einem güldenen Ringlein zu belohnende Jungfernschaft betont (… Die Ehr' und die Treue mir keiner nahm, ich bin, wie ich von der Mutter kam …), die treue Liebe versprochen (… daß ich kein andre lieb als dich allein), Tränen über gebrochene Treue vergossen (Warum weinst du, holde Gärtnersfrau …), erotische Angebote unterbreitet (… So, so, wie ich dich liebe, so, so liebe auch mich! Die, die zärtlichen Triebe fühle ich einzig für dich; ja, ja, ja …), Entschuldigungen für ein kleines Liebesabenteuer mit einem Reitersknecht vorgebracht (Ich dachte, du wärest im Heu …), Einladungen ausgesprochen (Kumm bi de Nacht …), vom hierbleibenden Schatz Abschied genommen (Muß i denn zum Städtele hinaus …).

Der deutsche Dichter Johann Gottfried Herder (1744–1803) sah in seiner Studie »Liebe und Selbstheit« in romantischer Weise den Zusammenhang »des Augenblicks himmlischer Wollust und reiner Vereinigung verkörperter Wesen hier auf Erden« mit der Tonkunst. Seine berühmte Sammlung »Stimmen der Völker in Liedern« enthält vor allem Liebeslieder.

Der Anlässe und Orte zum Singen gab es viele: V. begleiteten das bunte Markttreiben, wurden von fahrenden Sängern vorgetragen, nach des Tages Mühe unterm Lindenbaum gesummt, hatten auf Volks- und Familienfesten ihren festen Platz, wurden im Wald und auf der Heide, beim Wandern und zur Rast, in Kammer, Küche, Weinkeller, kurz bei jeder Gelegenheit, allein oder gemeinsam, mit oder ohne Instrument gesungen; entsprechend gab es Trink-, Scherz-, Wander-, Braut-, Hochzeits-, Kirchen-, Küchenlieder erotischen Inhalts sowie auch liederliche → *Lieder*. Sie waren nicht selten mit → *Musik* und → *Tanz* verbunden. Melodie, Tonart, Harmoniefolge, Rhythmus, Sprachpoesie und Textinhalt sind im V. charakteristisch miteinander verknüpft. V. sind Lieder zum Selbstsingen und Mitsingen, was ihnen ihren spezifischen Ausdruck und ihre typische Wirkung verleiht.

Die sinnliche Komponente des V. hat immer Verdacht erregt. In einer Predigt wetterte der Frankfurter Pfarrer Melchior Ambach 1882: »Leichtfertige, hurische Gebärden übet man nach süßem Saitenspiel und unkeuschen Liedern. Da begreifet man Frauen und Jungfrauen mit unkeuschen Händen, man küßt einander mit hurischem Unterfangen, und die Glieder, welche die Natur verborgen hat, entblößt oft die Geilheit ... Man betrachte doch das Tummeln, das Herumschweifen, das Auswerfen der Beine, das Hintersichlaufen, danach Vorlaufen, sich wie ein Rad drehen, die Erde mit den Füßen klopfen, wie ein Kreisel herumhaspeln und wirbeln.«

Die V. haben viele Wurzeln. Musik, Tanz und Gesang zu kultischen Festen und rituellen Handlungen gehören dazu. In Märchen hat das Liebeslied seinen festen Platz. Die Sagen berichten von der verführerischen Kraft des Gesangs (→ *Sirenen*, Lorelei). Das deutsche »Volkslied«, von Herder so genannt, hat im → *Minnesang* einen Vorläufer.

Mittelalterliche Chansons der französischen Troubadours und Serenaden der italienischen Gondolieri sind bis auf den heutigen Tag erhalten geblieben.

Erotisch-Volksliedhaftes findet sich in Gedichten und Liedern großer Künstler. Im »Heideröslein« umschreibt Goethe lyrisch-romantisch eine Entjungferung. Nach dem Text von Ludwig Rellstab komponierte Franz Schubert sein Ständchen: »Leise flehen meine Lieder / durch die Nacht zu dir. / In den dunklen Hain hernieder, / Liebchen komm zu mir.« Felix Mendelssohn-Bartholdy hat Heinrich Heines zartes Liebesgedicht vertont, das zum V. geworden ist:

Leise zieht durch mein Gemüt
Liebliches Geläute.
Klinge, kleines Frühlingslied,
Kling hinaus ins Weite.

Kling hinaus bis an das Haus,
Wo die Blumen sprießen.
Wenn du eine Rose schaust,
Sag, ich lass' sie grüßen.

Trotz neuer Liedformen wie dem Schlager und einem Überangebot an professioneller und perfekter Musik über den Äther erfreuen sich alte und neue V. auch heute noch großer Beliebtheit. Sie haben durch Schallplatte, Kassette, Funk, Fernsehen, Volkskunsttheater, Konzertsäle sogar neue Verbreitungsmöglichkeiten gewonnen, der Zugriff auf sie ist leicht möglich. Das Zuhören scheint dabei allerdings – wenigstens zeitweise – das Mitsingen und Selbstsingen zu verdrängen, und es wird immer wieder versucht, das V. zur wohlfeilen Ware, zum billigen Konsumgut und zum Mittel von Volkstümelei voller Scheingefühle zu machen. Doch haben Volksmusik und V. als Formen der Selbstgestaltung und Selbstverwirklichung neue Anhänger gefunden. In kleinen Gruppen und zu Hause wird musiziert, gesungen wird beim Wandern, beim fröhlichen Zusammensein, bei Familienfesten vor allem im ländlichen Raum. Die V. sind im kulturellen Alltag eines Volkes lebendig. Sie machen einen Teil seiner Identität aus und drücken Gefühle und Stimmungen auf unverkennbare Weise aus. KS

Vorspiel: Einstimmung auf den Geschlechtsverkehr durch den Austausch von Koseworten und zärtlichen, immer intimer und intensiver werdenden Berührungen, wobei die aufflammende Erregung und Lust des einen die des anderen Partners steigert. Benoîte Groult beschreibt das V. in ihrem Buch »Salz auf unserer Haut« so: »Sie stehen nebeneinander und hören der steigenden Flut zu, in der sie zu ertrinken wünschen. Schon schweben sie, und ihre Beine tragen sie nicht mehr.
Gauvain [der Liebhaber] dreht sich als erster um, geht zurück in die Kühle des Zimmers. Er schlägt den Bettüberwurf und das obere Laken zurück: Das Bett liegt vor ihnen, eine unbefleckte Insel, eine weiße Landkarte, auf der sie Länder und Kontinente eintragen werden. Gegenseitig ziehen sie sich aus, fast rücksichtslos und ohne die Lippen voneinander zu lösen, sie lassen die Hände an den Rippen und den Schenkeln entlanggleiten, dabei tun sie so, als würden sie sich für die Einbuchtung des Kreuzes, die Rundung der Pobacken interessieren, geben sich immer ungehemmter den erotischen Streifzügen hin … Dann werfen sie sich aufs Bett, erforschen sich genauer, erkennen sich, ergreifen voneinander Besitz, mit Gesten, die noch auf köstliche Weise indezent sind.« Nach diesen Präliminarien macht sich George (die Geliebte) daran, den Körper ihres Geliebten vorsichtig tastend weiter zu erforschen: »Nach dem etwas zweifelhaften Berührungsreiz der Hoden scheint der Penis ehrlicher, normaler beschaffen. Während sie ihn betastet, wundert sie sich einmal mehr über seine Konsistenz: Er ist nicht hart wie Holz, nicht einmal wie Kork (…)
Sie erforscht ihn lediglich mit dem Daumen und dem Zeigefinger, klimpert ein bißchen an ihm herunter und wieder herauf, lächelt jedesmal, wenn er leicht zurückschwingt.« Während George sich so spielerisch mit ihrem

Martin Erich Philipp (1887–1978):
Radierung für Verlaine: Frauen (1924) ➪

Einlass fordernd bin dann ich. Oh sprich: Herein!

Geliebten beschäftigt, ist er nicht untätig: »Mit seinen Fingern, allen fünfen, beschreibt er Kreise um diese weibliche Scham, die plötzlich, sowohl für ihn wie für sie, zum Mittelpunkt der Welt wird, zu einem Ozean, in dem man versinkt und stirbt.«
Da viele Formen des V. unabhängig vom → *Orgasmus* für sich selbst stehen, wird der Begriff V. heute oft einseitig verstanden. Zu Zeiten des Frauenarztes und Sexualforschers Van de Velde in den 20er Jahren hatte das V. einen guten Ruf; Van de Velde forderte den Mann auf, zärtlicher zu seiner Gattin zu sein, sie nicht einfach zu überfallen und zu »nehmen«, sondern ihre Stimmungslage und Erregungskurve zu berücksichtigen sowie, überhaupt, ihre Lust zu akzeptieren, und wollte damit zu einer vollkommenen Ehe beitragen. Diesen guten Ruf hat das V. insofern verloren, als insbesondere → *feministische* Auffassungen in ihm ein patriarchalisches Sexualmodell, die Orientierung an einem überholten, männlichen Koituszentrismus in der einfältigen Dreifaltigkeit V. – Einführen des Gliedes bis zum Samenerguß – Nachspiel erkannten. Ar

Voyeurismus (franz. voir = sehen): sexuelle Verhaltensweise, die das heimliche Beobachten anderer Personen beim Entkleiden oder beim Liebesspiel in den Mittelpunkt stellt. Der Voyeur – auch Spanner genannt – will bewußt anonym bleiben, er vermeidet jeden Kontakt, will nicht gesehen werden. Ihn erregt das heimliche Zusehen, wobei er meist masturbiert. Bevorzugte Orte von Voyeuren sind z. B. Parks oder Waldlichtungen, wo sie sich an Sommerabenden an Liebespaare heranschleichen, meist im Gebüsch versteckt oder auf der Erde liegend, um alles möglichst genau sehen und hören zu können.
In manchen → *Bordellen* kommt man dieser Neigung entgegen, indem der Betreffende durch ein verborgenes Loch in der Wand oder einen speziell gebauten, hinten durchsichtigen Spiegel anderen Personen ohne deren Wissen beim Geschlechtsverkehr zusehen kann. Auch die → *Pornographie* bedient voyeuristische Anwandlungen.
Die Ehefrauen dieser Männer wissen oft nichts von deren eigentümlicher Neigung und nehmen an, daß ihr Gatte durch die sexuellen Beziehungen mit ihnen hinreichend befriedigt sei. Ähnlich wie beim → *Exhibitionismus* ist der Drang zum heimlichen Beobachten nämlich nur zeitweilig vorhanden, in der Zwischenzeit verhält sich der Voyeur unauffällig. Eines Tages wird der Drang jedoch so übermächtig, daß er ihm nachgibt, auch wenn er dabei Risiken in Kauf nehmen muß. Weniger gefährlich ist das Spähen – meist mit Fernglas – auf Badestrände (→ *FKK*) oder in hell er-

Französische Buchillustration (19. Jh.)

leuchtete Zimmer, wo sich abends eine reizvolle Frau entkleidet oder der Voyeur Zeuge einer Liebesszene wird.

Von der Persönlichkeit her sind Voyeure eher zurückhaltend, kontaktarm und scheu.

Ar

Vulvakult: eine in vielen Kulturen übliche Verehrung der äußeren Geschlechtsteile der Frau (lat. vulva) als Symbol der Fruchtbarkeit und des Lebens, z. B. in rituellen Tänzen oder plastischen Darstellungen. Teilweise kam der V. auch in Verbindung mit dem → *Phalluskult* vor, obschon er nie dessen große Verbreitung erreichte. Ein Beispiel für die gemeinsame Verehrung sind die aus dem Hinduismus bekannten Yoni, steinerne, wie eine flache Schale oder ein Dreieck geformte Nachbildungen der weiblichen Geschlechtsteile, aus deren Mitte sich der Phallus oder das Lingam emporhebt. Das Yoni symbolisierte gleichzeitig die Zweigeschlechtlichkeit des indischen Gottes Schiwa. Ar

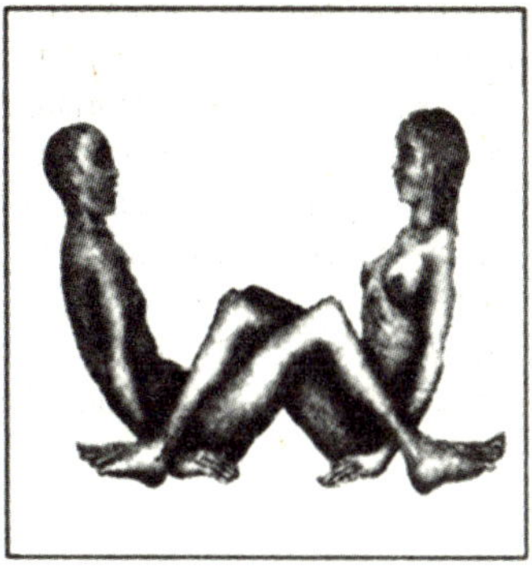

Wiener Auster: → *Koitusposition*, bei der die Frau, auf dem Rücken liegend, die Beine über die Brust streckt und die Füße hinter dem Kopf zusammenführt. Dadurch wird das Becken extrem geneigt und der Genitaldruck verstärkt. Ein ähnlicher Effekt kann erreicht werden, wenn die Frau die Knie bis zur Schulter hochzieht und die Füße über dem Bauch kreuzt. Der Mann legt sich dann mit vollem Gewicht auf sie. KS

Winkelehe: Liberale Eheform im Spätmittelalter, 1563 vom Konzil von Trient für null und nichtig erklärt. Der Bräutigam fragt in einem Winkel des Hauses die Braut, ob sie ihn zum Ehemann haben will. Antwortet sie mit Ja, so ist die Ehe geschlossen und gültig. Sie kann auf beiderseitigen Wunsch problemlos wieder gelöst werden. Für die W., die vor allem in Süddeutschland verbreitet war, sind Kirche, Staat und Verwandtschaft nicht erforderlich. Allein die Eheleute entscheiden. Die W. entsprach dem freien geschlechtlichen Umgang jener Zeit. In der »Bairischen Lanndts Ordnung« von 1553 heißt es, daß »Mans und Weibspersonen« in den Spinnstuben »viel unzucht und leichtfuertigkeit« treiben, »darauß dann offt manicherlay unrat« wie »Winckelheyraten entsteen«. Die Kirchenoberen, denen die W. schon immer ein Dorn im Auge gewesen war, »haben sie so gründlich zerstört, daß wir heute fast nichts mehr von ihr wissen« (Eva Grau, 1992). An die Stelle der W. trat die *Muntehe*: die Braut ist ein rechtloses Mündel. Per Ehevertrag, den ihr Vormund (männlicher Verwandter) für sie abschließt, wird sie unter die Vormundschaft des

Ehemanns gestellt, der jegliches Recht über sie hat. Oftmals sahen sich die Eheleute vorher nicht einmal, geschweige denn lernten sich kennen. Mit Liebe hatte dies nichts zu tun; die Muntehe legitimierte den Geschlechtsverkehr zum Zwecke der Kinderzeugung, der ansonsten als Sünde verdammt war. Die Muntehe ist der Vorläufer unserer heutigen Eheform, während die W. in den Lebensgemeinschaften einen modernen Nachfolger gefunden hat. KS

Witz, erotischer (ahd. wizzi = Wissen, Verstand): kurze, mit einer Pointe abgeschlossene Erzählung sexuellen Inhalts / erotischer Bedeutsamkeit, um Heiterkeit zu erregen. Der W. lebt von Anspielungen, Zweideutigkeiten, Wortspielen, Verschleierungen, sprachlichen Verschiebungen, überraschenden Verknüpfungen. Er ist meist kunstvoll aufgebaut, mit graduellem Spannungsverlauf und überläßt dem Zuhörer das Verstehen der Pointe. Meist knüpft der W. an versteckte oder verdrängte Wünsche und tabuierte Themen an, die solchermaßen auf indirektem Wege offensichtlich werden. Bevorzugte Themen e. W. sind Varianten des Sexualverhaltens, Fremdgehen, sexuelle Mißgeschicke, Schwächen von Männern und Frauen, sexuelle Leistungen. Die Funktion des e. W. besteht

a) im Abbau erotischer und sexueller Defizite und (tiefenpsychologisch gesehen) in der Triebabfuhr,
b) in der verschlüsselten Artikulation sexueller Wünsche und dem legitimierten Ansprechen von Verbotenem und Verdrängtem,
c) in der Durchbrechung von Tabus und in der Provokation,
d) in der Erotisierung der jeweiligen Atmosphäre, dem gegenseitigen Animieren und dem Abbau von Kommunikations- und Schamschwellen,
e) in der mehr oder weniger vergnüglichen Unterhaltung, dem Zeitverkürzen, der Aktualisierung eines allseits beliebten und interessierenden Themas.

Der e. W. wirkt nicht nur aus sich selbst heraus, sondern auch durch den Erzähler, die Art und Weise der Erzählung, die Zuhörer, den Ort und die Situation. In bestimmten Situationen und von bestimmten Erzählern dargeboten, kann er lustig und annehmbar wirken, in anderen jedoch peinlich und abstoßend. Der Zuhörer übernimmt insofern einen aktiven Part, als er die Erzählatmosphäre mitbestimmt, den W. versteht oder nicht versteht, durch Lachen und diverse Bemerkungen reagiert, zur Erzählung weiterer W. ermuntert und oftmals auch, indem er in den Witz einen (sexuellen oder obszönen) Inhalt hineinlegt, den er ursprünglich nicht hatte.

Der e. W. kennt verschiedene Grade des Umgangs mit Sexuellem, von harmlos bis scharf. Geht der e. W. ins sogenannte Unanständige über oder wird er unanständig erzählt, so gerät er zum dreckigen, schweinischen, unanständigen, obszönen W., zur *Zote*. Die Zote (wahrscheinlich für Schamhaar, Schlampe) verletzt bewußt den sogenannten guten Geschmack und verstößt meist gegen eine Grundregel des e. W., indem sie nicht zwei-, sondern eindeutig ist. Dies drückt sich auch in der derben Wortwahl aus, die oftmals schon für sich genommen und in originellen, drastischen Verbindungen Lachen hervorruft (→ *Sprache*). Darüber hinaus zieht sie alles, was – wem auch immer – heilig sein könnte, in den Schmutz. Die Zote bedient und fördert schmutziges Denken, Vergröberungen, Brutalisierungen, Entwürdigungen (insbesondere der Frau) und entwertet zarte Gefühle. Daher wehren sich viele Menschen gegen sie und lehnen sie ab. Vor allem junge Menschen und Verliebte fühlen sich von Zoten abgestoßen.

Der e. W. ist weit verbreitet. Die meisten Menschen haben schon einmal einen e. W. selbst (weiter)erzählt oder bedauern, daß sie sich keine e. W. merken können. Wohl alle haben schon einmal einen e. W. erzählt bekommen. Alte e. W. werden immer wieder durch neue ersetzt und spiegeln somit das Profil ihrer Erfinder und Erzähler sowie einen bestimmten Zeitgeist wider. KS

Beispiele:

(1) Der Lehrer fragt die Klasse: »Wie viele Stellungen gibt es beim Geschlechtsverkehr?« Die Kinder rufen durcheinander. Das kleine Fritzchen in der letzten Reihe sagt – deutlich flüsternd: »36!« Ein Schüler antwortet: »Eine.« »Eine?« fragt der Lehrer. »Ja, welche denn?« – »Na«, sagt der Schüler, »der Mann oben, die Frau unten.« Darauf flüstert Fritzchen aus der letzten Reihe: »37, 37!«

(2) Kann Sex schweinisch sein? – Ja, wenn man es richtig macht (Woody Allen).

(3) (Beispiel für ein Sprichwort): Schäm dich, untreu zu sein! sagte die Frau zum Knecht, der bei der Magd lag (Bertolt Brecht).

(4) Sagt der Stabsarzt bei der Musterung zum Wehrpflichtigen: »Schieben Sie mal die Vorhaut zurück!« – »Gern, wie oft?«

(5) Was ist ein Seitensprung? Wenn zwei Falsche das Richtige tun.

(6) Was kommt dabei raus, wenn der Bauer was mit der Bäuerin hat? Klarer Fall: ein Bauernkind. Und wenn ein Ökobauer was mit einer Ökobäuerin hat? Nichts. Ein Ökobauer spritzt nicht.

(7) Warum können 10 % der Frauen nach einem Orgasmus nicht einschlafen? – Weil sie erst noch nach Hause fahren müssen.

(8) Das kleine Fritzchen fragt den Papi, was die Mami unter ihrer Bluse hat. Antwort: »Zwei Luft-

ballons, wenn sie mal stirbt, fliegt sie damit in den Himmel.« Am nächsten Tag ruft Fritzchen aufgeregt den Vater im Büro an: »Komm schnell nach Hause, Mami stirbt!« – »Wieso?« – »Na, der Gasmann bläst gerade die Luftballons auf, und Mami schreit laut: ›O Gott, ich komme!‹«

Wollust (Wortzus. aus mhd. wohl – »erwünscht, nach Wunsch« – und lust – »Neigung«): Wohlgefallen, Freude, Genuß, Wonne, Sinnenlust; im engeren Sinne sexuelle Lustgefühle; abwertend auch Lüsternheit, Geilheit. Als wollüstiger Mann gilt nicht so sehr der stürmische und sinnenfreudige Liebhaber, als der Wüstling, Lüstling, das triebgesteuerte Scheusal. Der pejorative Gebrauch des Wortes W. in konservativen Morallehren hängt mit Lustfeindlichkeit und Sexualunfreundlichkeit zusammen. »Wer bei der Befriedigung des Geschlechtstriebs angenehme sinnliche Gefühle bis hin zum Gefühl höchster Lust, Freude und Wonne empfindet, der huldigt der Sünde der Wollust« (Heipe Weiss, »Lexikon der Sünde, 1989). In dem Maße, wie sexuelle Lust anerkannt und zum positiven Wert wurde, hatte das Wort W. in seiner negativen Bedeutung ausgedient und verflüchtigte sich schließlich vollständig. KS

Wortsadismus: verbaler → *Sadismus* (→ *Masochismus*); sexualisierte Quälerei mit Worten, eine Sonderform sadistischen oder masochistischen Verhaltens. Während der Sadist durch Beschimpfen seines Partners mit gemeinen, obszönen Ausdrücken seine sexuelle Lust steigert, verhält sich der Masochist umgekehrt – er bedrängt seinen Partner, ihn mit vulgären Ausdrücken zu beschimpfen, weil die damit verbundene Entwürdigung und Herabsetzung seiner Persönlichkeit eine wesentliche Komponente seines Lustempfindens ist. Ar

Zärtlichkeit:

1. Erlebnis- und Verhaltensqualität im intimen Kontakt; Feinfühligkeit; Anschmiegsamkeit (nur Einzahl): Z. ist ein hoher Lebenswert;
2. körperliche Entäußerung einer freundlichen, liebevollen, positiv-kommunikativen Gefühlshaltung zu jemandem; Zärtlichsein; zärtliche Zuwendung (nur Einzahl); (er umgab sie mit großer Z.);
3. Liebkosung (Einzahl und Mehrzahl); (die Verliebten tauschten heimlich kleine Zärtlichkeiten aus); »... lauter Zärtlichkeiten, die nicht, wie man meint, das Kleingeld der Liebe sind, sondern ihre kostbarste Münze, auf die nur die Leidenschaft sich besinnt« (Raymond Radiguet, »Den Teufel im Leib«).

Das alte deutsche Wort zart hatte drei Bedeutungen, die bis auf den heutigen Tag erhalten sind:

(1) lieb, geliebt, wert, vertraut;
(2) lieblich, fein, schön (»Feinsliebchen, du sollst mir nicht barfuß gehn, du zerstichst dir die zarten Füßlein schön ...« Volkslied);
(3) weich, schwächlich. Aus zartlich (anmutig, liebevoll, weich) entstand zärtlich und Z.

Beim Austausch von Z. spielen der Tastsinn und die Haut eine besondere Rolle (erogene → *Zonen*). Man streichelt, schmust, drückt sich ab, macht ei ei, herzt und küßt, küßt und kost, kitzelt, krault, krabbelt, tätschelt, hält das Händchen, sucht die körperliche Nähe und den Hautkontakt, berührt sich. Z. ist eine Form der Körpersprache und vermittelt Vertrauen, gibt Geborgenheit, ist beruhigend oder anregend, teilt Sympathie und Verlangen und Liebe wortlos mit, spiegelt wider und gestaltet eine innige, liebevolle Beziehung in einer individuell einmaligen Situation. »Die Fähigkeit zur Z. macht die Sexualität überhaupt erst zu einem Mittel der Körpersprache, zu einem Mittel körperlicher Kommunikation, die der Worte nicht bedarf« (Helmut Kentler, »Taschenlexikon Sexualität«). Z. ist Teil der Kommunikationsfunktion der Sexualität. Sie beschränkt sich allerdings nicht auf Hautkontakt. Auch Worte, Briefe, Gedanken, Gesten, Lieder können zärtlich sein: ein zärtliches Geflüster mit dem zärtlichen Geliebten bei zärtlichen Weisen.

Liebe und Sexualität sind für die meisten Liebenden ohne Z. undenkbar. Das trifft auf männliche und weibliche gleichermaßen zu. »Eine zärtliche Frau macht sich selbst und ihren Geliebten glücklich«, sagt der weise Diderot, doch das gleiche trifft auch für den zärtlichen Mann zu. Liebe *ist* Z., Sexualität *ist* Z. »Verkümmert die Liebe, verkümmert die Z., der Rest ist blanker Sex, den ich mir auch mieten oder kaufen könnte und der etwas mit meinen Geschlechtsorganen, nicht aber mit mir zu tun hat«, urteilte ein Student bei einer Befragung 1990 (Starke, »Partnerstudie III«).

Z. beinhaltet ein menschliches Grundbedürfnis nach Geborgenheit, Nähe, Harmonie, Kontakt, Wärme, Zuwendung, Entspannung, Sichgehenlassen, Sich-seinen-Gefühlen-hingeben-Können. Daher ist die intime menschliche Beziehung, insbesondere die → *Liebe*, von Z. getragen und setzt sich aus Z. zusammen. Ohne Z. verkrüppeln Seele und Herz des Menschen. KS

Zehensaugen: eine für manche Personen ausgesprochen lustvolle Handlung, die entweder in das sexuelle → *Vorspiel* eingebaut wird und zum → *Koitus* überleitet, ihn aber auch ersetzen kann. Der Zehenbereich ist nervenreich, nicht selten kommt es zu einer Ausstrahlung auf andere Körperbereiche (→ *Massage*). Meist finden Männer am Z. Gefallen, denen der Anblick des Fußes oder seine Berührung nicht genügt – ihnen geht es speziell um das Lutschen oder Saugen an den Zehen der Partnerin. Einige bevorzugen das bloße Beriechen (sogenannte »Zehenriecher«). Für beide Formen gilt eine enge Beziehung zum → *Fetischismus*. Ar

Zeitschriften: erotische Z. gab es ursprünglich hauptsächlich in England; sie bestanden in Schilderungen von Skandalprozessen und Ehescheidungsverhandlungen, erotischer Poesie, Listen von Prostituierten mit Adressen. Unter dem Titel »The Rambler's Magazine« erschienen in London drei erotische Zeitschriften, die erste von 1783 bis 1784 mit einer Vielzahl von Kupferstichen, die beiden anderen 1822 bzw. 1827 bis 1829. Das Jahr 1783 bot eine Vorlesung über die Fortpflanzung, einen Essay über das Weib, einen über den Mann, eine Beschreibung der Hochzeitszeremonie, Briefe über → *Flagellantismus*, Berichte aus dem Liebesleben bekannter Persönlichkeiten, Ehebruchsprozesse, eine größere Menge erotischer Erzählungen. Die 1824 bis 1825 erschienene Zeitschrift »The Rambler« wurde schließlich wegen Unsittlichkeit verboten. Die wichtigste erotische Publikation in England war »The Bon Ton Magazine« (von 1791 bis 1796), gleichfalls illustriert mit erotischen Kupferstichen. Neben Artikel wie »Abenteurer« oder »Wollüstling« sind hier ein »Fashionables Wörterbuch der Liebe«, erotische Novellen, Essays über das Eunuchentum, Flagellationsszenen, erotische Anekdoten, erotische Briefe und Gedichte zu finden. Diesen erotischen Z. folgten viele weitere in England und anderen Ländern. In Frankreich hatten bis gegen Ende des 19. Jahrhunderts vor allem die Aktmagazine Hochkonjunktur. Für gehobene Ansprüche erschien 1903, ausschließlich mit Aktfotos, »L'Etude académique«; unter jedem Foto waren Alter und Geburtsland des Modells verzeichnet; hinzu kam ein Hinweis darauf, welches Gefühl die jeweilige Pose zum Ausdruck bringen sollte. In »Mes Modèles« (ab 1905) wurden von jedem Modell zwei Aufnahmen gezeigt – einmal bekleidet, einmal unbekleidet. In Deutschland wurden erotische Z. wesentlich später herausgegeben. Der eigentliche Anfang war wohl erst die Z. »Der Venustempel«, die 1919 bis 1925 erschien und erotische und pornographische Erzählungen sowie Kontaktadressen enthielt. In Wien erschien ab 1919 die Luxuspublikation »Eros. Monatsheft für erotische Kunst«, die immer wieder beschlagnahmt wurde und nach einigen Jahren vom Markt verschwand, ohne einen Nachfolger gefunden zu haben. Die große Zeit der Sex- und Erotikzeitschriften begann in (West-) Deutschland erst nach 1945 mit der amerikanischen Besatzung; in der DDR gab es keine derartigen Publikationen, außer man rechnet das gefragte »Magazin« (Berlin) dazu, für das lange Zeit nur ein einziges weibliches Aktfoto zugelassen war, ehe es in den 80er Jahren mehr bieten durfte. In der Bundesrepublik schossen die Sexzeitschriften wie Pilze aus dem Boden, ebenso wie pornographische Hefte und Pornozeitschriften. Zu namhaften erotischen Z. wurden »Playboy« und »Penthouse«, die drucktechnisch von bester Qualität sind. Se

Zeus: der Göttervater in der griechischen Mythologie (in der römischen Antike Jupiter). Z., Sohn des Kronos und der Rhea, hat ein recht abenteuerliches Leben geführt. Hauptsächlich wurde er durch seine zahlreichen Liebesaffären bekannt. Um von seiner Ehefrau → *Hera* dabei nicht ertappt zu werden, nutzte er seinen ganzen Erfindungsreichtum und die Göttergabe der Verwandlung, um sich seinen Geliebten in den unterschiedlichsten Gestalten zu nähern, wobei er die ganze Variationsbreite sexueller Neigungen auskostete. Danae erschien er als goldener Regen, weil ihr Vater sie in einem unterirdischen Verlies verborgen hielt, damit sich die Weissagung, er würde durch seinen Enkel sterben, nicht erfüllen konnte. Doch Z. machte ihm einen Strich durch die Rechnung, der König konnte seinem Schicksal nicht entgehen. Mit Io, der Tochter des Königs von Argos, vereinigte er sich in Gestalt einer Wolke. → *Leda* verführte er als Schwan – ein beliebtes Motiv der bildenden → *Kunst* seit Jahrhunderten. Aus dieser Verbindung ging die schöne → *Helena* hervor. → *Europa* entführte er als Stier, Alkmene besuchte er in Gestalt ihres Gatten Amphitryon, während dieser als Feldherr gerade mit Kriegführen beschäftigt war. Doch sein Interesse richtete sich nicht nur auf Frauen, er war auch für schöne Knaben wie etwa Ganymed empfänglich.

Diese unvollständige Aufzählung seiner schier unendlichen Liebesabenteuer läßt eine überaus liberale Einstellung der damaligen Zeit gegenüber praktisch allen sexuellen Aktivitäten erkennen. Die Griechen projizierten ihr eigenes Leben auf die Welt ihrer Götter und erfreuten sich daran. Ar

Zölibat (lat. caelebs = ehelos): Ehelosigkeit, die einige Religionen für ihre Priester einführten. In unserem Kulturkreis ist vor allem das Z. der katholischen Kirche bekannt, das 1074 von Papst Gregor VII. angeordnet wurde und für Priester wie auch für Nonnen und Mönche gilt. Außer der Ehelosigkeit wird absolute Keuschheit verlangt, was bedeutet, daß nicht nur jede sexuelle Handlung, sondern auch bereits unkeusche Vorstellungen verboten und sündhaft sind (→ *Abstinenz*). Durch den Verzicht auf die Ehe soll sich der Priester voll und ganz seinen von der Kirche verlangten Aufgaben widmen können, ohne von erotisch-sinnlichen Gedanken abgelenkt zu werden. Daß dieser Zwang zur → *Askese* für viele zu schweren inneren Konflikten und – wie zahlreiche Beispiele belegen – oft auch zur Übertretung des Verbots führte, ist aus der Geschichte der katholischen Kirche bekannt. Es gab daher auch immer wieder Strömungen, die die Aufhebung des Z. verlangten, ohne jedoch von päpstlicher Seite bisher irgendwelche Zugeständnisse zu erhalten. Für die protestantische Kirche wurde das Z. von Luther abgeschafft, der 1525 die ehemalige Nonne Katharina von Bora aus dem Kloster Nimbschen bei Grimma/ Sachsen heiratete und den evangelischen Pfarrern damit den Weg zur Ehe öffnete. Ar

Zonen, erogene: bestimmte Bereiche des menschlichen Körpers, deren Berührung – besonders beim Streicheln – stark erotisierend wirkt. Allgemein gehören dazu die Lippen, die → *Brüste* einschließlich der Brustwarzen, der Nacken, die Ohrläppchen und natürlich die Genitalregion mit den äußeren Geschlechtsorganen, das Gesäß (→ *Po*), die Innenseite der Oberschenkel, Handteller und Fußsohlen (→ *Füße*), wobei jeder so seine bevorzugten Stellen besitzt. Daß der → *Kitzler* für die Erregung der Frau eine Schlüsselrolle einnimmt, ist inzwischen allgemein bekannt, wohingegen der sogenannte G-Spot oder G-Punkt – so genannt nach seinem Entdecker, dem Berliner Gynäkologen Gräfenberg –, der sich an der Vorderwand der Scheide, nicht weit vom Eingang entfernt, befindet, lange Zeit nicht genügend beachtet wurde. Auf bestimmte Frauen soll die Stimulation dieser Stelle ähnlich erotisierend wirken wie die des Kitzlers, andere Frauen konnten einen solchen Punkt bei sich nicht entdecken; möglicherweise verfügen nicht alle Frauen über diese e. Z. Auch die Umgebung der Harnröhrenöffnung ist für einige Frauen ein sensitiver Bereich. Das Aufspüren und Stimulieren der e. Z. gehört zu den reizvollsten Beschäftigungen während des Liebesspiels. Durch Streicheln, Küssen (sanft bis intensiv), Lecken oder Berührungen anderer Art – abwechselnd oder gleichzeitig gegenseitig – steigern sich sexuelle Erregung und Lust, unter Umständen bis zum → *Orgasmus*. Für die meisten gehört diese Form des Zärtlichkeitsaustauschs zum → *Vorspiel*, das zum → *Koitus* überleitet. Das Einstimmen auf den Liebesakt ist nicht nur für den weiblichen Partner eine wesentliche Voraussetzung für den optimalen Ablauf der sexuellen Reaktion bis hin zum Höhepunkt, sondern gleichermaßen lustvoll für den Mann (→ *Zärtlichkeit*, → *Schmusen*). Wenngleich die eine Hautstelle sensibler als die andere ist, wäre es doch nicht falsch zu sagen, daß Zonenschranken fallen können und der ganze Körper zur e. Z. wird. Ar

Zoophilie: Sexualverkehr mit Tieren, eine sexuelle Neigung, die in der heutigen Zeit verpönt ist, teilweise auch bestraft wird (einschließlich des Sex mit Tieren in der → *Pornographie*), in vielen alten Mythen und Legenden verschiedener Völker aber erwähnt

Martin Erich Philipp (1887–1978): »-Das rotgeblümte Kanapee«. Radierung (1912)

und dort durchaus akzeptiert wird. Zahllose Götter wurden in Tiergestalt verehrt, viele Fabelwesen sind halb Tier, halb Mensch und sollen aus einer Vereinigung von Tier und Mensch hervorgegangen sein.

Der Göttervater → *Zeus* eroberte viele seiner Geliebten in Tiergestalt, zu → *Leda* kam er als Schwan, zu → *Europa* als Stier. Der Sage nach verliebte sich die Frau des Königs Minos von Kreta, Pasiphaë, so heftig in einen von Poseidon gesandten Stier, daß sie sich in einer zu diesem Zweck angefertigten hölzernen Kuh von ihm begatten ließ. Die Frucht dieser Liebe war der Minotaurus, ein Ungeheuer in Menschengestalt mit Stierkopf.

In manchen Ländern wurden derartige Verbindungen als rituelle Handlungen vollzogen, wobei das Tier als Stellvertreter des Gottes angesehen wurde, dem sich die Frauen in Liebe hingaben.

Unter dem Einfluß des Christentums galten derartige Bräuche als verabscheuungswürdige, mit dem Tod zu bestrafende Sünde. Frauen, die unter Verdacht standen, mit Tieren sexuellen Umgang zu pflegen, wurden als Hexen verbrannt. Heute kommt Z. relativ selten vor, meist als Ersatzhandlung bei isoliert lebenden Menschen, die keinen anderen Partner haben und sich an Ziegen, Hunden, Hühnern, Katzen und anderen Tieren sexuell abreagieren. Daneben wird mit pornographischen Mitteln ein Markt für Darstellungen ausgefallener sexueller Praktiken mit Tieren und von Gewalt gegen Tiere geschaffen und bedient, was mit Z. im Sinne von »Tierliebe« nichts zu tun hat. Ar

Zuhälter: Arbeitgeber, Ausbeuter, Freund und Beschützer von → *Prostituierten*. Der Z. erfüllt drei Funktionen. Erstens sichert er den Arbeitsplatz der Prostituierten, vermittelt ihr Kunden, führt das Geschäft. Nicht selten wird er als Schmarotzer beschrieben, weil er ganz oder teilweise vom Einkommen der von ihm Abhängigen lebe und sich dieses mit mehr oder weniger Gewalt aneigne. Zudem habe der Z. über die Prostituierte eine oft vollständige und alleinige Verfügungsgewalt. Die üblichen Rechte des Arbeitnehmers sind ihr gewöhnlich versagt, da die Gesellschaft die Beziehung zwischen Z. und Prostituierter im allgemeinen nicht als Arbeits- bzw. Arbeitsrechtsverhältnis anerkennt. Zweitens ist der Z. der einzige Liebhaber der Prostituierten, die ihm (von ihrer beruflichen Tätigkeit abgesehen) absolut treu sein muß. Andere Freunde und Liebhaber duldet der Z. normalerweise nicht. Oft ist die Prostituierte über eine Liebesbeziehung mit dem Z. zur Prostitution gekommen, hat sich bei ihm für diese Tätigkeit qualifiziert und ist von ihm in sie eingeführt worden. Gelegentlich sind Z. und Prostituierte verheiratet und betreiben das Geschäft in beiderseitigem Einvernehmen. Drittens schützt der Z. die Prostituierte gegen gewalttätige oder betrügerische → *Freier*, gegen Übergriffe aller Art, gegen die Staatsgewalt, vor allem aber gegen die Konkurrenz. Wenn Reviere neu besetzt oder aufgeteilt werden, kommt es zu einem Krieg der Z., der oft mit großer Grausamkeit geführt wird. Da Zuhälterei illegal ist, besteht keinerlei Polizei- oder Rechtsschutz.

Die Rechtsvorschriften gegen Zuhälterei und Kuppelei sind in den einzelnen Ländern verschieden streng. In Deutschland ist Zuhälterei nach dem Strafgesetzbuch verboten, und zwar zum einen insofern, als der Z. die Prostituierte ausbeuterisch und eigensüchtig für sich arbeiten läßt, zum anderen, als der Z. die Prostitution erzwingt oder kontrolliert und ein Aussteigen verhindert, und schließlich, als der Z. Prostitution gewerbsmäßig vermittelt oder fördert.

Der Modellfall von Zuhälterei ist, wenn ein (männlicher) Z. eine (weibliche) Prostituierte für sich arbeiten läßt. Doch kommen auch andere Varianten vor: Ein Zuhälter hat mehrere Mädchen; die Prostituierten sind männlichen Geschlechts; der Zuhälter ist eine Frau; es besteht ein Ring von Zuhältern, die gemeinsam Prostituierte halten.

Über den Z. kursieren verschiedene Legenden. Sein Leben und seine Gestalt sind mystifiziert. Fast durchwegs erfährt er in der Gesellschaft eine negative Bewertung. Er ist stigmatisiert, verachtet, ein Monster. Beispiele für Z.-Mythen:

(1) Der Z. ist arbeitsscheu, willensschwach, verkommen, unordentlich.

(2) Aus niedrigen Schichten kommend oder abgestiegen, ist der Z. auf ewig dem Milieu verfallen.

(3) Der Z. ist roh und brutal.

(4) Selbst wenn er elegant und gediegen auftritt, ist dies nur Schein. »Es überwiegen die robusten, brutalen Ausbeuter und Tyrannen, gefährliche Menschen, Parasiten im wahren Sinne ... Auch in ihrer Erscheinung, ihrem athletischen Körperbau, brutalen Auftreten und Jargon tritt ihr Charakter meist deutlich in Erscheinung« (»Bilderlexikon der Erotik«, Wien/Leipzig, 1931).

(5) Der Z. ist oder wird ein Verbrecher.

(6) Den Z. treibt niedrige Genußsucht.

(7) Der Z. ist ein überdurchschnittlich guter Liebhaber, er hat eine gewaltige Potenz und ist besonders gut mit männlichen Attributen ausgestattet.

(8) Die Dirne ist ihrem Z. sexuell hörig.

(9) Der Z. zwingt die Prostituierte zur Prostitution.

Diese und andere Mythen lassen sich zwar durch Beispiele belegen, treffen jedoch nicht das Wesen der Zuhälterei und bewerten den Z. falsch oder einseitig. Das Wesen der Zuhälterei besteht darin, daß

a) mit ihr Geld verdient werden kann und

b) Prostitution und Prostituierte diese Erwerbsquelle zu ihrem Lebensunterhalt benötigen.

Die Gründe für die Ablehnung der Z. liegen hauptsächlich in der eigenartigen Bewertung der Prostitution. Abscheu, Groll, Verfolgung und Strafrecht betreffen weniger oder gar nicht die Freier, sondern die Prostituierten und (oft noch stärker) den Z. Er ist die absolut verdammenswerte Figur.

Ernest Borneman findet 1990 folgende Erklärung für die Legenden um den Z. (»Enzyklopädie der Sexualität, 1990«): »Aber die Legende von dem virilen, doch ruchlosen Mann, der die schwache, aber nymphomanische Frau zur Preisgabe ihres Körpers zwingt, indem er ihre Hörigkeit ausnutzt und durch Gewaltmaßnahmen erzwingt – diese Legende will nicht sterben. Sie will nicht sterben, weil sie für den Bürger zu viel bedeutet. Wenn der Zuhälter nicht einmal viril und besonders gut im Bett ist, wieso hat er dann all die Frauen, die der Bürger gern haben möchte? Und wenn der

Zuhälter sie nicht von Zeit zu Zeit zum Huren zwingt, wieso tut sie es dann? Wenn die Hure nicht einmal Nymphomanin ist, wieso laufen ihr so viele Männer nach? Wenn sie im Bett nicht besser als andere Frauen ist, wieso braucht man sich als Bürger dann so viele mühselige Selbstbeherrschung aufzuerlegen, indem man *nicht* zu ihr geht? Der ganze Mythos der Prostituierten, all der Ärger und all der Neid, all die Lust und all der Haß brechen zusammen, wenn man Prostitution und Zuhälterei als das sieht, was sie sind: der gegenseitige Trost infantiler Menschen, die wie Kinder im Keller ihre Arme umeinanderlegen, weil sie Angst vor der Dunkelheit haben«.

Große Unsicherheit in der Bewertung der Zuhälterei besteht insbesondere in bezug auf die Nähe zum Verbrechen. Diese Unsicherheit beginnt damit, daß Zuhälterei verboten und bereits als solche kriminell ist, auch wenn sonst keine Gesetzesübertretung oder Straftat vorliegt – von Bedeutung sind Beispiele aus der Geschichte der Prostitution, als Prostituierte zusammen mit Z. ihre Kunden gezielt ausplünderten oder ihnen anderen Schaden zufügten. Diese Straftaten haben nicht ursächlich mit Prostitution zu tun und sind keine sexuellen Ereignisse. Dennoch werden sie in diesem Zusammenhang verfolgt. Hinzu kommen Besonderheiten einer Szene, die Affinität zum Verbrechen und zu Verbrechern hat (Vergnügungslokale als klassische Treffpunkte von Ganoven; Kassieren von Schutzgeldern u. ä.). Es gibt viele Beispiele dafür, daß hinter den Kulissen des Amüsierbetriebes und gedeckt von der Prostitution und den Prostituierten große und kleine Verbrechen gedeihen. Immer wieder hat es Stimmen gegeben, die eine generelle Kriminalisierung des Z. für falsch halten und das Verhältnis zwischen Z. und Prostituierter nicht grundsätzlich als kriminell und von Zwangsmaßnahmen bestimmt qualifizieren bzw. die es als Hypokrisie erachten, gerade an Z. das Exempel einer Verfolgung ungerechter Mann-Frau-Beziehungen zu statuieren, ohne nachzuprüfen, ob dieses Unrecht wirklich vorliegt. Zu ähnlichen Polemiken kommt es, wenn in der Zuhälterei ein augenscheinliches und personifiziertes Modell der sexuellen und ökonomischen Ausbeutung der Frau durch den Mann gesehen wird. Wieder liegt eine Übertragung vor: Nicht das doppelte Ausbeutungsverhältnis, sondern das Verhältnis zwischen Prostituierter und Z. ist Ziel der Angriffe. Je nach Bedeutung und Art der Prostitution sowie der öffentlichen Meinung über sie hat es in den verschiedenen Zeiten und Gesellschaften diverse Formen der Zuhälterei und verschiedene Typen von Z. gegeben. Ihr Einfluß im Milieu und darüber hinaus waren unterschiedlich.

Aus dem Mittelalter ist der »amicus«, »caro uomo«, »liebe mann« als Zuhälter bekannt. Im 15. Jahrhundert wurde in England mit Diebstahl verbundene Zuhälterei (nach dem Z. Lawrence Crosbiter) »crosbiting« genannt. Heinrich IV. verbot 1469 den Prostituierten, Liebhaber zu halten und zu ernähren, um der Zuhälterei Einhalt zu gebieten. Im Italien des Mittelalters war der »Gualani« oder »Rocottari« eine beherrschende Figur. Im London des 18. Jahrhunderts hatte jede Prostituierte ihren »Bully«, nicht selten ein gesuchter Verbrecher; der englische Zuhälter hat als »Pimp« seine eigene Geschichte. In Paris war es der »Alphonse« oder der (gefährliche) »Louis« (letzterer im Deutschen auch als volkstümliche Bezeichnung für einen liederlichen Kerl). Im Wien des 19. Jahrhunderts machten der »Strizzi« oder der »Strawanzer« von sich reden. In Berlin hieß der Z. nach französischem Vorbild »Louis«, auch »Ludewig« oder (verkürzt) »Lude« (auch heute noch eine besonders häufige Bezeichnung für Z.). Der große französische Dichter François Villon hat aus eigener Erfahrung das Leben des Z. beschrieben:

Und kommen Gäste, drück' ich mich
und hole ein …
Ganz unauffällig bring' ich Käse,
Brot und Wein.
Und wenn sie Trinkgeld geben,
sag ich: So ist's recht,
ihr dürft auch noch einmal,
wenn ihr gehörig blecht!
Kommt ruhig wieder, wenn's euch
juckt, es wird sich lohnen,
in das Bordell, in dem wir beide
wohnen. KS

Zungenkuß: erotisch-sexueller Mund-zu-Mund-Kuß zwischen zwei Menschen, wobei sich die Zungen berühren und in den Mund des anderen eindringen. Meist ein Zeichen besonderer Intimität und als besonders erregend erlebt, ist der Z. Vorstufe, Begleitung und selbständige Zärtlichkeit beim sexuellen und partnerschaftlichen Kontakt. Das alte Kirchenrecht verwarf den Z., der florentinischer oder wollüstiger Kuß genannt wurde und als Todsünde galt, auch beim ehelichen Geschlechtsverkehr. Menschen wurden wegen eines Z. verfolgt. → *Kuß.*
KS

Zu den Autoren

Wolfram Körner, geboren 1920, studierte Medizin an den Universitäten Erlangen, Prag, Halle und Berlin, arbeitete als Chirurg in Chemnitz, seit 1952 in Berlin. Zahlreiche Veröffentlichungen zur Chirurgie und Notfallmedizin.

Als Bibliophiler und Sammler vor allem erotischer Kunst hielt er viele Vorträge, veranstaltete Ausstellungen und publizierte als Autor und Herausgeber mehrere Bücher (u. a. »Hermaphroditus«, »Die Schöne und der Schwan«, »Die Frau als Nußknacker oder ...«). Wolfram Körner lebt in Berlin.

Hans-Georg Sehrt, geboren 1942, studierte Musikerziehung, Germanistik und Kunstgeschichte an der Martin-Luther-Universität Halle Wittenberg, war Bereichsleiter Kunst an der Staatlichen Galerie Moritzburg Halle; seit 1991 ist er Dezernatsleiter für Kultur- und Denkmalpflege beim Regierungspräsidium Halle (Sachsen-Anhalt).

Autor und Herausgeber zahlreicher Texte und Vorträge zur deutschen Kunst des 20. Jahrhunderts, insbesondere zur zeitgenössischen Kunst der »neuen« Bundesländer. Hans-Georg Sehrt lebt in Halle/S.

Uta Starke, geboren 1938, studierte Journalistik und Pädagogische Psychologie an der Universität Leipzig, dort seit 1988 Dozentin für Soziologie. Als Mitarbeiterin im Institut für Soziologie der Universität Leipzig forscht und lehrt sie auf den Gebieten Sozialisation und Interaktion sowie Jugendsoziologie. Seit 1990 hat sie verschiedene Forschungsprojekte in der Gesellschaft für Jugend- und Sozialforschung e.V. Leipzig geleitet. Uta Starke lebt in Leipzig.

Konrad Weller, geboren 1954, studierte Psychologie an der Friedrich-Schiller-Universität Jena und arbeitete von 1981 bis 1990 am Zentralinstitut für Jugendforschung Leipzig; seit 1991 ist er Mitarbeiter der Forschungsstelle Partner- und Sexualforschung und Familien- und Sexualberater in der Erfurter Beratungsstelle von Pro Familia. Vorstandsmitglied und Sekretär der Gesellschaft für Sexualwissenschaft, Redakteur des »pro familia magazins« und Autor zahlreicher wissenschaftlicher Beiträge und Publikationen (u. a. »Das Sexuelle in der deutsch-deutschen Vereinigung«). 1995 zum Professor an die Fachhochschule Merseburg berufen. Konrad Weller lebt in Jena.

Quellennachweis

S. 12f.: Bertolt Brecht: »Vierblättriges Kleeblatt«, aus: *Gesammelte Werke. Die Gedichte*. © Suhrkamp Verlag, Frankfurt am Main 1967.

S. 301: Bertolt Brecht: »Fragen«, aus: *Gesammelte Werke. Die Gedichte*. © Suhrkamp Verlag, Frankfurt am Main 1967.

S. 302: Wladimir Majakowski: »Brief vom 26. 10. 1921 aus Moskau nach Riga«, aus: *Liebesbriefe an Lilja*. Ü.: Karl Dedecius. © Suhrkamp Verlag, Frankfurt am Main 1969.

S. 302: Lilja Brik: »Brief Ende Oktober 1921 aus Riga«, aus: Wladimir Majakowski: *Liebesbriefe an Lilja*. Ü.: Karl Dedecius. © Suhrkamp Verlag, Frankfurt am Main 1969.

S. 305: Else Lasker-Schüler: »In meinem Schoße«, aus: *Gedichte 1902–1946*. © Suhrkamp Verlag, Frankfurt am Main 1995.

S. 305: Rainer Maria Rilke: »Liebes-Lied«, aus: *Werke in drei Bänden* (Band 1, S. 238). © Insel Verlag, Frankfurt am Main 1966.

S. 305: Eva Strittmatter: »Mondschnee«, aus: *Mondschnee liegt auf den Wiesen*. © Aufbau-Verlag, Berlin und Weimar 1975.

S. 306: Joachim Ringelnatz: »Ich habe dich so lieb«, aus: *Das Gesamtwerk in sieben Bänden*. © by Diogenes Verlag AG Zürich, Zürich 1994.

S. 306: Ulla Hahn: »Anständiges Sonett«, aus: *Liebesgedichte*. © Deutsche Verlags-Anstalt, Stuttgart 1993, S. 15.

S. 399: »Peep-Show«, aus: Hydra (Hrsg.): *Beruf Hure*. Galgenberg Verlag, Hamburg 1988, S. 44.

S. 554 f.: Tabelle »Die Liebe in 23 Sprachen«, zusammengestellt von Tatjana und Wilmar Mögling

Bildnachweis

S. 139: Aus: Tomi Ungerer: *Fornicon*. © Diogenes Verlag AG Zürich, Zürich 1971.

S. 344: © Orion-Versand, Flensburg.

S. 542f.: Mit freundlicher Genehmigung von Erwin Kohlmann, Naumburg/Saale.

Bildrechtinhaber, die vom Verlag nicht zu ermitteln waren, können ihre Ansprüche bei Nachweis beim Verlag geltend machen.

Stichwortverzeichnis